Helga Ostendorf
Steuerung des Geschlechterverhältnisses
durch eine politische Institution

Helga Ostendorf

Steuerung des Geschlechterverhältnisses durch eine politische Institution
Die Mädchenpolitik der Berufsberatung

Verlag Barbara Budrich, Opladen 2005

Gedruckt mit freundlicher Unterstützung der DFG –
Deutsche Forschungsgemeinschaft e.V., Bonn.

Gedruckt auf säurefreiem und alterungsbeständigem Papier.

Die Deutsche Bibliothek – CIP-Einheitsaufnahme
Ein Titeldatensatz für die Publikation ist bei Der Deutschen Bibliothek erhältlich.

Alle Rechte vorbehalten.
© 2005 Verlag Barbara Budrich, Opladen
www.budrich-verlag.de

ISBN 3-938094-37-0

Das Werk einschließlich aller seiner Teile ist urheberrechtlich geschützt. Jede Verwertung außerhalb der engen Grenzen des Urheberrechtsgesetzes ist ohne Zustimmung des Verlages unzulässig und strafbar. Das gilt insbesondere für Vervielfältigungen, Übersetzungen, Mikroverfilmungen und die Einspeicherung und Verarbeitung in elektronischen Systemen.

Umschlaggestaltung: disegno, Wuppertal
Druck: DruckPartner Rübelmann, Hemsbach
Printed in Germany

Inhaltsverzeichnis

Danksagung 9

1 Einleitung 11

2 Konstruktion des Weiblichen durch politische Institutionen 21

2.1 Geschlecht in der feministischen Staatstheorie 25
Staat als Männerbund 29, Staat als Reihe diskursiver Arenen 32, Staat als Patriarch 36, Politische Konstruktion der Zweigeschlechtlichkeit 39

2.2 Differenz und Gleichheit: Divergierende kulturelle Normen 42
Weibliches Arbeitsvermögen 43, Geschlechterdifferenz: Auswirkungen und Verselbstständigung einer Theorie 45, Soziale Institution Geschlecht 51

2.3 „Erziehung des Volkes" durch politische Institutionen 56
Rahmentheorie politischer Institutionen 60, Politikwissenschaftlicher Neuer Institutionalismus 65, Einschluss sozialer in politische Institutionen 72, Koalitionsbildungen und die Relevanz von Wissen 75

2.4 Theoretische Schlussfolgerungen, Operationalisierung und Systematisierung der Untersuchungsfragen 84
Theoretische Schlussfolgerungen 84, Die Ordnung der Fragen 87

3 Rahmenbedingungen berufsberaterischen Handelns 95

3.1 Mädchen in der beruflichen Ausbildung: Kulturelle Bildung oder berufliche Qualifizierung? 96
Duale Berufsausbildung 97, Vollzeitschulische Berufsausbildung 102, Geschlechterdifferenz und Gleichberechtigung 111

3.2 „Mädchen in Jungenberufe!" – Erfahrungen mit Gleichstellungspolitik 114
Maßnahmen zur Verbreiterung des Berufs(wahl)spektrums 114
Entwicklung der Zahl der Mädchen in Jungenberufen 128

3.3 Leitlinien der Geschlechterpolitik in der Bundesrepublik 133
Geschlechterordnung in der Bundesrepublik 133, Entwicklungen der Geschlechterpolitik 136, Frauenpolitische Linien der Parteien 145, Neue Impulse unter rot-grün? 156

3.4 Erwerbsbeteiligung von Frauen: Unterschiedliche
Präferenzen innerhalb Deutschlands.. 159
Struktur und Entwicklung der Frauenerwerbstätigkeit 161, Theoretische
und empirische Deutungen 164, Regionale Unterschiede 169

3.5 Situation von Facharbeiterinnen und Gesellinnen:
Haben Frauen mit Männerberufen eine Zukunft?........................... 172
Sicht des IAB: Arbeitslosigkeit nach der Lehre 173, Differenziertere
Ergebnisse anderer Studien: Von ungeeigneten Berufen und beruflichen
Erfolgen 177, Warum Mädchen Jungenberufe wählen sollten 190

3.6 Eigenart von Frauen- und Männerberufen:
Was ist unweiblich an Männerberufen?.. 194
Hausarbeitsnähe: Frauenberufe als Räume zur Verwirklichung weiblicher
Identität 196, Geduld: Mütterliche Kompensation der Auswirkungen der
Moderne 198, „Adjunct control": Kontrollierbarkeit der Steuerungs-
Gehilfinnen 200, Zuarbeit und Gleichberechtigung 204

3.7 Berufswünsche von Mädchen:
Komplexe Theorien und eine einfache Erklärung........................... 206
„Hauptsache ein weiblicher Beruf!" – Verlust technischer Interessen
im Entscheidungsprozess von Mädchen 207, Theoretische Deutungen 208,
Auswahlkriterien von Mädchen 216, Potenzierte Vergeschlechtlichung 218,
Angebot der Betriebe 222

3.8 Handlungschancen der Berufsberatung....................................... 225

4 Mädchen in der beruflichen Beratung.................... 229

4.1 Selbstverständnis der Berufsberatung.. 229
Historische Hintergründe: Sozialethik, Globalsteuerung, Planwirtschaft und
die Diktatur des Marktes 232, Von der Zuweisung zu Mädchenberufen zur
Motivierung für Jungenberufe – Chronik der Mädchen- und Frauenpolitik 238

4.2 Segregation durch Beratung und Vermittlung? – Die Zahlen....... 243
Einschaltungsgrad und Vermittlungshäufigkeit 243, Strukturen der Angebote
und Vermittlungen 245, Zuordnung der Mädchen 248, Vermittlungschan
cen 251, Betriebe oder Berufsberatung: Wer bremst? 257

4.3 Geschlechterleitbilder in der Bundesagentur:
Differenz oder Chancengleichheit?... 262
Positionen aus der Hauptstelle: „Äußert eine junge Frau von Anfang
an ..." 263, Aufgaben der Beauftragten für Frauenbelange: Berufliche
Bildung für Frauen – Spielwiesen für Mädchen? 268

4.4 Wo bleiben die Mädchen I?
– Verfahrensweisen der Berufsberatung... 273
Bundesagentur im Netzwerk der Berufsbildungspolitik 274, „Was passt":
Regionale Unterschiede der Geschlechternormen 282, Organisation der
Berufsberatung 283, Zusammensetzung, Qualifikation und Motivation des
Beratungspersonals 301, Zusammenfassung 308

4.5 Wo bleiben die Mädchen II?
— Materialien zur Berufsorientierung.. 310
Sprache und Bilder: „-in" in Wort und Schrift 312, „Beruf Aktuell": Berufe in zwölf Zeilen 314, BIZ-Computer: Auswahl für Jungen 317, CD-ROM „Mach's Richtig": Menschen und andere Merkmale 319, Wurzeln vergeschlechtlichter Tätigkeitsmerkmale 329

4.6 Zusammenfassung... 332

5 Ursachen unterschiedlichen Handelns der Ämter . 337

5.1 Methodisches Vorgehen.. 339
5.2 Mädchenpolitische Aktivitäten der Ämter..................................... 343
5.3 Einflussfaktor regionales Umfeld: Nebenan ist alles anders 347
Frauenpolitisches Klima 348, Ausbildungsplatzangebot 353, Engagement der Schulen 357, Netzwerke der Politiksteuerung 360, Fazit: Mädchenpolitische Relevanz des regionalen Umfeldes 368

5.4 Einflussfaktor Organisation: Segregierendes Vorgehen und
warum Gleichstellung doch möglich ist... 370
Exkurs Organisationaler Symbolismus 371, Verwaltungsstruktur 373, Organisation von Beratung und Vermittlung 392, Fazit: Mädchenpolitische Relevanz des Organisationalen 402

5.5 Einflussfaktor Individuum: Überzeugung und Handeln sind
zweierlei 404
Bedeutung von Geschlechterleitbildern 405, Zur Eignung der Berufe und zu den Präferenzen von Mädchen 412, „Eigene Empirie": Geschlecht, Lebensalter, soziale Herkunft und Gründe für die Berufsentscheidung 429, Einstellungen zum eigenen Beruf 437, Fazit: Mädchenpolitische Relevanz individueller Axiome 441

5.6 Zusammenwirken von regionalem Umfeld,
Organisation und Individuum... 444

6 Fazit... 449

Literaturverzeichnis.. 463
Anhang 491
Verzeichnis der Übersichten und Tabellen 492
Abkürzungen und Erläuterungen berufsbildungspolitischer Begriffe 495
Tabelle A1: Vermittlungschancen der Mädchen..................................... 498
Tabelle A2: Mädchen in ausgewählten Berufen 501

Danksagung

Ohne die Förderung durch Prof. Dr. Günther Schmid, Berlin, und Prof. Dr. Helga Krüger, Bremen, wäre dieses Buch sicherlich kaum zustande gekommen. Beide unterstützten meine Idee von Anfang an, erstellten Gutachten zu den nötigen Finanzierungsanträgen und machten mich auf Ungereimtheiten in den Vorentwürfen des Manuskripts aufmerksam. Dabei ließen sie es nie an einem „Weiter so" fehlen. Herzlichen Dank! Annette Kleffner und Karen Schober von der Hauptstelle der Bundesagentur für Arbeit eröffneten mir die Möglichkeit, in zwölf Arbeitsagenturen Befragungen durchzuführen. Auch ihnen ein herzliches Dankeschön! Ganz besonders auch gilt mein Dank den Mitarbeitern und Mitarbeiterinnen der zwölf Berufsberatungen, die mir Rede und Antwort standen und meinen ausführlichen Fragebogen ausfüllten. Ohne sie hätte dieses Buch nicht entstehen können.

Darüber hinaus hatten nicht zuletzt Kollegen und Kolleginnen Anteil am Gelingen des Manuskripts. Ganz besonders dankbar bin ich Dr. Annette Henninger, die die Arbeit über Jahre begleitete, unermüdlich Seite um Seite las und mir wichtige inhaltliche und darüber hinaus redaktionelle Hinweise gab. Dass die Arbeit trotz der „gnadenlosen" Kürzerin Annette Henninger so umfangreich wurde, ist allein meine Schuld! Für ihre wertvollen Hinweise gleichermaßen Dank sagen möchte ich meinen Kolleginnen des fünften Sprecherinnenrates des AK Politik und Geschlecht in der Deutschen Vereinigung für Politische Wissenschaft Prof. Dr. Cilja Harders, Dr. Bettina Roß und Dipl. Pol. Delia Schindler. Die Aufbereitung der Daten besorgte auch diesmal wieder Dipl. Pol. Dick Moraal. Dank u well, Dick!

Finanziell gefördert wurde die Studie von der Deutschen Forschungsgemeinschaft und von der Frauenförderung des Berliner Senats. Auch den dortigen Mitarbeiter/innen und Gutachter/innen ein herzliches Dankeschön!

Die wichtigste Unterstützung aber erhielt ich von meinem Mann, Johann Penon-Ostendorf. Er las gegen, bereinigte unendlich viele Compterprobleme und vor allem sprach er mir immer wieder Mut zu. Ihm widme ich dieses Buch.

Helga Ostendorf

1 Einleitung

„Das verbreitetste Vorurteil über Mädchen bezüglich ihrer Berufsmotivation und -orientierung bezieht sich darauf, daß Mädchen augenscheinlich nur ‚typisch weibliche' Berufsfelder anstreben" (Krüger 1986: 19).

Nach wie vor lernen Mädchen mehrheitlich Mädchenberufe und Jungen Jungenberufe. Damit entscheiden sich Mädchen für Berufe, in denen sich vielfach kein Einkommen erzielen lässt, das für ein eigenständiges Leben ausreicht, in denen z.T. mehr Nachwuchs ausgebildet wird als Fachkräfte benötigt werden und in denen es teilweise kaum Aufstiegs- und Weiterbildungsmöglichkeiten gibt. Manche dieser Berufe verlangen gar Jugendlichkeit, so dass an einen Wiedereinstieg nach einer familienbedingten Erwerbsunterbrechung nicht zu denken ist. Warum entscheiden sich Mädchen trotzdem in großer Zahl für diese Berufe? Im Gegensatz zu vielen anderen Studien zu diesem Thema geht es mir nicht um die Motivationen der Mädchen, jedenfalls nicht primär, sondern mir geht es um den Einfluss der Berufsberatung der Bundesagentur für Arbeit. Verstärkt sie die Segmentation zwischen den Geschlechtern oder wirkt sie ihr entgegen? Was wäre nötig, damit es der Berufsberatung gelingen kann, mehr Mädchen in für sie bislang untypische Ausbildungen zu vermitteln? Im Mittelpunkt meiner Arbeit steht die Frage, inwieweit eine Geschlechtersegmentation in die Strukturen der Berufsberatung eingelassen ist. Zu deren Beantwortung greife ich auf einen Ansatz zurück, der in der Frauenforschung bislang wenig verbreitet ist. Ich verknüpfe feministische Staatstheorien mit dem soziologischen Theorem einer sozialen Konstruktion von Geschlecht und beides mit dem politikwissenschaftlichen Neuen Institutionalismus.

Der Berufsentscheidung von Jugendlichen geht ein langer Prozess der Auswahl voraus: Jugendliche haben in ihrer Umgebung, in Jugendbüchern und in schulischen Lehrbüchern Menschen in unterschiedlichen Berufen kennengelernt. Die Eltern, die Peer-Groups und die schulischen Lehrkräfte geben Ratschläge. In der Öffentlichkeit ist viel die Rede von der Notwendigkeit lebenslangen Lernens, von Globalisierung und Übergang in die Dienstleistungsgesellschaft, wodurch neue Anforderungen entstehen. Gleichzeitig gibt es vielerorts zu wenige Ausbildungsplätze, und die Botschaften, die insbesondere Mädchen von Seiten der Politik erhalten, sind widersprüchlich. Sie sollen gleichberechtigt mit den Jungen am Ausbildungsstellen- und letztlich am Arbeitsmarkt teilhaben, gleichzeitig aber sollen sie zukünftig als Mütter ihre Kinder zu Hause betreuen, und nach der Kindererziehung sollen sie ehrenamtlich tätig werden: Geschlechterpolitik hat ganz offensichtlich unterschiedliche und sich widersprechende Ziele, die jeweils regional unterschiedlich geformt sind und die u.a. durch die Familie gefiltert auf die Mädchen und Jungen einwirken.

Im Verlauf des Auswahlprozesses spielt die Berufsberatung eine wichtige Rolle. In einer 1995 durchgeführten Befragung von 641 Berufsschüler/innen gaben zwischen 62 und 75% an, sie hätten wichtige Informationen vom Berufsinformationszentrum, den Berater/innen und aus den schriftlichen Materialien der Berufsberatung erhalten. Daneben haben auch Eltern, Verwandte und Geschwister sowie das schulische Betriebspraktikum einen erheblichen Einfluss (Beinke 1999: 115).

Jugendliche antizipieren bei der Berufswahl, welche Möglichkeiten regional vorhanden sind und welche Chancen sie individuell vor dem Hintergrund des erreichbaren Schulabschlusses und auch ihres Geschlechts haben (Heinz/Krüger u.a. 1987). Umso bedeutsamer für ihre Berufsentscheidung ist, über welche Informationen sie verfügen. Die Berufsberatung der Bundesagentur hat die Aufgabe, Jugendliche über Berufe zu informieren und sie von der Notwendigkeit zu überzeugen, einen Beruf zu erlernen. Darüber hinaus hat die Berufsberatung eine wichtige Maklerfunktion beim Ausgleich von Angebot und Nachfrage. Ihr eherner Grundsatz ist, dass sie keine Berufslenkung betreibt, sondern Jugendlichen lediglich helfen will, den jeweils zu ihren Neigungen und Fähigkeiten passenden Beruf zu finden. Gleichzeitig aber ist die Berufsberatung verpflichtet, gemäß der Sozial-, Wirtschafts- und Finanzpolitik der Bundesregierung zu handeln und im Arbeitsförderungsgesetz, das bis Ende 1997 galt, war sogar festgeschrieben, dass die Berufsberatung dazu beizutragen habe, „daß ... der geschlechtsspezifische Ausbildungsstellenmarkt überwunden wird" (§ 2,5 AFG).

Ist es überhaupt nötig, dass Mädchen Berufe lernen, die gute Einkommens-, Erwerbs- und Aufstiegschancen bieten, zumal die meisten Mädchen in absehbarer Zeit Mütter betreuungsbedürftiger Kinder sein werden? Meine Position ist die der gleichen Teilhabe der Geschlechter an gesellschaftlichen Verpflichtungen und Honorierungen, eine Position, die gleiche Zugangsmöglichkeiten zu chancenreichen Berufen für Mädchen und Jungen einfordert. In diesem Sinne ist es das Ziel dieser Arbeit aufzuzeigen, was die Berufsberatung besser machen könnte und in diesem Sinne ist meine Arbeit feministisch. Ist sie deshalb nicht-objektiv? Sandra Harding (1993 weist darauf hin, dass u.a. „feminist standpoint theories" strengere Standards als üblich sowohl erfordern als auch hervorbringen.

„Strong objectivity requires that the subject of knowledge be placed on the same critical, causal plane as the objects of knowledge. Thus, strong objectivity requires what we can think of as ‚strong reflexivity'. This is because culturewide (or nearly culturewide) beliefs function as evidence at every stage in scientific inquiry: in the selection of problems, the formation of hypotheses, the design of research (including the organization of research communities); the interpretation and sorting of data, decisions about when to stop research, the way results of research are reported, and so on. The subject of knowledge – the individual and the historically located social community whose unexamined beliefs its members are likely to hold ‚unknowingly', so to speak – must be considered as part of the object of knowledge from the perspective of scientific method" (ebd.: 69).

Menschen, deren Normen dem Leitbild der Differenz zwischen den Geschlechtern (difference) oder der Gleichheit bei Anerkennung der Differenz (equality) folgen, werden meine Ergebnisse sicherlich anders bewerten als ich. Schließlich wäre, wenn die Norm unterlegt wird, dass Mädchen in ein paar Jahren für geraume Zeit oder für immer nicht erwerbstätig sein werden, die berufliche Erstausbildung eines Mädchens nicht so wichtig ist wie die eines Jungen.

Meine Fragestellung ist erstens, ob und inwieweit die Berufsberatung der Geschlechtersegmentation in der beruflichen Bildung entgegenwirkt. Die Berufsberatung ist Teil der Arbeitsverwaltung. Alle 181 Arbeitsagenturen und damit auch alle Berufsberatungen unterliegen einheitlichen Vorgaben der Nürnberger Hauptstelle und haben die gleiche Organisationsstruktur. Dennoch gewinnen die einzelnen Agenturen in einem unterschiedlichen Ausmaß Mädchen für die Aufnahme einer geschlechtsuntypischen Ausbildung. Meine zweite Frage ist daher, durch welche Faktoren das unterschiedliche Handeln der Berufsberatungen zu erklären ist. Zum einen geht es also um die Geschlechterpolitik der Hauptstelle und zum anderen um die Varationsbreiten innerhalb dieses Handlungsrahmens. Damit werden Erkenntnisse verschiedener Dimensionen gewonnen: für die Veränderungsnotwenigkeiten Nürnberger Handelns und deren Machbarkeit, für mögliche Modifikationen der Politik „vor Ort" und deren Ansatzpunkte. Gleichzeitig lassen sich aus dem Vergleich verschiedener, gleichartiger Organisationen theoretische Verallgemeinerungen herausarbeiten, die meines Erachtens für weitere Studien über politische Institutionen bedenkenswert sind.

Das duale, aus den Lernorten Betrieb und Berufsschule zusammengesetzte Berufsbildungssystem bietet gegenwärtig 350 unterschiedliche Möglichkeiten. Mehr als die Hälfte der Mädchen, die eine duale Ausbildung durchlaufen, wird aber in nur zehn dieser 350 Berufe ausgebildet, wobei sie im Wesentlichen unter sich sind: Nur in den Berufen Kaufmann/frau im Einzelhandel, Industriekaufmann/frau und Bankkaufmann/frau kommen auch Jungen in nennenswerter Zahl vor. Von den Jungen befinden sich auch mehr als ein Drittel in nur zehn Berufen. Auch sie treffen selten auf Kolleginnen. Besonders häufig erlernen Mädchen Berufe, in denen die Einkommens- und Erwerbschancen ausnehmend gering sind. Bereits ein Jahr nach Beendigung der Ausbildung liegen die Männerverdienste in Westdeutschland im Durchschnitt um 19% über den Verdiensten der Frauen. Diese Differenz ist nur zu einem geringen Teil auf eine Lohndiskriminierung zurückzuführen, sondern vorrangig darauf, dass Frauen andere Berufe gelernt haben als Männer. So verdienen z.B. Informationselektronikerinnen zwar 5% weniger als Informationselektroniker, das Gehalt von Arzthelferinnen ist aber um 33% niedriger.

Ein Jahr nach dem Ausbildungsabschluss erhielten westdeutsche Frauen mit Frauenberufen 1997 durchschnittlich 2.515 DM monatlich, Männer mit Männerberufen aber 3.707 DM. Im Osten war die Differenz weniger ausgeprägt, weil dort besonders in den Männerberufen die Löhne immer noch erheblich unterhalb des westdeutschen Niveaus lagen (vgl. Engelbrech/Nagel 2002).

Das häufig nicht-existenzsichernde Einkommen von Frauen ist aber nur ein Grund, weshalb es für Mädchen ratsam wäre, sich für einen Jungenberuf zu entscheiden. Vielleicht noch wichtiger ist, dass viele Mädchen- bzw. Frauenberufe auf Fristigkeit angelegt sind. Sie sind, weil körperlich hoch belastend oder weil Jugendlichkeit gefordert ist, nur für eine kurzzeitige Erwerbstätigkeit gedacht. Zudem sind gerade viele Frauenberufe wegen der ungünstigen Arbeitszeiten kaum für Eltern kleinerer Kinder geeignet und in einigen Berufen sieht das Berufssystem nicht einmal Weiterqualifizierungsmöglichkeiten vor. Metallerinnen und Elektrikerinnen/Elektronikerinnen können sich zur Technikerin oder Meisterin weiterqualifizieren. Für Arzt- und Zahnarzthelferinnen aber beispielsweise gibt es keine vergleichbaren Abschlüsse. In diesen beiden Berufen zusammen aber wird immerhin jedes 5. Mädchen ausgebildet, das innerhalb des dualen Systems eine Lehre macht. Hinzu kommen die vielen, schwer zu systematisierenden Mädchen-Ausbildungen an den Berufsfach- und Fachschulen. Häufig erhalten Mädchen dort nur eine zweitklassige Ausbildung: Sie lernen meist nur 2 anstelle von 3 oder 3 ½ Jahren, und ihr Abschluss ist lediglich landesrechtlich, nicht aber bundesweit anerkannt. Für viele junge Frauen ist die berufsfachschulische Ausbildung nur ein Umweg und sie nehmen anschließend noch eine weitere Lehre im dualen System auf.

Manche Leser/innen mag es irritieren, wenn ich für eine Öffnung scheinbar so unmodern gewordener Metall- und Elektroberufe für Mädchen plädiere, geht der Trend doch in Richtung Dienstleistungsgesellschaft. Ausführlich werde ich mich im Abschnitt 3.5 mit den Arbeitsmarktchancen von Frauen mit solchen Berufen beschäftigen. An dieser Stelle sei vorweggenommen, dass etliche Tätigkeiten, die im Dienstleistungssektor ausgeübt werden, eine gewerblich-technische Ausbildung erfordern (bspw. im Bereich des Verkehrs, der Kommunikation und auch des Gesundheitswesens). Bürofachkräfte dagegen sind häufig im produzierenden Gewerbe anzutreffen. Die Systematik der Volkswirtschaftlichen Gesamtrechnung lässt sich nicht so ohne weiteres auf die Klassifizierung der Berufsbildungsstatistik übertragen. Und außerdem hat das produzierende Gewerbe trotz des zunehmenden Anteils der Dienstleistungen immer noch ein erhebliches Gewicht. Von den 622.967 im Jahr 2000 neu besetzten Ausbildungsplätzen im dualen System entfielen allein mehr als 1/5 auf metall- und elektrotechnische Berufe, obwohl insbesondere in der Industrie die Ausbildungsbereitschaft seit Jahren zurückging. An diesen Ausbildungsmöglichkeiten haben Mädchen bisher kaum teil.

Anfang der 1980er Jahre gab es verschiedene Maßnahmen zur Verbreiterung des Berufs- und Berufswahlspektrums für Mädchen. Deren Erfolge blieben im Hinblick auf die Vergrößerung des Mädchenanteils in chancenreichen Jungenberufen recht bescheiden. Aber vielfach waren diese Maßnahmen sowieso lediglich als symbolische Politik gedacht. Zu einigen wurden Evaluationen gar nicht erst durchgeführt. Wenn entsprechende Studien vorlagen, blieben sie vielfach bei nachfolgenden Politiken unbeachtet. Mit der konservativen Wende der Frauenpolitik nach dem Bonner Regierungswechsel 1982, die einherging mit einer zunehmenden Betonung der Differenz zwischen Frauen und Männern nicht nur von Seiten konservativer Regierender, sondern auch der Frauenbewegung, verlagerte sich der Blick zunehmend auf die Mädchen. Ausgehend von der Annahme eines essentiellen Andersseins von Mädchen gegenüber Jungen, hieß es in den späten 1980er und in den 1990er Jahren entweder, „Mädchen sollen Mädchen bleiben", wie mir einmal eine Mitarbeiterin eines – grünen (!) – Frauenministeriums entgegnete, oder es wurde von „anderen Zugangsweisen" von Mädchen zur Technik und insbesondere zu Computern ausgegangen, deren popularisierte Versionen zuweilen den Eindruck erweckten, „als handle es sich bei der Zugangsweise der subjektiven Eva zum Computer-Kasten im wahrsten Sinne des Wortes um eine Beziehungskiste" (Lenz zit. n. Knapp 1989: 223). Die Institutionen und Organisationen der Berufswahlunterstützung gerieten derweil immer mehr aus dem Blick.

Eine der Ursachen für die Zentrierung vieler bisheriger Studien auf das Verhalten von Mädchen und die Ausblendung des Einflusses politischer Prozesse und Strukturen ist die disziplinäre Verankerung vieler Autoren/innen in der Soziologie und in den Erziehungswissenschaften. Folgenreich war vor allem der lange Zeit in der Frauenbewegung und in der Frauenforschung dominierende Differenzansatz: Wenn davon ausgegangen wird, dass Mädchen und Jungen sich essentiell unterscheiden, liegt es nahe, nach den Ausprägungen dieser Unterschiede und den Besonderheiten von Mädchen zu suchen. Wenn aber davon ausgegangen wird, dass die Zweigeschlechtlichkeit eine soziale Konstruktion ist, stellt sich die Frage, von wem, wie und wodurch konstruiert wird.

Die Soziologie, in der die Diskussion um die soziale Konstruktion der Zweigeschlechtlichkeit vorrangig geführt wird, stellt die zwischenmenschlichen Interaktionen und die Bedeutung kultureller Normen in den Vordergrund. Nur ganz selten gibt es Hinweise, dass auch die Politik und somit der Staat eine Rolle spielen könnten. So weist beispielsweise Joan Acker (1990), eine der Begründerinnen der These einer sozialen Konstruktion der Zweigeschlechtlichkeit, auf die Einschreibung hierarchischer Zweigeschlechtlichkeit in die Regeln und Verfahrensweisen von Organisationen hin, ohne aber diesem Gedanken weiter nachzugehen. Die Politikwissenschaftlerin Eva Kreisky (1992) brachte aus der Blickrichtung der feministischen Staatstheorie den schönen Begriff der „feministischen Institutionenarchäologie" in die Diskussion ein. Das in die staatlichen Institutionen eingelassene „Männliche" müsse freigelegt werden. In diesem Sinne „grabe" ich in der Institution „Berufsberatung". Anders aber als Eva Kreisky geht es mir nicht ausschließlich um die Suche nach dem Männlichen und Männerbündischen, sondern um die Freilegung jedweder Faktoren, die maskulinistisches geschlechtersegregierendes Handeln zum Ergebnis haben oder die – umgekehrt – eine Förderung von Mädchen begünstigen. Dazu knüpfe ich an Diskussionen um politische Institutionen an, die im Mainstream der Politikwissenschaft gegenwärtig vermehrt geführt werden, und stütze mich auf Ergebnisse der Policy-Analyse, des Neuen Institutionalismus und der Theorie politischer Institutionen. Ich verknüpfe Erkenntnisse der Berufsbildungsforschung, der politikwissenschaftlichen Institutionen- und Policy-Analyse und der Geschlechterforschung:

- Berufsbildungsforschung beschäftigt sich vornehmlich mit erziehungswissenschaftlichen Fragen und daneben mit sozioökonomischen Entwicklungen, beispielsweise zum Ausbildungsbedarf, kaum aber mit Politik (DFG 1990).
- Im Mainstream der Politikwissenschaft sind Diskussionen über die Rolle politischer Institutionen zwar modern geworden, Politikwissenschaft beschäftigt sich aber kaum mit Berufsbildung und bislang auch wenig mit Geschlechterfragen.
- Zu Geschlechterfragen liegt aus der Berufsbildungsforschung mittlerweile eine ganze Reihe von Arbeiten vor. Vornehmlich knüpfen sie an erziehungswissenschaftliche und soziologische Theorien an. Politikwissenschaftliche Geschlechterforschung ist dagegen noch jung. Politische Institutionen waren bisher selten Gegenstand feministischen Interesses und mit Policy-Analysen beschäftigen sich Geschlechterforscher/innen erst seit kurzem.

Im folgenden Kapitel werde ich meine aus einer Synthese von Paradigmen der Frauenforschung, der feministischen Staatstheorie, der Theorie politischer Institutionen und des Neuen Institutionalismus gewonnenen Forschungsfragen und methodischen Zugangsweisen vorstellen. Erkenntnisse aus der Berufsbildungs- und Geschlechterforschung bilden den Hintergrund, an dem ich das Handeln der Berufsberatung spiegele. Aus der Sicht des „akteurzentrierten Institutionalismus" ist es generell nötig,

„der vom Akteur selbst wahrgenommenen und insofern direkt handlungsprägenden Situation ... die von einem hypothetischen, über mehr Informationen verfügenden Beobachter gesehene ‚reale' Situation" gegenüberzustellen (Mayntz/Scharpf 1995a: 60).

Auf die „reale" Situation, die Rahmenbedingungen berufsberaterischen Handels, gehe ich im dritten Kapitel ein. Die Geschlechterordnung der Bundesrepublik sieht unterschiedliche Aufgaben für Männer und Frauen vor. Wie ich zeigen werde, dominierte auch in der DDR das Leitbild der Geschlechterdifferenz. Geschlechterleitbilder aber haben Konsequenzen für die Beratung von Mädchen. Dominiert das Leitbild der Geschlechterdifferenz, wird die Entscheidung von Mädchen zugunsten von Mädchenberufen nicht hinterfragt, sie erscheint als etwas „Natürliches". Dabei zeigen Ergebnisse von Modellversuchen und anderen Projekten, dass Mädchen sich durchaus für eine geschlechtsuntypische Ausbildung gewinnen lassen und dass Facharbeiterinnen in Männerberufen erfolgreich sind.

Meine empirischen Ergebnisse habe ich in zwei Kapitel gefasst. Im vierten Kapitel geht es um die allgemeine Geschlechterpolitik der Berufsberatung, vorrangig um Analysen der Vorgaben der Nürnberger Hauptstelle der Bundesagentur für Arbeit, die für die einzelnen Berufsberatungen den Handlungsrahmen abgeben. In der Nürnberger Hauptstelle spielt der Denkstil einer essentiellen Differenz zwischen den Geschlechtern eine erhebliche Rolle und zwar über Jahrzehnte hinweg und unabhängig von den politischen Mehrheiten auf der Bundesebene. Gleichzeitig aber erklärt die Bundesagentur die Erweiterung beruflicher Perspektiven für Mädchen zur „geschäftspolitischen Leitlinie" (BA, Arbeitsmarktreport 1995: 1510). Welche dieser sich widersprechenden Vorgaben dominiert in den einzelnen Berufsberatungen? Im fünften Kapitel werde ich herausfiltern, welche Faktoren zur Vorherrschaft der einen oder anderen Leitlinie beitragen. Die Basis dieses Kapitels sind von mir durchgeführte Fragebogenerhebungen und Interviews in zwölf Amtsbezirken. Für mich selbst überraschend war, dass die Haltungen und Meinungen des jeweiligen Personals erstaunlich wenig Bedeutung haben: Entscheidend ist vielmehr das Zusammenspiel von Aktivitäten anderer in der jeweiligen Region arbeitenden Organisationen mit innerorganisatorischen Besonderheiten der einzelnen Ämter.

Im sechsten Kapitel schließlich geht es darum, was verändert werden müsste, wenn Mädchen zu gleichen Rechten kommen sollen und darum, welche Erkenntnisse aus meiner Studie die Frauenforschung und die Politikwissenschaft ziehen kann: M.E. ist es an der Zeit, dass die Berufsberatung ihre Vorgehensweisen und Unterrichtungsmaterialien überprüft. Sie sollte sicherstellen, dass Jugendliche nicht nur – wie bisher – ihre eigenen Fähigkeiten und Neigungen entdecken können, sondern dass sie auch über die Vor- und Nachteile einzelner Berufe unterrichtet werden. Vor allem wäre die einseitige Beeinflussung des Wissens der Beratungsfachkräfte aufzugeben, Aus- und Fortbildung wären zu pluralisieren, um so die Chancen einer gegenseitigen Ergänzung und Bereicherung innerhalb einzelner Ämter und ämterübergreifend zu nutzen. Ebenso wichtig erscheint mir, dass die Medien, die die Bundesagentur den Jugendlichen zur Verfügung stellt, vom Geschlechterleitbild der unterschiedlichen Zuweisung gesellschaftlicher Aufgaben an Frauen und Männer entrümpelt werden. Schließlich haben Mädchen später nur dann eine wirkliche Wahl zwischen Familien- und Berufsarbeit, wenn sie einen Beruf haben, der auf dem Arbeitsmarkt nachgefragt wird und der ihnen ein ausreichendes Einkommen sichert! Die soziologische Theorie verweist auf die Konstruktion der hierarchischen Zweigeschlechtlichkeit in alltäglichen, zwischenmenschlichen Interaktionen und darüber hinaus auf deren Verknüpfung mit der bestehenden Sozialstruktur. Meine Arbeit ist ein Beleg für die These, dass die Sozialstruktur keinesfalls als etwas angesehen werden kann, was „immer schon da ist", sondern dass politische Institutionen wie die Berufsberatung der Bundesagentur für Arbeit – und nicht nur die Gesetzgebung – kräftig an deren Ausformung mitwirken. Die Möglichkeiten dazu hat die Berufsberatung, weil der Staat die Verantwortung für ihr Handeln an tripartistisch aus Arbeitgeberverbänden, Gewerkschaften und öffentlichen Körperschaften besetzte Gremien delegiert hat, weil unterschiedlich zusammengesetzte Gremien auf unterschiedlichen Ebenen agieren und letztlich niemand mehr die Arbeit kontrolliert. Die Exekutive kreiert ihre eigenen Regeln und kümmert sich dabei wenig um die Vorgaben der Politik: Die Berufsberatung ist – wie March und Olsen (1984: 738) für politische Institutionen konstatierten – ein „actor in her own right". Dabei stellen binnenorganisatorische Maßnahmen sicher, dass sich die Norm der Geschlechterdifferenz durchsetzt, selbst wenn die individuelle Haltung der Mitarbeiter/innen dazu, welche Berufe Mädchen erlernen sollten, eine andere ist. Die Leitidee der Organisation prägt die Binnenstruktur und sie prägt die Maßnahmen, mit denen die Organisation als politische Institution ihrer Aufgabe der Orientierung und Sozialisation „des Volkes" nachkommt. Dabei sind in den Orientierungsleistungen politischer Institutionen nicht die Normen der Gesellschaft als Ganzes repräsentiert, sondern immer nur die Normen von Teilen der Gesellschaft. Das macht die Fähigkeit politischer Institutionen – und eben auch der Berufsberatung der Bundesagentur – aus, durch Symbole zu steuern. Steuerung durch Symbole ist bei der Berufsberatung sogar ein wesentliches Mittel. Mit weiblichen Konnotationen aufgeladene Berufsbeschreibungen treffen auf den Resonanzboden „weibliche Adoleszenz". Sie geben den Mädchen in dieser stürmischen Lebensphase, in der sie sich für einen Beruf entscheiden müssen, die Sicherheit mit der Wahl eines solchen Berufes Weiblichkeit ausstrahlen zu können.

Durchbrochen wird diese Politik der Geschlechterdifferenz in den Berufsberatungen, wo das Personal sich mit anderen Geschlechterleitbildern auseinandersetzen muss. Ob aber die „Organisationsumwelt" in die Berufsberatung hineinwirkt oder nicht, ist wiederum von binnenorganisatorischen Bedingungen abhängig. In meinem Sample gibt es per Zufall das wunderbare Beispiel, dass in zwei Amtsbezirken Großbetriebe der Automobilherstellung aktiv um Mädchen für eine Ausbildung in metall- und elektrotechnischen Berufen werben. Der eine Amtsbezirk hat in diesen Berufen eine hohe Mädchenquote aufzuweisen, der andere eine niedrige: Die Ursachen dieses Unterschieds sind also nicht auf das Organisationsumfeld und im Übrigen auch nicht auf die Haltungen und Meinungen des jeweiligen Personals zurückzuführen, sondern auf die spezifische Arbeitsorganisation in den Berufsberatungen.

Den Blick aufs Ganze gewendet zeigt meine Untersuchung, dass der bundesdeutsche Staat kein Männerbund ist (wie Eva Kreisky behauptet) und auch keine Aneinanderreihung diskursiver Foren (wie Rosemary Pringle und Sophie Watson meinen). Aber in den Strukturen der Exekutive – jedenfalls der Berufsberatung der Bundesagentur – ist ein patriarchales Geschlechterleitbild verankert. Dieses filtert politische Absichten und wirkt in die Politikgestaltung zurück: „patriarchy is embedded in procedure, in the state's way of functioning" (Connell 1990: 517). Nicht die Mädchen streben vorrangig schlecht bezahlte Berufe an, sondern die Berufsberatung der Bundesagentur für Arbeit handelt maskulinistisch.

2 Konstruktion des Weiblichen durch politische Institutionen

Politische Institutionen sind „actors in their own right", wenngleich nicht sie, sondern ihre Mitarbeiter/innen handeln. In einem Feld, wo u.a. psychologische Dispositionen individueller Jugendlicher, der jeweilige örtliche Ausbildungsstellenmarkt, die Wünsche von Eltern, die Einwirkungen lokaler Verbände und Interessengruppen eine Rolle spielen, ist die Responsabilität des Handelns der einzelnen Berater/innen kaum überprüfbar. Sie handeln, wie sie es in der jeweiligen Situation für richtig halten, knüpfen an Althergebrachtem an und nehmen gleichzeitig Neues auf. Wie aber erreichen soziale Normen – und deren Veränderungen – die Berufsberatung? Sind sie „hausgemacht", beispielsweise durch eine entsprechende Personalauswahl und durch Aus- und Fortbildung, oder werden sie von außen hineingetragen? Wie ich im empirischen Teil der Arbeit zeigen werde, spielt beides eine Rolle. Während aber zur Aufbereitung von Ersterem eine organisationssoziologische Analyse hinreicht, wird es bei der Analyse der Einwirkungen von außen höchst kompliziert. Diesem Zusammenwirken verschiedener staatlicher und staatsnaher Organisationen widmet sich der politikwissenschaftliche Neue Institutionalismus.

„Der Begriff der Institution ist im alltäglichen wie im sozialwissenschaftlichen Sprachgebrauch ein Chamäleon" schrieb Günther Schmid 1989. In meiner Arbeit schließe ich mich der Definition von Gerhard Göhler an, der unter „politischen Institutionen" etwas „zum Anfassen" versteht. Er unterscheidet zwischen politischen Institutionen „ohne Personen" und solchen „mit Personen". Als Beispiel für erstere benennt er die Verfassung. Politische Institutionen grenzt er wie folgt von sozialen Institutionen ab:

„Soziale Institutionen sind relativ auf Dauer gestellte, durch Internalisierung verfestigte Verhaltensmuster und Sinngebilde mit regulierender und orientierender Funktion. Institutionen sind relativ stabil und damit auch von einer gewissen zeitlichen Dauer, ihre Stabilität beruht auf der temporären Verfestigung von Verhaltensmustern. Sie sind soweit verinnerlicht, dass die Adressaten ihre Erwartungshaltung, bewußt oder unbewußt, auf den in ihnen festgehaltenen und von ihnen ausgedrückten Sinn ausrichten. Institutionen sind prinzipiell überpersönlich und strukturieren menschliches Verhalten; sie üben insoweit eine Ordnungsfunktion aus" (Göhler 1994: 22; vgl. ders. 1997b: 26).

„Politische Institutionen sind Regelsysteme der Herstellung und Durchführung verbindlicher, gesamtgesellschaftlich relevanter Entscheidungen und Instanzen der symbolischen Darstellung von Orientierungsleistungen einer Gesellschaft. Als solche sind sie sowohl festgelegter Rahmen als auch geronnene Muster des Handlungsraums Politik" (Göhler 1997b: 26).

Politische Institutionen steuern durch Gebote, Verbote und Anreize. Ihre Entscheidungen sind gesamtgesellschaftlich relevant. Auch geben sie den Bürgern/innen Orientierungen im Hinblick auf anzustrebende Werte und Ordnungsprinzipien, nicht zuletzt weil in ihren Kulturen, sozialen Strukturen und Routinen soziale Institutionen eingelassen sind.

„Die grundlegenden Wertvorstellungen und Ordnungsprinzipien eines Gemeinwesens werden durch Symbole sichtbar gemacht und für die Bürger präsent gehalten: das ist die Symbolbeziehung in der Politik. Das Handeln der Politiker, die Inhalte und Entscheidungen der Politik, vor allem aber ... die politischen Institutionen haben neben der Steuerungsleistung auch eine symbolische Dimension, nämlich die symbolische Darstellung der ihnen zugrunde liegenden Wertvorstellungen und Ordnungsprinzipien" (Göhler 1997b: 24).

Diese Definition „politischer Institutionen" knüpft an den „alten" Institutionalismus der Politikwissenschaft, an die Lehre von den Aufgaben staatlicher Organisationen, an. Gleichzeitig aber bezieht er die Bedeutung kultureller Normen und Erwartungen als immanente Bestandteile politischer Institutionen mit ein. Lothar Beyer u.a. (1994), die sich im Hinblick auf öffentliche Verwaltungen mit der Frage der Abgrenzung zwischen Organisationen und Institutionen beschäftigen, sehen – in Anlehnung an Gerhard Göhler – den Unterschied im „Mehr" einer politischen Institution, nämlich in ihrer Orientierungsfunktion:

„Die Verwaltungsorganisation als Institution erfüllt wesentliche Funktionen für die politische Ordnung der Gesellschaft, indem sie einen Ausgleich zwischen organisiert und zweckgerichtet handelnden Akteuren und gesellschaftlichen Anforderungen herstellt. Das institutionelle Gepräge beeinflußt das Verhalten der Organisationsmitglieder; die Organisation als Institution wirkt auf das Verhalten der ihr zugeordneten gesellschaftlichen (Teil-) Öffentlichkeit und integriert diese" (Beyer u.a. 1994: 262).

Wird diese Definition zugrundegelegt, ist die Berufsberatung zweifelsohne eine politische Institution: „Berufsorientierung" gehört sogar explizit zu ihren gesetzlichen Aufgaben.

Im Gegensatz zum Mainstream der Politikwissenschaft gerieten politische Institutionen in der Frauenforschung bisher kaum ins Blickfeld. Die Frauenforschung konzentrierte sich lange Zeit auf die Suche nach der spezifisch weiblichen Identität, nach der „‚wahren' oder ‚wirklichen' Differenz" (Gildemeister/Wetterer 1992: 209). Damit war sie politikwissenschaftlichen Fragestellungen wenig zugänglich. Mit deutlicher Verspätung gegenüber der anglo-amerikanischen vollzog die hiesige Frauenforschung erst in den 90er Jahren einen Paradigmenwechsel hin zum Theorem einer sozialen Konstruktion der hierarchischen Zweigeschlechtlichkeit (u.a. Acker 1990, Scott 1986, Gildemeister/Wetterer 1992) und schließlich zur Erkenntnis, dass dem Geschlecht selbst der Status einer sozialen Institution zukommt (Lorber 1994). Erst dieser Wechsel der Sichtweise erlaubt meines Erachtens politikwissenschaftliche empirische Analysen der Geschlechterverhältnisse, die über deskriptive und zudem häufig „viktimisierende" Aufbereitungen (Kulawik/

Sauer 1996: 20) hinausgehen. In der Übersicht 1 gebe ich einen Überblick über die einbezogenen Theorien und Forschungsheuristiken und deren Bezüge. In der Übersicht 2 werden aus diesen Theorien und Heuristiken ableitbare – höchst widersprüchliche – Thesen angeführt, deren Begründungen ich in diesem Kapitel diskutiere und die ich im vierten und fünften Kapitel empirisch überprüfen werde.

Übersicht 1:
Verbindungslinien der theoretischen Zugänge

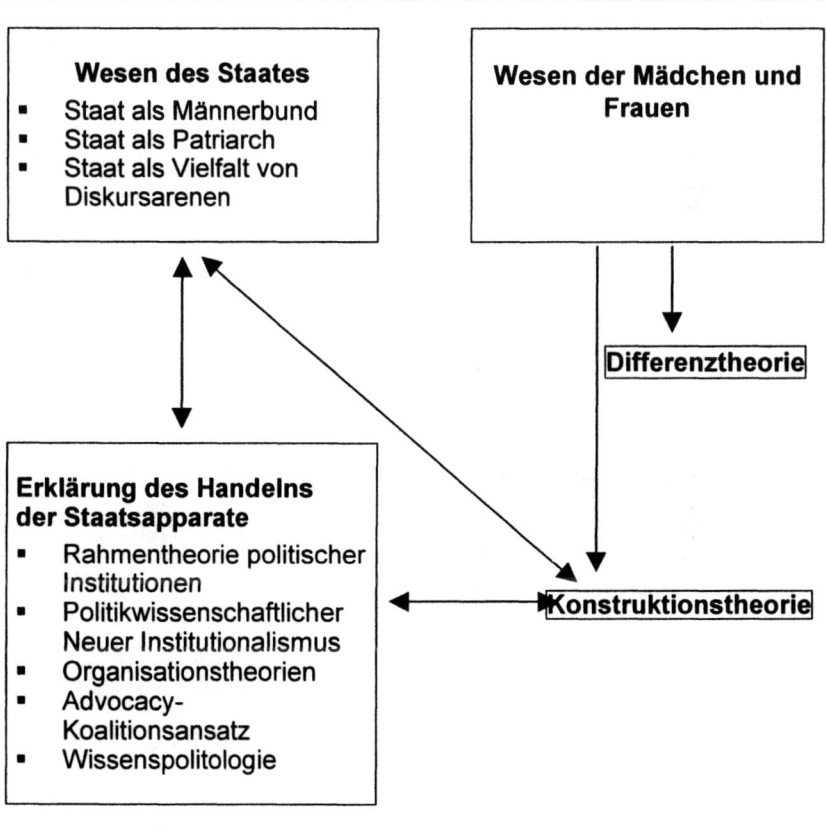

Übersicht 2:
Erkenntnisdimensionen der theoretischen Erörterungen

Theorien und Heuristiken	Daraus abzuleitende Thesen
Staatstheorien	• Die Berufsberatung ist ein Männerbund • Die Berufsberatung handelt maskulinistisch • Die Berufsberatung ist eine ergebnisoffene Diskursarena
Differenztheorie	• Bestimmte Berufe entsprechen den Bedürfnissen der Mädchen und andere denen der Jungen
Konstruktionstheorie	• Die Berufsberatung wirkt an der Aufrechterhaltung, Verstärkung oder dem Abbau der Geschlechterhierarchie entscheidend mit.
Rahmentheorie politischer Institutionen	• Die Orientierungsleistung der Berufsberatung folgt einer geschlechterpolitischen Leitidee. • Mit Hilfe von Symbolen bietet die Berufsberatung den Jugendlichen einen Orientierungsrahmen an.
Politikwissenschaftlicher Neuer Institutionalismus	• Eine Vielzahl innerorganisatorischer Faktoren wirkt auf das Handeln der Berufsberatung ein. U.a.: historische Prozesse, der Zeitpunkt des Auftretens eines Problems, die Normen und deren Inkonsistenzen, das Personal, die Bedeutung von Symbolen, Ritualen und Zeremonien. • Hinzu kommen die Einflüsse des Umfeldes, insbesondere des sozio-ökonomischen Handlungsraumes: die Betriebe, Schulen, Eltern und Jugendlichen. • Die Berufsberatung ist als Organisation ein „actor in her own right". • Institutionelle Faktoren der Bundesagentur können die Handlungen der Berufsberater/innen entweder stimulieren, ermöglichen oder restringieren. • Die Handlungsorientierungen der Berufsberater/innen sind teilweise durch die Bundesagentur für Arbeit geprägt und zugleich auch durch individuelle, kontextabhängige Eigenschaften.
Organisationstheorien	• Die geschlechterpolitische Leitidee der Berufsberatung ist in deren Kultur, in den sozialen Strukturen und Routinen mediatisiert.
Advocacy-Koalitionsansatz	• Aufgrund gemeinsamer Kernüberzeugungen von Mitarbeitern/innen der Berufsberatung kommt es zu Koalitionsbildungen innerhalb der einzelnen Agenturen und mit Mitgliedern anderer Organisationen.
Wissenspolitologie	• Die Berufsberatung steuert das Verhalten ihrer Mitarbeiter/innen, indem sie deren Wissen beeinflusst.

Als Erstes werde ich herausarbeiten, welche Erklärungsmomente die feministische Staatsdiskussion für die Segmentation in zwei hierarchisch angeordnete Geschlechter mittlerweile liefert. Ziel dieser Diskussion ist es, relevante und gleichzeitig Extrempositionen vertretende Theorien vorzustellen, an denen ich dann später meine empirischen Ergebnisse spiegeln kann. Mit der Kritik dieser Theorien arbeite ich gleichzeitig die Bedeutung meines eigenen institutionalistischen Ansatzes heraus. Im Anschluss daran werde ich auf die zwei sich widersprechenden Ansätze der Frauenforschung eingehen, die in den letzten Jahrzehnten nicht nur die Forschung, sondern auch die Frauenpolitik geprägt haben: In den 80er Jahren herrschte der Differenzansatz vor, der noch heute das Denken vieler Praktikern/innen dominiert und der u.a. in Alltagstheorien zur Berufswahl von Mädchen eingegangen ist. Der zweite Ansatz ist der einer „sozialen Konstruktion von Geschlecht", der sich durch Verknüpfung mit dem anschließend behandelten politikwissenschaftlichem Neuen Institutionalismus zur These einer gesellschaftlichen Konstruktion der Zweigeschlechtlichkeit erweitern lässt. Anschließend werde ich vertiefter auf den Einschluss sozialer Institutionen und auf deren Bedeutung innerhalb von Advocacy-Koalitionen und in Verhandlungssystemen sowie für das Organisationslernen und die Adaption von Wissen eingehen. Den Abschluss dieses Kapitels bilden die Vorstellung und Systematisierung meiner Untersuchungsfragen.

2.1 Geschlecht in der feministischen Staatstheorie

Der Differenzansatz sucht nach der „wahren" Verschiedenheit der Geschlechter. Die Literatur zur sozialen Konstruktion der Zweigeschlechtlichkeit dagegen verortet deren Herstellung und Reproduktion in face-to-face-Interaktionen (vgl. Abschnitt 2.2). Dieser Literatur wiederum stehen Analysen zu den Auswirkungen staatlicher Policies gegenüber, die mittlerweile in der Wohlfahrtsstaatsforschung zu Modellen der Geschlechterordnung verdichtet wurden (vgl. Abschnitt 3.3) und die sich zu „institutionelle(n) Alternativen einer gerechten und effizienten Abeitsmarktorganisation" – so der Titel eines Aufsatzes von Günther Schmid (1994) – (um-)gruppieren lassen. In der beschreibenden Variante des Bestehenden aber bleiben „genuin politikwissenschaftliche Fragestellungen nach Machtbildungsprozessen, beteiligten Akteuren sowie politischen Institutionen tendenziell ausgespart" (Kulawik 1998: 293); Segregations- und Stratifikationsphänomene erscheinen nur noch als Resultate „sich selbst steuernder ökonomisch und kulturell bestimmter Arbeitsteilung" (ebd.: 294). Die Ursache dieser Beschränkung der Diskussion scheint mir in deren Verankerung in der Soziologie zu gründen. In letzter Zeit verweisen zwar einige namhafte Soziologinnen verstärkt darauf, dass eine Historisierung und Kontextualisierung der Genderingprozesse vonnöten sei (Gottschall 1998, Teubner/Wetterer 1999, aber auch schon Knapp 1992 u. Becker-Schmidt 1993) und dass die feministische Theorie „– nach dem mikrosoziologischen und poststrukturalistischen Boom der 80er und 90er Jahre – makrosoziologische Dimensionen der Gesellschaftsentwicklung nicht länger vernachlässigen kann" (Knapp/Wetterer 2001: 12). Helga Krüger (2001b) beispielsweise weist auf das Zusammenwirken von Face-to-face-Handeln auf der Mikroebene mit Einflüssen geronnener sozialer und ökonomischer Verhältnisse – die sie Institutionen nennt – hin. Zweifelsohne ist dieser Ansatz gut geeignet, um die Relationalität von Lebensverläufen (ihre Untersuchungsfrage) aufzuzeigen. Der Ansatz greift aber zu kurz, wenn es um die Entwicklung von Strategien geht, mit denen die zu „Institutionen" geronnenen sozialen Verhältnisse wie das Bildungssystem, der Arbeitsmarkt, die Verrentung, die Organisationen der Kinder- und Altenpflege etc. absichtsvoll verändert werden können. Hier gilt es, den Analysen ein „politologisches Plus" hinzuzufügen und die „machinery of government", deren Fähigkeit die Geschlechterverhältnisse zu regulieren (Connell 1990), in den Blick zu nehmen.

Die politikwissenschaftlich-feministische Theoretisierung des Staates könnte hier wichtige Erkenntnisse liefern. Sie aber befindet sich trotz der in jüngster Zeit zunehmenden Zahl an Aufbereitungen[1] noch in den Anfängen.[2] Zurückzuführen ist diese Lücke sicherlich auf die „Verspätung" feministischer Politikwissenschaft. Der Arbeitskreis „Politik und Geschlecht" in der Deutschen Vereinigung für Politische Wissenschaft konstituierte sich erst 1991, mithin 15 Jahre später als die Parallelgruppe in der Soziologie. Die Ursachen dieses Rückstandes waren vielfältig. Neben der Dominanz des Differenzansatzes in der Frauenforschung, der das Wesen von Frauen thematisierte und damit zu einer mangelnden Kohärenz der Frauenforschung mit dem Glossar der Politikwissenschaft führte, sowie der Ignoranz der Disziplin gegenüber Frauenfragen spielte auch die Staatsfeindlichkeit der Frauenbewegung eine Rolle. Das Streben nach Autonomie – ein besonderes Kennzeichen der bundesdeutschen Frauenbewegung[3] – meinte nicht nur die Befreiung von Herrschaft und Bevormundung durch Männer, sondern vor allem auch die

---

1   Vgl. u.a. für den deutschen Sprachraum: Kulawik/Sauer Hg. 1996, Seemann 1996, Kerchner/Wilde Hg. 1997, Sauer 2001a u. b.
2   In einer 1994 für die Deutsche Forschungsgemeinschaft gefertigten Synopse der „wichtigsten Themen und Diskurse" der Frauenforschung (Gerhard 1994: 13) kommt der Staat bezeichnenderweise gar nicht erst vor; mehr noch, die Politikwissenschaft fehlt weitgehend. Nur ein einziger der Beiträge kann der Politikwissenschaft zugeordnet werden. Dort wird aber nicht etwa über den Stand feministischer Forschung in der Disziplin berichtet, sondern lediglich zur Durchführung von Policy-Analysen aufgefordert (Pappi/Ostner 1994).
3   Rosemary Pringle und Sophie Watson berichteten allerdings auch von einem „'against the state' discourse" in Großbritannien (1992: 59).

Unabhängigkeit von bestehenden, als patriarchal gekennzeichneten Organisationen und Parteien (Gerhard 1994; 14, Ferree 1996): Ein Staat, den es ohnehin abzuschaffen galt, konnte schwerlich zum zentralen Thema werden (Seemann 1996: 26). Selbst als in den 80er und 90er Jahren längst Frauenbeauftragte und Gleichstellungstellen institutionalisiert waren und feministische Projekte öffentliche Gelder einforderten und erhielten, erschien, wie Barbara Holland-Cunz (1996a: 170) schreibt, „die Analyse einer politischen Praxis, die jede genau zu kennen glaubt, ... als überflüssiges Unterfangen".

Birgit Seemann (1996) benennt zwei analytische Hauptzugänge, die sich aus der deutschsprachigen Literatur erschließen lassen: „einerseits eine von der ‚Armuts-‘ bzw. ‚Sozialen Frage‘ ausgehende, materialistische Perspektive, andererseits eine die ‚Gewaltfrage‘ bzw. Kriegs- und Friedensursachen fokussierende, sozialpsychologisch und kultursoziologisch fundierte Ausrichtung" (1996: 120). Die erste Perspektive gerät leicht zur Objektivierung und Viktimisierung: Frauen sind die Opfer eines von Männern und männlichen Werten beherrschten Staates. Die zweite Perspektive birgt die Gefahr einer Essentialisierung der Geschlechterunterschiede und einer normativen Überhöhung: „Männliche" Gewalt steht „weiblicher" Friedfertigkeit gegenüber. Für den englischen und skandinavischen Sprachraum konstatiert Anette Borchorst (1999) zwei andere Stränge feministischer Staatsanalysen: die marxistische englischer und amerikanischer Autorinnen der 1970er und frühen 1980er Jahre und die vornehmlich skandinavische Theoretisierung des Wohlfahrtsstaates in den 1980er und 1990er Jahren. Wie oben bereits angemerkt, geht es der Wohlfahrtsstaatsdiskussion kaum noch um „den Staat", sondern vorrangig um Geschlechter-Policies.

Dem Feminismus mangelt es nicht nur an „einer" Staatstheorie, wie Catharine A. MacKinnon (1989) anmerkte, sondern manche meinen: „feminism does not need a theory of the state" (Allen 1990: 35). Jüngst noch schrieb Anette Borchorst (1999: 99), den meisten Forscher/innen erscheine es heutzutage nutzlos, eine allgemeine feministische Staatstheorie zu entwickeln. Judith Allen hält eine feministische Theoretisierung erst dann für gerechtfertigt, wenn deutlich sei, wie die Frauenunterdrückung eine Funktion einer „größeren Einheit" bilde. Meines Erachtens hat Judith Allen Recht und Unrecht zugleich. „Der Staat" bildet in der Tat eine allzu komplexe Kategorie; wenn aber dem Staat für die Gestaltung der Geschlechterverhältnisse eine zentrale Rolle zukommt, sollte seine Komplexität nicht zu einem vorschnellen Rückzug verleiten (vgl. auch Kulawik/Sauer 1996: 34).

Einen hilfreichen theoretischen Rahmen hat meines Erachtens Robert W. Connell (1990 519ff.) entwickelt. Seine zentralen Thesen sind:

"1. The state is constituted within gender relations as the central institutionalization of gendered power. Conversely, gender dynamics are a major force constructing the state, both in the historical creation of state structures and in contemporary politics. ...
2. As a result of this history the state is a bearer of gender (though in a much more complex way than ideas of the ‚male state' suggest). Each empirical state has a definable ‚gender

regime' that is the precipitate of social struggles and is linked to – though not a simple reflection of – the wider gender order of the society. ...

3. The way the state embodies gender gives it cause and capacity to ‚do' gender. As the central institutionalization of power the state has a considerable, though not unlimited, capacity to regulate gender relations in the society as a whole. ...

4. The state's power to regulate reacts on the categories that make up the structure being regulated. Thus the state becomes involved in the historical process generating and transforming the basic components of the gender order. ...

5. Because of its power to regulate and its power to create, the state is a major stake in gender politics; and the exercise of that power is a constant incitement to claim the stake. Thus the state becomes the focus of interest-group formation and mobilization in sexual politics. ...

6. The state is constantly changing; gender relations are historically dynamic; the state's position in gender politics is not fixed. Crisis tendencies develop in the gender order, which allow new political possibilities."

Bezogen auf die „kleine Einheit" Berufsberatung ergeben sich hieraus eine Reihe von Fragen: (1) Wie wirkt die Berufsberatung in die Geschlechterverhältnisse hinein und welchen Einfluss hat die Frauenbewegung auf die Berufsberatung? (2) Welches Geschlechterleitbild liegt der Arbeit der Berufsberatung zugrunde? (3) Wie ist die Geschlechterordnung innerhalb der Berufsberatung „verkörpert"? (4) Welche Möglichkeiten hat die Berufsberatung, Geschlechterverhältnisse zu regulieren? (5) Welche Interessengruppen wirken wie auf die Berufsberatung ein? (6) Welche Veränderungen hat es in der Vergangenheit in der Geschlechterpolitik der Berufsberatung gegeben? Zu berücksichtigen ist dabei, dass (auch) die Berufsberatung in „historisch sedimentierte machtvolle Netzwerke" eingebunden ist, ein Aspekt auf den schon Helga Hernes (1986) und Gerda Neyer (1996) hingewiesen haben und der auch von Birgit Sauer (2001b: 56) erneut hervorgehoben wird.

Ich werde mich im Folgenden zunächst mit Eva Kreiskys Theorem des Staates als „Männerbund" auseinandersetzten. In der Berufsbildung sind korporative Strukturen besonders bedeutsam. In einem anschließenden Abschnitt stelle ich deshalb das feministische Konzept des Staates als „Reihe diskursiver Arenen" vor und spiegele es an Erkenntnissen des Mainstreams der Politikwissenschaft zum Korporatismus. Anschließend geht es um die Patriarchatsthese, die von der Mehrheit der Frauenforschung schon vor langer Zeit „zu den Akten" gelegt wurde, von anderen aber, wie ich meine zu Recht, neuerdings wieder thematisiert wird. Zum Schluss werde ich die Ergebnisse dahingehend zusammenfassen, dass ich das soziologische Theorem einer sozialen Konstruktion der Zweigeschlechtlichkeit um die These einer politischen Konstruktion erweitere.

Staat als Männerbund

Das von Eva Kreisky entwickelte Theorem eines männerbündischen Staates schien lange Zeit „der einzig relevante und vielerorts diskutierte Ansatz zum Verhältnis von Staat und Geschlecht in der feministischen Politikwissenschaft hierzulande" zu sein (Holland-Cunz 1996b: 9). Eva Kreiskys Verdienst ist es, dass sie das Eigenleben staatlicher Institutionen in den Vordergrund rückt. Ihr zufolge hat sich Männlichkeit modellartig in den Staatsapparat eingeschrieben. „Die staatlichen Institutionen erweisen sich als sedimentierte männliche Interessen und männliche Lebenserfahrung". Männlichkeit sei nicht nur gesellschaftlich konstruiert, „sondern sie konstruiert auch selbst gesellschaftliche Strukturen" (Kreisky 1992: 53). Die „Männlichkeit" des Staates erklärt Eva Kreisky zum einen aus dem Zeitpunkt seiner Entstehung: Pate für die innere Organisationsform des Staates standen das Militär und die frühe Fabrikorganisation. Die Familie stellte die kongeniale dritte Struktur. „Männliche Superiorität bildete sich auf all diesen Strukturebenen ab" (1990: 196). Die Lebenswelt werde in eine „öffentliche" und eine „private" gespalten; die Frauen bleiben aus der öffentlichen ausgegrenzt.

Männerbünde macht Eva Kreisky vor allem außerhalb des Staatsapparats aus. Die Staatsbürokratie kenne „ein äußerst vielfältiges Berufsumfeld extremer Männerbünde" (1995a: 217). Im Einzelnen verweist sie auf Kartellverbände, Burschenschaften, studentische Korporationen und Freimaurer. „Die Aura des Geheimen und Geheimnisvollen verbirgt die tätigen Männerseilschaften. Die Schutz- und Notgemeinschaft funktioniert. Frauengerechtere Gesetze und Normen werden lasch gehandhabt, unterlaufen, ja überhaupt nicht umgesetzt. Der ‚strukturelle Konservatismus der Bürokratie' ... läßt alle frauenpolitische Reform zur ‚symbolischen Politik' ... verkommen" (1992: 59). „Man kennt einander, man schätzt einander, man hilft einander weiter. Männerfreundschaft ist Lebensfreundschaft" (1995a: 217). Seilschaften und Promotionsbündnisse fänden sich „in einer Art Männerhaus" zusammen, „Kneipe, Pinte, Gasthaus oder Restaurant genannt – und der Initiationsritus ist zumeist mit viel Alkoholkonsum und sexistischen Witzen und Ferkeleien verbunden" (1995: 114 mit Bezug auf Horst Bosetzky). In ihrem wahren Kern seien Männerbünde „ein Kampfprogramm gegen Ängste" (ebd).

In den ersten Arbeiten zum „Staat als Männerbund" war Eva Kreiskys zentrale Frage: „Wer sind diese eigenständigen und beauftragten Fädenzieher im staatlichen Regiezentrum" (ebd.: 147)? In einer neueren Aufbereitung (1997: 172f.) rückt sie das Wie in den Vordergrund und fragt nach der Durchsetzung des Männerbündischen. Sie unterscheidet dabei zwischen „realen Männern" (im physischen Sinne und als Interessenträger) und „symbolischer Repräsentation von Männlichkeit". Die Männlichkeit sei positioniert zwischen den Polen von Wirklichkeit und Schein:

„Die Formulierung und Artikulierung männlicher Interessen bildet das zentrale politische Vermittlungsglied zwischen Männlichkeitsillusion und Männlichkeit als realer bzw. sozialer Tatsache. Die alltägliche und dauerhafte Überwindung des Spagats zwischen realer und imaginierter Männlichkeit macht den Kern aller patriarchalen Politik aus: Die Spitzenpositionen in Wirtschaft, Militär und Politik vermitteln eine überzeugende korporative Inszenierung von Männlichkeit" (1997: 172f.).

In dem 1990 erschienenen Aufsatz hatte Eva Kreisky noch auf Kathy E. Fergusons (1985) These einer „Feminisierung der Bürokratie" verwiesen: Auch männliche Beschäftigte seien Opfer bürokratischer Strukturen. Solange eine Gruppe hauptsächlich an der Ausübung von Herrschaft interessiert sei, bräuchten die anderen „Weiblichkeit", um sich vor den schlimmsten Aspekten der Unterordnung zu schützen (Ferguson 1985: 73).[4] Die These des Staates als Männerbund steht scheinbar im Widerspruch zur These der Feminisierung männlicher Bürokraten. Eva Kreisky löst diesen Widerspruch, indem sie männliche Interessen als Vermittlungsglied zwischen Männlichkeitsillusion und realer Männlichkeit einführt. Die korporative Inszenierung von Männlichkeit in den Spitzenpositionen nährten „beim individuellen Mann die Illusion von der Möglichkeit des tatsächlichen Abschöpfens einer materiellen und/oder ideellen Patriarchatsdividende (in Form von Ehre, Prestige, Befehlsgewalt, durchschnittlich höherem Männereinkommen, Eigentumsverteilung, Machtpositionen in der Politik)" (1997: 173). Diese Art einer „Volksaktie der Männlichkeit" werde in der gesellschaftlichen Realität zwar extrem ungleich eingelöst, sichere aber legitimatorisch „die Kontinuität patriarchaler Herrschaft" (ebd.).

Eva Kreiskys Ansatz einer „feministische(n) Institutionenarchäologie", die das Männliche in politischen Institutionen sichtbar machen will, ist insoweit richtungsweisend, als sie den geschlechtersegregierenden und hierarchisierenden Output politischer Institutionen mit innerorganisatorischen Prozessen und Strukturen zu erklären versucht. Im Geheimen agierende und regierende Männerbünde können – wenn es sie denn gibt – das Verhalten von Organisationen verständlich machen, sie können aber nicht die Spezifika des Staates gegenüber anderen Organisationen erklären. Zwar verweist Eva Kreisky „insbesondere auch" auf Männerbünde „im Staat und seinem Apparat" (Kreisky 1992: 60), dieser Gedanke bleibt aber wenig ausgeführt. Vor allem

---

4   Kathy E. Ferguson definiert Weiblichkeit mit „stützend, nicht-bestimmend, abhängig, aufmerksam gegenüber anderen und ‚ausdrucksvoll'", Männlichkeit mit „analytisch, unabhängig, rational, wetteifernd und ‚instrumental'". Diese Unterscheidungsmuster seien zwar in den letzten Jahren „unter Beschuß geraten", das ‚traditionelle Bild des geschlechtsdefinierten Verhaltens" sei jedoch „intakt geblieben" (Ferguson 1985: 56). Zur Kritik an Fergusons Konzept, insbesondere an der Unterlegung geschlechterdifferierten Handelns und der Annahme, dass Frauen aufgrund ihrer Sozialisation *besser* für die Herstellung demokratischer, partizipatorischer und nicht-hierarchischer Organisationen ausgerüstet seien, vgl. Brown 1992 und Witz/Savage 1992.

aber bleiben bei Eva Kreisky gesellschaftliche Einflüsse, die seit der „Gründung des modernen Staates", in Deutschland also seit 1871, zweifelsohne dessen Handlungsweisen verändert haben, unausgeleuchtet, ebenso wie die Vielfalt der Staatsapparate und deren Unterschiede. Selbst wenn Eva Kreisky konzidiert, dass der Staat nicht „der Apparat" sei, so meint sie doch, er äußere sich „als Apparat" (1992: 53): Widersprüche und Unterschiede beispielsweise zwischen der EU, dem Bund, den Ländern und Gemeinden bleiben ebenso außen vor, wie unterschiedliche Aufgaben und Kompetenzen. Nicht zuletzt wäre zu fragen, ob staatsnahe Organisationen wie die tripartistisch vom Staat, den Arbeitgeberverbänden und Gewerkschaften gemeinsam geleitete Bundesagentur für Arbeit anders handeln als staatliche Behörden, die Kernbereiche der Staatstätigkeiten abdecken und deren primäre Aufgabe eine hoheitliche Regulierung und deren Steuerungsmittel Zwang ist.

Meines Erachtens vergibt Eva Kreisky die Chancen, die in einer „feministischen Institutionenarchäologie" bestehen. Es gilt in der Tat, den Maskulinismus (Eva Kreisky spricht von „Männlichkeit") des Staates freizulegen: Wie in der Archäologie muss Schicht für Schicht ans Tageslicht befördert und das Puzzle der Fundstücke zu einem Bild zusammengefügt werden. Eva Kreiskys Aufbereitungen aber hinterlassen mehr offene Fragen als Antworten. Diese offenen Fragen allerdings geben Richtungen an, in denen es sich meines Erachtens lohnt „weiter zu graben": Worin unterscheiden sich nichtstaatliche von staatlichen Organisationen und gibt es Unterschiede zwischen den staatlichen bzw. staatsnahen Organisationen? Und vor allem sind die Maskulinismen, und gegebenenfalls auch die Feminismen, nicht nur in der Personalzusammensetzung und deren psychodynamischen Auswirkungen zu suchen, sondern darüber hinaus in den Politikinhalten, den politischen Strukturen und Prozessen sowie deren Zusammenwirken.

Bob Jessop hebt demgegenüber die „strategisch-selektive" Konstruktion des Staates sowie dessen strukturelle Koppelung mit anderen institutionellen Ordnungen der Gesellschaft hervor und meint:

„Es sei hinzugefügt, daß der Staat in Hinsicht auf die Geschlechterverhältnisse ... ohnehin immer schon *strukturell* selektiv konstruiert ist, d.h., daß Institutionen und Ressourcen für bestimmte politische Kräfte besser zugänglich und verwertbar sind als für andere. Praktisch führt eine solche Perspektive zur Forderung nach einer vermehrten Aufmerksamkeit gegenüber den Problemen, mit denen Frauen konfrontiert sind, die innerhalb des Staates gegen ihn ankämpfen ... . Dies erfordert, daß nicht nur die Machtstrukturen, sondern auch die ‚Politik der Macht' näher betrachtet wird, in der über Konflikte, Allianzen und Kompromisse zwischen den realen Kräften innerhalb und außerhalb des Staates diese Strukturen transformiert und vermittelt werden" (Jessop 1998: 285f.).

Wie funktioniert die „Politik der Macht": Existieren Männerbünde innerhalb des jeweiligen Staatsapparats und im Berufsumfeld der Akteure/innen? Die Männerdominanz auf den Leitungsebenen politischer Institutionen deutet auf die Existenz von Männerbünden hin. Empirisch überprüft hat Eva Kreisky ihre These aber nicht und Annette Henninger (2000) konnte solcherlei „Verbrüderungen" unter den Akteuren/innen der Berliner Arbeitsmarktpolitik nicht finden. Möglicherweise ebenso einflussreich wie die Leitungsebenen politischer Institutionen können Planungsgruppen sein, die beispielsweise Konzeptionen für die Bearbeitung eines spezifischen Problems erstellen sollen. Sind diese vornehmlich mit männlichen Fachkräften besetzt, grenzen sie die formal gleichrangigen Kolleginnen aus und verhindern so eine mädchenfördernde Politik?

Die Mehrzahl der Fragen, die sich aus der These des Staates als Männerbund ergeben, sind organisationstheoretische. Der Hinweis, dass Männerbünde vielfältig „im Berufsumfeld" existierten, rückt dieses Umfeld in den Blick. Dabei geht es zwar durchaus auch um „Kneipen, Pinten" und andere Orte geselliger Zusammenkünfte, vorrangig aber um Politiknetzwerke, in die gerade die Berufsberatung in vielfältiger Weise eingebunden ist. Deren Gremien können Frauen- und Fraueninteressen blockierende „Seilschaften" sein – müssen es aber nicht.

Gegenüber der Konzeption des Staates als Männerbund und auch gegenüber der Konzeption eines ahistorischen, monolithischen Blockes, der vielen feministischen Staatstheorien unterlegt ist, entwerfen Rosemary Pringle und Sophie Watson (1992) geradezu ein Kontrastprogramm, das ich im Folgenden diskutieren werde.

Staat als Reihe diskursiver Arenen

Rosemary Pringle und Sophie Watson schlagen eine poststrukturalistische Betrachtungsweise vor. Solche Blickrichtungen

„include an ability to respond more contextually and strategically to shifting frameworks of power and resistance; and a fuller recognition of multiplicity and difference amongst women. A consideration of the ways the state has been discursively constructed creates the possibility of deconstructing existing discourses, including feminist ones, as well as an assessment of the strategic possibilities open to feminists in different frameworks" (Pringle/Watson 1992: 54).

Den Staat definieren sie als einen „overall effect" aller Beziehungen, nicht als Agent bestimmter Gruppen und damit auch nicht als Agent von Männerinteressen. Der Staat stehe nicht *über* oder *neben* der Gesellschaft. Ihn dort zu suchen, hieße, seine eigentliche Bedeutung zu übersehen und auf einer Homogenität seiner Machtausübung zu beharren, „which simply is not there" (ebd.: 56). Frauen seien nicht Objekte der Politik und Empfängerinnen von Policy-Entscheidungen, sondern sie seien an diesen Entscheidungen mitbeteiligt. Der Staat repräsentiere keine Männer- gegen Fraueninteressen, „but government conducted as if men's interests are the only ones that exist" (ebd.: 57). Männergruppen würden dann Fraueninteressen aufnehmen, wenn sie dadurch die eigenen Ziele besser erreichen könnten.

Männer und Frauen seien keine homogenen Gruppen; es gehe somit auch nicht um die Repräsentation weiblicher oder männlicher Interessen. Die Frage sei vielmehr, wodurch Fraueninteressen *geschaffen* werden.

„The state should be seen as erratic and disconnected rather than contradictory. It is not an object or an actor so much as a *series of arenas* or, in Yeatman's words, a ‚*plurality of discursive forums'*. The current collection of practices and discourses which construct 'the state' are an historical product, not structurally ‚given'. What intentionality there is comes from the success with which various groupings are able to articulate their interests and hegemonize their claims: it is always likely to be partial and temporary. If we take this view we do not have to puzzle about why the state acts so contradictorily or, on occasion, fails to act at all. We do not have to conclude in advance that it will act uniformly to maintain capitalist or patriarchal relations, or that this is its ‚purpose'. The outcomes of particular policies will depend not purely on the limits placed by ‚structures' but on the range of discursive struggles which define and constitute the state and specific interests, from one moment to the next" (ebd.: 63; Hervorh. H.O.).

Wichtig – und richtig – scheint mir an den Thesen von Rosemary Pringle und Sophie Watson, dass das Verständnis des Staates als monolithischer, ahistorischer Block, wie sie formulieren, „zu Grabe getragen wird", dass der Blick vielmehr auf „Diskursarenen" gerichtet werden muss, in denen nicht nur Interessen *vertreten*, sondern erst *entwickelt* werden. Äußerst problematisch an der Position ist jedoch das Moment der Beliebigkeit: „From one moment to the next" werden Gruppierungen wohl kaum bereit sein, erreichte Ansprüche aufzugeben. In dem Konzept der „plurality of discursive forums" fehlt die Berücksichtigung der Binnenstrukturen und der unterschiedlichen Relevanz verschiedener „Diskursarenen". Wenngleich Rosemary Pringle und Sophie Watson auf die Restriktionen der „discursively available possibilities for representation and action in any particular situation" (1992: 69) hinweisen, die ein Resultat früherer Aushandlungen seien, vernachlässigen sie die Strukturen der Verhandlungsorte.

Im politikwissenschaftlichen Mainstream der Bundesrepublik waren dagegen die Strukturen verhandlungsdemokratischer, insbesondere korporatistisch verfasster Arenen lange ein zentrales Thema. Gemeinsam ist der Korporatismusdebatte und dem feministischen Konzept der Diskursarenen, dass beide kollektive Interessen als durch den Aushandlungsprozess hervorgebracht betrachten. Von der Korporatismusdiskussion akzentuiert wird jedoch – im Unterschied zu Rosemary Pringles und Sophie Watsons Aufbereitung – die Strukturierung der Arenen und deren Bedeutung sowohl für die Verhandlungsergebnisse als auch für die Verhandlungspartner/innen: Nicht allein der Diskurs formt demnach die Strukturen, sondern die Strukturen gestalten gleichfalls die Diskussionsprozesse und deren Inhalte!

„Staatliche Eingriffe in gesellschaftliche Organisierung stärken, auf mehr oder weniger subtile Art, bestimmte Organisationsformen gegenüber anderen. Damit beeinflussen sie die Substanz der in einer Gesellschaft artikulierten Interessen und die Ergebnisse der Interaktion zwischen sozialen Gruppen sowie zwischen ihren Verbänden und dem Staat" (Streeck 1994: 9f.)

Der Staat „beeinflußt die Substanz der ... artikulierten Interessen" nicht zuletzt dadurch, dass er festlegt, welche Organisationen in den Gremien vertreten sind und darüber hinaus, wer aus diesen Organisationen teilnehmen darf. Beispielsweise sind die Verwaltungsausschüsse der Arbeitsagenturen durch das SGB III legitimiert und die Ausschüsse der beruflichen Bildung durch das Berufsbildungsgesetz. Indem neben dem Staat lediglich Gewerkschaften und Arbeitgeberverbände eingeladen sind, kommt es regelmäßig zu „ökonomischen Verkürzungen".[5] Durch eine solche Zusammensetzung bleiben die Bedürfnisse Nichterwerbstätiger von vornherein ausgeblendet, somit auch die von Jugendlichen und von vielen Frauen.[6] Obendrein können in den Aufgabenbestimmungen Geschlechtersegmentierungen „eingeschrieben" sein, indem der Aufgabenkatalog ausschließlich auf die Belange von Männern abstellt.[7]

Hinzu kommt, dass die Beschlüsse korporativer Gremien in die Verbände zurückwirken. Die Verbandsvertreter/innen werden zu „Maklern": Sie müssen das breite Spektrum an Mitgliederinteressen vertreten und gleichzeitig auf die Interessen der anderen Teilnehmer/innen Rücksicht nehmen.

„Was Gruppeninteressen sind, wird in Reaktion auf institutionalisierte Handlungspotentiale *entdeckt*: mein konkretes *Interesse* hängt in erheblichem Maße auch davon ab, welche meiner möglichen Interessen ich als Mitglied welcher Gruppe durch kollektives Handeln zu realisieren vermag" (Streeck 1994: 12).

Gleiches gilt für den Staat als Teilnehmer. Der Spielraum für politische Eingriffsmöglichkeiten wird einerseits „fühlbar" reduziert (Lehmbruch 1989: 233), andererseits gewinnt der Staat durch den Einschluss gesellschaftlicher Gruppen an Sachkompetenz hinzu und die Akzeptanz der getroffenen Entscheidungen vergrößert sich in diesen Gruppen.

---

5 Gerda Neyer bemängelt an der Korporatismus*theorie*, diese ginge vom Konflikt zwischen Arbeit und Kapital aus, „gesamtgesellschaftliche Zielsetzungen" würden „in der korporatistischen Theorie meist mit den ‚gesamtwirtschaftlichen Zielsetzungen' gleichgesetzt" (1996: 87). Die Ursache ist meines Erachtens in der Empirie zu suchen. Da von den gesellschaftlichen Gruppen ausschließlich Gewerkschaften und Arbeitgeberverbände beteiligt sind, sind die Ziele der Gremien in erster Linie wirtschaftspolitische.

6 Der Deutsche Frauenrat beispielsweise ist an Entscheidungen, die durch Verhandlungen in korporativen Gremien zustande kommen, nicht beteiligt, obwohl er immerhin 11 Mio. weibliche Mitglieder zählt. Gegenüber dem Staat übt er lediglich Beratungsfunktionen aus (vgl. Seemann 1996: 188).

7 Beispielsweise unterliegen relevante Teile der Mädchen-Berufsausbildung nicht dem Berufsbildungsgesetz. Die im Gesetz vorgesehenen, tripartistisch besetzten Ausschüsse, die Bundes- und Landesregierungen beraten sollen, befassen sich somit erst gar nicht mit Ausbildungsgängen wie Erzieherin, Krankenschwester, Altenpflegerin oder Fremdsprachensekretärin.

Bislang hat die feministische Staatsdiskussion dem Korporatismus „noch wenig Aufmerksamkeit gewidmet" (Neyer 1996: 83). Gerda Neyer vermutet, dass für die geschlechtsspezifische Ausprägung des Sozialstaates „das Machtverhältnis zwischen dem parlamentarisch-repräsentativen und dem korporativen System ein bestimmender Faktor sein kann" (ebd.: 83). Ihre Analysen des österreichischen und des skandinavischen Korporatismus ergeben, dass sich korporatistische Systeme eher hemmend auf die politische Partizipation von Frauen innerhalb des politischen Prozesses auswirken; sie entfalten Frauen und Fraueninteressen ausschließende Wirkungen. Korporative Verbände erweisen sich als „besonders resistent gegenüber einer besseren Vertretung von Frauen innerhalb ihrer Organisationen" (ebd.: 90). Zudem führen interne Dynamiken wie Domänensicherung und kognitive Blockierungen dazu, dass das „Denken und Handeln im Netzwerk ... überzogen pfadabhängig zu werden" droht (Messner 1994: 573f.). In der Geschlechterpolitik hat diese strukturerhaltende Tendenz eine doppelte Auswirkung: Zum einen können Arbeitgeber/innen versuchen, in berufsbildungs- und arbeitsmarktpolitischen Ausschüssen ihren Interessen zuwider laufende mädchen- und frauenpolitische Beschlüsse zu verhindern. Zum anderen ist die Zugehörigkeit zu entsprechenden Ausschüssen mit Macht verbunden: Den Sitz abzugeben, bedeutete nicht nur, von Informationen und Beziehungen abgeschnitten zu sein, sondern obendrein, innerhalb der eigenen Organisation auf Einfluss zu verzichten. Gerda Neyer zufolge erweist sich der Korporatismus als „,Männerbund'..., dessen ,partikulare Interessen' durch die politischen Allianzen eine zusätzliche ,Verallgemeinerung' erfahren" (Neyer 1996: 95). Vorstöße, mehr Frauen in diese Gremien zu berufen, dürften daher auf vehementen Widerstand stoßen. Doch selbst wenn mehr Frauen in den Gremien säßen, blieben sie in erster Linie ihren Organisationen verpflichtet; und für diese wiederum ist die Gleichberechtigung von Frauen nicht unbedingt das wichtigste Thema.

Die bundesdeutsche Berufsberatung ist in vielfältiger Art in unterschiedliche Gremien eingebunden. Nicht zuletzt ist die Bundesagentur selbst eine tripartistisch von Arbeitgeberverbänden, Gewerkschaften und Staat gemeinsam verwaltete Institution und bei den einzelnen Arbeitsagenturen wirken diese Organisationen im Verwaltungsrat mit. Zu erkunden bleibt, welche „Diskursarenen" jeweils existieren, welche Aufgaben sie haben und ob sie in die Mädchenpolitik der jeweiligen Agentur hineinwirken. Helga Hernes hat schon früh darauf hingewiesen, dass die Geschlechterforschung die unterschiedlichen Schauplätze der Politikgestaltung berücksichtigen müsse: (a) neben den durch die Verfassung und demokratische Prozesse legitimierten, von politischen Parteien dominierten, gewählten Gremien die (b) politischen Bewegungen, die von problembezogenen Ad-hoc-Aktivitäten gekennzeichnet sind und (c) von wirtschaftlichen Organisationen und staatlichen Bürokratien dominierte korporative Körperschaften (Hernes 1987: 86f.). Wenn aber diese korporativen Körperschaften „Männerbünde" sind, stellt sich die Frage, ob der Staat vielleicht doch ein „Agent von Männerinteressen" ist. Zudem: Wenn Frauen- und Mädcheninteressen in zentralen Gremien der Politikgestaltung nicht repräsentiert sind, kommen sie allenfalls zufällig und kaum intendiert vor. Der Staat herrscht nicht nur über Frauen (das tut er auch über Männer), sondern die Akteure der Herrschaft sind männlich und der Staat ist „strategisch selektiv" zugunsten von Männern konstruiert (Jessop). Leben wir vielleicht doch in einem Patriarchat?

Staat als Patriarch

Ausformulierte Patriarchatstheorien existieren zumindest hierzulande nicht (Seemann 1996: 210), dennoch wird der Staat häufig als „patriarchal" bezeichnet. Während die meisten Soziologinnen das Konzept des Patriarchalismus allenfalls noch als „Kampfbegriff aus den Anfängen der Frauenbewegung" verstanden wissen wollen (Gerhard 1994: 15), plädiert beispielsweise Birgit Seemann (1996: 216) *für* dieses Konzept, weil sich damit das Strukturverhältnis zwischen „,Staat' und ,Geschlecht' am weitreichendsten erschließen läßt".

„Während ‚Männerbund' den Staat im Grunde auf seine ‚eingeschlechtliche' organisatorische Struktur reduziert, repräsentiert ‚Maskulinismus' in erster Linie ein öffentliches Ideologiesystem, das die ‚Überlegenheit' des ‚Männlichen' gesellschaftlich propagiert. Das Theoriekonzept ‚Patriarchat' hingegen ermöglicht es, hierarchische Geschlechterverhältnisse wesentlich übergreifender als ein gesamtgesellschaftliches ‚System sozialer Beziehungen' (Gerda Lerner) zu betrachten, das sowohl materielle als auch ideologische Grundlagen umfaßt" (ebd.).

Letztlich befürwortet auch Ute Gerhard eine Rückkehr zu dieser Begrifflichkeit als „analytische Kennzeichnung eines Herrschaftsverhältnisses zwischen den Geschlechtern" (Gerhard 1994: 16). Wenn Patriarchat definiert wird als *„Vaterschaft über Unmündige"*, erscheint der Staat in vielerlei Hinsicht als durch und durch patriarchal: „state power has been ‚captured' by men" (Grant/Tancred 1992: 115). Die Dominanz des männlichen Geschlechts in Entscheidungspositionen lässt das Vorherrschen einer männlichen Sichtweise und allein dadurch die Durchsetzung männlicher und die Vernachlässigung weiblicher Interessen vermuten: Der Staat – die Öffentlichkeit – ist männlich besetzt und folgt männlichen Normen; die Domäne der Frauen ist die von „Vater Staat" abgesicherte Privatheit.

Allem Anschein nach ist dem Hobbes'schen Gesellschaftsvertrag ein „sexual contract" (Pateman 1988) unterlegt, demnach Familie und Privatheit eine vom Staat und der Öffentlichkeit getrennte Sphäre darstellen. Doch nicht nur heutige sozialdemokratisch-regulative Regime, sondern bereits der liberale „Nachtwächterstaat" *ordnete* die Geschlechterverhältnisse (Lorber 1994, Connell 1990, Kerchner 1996 u.1999). Im Zentrum der Familien- und Frauenpolitik stand – und steht immer noch – das ureigenste Terrain von Frauen, die Geburt von Kindern: „die Art und Weise des Kindergebährens, die Anzahl, Reihenfolge und Legitimität der Kinder, die Erziehungsstile, de(r) Familienzyklus oder Haushaltstypus, aber auch für die Mutter- oder Elternliebe, Vorstellungen von Normalität und Krankheit" (Metz-Göckel 1993: 409). Das Private ist keineswegs privat, sondern politisch, wie die Frauenbewegung in den 1970er Jahren provokant formulierte. Zudem ignoriert die These der Trennung von Privatheit und Öffentlichkeit den Beitrag von Frauen, „it drastically underestimated women's economic activity, and ignored women's role as cultural producers (for example, novelists) and lobbyists in church and politics" (Connell 1990: 522).[8]

Robert W. Connell hat keinerlei Zweifel („beyond any argument", 1990: 535), dass der Staat grundlegend patriarchal ist. Er spricht sich allerdings gegen die Annahme einer *essenziellen* Patriarchalität oder Maskulinität aus, weil eine solche Einschätzung die interne Kohärenz des Staates überbetone. *Historisch* jedoch sei der Staat in seinen konkreten Praktiken patriarchal. Staatliche Strukturen institutionalisierten die Gleichsetzung von Autorität mit dominierender Maskulinität; sie seien von Männern kontrolliert und operierten massiv zugunsten der Interessen heterosexueller Männer (1990: 535). Drude Dahlerup dagegen schlägt vor, das Konzept des patriarchalen Staates einstweilen fallenzulassen und weitere empirische Forschungen abzuwarten. Sie begründet ihre Ablehnung damit, dass die Frauenunterdrückung nicht nur vom Staat ausgehe und damit, dass „the general issue of women's position and status has mostly been a non-issue in western politics" (1987: 104). Um den Staat als patriarchal zu klassifizieren, seien die gemeinsamen Elemente aller Gesellschaften mit männlicher Vorherrschaft herauszuarbeiten, um dann eine „typology of patriarchies" zu entwickeln (ebd.: 96).

„The crucial question is to understand how patriarchal structures interact with changing socio-economic conditions: to understand why, how and in what forms male dominance is restructured and re-established even during fundamental economic, social, political and cultural changes" (ebd.).

An marxistisch-feministischen Staatskonzepten bemängelt sie zu Recht, dass diese zu wenig auf die Veränderungen der Produktionsverhältnisse eingingen, dass sie die heutigen Verhältnisse mit denen des „viktorianischen England" gleichsetzten. Zudem würden andere Faktoren, die das Leben von Frauen beeinflussen, wie beispielsweise die Kontrolle ihrer reproduktiven Fähigkeiten, ausgeblendet. Auch sei Patriarchat keine der Gesellschaft unterlegte Struktur: „It has been an important improvement in women's lives that the patriarchal *pater familias* who, up until about twenty years ago ruled over *his* family and *his* house or flat, is being dethroned in most western societies today" (ebd.: 98). Vielmehr seien „wir" heute in der westlichen Welt

---

8   Birgit Sauer (2001: 54) dagegen beharrt auf der These. Sie spricht von der „Privatisierung der Frauen und der Entöffentlichung der Familie".

auf dem Weg weg vom Patriarchat, wenngleich „we still have a couple of hundred years to go" (ebd.: 99).

Die Frage ist nur, und hier bezieht Drude Dahlerup keine eindeutige Position, ob das „private" Patriarchat, die Abhängigkeit der Frauen von individuellen Männern, mittlerweile von einem *Staatspatriarchat* abgelöst wurde: Frauen sind vom Staat abhängig als Klientinnen, als im Öffentlichen Dienst Beschäftigte und als Personengruppe, die im korporativen System wenig politische Macht hat (Hernes 1987). Die daran anschließende Frage ist, ob die Macht der Männer vielleicht sogar dadurch gestärkt wurde, dass der Staat deren Position übernahm (Borchorst/Siim 1987). Drude Dahlerup hält eine solche Position für zu generalisierend, weil es einen wesentlichen Unterschied mache, ob eine Frau Angestellte oder Klientin des Staates sei.

Die bisherigen Erfolge des langen Weges „weg vom Patriarchat" sieht Drude Dahlerup in der Gesetzgebung der letzten Jahrzehnte und in der Politik der Repräsentation von Frauen durch Frauen in politischen Gremien. Sie knüpft damit an die liberale Staatskonzeption an, wonach die Vorherrschaft der Männer ein „Unfall" der Geschichte ist und prinzipiell die Möglichkeit einer Umkehrung besteht. Connell dagegen betont den Einschluss patriarchaler Momente in vordergründig geschlechtsneutrale Regelungen. Beispielhaft verweist er auf Catharine A. MacKinnons Studie über das amerikanische Rechtssystem. Danach sind vergewaltigte Frauen nicht deshalb Opfer der Gerichtsbarkeit, weil bei den Gerichten Vorurteile herrschten und auch nicht, weil die Gesetze frauenfeindlich seien, sondern: „The norm of ‚legal objectivity' thus becomes an institutionalization of men's interests" (Connell 1990: 517). Das gleiche Muster zeige sich in der australischen Arbeitsbewertung: Die ‚rationalen' Bewertungsverfahren verkörpern patriarchale Sichtweisen. Und nicht zuletzt sei die periphere Stellung von kanadischen Gleichstellungsstellen innerhalb der Bürokratie (Grant/Sheriff 1992) ein Ausdruck männlicher Interessen. Das Gemeinsame an diesen Studien sei der Hinweis auf Prozesse innerhalb staatlicher Bürokratien:

„What these arguments have in common is the perception that patriarchy is embedded in *procedure*, in the state's way of functioning. This perception is extremely important. It allows us to acknowledge the patriarchal character of the state without falling into a conspiracy theory or making futile searches for Patriarchal Headquarters. It locates sexual politics in the realm of social action, where it belongs, avoiding the speculative reductionism that would explain state action as an emanation of the inner nature of males. Finally it opens up the question of the *state apparatus*, overlooked by liberal feminism and earlier radical feminism alike. The character and dynamics of the state apparatus, the actual machinery of government, are a major theme in non-feminist state theory, and urgently need analysis in terms of gender" (Connell 1990: 517).

Letztlich bleibt sowohl bei Drude Dahlerup als auch bei Robert W. Connell „patriarchal" ein zugefügtes Adjektiv. Beide wenden sich gegen „konspirative Theoriebildungen" und gegen die Vermutung der Existenz von „Patriarchal Headquarters", wie Connell die Tendenzen in manchen Aufbereitungen trefflich kennzeichnet. Während Drude Dahlerup unter anderem vor dem Hintergrund – skandinavischer! – Gleichstellungspolitik diese adjektivische Zuschreibung *vorläufig* ablehnt, hat Connell den Eindruck, dass „Patriarchat" in die Prozesse und Institutionen des Staates inkorporiert sei. Allerdings konzidiert Drude Dahlerup, dass Frauen und Fraueninteressen selbst in den skandinavischen Staatsapparaten ungleichgewichtig repräsentiert sind. In den korporatistischen Gremien bestehe noch ein erheblicher Nachholbedarf. Ob dem Staat das Adjektiv „patriarchal" beizufügen ist oder nicht, ist also letztlich eine Frage der jeweiligen Beurteilung seiner Policies, wobei das Bewertungskriterium „frauenfreundliche versus frauenfeindliche Politik" ist und je nach bevorzugtem Frauenleitbild anders ausfällt.

Wichtiger noch als die Frage, ob ein konkreter Staat als patriarchal bezeichnet werden kann oder nicht, erscheinen mir Drude Dahlerups Hinweise, dass der Staat historisch nicht das Zentrum fundamentaler Veränderungen des Geschlechterverhältnisses gewesen ist. Vielmehr sei die untergeordnete, gesellschaftliche Position von Frauen in der westlichen Politik vornehmlich ein „non issue".[9] Zudem betont sie, dass zwischen beabsichtigten und unbeabsichtigten frauenpolitischen Effekten staatlicher Politik unterschieden werden müsse. Letzteres verweist auf Connells Betonung der Prozesse und Strukturen, die – so Connell – „urgently need analysis in terms of gender" (517).

Politische Konstruktion der Zweigeschlechtlichkeit

Der Staat ist nicht nur aktiv an der Konstruktion hierarchischer Zweigeschlechtlichkeit beteiligt, sondern er bestimmt in weiten Bereichen die Regeln des Konstruktionsprozesses. Und diese Regeln sind keineswegs Resultat einer gesellschaftlichen Übereinkunft, sondern allein schon die Widersprüche in der Gesellschaft, zwischen Frauen und Männern, unter Frauen, zwischen Jungen, Alten und unterschiedlichen Ethnien führen dazu, dass es von allen akzeptierte Regeln nicht geben kann. Wenn aber der Staat die Regeln vorgibt, *setzt er Normen*, die er aufgrund seines Gewaltmonopols eher zur Geltung bringen kann, als dass es einer sozialen Gruppe gelänge, eine andere Gruppe

---

9 Drude Dahlerup verweist darauf, dass beispielsweise die Förderung industrieller Arbeitsplätze zwecks Verbesserung der Exportquote die Förderung von Männerarbeitsplätzen bedeutet. Ein jüngeres, bundesdeutsches Beispiel ist die Konzeption der Rente mit 60, die Ende der 90er Jahre vom DGB gefordert wurde. Eine Vertreterin des Juristinnenbundes fand dafür die treffende Bezeichnung: „Ein Modell von alten Männern für alte Männer". Weil Frauen höchst selten die erforderlichen 35 Beitragsjahre zur Rentenversicherung vorweisen können, bleiben sie zumeist von dieser Regelung ausgeschlossen. – Offenbar hatten sich weder der DGB noch der Bundesarbeitsminister Gedanken über diese Implikation gemacht. Mehr noch: Machen die „alten" Männer vornehmlich Arbeitsplätze in Männerberufen frei, werden nahezu ausschließlich junge Männer davon profitieren.

von ihren spezifischen Normen zu überzeugen. Es geht also nicht nur um soziale „Face to face-Interaktionen" bei der Konstruktion und Aufrechterhaltung der hierarchischen Zweigeschlechtlichkeit. Zwar hat jeder Staat ein spezifisches Genderregime, das sich im weiteren Sinne auf die Geschlechterordnung stützt, aber das Genderregime ist eben kein Abbild der Geschlechterordnung: Der Staat ist ein „Überbringer" (bearer) von Gender (Connell 1990). Zudem existieren sogar innerhalb von Nationalstaaten – zumindest innerhalb Deutschlands – unterschiedliche Geschlechterordnungen nebeneinander: Während beispielsweise eine Mutter in Nordrhein-Westfalen, Rheinland-Pfalz und im Saarland zu Hause bleibt, ist sie in den neuen Bundesländern, aber auch in Bayern in aller Regel erwerbstätig (vgl. Abschnitt 3.4). In einem föderativen Staat haben derlei Unterschiede ein besonderes Gewicht.

Unter den Arbeiten zu „Staat und Geschlecht", deren theoretischen Überlegungen auf empirischen Untersuchungen fußen, scheinen mir gegenwärtig die Systematisierungen der Geschlechter-Policies zu „Ernährermodellen" oder „Gleichstellungsregimen" (vgl. Abschnitt 3.3) am weitesten fortgeschritten zu sein. Sie zeigen, dass staatliche Policies für das Leben von Frauen einen erheblichen Unterschied machen. Zu erweitern und zu strukturieren wäre eine feministische Staatstheorie möglicherweise durch die Arten staatlicher Macht: (1) die juristisch-legislative bzw. liberale Dimension der Trennung von Staat und Privatheit, (2) die kapitalistische der Trennung und gleichzeitigen Ergänzung von Familien- und Erwerbsarbeit, (3) die des Hoheitsrechts zum Schutz der Bürger/innen und (4) die der Bürokratie als ausübende Gewalt (Brown 1992: 17ff.).[10] Zu einem solchen Projekt kann die Untersuchung „kleiner Einheiten" (Allen) ein erster Schritt sein. Gleichzeitig kann ein solches Vorgehen, selbst wenn es auf einzelne Politikfelder oder politische Institutionen begrenzt bleibt, das Monolithische und Ahistorische bisheriger Staatstheoretisierungen hinter sich lassen und dazu beitragen, das „schauerliche, abstrakte Gespenst" (Kreisky 1990: 196) zu entmystifizieren.

Zu klären ist, welche Organisationen dem „Staat" zuzurechnen sind. „Der Staat" besteht aus vielfältigen „Gebilden", nicht zuletzt auch aus „staatsnahen" und in verhandlungsdemokratischen Systemen einer Vielzahl von Gremien. Dabei haben Eingrenzungen, die mit der Definition getroffen werden, (auch) geschlechterpolitische Konsequenzen. Zählen beispielsweise Kinderbetreuungseinrichtungen intermediärer Organisationen zum Staatssektor oder nicht? Aus der formalen Abgrenzung des Staatsapparates resultieren „geschlechtsspezifische Auswirkungen auf die Machtverteilung innerhalb und zwischen den einzelnen Teilen des Staatsapparates" (Jessop 1998: 286).

---

10 Bob Jessop (1998: 286ff.) präsentiert eine Forschungsagenda unterschiedlicher Themenfelder, die meines Erachtens eine Konkretisierung und Zuspitzung der Systematik von Wendy Brown darstellen. Diese Themenfelder könnten sinnvolle Anregungen für weitere Näherungen an eine feministische Staatstheorie abgeben.

Dabei sind Grenzziehungen ein Mittel, „um bestimmte Identitäten, Interessen und Problembereiche zu politisieren bzw. zu entpolitisieren" (ebd.). In diesem Sinne könnte die Aufhebung des Vermittlungsmonopols der Berufsberatung im Jahr 1998 als Entpolitisierung der Vermittlungsprobleme und damit der Verantwortung des Staates für den Mangel an Ausbildungsplätzen interpretiert werden. In der Tat war „Liberalisierung" und damit Rückzug des Staates aus der Verantwortung angesagt.

Was heißt in diesem Zusammenhang „männliche Herrschaft über Frauen"? Herrschaft ist die originäre Aufgabe des Staates. Die Patriarchatsthese impliziert, dass der Staat *gegen* die Interessen „der" Frauen handelt. Nun sind die Interessen von Frauen aber bekanntermaßen nicht homogen; von einer bestimmten Politik werden sich einige Frauen als Frauen unterdrückt fühlen, andere aber nicht. Nancy Fraser (1994) unterscheidet zwischen drei Diskurstypen: (1) „oppositionellen", zu denen sie die feministischen zuordnet; (2) „Reprivatisierungsdiskursen", die als Reaktion auf Erstere Bedürfnisinterpretationen artikulieren und die (im liberalen System der USA) „bislang selbstverständlich waren"; und (3) „Expertendiskurse", welche die Volksbewegungen mit dem Staat verknüpfen. Soziale Bewegungen hätten zum einen „mächtige, organisierte Interessen zu bekämpfen" und zum zweiten „treffen sie auf Expertendiskurse", die wiederum zu „rivalisierenden Interpretationen sozialer Bedürfnisse und rivalisierender Konstruktion sozialer Identitäten" führen (ebd.: 170f.). Am Beispiel der Kampfes um die Einrichtung von Frauenhäusern verdeutlicht sie, wie aus einer politischen Bewegung der Bewusstseinsbildung – vermittelt über die administrativen Zwänge der kommunalen Finanzierung – ein „Sprachspiel der Therapie" wurde; professionelle Sozialarbeiterinnen „psychiatrisierten" die Opfer; aus Opfern würden Klientinnen. Unterschiedliche Diskursarenen haben jeweils eigene Gesetze, die zur Umformung politischer Inhalte führen. Bedürfnisse werden nicht mehr interpretiert, sondern definiert.

Die vorliegenden Ansätze, feministische Staatstheorien zu generieren, werfen – bezogen auf die Berufsberatung – eine ganze Reihe von Fragen auf. Vorrangig müssen m.E. die regulativen, normativen und kognitiven Einschlüsse im Staatsapparat dekodiert werden. Welches Geschlechterleitbild ist dort eingeschrieben? Welcher Art Geschlechter-Kultur wird über Verfahrensweisen, Werte und Annahmen, Kategorien und Typifizierungen transportiert? Wie sehen die sozialen Strukturen innerhalb der Bundesagentur aus? *Wer* sind die Staatsbediensteten, lässt sich ein spezifischer Habitus ausmachen? Wie sehen die Routinen, die „Gene" der Organisation aus, die den Beteiligten nicht bewussten Regeln und das „unbewusste Wissen"?

Festhalten lässt sich, dass der Staat bei der Aufrechterhaltung des hierarchischen Geschlechterverhältnisses eine gewichtige Rolle mitspielt: Er *reagiert* auf Veränderungen sozio-kultureller Normen; indem er aber darauf eingeht, *reguliert* er sie zugleich. Die ihm eigene Berechtigung Herrschaft auszuüben gibt ihm die Möglichkeiten, soziale Veränderungen zu unterstützen oder ihnen entgegenzuwirken. Die jeweiligen Konzeptionen einer feministischen Staatsanalyse, die Robert W. Connell, Wendy Brown, Birgit Sauer und auch Bob Jessop jeweils vorstellen, ist gemeinsam, dass sie auf die Zentralität der staatlichen Bürokratie verweisen. Auch Birgit Seemann (1996) kam in ihrer Synopse der deutschsprachigen Literatur zu einem ähnlichen „Forschungsausblick".[11] Die „machinery of government" (Connell), die ein Hauptthema nicht-feministischer Staatstheorie ist, bedarf in der Tat dringend einer feministischen „Archäologie". Eine solche Analyse muss eine Untersuchung innerorganisatorischer Phänomene einbeziehen, aber gleichwohl darüber hinausgehen und die jeweilige Vernetzung mit dem politischen Umfeld berücksichtigen. Bevor ich aber die Konzepte, anhand derer der „Mainstream" der Politikwissenschaft das Handeln politischer Institutionen zu erklären versucht, vorstelle, werde ich auf die sich widersprechenden Theoreme der Frauenforschung eingehen um so aufzuzeigen, dass sich politische Institutionen konträrer Leitideen bedienen können.

2.2 Differenz und Gleichheit: Divergierende kulturelle Normen

Besonders in Deutschland dominierte lange Zeit die These, Frauen *seien* anders als Männer. Regine Gildemeister und Angelika Wetterer schien die nachdrückliche Suche nach der „,wahren' oder ‚wirklichen' Differenz" einiger Teile der Frauenforschung „eine auffallende Strukturanalogie zu den im Mittelalter gängigen Gottesbeweisen aufzuweisen" (Gildemeister/Wetterer 1992: 204). Der Gegenentwurf, die These einer sozialen Konstruktion der Geschlechterdifferenz, wirft dagegen die Frage auf, *wie* staatliche und staatsnahe Organisationen sich an dieser Konstruktion beteiligen. Ich werde zunächst auf eine, in der Frauenforschung breit rezipierte, differenztheoretische

---

11 Birgit Seemann kommt in ihrer Arbeit zu zwei „Forschungsausblicken". Zum einen votiert sie für eine institutionalistische Untersuchung „des Staates" und skizziert die zu analysierenden Dimensionen (in Anlehnung an Gukenbiel) wie folgt: (1) die Idee der Institution, (2) der Personalbestand, (3) die Regeln und Normen und (4) der „materielle" Apparat. Ihr zweiter Forschungsausblick ist die Patriarchatsthese, wobei sie nachdrücklich vor dem Zirkelschluss warnt, dass der Staat patriarchalistisch sei, weil er aus sozialen Verhältnissen (der Familie) hervorging, die bereits patriarchalisch waren. Ihr erster „Forschungsausblick" deckt sich weitgehend mit dem Ansatz meiner empirischen Untersuchung. Allerdings fehlt bei Birgit Seemann die in Verhandlungsdemokratien wichtige Dimension der Verknüpfungen mit dem gesellschaftlichen Umfeld. Die Patriarchatsthese (ihr zweiter Forschungsausblick) ist meines Erachtens Teil einer institutionalistischen Untersuchung und kein gesonderter Zugang.

Studie eingehen, die unmittelbaren Bezug zu meinem Thema hat. Anschließend werde ich die Verselbstständigung der Differenzthese aufzeigen und das Konzept einer sozialen Konstruktion der Geschlechterdifferenz vorstellen.

Weibliches Arbeitsvermögen

Aus ihren Befunden zur Arbeit von Krankenschwestern entwickelten Elisabeth Beck-Gernsheim und Ilona Ostner Ende der 1970er Jahre das idealtypische Konstrukt eines weiblichen Arbeitsvermögens, das sich grundlegend von einem idealtypischen Arbeitsvermögen von Männern unterscheidet. Das Konzept gründet auf zwei Thesen. Die erste These besagt, dass „die Zuordnung der Frau zum familialen Bereich und seinen Anforderungen die Grundlage für die Herausbildung eines besonderen weiblichen Arbeitsvermögens'" schaffe (Beck-Gernsheim/Ostner 1978: 272). Als Folge der Zuständigkeit von Frauen für die Hausarbeit entwickelten Frauen „Fähigkeiten, Situationsdeutungen und Bedürfnisse, die sie mehr für die Familie, weniger für die Berufsarbeit qualifizieren, so z.b. intuitiv-gefühlsbestimmte Verhaltensweisen, Geduld und Beharrlichkeit, Bereitschaft zur Einfügung und emotionale Abhängigkeit". Das Insgesamt der Tätigkeiten und Beziehungen bestimme die „Identität der Frau" (ebd.: 273). Die zweite zentrale These ist, dass Beruf und Hausarbeit sich idealtypisch durch das geforderte Arbeitsvermögen unterscheiden: Hausarbeit sei ganzheitliche Arbeit, Berufsarbeit dagegen abstrakte Detailarbeit, wobei Frauenberufe dennoch das weibliche Arbeitsvermögen einforderten. Die „hausarbeitsnahen" Präferenzen gingen in die Berufswahl von Mädchen und Frauen ein (ebd.: 275). Später spricht Ilona Ostner (1991) wegen der Differenzierung der Frauenrolle von „weiblichen Arbeitsvermögen" im Plural.

Die Hausarbeit verlange von der Frau die Fähigkeit, „eine freundliche, entspannte Atmosphäre herzustellen, Behaglichkeit, Entspannung, Wohlbefinden für die anderen", die Herstellung eines „emotionalen Milieus" (Beck-Gernsheim/Ostner 1978: 268f.). Hausarbeit werde in einem überschaubaren Sozialkontext bewältigt, in dem ein spontaner persönlicher Aufgabenbezug und dementsprechend ein Interesse an der Aufgabenerfüllung vorgegeben sei (ebd.: 269). Hausarbeit sei abhängig von Jahreszeiten, Tag- und Nachtwechsel, von individuellen Besonderheiten und Bedürfnissen der Adressaten/innen. Dabei sei die Zeitökonomie nicht beliebig manipulierbar, weil naturgebundene Ereignisse oder körperbezogene Bedürfnisse den Rhythmus bestimmten. Die Sorge für die Familie verlange eine kontinuierliche zeitliche Disponibilität: Hausarbeit sei kein Acht-Stunden-Tag; sie sei ganzheitliche Arbeit, der „Arbeitende begleitet einen Arbeitsvorgang von der Äußerung eines konkreten Bedürfnisses bis zum Verbrauch bzw. der Bedürfnisbefriedigung, ... er nimmt unmittelbar am Ziel der Arbeit teil" (ebd.: 271).

In der Berufsarbeit dagegen regierten die Prinzipien des Tauschs. Konkrete menschliche Fähigkeiten, Bedürfnisse und Probleme seien nur Arbeitsgegenstand, soweit sie gemäß der Logik des Tauschs bearbeitet werden könnten (ebd.: 269). Berufsarbeit „kann geradezu als Versuch bezeichnet werden, von Naturgebundenheit unabhängig zu werden", lebendiges „Arbeitsvermögen und natürliche Umwelt werden nach Maßgabe (kosten- und zeitökonomischer) Vernunft behandelt" (ebd.: 270). Institutionalisierte Vorgaben begrenzten die Arbeitszeit; „unabhängig davon, ob ein konkretes Problem gelöst, ein bestimmter Arbeitsvollzug beendet ist" (ebd.: 271). Berufsarbeit sei „‚tauschgerecht' ausdifferenziert und hierarchisch nach Kompetenzen getrennt zu Detailfunktionen" zusammengefasst (ebd.). Verlangt sei „eine besondere, von konkreten Problemsituationen losgelöste Ausbildung" (ebd.: 272); die Qualifikation zur Bewältigung der Hausarbeit dagegen werde typischerweise durch Empathie und Intuition angeeignet, die neben praktischer Übung das Erfahrungswissen begründe (ebd.).

Die aus der Zuständigkeit für Hausarbeit entwickelten Fähigkeiten, Situationsdeutungen und Bedürfnisse strukturierten den Lebensentwurf von Frauen, sie könnten „nicht einfach abgeschüttelt und abgeschnitten werden" (ebd.: 274). „Vielmehr bringen Frauen nicht nur ihre objektive Situation, sondern typischerweise auch bestimmte dieser ‚anderen', ‚nicht-beruflichen' Verhaltensweisen in die berufliche Arbeit ein, wodurch sie anders als Männer berufliche Anforderungen wahrnehmen und auf sie reagieren" (ebd.: 274).

Vorschläge zur beruflichen Integration von Frauen wie mehr Flexibilität bei der Berufswahl, mehr Ausbildung, mehr Teilzeitarbeit und mehr Kindergärten seien unzulänglich, weil ökonomisch beschränkt (ebd.: 266). Diesen Strategien sei gemeinsam: „daß sie *die gesellschaftliche Geringschätzung und Verdrängung jener anderen, ‚nicht-beruflichen' Arbeits- und Lebensform nicht aufbrechen – sondern umgekehrt verlängern und fortschreiben.* Denn diese Maßnahmen lassen alle die besonderen, auf die Eigenart der Hausarbeit verweisenden Verhaltensweisen und Situationsdeutungen von Frauen unberücksichtigt" (ebd.: 280). Diese seien aber nicht nur als Defizite in Bezug auf berufliche Anforderungen zu begreifen, sondern „als das, was sie mindestens ebenso sind: nämlich besondere und gesellschaftlich notwendige Fähigkeiten, deren Bedeutung gerade in der Erhaltung und Erneuerung von Arbeitsvermögen liegt" (ebd.: 280f.).

Notwendig sei, die Formen und Organisation beruflicher Arbeit in einer Richtung zu reformieren, „*die das Einbringen sogenannter ‚weiblicher' Fähigkeiten und Verhaltensweisen (die in Wirklichkeit Qualitäten sind, die in der Eigenart der Hausarbeit angelegt sind) bewußt unterstützen und ermöglichen; die konkret-sinnliche, bedürfnisorientierte Fähigkeiten nicht länger als Mangel auslegen, sondern umgekehrt anerkennen und honorieren*". Es müssten Arbeitsformen entwickelt werden,

„die stärker bedürfnis- und problembezogen sind.
die stärker an der Logik einer sinnvollen Problembearbeitung ... ausgerichtet sind.
die Bedingungen der Konkurrenz reduzieren.
die die Trennung von leitenden und ausübenden Funktionen reduzieren.
die eine flexiblere Gestaltung der Berufsbiographie erlauben" (ebd.: 283f.).

Diese Forderungen, die die Autorinnen Ende der 1970er Jahre aus dem weiblichen Arbeitsvermögen entwickelten, erscheinen aus heutiger Sicht modern. Sie erinnern an neuere arbeitspolitische Konzepte, die ein ganzheitliches, problembezogenes Arbeiten vorsehen (z.B. Schumann u.a. 1994). Ist damit für Frauen ein goldenes Zeitalter angebrochen, in dem sie ihre spezifischen Qualifikationen und Bedürfnisse beruflich verwerten können? Noch heute weisen manche frauenpolitischen Forderungen in diese Richtung: Sie gehen davon aus, dass Frauen diejenigen Fähigkeiten „haben", die heute gefragt sind.

Das idealtypische Konstrukt des weiblichen Arbeitsvermögens hatte eine immense Relevanz: Frauenforscherinnen setzten sich intensiv damit auseinander (u.a.: Knapp 1988, Krüger 1988, Gildemeister/Wetterer 1992) und nicht zuletzt verselbständigte sich das Konstrukt zu einer sozialen Tatsache (Dackweiler 2003). Aus dem Blick geriet vor allem bei vielen frauenpolitischen Praktikerinnen, dass die Herausbildung eines weiblichen Arbeitsvermögens kontextabhängig ist: Wenn Mädchen heute *auch* auf eine Berufstätigkeit hinsozialisiert werden und Mütter (die eigenen und andere) ihnen Erwerbsarbeit vorleben, verinnerlichen Mädchen Elemente beider Sphären. Regina Becker-Schmidt (1987) fand den trefflichen Begriff der „doppelten Sozialisation". An der Verselbstständigung der Theorie sind die Autorinnen aber nicht gänzlich unschuldig. Gudrun-Axeli Knapp (1988: 14) weist darauf hin, dass durch die konstitutionslogische Argumentation aus dem *gedachten* widerspruchsfreien Typus ein *wirklicher* werde. Ilona Ostner selbst kokettiert mit der Interpretation des weiblichen Arbeitsvermögens als sozialer Tatsache. In einer – wie sie im Titel des Aufsatzes ankündigt – „letzten" Aufbereitung des Konzepts schreibt sie, dass, „unser ‚weibliches Arbeitsvermögen' ... empirisch inzwischen eine knappe Ressource" geworden sei (Ostner 1993: 120), weil „es immer weniger Frauen gibt, die in jungen Jahren als Kinder und Jugendliche neben der Mutter Hausarbeit leisten mußten" (ebd.: 119).

Geschlechterdifferenz:
Auswirkungen und Verselbstständigung einer Theorie

Die Kontextabhängigkeit der Herausbildung eines weiblichen Arbeitsvermögens geriet vielerorts in Vergessenheit: Aus der Erfordernis von Sozialkompetenz in vielen Frauenberufen wird geschlussfolgert, dass entsprechende Fähigkeiten dem weiblichen Geschlecht *eigen* sind. Dazu ein Beispiel: Auf der sechsten Bundesfrauenkonferenz der Energie- und Versorgungsbetriebe 1996 fragte der Personalvorstand der gastgebenden Berliner Wasserbetriebe die mehr als 100 anwesenden Frauen, warum er denn nun *Frauen einstellen und überdies noch fördern solle*. Daraufhin bildeten sich lange Schlangen vor den Saalmikrophonen. Den meisten Teilnehmerinnen war es ein Anliegen den Personalvorstand zu belehren. Frauen seien besonders gute Arbeitskräfte und eigentlich viel bessere als Männer, hieß es. Frauen seien sozialer, könnten besser mit Menschen umgehen, sie seien einfühlsamer, intuitiver, kontextbezogener – überhaupt, die viel zitierten Schlüsselqualifikationen brächten Frauen – im Gegensatz zu Männern – mit, sie müssten ihnen nicht erst antrainiert werden. Offenbar ist die These, dass Frauen ein spezifisch weibliches Arbeitsvermögen haben, mittlerweile Allgemeingut. Den Männern gleiche Chancen wollten diese Frauen offenbar erreichen, indem sie die – vermeintlichen – Besonderheiten von Frauen hervorhoben. Zur Ehrenrettung des zitierten Personalvorstands sei angemerkt, dass er lediglich bezweckte, die sich bis dahin dahinschleppende Diskussion zu beleben und dass er die betriebliche Frauenförderung aktiv unterstützte.

Dem obigen Beispiel ließen sich noch viele andere hinzufügen. Aus dem „idealtypischen Konstrukt" als das Elisabeth Beck-Gernsheim und Ilona Ostner (1978) ihr weibliches Arbeitsvermögen verstanden wissen wollten, wurde eine Alltagstheorie. Sofern auch die Berufsberatung von der Existenz eines spezifisch weiblichen (und korrespondierend eines spezifisch männlichen) Arbeitsvermögens ausgeht, hat dieses zur Konsequenz, dass entweder

1. für bestimmte Berufstätigkeiten jeweils eins der Geschlechter *besser geeignet* ist als das andere, oder dass
2. das jeweilige andere Geschlecht besonderer pädagogischer Interventionen zur Behebung geschlechtstypischer *Defizite* bedarf, oder dass
3. „weibliche Aneignungsweisen", die aus dem „weiblichen Arbeitsvermögen" abgeleiteten werden, besondere Anstrengungen bei der Hinführung von Mädchen zu geschlechtsuntypischen Lerninhalten nötig machen.

Vor dem Hintergrund der ersten Position wäre das Erlernen von Männerberufen durch Frauen *widernatürlich*. Die zweite Position ruft Bedarf nach dem Aufspüren weiblicher Defizite und der Entwicklung von spezifischen Curricula vor allem für den Berufswahlunterricht und für die Ausbildung in mädchenuntypischen Berufen hervor. Auch bei der dritten Position steht die Pädagogik im Zentrum: Anknüpfend an das weibliche Arbeitsvermögen wird von besonderen Zugangsweisen von Mädchen und Frauen ausgegangen, mit denen sich Defizite vermeiden lassen. Mit der zunehmenden Relevanz von Computern in den 1980er und 1990er Jahren entstand die These eines „natürlichen" Gegensatzes zwischen den als „neue Technologien" bezeichneten Maschinen und den Mädchen bzw. Frauen, woraufhin spezifische Computerkurse nur für Mädchen und Frauen und sogar „Frauen-Computer-Zentren" ins Leben gerufen wurden.

Die Zuschreibung von gesellschaftlich positiv bewerteten Eigenschaften zu Frauen war wahrscheinlich auch deshalb von solcher Durchschlagskraft, weil noch bis Anfang der 1980er Jahre Frauen als vergleichsweise defizitäre Wesen galten. Gegen die Ausbildung von Mädchen in Jungenberufen wurden beispielsweise Argumente vorgebracht, die heute grotesk erscheinen: Der weibliche Skelettaufbau führt dazu, dass Frauen mit den Armen weniger umfassen können als Männer – als ob Facharbeit hauptsächlich im Tragen umfänglicher Dinge bestünde. Ein immer wiederkehrendes Argument war die durchschnittlich geringere Körperkraft von Frauen, die in der Tat an einigen Arbeitsplätzen zu Problemen führen kann. Doch im Gegensatz zur Anlernarbeit zeichnet sich *Fach*arbeit gerade durch die Vielfalt von Arbeitsaufgaben und durch eigene Dispositionsspielräume aus, und längst nicht jeder gewerblich-technische Männerberuf erfordert überhaupt sonderliche Körperkräfte (vgl. Graß 1985). Als defizitär wurden Mädchen und Frauen generell im Hinblick auf mathematisch-naturwissenschaftliche Fähigkeiten angesehen. Statistiken der Schulabschlüsse und -noten „belegten" ihr Unvermögen. Dass vielleicht Prozesse des „doing gender" sowohl der Mädchen und Jungen als auch der Lehrkräfte das Nachhinken in diesen Fächern verursachen könnten, kam erst später in den Sinn.

Diesen angeblichen Defiziten konnte die Frauenbewegung mit der These, Frauen hätten ein weibliches Arbeitsvermögen, gesellschaftlich positiv bewertete Eigenschaften gegenüberstellen. Nicht nur konnten Mädchen und Frauen ihre Defizite möglicherweise ausgleichen, sondern die Pluspunkte – vor allem die im weiblichen Arbeitsvermögen enthaltenen Schlüsselqualifikationen – erschienen gewichtiger als die Defizite. Die Schlussfolgerungen, die hieraus für die Berufsbildungspolitik gezogen wurden, gingen in eine doppelte Richtung: Zum einen erscheinen Mädchen und Frauen besonders für Frauenberufe geeignet. Zeitgleich aber entstand in der Berufsbildungsforschung und -politik die Erkenntnis, dass Schlüsselqualifikationen für selbstständiges Handeln im Beruf immens wichtig sind. Selbstständiges Planen, Durchführen und Kontrollieren sind seit Ende der 80er Jahre in den Ausbildungsordnungen festgeschriebene Lernziele. Nach der Neuordnung der Metall- und Elektroberufe 1987 erschienen Frauen daher zum anderen geradezu prädestiniert für diese Berufe. Mehr noch: Die von Frauen in diese Berufe eingebrachten weiblichen Eigenschaften und Fähigkeiten sollen eine Modernisierung des männlichen Segments der Arbeitswelt herbeiführen. „Frauen geben Technik neue Impulse", nennt sich eine vom Bund mit großem Aufwand finanzierte Initiative (vgl. Abschnitt 3.2). Nunmehr erscheinen Männer als defizitär. Die Argumentation wurde umgedreht.

Selbst in Teilen der Frauenforschung war die Unterlegung einer essentiellen Geschlechterdifferenz gängige Praxis. Nach Regine Gildemeisters Einschätzung zeigte sich Ende der 80er Jahre sogar „ein Trend zu Erklärungsmustern, die in der biologischen Differenz den wesentlichen Geschlechterunterschied sahen" (1992: 220). Derartige Studien „passten" in die Landschaft. „Frauen arbeiten anders" heißt ein noch 1994 im Campus-Verlag in deutscher Übersetzung erschienenes Buch (Lunneborg 1994). Offensichtlich erwarteten Verlage davon hohe Verkaufszahlen. Sowohl der renommierte Londoner Sage-Verlag als auch der gleichfalls renommierte Campus Verlag übersahen die mangelnde Seriosität dieser Studie: Die Autorin hatte den interviewten Frauen Suggestivfragen[12] gestellt. *Ob* Frauen überhaupt anders als Männer arbeiten, hatte sie gar nicht erst erkundet.

Auch aus der deutschen Diskussion um „Frauen in Männerberufen" lassen sich etliche Belege für eine Verselbstständigung der These essentieller Geschlechterunterschiede und der Herausbildung spezifisch „weiblicher" und „männlicher" Arbeitsvermögen anführen. (Im Folgenden lasse ich die Quellenbelege absichtlich weg, denn es geht mir nicht um die Kritik bestimmter Kolleginnen, sondern um die Verselbstständigung einer Theorie.) Das Ende der 1970er Jahre konzipierte Modellversuchsprogramm des Bundes ging davon aus, dass durch die Ausbildung von Mädchen besondere Anforderungen auf die Ausbilder zukommen könnten und sich für die Mädchen unter Umständen „Schwierigkeiten und psychologische Belastungen" ergäben (BMBW 1978: 103). Nachdem deutlich geworden war, dass während der Ausbildung keine sonderlichen Probleme[13] auftreten, entstand die These, Frauen würden nach der Ausbildung keinen Arbeitsplatz finden, die sich trotz anderslautender Untersuchungsergebnisse bis heute hartnäckig hält. Wenn

---

12 In der Studie waren mehr als 200 US-Bürgerinnen mit geschlechtsuntypischen Berufen befragt worden und zwar wurden „ganze" fünf Fragen gestellt: 1. Inwieweit gehen Sie aufgrund Ihrer Erziehung und Ihrer Erfahrungen als Frau anders an Ihre Arbeit heran als Ihre männlichen Kollegen? 2. Welche kleinen, subtilen Unterschiede sehen Sie in ihrer Arbeitsweise gegenüber der Ihrer männlichen Kollegen? 3. Wie wirken sich die unterschiedlichen Wertvorstellungen von Männern und Frauen hinsichtlich Ihres Berufs auf Ihre Arbeitsweise aus? 4. Wo sehen Sie Ihre Stärken als Frau an Ihrem Arbeitsplatz? 5. Wenn mehr Frauen in Ihrem Beruf arbeiteten, wie würde sich das auf die Arbeit und den Arbeitsplatz auswirken? Ein Ergebnis der Studie ist, dass Männer für den Tierarztberuf ungeeignet sind: „Viele Hunde und Katzen mögen Frauen lieber als Männer" (Lunneborg 1994: 13).
13 Manche Betriebe mussten sich allerdings erst auf die durchschnittlich kleineren Körpermaße von Mädchen einstellen, beispielsweise zu Mädchenhänden passendes Werkzeug beschaffen. Bezüglich der Sicherheitsschuhe wurde ein Modellversuchstreffen zur Adressenbörse: Nur ein Ausstatter hatte Sicherheitsschuhe unterhalb der Größe 39 im Angebot. Schwerwiegender waren demgegenüber die – durch schulische Vernachlässigung verursachten – unzureichenden Vorkenntnisse mancher Mädchen in Mathematik und den Naturwissenschaften. Von den betrieblichen Nachhilfestunden profitierte dann aber auch mancher Junge. Nachhaltig wirkten dagegen die Probleme der Mädchen beim Feilen. Hatten bis dato Generationen von Jungen offene Wunden an den Händen ertragen müssen („Eisen macht hart"), so geriet jetzt in den Blick, dass eine solche Quälerei nicht nur für Mädchen, sondern auch für Jungen unzumutbar ist. Mehr noch: Bei der Neuordnung der Metall- und Elektroberufe wurde überprüft, ob eine solch lange Einübung des Feilens überhaupt in jedem Beruf vonnöten ist, mit dem Resultat, dass der Feil-Unterricht in etlichen Berufen deutlich verkürzt wurde.

schließlich der berufliche Erfolg von Facharbeiterinnen und Gesellinnen wahrgenommen wurde, wurden ihnen besondere Konflikte im Privaten unterstellt und zwar den Facharbeiterinnen bzw. Gesellinnen und Ingenieurinnen gleich gemeinsam, als ob es keinerlei Schichtunterschiede und Unterschiede in der hierarchischen Position gebe und ohne dass ein Vergleich mit anderen Berufssgruppen vorgenommen worden wäre. Die gleiche Verengung findet sich Ursula Müller zufolge in diversen Studien zum Thema „Frauen und Führung". Die „‚weibliche Geschlechtsrolle' wird nicht mehr als *ein* analytisches Konzept unter mehreren möglichen" präsentiert, „sondern als eine Art ‚soziale Tatsache'" reifiziert. Beispielsweise müssen dann alle „Probleme des Berufsalltages, über die die befragten Frauen berichten, ... auf ihre Geschlechtszugehörigkeit bezogen werden" (Müller 1995: 104).

Schon Anfang der 1980er Jahre hatte die Carol Hagemann-White (1984) darauf hingewiesen, dass nicht nur die bis dato als Belege für grundlegende Geschlechterunterschiede herangezogene Studien überinterpretiert wurden, sondern dass selbst die Biologie keine eindeutige Geschlechterbestimmung kennt. Ihr Buch wurde zwar häufig zitiert – der Inhalt aber anscheinend bis in den Anfang der 1990er Jahre hinein mancherorts kaum rezipiert. Wie kommt es zu solchen Dominanzen, Wahrnehmungssperren und nicht zuletzt Verselbstständigungen?

Eine interessante Erklärung bietet die Anthropologin Mary Douglas (1991). Sie schreibt: „Eine Lösung wird nur dann als richtig empfunden, wenn sie mit dem institutionellen Denken übereinstimmt, das in den Köpfen der um eine Entscheidung ringenden Individuen bereits präsent ist" (ebd.: 19). Die These eines „weiblichen Arbeitsvermögens" knüpft insoweit an ältere, biologistische Vorstellungen an, als sie die Einteilung in zwei entgegengesetzte Geschlechter unangetastet lässt. In einer Zeit, in der die Natur prinzipiell als durch Technik beherrschbar und daher für die Erklärung sozialer Phänomene nicht mehr hinreichend erscheint, wird mit der Sozialisation eine andere, zeitgemäßere Deutung gefunden. In Anlehnung an Emile Durkheim schreibt Mary Douglas, individuelles Denken habe gesellschaftliche Ursprünge: „Klassifikationssysteme, logische Operationen und Leitbilder übernimmt der einzelne von der Gesellschaft. Vor allem das Gefühl, dass bestimmte Ideen *a priori* und ohne sinnliche Bestätigung wahr seien, stammt aus der gesellschaftlichen Umwelt" (ebd.: 27). Unter der Annahme, dass die Mitglieder einer Gemeinschaft „es gerne sähen, wenn die Gemeinschaft überlebt, ohne daß sie ihre individuelle Autonomie aufgeben müssen", lassen die „Zwänge der Situation nur bestimmte Lösungen zu. Sie (die Mitglieder der Gemeinschaft, H.O.) wählen die leichteste Strategie und beginnen gemeinsam auf einem Weg voranzuschreiten, der in der gemeinschaftlichen Erzeugung eines Denkstils endet" (ebd.: 74). Die Denkgemeinschaft „Frauenforschung" entwickelte den Denkstil der Geschlechterdifferenz, der wiederum an ältere, biologistische, in den Köpfen vorhandene Erklärungen anknüpfte. Der Denkstil, wie Mary Douglas in Anlehnung an Ludwig Fleck schreibt, setzt, bildet und leitet das Wahrnehmungsvermögen und befähigt zur Schaffung eines Wissensbestandes. „Für Fleck setzt der Denkstil den Rahmen für jede Erkenntnis und er bestimmt, was als vernünftige Frage und was als wahre oder falsche Antwort gelten kann. Der Denkstil setzt den Kontext und die Grenzen für jedes Urteil über die objektive Wirklichkeit. Zu seinen wesentlichen Merkmalen gehört die Tatsache, dass er den Mitgliedern des betreffenden Denkkollektivs verborgen bleibt" (ebd.: 31). Im Zentrum einer Denkgemeinschaft „befindet sich eine Elite aus hochrangig Eingeweihten, im äußeren Bereich stehen die Massen. Die Bewegung geht vom Zentrum aus. Die Peripherie übernimmt von dort die Ideen, ohne sie in Frage zu stellen. An den Rändern kommt es zu einer Verknöcherung" (ebd.: 33).

Die Grundsatzfrage, die u.a. Carol Hagemann-White Anfang der 1980er Jahre stellte, ob Männer und Frauen überhaupt verschieden seien, war in einer Zeit, als die Suche nach der Differenz der Geschlechter die Diskussion bestimmte, nicht „vernünftig". Sie befand sich außerhalb des vorherrschenden Denkstils. Gleichzeitig grenzte der Denkstil essentieller Geschlechterunterschiede andere Wissenschaftsdisziplinen weitgehend aus. Sogar die Biologie blieb außen vor. Nicht nur war sie für Geschlechterfragen unmodern geworden, sondern ihre mehrdimensionalen Geschlechterdefinitionen passten nicht zum Schema von nur zwei Geschlechtern.

In der Frauenforschung und -politik war die These der deutlich abgrenzbaren Verschiedenheit der Geschlechter jedoch keineswegs unumstritten. Schließlich bietet die Erklärung von Geschlechterunterschieden durch Sozialisationsprozesse nicht nur die Option, die Arbeitswelt und nicht die Frauen müssten verändert werden (Beck-Gernsheim/Ostner 1978), sondern auch jene, dass in die Sozialisation von Mädchen hineingewirkt werden müsse, um den problematischen Seiten des „weiblichen Arbeitsvermögens" wie Ängstlichkeit, Unsicherheit und geringerem Selbstwertgefühl zu begegnen. Wenngleich in diesbezüglichen Studien und Projekten Unterschiede zwischen den Mädchen bzw. Frauen in den Blick gerieten, verharrten zumeist auch sie unhinterfragt in der Vorstellung der Existenz von zwei grundlegend verschiedenen Geschlechtern.

Für die institutionalisierte Frauenpolitik hat(te) der Differenzansatz den Vorteil, dass er spezifische Maßnahmen für Frauen legitimierte, ohne dass die Frauenförderinnen sich mit den Kollegen/innen anderer (Verwaltungs-) Abteilungen auseinandersetzen mussten. Beispielsweise konnten sie mit der Begründung der „anderen Zugangsweisen" Mädchen- und Frauencomputerkurse einrichten und so konflikträchtige Diskussionen zur Frage vermeiden, *warum* z.B. in den Informatikleistungskursen an den allgemein bildenden Schulen Mädchen unterrepräsentiert sind. Letzteres hätte eine Einmischung in fremde Verantwortungsbereiche bedeutet, die Frauenministerin (oder gar die rangniedrigere Leiterin einer Gleichstellungsstelle) hätte dem/der Kultusminister/in verdeutlichen müssen, das in ihrem/seinem Verantwortungsbereich Mädchen diskriminiert werden. In diesem Zusammenhang wird neben der Förderung von Frauenprojekten die Auftragsforschung zu einem beliebten Instrument, das sogar zu einer doppelten Verselbstständigung der These einer essentiellen Geschlechterdifferenz beiträgt. Solange die Forschung sich auf das Aufspüren der spezifisch weiblichen Identität konzentriert, beispielsweise auf die Motive von Mädchen einen bestimmten Beruf erlernen zu wollen, birgt sie für die meist staatlichen Auftraggeber/innen keine Risiken: Das Resultat solcher Studien ist immer, dass Dritte ihr Handeln ändern müssen, nicht aber die Auftraggeber/innen selbst. Allenfalls sind sie aufgefordert, auf die Gruppen, bei denen Veränderungsbedarf festgestellt wurde, einzuwirken. Selbst wenn die Studien nicht von einem Wesensunterschied von Jungen und Mädchen oder Männern und Frauen ausgehen, sondern nach den jeweils für die Geschlechter unterschiedlichen Bedingungen fragen, ergibt sich für die politische Umsetzung der Resultate das Paradox, dass, um „die hierarchische Struktur des Geschlechterverhältnisses abzubauen", notgedrungen der Weg der „Reifizierung und Neu-Dramatisierung der Differenz und damit des binären Grundmusters" beschritten werden muss, „und der eben damit das Koordinatensystem von Gleichheit und Differenz, von ‚männlich' und ‚weiblich' nicht verschiebt" (Gildemeister/Wetterer 1992: 248). Jeder, „der die Differenz von Frauen und Männern untersucht", muss „bereits vorab entschieden haben ..., was Männer und Frauen sind" (ebd.: 243). Insoweit trägt Frauenforschung *immer*, und zwar in einem doppelten Sinne, zur „Verknöcherung" bei: Frauen bzw. Mädchen und ihre Lebensbedingungen sind der Forschungsgegenstand und bei der Umsetzung der Ergebnisse wird wiederum zwischen den Geschlechtern unterschieden.

Eine gänzlich andere Perspektive eröffnet die These einer sozialen Konstruktion der Zweigeschlechtlichkeit. Im Zentrum stehen nicht mehr die *Ausprägungen* von Männlichkeit und Weiblichkeit (und deren Erwünschtheit oder Veränderbarkeit), sondern die Entstehung und Aufrechterhaltung von Männlichkeit und Weiblichkeit selbst. Diese These wiederum bietet Anschlussmöglichkeiten für politikwissenschaftliche Fragestellungen, nicht zuletzt nach dem „doing gender" politischer Institutionen wie der Berufsberatung der Bundesagentur für Arbeit.

Soziale Institution Geschlecht

Die These, dass Geschlecht und vor allem die Trennung in zwei Geschlechter sozial konstruiert ist, entstand in den 1980er Jahren vornehmlich in den USA: Die dortige Frauenforschung sah sich der Kritik ausgesetzt, sie sei weiße Mittelstandsforschung und blind für die Relevanz von Klasse und Ethnizität.

Darüber hinaus kam Kritik von Lesben, Homosexuellen, Bisexuellen und Transvestiten, die sich im System der Zweigeschlechtlichkeit und deren binären Wesenszuschreibungen nicht wiederfanden.

Die breite, anglo-amerikanische Diskussion um die Herstellung und Aufrechterhaltung der Geschlechereinteilung durch soziale Interaktionen wurde in der Bundesrepublik erst mit Verspätung wahrgenommen. Die Zeitschrift Gender & Society, in der die Debatte vornehmlich geführt wurde[14], war in bundesdeutschen Universitätsbibliotheken in der Regel nicht einmal vorhanden. In Kreisen der „Elite" wurden hierzulande seit Anfang der 1990er Jahre eher die philosophischen Erörterungen von Judith Butler gelesen. Allerdings ist Judith Butlers Ansatz der „Dekonstruktion" und der Zentralität von „Diskursen" dem aus der Ethnomethodologie entlehnten Theorem der „sozialen Konstruktion" der Zweigeschlechtlichkeit nahe:

„Wenn der Feminismus ... davon ausgeht, daß die Kategorie ‚Frauen' ein unbezeichenbares Feld von Differenzen bezeichnet, das keine Identitätskategorie totalisieren oder zusammenfassen kann, verwandelt sich dieser Terminus gerade in einen Schauplatz ständiger Offenheit und Umdeutbarkeit (resignifiability)" (Butler 1993: 50).

Im Grunde geht es sowohl dem diskurstheoretischen Ansatz Judith Butlers als auch dem ethnomethodologischen um eine „Re-Konstruktion" der Herstellungsmodi der Geschlechterdifferenz. Angelika Wetterer zufolge sei Judith Butlers Begriff der „Dekonstruktion" ein „Etikettenschwindel" (1995: 225) weil die „Re-Konstruktion" fehle. Zwar habe Butler, so das Urteil von Barbara Holland-Cunz, eine „notwendige tabula rasa" geschaffen, „auf der sich die Theorie neu ordnen kann", „weniger wohlmeinend" kritisiert Holland-Cunz zugleich, dass Judith Butler die Modi der Konstruktion „nicht ausreichend" benannt hat (1999: 16). Carol Hagemann-White bezeichnet das in der Diskussion zentrale Buch von Judith Butler (1991) aus demselben Grund sogar als „höchst oberflächlich und ärgerlich" (1993: 69). Im Folgenden geht es mir um die Re-Konstruktion, um die Theorie der „sozialen Konstruktion".

Landläufig wird die Existenz von zwei Geschlechtern – und nur zwei – als *naturgegeben* vorausgesetzt: Spätestens bei der Geburt wird ein Kind anhand der äußeren Geschlechtsmerkmale entweder als Junge oder als Mädchen bestimmt – ein „sowohl als auch" ist nicht vorgesehen. Doch eindeutig ist die Geschlechtsbestimmung damit keineswegs. Die verschiedenen biologischen Zuordnungsverfahren kommen häufig zu widersprüchlichen Ergebnissen: Die Ausprägungen der Chromosomen und Keimdrüsen, der Morphologie, der Hormone und der Besonderheiten des Gehirns können bei ein und derselben Person zu unterschiedlichen Geschlechtszuordnungen führen (Hagemann-White 1984: 33ff., Lorber 1991: 356ff., Gildemeister 1992: 226).

Judith Lorber (1994: 17) verweist darauf, dass es in afrikanischen und amerikanisch-indianischen Gesellschaften (gemessen an der Morphologie)

---

14 Einige, wichtige Artikel sind nachgedruckt in Judith Lorber/Susan A. Farrell (Hg. 1991).

Männer gibt, die als Frauen leben und „biological females, who work, marry, and parent as men" (Lorber 1994: 17). Zu Letzteren führt Judith Lorber aus: „what makes them men is enough wealth to buy a wife" (ebd.). In einem Bericht über die Seidenproduktion in Thailand fand ich den Hinweis, dass die besonders exklusive Mudmee-Seide von „Mädchen der zweiten Art" gewebt werde, von Männern, die lieber als Frau zur Welt gekommen wären und die z.T. eine Geschlechtsumwandlung hätten vornehmen lassen. Seit Jahrhunderten hätten sie „einen festen Platz in der Gesellschaft Südostasiens, auch auf den Dörfern" (Scholz 2001: 82). Der Autor führt die Akzeptanz darauf zurück, dass keine christlichen Tabus existierten. Vielmehr verlange der auf Konfliktvermeidung ausgerichtete Buddhismus „förmlich nach einem diffusen dritten Geschlecht, das die Kluft zwischen den beiden anderen überbrückt" (ebd.). Es gibt somit mindestens eine dritte Kategorie, nämlich „sowohl Frau als auch Mann". Auch wenn die Gebär- bzw. die Zeugungsfähigkeit als zentrales Unterscheidungsmerkmal genommen wird, ergibt sich ebenfalls ein drittes Geschlecht der nicht-fortpflanzungsfähigen Menschen. Wird innerhalb dieser Gruppe nach der Morphologie unterschieden, sind es schon mindestens vier Geschlechter. Solcherart Differenzierungen lassen sich fast endlos fortsetzen. Ulrike Teubner (1993) warf eine Zahl von 87 Geschlechtern in den Raum und Robert W. Connell kommt, – „if my arithmetic is correct" –, auf der Basis der Unterscheidungen von Judith Lorber auf „900 different situations one can be in" (1999: 458).

Die Frage, wie viele Geschlechter unter Berücksichtigung welcher Kriterien sich denn nun von einander abgrenzen lassen, erscheint mir weniger wichtig als die Feststellung, dass es weit mehr als nur zwei Geschlechter gibt und dass die herrschende Zuordnung aller Menschen zu einem von zwei Geschlechtern eine soziale Konstruktion ist.[15] Hieran knüpft der Staat an, wenn er das System der Zweigeschlechtlichkeit als Basis nimmt, es festschreibt und hierarchisiert: Wenn die Berufsberatung von der Existenz zwei deutlich unterscheidbarer Geschlechter ausgeht und die Berufe entsprechend zuordnet,

---

15 Die Probleme und die Behandlung von intersexuellen Menschen (im Volksmund auch Zwitter genannt) werden erst in jüngster Zeit wahrgenommen. Beispielsweise widmete Die Zeit am 28.9.2000 dieser Thematik einen Beitrag. Intersexualität heißt, dass bei einem Menschen sowohl männliche als auch weibliche Geschlechtsorgane vorhanden sind. Verlässliche Statistiken dazu gibt es nicht. Schätzungen gehen von bis zu 2% der Neugeborenen (Tolmein 1999) oder bis zu 4% (Reiter 1998) aus. Diesen Kindern wird bis spätestens zum sechsten Lebensjahr auf grausame Weise ein Geschlecht – wegen der Praktikabilität zumeist das weibliche – anoperiert: Die zu groß geratene Klitoris wird verstümmelt, eine künstliche Vagina implantiert, die in den Folgejahren immer wieder geweitet werden muss und zudem sind regelmäßig massive Hormongaben nötig. 200 gynäkologische Untersuchungen und Behandlungen in 14 Kinder- und Jugendjahren scheinen üblich zu sein. Diese Praxis dient allein dazu, das Kind rein äußerlich eindeutig als Junge oder Mädchen identifizierbar zu machen. Die in Kauf genommene Grausamkeit unterstreicht, wie wichtig eine eindeutige Geschlechtszuordnung ist.

trägt sie zur Aufrechterhaltung der dualen Geschlechterordnung bei, sie „vergeschlechtlicht" die Berufe.

Ist aber „Nicht-Vergeschlechtlichung" (not doing gender) im Alltag überhaupt möglich? Joan Acker identifiziert „mindestens" fünf ineinander gehende Prozesse des Auftretens von „Gendering":

> „*First* is the construction of divisions along lines of gender – divisions of labor, of allowed behaviors, of locations in physical space, of power, including the institutionalized means of maintaining the divisions in the structures of labor markets, the family, the state. ...
> *Second* is the construction of symbols and images that explain, express, reinforce, or sometimes oppose those divisions. These have many sources or forms in language, ideology, popular and high culture, dress, the press, and television. ...
> The *third* set of processes that produce gendered social structures, including organizations, are interactions between women and men, women and women, men and men, including all those patterns that enact dominance and submission. ...
> *Fourth*, these processes help to produce gendered components of individual identity, ...
> *Finally*, gender is implicated in the fundamental, ongoing processes of creating and conceptualizing social structures. ... Gender is a constitutive element in organizational logic, or the underlying assumptions and practices that construct most contemporary work organizations" (Acker 1990: 146f., Herv. H.O.; vgl. auch Scott 1986: 1067f.; Knapp 1992: 24f.; Rastetter 1994: 83).

Candace West und Don H. Zimmerman fragen, „can we ever not do gender", und antworten:

> „Insofar as a society is partitioned by 'essential' differences between women and men and placement in a sex category is both relevant and enforced, doing gender is unavoidable" (1991: 23f.).

Menschen versuchen ihr Verhalten den Umständen anzupassen, damit andere ihr Handeln so verstehen, wie es gemeint ist (West/Zimmerman 1991: 23). Wenn aber das Geschlecht allgegenwärtig ist, wird jede Handlung einer Person vor dem Hintergrund ihrer Geschlechtszugehörigkeit interpretiert: „Jeder muß jederzeit männlich oder weiblich sein" (Gildemeister 1992: 227); eine Ausblendung der Geschlechtlichkeit ist nicht denkbar. Um gleiche Ziele zu erreichen, müssen Frauen und Männer sich unterschiedlich verhalten.

> „Accordingly, virtually any activity can be assessed as to its womanly or manly nature. And note, to 'do' gender is not always to live up to normative conceptions of femininity or masculinity; it is to engage in behavior *at the risk of gender assessment*. Although it is individuals who do gender, the enterprise is fundamentally interactional and institutional in character, because accountability is a feature of social relationships and its idiom is drawn from the institutional arena in which those relationships are enacted" (West/Zimmerman 1991: 23f.).

Wenn Frauen sich „männlich" gebärden oder auch nur kleiden, wenn sie womöglich männliche Terrains für sich erobern, erzeugen sie Abwehr. Sexuelle Belästigungen am Arbeitsplatz ist *auch* zu interpretieren als Reaktion auf das Eindringen von Frauen in ein berufliches Territorium, das der Belästiger als sein ureigenes definiert, das ihm – weil Mann – zusteht (Glöß 1985). In meiner Untersuchung von Frauen in Männerberufen waren Frauen, die sich Weiblich gaben, innerhalb des männlichen Kollegenkreises akzeptiert, ihre „männlich" auftretenden Kolleginnen dagegen stießen auf Abwehr (vgl. Abschnitt 3.5). Umgekehrt erzeugt „weibliches" Verhalten eines Mannes mindestens ein Belächeltwerden. Die Studie von Garfinkel (1967) über den Prozess des Frau-Werdens des Transvestiten Agnes (vgl. West/Zimmerman 1991, Wetterer 1995) verbildlicht die Unterschiede: Agnes versuchte, „120 percent female" zu werden. Der Wert, den Transvestiten auf eine chirurgische Geschlechtsumwandlung legen (obwohl doch gerade die äußeren Geschlechtsmerkmale regelmäßig verdeckt sind!), macht deutlich, wie wichtig es – nicht nur ihnen – ist, eindeutig als Frau oder als Mann identifizierbar zu sein. Für das Individuum bedeutet „Gender" vor allem Gleichheit, Identität und Gleichförmigkeit („sameness")[16], für die Gesellschaft dagegen meint „Gender" Verschiedenheit (Lorber 1994: 26 u. 31). Gender ist eine soziale Institution:

„I see gender as an institution that establishes patterns of expectations for individuals, orders the social processes of everyday life, is built into the major social organizations of society, such as the economy, ideology, the family, and politics, and is also an entity in and of itself" (ebd.: 1).

In der Tat, wenn geschlechtskohärentes Verhalten jeder Handlung unterlegt ist, hat es dieselbe Relevanz wie andere soziale Institutionen auch: „Geschlecht" erfüllt alle Bedingungen, die beispielsweise von Gerhard Göhler als Charakteristika *sozialer* Institutionen benannt werden: Das Geschlecht ist „relativ auf Dauer gestellt", ein „durch Internalisierung verfestigtes Verhaltensmuster" und ein „Sinngebilde mit regulierender und orientierender Funktion" (Göhler 1994: 22).

Die Aufzählung der unterschiedlichen, ineinander fließenden Prozesse des „Genderings" von Joan Acker macht die Relevanz von Gender als sozialer Institution in alltäglichen Interaktionen deutlich. Unterbelichtet bleibt in ihrer Analyse und gleichfalls bei der deutschsprachigen, in der Regel soziologischen Rezeption das Politische. Im Folgenden werde ich aufzeigen, welche Erklärungsmöglichkeiten der politikwissenschaftliche Neue Institutionalismus für das Aufspüren von Gendering-Prozessen bietet.

---

16 Der englische Begriff *„sameness"* bedeutet im Deutschen nicht nur *Gleichheit*, sondern auch *Identität* und *Gleichförmigkeit*.

2.3 „Erziehung des Volkes" durch politische Institutionen

Im Anschluss an die Reformbemühungen der sozial-liberalen Koalition rückten in der Politikwissenschaft die „kleinen Einheiten" staatlicher und staatsnaher Organisationen und ihre Verknüpfungen untereinander und mit dem sozialen Umfeld in den Vordergrund. Die feministische Forschung hat erst mit Verspätung und bisher auch nur in wenigen Studien auf die Ergebnisse dieser Diskussionen Bezug genommen (Henninger/Ostendorf 2004). Dabei ist meines Erachtens gerade der Neue Institutionalismus mit seiner These „organization matters" (Scharpf 1977) besonders ertragreich um aufzuzeigen, wie Geschlechter durch politische Institutionen „gemacht werden".

Der politikwissenschaftliche Neue Institutionalismus rekurriert auf Diskussionen in anderen Disziplinen, u.a. der Ökonomie und der Soziologie. Der Ökonom Douglas C. North erklärt sogar die unterschiedlichen wirtschaftlichen Erfolge verschiedener Länder mit institutionellen Rahmenbedingungen. Formelle Regeln allein, beispielsweise das Recht auf privates Eigentum, garantierten keinen Erfolg. Hinzu kommen müssten informelle Zwänge und Anreize. Erst eine Analyse sozialer Institutionen könne wirtschaftsgeschichtliche Aufbereitungen „wirklich zur Historie" machen (North 1992a: 164). „Ideas matter; what accounts for the evolving subjective models that shape choices in a society is the combination of changes in relative prices filtered through the culturally conditioned ideas that are generated" (North 1992b: 486).

Während makroinstitutionalistische Ansätze der Organisationstheorie die institutionalisierten Elemente „ausschließlich in den Umwelten und damit außerhalb der Organisation" ausmachen, argumentieren mikroinstitutionalistische Ansätze umgekehrt: „Implementierte institutionalisierte Elemente entspringen innerhalb der Organisation" (Walgenbach 1995: 290). Organisationen werden zu ,,'cultural engines' der modernen Gesellschaft" (ebd.: 295). Die Legitimität eines bestimmten, einmal in eine Organisation implementierten Elements strahlt auf andere, mit diesem in Verbindung stehende Bestandteile aus. „Diese neuen, noch nicht institutionalisierten Elemente wie Handlungen, Rollen oder Prozeduren werden mit Legitimität ‚infiziert'" (ebd. in Anlehnung an Zucker). Peter Walgenbach konstatiert in seiner zusammenfassenden Analyse institutionalistischer Ansätze in den Organisationswissenschaften, dass sie „derzeit noch keine in sich geschlossene Theorie" darstellen (ebd.).

Anknüpfend an die Arbeiten von Anthony Giddens sowie an die Debatte um eine Verzahnung von Mikroanalysen mit strukturtheoretischen Überlegungen entwickelte Helga Krüger (2001b) einen „Institutionenansatz" für die Geschlechterforschung. Als Institutionen bezeichnet sie geronnene soziale und ökonomische Verhältnisse wie bspw. das Berufsbildungs- oder das Verrentungssystem. Die Gestaltung der Geschlechterordnung erfolge durch die Logik der Verknüpfung folgender Elemente: (a) durch die Inkorporation von Geschlecht in internen Segmentierungen innerhalb der einzelnen Institutionen (Berufsbildung, Arbeitsmarkt, Verrentung), (b) durch das Zusammenspiel von Institutionen, „die in der Biographie zeitgleich auf den Erwachsenenverlauf Zugriff nehmen (Arbeitsmarkt und Familie und Kindergarten/Schule und öffentliche Dienstleistungen)", und (c) „durch das Ordnen personenbezogener Dienstleistungen als weibliches und damit nachrangiges Territorium" (Krüger 2001b: 80). Mit Hilfe einer derart geleiteten Analyse könnten „sowohl interpersonale Beziehungen als auch die kulturelle Ordnung und die Sozialstruktur als dynamischen Prozess ‚mit Geschichte'" erkannt werden (ebd.: 81).

Die von Helga Krüger genannten Institutionen werden vom Staat generiert und ordnen das Zusammenleben der Gesellschaft, orientieren die Bürger/innen und sozialisieren sie. Dieser Institutionenbegriff deckt sich mit dem politikwissenschaftlichen Verständnis von politischen Institutionen „ohne Personen" (u.a.: Göhler 1994: 22). Sozialpolitische Traditionen, bspw. die Ehezentriertheit des deutschen Systems, sind für die Individuen – also auch für Politiker/innen und die Bediensteten der Staatsapparate – in der Tat handlungsleitend, sie sind „Sinngebilde mit regulierender und orientierender Funktion" (Göhler) und insoweit „zum anfassen", als sie in Gesetze und Verordnungen gegossen sind. Im Vordergrund meiner Arbeit aber steht der andere von Göhler benannte Typus politischer Institutionen: Institutionen „mit Personen". Ich ergänze die von Helga Krüger genannten Faktoren interpersonale Beziehungen, kulturelle Ordnung und Sozialstruktur um die Dimension des Staates, wobei auf der Hand liegen dürfte, dass der Staat unmittelbar in die drei genannten Faktoren hineinwirkt (und diese ihn wiederum beeinflussen).

In der Politikwissenschaft war die Beschäftigung mit Institutionen noch bis in die 1960er Jahre hinein auf die *Kunde* der Organisationen, die das Gebilde des Staates ausmachen, begrenzt. Dieser „alte" Institutionalismus argumentierte moralphilosophisch, beschränkte sich auf die Analyse von formalen Strukturen und Rechtssystemen, untersuchte diese zwar detailliert, blieb aber bei einer *Beschreibung* stehen. Er war wenig theoretisch und zudem konservativ in dem Sinne, dass er das Bleibende und Unveränderte betonte (vgl. Scharpf 1985: 164, Scott 1995: 6). Der Perspektivenwechsel von einer Beschreibung politischer Institutionen (bzw. staatlicher Organisationen) zu einem *Neuen* Institutionalismus ist nicht nur der behavioristischen, sich gegen solche Formalismen wendenden Revolte Ende der 1960er Jahre zu verdanken, sondern auch der Erkenntnis, dass der Staat nicht als hierarchisch von oben nach unten durchstrukturierter monolithischer Block regiert, dass staatliche Organisationen vielmehr des öfteren eigenwillig handeln und dass sie in vielfältiger Art und Weise mit staatsnahen und privaten Organisationen verknüpft sind. Damit rückten neben den Strukturen staatlicher Organisationen vor allem die Strukturen und Prozesse in Verhandlungssystemen sowie deren Akteure/innen in den Vordergrund.

Fritz W. Scharpf plädierte in seinem auf dem DVPW-Kongress 1984 gehaltenen Referat für einen „aufgeklärten Institutionalismus", der Outputorientierte Analysen von (Verteilungs-)Wirkungen mit Input-orientierten Blickrichtungen auf politische Prozesse und politisch relevantes Individualverhalten verknüpft. Hierdurch finden Erkenntnisse aus der Soziologie und der Ökonomie zu normativen und kognitiven Institutionen Eingang in die Politikwissenschaft. Scharpf betont, individuelles Verhalten werde

„durch sozietale Normen und institutionalisierte Verhaltensregeln geprägt, und gesellschaftliche Machtverhältnisse bestimmen nicht unmittelbar die Ergebnisse politischer Prozesse, sondern werden durch institutionelle Strukturen mediatisiert (die selbstverständlich ihrerseits durch Machtverhältnisse beeinflußt werden)" (Scharpf 1985: 164f.).

Zentrales Thema des DVPW-Kongresses 1984 war die Frage des Verhältnisses von Policy-Forschung und Politikwissenschaft, wobei im Hintergrund mitschwang, ob Policy-Forschung überhaupt Teil einer wissenschaftlichen Befassung mit Politik sein und zur Disziplin gehören könne. Inzwischen ist die Policy-Forschung – sichtbar an den Bindestrich-Politiken bzw. Politikfeldern, mit denen sich die Politikwissenschaft heute befasst – aus der Disziplin nicht mehr wegzudenken. Der „Neue Institutionalismus" wurde sogar zu *dem* Thema der aktuellen Politikwissenschaft (Falter/Klingemann 1998: 317). Politische Institutionen gewannen nicht zuletzt wegen ihrer Relevanz für die Erklärung von Politikinhalten in den 1980er Jahren erneut an Aufmerksamkeit. Die weitgehend gescheiterte Verwaltungsreform der 1960er Jahre warf die Frage nach den Ursachen des Misslingens auf und lenkte den Blick unter anderem auf die Handlungsmöglichkeiten und –restriktionen politisch-administrativer Institutionen, insbesondere auf deren Vernetzungen untereinander und mit gesellschaftlichen Organisationen. Zur „Außensicht" der Organisation, der „Bedeutung von Institutionen als Regulative und Stabilisatoren und dem Gewinn an kollektiver Handlungsfähigkeit und ‚Wertschöpfung', der mit der Durchorganisiertheit moderner Gesellschaften erzielt worden ist" trat eine „Binnensicht" auf institutionelle Eigeninteressen (Scharpf 1987: 131).

„Sie (die Organisation, H.O.) entwickelt einerseits eine eigensinnige Selektivität schon bei der Aufnahme externer Signale, durch die die übergroße Mehrheit aller Umweltinformationen von vornherein als irrelevant ausgeblendet wird; und sie ist andererseits bei der Verarbeitung der aufgenommenen Signale durch interne Routinen der Informationsverarbeitung, Konsensbildung und Konfliktregelung festgelegt, die das Repertoire möglicher Reaktionen begrenzen ... . Der durch Organisation erzielbare Gewinn an Handlungsfähigkeit wird also durch eine im gleichen Maße zunehmende Selektivität bezahlt, die auch durch starke äußere Anreize nicht ohne weiteres außer Kraft gesetzt werden kann" (ebd.: 118).

Zudem erscheinen politisch-administrative Institutionen aus der Sicht der Beschäftigten

„nicht nur als Instrumente der Politik, sondern auch als Einkommensquellen und Karrierechancen, als soziale Lebensräume und als Bezugsrahmen der individuellen Entfaltung und der persönlichen Identität" (ebd.: 123).

Bestimmte Organisationen sind Scharpf zufolge sogar prinzipiell nicht in der Lage, „das Verhalten ihrer Mitarbeiter durch die Kombination von Regeln, Einzelanweisungen und standardisierten Anreizen angemessen zu steuern" (ebd.: 134). Dazu gehörten sowohl „innovative Organisationen" wie Forschungsinstitute, als auch „responsive Organisationen". Zu den letzteren zählt Fritz W. Scharpf explizit die Arbeitsämter, „die auf unterschiedliche und häufig wechselnde Einzelfälle jeweils die angemessene Reaktion finden müssen" (ebd.).

Parallel zur bundesdeutschen Diskussion entwickelten James G. March und Johan P. Olsen ihr Konzept eines „new institutionalism". Mittlerweile ist diese Bezeichnung für eine Forschungsrichtung, die die Relevanz politischer Institutionen in den Vordergrund rückt, auch in Deutschland verbreitet. Ein zentrales Problem dieser neuen Forschungsrichtung ist aber die mangelnde Generalisierbarkeit ihrer Ergebnisse. Weil es sich bei politischen Institutionen in der Regel um singuläre Makro-Institutionen handelt, ist die Möglichkeit aus einer großen Zahl von Fallstudien gleichartiger Organisationen das Gemeinsame herauszufiltern, nicht gegeben (Scharpf 1985: 168). Fritz W. Scharpf schlug auf dem genannten DVPW-Kongress vor, dennoch auf die „Forschungslogik der großen Zahl" zu vertrauen oder sich „im Extremfall auch über singuläre Phänomene" an die Entwicklung einer Theorie heranzuwagen (ebd.: 168). Zwar haben sich die Erkenntnisse mittlerweile verdichtet, dennoch hat der Neue Institutionalismus nach wie vor keine Theorie hervorgebracht. Klaus von Beyme meint, der Neue Institutionalismus sei ein „Ansatz", der „im Methodenbereich angesiedelt" ist (von Beyme 1987: 48; Ders. 1992: 70ff.). Ich denke, inzwischen kann (mit Renate Mayntz und Fritz W. Scharpf 1995a: 39) eher von einem „Gerüst relativ allgemeiner Kategorien" gesprochen werden. Zu einer „geronnenen" Theorie aber sind die Aufbereitungen noch nicht komprimiert.

Ein 1989 gestarteter DFG-Schwerpunkt zur „Theorie politischer Institutionen" ging umgekehrt vor. Er versuchte aus der politischen Philosopie und Theoriegeschichte das Allgemeine politischer Institutionen herauszufiltern. Bislang stehen die „Theorie politischer Institutionen" und der „Neue Institutionalismus" noch unverbunden nebeneinander. Ein Problem beider Zugangsweisen ist, dass sie nicht ausgereift sind: Dem Neuen Institutionalismus fehlt die Theorie und der Theorie politischer Institutionen die empirische Überprüfung. Der arbeitende Staat geriet bei den Theoretiker/innen „nur selten in das Blickfeld" (Hesse/Benz 1988: 70). Zu kurz kommen insbesondere die Verhaltensaspekte politischer Prozesse (von Beyme 1987: 59). Fritz W.

Scharpf formulierte demgegenüber das Paradigma des wechselseitigen Bezuges von Struktur, Prozess und Funktion:

„Struktur, Prozeß und Funktion können nur in ihrer Wechselbezüglichkeit definiert und analysiert werden, und das gleiche gilt für die korrespondierenden Konzepte der politischen Institutionen (Polity), politische Prozesse (Politics) und Politikinhalte (Policy). An welcher Ecke des Dreiecks man mit der Analyse beginnt, ist eher eine Geschmacksfrage" (Scharpf 1985: 165)

Doch die Erklärungsvariablen, die von den Neuen Institutionalisten/innen angeführt werden, sind nicht systematisch miteinander verknüpft:

„They all have a relative autonomy in explaining political behavior; as single variables they are not systematically related and are not established in a hierarchical order. Political institutionalism is therefore ... threatened by explanatory eclecticism" (Windhoff-Héritier 1991: 36).

Dies gilt nach wie vor. Meines Erachtens ist die Diskussion aber insoweit vorangeschritten, dass eine Verknüpfung der Überlegungen aus der „Theorie politischer Institutionen" mit dem „Neuen Institutionalismus" möglich wird.

Im Folgenden werde ich zunächst auf die „Theorie politischer Institutionen" eingehen. Von Gerhard Göhler, einem ihrer exponiertesten Vertreter, stammt die Formulierung, dass politische Institutionen „das Volk erziehen". Zwar versuchen auch gewinnorientierte Organisationen „das Volk" in der Richtung zu erziehen, dass es ihre Produkte und Dienstleistungen für unentbehrlich hält, ein zentraler Unterschied besteht aber in der Marktmacht staatlicher und staatsnaher Organisationen. Dies gilt ganz besonders für die Berufsberatung, die bis 1997 sogar noch ein gesetzlich verbrieftes Beratungs- und Vermittlungsmonopol hatte. Im Anschluss an die Theorie politischer Institutionen folgt die Diskussion des Neuen Institutionalismus, der das Eigengewicht politischer Institutionen betont.

Rahmentheorie politischer Institutionen

Aus den Arbeiten des DFG-Forschungsschwerpunkts hat Gerhard Göhler mittlerweile eine „Rahmentheorie" entwickelt. Analytisch ging es im Schwerpunktprogramm „um die Frage nach der Bedeutung des institutionellen Faktors für die Politik" und normativ um „die Entfaltung von Argumenten zur Begründung, Diskussion und Kritik des institutionellen Arrangements politischer Ordnungen" (Göhler 1994: 19). Das Programm war in der Sektion „Politische Philosophie und Theoriegeschichte" der Deutschen Vereinigung für Politische Wissenschaft angesiedelt. Entsprechend bewegten sich die Arbeiten mehrheitlich in dessen Rahmen und setzten häufig bei den „Gründervätern" an (Beyer u.a. 1994: 253). Ein – für meine Studie wichtiges – Ergebnis dieser Diskussionen ist die in der Einleitung zu diesem Kapitel vorgestellte Definition *politischer* Institutionen in Abgrenzung zu *sozialen* als

„Regelsystem der Herstellung und Durchführung verbindlicher, gesamtgesellschaftlicher Entscheidungen und Instanzen der symbolischen Darstellung von Orientierungsleistungen einer Gesellschaft" (Göhler 1997b: 26).

In Gerhard Göhlers Rahmentheorie kommt der Symboldimension eine wichtige Bedeutung zu. Zumeist wird „symbolische Politik" in Anlehnung an Edelman negativ verstanden, als „Verschleierung fehlender Substanz und Sachangemessenheit" (Göhler 1997b: 24), als „demonstrativer Schein" oder „Täuschungsmannöver" (Rehberg 1996: 114). Bei Gerhard Göhler aber ist der Begriff „Symbol" wertfrei gemeint. „Symbole sind Zeichen mit Überschußgehalt" (Göhler 1997b: 24). Sie stellen einen Sachverhalt in konzentrierter Form „zugleich mehrdeutig und interpretationsbedürftig und unter Einschluß der objektiven Komponente" dar und „auf diese Weise können sie eine orientierende Leitfunktion in sozialen Beziehungen übernehmen" (Göhler 1996: 31). Im Gegensatz zu den Zeichen ist die Botschaft von Symbolen nicht eindeutig, sondern interpretationsbedürftig. Symbole lösen Assoziationen aus.

„Die Darstellung, sei es in der Form der bildhaften Präsentation von Symbolen, sei es in der Form des symbolischen Handelns ihrer Akteure, sei es in der Form symbolischer Konnotation durch Texte wie etwa die Verfassung, hat unmittelbar nichts mit der Durchsetzung von Willen zu tun. Sie gibt den Adressaten eine Orientierung, oder genauer, weil sich symbolisch nichts aufzwingen läßt: sie macht den Adressaten, den Bürgern, ein Orientierungsangebot, nach dem sie sich richten können, wenn sie es akzeptieren" (Göhler 1996: 31f.).

Wie Symbole verstanden werden ist kontextabhängig, „variierend nach Person, Zeit, Gruppenzugehörigkeit usw." (Göhler 1997b: 31). Damit sie angenommen werden, „bedarf es gewissermaßen eines Resonanzbodens an Grundvorstellungen und Werthaltungen" (ebd.). Gleichzeitig sind Symbole „das Resultat von politischen Kämpfen um symbolische Macht... . Diejenigen Gruppen, die sich in der Gesellschaft durchsetzen, liefern auch die herrschenden Symbole als exklusive Deutungsangebote" (ebd. 34).

„Über symbolische Kämpfe wird eine geltende Gestalt der politischen Einheit, werden Leitideen ausgebildet; Leitideen sind Fundamente politischer Institutionen, und sie werden ... durch symbolische Repräsentation dargestellt" (ebd. 37).

Doch nicht „die politische Institution" handelt, sondern die Handelnden sind immer die dort arbeitenden Menschen. Bei Gerhard Göhler wird die Leitidee zum Bindeglied zwischen der Binnen- und der Außenperspektive. Politische Institutionen sind

„in ihrer instrumentellen Ordnungsleistung Organisationen, die zur Erfüllung eines Zwecks die angemessenen Mittel bereitstellen. Sie sind in der Symboldimension Institutionen, die durch ihre *Leitidee* eine Orientierung in doppelter Richtung erbringen: Orientierung zum einen für ihre *Adressaten*, ‚das Volk' bzw. die Angehörigen der gesellschaftlichen Bezugseinheit ...; Orientierung zum anderen für die *Akteure* in den Institutionen selbst ... So haben wir es zum einen mit Organisationen, zum anderen mit Institutionen zu tun, aber insgesamt handelt es sich als ‚Gebilde' um ebendieselben politischen Institutionen, die Trennung ist nur dimensional, beide Ebenen sind aufeinander bezogen und gleichermaßen konstitutiv" (Göhler 1994: 42. Hervorh. H. O.).

Nun unterscheiden sich aber Normen häufig je nach Gesellschaftsschicht, Ethnie, Region oder Konfessionszugehörigkeit. Gerade die Einstellungen zum Platz von Frauen in der Gesellschaft dürften zu den umstrittensten überhaupt zählen: Sollen sich Frauen zuvörderst um Haushalt und Familie kümmern oder sollen Frauen gleich den Männern am Erwerbsleben teilnehmen? Wenn politische Institutionen gesellschaftliche Werte symbolisieren und so Orientierung geben, stellt sich die Frage, welcher Geschlechternorm politische Institutionen folgen und – im Zusammenhang meiner Arbeit – an welchem Geschlechterleitbild die Berufsberatung ihre Aktivitäten ausrichtet. An der von Gerhard Göhler entwickelten „institutionellen Konfiguration" soll im Folgenden aufgezeigt werden, dass in den Orientierungsleistungen politischer Institutionen nicht nur die Normen der Gemeinschaft *repräsentiert* werden, sondern dass politische Institutionen Normen *setzen* können.

Gerhard Göhler entwickelt seine „institutionelle Konfiguration" politischer Institutionen aus dem Zusammenhang von Institution, Macht und Repräsentation. Als Akteure/innen eines demokratischen Staates geben die Bürger/innen der Institution den Auftrag der Repräsentation. Die Macht der Bürger/innen ist insoweit „transitiv"[17], als ihr Wille auf die Institutionen übergeht; er wird nunmehr von der Institution repräsentiert. Dieses macht die *instrumentelle* Seite politischer Institutionen aus. Gleichzeitig gehen die Werte und Ordnungsprinzipien der Bürger/innen als *„ideative"* Komponenten in die Institution ein. Wichtig wird an dieser Stelle wiederum die Symbolbeziehung: In Symbolen finden

„die Vorstellungen ihrer (der Bürger/innen H.O.) sozialen Welt zusammen mit moralischen Bewertungen und politischen Ordnungsprinzipien einen verdichteten Ausdruck" (Göhler 1997b: 12f.).

Indem sie Regeln bestimmen, üben so konstituierte politische Institutionen ihrerseits transitive Macht auf die Bürger/innen aus. Mit dem ihnen angelagerten Symbolgehalt vollbringen sie darüber hinaus Orientierungsleistungen. Gerhard Göhler betont, dass sein „Modell der institutionellen Konfiguration" prinzipiell empirisch anschlussfähig ist (Göhler 1997a: 597). Transitive Macht und Repräsentation durch Mandat können vermittels einer Analyse von Einflüssen und der Wirkung geregelter Einflussmöglichkeiten empirisch näher bestimmt werden.

„Intransitive Macht ist empirisch zu untersuchen anhand von grundlegenden gemeinsamen Wertvorstellungen und Ordnungsprinzipien in den Einstellungen der Bürger und ihrer Artikulierung in den Medien. Der Ausdruck von Werten und Ordnungsprinzipien in der sym-

---

17 „Transitiv ist die Macht, wenn sie auf andere bezogen ist (eben als Willensdurchsetzung). Intransitiv ist die Macht, wenn sie auf sich selbst bezogen ist" (Göhler 1997b: 39).

bolischen Repräsentation durch die politischen Institutionen läßt sich wiederum den Wertvorstellungen und Ordnungsprinzipien der Bürger gegenüberstellen" (ebd.). Letzteres wird in dieser Studie über das „doing gender" der Berufsberatung unternommen.

Übersicht 3:

Institution – Macht – Repräsentation, Willens- und Symbolbeziehung

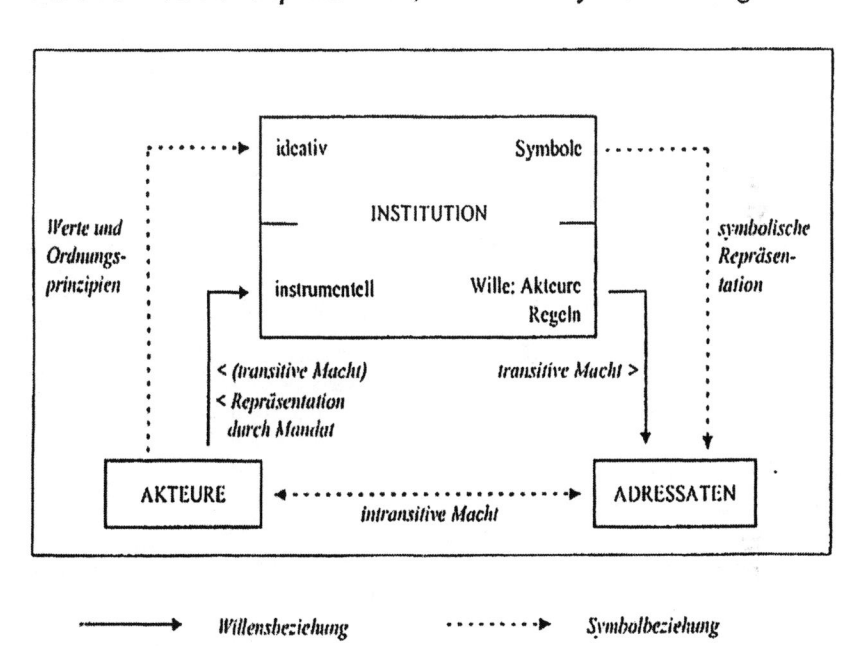

```
                    ┌─────── ideativ      Symbole ········┐
                    │                                     │
  Werte und         │         INSTITUTION                 │  symbolische
  Ordnungs-         │                                     │  Repräsen-
  prinzipien        └──▶ instrumentell  Wille: Akteure    │  tation
                                        Regeln
                       < (transitive Macht)     transitive Macht >
                       < Repräsentation
                         durch Mandat
         ┌──────────┐                               ┌──────────┐
         │ AKTEURE  │◀ · · · · · · · · · · · · · ·▶│ADRESSATEN│
         └──────────┘     intransitive Macht        └──────────┘
```

─────▶ *Willensbeziehung*   ········▶ *Symbolbeziehung*

Quelle: Göhler 1997a: 593.

„Akteure" und „Adressaten" sind in aller Regel verschieden. Die Berufsberatung erhält ihr Mandat (in Form gesetzlicher Regelungen und ggf. Haushaltszuweisungen) von der Bundesregierung; ihre Adressaten/innen aber sind primär Jugendliche, somit nicht diejenigen, die der Regierung den Auftrag zur Repräsentation ihres Willens gegeben haben. Die *Werte und Ordnungsprinzipien* des Wahlvolkes können sich somit von denen der Jugendlichen und ihrer Eltern unterscheiden. Insbesondere zum Platz von Frauen in der Gesellschaft ist die Haltung Älterer meist konservativer als die Jüngerer.[18] Auch lässt sich aus verschiedenen Untersuchungen ableiten, dass Mädchen eine tragfähige Ausbildung wichtiger ist als deren Eltern und diesen wiederum wichtiger als den Großeltern. Nun könnte argumentiert werden, dass die Berufsberatung schließlich von der (demokratisch legitimierten) Regierung beauftragt ist, die Jugendlichen zu „erziehen". Grundsätzlich aber besteht die Gefahr, dass politische Institutionen zu Symbolträgern „im schlechten Sinne" werden – zu Symbolträgern mit totalitären Zügen.

Gerhard Göhler schreibt, Symbole seien als Instrumente der Steuerung wenig geeignet, „da sie keinen Ursache-Wirkungs-Zusammenhang begründen, vielmehr nur einen Interpretationsrahmen vorgeben, welcher motivbildend wirkt und Orientierung vermitteln kann" (ebd.: 591). M.E. ist die Steuerungsmacht von Symbolen nicht zu unterschätzen! Entscheidend ist, ob die Orientierung Suchenden alternative Informationsmöglichkeiten haben. Zur Berufsberatung der Bundesagentur für Arbeit aber gibt es kaum Alternativen, und wenn, dann arbeiten diese Organisationen häufig wieder mit den Materialien der Berufsberatung.

Auch hat die Bundesregierung die Kontrolle der Berufsberatung an tripartistisch zusammengesetzte Ausschüsse delegiert. Die dort vertretenen Arbeitgeberverbände und Gewerkschaften aber haben kein Mandat „des Wahlvolkes". Die Vertreter/innen der Länder und der kommunalen Spitzenverbände haben zwar entsprechende Mandate, diese können aber je nach Parteienmehrheit verschieden und anders als das Mandat der Bundesregierung sein. Mir scheint, dass derartige Konstellationen das beobachtbare Beharrungsvermögen und die Eigenmächtigkeit politischer Institutionen begünstigen und dass das Modell einer institutionellen Konfiguration um derartige Einflüsse erweitert werden müsste.

Aus den Diskussionen um eine „Theorie politischer Institutionen" hat sich nicht nur die dort gefundene Definition politischer Institutionen als ertragreich erwiesen, sondern vor allem auch die besonders von Gerhard Göhler betonte Zentralität von Leitideen, die sowohl den Adressaten/innen Orientierung geben (sollen) als auch den Akteuren/innen in den politischen Institutionen selbst. Was in der „institutionellen Konfiguration" fehlt, sind die Einflüsse von außen auf politische Institutionen, die Einflüsse von privaten, staatlichen und staatsnahen Organisationen sowie die Rückwirkungen der Zusammenarbeit mit derartigen Organisationen. Diese Leerstellen sowie die Unterbewertung der faktischen „Steuerung durch Symbole" und des Ausein-

---

18 Von den über 65-jährigen Westdeutschen ist die Mehrheit der Ansicht, für eine Frau sei es wichtiger, ihrem Mann bei seiner Karriere zu helfen, als selbst Karriere zu machen (66% Zustimmung). Auch solle eine Frau bei Arbeitsplatzmangel auf ihren Beruf verzichten, wenn ihr Mann für den Unterhalt der Familie sorgen kann (75% Zustimmung). Von den 18- bis 30-Jährigen stimmen nur 16 bzw. 28% diesen Statements zu (Statistisches Bundesamt Hg. 1997: 454f.).

anderfallens von Akteuren/innen und Adressaten/innen schmälern die Verdienste der „Theoretiker"[19] nicht. Vielmehr bieten sich gerade hier Verknüpfungsmöglichkeiten zum Neuen Institutionalismus, der die Werte und Ordnungsprinzipien einzelner Institutionen und ihre Bedeutung für die Politik in den Mittelpunkt stellt.

Politikwissenschaftlicher Neuer Institutionalismus

Gegenüber der „Theorie Politischer Institutionen" hat der Neue Institutionalismus einen gänzlich anderen Ausgangspunkt. James G. March und Johan P. Olsen beziehen sich schlicht auf „empirische Beobachtungen" (March/Olsen 1984: 742). Mittlerweile sind zum Neuen Institutionalismus eine ganze Reihe von Arbeiten erschienen, wobei die Grenze zwischen Neuem Institutionalismus und Policy-Analyse fließend ist: Der Neue Institutionalismus thematisiert die Relevanz von Strukturen (der Polity) für politische Prozesse und Inhalte; die Policy-Analyse setzt bei den Politikinhalten an und beschäftigt sich primär mir Prozessen, wobei sie gedankliche Ordnung in die „Komplexität und Unübersichtlichkeit gesellschaftlicher Wirklichkeit" bringen will (Héritier 1993: 11). Entsprechend beziehen ihre verschiedenen Ansätze in unterschiedlichem Ausmaß die Polity-Dimension mit ein. Der Unterschied zwischen Neuem Institutionalismus und Policy-Analyse besteht meines Erachtens darin, dass es dem Neuen Institutionalismus um die Entwicklung einer Theorie des Eigenlebens politischer Institutionen geht, während die Policy-Analyse auf der Basis theoretischer Annahmen, die sie häufig anderen Fachdisziplinen entlehnt, nach den Einflussfaktoren fragt, die zur Veränderung von Politikinhalten im Verlauf des Politikprozesses führen. Diese Abgrenzung ist artifiziell: Der Neue Institutionalismus wird seinem Ziel eine Theorie zu entwickeln nicht näherkommen, wenn er Politikinhalte und politische Prozesse ignoriert, und die Policy-Analyse kommt kaum ohne die Berücksichtigung von Strukturen aus. Insoweit setzen beide an unterschiedlichen Ecken des politikwissenschaftlichen Dreiecks an. Im Folgenden werde ich vorstellen, was James G. March und Johann P. Olsen mit „Neuem Institutionalismus" meinten, als sie 1984 diesen Begriff in die Diskussion einbrachten. Ihre Überlegungen, welche Faktoren bei der Entwicklung einer „Theorie politischer Institutionen" zu berücksichtigen sind, verdeutlichen die Komplexität eines solchen Vorhabens. Mittlerweile sind die Diskussionen insoweit fortgeschritten, als mit dem „akteurzentrierten Institutionalismus" von Renate

---

19 Theoretikerinnen waren an dem Forschungsschwerpunkt kaum beteiligt. Soweit ich den Überblick über die reichhaltige Literatur habe, taucht in einem einzigen Sammelband der Name einer Autorin auf.

Mayntz und Fritz W. Scharpf (1995a) eine „Forschungsheuristik" vorliegt, auf die ich anschließend eingehe.

James G. March und Johan P. Olsen:
„The New Institutionalism: Organizational Factors in political Life"

Indem March und Olsen ihre „collection of ideas" als „new institutionalism" betiteln, wollen sie den Bezug zum „alten" Institutionalismus, der Institutionenkunde, hervorheben. Vor dem Hintergrund der Organisationsforschung verknüpfen sie Elemente des „alten" Institutionalismus mit politischen Theorien. Damit gehen sie über reine Organisationstheorien hinaus (March/Olsen 1984: 735). Ihre zentrale These ist die einer *relativen Autonomie* politischer Institutionen. Demokratie hänge nicht nur von ökonomischen und sozialen Bedingungen ab, sondern ebenso vom Zuschnitt politischer Institutionen. Die Behörde (bureaucratic agency), der Gesetzgeber (legislative committee) und das Berufungsgericht (appellate court) seien Arenen der Befriedung sozialer Kräfte, aber sie seien auch Arenen standardisierter Arbeitsabläufe und Strukturen, die Interessen definieren und verteidigen: „They are political actors in their own right" (ebd.: 738).

„This new institutionalism emphasizes the relative autonomy of political institutions, possibilities for inefficiency in history, and the importance of symbolic action to an understanding of politics. Such ideas have a reasonable empirical basis, but they are not characterized by powerful theoretical forms. Some directions for theoretical research may, however, be identified in institutionalist conceptions of political order" (ebd.: 734).

March und Olsen betonen, dass Interessen, Präferenzen und Absichten weder stabil noch exogen sind.

„And if preferences are not exogenous to the political process, it is awkward to picture the political system as strictly dependent on the society associated with it" (ebd.: 739).

Vielmehr werden Präferenzen und Absichten durch politische Erfahrungen und durch politische Institutionen geformt. Politische Institutionen beeinflussen, welche Optionen für die Politikgestaltung vorhanden sind und sie beeinflussen gleichfalls die Wahl zwischen vorhandenen Möglichkeiten. Daher erfordert eine institutionalistische Perspektive eine sorgfältige Nachzeichnung institutioneller Arrangements (Olsen 1991: 95). Auch die Verteilung politischer Macht ist teilweise endogen bestimmt. Berufliche Positionen sind mit Einflussmöglichkeiten und Macht versehen und die Spielregeln werden von den politischen Institutionen selbst entwickelt.

Politische Theorien aber – so March und Olsen – tendierten dazu, ein relativ unkompliziertes Ineinandergreifen der wichtigen Einheiten des politischen Systems zu unterstellen. Empirische Beobachtungen dagegen offenbarten die Komplexität moderner Staaten und eine komplizierte Verflechtung von Institutionen, Individuen und Ereignissen. Zudem würden die Prozesse der Konfliktaustragung und Konsensbildung „interpretations of life" hervorbringen und bestätigen.

„Politics is regarded as education, as a place for discovering, elaborating, and expressing meanings, establishing shared (or opposing) conceptions of experience, values, and the nature of existence. It is symbolic, not in the recent sense of symbols as devices of the powerful for confusing the weak, but more in the sense of symbols as the instruments of interpretative order" (March/Olsen 1984: 741).

„The procedures of decision ... are signals and symbols of the appropriateness of events, not in the sense that what happened needs to be viewed as desirable or pleasure, but in the sense that what happened can be viewed as having occurred in the way things happen. .... for what rituals seek to establish is not only the moral virtue of events but also their necessity" (ebd.: 742).

Nach der Einschätzung von March und Olsen müsse die theoretische Arbeit aber größtenteils noch geleistet werden. Es sei spannend, zu behaupten, dass Politische Institutionen und Gesellschaft voneinander abhängen, aber die Aussage bedürfe noch einer reichhaltigeren theoretischen Untermauerung. Für weiterführende theoretische Überlegungen schlagen sie ein induktives Vorgehen vor. Hierzu entwickeln sie „Konzepte politischer Ordnung", „on which a modest amount of theoretical work might yield rewards" (ebd.: 743). Neben *Vernunft, Wettbewerb* und *Zwang* benennen sie:

- „Historical Order": die Beeinflussung historischer Prozesse durch spezifische Charakteristika politischer Institutionen und der Wege, wie Institutionen aus eigenen Erfahrungen lernen.
- „Temporal Order": die Bedeutung des Zeitpunktes, an dem die Probleme auftreten, für deren Bewertung und die ihnen zukommende Aufmerksamkeit.
- „Endogenous Order": die Bedeutung der Wege, in denen sich Interessen und Präferenzen innerhalb des Zusammenhangs der Handlungen der Institutionen entwickeln.
- „Normative Order": die Bedeutung der Beziehungen zwischen den Normen, die Signifikanz von Zweideutigkeit und Inkonsistenz innerhalb der Normen und der Verlauf der Transformation normativer Strukturen.
- „Demographic Order": die Zusammensetzung des Personals, deren professionelle Standards und die Verfolgung von Karrieren.
- „Symbolic Order": die ordnende Kraft von Symbolen, Ritualen, Zeremonien, Geschichten und Dramen im politischen Leben; die Dynamik, mit der Symbole das Verhalten der Gesellschaft formen.

Wie Gerhard Göhler messen auch March und Olsen Symbolen eine große Bedeutung bei. Auch für sie sind Symbole keineswegs nur Täuschungsmanöver, sondern Signale politischer Ordnung mit Interpretationsbedarf. Mit der Betonung binnenstruktureller Faktoren jedoch kommen organisationswissenschaftliche Erkenntnisse ins Spiel. Organisationstheorien aber hatten in der Politikwissenschaft bis dato kaum Relevanz und die Organisationswissenschaften wiederum ignorieren weitgehend politikwissenschaftliche Fragestellungen und Erkenntnisse. Wenn jedoch politische Institutionen die *Bausteine* (Olsen) des politischen Lebens sind, können Organisationstheorien

„no longer be seen as a subfield of public administration which, in turn, is seen as a subfield of political science" (Olsen 1991: 89).

Damit reduziert sich der politikwissenschaftliche Institutionalismus keineswegs auf organisationswissenschaftliche Fragestellungen. Der Unterschied liegt nicht nur darin, dass andere Faktoren in politische Institutionen hineinwirken als in private Organisationen, sondern vor allem darin, dass sie im Gegensatz zu privaten Organisationen öffentliche Aufgaben erfüllen, normativ gebunden sind und ihr Handeln einer spezifischen Verantwortlichkeit unterliegt (Beyer u.a. 1994: 245).

Im Vergleich zu Gerhard Göhlers institutioneller Konfiguration erhält die Institution als „Gebilde" (Göhler) im Neuen Institutionalismus eine eigenständigere Bedeutung. Politische Institutionen werden als Akteurinnen begriffen, die nicht nur – wie in der „institutionellen Konfiguration" Gerhard Göhlers – durch Werte und Ordnungsprinzipien und durch das Mandat der Bürger/innen geprägt sind, sondern auch durch die genannten Dimensionen politischer Ordnung.

Renate Mayntz und Fritz W. Scharpf: Akteurzentrierter Institutionalismus

Der unter dem Titel: „Der Ansatz des akteurzentrierten Institutionalismus", erschienene Aufsatz ist ein „vorläufige(s) Ergebnis" des „Bemühens, einen ‚maßgeschneiderten' Ansatz für die Untersuchung der Problematik von Steuerung und Selbstorganisation auf der Ebene ganzer gesellschaftlicher Teilbereiche zu entwickeln" (Mayntz/Scharpf 1995a: 39). Das Interesse von Renate Mayntz und Fritz W. Scharpf gilt vorrangig staatsnahen Sektoren, „die nicht zum Kernbestand der hoheitlichen Staatsfunktionen gehören, für die der Staat ... aber dennoch ... Verantwortung übernommen hat" (Mayntz/ Scharpf 1995b: 13f.).

Dem Max-Planck-Institut hätten für seine Untersuchungen eine Reihe von „Ansätzen" zur Verfügung gestanden, die in der Regel mit einer spezifischen Theorie (z.B. Differenzierungstheorie, Steuerungstheorie, Spieltheorie) verknüpft gewesen seien, „von denen jedoch keine für sich den Besonderheiten des Erklärungsgegenstandes genügte" (Mayntz/Scharpf 1995a: 39). Vielmehr sei es nötig gewesen, „auf Elemente mehrerer Theorien zurückzugreifen, die verschiedene Aspekte des komplexen Bedingungszusammenhangs erhellen können" (ebd.). Im Laufe der Zeit hätten sich Leitfragen und analytische Kategorien herausgeschält, aus denen sie ihre „Forschungsheuristik" (ebd.) entwickelt haben.

Im Gegensatz zu den Institutionen-Theoretiker/innen gehören also auch Renate Mayntz und Fritz W. Scharpf zu denjenigen, die sich aus der Empirie einer theoretischen Verallgemeinerung zu nähern suchen. Den Anspruch, eine gegenstandsbezogene, inhaltliche Theorie entwickelt zu haben, erheben sie allerdings nicht. Mit dem Akteurzentrierten Institutionalismus wollen sie wissenschaftliche Aufmerksamkeit auf bestimmte Aspekte der Wirklichkeit lenken und dabei die „‚Gesetzgebungsperspektive' vieler politikwissenschaftlicher Untersuchungen" vermeiden, „für die die gesellschaftlichen Regelungsfelder mehr oder weniger amorphe und passive Umwelt bleiben". Stattdessen betonen sie – wie auch March und Olsen – „die Einbindung staatlicher *und* nichtstaatlicher Akteure in Strukturen ..., die ihr Handeln prägen" (ebd.: 44).

Während James J. March und Johan P. Olsen mit ihren „Konzepten politischer Ordnung" noch allgemein zu untersuchende Aspekte vorgeben, definieren Renate Mayntz und Fritz W. Scharpf in ihrem elf Jahre später erschienenen Aufsatz konkrete Forschungsfragen. Diese sollen hier nicht im Einzelnen aufgeführt werden, zumal der Aufsatz so verdichtet ist, dass ich ihn in Gänze zitieren müsste. Ganz wesentlich an ihrem Konzept ist, dass sie analytisch zwischen Akteuren/innen und Institutionen trennen; wobei sie den Begriff „Institution" auf Regelungsaspekte begrenzt wissen wollen und darauf verweisen, dass hierfür eigentlich der Begriff „Organisation" präziser sei, dieser habe sich aber „bisher nicht durchgesetzt" (ebd.: 40). Sie knüpfen (mit Verweis auf Keck und Weaver/Rockmann) an ein Verständnis des Neuen Institutionalismus an, wonach die „Maschinerie des politischen Systems" die Resultate des politischen Prozesses filtert. Gleichwohl grenzen sie ihren Begriff des Neuen Institutionalismus in mehrfacher Hinsicht von diesem Verständnis ab. Ihr Begriff

„beschränkt sich nicht auf *politische* Institutionen, er arbeitet mit einem engen Institutionenbegriff, er betrachtet Institutionen sowohl als abhängige wie als unabhängige Variablen, und er schreibt ihnen keine *determinierende* Wirkung zu. Institutionelle Faktoren bilden vielmehr einen – stimulierenden, ermöglichenden oder auch restringierenden – Handlungskontext" (ebd.: 43).

Mayntz und Scharpf geht es darum, das Handeln der Akteure/innen als eigenständige Variable zu betrachten. Zugleich weisen sie ebenso wie March und Olsen darauf hin, dass der institutionelle Rahmen die Akteure/innen und deren Handeln strukturiert:

„Der institutionelle Rahmen, der die Regeln definiert, deren Einhaltung man von anderen erwarten kann und sich selbst zumuten lassen muß, konstituiert Akteure und Akteurkonstellationen, strukturiert ihre Verfügung über Handlungsressourcen, beeinflußt ihre Handlungsorientierungen und prägt wichtige Aspekte der jeweiligen Handlungssituation, mit der der einzelne Akteur sich konfrontiert sieht. Der institutionelle Rahmen umschließt jedoch nicht alle Arten von Handlungen und handlungsrelevanten Faktoren, und er bestimmt auch dort, wo er gilt, Handlungen nicht vollständig. Damit ist nicht nur darauf angespielt, daß man Normen verletzen, Macht illegitim anwenden oder auf informelle Interaktionen ausweichen kann" (ebd.: 49).

Die Frage nach dem Primat von Struktur oder Akteurshandeln stellt sich für sie nicht. Vielmehr soll die analytische Dichotomie von Struktur und Akteur/in mit der Doppelperspektive überwunden werden (ebd.: 46). Analytisch jedoch müsse zwischen Institutionen und Akteuren/innen unterschieden werden, denn nicht die Regelsysteme handeln, sondern Akteure/innen.

„Soziale Gebilde wie Organisationen lassen sich dann sowohl unter dem Aspekt der darin verkörperten Regelungen, das heißt institutionell, betrachten wie auch unter dem Aspekt der Handlungsfähigkeit, das heißt als korporative Akteure" (ebd.: 49).

Wie Wolfgang Streeck und Gerda Neyer (s.o.) betonen auch sie, dass korporative Akteure häufig durch institutionelle Regelungen erst *konstituiert* werden;

„wobei ihnen uno actu Aufgaben und Kompetenzen zugewiesen werden. Hervorzuheben ist schließlich, dass im Rahmen institutioneller Verfahrensregelung auch *Anlässe* für die Interaktion bestimmter Akteure definiert und *Arenen* geschaffen werden, in denen spezifizierte Akteure zur Beratung oder Entscheidung über spezifizierte Themen zusammenkommen, wobei sie bestimmten Entscheidungsregeln unterworfen sind" (ebd: 48).

Wenn das Verhalten von Organisationen durch institutionelle Faktoren nicht hinreichend erklärt werden könne, müssten organisationsinterne Vorgänge in die institutionelle Analyse einbezogen werden. Einen zentralen Stellenwert hätten in diesem Zusammenhang die Handlungsorientierungen:

„Sie sind ... teilweise institutionell geprägt, so insbesondere durch vorgegebene Aufgaben oder Handlungszwecke, aber auch durch die Position innerhalb einer Akteurkonstellation. Zugleich werden sie jedoch durch kontextunabhängige (sozialisationsbedingte oder historisch bedingte) Eigenschaften der individuellen und korporativen Akteure bestimmt" (ebd.: 52).

Zurückzugreifen sei daher auf handlungstheoretische Erklärungen wie ichbezogenes und systembezogenes Handeln, auf den sozialen Bezug der Akteure/innen, auf kognitive und motivationale Aspekte, auf die handlungsleitenden Wahrnehmungen, auf selektive Perzeptionen und auf Interessen, Normen und Identitäten (ebd.: 53f.). Da Handeln aber immer nur in konkreten Situationen stattfinde, ergebe sich die Frage, inwieweit Situationen zum Handeln herausfordern und ob und welche Handlungschancen bestehen. Dabei müsse zwischen den Wahrnehmungen der Akteure und der „von einem hypothetischen, über mehr Informationen verfügenden Beobachter gesehene(n) ‚reale(n)' Situation" (ebd.: 60) unterschieden werden.

Kritisch bemerken Renate Mayntz und Fritz W. Scharpf selbst, dass die Integration institutionalistischer und handlungstheoretischer Perspektiven überkomplex zu werden droht. Zudem kann ein solch umfängliches Forschungsdesign in *einer* empirischen Untersuchung kaum verwirklicht werden und auch die „aus dem Max-Planck-Institut für Gesellschaftsforschung hervorgegangenen empirischen Studien benutzen deshalb in aller Regel nur bestimmte Ausschnitte aus diesem komplexen analytischen Raster" (ebd.: 67). Als Vorgehen schlagen Mayntz und Scharpf die Regel der abnehmenden Abstraktion vor,

„in der Form der Maxime, daß man nicht akteurbezogen erklären muß, was institutionell erklärt werden kann, und dass man auch bei akteurbezogenen Erklärungen zunächst mit vereinfachenden Unterstellungen arbeiten und diese erst dann empirisch überprüfen soll, wenn anders die beobachtbaren Handlungen nicht erklärt werden können" (ebd.: 66).

Mir scheint die Trennung zwischen Akteur/in und Organisation analytisch hilfreich, zumal – wie Renate Mayntz und Fritz W. Scharpf zu Recht betonen – nicht die Institutionen (respektive Organisationen) handeln, sondern Individuen. Doch da Organisationen auch Akteure konstituieren und in wichtigen Merkmalen prägen können, müssen sowohl die Handlungsorientierungen als auch die Handlungssituationen mitbedacht werden. In „Akteurkonstellationen", der „Interaktion in einer Konstellation mehrerer Akteure mit interdependenten Handlungsoptionen" (ebd.: 60), ist die „Strukturiertheit der Beziehungsmuster" zu „einem erheblichen Teil ... institutionell bestimmt", doch vieles bleibt „im Informellen – bestimmt von faktischen Abhängigkeiten, gleichgerichteten Interessen und Zielen oder auch nur von der Erfahrung wechselseitiger Verläßlichkeit" (ebd.: 63). Komplexe Akteurkonstellationen, wie sie etwa in Policy-Netzwerken bestehen, bedürfen daher einer „präzise(n) Charakterisierung der Interaktionskonstellationen", um die Strategiewahl der Akteure und das Ergebnis ihrer Interaktionen erklären zu können (ebd.: 62).

Dem Anspruch des akteurzentrierten Institutionalismus zu genügen, hieße für meine Studie, nicht nur die Akteure/innen und Strukturen der Berufsberatung zu untersuchen, sondern auch diejenigen Akteure/innen und Organisationen, mit denen die Berufsberatung zusammenarbeitet (u.a. Schulen, Ausbildungsbetriebe, Kammern, Jugendämter, Gleichstellungsstellen, Mädchenprojekte). Zudem müsste dieses in Form einer Mehrebenenanalyse geschehen. Das Handeln von Lehrern/innen beispielsweise wird nicht nur durch die Strukturen ihrer Schule beeinflusst, sondern auch durch Schulaufsichtsämter, Gewerkschaften, Elternverbände etc.: Notwendig wäre eine *„präzise"* Analyse all dieser Organisationen, und zwar sowohl der Strukturen als auch der Akteure/innen. Dass auch die Arbeiten des Max-Planck-Instituts von „Verkürzungen" (ebd.: 67) gekennzeichnet sind, ist tröstlich. Doch prinzipiell – und in der Frauenforschung ganz besonders – scheint mir ein Vorgehen nach der Regel der abnehmenden Abstraktion gefährlich. Geschlechtersegregierung ist in der Regel nicht das erklärte Ziel staatlicher und staatsnaher Organisationen. Ihnen dieses zu unterstellen, bleibt bei einer Viktimisierung von Frauen stehen und erklärt *nicht,* warum „neutrale" und manchmal selbst „frauenfreundliche" Organisationen diskriminieren.

Eine der Ursachen dieses m.E. verkürzenden Vorschlags ist der auf Regelungsaspekte bzw. Organisationen eingeschränkte Institutionenbegriff. Mit dieser Begrenzung geht das spezifische, das Politische an den politischen Institutionen verloren. Wenngleich Renate Mayntz und Fritz W. Scharpf wiederholt auf das Aufeinanderbezogensein organisationaler und personaler Faktoren hinweisen, wird die „Verkörperung" regulativer, normativer und kognitiver Elemente in der Organisation und eben auch in den dort Handelnden nicht hinreichend berücksichtigt.

In Gerhard Göhlers Konzept dagegen verbindet die Leitidee die technische und die personale Dimension politischer Institutionen. Binnen- und Außenperspektive werden eins. Während aber Gerhard Göhler davon ausgeht, dass politische Institutionen von der Gesellschaft, von der sie das Mandat zur Repräsentation erhalten haben, demokratisch kontrolliert werden, betonen March und Olsen die Eigenständigkeit politischer Institutionen: Die Leitidee einer politischen Institution wird durch verschiedene, auf sie einwirkende Momente (die „Konzepte politischer Ordnung") herausgebildet und kann daher prinzipiell von der Leitidee der Mehrheit des Wahlvolkes abweichen. Indem die Mitarbeiter/innen politischer Institutionen unter den existierenden Normen und Werten auswählen, sie interpretieren, gewichten und – dadurch, dass sie Politik machen – letztlich *setzen,* werden politische Institutionen zu „actors in their own right".

Renate Mayntz und Fritz W. Scharpf rücken die Handlungsorientierungen der Akteure/innen in den Vordergrund und betonen von daher ebenfalls die Inkorporation von Leitideen in politische Institutionen. Diese seien teilweise durch die Organisation geprägt aber auch kontextabhängig. Sie wenden sich aber dennoch gegen die Auffassung von March und Olsen, politische Institutionen seien „actors in their own right". Ihre Begründung ist, dass nicht die Regelsysteme handeln, sondern die Mitarbeiter/innen (Mayntz/Scharpf 1995a: 49). Die Handlungsfähigkeit von Organisationen sei daher eine Variable, deren Ausprägung u.a. von der „Fähigkeit zur kollektiven Willensbildung und zur effektiven Steuerung des Handelns der eigenen Mitglieder" abhänge (ebd.: 50). Im Folgenden werde ich darauf eingehen, inwieweit und wodurch politische Institutionen das Handeln ihrer Mitarbeiter/innen steuern (können).

Einschluss sozialer in politische Institutionen

In Organisationen sind soziale Institutionen eingelassen, wobei diese den Mitgliedern selbst oft verborgen bleiben. Soziale „Institutionen erzeugen dunkle Stellen, an denen nichts zu erkennen ist und keine Fragen gestellt werden" (Douglas 1991: 114). Für den Analyseschritt, diese „dunklen Stellen" zu erhellen, ist m.E. die Arbeit von W. Richard Scott (1995) sehr ertragreich: Sind die „Träger" sozialer Institutionen identifiziert, wird deutlich, wo nach den Leitideen gesucht werden muss. Im Folgenden werde ich auf die Arbeit von Scott eingehen.

Scott unterscheidet drei institutionelle Säulen: die regulative, die normative und die kognitive. Diesen drei Säulen ordnet er unterschiedliche Überbringer (carrier) zu.

Übersicht 4:
Institutionelle Säulen

	Pillar		
Carrier	Regulative	Normative	Cognitive
Cultures	Rules, laws	Values, expectations	Cognitive typifications
Social structures	Governance systems, power systems	Regimes, authority systems	Structural isomorphism, identities
Routines	Protocols, standard procedures	Conformity, performance of duty	Performance programs, scripts

Quelle: W. Richard Scott (1995): Institutions and Organisations, S. 52.

In der *regulativen* Perspektive spielt „Zwang" eine wichtige Rolle: Es werden Regeln aufgestellt und deren Einhaltung wird überprüft. Um zukünftiges Handeln zu beeinflussen wird eine Nichtbefolgung sanktioniert und/oder konformes Verhalten belohnt. Nutzenbringendes rationales Verhalten richtet sich nach den zu erwartenden Belohnungen und Strafen. Als Überwachungsinstanz dient der Staat: Die regulative Perspektive erfordert daher notwendigerweise die Analyse der Strukturen des Staates (vgl. auch North 1992a: 71ff.). Scott betont:

„In this and other ways, attention to the regulative aspects of institutions creates renewed interest in the role of the state: as rule maker, referee, and enforcer" (Scott 1995: 37).

Aus *normativer* Sicht dagegen verhalten sich die Akteure/innen nicht aus (im engeren Sinne) individuellem Interesse entsprechend den Erwartungen, „but it is expected of them; they are obliged to do so" (ebd.: 39). Normative Systeme umfassen Werte und Normen: Werte verkörpern Erwünschtes, an dem Verhalten gemessen und beurteilt werden kann; Normen spezifizieren „how things should be done; they define legitimate means to pursue valued ends".

„Normative rules are often regarded as imposing constraints on social behavior, and so they do. But at the same time, they empower and enable social action" (ebd.: 38).

Die *kognitive* Perspektive geht einen Schritt weiter. Regeln konstituieren die Realität und den Rahmen, in denen Meinung generiert wird. „In the cognitive paradigm, what a creature does is, in large part, a function of the creature's internal representation of its environment"' (ebd.: 40 mit Bezug auf D'Andrade). In dieser Perspektive sind symbolische Systeme und kulturelle Regeln objektiv und unabhängig von den individuellen Akteuren/innen (ebd.: 41).

„Whereas the emphasis by normative theorists is on the power of roles – normative expectations guiding behavior – the cognitive framework stresses the importance of social identities: our conceptions of who we are and what ways of action make sense for us in a given situation. And rather than focusing on the constraining force of norms, cognitive theorists point to the importance of scripts: guidelines for sensemaking and choosing meaningful actions ..." (ebd.: 44).

Dies bedeutet nicht, dass jedwede Handlung von Individuen prädeterminiert ist, aber:

„Individuals do construct and continuously negotiate social reality in everyday life, but they do so within the context of wider, preexisting cultural systems: symbolic frameworks, perceived to be both objective and external, that provide orientation and guidance ..." (ebd.: 41).

Einen empirischen Zugang zu symbolischen Systemen macht Scott in Anlehnung an Geertz in *„events"* aus, „not by arranging abstracted entities into unified patterns" (Geertz, zit. n. ebd.). In anderen Worten: Die Abweichung der Wirklichkeit, wie sie von den Akteuren/innen wahrgenommenen wird, von der „realen" (vgl. Mayntz/Scharpf 1995a: 60) lässt sich am besten an konkreten Ereignissen, Fällen und Umständen aufzeigen.

Soziale Institutionen, seien es regulative, normative oder kognitive werden von verschiedenen „Trägern" *(carriers)* überbracht. Scott schlägt die m.E. sinnvolle Einteilung in kulturelle Faktoren, soziale Strukturen und Routinen vor (Scott 1995: 52). Hinsichtlich der kulturellen „Überbringer" betonen die verschiedenen theoretischen Facetten unterschiedliche Faktoren:

„Cognitive theorists will stress the importance of categories, distinctions, and typifications; normative theorists will accent shared values and normative expectations; and regulative theorists, conventions, rules, and laws" (ebd.: 53).

Als Überbringer von Kultur dienen kodifizierte Meinungsmuster und Regelsysteme, die internalisiert werden und sich zu einem Habitus verdichten. Soziale Strukturen fungieren als „Träger", weil mit sozialen Positionen („role systems") bestimmte Erwartungen verbunden werden. Routinen wiederum reflektieren eingewurzelte Verhaltensweisen und Prozeduren, die auf unartikuliertem Wissen und Glauben beruhen. Die Qualifikationen der Beteiligten und organisationale Routinen wirken stabilisierend, Aktivitäten erfordern keine bewussten Entscheidungen, das Verhalten wird von unbewusstem Wissen und von Regeln gelenkt, die den Beteiligten nicht gegenwärtig sind. Routinen sind „Gene" der Organisation (Winter, zit. n. Scott 1995: 55).

Die Auffassung, dass Organisationen institutionelle Elemente in Form von Kulturen, Strukturen und Routinen enthalten, wird von nahezu allen Institutionentheoretikern/innen geteilt (vgl. ebd.: 13). Aus kognitiver Perspektive ist dem aber ein wichtiges Moment hinzuzufügen, nämlich dass Organisationen von Umwelteinflüssen, von den je individuellen Erfahrungswelten ihrer Mitarbeiter/innen durchdrungen sind.

Die größten Gegensätze in den institutionalistischen Ansätzen sieht Scott zwischen der Soziologie mit ihrer Betonung kognitiver Elemente, kultureller „Träger" und von Kräften auf der Makroebene einerseits und dem neuen Institutionalismus der Ökonomie mit einem Fokus auf die Mikroebene, der Betonung von regulativen Elementen und strukturellen „Trägern" andererseits. Er schlussfolgert: „Rather different perspectives to be sharing the same label!" (ebd.: 60). Im Folgenden und insbesondere im empirischen Teil dieser Arbeit werde ich auf unterschiedliche Institutionalismen zurückgreifen: Auf den historischen Institutionalismus der Politikwissenschaft insoweit als ich mich auf regulative „Träger" beziehe und auf die Soziologie, indem ich insbesondere Normen als regulierende Momente berücksichtige. Nicht zuletzt spielt in meiner Analyse auch die „kognitive Säule" eine wichtige Rolle, die meines Erachtens allerdings um die Dimension der politischen Verfasstheit von Wissensmärkten erweitert werden muss.

Bezüglich der Theorie politischer Institutionen dürfte deutlich geworden sein, dass für eine Analyse der Politik politischer Institutionen „mit Personen" eine Untersuchung der politischen Institutionen als Organisationen unabdingbar ist: Es geht darum herauszufinden, inwieweit die Leitideen (Göhler) der politischen Institution in deren Kulturen, sozialen Strukturen und Routinen vergegenständlicht sind. Machtvoll werden diese Einschreibungen schließlich, wenn politische Institutionen den Bürgern und Bürgerinnen „Orientierung" geben. Und vor allem werden diese Einschreibungen bei einem Regierungswechsel nicht unmittelbar verschwinden, sondern weiterhin – je nach Standpunkt – ihren Dienst tun oder ihr Unwesen treiben. Die Frage lautet also, welches Geschlechterleitbild in den „Säulen" und „Überbringern" bei der Berufsberatung eingelassen ist und wie es dort verankert ist. Die Untersuchungsdimensionen von Scott habe ich der empirischen Studie zugrunde gelegt.

Im Folgenden stelle ich die Konzepte der Policy-Analyse vor, mit denen ich im empirischen Teil dieser Studie ebenfalls gearbeitet habe. Sie ergänzen die organisationssoziologischen Erkenntnisse von W. Richard Scott insofern, als sie die Dimension der Vernetzung politischer Institutionen untereinander und mit anderen Organisationen betonen.

Koalitionsbildungen und die Relevanz von Wissen

Erkenntnisse dazu, wie Politikinhalte entstehen und wie sie verändert werden, lassen sich nur gewinnen, wenn die „unordentliche Wirklichkeit" der Fülle von Politikakteuren/innen in den vielfältigen Verhandlungssystemen mit berücksichtigt wird. Die Berufsberatung kooperiert mit einer ganzen Reihe anderer Organisationen und ist somit auch von der Politik dieser Organisationen abhängig. Frauenpolitische Akteure/innen setzen häufig auf die Strategie der Vernetzung. Im Folgenden steht im Mittelpunkt, unter welchen Voraussetzungen solche Vernetzungen erfolgreich sein können. Damit stellt sich zugleich die Frage, wie die Berufsberatung lernt, welche Voraussetzungen gegeben sein müssen, damit sie auf soziale Veränderungen reagieren und neues Wissen aufnehmen kann.

Advocacy-Koalitionen (Paul A. Sabatier)

Das Konzept der Advocacy-Koalitionen entwickelte Paul A. Sabatier für die Analyse politischer Prozesse. Weil Policy-Subsysteme nicht nur die „iron triangles" Legislative, Exekutive und Interessenverbände umfassen, sondern „mindestens 20 - 30 Organisationen" (Sabatier 1993: 127) geht es ihm darum, die Vielzahl der Beteiligten analytisch handhabbar zu machen. Neben den Akteuren/innen, die aktiv am Politikformulierungs- und –implementierungsprozess beteiligt sind, spielen auch „Journalisten, Forscher und Policy-Analytiker ... eine wichtige Rolle bei der Generierung, Verbreitung und Evaluation von Policy-Ideen" (ebd.: 120). Paul A. Sabatier schlägt vor, die Akteure/innen des Subsystems, die sich an gemeinsamen Wertvorstellungen und Ideen orientieren, zu „Advocacy-Koalitionen" zu gruppieren. Indem Policies und handlungsleitende Orientierungen nebeneinander gestellt werden, kann der Einfluss der Akteure/innen über die Zeit gemessen werden.

Der Advocacy-Koalitionsansatz gründet auf drei Annahmen:

„*Erstens*, daß der Prozeß des Policy-Wandels und die Rolle des policy-orientierten Lernens, auf dem dieser beruht, nur in einer Zeitperspektive von einem Jahrzehnt oder mehr verstanden werden kann. *Zweitens*, daß die sinnvollste Art und Weise, Policy-Wandel im Rahmen einer solchen Zeitspanne zu erfassen, darin besteht, daß man ‚Policy-Subsysteme' betrachtet, d. h. die Interaktionen von Akteuren verschiedener Institutionen, die an einem Policy-Bereich interessiert sind. *Drittens*, daß staatliche Maßnahmen in der gleichen Art konzeptualisiert werden können wie handlungsleitende Orientierungen oder ‚belief systems', d. h. als Sets von Wertprioritäten und kausalen Annahmen darüber, wie diese zu realisieren sind" (ebd.: 119f., Hervorhebung H.O.).

Sabatier unterteilt das Set von Wertorientierungen („belief systems") in drei Elemente mit je verschiedener Reichweite und unterschiedlichem Grad an Veränderbarkeit:

1. den *Hauptkern*, der fundamentale, normative und ontologische Axiome enthält, sich über alle Policy-Subsysteme erstreckt und dessen Veränderbarkeit sehr gering ist.
2. den *Policy-Kern* mit fundamentalen Policy-Positionen in Bezug auf die grundlegenden Strategien, um Kern-Wertvorstellungen innerhalb des Subsystems zu verwirklichen. Dessen Reichweite ist abhängig vom Subsystem und eine Veränderung schwierig, aber bei gravierenden Anomalien möglich.
3. den *sekundären Aspekten*. Hierunter fallen instrumentelle Entscheidungen und die Informationssuche, die für die Durchsetzung des Policy-Kerns notwendig sind. Die Reichweite richtet sich nach dem Subsystem und die Veränderbarkeit ist relativ leicht. Diese sekundären Aspekte sind

der Gegenstand der meisten administrativen und legislativen Politikgestaltung (ebd.: 132).

Der Policy-Wandel innerhalb eines Subsystems kann zum einen dadurch erreicht werden, dass eine Koalition ihren Einfluss auf den Policy-Kern und die sekundären Aspekte erhöht. Zum anderen können externe Störungen wie „Veränderungen in den sozioökonomischen Bedingungen, Auswirkungen von Entscheidungen aus anderen Subsystemen und Veränderungen in der regierenden Koalition auf gesamtstaatlicher Ebene" (ebd.: 135) Policies neu gestalten, wenn eine andere Koalition in der Lage ist, die Gelegenheit „auszunützen und zu erweitern" (ebd.: 136). In hierarchischen Systemen kann die untergeordnete Ebene gezwungen werden, ihre Politik zu verändern, „jedoch ist dies meist ein langer und holpriger Prozeß" (ebd.).

Ein wesentlicher Grund, weshalb die Phasen von der Programmentwicklung bis zum Feedback-loop eben nicht zu trennen sind, ist das Lernen während des Policy-Prozesses.

„Wenn mit Restriktionen und Handlungsgelegenheiten konfrontiert, suchen Akteure in einer Weise zu reagieren, die mit ihrer Kernüberzeugung konsistent ist. Obwohl externe Ereignisse oder die Aktivitäten von Gegnern allmählich die Überprüfung von Kern-Wertvorstellungen erzwingen können, hat die Abneigung, dies zu tun zur Folge, daß das meiste Lernen sich in den sekundären Aspekten von Wertvorstellungen und/oder staatlichen Maßnahmen vollzieht." (ebd.: 138).

Die von Paul A. Sabatier genannten Bedingungen, die Policy-orientiertes Lernen über die „belief systems" hinweg fördern, lassen die Grenzen erkennen: Debatten über den Kern generieren „mehr Hitze als Erhellung" (ebd.: 140); Frontalangriffe führen zu defensiven Strategien. Zudem muss jede Koalition die technischen Ressourcen haben, um sich auf solche Debatten einlassen zu können. Günstig ist ein Forum, das durch eine professionelle Orientierung geprägt wird und dessen Reputation professionelle Akteure aus verschiedenen Koalitionen zur Teilnahme veranlasst. Probleme, bei denen es um soziale Systeme geht, eignen sich kaum zum Policy-orientierten Lernen; Probleme die sich auf die natürliche Umgebung beziehen, haben dagegen den Vorteil, dass „viele der kritischen Variablen nicht *selbst* aktive Strategien sind und weil kontrollierte Experimente in ihrem Fall eher durchgeführt werden können" (ebd.: 141).

In den Programmen zur Verbreitung der Berufswahl von Mädchen wird „Lernen" häufig als Strategie eingesetzt. Paul A. Sabatiers Erfolgsbedingungen lassen eine solche Vorgehensweise als wenig erfolgversprechend erscheinen: Die „core beliefs" sind durch Wissensvermittlung kaum zu verändern. Doch selbst wenn es nur um die *Policy-Kerne* und *sekundären Aspekte* geht, bedarf es eines Forums. Gibt es solche mädchenpolitischen Foren, in denen die Einzelaktivitäten vernetzt werden und von denen Impulse ausgehen?

Das Konzept der Advocacy-Koalitionen ist meines Erachtens für eine Untersuchung der Berufsberatung gut geeignet, weil es Hinweise auf Interaktionsbarrieren und auf Distanzen zwischen den Einheiten sichtbar werden lässt: Welche Institutionen zählen zum jeweiligen „Policy-Subsystem" und welche nicht? Warum beteiligen sich einige Institutionen nicht oder nur halbherzig z.b. an regionalen Aktivitäten zur Verbreiterung des Berufswahlspektrums für Mädchen und andere wiederum besonders intensiv? Darüber hinaus ist der Ansatz meines Erachtens auch für Untersuchungen des Machtgefüges innerhalb von Organisationen fruchtbar. Zugleich bieten sich Verknüpfungsmöglichkeiten mit dem Konzept der „Koordination in Verhandlungssystemen".

Koordination in Verhandlungssystemen (Renate Mayntz, Fritz W. Scharpf, Joachim Jens Hesse, Arthur Benz)

Innerhalb von Organisationen konkurrieren in der Regel mehrere Aufgabenbereiche um Aufmerksamkeit und damit um finanzielle und personelle Kapazitäten. Um den Hauptkern und – nachgeordnet – den Policy-Kern bilden sich Advocacy-Koalitionen der Beschäftigten heraus, die aktuell aktiv oder auch nur latent vorhanden sein können und die in Beziehung zu Gruppierungen in anderen Organisationen treten. In einer Advocacy-Koalition, die zum Beispiel das Ziel der Verbreiterung des Berufsspektrums für Mädchen verfolgt, werden sich nur Mitarbeiter/innen finden, deren Deutungsmuster einer „angemessenen" Geschlechterordnung auf Gleichheit und nicht auf Differenz beruht. Letztere werden sich eher anderen Aufgaben und damit Advocacy-Koalitionen zuordnen bzw. sich von den Vorgesetzten zuordnen lassen. Druck von außen kann dazu führen, dass latente Advocacy-Koalitionen zu aktiven (gemacht) werden. Beispielsweise können, wenn bestehende Probleme in das öffentliche Bewusstsein treten oder wenn der Zeitgeist sich verändert, Handlungsnotwendigkeiten entstehen. Ein Signal für die Veränderung des Zeitgeistes, hierauf weist Paul A. Sabatier hin, kann ein Regierungswechsel sein.

Doch möglicherweise vorhandene – die verschiedenen „Advocacy-Koalitionen" überspannende – kooperative Einstellungen finden ihre Grenzen dort, wo es um Macht und Ressourcen geht. An dieser „Grenze der Verhandlungskoordination" (Scharpf 1993: 66) definieren hierarchische Strukturen „den Kontext, innerhalb dessen Verhandlungen stattfinden müssen" (ebd.: 70). Zu unterscheiden ist hier zwischen „positiver" und „negativer" Koordination (ebd.: 69; Mayntz 1993: 47f.): Eine „positive" Koordination versucht, die Effektivität und Effizienz durch gemeinsame Handlungsoptionen mehrerer Abteilungen und – so wären Fritz W. Scharpf und Renate Mayntz zu ergänzen – Koalitionen zu steigern; eine negative will lediglich die potenziellen Störungen einer „Advocacy-Koalition" in den Zuständigkeitsbereichen anderer Einheiten vermeiden. Entweder wird das Engagement einer „Advocacy-Koalition", die sich um das Ziel der Verbreiterung der Berufswahl von Mädchen gruppiert z.B. mit Verweis auf dringlichere Aufgaben erschwert oder die Tätigkeiten der verschiedenen „Advocacy-Koalitionen" werden so koordiniert, dass alle ihre Arbeit verbessern können. Die Hypothese ist somit, dass in Berufsberatungen, die sich aktiv für die Verbreiterung der Berufswahloptionen von Mädchen einsetzen, ein generelles Reformklima vorherrscht, das in den letzten beiden Jahrzehnten eine Veränderung der Mädchenpolitik beförderte.

Die Suche nach optimalen Lösungen setzt Kooperation voraus. Dem steht entgegen, dass die dazu notwendigen Informationen in der Regel nur unvollständig vorliegen. Diese Situation begünstigt wiederum kompetitive Orientierungen und verhandlungstaktische Manöver. Aus dem „Verhandlungsdilemma" (Scharpf 1993: 66) zwischen verschiedenen Koalitionen lässt sich die Hypothese ableiten, dass in politischen Institutionen, die die Öffnung gewerblich-technischer Ausbildungsberufe für Mädchen aktiv verfolgen, wichtige Entscheidungspositionen mit Personen besetzt sind, deren Geschlechterleitbild sich an „Gleichheit" und nicht an „Differenz" orientiert. Wenn hingegen keine die Gleichstellungspositionen vertretende „Advocacy-Koalition" vorhanden ist, kann auch die Leitung kaum etwas bewirken.

Doch selbst wenn die „Politik des Hauses" eher Maßnahmen zugunsten anderer Gruppen von Jugendlichen in den Vordergrund stellt, kann der/die einzelne Mitarbeiter/in den eigenen Schwerpunkt in der Verbreiterung des Berufswahlspektrums für Mädchen setzen (und umgekehrt). Für Verhandlungen in formalen Policy-Netzwerken (als spezifischer Form politischer Steuerung) konstatiert Renate Mayntz, dass die Handelnden nur auf eine bestimmte Linie festgelegt werden können, wenn es eine „Politik des Hauses" gibt (Mayntz 1993: 53). Eine „flexible Umweltanpassung" – ein Kriterium für eine eher „lockere Kopplung zwischen Prinzipal und Agent" (ebd.) – dürfte Kennzeichen einer jeden qualitativ hochwertigen Berufsberatung sein: Durch die Vernetzung von Schulen, Berufsberatungen und Betrieben auf der Handlungsebene ist die Bildung einer „Advocacy-Koalition" möglich, die wiederum in die jeweiligen Institutionen zurückwirkt.

Ob solcherlei Aktivitäten auf einen Resonanzboden fallen, hängt aber vom Klima in der jeweiligen Organisation ab. Joachim Jens Hesse und Arthur Benz (1988), die sich mit den Implikationen der Steuerbarkeit von politischen Institutionen befassen, betonen (analog zu Gerhard Göhlers „Orientierung nach innen"), dass Organisationsstrukturen nicht nur als äußere Zwänge existieren, sondern dass sie „auch in das Bewußtsein der in ihnen handelnden Akteure" eingehen, „und zwar nicht allein als individuelle Sichtweisen, sondern auch als in Interaktions- und Kommunikationsprozessen gebildete kollektive Deutungsmuster. Hier liegt die Grundlage dafür, dass Institutionen sich auf sich selbst beziehen und gewissermaßen ein ‚Bewußtsein' oder

,Bild' von sich selbst gewinnen können. Dieser kognitiv-normative Orientierungsrahmen stellt allerdings keine ‚kulturelle' Konstante dar, sondern gilt als entscheidendes Element institutioneller Dynamik" (ebd.: 74). Für meine Fragestellung besonders zu betonen ist, dass:

„Änderungen im kognitiv-normativen Orientierungsrahmen ... schließlich so weit gehen (können, H.O.), daß sie ein *Reformklima*' erzeugen, in dem einerseits der Bedarf an Veränderungen als hoch eingeschätzt wird und andererseits der Umfang der politischen Optionen durch den Einbezug institutioneller Transformationen erweitert wird" (ebd.: 75).

Hesse und Benz weisen darauf hin, dass kognitiv-normative Veränderungen sich auch durch institutionellen (im engeren Sinne: organisationalen) Wandel umsetzten lassen. Zentral für meine Arbeit ist aber ihr Begriff des „Reformklimas": Sind die verschiedenen Berufsberatungen offen für Reformen? Herrscht dort ein Klima vor, das im Zweifel anderweitige Vorgaben der Nürnberger Hauptstelle hintenan stellt, um dem Ziel der Verbreiterung des Berufswahlspektrums für Mädchen näher zu kommen? Ein Indiz für die Ermöglichung eines diesbezüglichen Reformklimas scheint mir wiederum die „positive" Koordinierung zu sein. Die Normen zur „angemessenen" Rolle von Frauen in der Gesellschaft werden sich auch *innerhalb* einzelner Dienststellen unterscheiden: Wie geht der/die Vorgesetzte damit um? Nutzt er/sie die unterschiedlichen Haltungen und Prioritäten der Mitarbeiter/innen oder wird autoritär bestimmt, was wichtig und was unwichtig ist? Lässt der/die Vorgesetzte/r zu, dass die Veränderungsbereitschaft so hoch wird, dass strukturell bedingte Widerstände überwunden werden können?

Sabatiers Ansatz der um „belief systems" gruppierten „Advocacy-Koalitionen" scheint mir vor diesem Hintergrund nicht nur sinnvoll um Veränderungen über die Zeit zu erfassen, sondern auch als geeignet, um unterschiedliches Verhalten gleichartiger Institutionen zu einem gegebenen Zeitpunkt erklären zu können. Aber wie entstehen Überzeugungen? Im Folgenden geht es mir um den Beitrag des Wissens und um dessen Strukturiertheit.

Organisationslernen und Wissenspolitologie (WZB; Frank Nullmeier)

Die Berufsberatung muss mit sich ständig verändernden gesellschaftlichen Bedingungen umgehen, sie muss *lernen*. Analysen zum Organisationslernen von politischen Institutionen liegen bislang kaum vor. Das Forschungsfeld „Organisationslernen" müsste, so Ariane Berthoin-Antal (1998: 43), eigentlich heißen: „Unternehmenslernen in angelsächsischen Ländern: die Rolle des Top-Managements". Das Wissenschaftszentrum Berlin hat in seinem Jahrbuch 1998 einige Studien zusammengetragen. Das Ergebnis dieses Querschnitts fassen Meinolf Dierkes und Horst Albach in der Bemerkung zusammen, dass Organisationslernen als Forschungsfeld außerhalb von Unternehmen „noch in den Kinderschuhen" stecke (Dierkes/Albach 1998: 15). Die präsentierten Beiträge bieten eine Reihe von Erkenntnissen, die allerdings meist nur aus einzelnen empirischen Untersuchungen gewonnen wurden und die sich partiell widersprechen.

Als einen zentralen Faktor machen Dierkes und Albach in ihrer Querschnittsanalyse der Studien die Organisationskultur aus. Sie entfaltet eine Filterwirkung im Hinblick darauf, was und wie gelernt wird, wobei Organisationskulturen wiederum ein großes Beharrungsvermögen aufweisen. Eine wichtige Rolle spielt auch die Organisationsgeschichte als Ausgangsbedingung und Kontext des Lernens. Darüber hinaus sind organisationale Lernprozesse kulturell gebunden, sie sind dann erfolgreich, wenn die Organisationskultur zur Umgebungskultur passt. Die Aneignung von Wissen ist ein kreativer Prozess, „explicit knowledge" und „tacit knowledge" müssen integriert gesehen werden. In einem von Noaka entwickelten Lernmodell wird die „Kontinuität des Lernens als spiralförmiger Prozeß der Konvertierung von ‚tacit knowledge' in ‚explicit knowledge' und wieder in ‚tacit knowledge' usw." konzipiert (Benthoin-Antal 1998: 41). Dierkes und Albach zufolge sind für ein erfolgreiches Organisationslernen Promotoren erforderlich, womit den Führungspersönlichkeiten eine herausragende Rolle zukommt. Als ebenfalls bedeutsam erweisen sich Leitbilder und strategische Visionen. Dierkes und Albach regen an: „in der künftigen Forschung und auch im aktiven Veränderungsmanagement von Organisationen mit diesem Konzept weiterzuarbeiten" (29).

Wie aber „Organisationslernen zu messen (ist, H.O.) und in welcher Form dieses Lernen empirisch erhoben werden kann", sei auch nach 20 Jahren Forschung immer noch offen. In meiner Arbeit nehme ich die angeführten Indikatoren für die Lernwahrscheinlichkeit von Organisationen insoweit auf, als ich den (Geschlechter)-Leitbildern nachgehe, nach den Haltungen und Meinungen des Personals frage und den Führungsstil des Leitungspersonals erkunde. Zunächst aber bleibt zu fragen, *was* Berufsberater/innen lernen: Zu welchen Quellen haben sie Zugang und welche Informationen werden dort zur Berufsausbildung von Mädchen verbreitet? Hilfreich ist hier das wissenspolitologische Drei-Filter-Modell von Frank Nullmeier, das er aus der Kritik am Zwei-Filter-Modell Adrienne Héritiers entwickelte. Héritier sieht Institutionen als normativ geprägt, die Akteure/innen aber als rational Handelnde. Frank Nullmeiers Kritik an diesem Modell zentriert auf die unterausgeleuchteten Handlungs*möglichkeiten*: Der Raum der erreichbaren Handlungsalternativen sei nicht vorgegeben, vielmehr müsse er erst „durch Deutungsleistungen des Akteurs selbst konstruiert werden" (Nullmeier 1993: 176). Überall dort, wo sich eigene Öffentlichkeiten herausbilden, können Wissens- und Deutungsmärkte entstehen, die miteinander konkurrieren.

„Das jeweilige *Wissensangebot* wird bereitgestellt von den problematisch gewordenen Elementen des lebensweltlichen Wissens, von wissenschaftlichen Konzepten mit der vorgängig höchsten, weil generalisiert zugesprochenen Legitimität, konkurrierenden alltagspraktischen Deutungen anderer (Experten-) und (Sub-)Kulturen und weltanschaulichen Wissenskomplexen von philosophischen Systemen bis hin zur Esoterik. Diese in innerer Struktur und genereller Legitimität höchst unterschiedlichen Angebotsformen sollen *Wissensarten* heißen" (ebd.: 183).

Nullmeier führt den Begriff Wissenspolitologie – in Abgrenzung zur Wissenssoziologie – ein, weil „die sozialstrukturelle Prägung von Wissen in modernen Gesellschaften durchgehend Prozessen politischer Vermittlung unterliegt" (ebd. 182).

„Der Terminus *Wissenspolitologie* steht für den noch sehr vorläufigen und unfertigen Versuch eines stärker interpretativen Ansatzes der Policy-Forschung. Mit der Wissenssoziologie Karl Mannheims hat dieser Ansatz gemein, nicht wie eine ‚Ideologienlehre' auf die Täuschungen, Verhüllungen, die bewußten Lügen und Fälschungen von Deutungen gerichtet zu sein.... Auch jenseits und durch die immer partikulär bleibenden Täuschungen hindurch ist die *konstitutive soziale Strukturierung des Denkens und Wissens aufzuzeigen*" (ebd.: 182).

Bei den Wissensmärkten kann zwischen Monopol, Oligopol und Polypol unterschieden werden. Doch es gibt auch durch Debatten erzeugte „Querverbindungen und Interdependenzen zwischen Wissensmärkten auf der Basis von Netzwerken ‚familienähnlicher' Argumentationen und Deutungen, die sich lose um ein Kernthema, eine Grundthese oder ein Frame gruppieren" (ebd.: 184). Mary Douglas formuliert in einem ähnlichen Zusammenhang, dass sich *Denkgemeinschaften* herausbilden, „die gemeinsam auf einem Weg" voranschreiten, „der in der Erzeugung eines Denkstils endet" (Douglas 1991: 74, s.o.). Mary Douglas' Argument, dass Individuen das Bedürfnis haben, Gemeinschaften anzugehören, stützt die strukturtheoretische Argumentation Nullmeiers. Bei Nullmeier spielt *Identität* insoweit eine Rolle, als „um den Institutionsnamen zentrierte, oft systematisierende Interpretationen des Selbstverständnisses einer Institution" zu „Institutions-Identitäten" führen (Nullmeier 1993: 185).[20] Die Herstellung einer Institutions-Identiät ist ein Ziel, das in der Literatur zum Organisationsmanagement breit diskutiert wird. Der Zweck ist herauszufinden, mit welchen Methoden das Arbeitsengagement der Mitarbeiter/innen am besten erhöht werden kann.

Selbst die sich aus den institutionen- (oder organisationen-)übergreifenden Debatten ergebenden Veränderungsdynamiken finden jedoch „Grenzen in der *Marktmacht* einzelner Akteure. Diese beruht sowohl auf der generellen Rechts- und Machtstellung im politischen Raum als auch auf der Verfügung über spezielle *Interpretations- und Wissensressourcen*" (ebd.). Von Bedeutung sind hier insbesondere, „die materiellen, personellen und organisatorischen Mittel zur Produktion und Prüfung von Wissen" (ebd.).

---

20 Nullmeier führt an dieser Stelle kritisch gegenüber den Advocacy-Koalitions-Ansatz an, dass dieser mit seinen „quer zu Institutionen verlaufenden dominanten Koalitionen ein Bild stark geschwächter Institutions- und Organisationsbildungen" zeige (ebd.: 185). Dieser Einwand ist meines Erachtens mindestens ein Hinweis, dass eine Advocacy Koalition nicht erfolgreich sein kann, wenn beispielsweise nur ein/e Berufsberater/in dazugehört, das Amt aber nicht hinter den Aktivitäten steht.

„Nach dem Verlust religiöser, metaphysischer oder lebensweltlicher Gewißheiten" (ebd. 182) konkurriert Wissen nicht nur um Geltung, sondern wird „wählbar" (ebd.: 186). Damit wird das Modell der Handlungserklärung dreistufig:

„Auf der ersten Stufe findet die Filterung jener Präferenzen, Kriterien und Wissenssysteme statt, die die Auswahl oder Akzeptanz eines handlungsrelevanten Wissens steuern. die zweite Stufe erfaßt die Filterungsprozesse der als legitim erachteten Deutungen über Situation, Handlungsalternativen, Präferenzen und Normen (*Deutungswahl*), bevor auf der dritten Stufe die Festlegung auf genau eine Handlungsalternative erfolgt (*Handlungswahl*)" (ebd.: 186).

Für meinen Forschungsgegenstand ergeben sich daraus vor allem Fragen nach der Strukturiertheit des Wissensmarktes der Berufsberater/innen. Angesichts dessen, dass Berufsberater/innen alle an einer Fachhochschule ausgebildet werden und die Bundesagentur zudem ein eigenes Forschungsinstitut unterhält – das Institut für Arbeitsmarkt- und Berufsforschung (IAB) –, drängt sich der Verdacht eines vom Arbeitgeber *monopolisierten* Wissensmarktes auf. Frank Nullmeier diskutiert eine solche Monopolstellung unter der Perspektive staatlicher Steuerungskapazität:

„Der Handlungsspielraum steigt dagegen, wenn entweder *eine Steuerung des Wissensangebots* (z.B. durch Subventionierung) oder die *Wissensproduktion* in Eigenregie (vom Einbringen individuellen Erfahrungswissens als einem legitimen Bestandteil öffentlicher Debatten bis zum eigenen Forschungsinstitut oder Think Tank ... oder staatlicher Institutionen) möglich ist" (ebd.: 188, FN 13).

Einerseits können politische Institutionen ihre Steuerungskapazität erhöhen, wenn sie bedarfsspezifisch, möglicherweise bei einem hauseigenen Institut, Wissen abrufen können. Andererseits aber besteht die Gefahr der Verselbstständigung. Bei der Diskussion von Gerhard Göhlers institutioneller Konfiguration wurde bereits darauf hingewiesen, dass politische Institutionen der demokratischen Kontrolle entgleiten können. Ist der Wissensmarkt, der den Mitarbeiter/innen einer Institution zugänglich ist, vom Arbeitgeber monopolisiert, findet nicht einmal mehr eine hausinterne Kontrolle statt. Möglicherweise hat dieses Wissen mit der realen Situation, wie sie von einem „über mehr Informationen verfügenden Beobachter" (Mayntz/Scharpf 1995a: 60) eingeschätzt wird, wenig gemein. Zu erkunden sind das Wissen der Beratungsfachkräfte sowie ihre Wissensquellen.

Die zuletzt referierten policy-analytischen Zugänge sind zum Teil für die Analyse vernetzter Systeme entwickelt worden, zumindest sind sie allesamt dafür offen. Ich benutze sie jedoch auch zur Erklärung organisationsinterner Strukturen. Im Folgenden werde ich die Schlussfolgerungen aus diesem Kapitel ziehen und meine Fragen, denen ich in der empirischen Untersuchung nachgegangen bin, bündeln.

2.4 Theoretische Schlussfolgerungen, Operationalisierung und Systematisierung der Untersuchungsfragen

Die theoretische Analyse des Staates unter dem Aspekt der Reproduktion oder Veränderung der Geschlechterverhältnisse blieb bislang noch allzu rudimentär: Vielfach wurde der Staat als monolithischer Block konzipiert, der als machtvolles, u.U. gar kriegerisches Gebilde von Männern beherrscht werde und der *den* Frauen gegenübertrete, wobei die Frauen wiederum als friedfertige, emphatische und auf demokratischen Ausgleich bemühte Genusgruppe gedacht waren Auf der Basis dieses Entwurfs ließ sich leicht und vielfältig nachweisen, dass „der Staat", zumindest die von ihm hervorgebrachten Regulierungen, Frauen benachteiligen. Bei näherem Hinsehen allerdings handelt der Staat immer zu Ungunsten einzelner Gruppen von Frauen (und Männern) und nicht generell zu Ungunsten aller Frauen.

Die jüngere Frauenforschung hat herausgearbeitet, dass die Zweigeschlechtlichkeit keineswegs naturgegeben ist, sondern in alltäglichen zwischenmenschlichen Interaktionen hergestellt und aufrechterhalten wird. Neuerdings versucht die soziologische Frauenforschung vermehrt diese Mikroebene der zwischenmenschlichen Aktionen mit der Makroebene ökonomischer und soziokultureller Zusammenhänge zu verknüpfen. Ein solcher Ansatz kann zweifellos das Handeln auf der Mikroebene, die Resultate der Face-to-face Interaktionen vor dem Hintergrund der Makroebene erklären. Er hat seine Grenzen aber dort, wo es darum geht, Veränderungen auf der Makroebene zu erhellen. Anders herum und als Frage formuliert: Wie lassen sich ökonomische und soziokulturelle Zusammenhänge absichtsvoll verändern? Die Antwort, da müssten eben verbesserte Gleichstellungsgesetze her, verbleibt auf der legalistischen Ebene. Rechtssetzungen aber haben sich besonders in der Frauenpolitik häufig als „zahnlose Tiger" erwiesen: Sie werden missachtet, umgangen und uminterpretiert. Bedürfnis*interpretation* wird – wie Nancy Frasers Analyse der Frauenhausbewegung zeigt – innerhalb des „juristisch-administrativ-therapeutischen Staatsapparates" zur Bedürfnis*definition*. Der Staatsapparat selbst muss als „actor in his own right" (March/Olsen 1984: 738) ins Zentrum der Analyse gerückt werden.

Theoretische Schlussfolgerungen

Die Organisationen, die den Staatsapparat bilden, sind *politische Institutionen*, weil sie verbindliche, gesamtgesellschaftlich relevante Entscheidungen sowohl generieren als auch für deren Einhaltung sorgen. Zudem symbolisieren sie die gesellschaftliche Ordnung. Sie erfüllen öffentliche Aufgaben, sind normativ gebunden und ihr Handeln unterliegt einer spezifischen Verantwortlichkeit.

In der als idealtypisch zu bezeichnenden institutionellen Konfiguration Gerhard Göhlers geben die Bürger/innen eines demokratischen Staates politischen Institutionen den Auftrag, ihren Willen zu repräsentieren. Wie bereits angemerkt, gibt es in diesem Modell mehrere Bruchstellen: Politische Institutionen repräsentieren nicht alle Bürger/innen, sondern allenfalls die Summe der Wähler/innen. Zudem stimmen die Wähler/innen nicht über jede einzelne politische Frage gesondert ab: Da mögen einige bspw. in der Bundestagswahl 2002 die Grünen/Bündnis 90 gewählt haben, weil sie Joschka Fischer für einen guten Außenminister halten, obwohl sie mit der frauenpolitischen Linie dieser Partei ganz und gar nicht übereinstimmen. Hinzu kommt, dass die Leitungsgremien der vielen einzelnen politischen Institutionen nicht vom Volk gewählt, sondern vielfach von den Regierungen oder einem Regierungsmitglied berufen werden. Häufig ist sogar die Amtszeit dieser Leitungsgremien länger als die Wahlperiode der berufenden Regierung, was gewolltermaßen zur Stabilität der politischen Institution beiträgt. Weiterhin kommt hinzu, dass solchermaßen mit Handlungsspielräumen ausgestattete politische Institutionen mit anderen politischen Institutionen, privaten Organisationen und auch Privatpersonen zusammenarbeiten müssen. Das macht sie in einem je spezifischen Ausmaß von diesen abhängig, erhöht aber gleichzeitig ihre eigene Definitions- und Handlungsmacht.

Die Theorie politischer Institutionen und der Neue Institutionalismus stehen bisher unverbunden nebeneinander. M.E. bieten gerade die genannten Bruchstellen der institutionellen Konfiguration Gerhard Göhlers Verknüpfungsmöglichkeiten. Der Neue Institutionalismus sieht politische Institutionen als relativ autonom an und thematisiert ihr Eigenleben: ihre Einbindung in Politiknetze, die Wege ihres Lernens, die Bedeutung je spezifischer Normen und deren Transformation, das Organisationsgefüge und die Eigenschaft politischer Institutionen, für ihre Mitglieder Einkommensquellen und Orte beruflicher Karrieren zu sein. Hinzu kommt, dass politische Institutionen eine „Geschichte" haben, die in ihren Strukturen, Kulturen und Routinen eingeschrieben ist. Politische Institutionen filtern Policies.

Besonders hinzuweisen ist in diesem Zusammenhang auf die Ordnungskraft von Symbolen. Politische Institutionen symbolisieren die Werte und Ordnungsprinzipien der Gesellschaft allein schon durch ihre Existenz. Gleichzeitig sind sie Signale „mit Interpretationsbedarf". Gerhard Göhler wirft den wichtigen, m.E. von ihm aber zu wenig beleuchteten Aspekt in die Diskussion ein, dass Symbole eines Resonanzbodens bedürfen. Mein Fazit ist: Es gibt viele, und zwar unterschiedliche „Resonanzböden" an die die Berufsberatung anknüpfen kann.

Renate Mayntz und Fritz W. Scharpf weisen zu Recht darauf hin, dass nicht die politischen Institutionen, sondern deren Akteure/innen handeln und dass entsprechend auch deren individuelle Interessen, Normen und Identitäten zu berücksichtigen sind. Hier gibt es eine weitere Anschlussmöglichkeit zu Gerhard Göhlers Institutionentheorie: Die Leitidee der jeweiligen politischen Institution wird zum Bindeglied zwischen Akteuren/innen und ihrer Organisation respektive politischen Institution als Arbeitsort. Wenn aber die herrschende Leitidee das Resultat von Machtkämpfen ist, ist die Leitidee der Verlierer/innen nicht verschwunden. Gerade in responsiblen, schwer kontrollierbaren politischen Institutionen wie der Berufsberatung kann die Wirkungsmächtigkeit der dominierenden Leitidee durch die Einflüsse von Kunden/innen und kooperierenden Organisationen empfindlich eingeschränkt sein.

In diesem Zusammenhang werden Fragen nach den Binnenstrukturen politischer Institutionen virulent. Die Geschlechterzusammensetzung des Personals kann für sich genommen nicht die Maskulinität des Staates erklären, wenn Geschlecht nicht als Eigenschaft, sondern als Ergebnis sozialer Interaktionen konzipiert wird. Wegweisender ist hier der Hinweis auf das historische Gewordensein von Organisationen: Neue Anforderungen und Ideen treffen auf bereits vorhandene, in der Regel allerdings von männlichen Führungskräften geformte und kontrollierte Strukturen und auf „gesichertes", häufig unbewusstes Wissen: Konformes wird durchgelassen und anderes „herausgefiltert".

Neues kommt auf politische Institutionen durch politische Vorgaben zu, entsteht in Verhandlungen mit anderen politischen Institutionen und Organisationen oder entspringt Ideen der Mitarbeiter/innen, deren Identität einerseits von der Organisation geformt, andererseits aber Einflüssen der privaten Lebenswelt – und in Bereichen mit Kontakt zu Kunden/innen – der Adressaten/innen der Organisation unterliegt. Zu erkunden sind daher sowohl die Strukturen, die Handlungen restringieren aber auch ermöglichen, als auch die Werte und Normen der Akteure/innen.

Die Untersuchung der Mädchenpolitik der Berufsberatungen erweist sich als weit komplexer als sich aus den *einzelnen* Theorien und Heuristiken vermuten ließe. Einleitend hatte ich in der Übersicht 2 Thesen vorgestellt, die allein schon durch die Ergebnisse der Erörterung der Gemeinsamkeiten und Widersprüche der Theorien relativiert werden müssen. Die Berufsberatung ist keine ergebnisoffene Diskursarena, sondern die formalen Strukturen und Akteure/innen der Organisation selbst und die Strukturen ihrer Einbindung in den Handlungsraum und deren Akteure/innen sind zu beachten. Ob die Berufsberatung maskulinistisch handelt oder nicht, bleibt ebenso wie die These, sie sei ein Männerbund, empirisch zu überprüfen. Die aus der Konstruktionstheorie abgeleitete These, die Berufsberatung wirke an der Aufrechterhaltung, Verstärkung oder dem Abbau der Geschlechterhierarchie mit, erhält Substanz durch die Ergebnisse der Rahmentheorie politischer Institutionen und des politikwissenschaftlichen Neuen Institutionalismus. Die Organisation (und nicht nur ihre Mitarbeiter/innen) ist als Akteurin zu betrachten und zu untersuchen und gleichzeitig wiederum interagieren Strukturen und Handelnde, wobei auch noch die Nähe oder Distanz verschiedener Hierarchieebenen zu bedenken ist. Wenn die Berufsberatung maskulinistisch handelt (oder auch nicht), weisen die Antworten auf die Frage, weshalb sie so handelt wie sie es tut, den Weg. Es wird deutlich was verändert werden muss oder was beibehalten werden sollte, damit das gewünschte Politikergebnis erreicht werden kann.

Meine Untersuchung ist insoweit ein Beitrag zur Entwicklung einer feministischen Staatstheorie, als ich Judith Allens Aufforderung, sich zunächst „kleinen Einheiten" zu widmen, nachkomme. Meine Untersuchungsergebnisse zur Berufsberatung der Bundesagentur für Arbeit werden in vergleichbaren Apparaten ähnlich ausfallen. In Apparaten mit gänzlich anderen Strukturen aber dürfte eine Übereinstimmung eher zufällig sein. Drude Dahlerup forderte eine „typologie of patriarchies", um das Gemeinsame des Patriarchalen am Staat herauszudestillieren zu können. M.E. sollte der Versuch einer solchen Typologie von strukturellen Verschiedenheiten der Apparate (und darüber hinausgehend der Staaten) ausgehen. Damit könnten auch Wege aufgezeigt werden, wie dem Maskulinismus Grenzen gesetzt werden können.

Politische Institutionen sind abhängig und unabhängig zugleich. Dies macht ihre Untersuchung besonders schwierig. Im Folgenden stelle ich meine Untersuchungsfragen vor.

Ordnung der Fragen

Allen voran ergibt sich aus den theoretischen Näherungen die zentrale Frage nach der geschlechterpolitischen Leitidee der Berufsberatung: Sollen Mädchen zuvörderst auf ihre Aufgabe in Haushalt und Familie vorbereitet werden? Sollen sie einen Beruf erlernen, in den sie nach einer längeren Familienphase wieder einsteigen können? Oder soll der Beruf vor allem gewährleisten, dass das Mädchen später die Option hat, kontinuierlich erwerbstätig zu sein, dass der Beruf ihr Aufstiegsmöglichkeiten bietet und vor allem einen ausreichenden Lebensunterhalt gewährleistet? Verwoben ist diese Frage nach der Eignung *von* Berufen für Mädchen mit der Eignung von Mädchen *für* bestimmte Berufe. Hier kommt dann der Differenzansatz ins Spiel: Geht die Berufsberatung davon aus, dass Mädchen ein weibliches Arbeitsvermögen *haben*? Welche Berufe eignen sich ihrer Meinung nach eher für Mädchen und welche für Jungen? Im Folgenden werde ich anhand der Ordnungsprinzipien, die March und Olsen angeben, durchdeklinieren, welche Fragen ich meinen empirischen Untersuchungen in zwölf Arbeitsagenturen zu Grunde gelegt habe. Meine Untersuchungsdimensionen sind (a) das Umfeld der Berufsberatungen, die Situation auf dem jeweiligen Ausbildungsstellenmarkt und ihre Einbindung in örtliche Politiknetzwerke; (b) die „Organisation Berufsberatung" als solche und (c) die dortigen Akteure/innen, die Berufsberater/innen und deren Vorgesetzte. Werden diese drei Dimensionen mit den drei institutionellen Säulen von W. Richard Scott verknüpft, konkretisieren sich die Forschungsfragen. Heraus kommt dann allerdings eine Vielzahl, die kaum noch zu bearbeiten ist. Verweisen muss ich an dieser Stelle darauf, dass selbst die Arbeiten des MPI von „Verkürzungen" gekennzeichnet sind (Mayntz/Scharpf 1995a). Wie gesagt, dies ist tröstlich, aber nicht unbedingt befriedigend.

Auch wenn meine empirische Untersuchung lediglich eine Momentaufnahme ist, so gibt es doch gute Gründe, die Entwicklungspfade soweit wie möglich zu berücksichtigen. Hierzu geben die „Konzepte politischer Ordnung" von James G. March und Johan P. Olsen Hinweise: Ihre erste Untersuchungsdimension, die „*historical order*" ist das Generalthema meiner Studie: Welchen Beitrag leistet die Berufsberatung zum „gendering" oder „de-gendering" von Berufen? Doch im Konkreten bleibt beispielsweise zu fragen, inwieweit die Berufsberatung in den 1970er und Anfang der 1980er Jahre die damals auf Gleichstellung zielende Bundespolitik unterstützt hat. In diesem Zusammenhang sind die „Geschichte" der Berufsberatung und die sich daraus ergebenden Dynamiken aufschlussreich. Aus historischem Blickwinkel werden „die Herausbildung einer Eigenzeit und Eigengeschichte, die Durchsetzung singulär erscheinender ‚Leitideen' besser verständlich" (Rehberg 1996: 103f.). Hat die mittlerweile mehr als 70-jährige Geschichte der Berufsberatung Spuren hinterlassen? Karl-Siegbert Rehberg verweist auf die Bedeutung der „Wandlungsprozesse", insbesondere auf „Krise, Funktionsänderung, Transformation, Auflösung" (1994: 73f.). Dieser Hinweis ist in zweifacher Hinsicht bedeutsam: Zum einen ist zu fragen, inwieweit die Strukturen der DDR-Berufsberatung in den neuen Ländern heute noch nachwirken und zum zweiten erfuhr die Bundesagentur mit der Einführung des SGB III 1998 eine Veränderung der gesetzlichen Aufgaben. Geriet die Berufsberatung – immerhin verlor sie ihr Beratungsmonopol und das Vermittlungsmonopol wurde eingeschränkt – in die „Krise"? Oder stimmt eher Gerhard Göhlers These, dass institutionelle Revolutionen „schleichend" vonstatten gehen?

Der Zeitpunkt (*temporal order*), zu dem die Berufsberatung ihre Geschlechterpolitik jeweils verändert hat, ist besonders im Hinblick auf das Eigengewicht der Berufsberatung als politische Institution aufschlussreich: Hat sie die Veränderungen sozialer Normen und Werte unmittelbar mitvollzogen oder gab es Ungleichzeitigkeiten? Das Konzept der „*endogenous order*" dagegen, das Aufzeigen der Wege, wie sich Interessen und Präferenzen innerhalb der Berufsberatungen entwickeln, verspräche sicherlich interessante Einblicke. Es muss in meiner Untersuchung aber außen vor bleiben, weil in meinem Ein-Personenprojekt hierfür die Kapazitäten fehlten.[21] Demgegenüber kommt in meiner Untersuchung der *„demographic order"* eine große Relevanz zu. Welchen Einfluss haben die Zusammensetzung des Personals, das Verhältnis von Frauen und Männern, die Altersschichtung, die soziale Herkunft und die Qualifikation? Die *„normative order"*, die Beziehung und die Inkonsistenz zwischen den Normen, geht einher mit der oben bereits genannten Frage nach der Leitidee. Indem die Berufsberatung Normen setzt, übt sie Macht aus. Inwieweit ist die Machtausübung legitimiert? Haben Mädchen – in Anlehnung an Max Webers Machtdefinition – die Chance, den eigenen Willen auch gegen Widerstreben durchzusetzen? Zudem: Sind in den Verfahrensweisen und Medien der Berufsberatung Vorentscheidungen darüber eingelassen, was Verhandlungsgegenstand sein soll? Machtwirkungen „können auch als Verhaltensdisziplinierung durch institutionalisierte Regeln geltend" gemacht werden (Maluschke 1989: 524 in Anlehnung an Luhmann). Schließlich ist auf die *„symbolic order"* ein besonderes Augenmerk zu legen: Welches Geschlechterleitbild ist in den Medien, die die Berufsberatung einsetzt, enthalten? Symbole bedürfen allerdings eines Resonanzbodens (Göhler): Was wollen Mädchen? Meine Forschungsfragen habe ich auf die drei „Säulen" des Institutionalismus von W. Richard Scott bezogen und in einer Matrix zusammengefasst (vgl. Übersicht 5).

Umfeld

Wie sieht das jeweilige Umfeld aus, welche Handlungschancen bestehen? Wichtig sind die Zahl und die Art der bei den Arbeitsagenturen gemeldeten Ausbildungsplätze sowie die Bereitschaft der Betriebe Mädchen auszubilden. Darüber hinaus spielen der Berufswahlunterricht der allgemein bildenden Schulen sowie die Bereitschaft der Schulen zur Zusammenarbeit mit der Berufsberatung eine Rolle. Dieses rückt neben organisationalen Vorgaben und individuellen Haltungen und Meinungen einen dritten Aspekt in den Blick, nämlich die Politiknetzwerke. Welche Netzwerke bestehen vor Ort, welche Ziele und welchen Einfluss haben sie, wer dominiert diese Netzwerke? Zu erkunden ist, welche Rücksichtnahmen erforderlich sind und welche Chancen sich für die Berufsberatung aus der Zusammenarbeit mit anderen Organisationen ergeben. Hieraus ergeben sich folgende Hypothesen:
- Fordern örtliche Betriebe die Berufsberatung auf, ihnen Bewerberinnen für gewerblich-technische Ausbildungsplätze zu schicken, kommt es zu vermehrter Vermittlung von Mädchen in derartige Berufe.

---

21 Ein Prozessverlauf kann schwerlich mit *einem* standardisierten Fragebogen erfasst werden. Ich hätte eine Panel-Studie machen müssen; mindestens jedoch hätte ich nicht nur die Abteilungsleitungen und die Beauftragten für Frauenbelange interviewen müssen, sondern auch das Beratungspersonal.

- Ein guter schulischer Berufswahlunterricht erhöht das Interesse von Mädchen an geschlechtsuntypischen Berufsausbildungen.
- Wenn es in der Region üblich ist, dass verheiratete Frauen und Mütter erwerbstätig sind, werden bei der Berufsberatung vergleichsweise viele Mädchen als Bewerberinnen für eine gewerblich-technische Berufsausbildung registriert sein.
- Bestehen vor Ort aktive Politiknetzwerke, die sich mit Fragen der Berufsorientierung befassen, ist der Anteil von Mädchen, die sich um eine gewerblich-technische Ausbildung bewerben höher als in anderen Orten.

Übersicht 5:
Untersuchungsdimensionen

	Regulativ	*Normativ*	*Kognitiv*
Umfeld	Aufgaben und Ziele kooperierender Organisationen, Machtverhältnisse	Stellenwert der beruflichen Bildung von Mädchen, Akzeptanz des Ziels der Erschließung von Jungenberufen für Mädchen	Wissen der Betriebe, der schulischen Lehrkräfte und der kommunalen Gleichstellungstellen u.a. von der hohen Erwerbsneigung junger Frauen und den erfolgreichen Berufsverläufen von Frauen in Männerberufen.
Organisation	Gesetzlicher Auftrag, Verordnungen und Erlasse, Verfahrensweisen, Hierarchien	Geschlechterleitbild „nach außen" und „nach innen"	Intensität der Nutzung von Informationsquellen unterschiedlicher Provenienz
Akteure/innen	Arbeitsbedingungen und -möglichkeiten, Qualifikationen	Geschlechterleitbild, Haltung zu „Mädchen in Jungenberufen"	Wissen um die Berufswünsche von Mädchen und um die Eignung von Berufen für Mädchen

Organisation

Die Bundesagentur für Arbeit ist eine hierarchisch aufgebaute Organisation, mit einer Hauptstelle (in Nürnberg) und 181 Arbeitsagenturen, die z.T. über Nebenstellen verfügen. Zwischengeschaltet sind zehn Regionaldirektionen (vormals Landesarbeitsämter). Der erste Schritt ist somit, das Geschlechterleitbild der Hauptstelle zu erkunden. Gerhard Göhlers Unterscheidung zwischen Regulierungsfunktion und Orientierungsfunktion ist hier hilfreich. Wie sieht der gesetzliche Auftrag der Bundesagentur aus? Inwieweit wird er erfüllt? Speziell: Hat die Berufsberatung dazu beigetragen, dass der geschlechtsspezifische Ausbildungsstellenmarkt „überwunden" wird, wie ihr bis 1997 (Gültigkeit des AFG) explizit aufgetragen war? Hinzu kommt die Symboldimension des Organisationalen: Welchen Interpretationsrahmen liefert die Organisation als „Gebilde"?

Zu überprüfen ist darüber hinaus, ob und inwieweit das vorherrschende Geschlechterleitbild nicht nur nach außen getragen wird, sondern Orientierung nach innen, „für die Akteure in den Institutionen selbst" (Göhler 1994: 42) gibt. Welche Faktoren führen zum Obsiegen der einen oder anderen Fraktion und welche Relevanz haben die Leitideen der „Verlierer/innen"?

Die Binnenfunktion orientierender Leitideen beschränkt sich nicht allein auf das aktuelle Handeln des Personals, sondern die Leitideen sind gleichermaßen in die Regeln und Verfahrensweisen einer Organisation und auch in die benutzten Technologien eingelassen. Gerade die verborgenen, „eingeschriebenen" Leitideen werden häufig übersehen. Die „Last des Denkens" wird „auf Institutionen übertragen" (Douglas 1991: 136). Die Beratung von Mädchen stellt andere Anforderungen als die von Jungen: Ist berufliche Gleichberechtigung das Ziel, muss der vorangegangenen geschlechtsspezifischen Sozialisation entgegengewirkt werden. Lässt die Routine eine berufliche Beratung zu, die dieser Anforderung genügt? Neben den Regeln, nach denen Berufsberatung durchgeführt wird, geben weitere „documentary tools" (Akker) wichtige Informationen. Welches Geschlechterleitbild liegt den Aufgaben der Beauftragten für Frauenbelange zugrunde? Welche symbolischen Konnotationen finden sich in den Veröffentlichungen des Leitungspersonals der Bundesagentur?

Doch welche Faktoren führen zu einem schleichenden Wandel des Geschlechterleitbildes? Zu nennen sind hier sicherlich institutionenexterne Einflüsse, beispielsweise der Medien, eines sich verändernden Auftretens der Mädchen oder einer bei Lehrkräften und Ausbilder/innen im Zeitablauf modifizierten Haltung zur Frauenrolle. Ins Zentrum tritt aber die Frage nach innerorganisatorischen Prozessen und damit nach dem „Reformklima". Sind Berufsberatungen als Organisationen fähig neue Impulse aufzunehmen? Damit stellt sich auch die banale Frage nach der organisationsinternen Koordination: Wie stark dirigieren die Vorgesetzten die Aktivitäten des Beratungspersonals? Gibt es Gruppenbildungen, möglicherweise „Männerbünde" (Kreisky), die gegenüber dem Ziel, der Geschlechtersegmentation entgegenzuwirken, obsiegen?

Zu erkunden sind zunächst die gesetzlichen Vorgaben. In einem weiteren Schritt sind die Erlasse auf ihre eingeschriebenen Geschlechterleitbilder hin zu untersuchen. Die wesentlichen organisatorischen Strukturen und Verfahrensweisen sind den Ämtern von der Hauptstelle vorgegeben. Mancherorts mag es jedoch sinnvoll sein, diese Vorgaben zu modifizieren, z.B. weil Betriebe, Schulen oder die räumlichen Entfernungen im Bezirk besondere Bedingungen stellen. Hat dies Auswirkungen auf die Geschlechterpolitik der jeweiligen Berufsberatungen? Hieraus ergeben sich folgende Hypothesen:

- Ein eindeutiger gesetzlicher Auftrag, gewerblich-technische Ausbildungsberufe für Mädchen zu erschließen, führt nur dann zu vermehrter Vermittlung von Mädchen in gewerblich-technische Berufe, wenn die organisatorischen Bedingungen solche Aktivitäten möglich machen.
- In den Verfahrensweisen der Berufsberatung ist ein Geschlechterleitbild mediatisiert
- Eine „positive Koordinierung" erhöht die Zahl der Vermittlungen von Mädchen in gewerblich-technische Berufe, weil dadurch möglicherweise vorhandene interne Advocacy-Koalitionen, die sich für eine Verbreiterung der Berufswahloptionen von Mädchen engagieren, ihre Ideen umsetzten können.
- Die Organisation kann die Haltungen zur Frage, ob Mädchen einen gewerblich-technischen Beruf erlernen sollten, durch Strategien der Personalrekrutierung, Fortbildung und durch Informationspolitik erheblich beeinflussen.
- Die Bereitschaft der Beratungskräfte, Mädchen in gewerblich-technische Berufe zu vermitteln, ist davon abhängig, welche Informationen die Organisation ihnen gibt und welche Informationsmöglichkeiten ihnen anderweitig offen stehen.
- Herrscht die Norm der Geschlechterdifferenz vor, werden die jeweiligen Organisationen (die Nürnberger Hauptstelle und die einzelnen Berufsberatungen) auch bei eindeutigem, gesetzlichem Auftrag kaum etwas für die Erschließung von Jungenberufen für Mädchen tun.
- Ein Leitbild der Geschlechterdifferenz wird sich „nach innen" dahingehend auswirken, dass Berufsberaterinnen andere und weniger prestigeträchtige Aufgaben erteilt bekommen als ihre männlichen Kollegen.

Akteure/innen

Die jeweils handlungsleitenden sozialen Bezüge sind, wie Mayntz/Scharpf zu Recht betonen und wie nicht zuletzt die Frauenforschung gezeigt hat, „alles andere als trivial" (Mayntz/Scharpf 1995a: 53). Da Berufsberatungen trotz formal einheitlicher Organisationsstrukturen unterschiedlich handeln, ist es für meine Studie besonders wichtig, nach den Einstellungen und Normen des Personals zu fragen. Zugleich sind Einstellungen und Normen eine Ursache des ubiquitären Phänomens der selektiven Wahrnehmung. Entsprechen die Meinungen der Berufsberater/innen über die Eignung von Berufen für Mädchen und über die Kriterien, die den Mädchen bei der Berufswahl wichtig sind, der „realen Situation"?

Auf der regulativen Ebene sind die Arbeitsbedingungen und Arbeitsmöglichkeiten zu untersuchen. Hinzu kommt die Frage nach der Qualifikation des Personals. Unter normativen Aspekten sind das Geschlechterleitbild des Beratungspersonals sowie dessen Haltung zu einer geschlechtsuntypischen Berufsausbildung von Mädchen zu erkunden. Daran schließt sich erneut die Frage nach dem Wissen der Beratungsfachkräfte an. Hieraus ergeben sich folgende Hypothesen:

- Eine übermäßige Arbeitsbelastung schadet einer offensiven und damit effektiven Mädchenpolitik.
- Berater/innen, die der Ansicht sind, Mädchen hätten ein anderes („weibliches") Arbeitsvermögen als Jungen, werden Mädchen eher in typische Mädchenberufe als in Jungenberufe vermitteln.
- Berater/innen, die der Ansicht sind, Mädchen seien das Einkommen, die Aufstiegs- und die Wiedereinstiegsmöglichkeiten nach einer Familienphase nicht wichtig, werden sich kaum bemühen, die Mädchen für eine gewerblich-technische Ausbildung zu gewinnen.

Bei all diesen Fragen muss aber immer wieder mitbedacht werden, unter welchen Bedingungen die Berufsberatung arbeitet. Bevor ich in die Darstellung der Ergebnisse meiner empirischen Untersuchung einsteige, zeige ich daher im folgenden Kapitel die Handlungschancen und -restriktionen auf, denen sich die Berufsberatung gegenüber sieht.

3 Rahmenbedingungen berufsberaterischen Handelns

In diesem Kapitel geht es um die „realen" Bedingungen, denen sich die Berufsberatung gegenübersieht. Wie war die frauenpolitische Situation in den letzten zweieinhalb Jahrzehnten, dem Zeitraum, in dem die Öffnung von Jungenberufen für Mädchen zur Debatte stand? Um die Richtung der politischen Steuerung der Berufsberatung herauszufinden, müssen, wie erwähnt, die Wahrnehmungen und Handlungen der Berufsberater/innen der „realen Situation", wie sie ein/e über mehr Informationen verfügende/r hypothetische/r Beobachter/in sieht, gegenübergestellt werden (Mayntz/Scharpf 1995a: 60). Meine Ausgangsposition, die Forderung nach der Schaffung von Chancengleichheit von Frauen und Männern, Mädchen und Jungen hatte ich eingangs dargestellt. Insoweit ist die Auswahl der Themen durch meine „Brille" gefiltert.

Aufgenommen habe ich in dieses Kapitel die Rahmenbedingungen, die vom sozialen System, den politischen Parteien und vom Ausbildungs- und Arbeitsmarkt gesetzt werden. Der Ausbildungsmarkt, den ich im ersten Abschnitt diskutiere, wird einerseits von der Berufsberatung beeinflusst, andererseits geben seine Struktur, die Anzahl der zur Verfügung stehenden Plätze und die Ausbildungsorte, die Handlungsmöglichkeiten vor. Gleichzeitig wird in diesem Abschnitt der Handlungsbedarf verdeutlicht, der sich für die Berufsberatung durch die besondere Situation, in der sich die Mädchen befinden, ergibt. Ein längerer Passus dieses Kapitels (Abschnitt 3.2) gilt den Ergebnissen der Policies, mit denen in den 1980er Jahren versucht wurde, das Berufs(wahl)spektrum von Mädchen zu erweitern. Auch diese historischen Hintergründe geben den Handlungsrahmen vor und gleichzeitig bleibt zu prüfen, was die Berufsberatung aus den damaligen Erfahrungen noch heute lernen kann. Abhängige Variable und Rahmenbedingung zugleich ist auch die Erwerbsbeteiligung von Frauen (Abschnitt 3.4). Sie ist zum einen ebenfalls ein Ergebnis berufsberaterischen Handelns, nämlich davon abhängig, ob Frauen die erlernten Berufe auf dem Arbeitsmarkt verwerten können und zum anderen ist sie ein Hinweis darauf, ob Mädchen überhaupt eine beruflich längerfristig verwertbare Qualifikation benötigen und für welche Lebensphasen sie sie brauchen. Hier stellt sich die berühmte Frage nach Ursache und Wirkung: Sind Frauen nicht erwerbstätig, weil ihre „Erwerbsneigung" nur gering ausgeprägt ist oder ist die Ursache, dass sie einen Beruf erlernt haben, der eine Erwerbsarbeit unattraktiv macht?

Wenn der Anspruch besteht, Frauen eine gleichberechtigte Teilhabe an Erwerbseinkünften zu ermöglichen, macht es nur Sinn, den Mädchen gewerblich-technische Berufe nahezulegen, wenn die Chancen ausgebildeter

Frauen dort mindestens nicht schlechter sind als in geschlechtstypischen Berufen. Eignen sich in diesem Sinne gewerblich-technische Berufe für Mädchen? Dieser Frage gehe ich im fünften Abschnitt dieses Kapitels nach. Im sechsten Abschnitt geht es dann um die Unterschiede zwischen Frauen- und Männerberufen als Folie für die im vierten Kapitel vorgestellten Merkmale, die die Berufsberatung den Berufen zuordnet.

Wollen Mädchen überhaupt Jungenberufe? Welche Anforderungen stellen Mädchen an einen Beruf? Welche Einflüsse sind im Prozess der Berufswahl bedeutsam? Sind die Ausbildungsbetriebe bereit, Mädchen in gewerblich-technischen Berufen auszubilden? Auf diese, für die Handlungschancen der Berufsberatung zweifellos wichtigen Rahmenbedingungen gehe ich im siebten Abschnitt ein. Abschließend werde ich die Ergebnisse der Erörterungen unterschiedlicher Rahmenbedingungen im Hinblick auf die Handlungschancen der Berufsberatung zusammenfassen (Abschnitt 8).

3.1 Mädchen in der beruflichen Ausbildung: Kulturelle Bildung oder berufliche Qualifizierung?[1]

Eine der ganz wichtigen Rahmenbedingungen für die Handlungsmöglichkeiten der Berufsberatung ist das System beruflicher Ausbildung. Unter 18-Jährige dürfen in Deutschland nur in staatlich anerkannte Ausbildungsberufe vermittelt werden (§ 28 BBiG). Doch auch wenn es um die Beratung und Vermittlung Erwachsener geht, gibt dieses System den Rahmen vor. Festgelegte Berufsausbildungen haben in Deutschland eine lange Tradition. Schon im mittelalterlichen Handwerk gab es Regulierungen, an denen sich später die Industrie orientierte. Fachschulen übernahmen die durch Handwerk und Industrie nicht abgedeckten Berufsfelder, abgesehen von der Ausbildung der Beamten, die der Staat selbst durchführte. Diese Trennungen bestehen noch heute und haben gerade für Mädchen, wie noch auszuführen sein wird, fatale Folgen.

Auch wenn die Zahl der Studierenden seit dem Bildungsboom der 1960er Jahre stark gestiegen ist, steht berufliche Ausbildung außerhalb von Hochschulen weiterhin hoch im Kurs. Etwa zwei Drittel aller Jugendlichen machen eine „duale" Berufsausbildung, wobei diese in den letzten Jahrzehnten auch für Abiturienten und vor allem für Abiturientinnen an Attraktivität

---

1 Teile dieses Abschnittes wurden bereits anderweitig veröffentlicht, und zwar in Geißel/Seemann (Hg. 2001) sowie in den WSI Mitteilungen 12/1994. Für diese Publikation wurden die Texte gekürzt und aktualisiert.

gewonnen hat.² Eindeutige Zahlenangaben sind nicht möglich, weil ein Studium nach einer Ausbildung heute durchaus üblich geworden ist, sei es, dass die Jugendlichen schon vor der Ausbildung über das Abitur verfügten oder dass sie die Fachhochschul- oder Hochschulreife im Anschluss an die Ausbildung nachgeholt haben. Zumeist wird mit „Berufsausbildung" nur die duale Ausbildung in Betrieb und Schule assoziiert. Aus dem Blick gerät damit, dass es noch eine ganze Reihe anderer Berufsausbildungen gibt, die nicht durch das Berufsbildungsgesetz (BBiG) oder die Handwerksordnung (HWO) erfasst sind: neben den Ausbildungen zu Beamten/innenberufen sind als große Bereiche die Ausbildung im Gesundheitswesen (u.a. Krankenpfleger/-schwester) und zum/zur Erzieher/in zu nennen. Das zahlenmäßig gewichtige berufsfachschulische System wird in der Literatur häufig ignoriert, für Mädchen ist es jedoch fast genauso bedeutsam wie das duale.

Im Folgenden werde ich zuerst auf das duale System und anschließend auf das berufsfachschulische eingehen. Gerade an der berufsfachschulischen Ausbildung lässt sich verdeutlichen, wie das System die Chancen von Mädchen begrenzt – und damit die Handlungsmöglichkeiten der Berufsberatung sowohl eingrenzt als auch herausfordert. Bei der Darstellung des Berufsbildungssystems werde ich gleichzeitig die Segmentierung der Geschlechter in der beruflichen Bildung aufzeigen. Nach dieser Bestandsaufnahme folgt ein Abschnitt dazu, welche politischen Initiativen zur Verbreiterung des Berufs(wahl)spektrums von Mädchen sich als erfolgreich erwiesen haben. Ich greife dazu auf die Policies zurück, die vornehmlich Anfang der 1980er Jahre – zumeist noch als Ausfluss sozialdemokratischer Bildungspolitik der 1970er – durchgeführt wurden. Abschließend zeige ich, wie sich die Zahl der Mädchen, die einen Jungenberuf erlernen, in den letzten zwei Jahrzehnten entwickelt hat.

Duale Berufsausbildung

Das duale Berufsbildungssystem weist zurzeit 350 nach dem Berufsbildungsgesetz (BBiG) und der Handwerksordnung (HwO) geregelte Ausbildungsberufe auf. Jungen stellen mit 59% die Mehrheit der 1,6 Mio. Auszubildenden im Jahr 2002. 53% der Mädchen und 35% der Jungen werden aber in nur

---

2   Der Anteil der Absolventen/innen von 9. und 10. Klassen von Haupt- und Realschulen, die 1998 eine duale Berufsausbildung anstrebten, betrug zwischen 71 und 76%, in den 10. Klassen der Gesamtschulen 58% und in den beruflichen Vollzeitschulen 82%. Von den Abiturienten wollten immerhin 21% eine Lehre beginnen und von den Abiturientinnen waren es sogar 30%. In den neuen Ländern ist das Interesse durchgängig noch höher. Nahezu jede zweite Abiturientin möchte dort eine duale Berufsausbildung aufnehmen (BMBF 1999: 47ff.).

jeweils 10 Berufen ausgebildet[3] (vgl. die Tabellen 1 u. 2). Nach wie vor lernen Mädchen zumeist geschlechtstypische Berufe, worin die Jungen ihnen jedoch keineswegs nachstehen. Konventionsgemäß werden Mädchen- bzw. Jungenberufe als Berufe definiert, in denen höchstens 20% des anderen Geschlechts vorkommen: In den neuen Ländern sind 58% und in den alten Ländern 42% der weiblichen Auszubildenden in Mädchenberufen zu finden. Von den männlichen Auszubildenden machen in den neuen Ländern sogar drei Viertel und in den alten Ländern auch immerhin zwei Drittel eine Ausbildung in einem Jungenberuf (BMBFT 1997: 118f.).

An der Rangfolge der Berufe im Hinblick auf ihre Besetzungszahlen hat sich in den letzten Jahrzehnten wenig geändert. acht von zehn Berufen, in denen sich vor mehr als 30 Jahren sogar zwei Drittel aller Mädchen befanden, gehören auch heute noch zu den zehn „ersten". 1980 bereits führten dieselben Berufe die Rangskala der am stärksten mit Mädchen besetzten an, lediglich die Rangfolge hat sich seitdem ein wenig verändert.[4] In den achtziger Jahren war bei den Mädchen regelmäßig entweder Verkäuferin oder Friseurin der am häufigsten besetzte Beruf. Der Beruf Verkäuferin hat heute an Gewicht verloren. Der Grund ist, dass die Stufenausbildung im Einzelhandel abgeschafft wurde. Früher erlernten Einzelhandelskaufleute häufig zunächst den 2-jährigen Beruf Verkäufer/in und erhielten bei Bewährung einen Anschlussvertrag mit dem Ausbildungsziel „Einzelhandelskaufmann/frau". Neu hinzugekommen unter den 10 Berufen ist Hotelfachfrau, wodurch Kauffrau im Groß- und Außenhandel auf einen niedrigeren Rangplatz rutschte. Im Jahr 2002 sind 53% aller weiblichen Auszubildenden in diesen 10 Berufen zu finden; 1980 waren es exakt gleich viele. Und nach wie vor lernen Mädchen und Jungen zumeist unterschiedliche Berufe.

Die Konzentration von Mädchen und Jungen auf bestimmte, unterschiedliche Berufe ist keine westdeutsche Besonderheit. In der DDR waren die Verhältnisse ähnlich[5] (vgl. die Tabellen 3 u. 4). Unter den zehn in der DDR am häufigsten von Mädchen und Jungen erlernten Berufen war nur einer (Koch/Köchin), in dem die Geschlechter relativ gleich verteilt waren. Die Unterschiede sind in der anderen Wirtschaftsstruktur, im starken Gewicht

---

3   Die Konzentration der Jungen in den ersten 10 Berufen ist in den letzten Jahren zurückgegangen, nicht aber die der Mädchen!
4   Im Vergleich zu 1960 haben die Berufe Damenschneiderin und ländliche Hausgehilfin zur Jahrtausendwende an Bedeutung verloren. Tabellen zur Rangfolge der Ausbildungsberufen in den Jahren 1960, 1970 und 1980 finden sich bei Born/Erzberger 1999: 38ff.
5   Das DDR-Berufsbildungssystem hatte viel Gemeinsames mit dem der BRD. Auch dort gab es eine „duale" Berufsausbildung und die Ausbildung an (Berufs-)Fachschulen. Der berufsschulische Teil der dualen Ausbildung war lediglich zumeist den Kombinaten angesiedelt. Die Berufsausbildung erfolgte nach Abschluss der 10. Klasse und dauerte 2 Jahre. Die parallele, dreijährige Berufsausbildung führte gleichzeitig zur Hochschulreife. Da in der DDR immer nur ein Kind einer Familie das Abitur auf „normalem" Weg erwerben durfte, war für viele diese 3-jährige Berufsausbildung ein Ausweg.

Tabelle 1:
Die zehn am häufigsten mit Mädchen besetzten Berufe 2002

	Anteil an den weiblichen Auszubildenden in %	Anteil der Mädchen im jeweiligen Beruf in %
Bürokaufmann/frau	7,2	75,3
Kaufmann/frau im Einzelhandel	6,7	58,0
Friseurin/Friseur	6,6	92,8
Arzthelferin	6,3	99,6
Zahnmedizinische Fachangestellte/r	5,7	99,8
Industriekaufmann/frau	4,8	63,0
Fachverkäufer/in im Nahrungsmittelhandwerk	4,4	95,5
Kaufmann/frau für Bürokommunikation	4,0	82,1
Verkäufer/in	3,9	69,3
Hotelfachmann/frau	3,8	77,0
Zusammen	*53,4*	.

Tabelle 2:
Die zehn am häufigsten mit Jungen besetzten Berufe 2002

	Anteil an den männlichen Auszubildenden in %	Anteil der Jungen im jeweiligen Beruf in %
Kraftfahrzeugmechaniker/in	6,4	98,2
Maler/in und Lackierer/in	4,2	91,7
Elektroinstallateur/in	3,8	99,0
Kaufmann/frau im Einzelhandel	3,6	42,0
Tischler/in	3,6	93,4
Koch/Köchin	3,4	73,8
Kaufmann/frau im Groß- u. Außenhandel	2,7	57,5
Fachinformatiker/in	2,6	89,3
Metallbauer/in	2,2	99,2
Industriekaufmann/frau	2,1	37,0
Zusammen	*36,2*	.

Quelle: Eigene Berechnungen nach: Statistisches Bundesamt 2003, FS 11, Rh 3.

Tabelle 3:
Die zehn am häufigsten mit Mädchen besetzten Berufe in der DDR 1989

	Anteil an den weiblichen Auszubildenden in %	Anteil der Mädchen im jeweiligen Beruf in %
Fachverkäufer (Verkäuferin, Kauffrau. im Einzelhandel)	10,4	95,7
Facharbeiter für Schreibtechnik (Bürogehilfin)	8,7	99,8
Wirtschaftskaufmann (Bürokauffrau, Kauffrau im Einzelhandel usw.)	8,0	94,4
Koch	4,6	56,6
Kellner	3,3	83,3
Facharbeiter für Textiltechnik (Textilmechanikerin, -veredlerin usw.)	3,8	95,2
Kleidungsfacharbeiter (Bekleidungsfertigerin usw.)	3,5	99,5
Facharbeiter f. Tierproduktion (Tierwirtin)	3,0	69,6
Gärtner	2,7	79,8
Friseur	2,5	94,5
Zusammen	49,7	.

Tabelle 4:
Die zehn am häufigsten mit Jungen besetzten Berufe in der DDR 1989

	Anteil an den männlichen Auszubildenden in %	Anteil der Jungen im jeweiligen Beruf in %
Instandhaltungsmechaniker (Betriebsschlosser usw.)	6,1	97,5
Elektromonteur (Elektroinstallateur, -anlagenelektroniker usw.)	5,0	97,1
Facharbeiter f. Werkzeugmaschinen (Dreher, Fräser usw.)	4,1	85,1
Kraftfahrzeugschlosser	4,1	99,3
Koch	3,1	43,4
Facharbeiter f. Pflanzenproduktion (Teilbereich von Landwirt)	3,1	90,7
Landm., Traktorenschlosser (Landmaschinenmechaniker)	3,2	99,3
Elektronikfacharbeiter (entspr. 3,5-jährigen Elektroberufen)	2,6	90,7
Tischler	2,7	97,2
Ausbaumaurer (Hochbaufacharbeiter)	2,6	99,9
Zusammen	36,0	.

Quelle: Eigene Berechnungen nach: Staatliche Zentralverwaltung für Statistik. Neuaufnahmen 1989 von Absolventen/innen der 10. Klasse; ohne Berufsausbildung die gleichzeitig zum Abitur führt.

der Landwirtschaft und der Textilindustrie, begründet. Zudem machte die Politik der „Befreiung der Frau aus der Haussklaverei" (Lenin, vgl. Abschnitt 3.3) berufsmäßig arbeitende Köche/innen und Kellner/innen erforderlich. Unter den zehn in der DDR am stärksten besetzten Mädchenberufen befinden sich vier, die in der BRD 1977 noch als Jungenberufe galten: Koch, Kellner, Facharbeiter für Tierproduktion und Gärtner. Hinzu kommt teilweise noch Facharbeiter für Textiltechnik. Dieser lässt sich aber nicht eindeutig in einen westdeutschen Textilberuf übersetzen; unter den westdeutschen Parallelberufen befinden sich sowohl Mädchen- als auch Jungenberufe.

Schon Mitte der 1980er Jahre stellten Thomas Clauß und Rolf Jansen fest, dass die 10 Berufe, in denen die meisten Mädchen ausgebildet werden, unter 70 anhand verschiedener Indikatoren bewerteten Berufen fast ausnahmslos am Ende der Skala liegen (Clauss/Jansen 1984, vgl. auch Ostendorf 1986: 21ff.):

- Beim Indikator „Aufstieg/Karrieremöglichkeiten" befinden sich alle zehn Berufe außer Bankkaufmann/frau auf unterdurchschnittlichen Rangplätzen, fünf gehören zu den letzten zehn und sieben zu den letzten dreizehn.
- Beim Indikator „Einkommen" gehören wiederum fünf zu den letzten zehn und sieben zu den letzten dreizehn. Die Ausnahmen sind Kaufmann/frau im Groß- und Außenhandel, Industriekaufmann/frau und Bankkaufmann/frau.
- Beim Indikator „berufliche Flexibilität" zeigt sich ein gemischtes Bild. Unterdurchschnittlich flexibel sind Friseurin (vorletzter Rangplatz von 70), Zahnarzthelfer/in, Verkäufer/in und Verkäufer/in im Nahrungsmittelhandwerk. Bürokaufmann/frau und Einzelhandelskaufmann/frau sind überdurchschnittlich flexible Berufe, allerdings bei weit unterdurchschnittlichen Einkommens- und Aufstiegsmöglichkeiten.

Unter Berücksichtigung aller drei Indikatoren bleibt von den stark mit Mädchen besetzten Ausbildungsberufen nur der Beruf Bankkauffrau (2002 an elfter Stelle), bei dem ein überdurchschnittliches Einkommen und eine gewissen berufliche Karriere möglich sind. Mit leicht unterdurchschnittlichen Aufstiegs- und Karrieremöglichkeiten gilt dies auch für Industriekauffrau und Kauffrau im Groß- und Außenhandel (2002 an zwölfter Stelle). Eine neuere Analyse des Einkommens (Engelbrech/Nagel 2002, vgl. auch Tabelle 9) bestätigt dieses Bild. Das Einkommen von Bankkaufleuten ist auch 1997 nach wie vor vergleichsweise hoch, wenngleich niedriger als in manchen gewerblich-technischen Berufen. Im neu zu den 10 Berufen hinzugekommenen Beruf Hotelfachmann/frau dagegen ist das Einkommen unterdurchschnittlich.

Obwohl Mädchen in großer Zahl die „schlechteren" Ausbildungen akzeptieren, bleiben sie überdurchschnittlich häufig ohne Ausbildungsplatz. Die Ursache ist darin zu suchen, dass Mädchen zumeist als Bewerberinnen für Mädchen- und für weiblich dominierte Berufe (d.h., Berufe mit mehr als 60% Mädchenanteil) registriert sind und dass gleichzeitig die Vermittlungsquoten der Berufsberatung in diesen beiden Segmenten besonders niedrig ausfallen. Die besten Vermittlungschancen haben Mädchen ausgerechnet in den mit über 95% mit Jungen besetzten Elektroberufen (vgl. Abschnitt 4.2).

Im dualen Berufsbildungssystem kommen Mädchen in mehrfacher Hinsicht zu kurz: Sie haben weniger als die Hälfte der Plätze inne, und die Berufe, in denen sie stark vertreten sind, gehören meist zu denen, die wenig Zukunft versprechen. Die duale Berufsbildung ist aber nur *ein* Segment des Systems. Von den Regelungen des Berufsbildungsgesetzes ausdrücklich ausgenommen sind die Ausbildung in einem öffentlich-rechtlichen Dienstverhältnis und die Ausbildung an berufsbildenden Schulen. Nicht diesem Gesetz unterliegen also wesentliche Bereiche gerade der Mädchenausbildung, beispielsweise die zur Krankenschwester, Erzieherin und Altenpflegerin und in den vielen Beamt(inn)enberufen. Besonders schillernd und Mädchen diskriminierend ist die Ausbildung an Berufsfachschulen.

Vollzeitschulische Berufsausbildung

Im Gegensatz zum dualen System liegt die Regelungskompetenz für die berufsfachschulischen Ausbildungen nicht beim Bund,[6] sondern bei den Ländern und zwar bezeichnenderweise bei den Kultusministerien: Während bei den dualen Ausbildungen die jeweiligen Fachminister/innen (zumeist der Bundeswirtschaftsminister) zuständig sind, ist die berufsfachschulische Ausbildung „auch heute noch formal Kulturaufgabe, nicht Bildungsaufgabe" (Krüger 1995: 211). Abgesehen davon, dass fraglich ist, ob in den Kultusministerien für die unterschiedlichen Ausbildungsinhalte genügend Fachkompetenz vorhanden ist, ist die Folge vor allem, dass das berufsfachschulische Bildungssystem sich von Bundesland zu Bundesland unterscheidet. Weitgehend identische Qualifizierungen können verschiedene Namen tragen und hinter gleichen Berufsbezeichnungen verbirgt sich in einem Bundesland eine 1-jährige Ausbildung und in einem anderen eine 3-jährige.

Berufsfachschulen haben höchst unterschiedliche Aufgaben: In Zeiten einer Lehrstellenknappheit bilden sie einen *Puffer* und fangen vorübergehend überzählige Bewerber/innen auf. Darüber hinaus *ergänzen* sie das duale System, indem sie Ausbildungen in Berufen offerieren, die im dualen System nicht vorkommen und sie haben eine *Durchlässigkeitsfunktion*, weil sie parallel zu einem Berufsabschluss oder darauf aufbauend Weiterbildungsmöglichkeiten und zusätzliche Schulabschlüsse bieten (vgl. Hahn 1997: 31). Unterscheiden lassen sich die berufsfachschulischen Bildungsgänge ebenfalls

---

6 Berufsbildung gehört zum „Recht der Wirtschaft" und dieses wiederum nach Art. 74 Abs. 11 GG zu den Gegenständen, bei denen der Bund die vorrangige Gesetzgebungskompetenz hat.

nach dem Ausbildungsziel: Einige vermitteln berufliche Abschlüsse, andere nur Teilqualifikationen und beide manchmal – aber nicht immer – Laufbahnberechtigungen. Eine eindeutige Ergänzungsfunktion haben die Schulen des Gesundheitswesens und die Fachschulen für Erzieher/innen. Außer in einigen wenigen Gesundheitsberufen gibt es keine vergleichbaren, dualen Ausbildungen. Aus Platzgründen werde ich auf diese beiden Sonderformen berufsfachschulischer Ausbildung nicht eingehen, sondern mich auf die anderen Berufsfachschulen konzentrieren.[7]

Tabelle 5:
Berufsfachschüler/innen im Schuljahr 2002/03

	Insgesamt	Mädchenanteil in %
Berufsvorbereitungsjahr (BVJ)	79.496	38,7
Berufsgrundbildungsjahr (BGJ)	43.204	29,6
Teilqualifizierende Bildungsgänge	227.913	51,5
Darunter:		
Eingangsvoraussetzung Realschulabschluss	98.291	50,9
Abschlussziel: Realschulabschluss	100.005	55,7
Voraussetzung u. Ziel unterhalb des Realschulabschlusses	29.617	39,8
Berufsausbildungen nach Landesregelung	191.266	70,8
Berufsausbildung nach BBiG oder HWO	33.071	52,4
Insgesamt	**452.250**	**59,7**

Quelle: Statistisches Bundesamt (2003): Bildung und Kultur, FS 11, Rh 2.

Die obige Systematisierung spiegelt die Dynamik allerdings nur unzureichend wider. Häufig überlappen sich die Typen (mit einer beruflichen Qualifikation wird gleichzeitig ein Hauptschulabschluss oder die mittlere Reife erworben), und im Hinblick auf die Lebenssituation eines einzelnen Mäd-

---

[7] Bei den Erzieher/innen-Fachschulen handelt es sich entgegen dem Namen nicht um Fach-, sondern um *Berufs*fachschulen: An Fachschulen werden in der Regel Fortbildungen angeboten, beispielsweise zum/r Techniker/in oder zur Vorbereitung auf die Meister/innenprüfung. Erzieher/in aber ist kein Fortbildungsberuf sondern eine Erstausbildung.
Zu den Gesundheitsberufen sei auf die vielfältigen Arbeiten von Barbara Meifort verwiesen, die u.a. darauf aufmerksam macht, dass an vielen Schulen des Gesundheitswesens Schulgeld bezahlt werden muss und dass es in diesem Bereich nicht einmal gesetzliche Bestimmungen zur Qualität des Ausbildungspersonals gibt. Zu den Reformkonzepten vgl. auch Krüger 1996.

chens dürften die Ursachen und Ziele des Schulbesuchs eher vielschichtig als eindeutig sein. Prinzipiell können Berufsfachschulen für Jugendliche mit Entwicklungsverzögerungen eine wichtige Funktion haben, indem sie (höhere) Schulabschlüsse ermöglichen. Doch wird Mädchen (und Jungen) in diesen Bildungsgängen Mut gemacht oder werden sie dort nur verwahrt? Werden die verschiedenen berufsfachschulischen Bildungsgänge zusammengezählt, beginnt für knapp die Hälfte der Mädchen und immerhin für ein Drittel der Jungen die Berufsausbildung nicht in einem Betrieb, sondern in einer Berufsfachschule. Zwar ist auch die Zahl der Jungen in den Berufsfachschulen beträchtlich, doch selbst hier ziehen die Mädchen, wie ich im Folgenden aufzeigen werde, den Kürzeren.

Teilqualifizierende Bildungsgänge: Konjunkturpuffer oder Brücke zum beruflichen Bildungssystem?

Eine eindeutige Pufferfunktion hat das *Berufsvorbereitungsjahr (BVJ)*, in dem sich beispielsweise im Schuljahr 2002/03[8] 79.496 Jugendliche befanden, davon waren 39% Mädchen. Das Berufsvorbereitungsjahr soll, wie der Name sagt, Jugendliche auf eine Berufsausbildung vorbereiten. Für Leistungsschwache kann ein zwischengeschaltetes Vorbereitungsjahr tatsächlich eine Brücke in eine berufliche Ausbildung darstellen. In Zeiten einer übergroßen Lehrstellennachfrage aber wird das Problem allzu schnell auf die Jugendlichen verlagert: Nicht die Versorgung mit Lehrstellen erscheint als defizitär, sondern den Jugendlichen werden Qualifikationsmängel nachgesagt, die durch eine zusätzliche Schulbildung behoben werden sollen.

Auch das *Berufsgrundbildungsjahr (BGJ)* ist in den letzten Jahrzehnten immer mehr zu einem Puffer verkommen. Im Schuljahr 2002/03 gab es dort 41.961 Schüler/innen. Der Anteil der Mädchen betrug knapp 30%. Diese Schulform war in den 1970er Jahren entwickelt worden um die Theorieanteile in der dualen Berufsausbildung zu erhöhen. Darüber hinaus erhofften sich die Gewerkschaften mit der verstärkten Einbindung des Staates größere Einflussmöglichkeiten. Von Arbeitgeberseite wurde die Anrechnung als erstes Ausbildungsjahr mehrheitlich abgelehnt, so dass die beabsichtigte generelle Einführung nicht zustande kam. Dennoch existiert das BGJ fort.

Hinzu kommen die teilqualifizierenden Bildungsgänge der „eigentlichen" *Berufsfachschulen (BFS)* mit 281.355 Schüler/innen. Hier stellen die Mädchen etwas mehr als die Hälfte. Nahezu die Hälfte dieser Bildungsgänge vermittelt neben der beruflichen Grundbildung auch einen Realschulabschluss; bei anderen wird aber ein Realschulabschluss schon vorausgesetzt und bei gut 10% wird allenfalls ein Hauptschulabschluss mitgegeben.

---

8 Sofern nicht anders angegeben, beziehen sich die Zahlen immer auf das Schuljahr 2002/03.

Ausgebaut wurden diese Schulformen in Zeiten geburtenstarker Jahrgänge: Ein vorübergehender Nachfrageüberhang nach Ausbildungsplätzen sollte bewältigt, und die Jugendlichen sollten möglichst sinnvoll beschäftigt werden. Ausgestattet mit verbesserten Qualifikationen sollten sie so beim Nachlassen der Übernachfrage erhöhte Chancen auf einen Ausbildungsplatz haben. Diese Rechnung geht jedoch nicht auf, wenn – wie gegenwärtig – etliche geburtenstarke Jahrgänge aufeinander folgen und die Betriebe nicht, wie noch in den 1980er Jahren, die Zahl der Plätze ausweiten. Vielmehr kommt es zu einer Kumulation der Nachfrage von Absolventinnen der allgemein bildenden Schulen und von „Altbewerber/innen" aus den Warteschleifen. 2002 hatten 13% der Ausbildungsanfänger/innen eine Berufsfachschule absolviert. Das sind mehr als 42.000 Jugendliche.

Beim BVJ, BGJ und bei den teilqualifizierenden Bildungsabschlüssen wird offenkundig, dass die Pufferfunktion gegenüber der Durchlässigkeitsfunktion weit überwiegt. Häufig geben die Schulen den Jugendlichen Abschlüsse mit, die sie vorher schon hatten. In den Berufsvorbereitungsklassen haben 5% der Mädchen bereits eine Mittlere Reife und zusätzliche 27% einen Hauptschulabschluss. Bei den Jungen liegt die Zahl zwar niedriger, doch auch fast jeder vierte Junge kann schon beim Eintritt in ein BVJ einen Schulabschluss vorweisen.

Etwas anders stellt sich die Situation in den z.T. auch zweijährigen, teilqualifizierenden Bildungsgängen dar. Einige bieten neben beruflichen Grundqualifikationen auch einen Realschulabschluss: Die Pufferfunktion ist hier mit der Durchlässigkeitsfunktion verknüpft. Andere Berufsfachschulzweige setzen bereits einen Realschulabschluss voraus. Diese Schulen führen aber keineswegs, wie vermutet werden könnte, zum Fachabitur oder Abitur.[9] Meist sind diese Bildungsgänge nur einjährig und dienen vorrangig der Überbrückung der Wartezeit bis zur erneuten Bewerbung um eine Berufsausbildung. (2002/03 waren 73,7% der Schüler/innen im ersten, 23,5% im zweiten und 3,8% im dritten Schuljahr). Berufsfachschulen sind „Strukturfixierer von geschlechtsspezifischen Berufsbildungsumwegen" schreibt Helga Krüger (1992b: 22). Dass sie für die Mehrheit der Jugendlichen Umwege sind, dürfte aus dem Vorangegangenen deutlich geworden sein. Inwieweit aber fixieren diese Ausbildungswege weibliche Berufsverläufe?

Im *BVJ* und im *BGJ* sind die Mädchen unterrepräsentiert. Während bei der ersten Schulart die Ursache darin liegen dürfte, dass Mädchen seltener als Jungen die Schule ohne Abschluss verlassen, die Unterrepräsentanz also keine Diskriminierung ist, ist die Vorherrschaft der Jungen im BGJ in dessen Struktur begründet. Die meisten Plätze stehen in den jungentypischen Bereichen Metall-, Holz- und Bautechnik zur Verfügung und erst danach kommen

---

9   Fachoberschulen und Fachgymnasien werden in der Statistik gesondert ausgewiesen und zählen nicht zu den Berufsfachschulen.

Ernährung/Hauswirtschaft und Wirtschaft/Verwaltung. In den quantitativ weit bedeutsameren, *teilqualifizierenden* Berufsfachschulen dagegen stellen die Mädchen die Mehrheit in den Schultypen, die entweder zu einem Realschulabschluss führen oder diesen bereits voraussetzen.

In den teilqualifizierenden Berufsfachschulen gibt es nahezu stringente Geschlechtertrennungen: Die Mädchen erhalten eine Grundqualifikation in Ernährung und Hauswirtschaft oder in Sozialpflege, die Jungen dagegen vornehmlich in Technik. Lediglich in den Schulformen, die zum Realschulabschluss führen oder ihn voraussetzen, gibt es nennenswerte Ausbildungsquantitäten in Wirtschaft und Verwaltung, an denen auch die Mädchen partizipieren.

Vollqualifizierende Bildungsgänge: Ergänzung des dualen Systems oder zweitwertig?

Bei den vollqualifizierenden Ausbildungen ist zu unterscheiden zwischen solchen, „die einen beruflichen Abschluss in einem Beruf vermitteln, der kein Ausbildungsberuf ist" und solchen „in einem anerkannten Ausbildungsberuf gemäß Berufsbildungsgesetz bzw. Handwerksordnung" (Stat. Bundesamt 2003, FS 11, Rh. 2: 146f.). Selbst das Statistische Bundesamt spricht den schulischen Ausbildungen, die lediglich zu einem landesrechtlich anerkannten Abschluss führen, den Status „Ausbildungsberuf" ab. Die Anzahl der Schulberufe beträgt 128 (Stooß 1997: 52).

Bis vor wenigen Jahren waren Ausbildungen *nach dem Berufsbildungsgesetz oder der Handwerksordnung* an den Berufsfachschulen höchst selten. Mit dem Aktionsprogramm Lehrstellen-Ost, das eine Förderung auch solcher Ausbildungsgänge vorsieht, ist ihre Zahl deutlich gestiegen (BMBF 1999: 81). Die Kammern zeigten sich zunehmend bereit, die Schulabsolventen/innen zur Externenprüfung zuzulassen, obwohl ihnen die dazu normalerweise nötige, mehrjährige Berufspraxis fehlt. Der Anteil dieser Bildungsgänge ist aber nach wie vor gering und zudem bei den Jungen deutlich höher als bei den Mädchen. Von den vergleichsweise wenigen männlichen Schülern (71.617 gegenüber 152.680 Schülerinnen) in vollqualifizierenden Bildungsgängen haben 22% die Chance, einen bundesweit anerkannten Abschluss zu erlangen. Bei den Mädchen sind es nur halb so viele (11,3%). Die schulische Berufsausbildung mit Abschlüssen nach dem BBiG oder der HWO scheint sich aber nicht so recht zu etablieren. Seit 1999 nimmt die Zahl der Plätze schon wieder ab (BMBF Berufsbildungsbericht 2003, S. 128).

Bei der Besetzung der Berufe durch Mädchen und Jungen zeigt sich das aus dem dualen System bekannte Bild (vgl. Tabelle 6): In den Elektro- und Ausbauberufen, aber auch bei den Rechnungskaufleuten/Informatiker/innen sind die Mädchen kaum vertreten. Sie erhalten vorrangig Ausbildungen in Haus- und ernährungswirtschaftlichen Berufen, in Büro- und in Hotel- und

Gaststättenberufen. Auch wenn Mädchen in diesen schulischen Ausbildungsgängen, die immerhin zu einem bundesweit anerkannten Abschluss führen, mit 17.322 zu 15.749 männlichen Auszubildenden die Mehrheit stellen, bleibt unklar, welche Chancen diese haben. Das Statistische Bundesamt weist nur Berufsgruppen (die 2-Steller der Berufskennziffer) aus, Mädchen- bzw. Jungenberufe lassen sich hingegen erst auf einer differenzierteren Ebene (den 4-stelligen Berufsklassen) erkennen. Selbst wenn Mädchen bei der Zuordnung zu einzelnen Berufen nicht diskriminiert werden, was ich angesichts der großen Zahl der haus- und ernährungswirtschaftlichen Ausbildungen kaum glauben mag, bleibt der Befund, dass Mädchen in den Berufsfachschulen trotz ihres hohen Anteils an den bundeseinheitlich anerkannten Ausbildungen im Hinblick auf die Gesamtheit berufsfachschulischer Bildungsgänge immer noch benachteiligt werden.

Tabelle 6:
Berufsfachschüler/innen in stark besetzten Ausbildungsgängen mit Abschlussmöglichkeiten nach dem BBiG oder der HWO im Schuljahr 2002/03

	Insgesamt	Mädchen in %
Büroberufe, kaufm. Angestellte o.n.A.	5.499	73,0
Haus- u. ernährungswirtschaftliche Berufe	5.306	93,8
Elektroberufe	2.511	3,6
Rechnungskaufleute, Informatiker/innen	1.601	18,4
Hotel- u. Gaststättenberufe	1.336	81,4
Feinwerktechnische u. verwandte Berufe	993	46,0
Technische Zeichner/innen u. verwandte Berufe	980	43,2
Ausbauberufe	966	6,5
Andere Berufe	13.879	42,6
Insgesamt	*33.071*	*52,4*

Quelle: Statistisches Bundesamt FS 11, Rh 2, 2003, Tab. 4.7.5, eigene Berechnungen.

Bei den Ausbildungsgängen, die mit einer *Prüfung nach Landesrecht* abschließen, wird das Wirrwarr komplett. Hier tauchen zum Teil Berufe auf, die zu den Gesundheitsberufen gehören und die sowohl in der Statistik der Gesundheitsberufe als auch bei den Berufsfachschulen verzeichnet sind. Allerdings gibt es nicht etwa generell Doppelzählungen, sondern die Bundesländer verfahren unterschiedlich. Neben originären (in der Tabelle nicht aufgeführten) Gesundheitsberufen wie Krankenschwester/-pfleger und Kinderkrankenschwester/-pfleger dominieren vor allem die Kinderpfleger/innen. An zweiter Stelle der Statistik stehen die Technischen Assistenten/innen für Informatik, gefolgt von den Kaufmännischen Assistenten/innen und den Wirtschaftsassistenten/innen. Die anderen Berufe sind sehr viel geringer, viele aber immerhin noch mit beachtlichen Zahlen, besetzt.[10]

Tabelle 7:
Berufsfachschulische und fachschulische Erstausbildungen 2002/03 (ausgewählte Beispiele, ohne Krankenpflegeschulen)

	insgesamt	Mädchen in %
Kinderpflegerin	19.470	95,3
nachrichtl.: Erzieher/in (Fachschule)	*3.113*	*79,8*
Technische Assistenten/innen für Informatik	17.121	10,1
Kaufmännische/r Assistent/in, Wirtschaftsassistent/in	16.308	61,1
Sozialassistent/in, Sozialpädagogische Assistent/in	12.768	88,3
Altenpfleger/in, Fachkraft für Altenpflege	9.767	84,5
nachrichtl.: Altenpfleger/in (Fachschule)	*5.811*	*84,9*
Gestaltungstechnische Assistent/in	8.050	70,0
Fremdsprachenassistent/in, Europa-Sekretär/in	6.786	88,6
Korrespondent/in, Europakorrespondent/in	4.524	88,6
Physiotherapeut/in, Krankengymnastin	6.432	79,9
Pharmazeutisch-technische/r Assistent/in	5.152	96,2
Sozialbetreuerin	5.313	85,5
Sozialhelferin	2.723	82,9
Andere Berufe	76.852	69,0
Insgesamt (BFS)	*191.266*	*70,8*

Quelle: Stat. Bundesamt, FS 11, Rh. 2, Berufliche Schulen.

Manche dieser Berufe klingen modern: Wer will schon Bürokauffrau lernen, wenn es auch die Möglichkeit gibt, Europakorrespondentin zu werden? Da gibt es Ingenieurassistenten/innen, Elektrotechnische Assistenten/innen, Technische Assistenten/innen für Automatisierungs- und Computertechnik, Umweltschutztechnische Assistenten/innen und vielerlei Assistenten/innen-

---

10 Helga Krüger machte mich darauf aufmerksam, dass in diesen Zahlen private Schulen nur zum Teil enthalten sind. Die Daten werden von den jeweiligen Bundesländern zusammengestellt. (Das Statistische Bundesamt beklagt in der Einleitung seiner Hefte die Schwierigkeiten der Zuordnung.) Außen vor bleiben dürften die Schulen, die keine öffentlichen Zuschüsse erhalten, in denen bspw. – anders als üblich – die Lehrkräfte nicht aus öffentlichen Kassen bezahlt werden.

Ausbildungen mehr. Der Phantasie sind anscheinend keine Grenzen gesetzt. Die Zu- und Abnahmen der Besatzzahlen sind von Jahr zu Jahr erheblich. Innerhalb von nur wenigen Jahren werden manche Berufe bedeutungslos, andere werden neu erfunden und haben erhebliche Schüler/innenzahlen. Die Frage ist nur, wo dieser Einfallsreichtum hinführt. Handelt es sich tatsächlich um das duale Berufsbildungssystem *ergänzende* Ausbildungsgänge, deren Absolventen/innen auf dem Arbeitsmarkt gefragt sind, oder schlicht um zweitklassige Ausbildungen?

In diesen, mit einer Prüfung nach Landesrecht abschließenden Ausbildungen stellen Mädchen 70,8% der „Lehrlinge". Der Mädchenanteil ist in den letzten Jahren kontinuierlich gesunken, 1997/98 waren noch 79,7% der Schüler/innen weiblich. Die Ursache ist aber nicht, dass Mädchen den berufsfachschulischen Ausbildungen den Rücken kehren, sondern vielmehr, dass Jungen verstärkt in die Berufsfachschulen drängen, weil auch für sie der Ausbildungsstellenmarkt enger geworden ist – und die Schulämter für sie Plätze in anscheinend attraktiven Berufen wie „Technischer Assistent für Informatik" schaffen.

Tabelle 8:
Ausbildungsdauer berufsfachschulischer und dualer Ausbildungen

Berufsfachschulische Ausbildungen – Schüler/innen 2002/03 in % –*		Duale Ausbildungen – Neuabschlüsse 2001 in % –**	
Im 1. Jahr	59,2		
Im 2. Jahr	40,8	Bis 24 Monate	5,0
Im 3. Jahr	11,9	30 – 36 Monate	73,0
Im 4. Jahr	0,1	42 Monate	22,0

Quellen: *Eigene Berechnungen nach: Stat. Bundesamt (2003), FS 11, Rh. 2 und **BMBF (2003), Berufsbildungsbericht, S. 108.

In der Geschichte der Berufsbildung lassen sich verschiedene Beispiele finden, dass Berufsfachschulen Berufe entwickelt haben, die später ins duale System übernommen wurden. Ausschließen will ich daher nicht, dass sich hinter dem einen oder anderen Ausbildungsgang eine solche Innovation verbirgt. Auffällig ist jedoch, dass ein drittes und viertes Schuljahr in berufsfachschulischen Ausbildungen höchst selten vorkommen. Im dualen System dagegen lernen 95% der Auszubildenden Berufe mit 3 oder 3 1/2-jähriger Ausbildungsdauer. Schon die unterschiedliche Ausbildungsdauer macht deutlich, dass in Berufsfachschulen erheblich weniger gelernt wird als in einer dualen Ausbildung. Zudem fehlt den Schulabsolventen/innen die betriebliche

Praxis und häufig hinken die Schulen bei den Arbeitsmitteln den Betrieben hinterher.[11] Die Berufsfachschule ist häufig nur ein „Umweg".

Bedeutsamer noch als der Umweg, nach einer Ausbildung zur Assistentin eine Ausbildung in einem anderen Beruf von vorn beginnen zu müssen, ist die Strukturfixierung: Mädchen, die einen der vielen zweijährigen Assistentinnenberufe erlernt haben, besitzen eben nur eine zweijährige Ausbildung, die für ein Weiterkommen, für den Besuch einer Techniker- oder Meisterschule und selbst für innerbetriebliche Fortbildungen in der Regel nicht ausreicht. Solche Ausbildungen fixieren den Berufsverlauf auf eine Tätigkeit des Assistierens, während die dualen Ausbildungsordnungen in aller Regel selbstständiges Arbeiten als Lernziele und Prüfungsbestandteile festgeschrieben haben. Zugespitzt formuliert: Berufsfachschulisch ausgebildete Assistenten/innen gehen den dual ausgebildeten Facharbeitern/innen und Fachangestellten zur Hand. Bei Ersteren handelt es sich mehrheitlich um Frauen, bei Letzteren um Männer.

Der Berufsverlauf von Absolventen/innen der berufsfachschulischen Ausbildungen interessiert anscheinend so gut wie niemanden. Eine seltene Ausnahme findet sich im Berufsbildungsbericht 1997 (BMBF 1997: 135). Mittlerweile liegt eine quantitativ erweiterte Ergänzung der Studie, auf die sich der Berufsbildungsbericht bezieht, vor. Diese Befragung von 2.100 Absolventen/innen (Feller 2000) kommt zu folgenden Ergebnissen: Ein Jahr nach dem Ausbildungsabschluss ist nur gut die Hälfte erwerbstätig und davon arbeiten 11% fachfremd. (Frauen sind mit 55% häufiger erwerbstätig als Männer, von denen sich 18% im Zivil-, Wehrdienst etc. befinden). 8% der Frauen und 3% der Männer sind arbeitslos und mehr als ein Drittel ist weiterer in Ausbildung. Und zwar befinden sich 20% der Frauen und 23% der Männer in einer Lehre, sie machen also nach einer schulischen Berufsausbildung noch eine duale! 25% der Frauen und 11% der Männer besuchen eine Schule; 8% der Frauen und 31% der Männer studieren. Für viele Mädchen (und Jungen) ist auch der Besuch einer vollqualifizierenden Berufsfachschule offensichtlich nur ein Moratorium: Sie überbrücken die Wartezeit auf einen Studienplatz, andere verbessern ihre Chancen auf eine betriebliche Ausbildung, und für viele ist weniger die berufliche Qualifikation der Zweck des Schulbesuchs, sondern der Erwerb eines zusätzlichen Schulabschlusses. Die hohe Zahl der Arbeitslosen und derjenigen, die in eine duale Ausbildung eingemündet sind, deutet aber darauf hin, dass möglicherweise etliche Absolventinnen der Assistentinnen-Ausbildungen weitere Qualifizierungen aufnehmen, weil sie keine Aussichten auf einen Arbeitsplatz haben.

---

11 Die Schulen sind bei der Beschaffung der Werkstattausrüstungen von (häufig leeren) öffentlichen Kassen abhängig. In den Betrieben richtet sich die Beschaffung nach Profitabilitätskalkülen. Zumindest in den Produktionsabteilungen stehen daher in der Regel modernere Maschinen als in den beruflichen Schulen.

Ob dem so ist, kann nicht beantwortet werden. Die zitierte Studie geht nicht darauf ein, und in der Arbeitslosenstatistik werden die Absolventen/innen nicht gesondert ausgewiesen. Auch werden viele Absolventen/innen sich vermutlich gar nicht erst arbeitslos melden. Im Gegensatz zu ihren Kollegen/innen aus dualen Ausbildungen haben sie keinen Anspruch auf Arbeitslosenunterstützung: Sie waren Schüler/innen und somit nicht arbeitslosenversichert.

Berufsfachschulische Ausbildungen normieren weibliche Lebenswege am Modell der Differenz der Geschlechter. Zugespitzt formuliert: Jungen gehen in eine duale Ausbildung, Mädchen in eine berufsfachschulische. Jungen erhalten Ausbildungsvergütung und hinterher im Zweifelsfall Arbeitslosenunterstützung. Mädchen dagegen bekommen Taschengeld von ihren Eltern, und wenn sie keinen Arbeitsplatz finden, sind sie auch nach der Ausbildung noch auf die Eltern angewiesen und zwar solange bis ein Ehemann für ihren Unterhalt sorgt. Selbst ein Großteil der Mädchen, die an den Berufsfachschulen einen Ausbildungsabschluss erhalten, wird nicht für die Erwerbstätigkeit vorbereitet, sondern für ein Leben in der klassischen Hausfrauenrolle unter Inkaufnahme ökonomischer Abhängigkeit.

Geschlechterdifferenz und Gleichberechtigung

Wird die Norm unterschiedlicher Aufgaben von Männern und Frauen zugrunde gelegt, fragt sich in der Tat, ob die Geschlechter nicht eine gänzlich unterschiedliche Bildung benötigen. Wenn es die Aufgabe von Frauen ist, die Kinder zu erziehen und ihren Männern den Rücken von der Hausarbeit freizuhalten, ist eine berufliche Qualifizierung von Mädchen überflüssig. Mädchen benötigen (in der neoklassischer Begrifflichkeit) keine Anreicherung ihres Human*kapitals*. Berufliche Kenntnisse, die sie sich aneignen, werden sie später nicht verwerten müssen. Was sie für ihre Aufgabe als Hausfrau und Mutter brauchen, sind Kulturtechniken: Sie müssen Nahrung zubereiten können, um die nötige Hygiene im Haushalt wissen, Kinder erziehen und Schularbeiten beaufsichtigen können (einschließlich des Erlernens von Fremdsprachen und Mathematik) und auch wirtschaftliche Kenntnisse wie beispielsweise Grundlagen des Vertragsrechts sind im Privaten nützlich.

Christine Meyer überschreibt ihren Aufsatz zum Konzept der Mädchenerziehung von Georg Kerschensteiner, der als Begründer des modernen Berufsbildungssystems gilt „...und daß die staatsbürgerliche Erziehung des Mädchens mit der Erziehung zum Weibe zusammenfällt" (Kerschensteiner 1902, zit. n. Mayer 1992). Kerschensteiners Vorstellungen seien von einer biologischen Sichtweise geprägt und er definiere die Frauenfrage als Bildungsfrage, „wobei Bildung und Bildungsbestrebungen vom ‚Wesen' der Frau aus ihre Begründung erfahren" (ebd.: 773). Diese Bestimmung schaffe

„zugleich die Voraussetzung für eine Verknüpfung der Mädchenausbildung mit staatlichen Interessen, indem nämlich ‚die Interessen des Staates, die er an der Erhaltung des Familiensinnes und der charitativen Kräfte haben muß, zusammenfallen mit den Interessen des einzelnen weiblichen Individuums" (Kerschensteiner 1902 zit. n. Mayer ebd.).

Die Forderung nach einer „Fürsorge um die Erziehung und Bildung der Mädchen für ihren natürlichen Beruf" werde von Kerschensteiner als so wichtig angesehen, „daß keine Mädchenschule in ihrem Lehrplane von ihr unbeeinflußt bleiben darf" (Kerschensteiner, ebd.). Auch in der Folgezeit gingen die Diskussionen immer wieder um die Anteile der berufsfachlichen Qualifikationen gegenüber den hauswirtschaftlichen, wobei die Notwendigkeit Letzterer nicht grundsätzlich in Frage gestellt wurde. Nach 1945 schließlich „setzte sich die einseitige hauswirtschaftliche Ausrichtung des Berufsschulunterrichts für weibliche Ungelernte fort. Diese Entwicklung lässt sich bis in die Lehrplangestaltung der 60er und 70er Jahre hinein verfolgen und auch heute noch zeigen sich strukturelle Auswirkungen innerhalb des traditionellen Berufsfachschulsystems" (ebd.: 786). Bildung ist, so schreibt Helga Krüger,

„zwar für beide Geschlechter als schicht-differenzierendes arbeitsmarktliches Steuerungsprinzip angelegt, zugleich aber auch als geschlechterdifferente Ressourcen-Entwicklung, geregelt über Vorqualifikation, Altersnormen und Berufsbildungsangebote ... für Frauen ... angelegt als Verlängerung von Bildung jenseits des Arbeitsmarktes und nicht als Vorbereitung auf den Beruf, sondern auf familienverwandte/-erhaltende Tätigkeiten (meint: Pflegen, Erziehen, Beziehungen gestalten, den Haushalt in Stand halten, sowie Zuarbeits- und Assistentenfunktionen für Männer im Arbeitsmarkt zu übernehmen" (Krüger 2001b: 519f.).

Die Verknüpfung von Geschlechterpolitik mit schichtspezifischer Bildungspolitik sei seinerzeit bewusste Arbeitsmarkt- und Familienpolitik gewesen. Heute stütze sich dieser Konsens auf sozial-strukturiertes Vergessen (ebd. 520).

In das für Mädchen besonders bedeutsame berufsfachschulische Bildungssystem sind strukturkonservative Elemente eingelassen, die eben nicht für eine berufliche Laufbahn qualifizieren, sondern sich auf die Vermittlung von Kulturtechniken beschränken, die Mädchen später als Hausfrauen und Mütter benötigen. Auch viele der von Mädchen häufig erlernten Berufe des dualen Berufsbildungssystems bereiten insoweit nicht auf eine Erwerbskarriere vor, als im Verhältnis zu den Erwerbstätigen die Zahl der Auszubildenden überproportional hoch ist. Dies hat zum einen Tradition: Wenn junge Frauen nur bis zur Heirat oder bis zum ersten Kind im Beruf bleiben, müssen immer wieder neue ausgebildet werden. Wenn aber immer mehr Frauen trotz Heirat und Kind im Beruf bleiben, stoßen die Nachwachsenden auf einen verschlossenen Arbeitsmarkt. Wird „Differenz" mitgedacht, besteht darin gleichwohl kein Problem. Die Frauen müssen sich anderweitig Anlern-Arbeit suchen und können dadurch sogar noch an Kulturtechniken hinzulernen: Für ihre spätere Arbeit als Hausfrau und Mutter verbreitern sie ihr Wissen und Können.

Gänzlich anders ist die Situation von Mädchen in der beruflichen Bildung unter der Perspektive der Gleichberechtigungsforderung zu beurteilen: Gefordert ist eine beruflich verwertbare Ausbildung, die es den Mädchen gleichermaßen wie den Jungen ermöglicht, ein eigenständiges Einkommen zu erzielen und sie nicht *zwingt*, sich in die Abhängigkeit eines Versorgers zu begeben. Eine vielfach erhobene Forderung ist die der Aufwertung von Frauenberufen. Aus der Perspektive der Forderung nach Chancengleichheit ist es in der Tat nicht zu akzeptieren, dass z.B. Damenschneiderinnen nur gut die Hälfte des Lohns eines Chemiefacharbeiters bekommen.[12] Die Vor- und Nachteile sowie die Erfolgschancen einer Politik der Aufwertung von Frauenberufen können an dieser Stelle nicht in der erforderlichen Länge diskutiert werden. Angemerkt sei nur, dass eine nötige drastische Anhebung der Frauenlöhne die Nachfrage nach deren Produkten und Dienstleistungen ebenso drastisch senken wird. Ein anderes Modell wäre die negative Einkommensteuer bei gleichzeitiger Anhebung der Steuersätze für Normalverdiener. (Im Beispiel müsste der Chemiefacharbeiter die Lohnzuschüsse der Damenschneiderin finanzieren). Der Arbeitslohn verlöre damit allerdings seine Funktion der Lenkung der Arbeitskräfte in Bereiche mit Bedarf, womit empfindliche Veränderungen der Handelsbilanz vorprogrammiert wären. Wie gesagt, diese Gedanken können hier nicht zu Ende diskutiert werden. Solange solche Modelle nur Gedankenspiele sind, bleibt als Strategie zur Verbesserung der Chancen von Mädchen und Frauen nur die Erschließung des männlichen Berufssegments für Mädchen und Frauen.

Die Berufsberatung sieht sich einem Berufsbildungssystem gegenüber, in dem Mädchen benachteiligt werden: In der dualen Berufsausbildung gehören ihnen weniger als die Hälfte der Plätze, wobei sie mehrheitlich auch noch Berufe lernen, die wenig Chancen versprechen. Die Berufsfachschulen sind keine Alternative. Selbst wenn Mädchen dort eine abgeschlossene Berufsausbildung erhalten, stehen sie häufig erneut bei der Berufsberatung vor der Tür, weil sie erkennen mussten, dass ihr Ausbildungszertifikat auf dem Arbeitsmarkt nicht viel wert ist.

Das System verändern kann die Berufsberatung schwerlich. Was sie tun kann, ist, auf die Mädchen einzuwirken, damit diese sich um Ausbildungsplätze in chancenreicheren Berufen zumindest bewerben, und sie kann versuchen die Betriebe zu überzeugen Mädchen einzustellen. Der Frage, ob die Berufsberatung sich diesen Aufgaben angenommen hat, werde ich im vierten und fünften Kapitel nachgehen. Mittlerweile kann die Berufsberatung auf eine ganze Reihe von Erfahrungen zurückgreifen, die vornehmlich schon in den 1980er Jahren in Projekten zur Erschließung von Jungenberufen für

---

12 Berechnet nach: Engelbrech/Nagel 2002.

Mädchen gewonnen wurden. Welche dieser Initiativen war besonders erfolgreich, welche weniger oder vielleicht gar nicht?

3.2 „Mädchen in Jungenberufe!" – Erfahrungen mit Gleichstellungspolitik

Die zumeist in den 80er Jahren durchgeführten Initiativen haben die Geschlechtersegmentation in der beruflichen Bildung nicht grundlegend revolutioniert. Zu einigen Maßnahmen liegen Evaluationsstudien vor, zu anderen aber nicht. Anscheinend waren einige Maßnahmen eher symbolisch gemeint, als dass die Geldgeber/innen an einem tatsächlichen Erfolg interessiert gewesen wären. Andere aber waren erwiesenermaßen recht effektiv. Was also konnte und kann die Berufsberatung aus den Policies der 1980er Jahre lernen? Im Folgenden werde ich die Maßnahmen vorstellen.

Maßnahmen zur Verbreiterung des Berufs(wahl)spektrums

Modellversuchsprogramm des Bundesministeriums für Bildung und Wissenschaft

1978 startete das Bundesministerium für Bildung und Wissenschaft (BMBW) in Zusammenarbeit mit dem Bundesinstitut für Berufsbildung (BIBB) ein Modellversuchsprogramm, in dem an 21 Standorten, verteilt über die Bundesrepublik, 1.200 junge Frauen vorwiegend in Metall- und Elektroberufen ausgebildet wurden. Einbezogen waren 270 Ausbildungsbetriebe und jeder der 21 Standorte hatte eine wissenschaftliche Begleitung.

Das Modellversuchsprogramm, das 1985 beendet wurde, war in erster Linie ein breit angelegtes Forschungsprogramm. Es konzentrierte sich auf Fragen der Gewinnung von Mädchen, der Notwendigkeit einer Modifikation der Ausbildung und des Übergangs in den Beruf. Zugleich spekulierte das Programm auf Ausstrahlungseffekte, indem es „an praktischen Beispielen auf(zu)zeigen" wollte, dass diese Berufe auch für Frauen geeignet sind (BMBW, Modellversuche 1980).

Durch die Einbeziehung namhafter Betriebe und die breite Streuung über das Bundesgebiet besaßen die Modellversuche Vorbildcharakter: Andere Ausbildungsleiter (in diesem Bereich arbeiten in der Regel nur Männer) konnten sich mit den Zielen ihrer Kollegen identifizieren oder deren Aktivitäten regten zumindest zum Nachdenken an. Inwieweit der Informationsaustausch, z.B. in regionalen Ausbilderarbeitskreisen, oder die allgemeine Pressearbeit der Modellversuche zum Anstieg der Zahl der Mädchen in diesen

Berufen beigetragen haben, lässt sich im Nachhinein nur schwer ermitteln. Der Einfluss des (informellen) Austauschs unter den Ausbildern der verschiedenen Betriebe sollte aber nicht unterschätzt werden: Das Berufsbildungssystem der BRD ist als korporatives Netzwerk mit vielen regionalen Gruppen und Ausschüssen organisiert und die Ausbildungsleiter der Modellversuchsbetriebe zählten häufig zu den Meinungsführern.

Zudem erregte das Programm erhebliches Aufsehen in der Presse. Die Zahl der in den Printmedien zum Programm erschienenen Artikel wird vom Bundesinstitut für Berufsbildung auf 2.000 geschätzt. Zudem sorgten nachfolgende Transferprojekte zumindest an einigen Orten für die Verbreitung der Ergebnisse (s.u.).

Empfehlungen des Hauptausschusses des Bundesinstituts für Berufsbildung

Im Hauptausschuss sind Bund, Länder, Arbeitgeberverbände und Gewerkschaften vertreten. Die Bundesagentur für Arbeit nimmt regelmäßig mit beratender Stimme an den Sitzungen teil. Im Anschluss an die Bundes-Modellversuche beschäftigte sich der Hauptausschuss mit den Resultaten und verabschiedete ein „Bündel aufeinander bezogener Maßnahmen" (Hauptausschuß 1987: 37). Die Vorlage zu diesem Beschluss war vom Evaluationsteam erarbeitet worden, das die 21 Modellversuche koordiniert und übergreifend evaluiert hatte. Einleitend stellt der Hauptausschuss fest, die Modellversuche hätten gezeigt, dass Mädchen eine gewerblich-technische „Ausbildung mit Erfolg absolvieren und auch in diesen Berufen ‚ihre Frau' stehen können" (ebd.). Zwar seien in den letzten Jahren zahlreiche Berufe erschlossen worden, aber die bisherigen Erfolge hätten noch nicht „zu einer breiten Öffnung der gewerblich-technischen Berufe und zur nachhaltigen Verbesserung der Ausbildungs- und Beschäftigungssituation für junge Frauen geführt" (ebd.). Der Hauptausschuss geht davon aus, dass Elternhäuser, Schulen, Berufsorientierung, Berufsberatung, Ausbildungsstellenvermittlung und Betriebe zusammenwirken müssten und gibt zu seinen Vorschlägen jeweils detailliert an, wer sie verwirklichen soll. Die Berufsberatung erhielt folgende Aufgaben:

- Ausweitung des berufsorientierenden Unterrichts in Zusammenarbeit mit den Kultusministerien und Lehrkräften.
- Öffentlichkeitsarbeit zu betreiben und insbesondere Eltern als Zielgruppe einzubeziehen.
- Informationsmaterialien zu gewerblich-technischen Berufen in Bild und Text so zu gestalten, dass auch Mädchen sich angesprochen fühlen.
- In den berufsorientierenden Maßnahmen und in der Einzelberatung Mädchen verstärkt über Alternativen im gewerblich-technischen Bereich aufzuklären, „auch wenn die Ratsuchenden von sich aus diesen Bereich

zunächst nicht ausdrücklich ansprechen" (ebd.: 39). Dazu sollten den Berufsberater/innen Fortbildungsveranstaltungen angeboten werden.
- Gezielt bei den Betrieben nach Ausbildungsmöglichkeiten für Mädchen nachzufragen.
- Die Mitarbeiter/innen „auf das Ziel der Erschließung gewerblich-technischer Ausbildungsberufe für Mädchen hin(zu)weisen und für diese Aufgaben (zu) schulen und aus(zu)statten" (ebd.: 40).
- Verstärkt über beruflich erfolgreiche Frauen und über die Inhalte gewerblich-technischer Berufe, über qualifizierte und interessante Tätigkeiten und über die Zukunftschancen für Frauen in diesem Bereich zu berichten.

Für die zahlreichen anderen Zielgruppen – von Bundes- und Landesministerien, über Gewerkschaften und Unternehmerverbände bis hin zu Jugendfreizeiteinrichtungen, Eltern und Meistern in den Betrieben – wurden vergleichbare Aufgaben entwickelt. Für die Bundesagentur für Arbeit lässt sich festhalten, dass die Empfehlungen des Hauptausschusses des BIBB anscheinend ein Anstoß waren, aktiv zu werden. Von ihr herausgegebene Werbebroschüren stehen in zeitlichem Zusammenhang mit diesen Empfehlungen.

Subventionen

Parallel zu den Modellversuchen legten einige Bundesländer Förderprogramme auf. Beispielsweise unterstützte das Land Nordrhein-Westfalen die Ausbildung von Mädchen in Berufen mit weniger als 25% Frauenanteil mit monatlich 300 DM, wenn diese Plätze gesondert geschaffen wurden. Für die Einrichtung von Sozial- und Sanitärräumen konnten die Betriebe einmalig noch zusätzliche 5.000 DM erhalten. 1987 bestanden in sieben von elf Bundesländern ähnliche Programme. Meist wurden Berufe mit einem Frauenanteil von höchstens 20% gefördert oder eine Liste der einbezogenen Berufe orientierte sich an dieser Marge (BMBW 1987: 199ff.). Auch in den neuen Bundesländern (außer Thüringen und Sachsen) gab es zeitweilig solche Programme. 1998 förderten immerhin die Länder Berlin, Hamburg, Hessen, Mecklenburg-Vorpommern und Sachsen-Anhalt die Ausbildung von Mädchen in geschlechtsuntypischen Berufen (BMBF 1999: 237ff.); 2002 waren es dann immer noch Berlin und Mecklenburg-Vorpommern (BMBF 2003: 299ff.).

Die weite Verbreitung dieses Instruments steht in krassem Gegensatz zur Anzahl seiner Evaluierungen. Meines Wissens liegt eine einzige, und zwar aus dem Jahr 1983 vor (Hild/Fröhlich 1983). Zwar billigen die Autoren dem nordrhein-westfälischen Programm teils eine Wegbereiter- und teils eine Anstoßfunktion zu; aus heutiger Sicht aber sprechen die Ergebnisse eher gegen die Effektivität von Subventionen: Die Hälfte der geförderten Ausbildungsverhältnisse betraf nur vier von 170 möglichen Berufen, und zwar Malerin/Lackiererin, Konditorin, Tischlerin und Bäckerin. In einigen weniger im Trend liegenden Berufen wurde fast jeder zusätzliche Mädchenausbildungsplatz bezuschusst, z.B. der von Kfz-Mechanikerinnen und von Gas- und Wasserinstallateurinnen. Doch der Impuls konnte den Frauenanteil nicht wesentlich erhöhen: Nordrhein-Westfalen lag beispielsweise 1992 mit 1,9% bzw. 1,4% Mädchenanteil in diesen Berufen gerade mal 0,1 Prozentpunkte über dem Bundesdurchschnitt. Eine neuere Befragung (Bonnemann-Böhner u.a. 1992: 72) weist nach, dass Betriebe entweder bereit sind, Mädchen auszubilden oder aber nicht; keiner der befragten Betriebe nannte als Voraussetzung eine finanzielle Förderung, obwohl sie im Katalog der möglichen Antworten vorgegeben war. 50% würden Mädchen ohne besondere Voraussetzungen ausbilden und beschäftigen, 18% „gar nicht", die anderen, wenn sich keine Jungen bewerben (11%), Mädchen die besseren Leistungen vorweisen könnten (7%), gesetzliche Beschränkungen aufgehoben würden (3%) oder es sich um die Töchter von Kollegen („Meistertöchter", die einmal den väterlichen Betrieb übernehmen sollen) handelte (3%).

Praxisprojekte

Verschiedentlich wurden außerhalb von Modellversuchen spezifische Berufsorientierungs-, Ausbildungs- und Umschulungsmaßnahmen für Frauen durchgeführt. Träger dieser Maßnahmen waren nicht wie üblich Produktionsbetriebe, sondern von sozialen Institutionen gegründete außerbetriebliche Ausbildungsstätten. Finanziert von der Bundesanstalt für Arbeit erhielten z.B. 1988 in solchen Werkstätten 22.600 Jugendliche eine Berufsausbildung, die auf dem regulären Ausbildungsmarkt wenig Chancen haben, wie Ausländer, Lernbeeinträchtigte und sozial Benachteiligte (AFG § 40c, BMBW 1993: 102).[13] Hinzu kommen Maßnahmen, die von der EU, dem Bund und den Ländern finanziert werden. Insbesondere in den neuen Bundesländern spielen außerbetriebliche Ausbildungen noch heute eine erhebliche Rolle. Inwieweit dort Mädchen in geschlechtsuntypischen Berufen ausgebildet werden, ist nicht in Erfahrung zu bringen.

Die Erfolge solcher Erstausbildungen sind skeptisch einzuschätzen. Die fehlende betriebliche Anbindung und die nicht immer gute Ausbildungsqualität führen zu Problemen beim Eintritt in die Erwerbstätigkeit. So mündeten nur 14 von 45 Absolventinnen verschiedener West-Berliner Maßnahmen der 1980er Jahre in eine ausbildungsadäquate, kontinuierliche Berufstätigkeit oder in eine Fortbildung ein, von 104 betrieblich ausgebildeten Frauen waren

---

13 Die Statistik differenziert nicht nach Geschlechtern; in der Gruppe der „sozial Benachteiligten" befanden sich erfahrungsgemäß auch junge Frauen mit Abitur. Mittlerweile schränkte die Bundesanstalt den Benachteiligten-Begriff ein und Jugendliche mit ausreichenden Deutschkenntnissen und guten Schulabschlüssen werden nicht mehr gefördert.

es dagegen 65.[14] Absolventinnen außerbetrieblicher Werkstätten stoßen an die Grenzen betrieblicher Personalgewinnungsstrategien: Betriebe konzentrieren ihre Suche nach Fachkräften auf das innerbetrieblich vorhandene Potenzial und Bewerbungen von außerbetrieblich Ausgebildeten werden selbst bei externem Personalbedarf von manchen Personalleitern und Meistern von vornherein aussortiert.

Weit verbreitet waren Ende der 1980er Jahre Berufsorientierungskurse. In diesen, meist von engagierten Sozialpädagoginnen eingerichteten Maßnahmen, erhalten Schülerinnen z. B. erste Einblicke in die Bearbeitung von Metall und Holz und in die Elektrotechnik, erkunden das Berufsinformationszentrum der Arbeitsagentur, diskutieren mit Auszubildenden usw. Solange diese Maßnahmen isoliert traditionellen Einflüssen gegenüberstehen, verwundert es nicht, wenn sie – wie Auswertungen zeigen – wenig Wirkung haben (vgl. Garbe u.a. 1989: 91ff.).

Werbemaßnahmen

Schon die Modellversuche setzten an den jeweiligen Standorten vielfältige Werbestrategien ein: Plakate, Broschüren, Pressekonferenzen und nicht zuletzt persönliche Gespräche der jeweiligen wissenschaftlichen Begleitungen mit Berufsberatungen, Lehrkräften, Vertretern von Verbänden und Gewerkschaften. Die Zahl der Plakataktionen, Broschüren und Presseartikel ist schwer zu überblicken. Herausgeber/innen waren vor allem die Berufsberatungen, das Bundesministerium für Bildung und Wissenschaft, einzelne Projekte und Arbeitgeberverbände, kaum aber Gewerkschaften.

Der Erfolg von Informationsbroschüren und Plakataktionen lässt sich nur schwer einschätzen: Evaluierungen sind nicht veröffentlicht. Wahrscheinlich können sie einen allgemeinen Trend zur Verbreiterung des Berufsspektrums für Frauen verstärken, indem neben den Mädchen in der Berufswahlphase auch deren soziales Umfeld erreicht wird. Deutliche Hinweise auf die begrenzte Wirksamkeit geben allerdings folgende Beobachtungen, die meine Kolleginnen und ich im Berliner Projekt „Frauen und Technik – Information, Beratung, Förderung" Ende der 1980er Jahre machten (Hübner u.a. 1992):

- Das Faltblatt des Kuratoriums der Deutschen Wirtschaft für Berufsausbildung (einem Zusammenschluss der Arbeitgeberverbände) fand sich säuberlich abgeheftet in den Akten des regionalen Arbeitgeberverbandes – die Mitgliedsfirmen hatten es nicht zu Gesicht bekommen.

---

14 42% der Frauen aus außerbetrieblichen Werkstätten fanden keinen Berufseinstieg gegenüber 8,7% der betrieblich ausgebildeten. Instabile Berufsverläufe hatten in beiden Bereichen 13%, und 15% wechselten in eine andere Tätigkeit. – Im Einzelnen werde ich diese Ergebnisse im Abschnitt 3.5 vorstellen.

- Die Broschüre der örtlichen Berufsberatung war selbst bei Lehrerinnen und Lehrern, die sich aktiv für eine nicht-traditionelle Berufswahl ihrer Schülerinnen einsetzten, nicht „angekommen".
- Von einer Landesinstitution eigens erstelltes didaktisches Material fand sich ein Jahr nach dem Erscheinungsdatum noch in der Katalogisierung; es den Lehrkräften zügig zur Verfügung zu stellen, schien unwichtig.

Offensichtlich gibt es Barrieren auf den Verteilungswegen, die von den Herausgebern/innen unterschätzt wurden. Oder aber eine Veränderung des Berufsspektrums von Frauen war gar nicht wirklich intendiert, und die Broschüren und Plakate dienten in erster Linie zur Legitimation der herausgebenden Institution.

Als erfolgreich dagegen hat sich eine andere Form der Werbung erwiesen. In Anlehnung an Erfahrungen der Modellversuche wurden an mehreren Orten Mädchen explizit Ausbildungsplätze in Jungenberufen angeboten. Zu zwei Aktionen gibt es Evaluierungen: Die Deutsche Bundespost legte 1982 in allen deutschen Postämtern Broschüren aus, in denen sie Mädchen für den Beruf der Fernmeldehandwerkerin zu gewinnen versuchte (Alt 1985). In West-Berlin haben wir in unserem Implementierungsprojekt eine Broschüre mit Ausbildungsplatzangeboten 32 größerer Betriebe in Metall- und Elektroberufen erstellt und an die Schulen verteilt (Hübner u.a. 1992). Als Folge beider Aktionen nahm die Zahl der Bewerberinnen zu, bei der Bundespost hauptsächlich dort, wo sich am Ort eine Ausbildungsstätte befand. In den Bewerbungen waren die Mädchen sowohl bei der Post als auch in den Berliner Betrieben erfolgreicher als die Jungen.

Solche Aktionen stießen damals an die Grenzen des Arbeitsförderungsgesetzes, das der Bundesanstalt für Arbeit ein Monopol der Vermittlung in Ausbildungsplätze einräumte. Das Berliner Arbeitsamt hatte eine Beteiligung aus internen Gründen abgelehnt; im Nachhinein verwies es auf das Vermittlungsmonopol und versuchte, dem verantwortlichen Projekt jegliche Zugänge zu Betrieben, Schulen usw. zu versperren (was ihm nicht gelang). Die scharfe Reaktion des Arbeitsamtes – so lässt sich aus einem an das Projekt gerichteten Brief herauslesen – war weniger in dem Gesetzesverstoß begründet als vielmehr in den dort herrschenden Geschlechterleitbildern: Hingewiesen wurde auf Erd- und Kabelarbeiten im Beruf Fernmeldehandwerkern/in, die Notwendigkeit einer eingehenden Beratung und nicht zuletzt auf die „sozialen und psychischen Implikationen" einer untypischen Berufswahl.

Rechtssetzungen

Im Verlauf der Bemühungen um die Erschließung untypischer Ausbildungsberufe für Mädchen wurden einzelne arbeitsschutzrechtliche Probleme deutlich: So waren bestimmte Tätigkeiten und damit Berufe für Frauen verboten, Betriebe verfügten nicht über doppelte Sanitärräume und manche Betriebe sahen sich wegen des Nachtarbeitsverbots für Arbeiterinnen nicht in der Lage, Frauen zu beschäftigen.

Teilweise wurden diese Begrenzungen im Laufe der 1980er Jahre aufgehoben: Nach Geschlechtern getrennte Sanitärräume sind seither nicht mehr zwingend vorgeschrieben, die Baunebenberufe wurden für Frauen zugelassen und die Länderministerien erließen Lehrpläne, wonach die Ausbildung von Mädchen in nicht-traditionellen Berufen im Berufswahlunterricht thematisiert werden muss. Mitte 1994 schließlich entfielen die Arbeitsverbote im Bauhauptgewerbe und in den Gießereiberufen gänzlich, so dass nur noch zwei Berufe (Bergmechaniker, Berg- und Maschinenmann) nicht für Frauen zugelassen sind. Diese Öffnung erfolgte allerdings nicht aus gleichstellungspolitischen Motiven, sondern aufgrund von Urteilen des Europäischen Gerichtshofes und des Bundesverfassungsgerichts. Zudem hob das Bundesverfassungsgericht 1992 das Nachtarbeitsverbot auf, das bis dato für Arbeiterinnen, nicht aber für Angestellte bestanden hatte.[15]

Die Rechtsänderungen erfolgten in der Regel ohne große öffentliche Aufmerksamkeit und ohne sonderliche Verbreitung beispielsweise durch das Bundesbildungsministerium. In den betreffenden Betrieben blieben sie häufig unbekannt. Wie Beobachtungen zeigen, kennen auch Lehrkräfte manchmal die aktuelle Version ihres Lehrplans nicht. Zudem können Rechtssetzungen durch restriktive Auslegungen blockiert werden. In Berlin z.B. war der Stukkateurinnenberuf für Frauen trotz der Rechtsänderung nur im Ausnahmefall zugelassen: Die zuständige Senatorin war der Ansicht, die Ausübung dieses Berufes sei im Allgemeinen für Frauen zu schwer. Einschlägige Entscheidungen deutscher Gerichte und des Europäischen Gerichtshofes zeigen wenig Wirkung: Drohte ein Betrieb oder eine Frau zu klagen, blieb immer noch die Möglichkeit der individuellen Ausnahmeregelung.

Forschungsprojekte

Neben und vor allem nach Abschluss der Modellversuche, in denen sich immerhin 21 Teams von Wissenschaftlern/innen über jeweils fünf Jahre mit der Erschließung nicht-traditioneller Ausbildungsberufe für Mädchen befasst hatten, wurden eine Fülle von meist empirischen Untersuchungen zu verschiedenen Aspekten durchgeführt. Themen waren u.a. der Berufsverlauf

---

15 Das Nachtarbeitsverbot hatte absurde Folgen. In bestimmten Betrieben galt es nicht, beispielsweise in den Krankenhäusern und auch nicht im Gaststättengewerbe, d.h., überall wo Frauen gebraucht wurden. Bei Facharbeiterinnen in gewerblich-technischen Berufen kam hinzu, dass sie, wenn sie die Meisterprüfung absolviert hatten, ins Angestelltenverhältnis wechselten, und dann plötzlich nachts arbeiten durften oder mussten.
Dem Urteil des Bundesverfassungsgerichts war am 25.7.1991 eine Entscheidung des Europäischen Gerichtshofes vorausgegangen, wonach aufgrund des Gleichstellungsgebotes Frauen die Nachtarbeit nicht verboten werden darf, wenn sie für Männer erlaubt ist.

gewerblich-technisch ausgebildeter Frauen, der Wiedereinstieg nach der Familienphase, die sozialen Hintergründe von Ingenieurinnen, die Erstellung von Curricula für den Schulunterricht und für die Fortbildung von Lehrkräften, die Auswirkungen der Koedukation, die geschlechtsspezifische Sozialisation und die Berufswahl.

Forschungsprojekte können nur bedingt zur Erschließung von Jungenberufen für Mädchen beitragen. Für technische Erkenntnisse wurden Zeiträume zwischen sechs und 32 Jahren beobachtet, in denen sie unbemerkt blieben. In den Sozialwissenschaften dürften diese Latenzzeiten eher noch länger anzusetzen sein, zumal die Nutzung sozialwissenschaftlicher Ergebnisse nur sehr weich und indirekt erfolgt (Kiresuk u.a. 1984: 199).

Häufig werden im Zusammenhang mit Forschungsprojekten Fachtagungen durchgeführt. Sie sind jedoch nur bedingt geeignet, die Ergebnisse an die politisch Handelnden zu transportieren. Vielfach ist zu beobachten, dass die Teilnehmenden mehrheitlich weiblichen Geschlechts sind: Werden Organisationen eingeladen, folgt oft nicht der für das jeweilige Aufgabengebiet Zuständige der Einladung, sondern es wird – die Hierarchie abwärts – solange gesucht, bis sich eine Frau findet. Neben dieser Einschränkung stellt sich ein weiteres Problem: Dem z.B. durch Fachtagungen generierten „Stamm von Experten" (Karwatzki 1989:18f.) verbleibt die Auswahl und die Umsetzung der neuen Erkenntnisse. Oftmals aber unterscheiden sich die Wertsetzungen der Forschenden von denen der Entscheidenden (Weiss 1977: 10). Zudem verändern sich Ideen und Überzeugungen nur in längeren Zeiträumen, „wenn überhaupt" (Héritier 1993: 17). Obendrein werden Forschungsergebnisse, bevor sie angewendet werden, populärwissenschaftlich durch die Berichterstattung von Zeitungen, Zeitschriften und dem Fernsehen geformt, durch selektive Wahrnehmung abgeschwächt und durch schieres Vergessen von Details reduziert. Vieles ist einfach „out of date" (Weiss 1977: 18).

Transferprojekte

Meist unmittelbar oder mittelbar initiiert von Beteiligten der Bundesmodellversuche entstanden an sechs verschiedenen Orten Projekte, die erproben sollten, wie die Ergebnisse der Modellversuche und anderer Untersuchungen zu Fragen der Erschließung von Jungenberufen für Mädchen in zentrale politische Handlungsfelder übertragen werden können. Zielgruppen der Projekte waren somit die Institutionen der Berufsorientierung und -beratung, die allgemeinbildenden Schulen und die Betriebe. Die Arbeitsvermittlung und Fortbildungsträger wurden einbezogen und auch Gewerkschaften und Arbeitgeberverbände. In diesen Institutionen stand wiederum die Handlungsebene im Zentrum.

Vielfältige Maßnahmen wurden erprobt[16]: von Besuchen im Schulunterricht bis hin zu Fortbildungen für Personalleiter/innen. Häufig vertreten sind Fortbildungen für Lehrer/innen, die Veröffentlichung von Listen der Betriebe, die in der jeweiligen Region Praktikums- und Ausbildungsplätze für Mädchen in gewerblich-technischen Berufen anbieten, die Erstellung spezifischer Berufskundeblätter für Mädchen, die Teilnahme an internen und öffentlichen Diskussionsrunden von Gewerkschaften, Arbeitgeberverbänden und der Berufsberatung sowie die Beteiligung an öffentlichen Veranstaltungen verschiedener Träger. Die Maßnahmen ähnelten sich meist, weil die Projekte zusammenarbeiteten und zudem auf einen einheitlichen, überschaubaren Forschungsstand aufbauten.

Eine idealtypische Form des Transfers wäre vergleichbar der eines Postboten: Das Projekt überbringt die Nachricht von den neuen Forschungserkenntnissen und eventuell vorhandenen, bereits anderweitig erarbeiteten Umsetzungsvorschlägen, die von den Adressaten/innen bereitwillig aufgenommen werden. Wie nicht zuletzt die Projektberichte zeigen, verläuft der Transferprozess jedoch viel komplizierter. Nicht immer gelang es, die Adressaten/innen überhaupt von der Sinnhaftigkeit der vorgeschlagenen Maßnahmen zu überzeugen. Bei manchen Institutionen wurden latente Interessen aktiv zu werden geweckt, andere akzeptierten die Ziele des Projekts, waren aber nur begrenzt zu eigenem Engagement bereit oder in der Lage, und wiederum andere fühlten sich ins Unrecht gesetzt, griffen dennoch die Aktivitäten des Projekts auf, oder sie entfalteten eigene und grenzten sich so vom Projekt ab.

Die Laufzeit der Projekte betrug meist lediglich drei Jahre. Angesichts dieses kurzen Zeitraums ist es beachtlich, dass bei immerhin 10% der von den Projekten initiieren Aktionen die Durchführung und Verantwortung bei den Kooperationspartnern im politischen Handlungsfeld lag; neben der Initiative entfielen auf die Projekte Beratungs- und Unterstützungsarbeiten. Verblieb die Trägerschaft beim Projekt, beteiligten sich die Adressaten/innen vielfach aktiv. Daneben wurden die Projekte wiederholt als Ressource genutzt, z.B. für Referate auf turnusmäßigen Versammlungen von Kammern, Verbänden und Gewerkschaften.

Hinsichtlich der Adressaten/innen, fällt bei der Durchsicht der Projektberichte Folgendes auf:

---

16 Die folgende Analyse basiert auf einer Auswertung der Projektschlussberichte sowie weiterer veröffentlicher und unveröffentlichter Arbeiten der Projekte. Die Autorinnen und Autoren sind (nach Projekten gruppiert): Fuchsschwanz-Bratschko/Rehm-Gerath/Maier-Kraemer; Garbe/Hoffmann/Fey-Hoffmann/Moog/Wyborsky; Göpfert-Divivier/Keßler; Heine/Scherbaum; Hellmann/Schiersmann/Wolff; Hübner/Ostendorf/Rudolph; Keding. Vgl. auch BMBW Hg. 1989.

- Der Grad des Engagements der örtlichen *Berufsberatungen* ist höchst unterschiedlich. Hinsichtlich der aktiven Berufsberatungen verweisen die Projektberichte auf die Haltungen einzelner Mitarbeiter/innen.
- Die Mehrheit der *Schulen* und der *Lehrkräfte* war an Veränderungen des Unterrichts und entsprechenden Materialien nicht interessiert. Eine generelle Veränderung der „Unterrichtstradition" gelang nur einzelnen Projekten und diesen auch nur in Einzelfällen.
- *Großbetriebe* beteiligten sich aktiv, zum Teil mit erheblichem Zeitaufwand an den Maßnahmen der Projekte, *kleinere Betriebe* dagegen waren so gut wie nicht zu gewinnen.

In welchem Umfang die einzelnen Maßnahmen zur Verbreiterung des Berufs(wahl)spektrums für Mädchen und Frauen beigetragen haben, ist schwierig zu beziffern. Der Mangel an Evaluierungen zu dieser Frage deutet darauf hin, dass die Träger/innen der jeweiligen Maßnahmen entweder überzeugt waren, es bedürfe keiner Analyse, weil der eingeschlagene Weg ohnehin erfolgreich sei oder aber die Maßnahme hatte von vornherein eher Symbolcharakter als dass ein ernsthafter Wille zur Veränderung der geschlechtsspezifischen Segmentierung der Berufswelt vorhanden war. Mein Eindruck ist, dass einzelne, vorzugsweise in unteren Ebenen angesiedelte Mitarbeiter/innen in den Institutionen das Ziel der Erschließung von Männerberufen für Frauen engagiert verfolgten, andere es ablehnten und die Spitzen sich an übergeordneten Vorgaben, die Aktivitäten einforderten, orientierten, wobei sie gleichzeitig den Betriebsfrieden im Auge hatten: Symbolische Politik diente so der Legitimation nach außen, engagierte Mitarbeiter/innen hatten ihre „Spielwiese" und ablehnende Mitarbeiter/innen waren zufrieden, weil die Maßnahme ergebnislos blieb. Einige der Maßnahmen könnten sogar kontraproduktiv gewirkt haben. Presseerklärungen beispielsweise, in denen das Besondere einer Initiative vorgestellt wird, dokumentieren zugleich die Ungewöhnlichkeit einer „männlichen" Berufswahl.

Im Vergleich zwischen den oben erwähnten Instrumenten scheint eine „aktive Implementierung" am ehesten erfolgversprechend: Transferprojekte sind in der Lage, die Zeitverzögerung zwischen Forschung und Anwendung der Ergebnisse zu verkürzen, einer Tendenz übermäßiger Vereinfachung entgegenzuwirken und sie können aufgrund einer detaillierten Kenntnis der jeweiligen Bedingungen Barrieren umgehen. Traditionelle Instrumente wie Werbemaßnahmen (Verhaltensaufforderung), Subventionen (Verhaltensanreiz) und Rechtssetzungen (Verhaltensgebot), die manchmal lediglich wegen Unkenntnis der Veränderungsmöglichkeiten und/oder wegen fehlender Kapazitäten ins Leere laufen, können durch „soziale Dienstleistung" (Semlinger 1988) unterstützt und eventuell sogar ersetzt werden. Hierzu wären *regional* angesiedelte Teams erforderlich, denn nur so können die spezifischen Bedingungen in einzelnen Berufsberatungen, Schulen, Betrieben usw. berücksichtigt werden. Die Berichte der Transferprojekte zeigen aber auch, dass manchmal selbst „perfekt" geplante Aktionen ins Leere laufen. Die Ursachen für Misserfolge lagen dabei meist nicht in den Personen oder dem Handeln der Projektbearbeiter/innen, dem Programm oder dem zu lösenden Problem, sondern innerhalb der angesprochenen Institutionen: Die Barrieren, z.B. in den Schulen, Berufsberatungen und kleineren Betrieben, scheinen tiefere Ursachen zu haben als lediglich konservative Normen bei zufällig zuständigen „Sachbearbeiter/innen".

Zusammenfassung und Folge: Frauen geben Technik neue Impulse!?

Die Erfahrungen der Implementationsprojekte deckten sich mit denen, die der politikwissenschaftliche Mainstream in anderen Politikfeldern machte. Folgen hatte dieses nicht. Die Bundesländer und Kommunen machten weiter wie bisher, subventionierten die Ausbildung von Mädchen in untypischen Berufen, unterstützten vereinzelt Berufsorientierungsmaßnahmen im Jugendfreizeitbereich oder gaben die Entwicklung neuer Curricula in Auftrag, wobei im Fortgang der 1990er Jahre solcherlei Maßnahmen immer weniger wurden. Der Bund zog sich aus der Erschließung gewerblich-technischer Ausbildungsberufe für Mädchen nahezu gänzlich zurück. Die Ausnahmen sind die Beteiligung an den wenigen Projekten, die die Bund-Länder-Kommission für Bildungsplanung und Forschungsförderung (BLK)[17] durchführte und das Projekt „Frauen geben Technik neue Impulse", das der Bund finanziert und gemeinsam mit der Deutschen Telekom und der Bundesagentur für Arbeit durchführt. Diese Initiative hat u.a. die Aufgabe, ein bundesweites Netzwerk „von Verbänden, Projekten, Initiativen, institutionellen und ehrenamtlichen Ansprechpartnern und Ansprechpartnerinnen im Bereich Frauen und Technik" aufzubauen und zu strukturieren (BMBF 1999: 153). Eine solche Vernetzung scheint mir zwar durchaus nützlich – allein, es fehlt der Unterbau: Projekte und Initiativen, die vernetzt werden könnten, werden im Bereich der Erstausbildung kaum finanziert. Diejenigen, die es gibt, erhalten ihre Mittel häufig aus Benachteiligtenprogrammen, deren Zielgruppe Jugendliche mit sozialen und schulischen Schwierigkeiten oder mangelnden Deutschkenntnissen sind. In Metall- und Elektroberufen ist aber zumeist ein guter Realschulabschluss die Mindestvoraussetzung, so dass schulschwache Mädchen keine Chancen haben.

Diese neuere Bundesinitiative macht zweierlei deutlich: Zum einen geht es um *symbolische* Politik: bunte Faltblätter und Plakate, eine www-Seite mit Informationen der Initiative und gelegentlichen Broschüren, in denen auf

---

17 Anfang der 1990er Jahre legte die BLK einen Förderungsschwerpunkt „Mädchen und Frauen im Bildungswesen" auf. 6 der 16 Projekte befassten sich mit der Verbreiterung des Berufswahlspektrums (vgl. BLK 2000).

neue Projekte und Veröffentlichungen hingewiesen wird, treten an die Stelle von Maßnahmen zur Gewinnung von Mädchen und Betrieben. Bezeichnenderweise war diese Initiative einigen der von mir befragten Beauftragten für Frauenbelange in den Arbeitsagenturen nicht einmal bekannt, obwohl doch die Bundesagentur immerhin Mittträgerin ist. Zum zweiten macht der Name der Initiative plakativ deutlich, dass die Träger von einer essentiellen Differenz zwischen Männern und Frauen ausgehen: Weil Frauen anders *sind*, sollen sie in die Entwicklung der Technik einwirken. In einer Broschüre der Initiative vom Mai 1997 heißt es:

„Technische Unternehmensbereiche profitieren durch den Einsatz von Frauen vor allem wegen

- ihres zukunftsweisenden Engagements
- ihres eher ganzheitlichen Denkens
- ihrer ausgeprägten sozialen Kompetenz
- ihres Sinns für ästhetische Gestaltung
- der Synergieeffekte aus unterschiedlichen Führungsstilen und starker Kundenorientierung" (BA 1997a).

Weitgehend unbeachtet blieb in den Maßnahmen der 1980er und in den raren der 1990er Jahre die Bedeutung politischer Institutionen, bspw. von Schulverwaltungen (Lehrpläne, Genehmigung von Schulbüchern) und nicht zuletzt der Berufsberatung des Arbeitsamtes.

Unter der neuen rot-grünen Bundesregierung ist kein Richtungswechsel zu erkennen. Die Initiative „Frauen geben Technik neue Impulse" wird weiter gefördert und wurde für die Jahre 2000 bis 2005 sogar noch um ein 10 Millionen DM schweres „Kompetenzzentrum Frauen in der Informationsgesellschaft und Technologie" erweitert. Wie gehabt sollen Initiativen beraten und vernetzt werden. Dabei geht es vorrangig darum, den Frauenanteil in den Ingenieurwissenschaften und im Fach Informatik zu erhöhen und Mädchen für IT-Berufe zu gewinnen. Nach wie vor ist das Ziel, die „Potentiale von Frauen zur Gestaltung der Informationsgesellschaft und der Technik" (Initiative 2000) zu nutzen. Auch im Programm „Frau und Beruf" der neuen Regierung geht es um die „Stärkung des Einflusses von Frauen auf die Gestaltung der Informationsgesellschaft" (BMFSF 1999: 20); gefördert werden sollen also weniger die Frauen als vielmehr die Informationsgesellschaft. Unterstützen will die Regierung Frauen im Handwerk, u.a. indem durch „die Entwicklung einer Datenbank eine bessere Vermittlung junger Frauen in gewerblich-technische Ausbildungsbereiche und Berufe erreicht" wird (ebd.: 21).

Aus diesen Maßnahmen Nutzen ziehen können eine wenige Akademikerinnen und, da das Handwerk sich im gewerblich-technischen Bereich als weitgehend resistent gegen die Ausbildung von Mädchen verhält, verschwindend wenige zukünftige Handwerkerinnen. Für die Mehrheit der Mädchen und Frauen gibt es im Programm „Frau und Beruf" den Hinweis auf „wachsende Beschäftigungsfelder im Dienstleistungsbereich", womit „die starke Orientierung von Frauen auf Dienstleistungsberufe gleichzeitig auch positive Aspekte" habe. Dienstleistungsbereiche mit wachsendem Bedarf wie beispielsweise Kinderbetreuung und Altenpflege sind aber von öffentlichen Mitteln abhängig und das Arbeitsvolumen wird in diesen Bereichen deshalb kaum steigen (Engelbrech/Jungkunst 1999; Weidig u.a. 1999).[18] Was bleibt ist das Vorhaben einer Datenbank: ein Musterbeispiel symbolischer Politik! Die Ausbildungsplätze sind (bei der Berufsberatung) bereits in einer Datenbank erfasst und über das Internet abrufbar. Doch selbst wenn es gelänge, mit einer speziellen Datenbank die Zahl der Mädchen in handwerklichen Metall- und Elektroberufen zu verdoppeln, stiege der Anteil von Mädchen in der dualen Berufsausbildung gerade mal um 0,2% und innerhalb dieser Berufe lediglich auf 3%.

Die einzige erfolgversprechende neue Maßnahme des Bundes[19] ist der 2001 eingeführte „Girl's Day": Mädchen der 5. bis 10. Schulklasse sind an diesem Tag aufgefordert, Betriebe, Forschungseinrichtungen etc. zu besuchen, um sich dort über mädchenuntypische Ausbildungsmöglichkeiten zu informieren. Derlei Betriebserkundungen hatte es bislang auf Initiative von Arbeitslehrelehrkräften oder von Projekten zwar auch schon gegeben, jetzt aber werden sie mit Presseaktivitäten aufgewertet und im Internet ist bspw. für interessierte Lehrkräfte erfahrbar, welche Betriebe sich beteiligen. Einer Auswertung des ersten Girl's Days 2001 zufolge wurden 70% der Teilnehmerinnen von Eltern, Bekannten oder Verwandten zu deren jeweiligen Arbeitsplatz mitgenommen. Genauso viele Mädchen wollten beim nächsten Girl's Day wieder mitmachen und immerhin 43% waren nach der Maßnahme daran interessiert, im besuchten Betrieb ein Praktikum zu absolvieren (Initiative 2002). Ob das auch bedeutet, dass sie sich für gewerblich-technische Berufe interessierten, geht aus der Evaluation nicht hervor. In der Unverbindlichkeit derartiger Betriebserkundungen liegt einerseits die Chance, viele Mädchen – und wie die Studie zeigt – auch jüngere Mädchen, die sich noch nicht dem Druck der Entscheidungsfindung ausgesetzt sehen, zu erreichen. Andererseits kann diese Maßnahme nur ein erster Anstoß sein: Die Mädchen müssten weiter ermuntert werden, ein längeres Praktikum im gewerblich-technischen Bereich zu realisieren, damit – wie die Ostfriesenzeitung am 24.4.02 schrieb – der Girl's Day kein „Papa-Besuchstag" wird, der zudem noch die Töchter erwerbsloser Eltern ausschließt.

---

18 Inwieweit der Pisa-Schock Anlass für eine Ausweitung öffentlicher Kinderbetreuung trotz der „leeren Kassen" ist, bleibt abzuwarten.
19 Beteiligt sind außerdem die Bundesagentur für Arbeit, der DGB, der BDA und die Initiative D21.

Insgesamt ist festzustellen, dass der Differenzansatz und die Konzentration der Maßnahmen auf den Bereich der Berufsbildung mit der dazugehörigen Forschungsdisziplin – der Berufsbildungsforschung, in der wiederum pädagogische Fragestellungen dominieren – den Blick verengen. Sowohl der teilweise kontraproduktive Beitrag anderer Politikfelder, wie z.B. der Arbeits-, Sozial- und Steuerpolitik, als auch Fragestellungen, die eher anderen Forschungsdisziplinen als den Erziehungswissenschaften zuzurechnen sind, blieben unbeachtet. Die Erfahrungen der Transferprojekte legen die Frage nach dem Einfluss von Institutionen, ihrer internen Struktur und ihrer Abhängigkeiten nahe: Was macht Schulen so widerspenstig, lässt Berufsberatungen unterschiedlich handeln und begünstigt das Engagement größerer Betriebe im Gegensatz zu kleineren? Was macht die „Unordentlichkeit des politischen Alltags" aus, die die logische Abfolge von Problemdefinition, Agendagestaltung, Politikformulierung, Politikdurchführung und Rückkopplung/Evaluation als idealtypisch und umso realitätsferner erscheinen lässt? Welche Rolle kommt in diesem Zusammenhang dem vorherrschenden Geschlechterleitbild zu?

Die Versuche, Transferprojekte auf längere Zeit einzurichten, scheiterten oder sie waren wiederum kurzzeitig befristet und mit (zu) geringen Finanzmitteln ausgestattet. Inwieweit die von öffentlichen Stellen angeführte Knappheit der Haushaltsmittel der wahre Grund für die Ablehnung entsprechender Anträge war, sei dahingestellt. Vor allem aber hatte sich in der zweiten Hälfte der 1980er Jahre das geschlechterpolitische Klima grundlegend verändert: Auf Bundesebene und in vielen Ländern regierten konservative Parteien und diese hatten die Differenz der Geschlechter auf ihre Fahnen geschrieben. Unterstützung fanden sie merkwürdigerweise nicht zuletzt in der autonomen Frauenbewegung und in der grünen Partei. Die Forderung nach beruflicher Chancengleichheit der Geschlechter war unmodern geworden und Initiativen zur Verbreiterung des Berufswahlspektrums von Mädchen fanden nur noch ganz vereinzelt statt.

Es ist daher naheliegend, dass auch die Berufsberatungen – entgegen dem von ihrer Hauptstelle mit getragenen Beschluss des Hauptausschusses des BIBB die Erschließung gewerblich-technischer Ausbildungsberufe für Mädchen „kontinuierlich" voranzubringen und „dauerhaft" sicherzustellen (s.o.) – sich immer weniger zu derlei Aktivitäten veranlasst sahen: Solcherart Politik stand im Gegensatz zum sich immer mehr durchsetzenden konservativen Geschlechterleitbild. Zudem führte das Fehlen von Projekten dazu, dass die Berufsberatungen kaum Anstöße und Unterstützung von außen erhielten.

Von den vorgeschlagenen Maßnahmen am erfolgreichsten im Sinne einer unmittelbaren Erhöhung der Zahl von Mädchen in gewerblich-technischen Berufen war meines Erachtens, Mädchen aktiv konkrete Ausbildungsplätze anzubieten, eine Aufgabe, die in den 1980er Jahren die Transferprojekte übernommen hatten und die der Hauptausschuss des BIBB der Berufsberatung zuweist. Welche Aktivitäten die Berufsberatungen tatsächlich durchgeführt haben, werde ich im vierten und fünften Kapitel aufzeigen. Im Folgenden geht es darum, wie sich der Anteil der Mädchen, die einen gewerblich-technischen Beruf erlernen, im Zeitverlauf verändert hat.

Entwicklung der Zahl der Mädchen in Jungenberufen

Nach 1977 – mit Beginn der Policies – nimmt der Anteil von Mädchen in Jungenberufen deutlich zu. Allerdings gibt es höchst unterschiedliche Entwicklungen in den Berufsgruppen und bei den Ausbildungsorten. Mit dem Auslaufen der Programme Ende der 1980er Jahre sinkt der Mädchenanteil zwar nicht, aber er steigt auch nicht weiter an. Im Folgenden werde ich diese Entwicklungen nachzeichnen.

Geschlechtsuntypische Ausbildungen sind immer noch selten. In den alten Bundesländern lernten nach dem Berufsbildungsbericht im Jahr 1995 lediglich 3,5% der Mädchen einen Jungenberuf und 1,8% der Jungen einen Mädchenberuf. Gegenüber 1977 ist die Rate der Mädchen in Jungenberufen nur um knapp einen Prozentpunkt gestiegen (BMBFT 1997: 118f.). Einer anderen Berechnungsmethode zufolge liegt der Anteil 2001 um knapp sechs Prozentpunkte höher als 1977, wobei er gegenüber den Vorjahren allerdings rückläufig ist (BMBF 2003: 106). Bei der ersten Methode ist 1992 das Basisjahr, bei der zweiten 1977. Beide Berechnungsmethoden sind unbefriedigend; die eine blendet die Erfolge der 1980er Jahre aus, die andere lässt entscheidende Strukturveränderungen der letzten zwei Jahrzehnte außer Acht.[20] Festzuhalten bleibt, dass sich an der geschlechtsspezifischen Segmentation nur wenig geändert hat. In den neuen Bundesländern ist der Anteil der Mädchen in Jungenberufen sogar noch niedriger als in den alten. Wird 1992 als Basisjahr genommen, betrug er 1995 2,7%; auf der Grundlage des Basisjahres 1977 war der Mädchenanteil im Jahr 2001 16,8%. Allerdings sind bei der letzteren Zahl unter anderem Gärtnerinnen, Landwirtinnen, Köchinnen und Kellnerinnen mitgezählt sowie Dienstleistungsfachkräfte im Postbetrieb; Berufe, in denen in der DDR die Mädchen nicht nur zahlreich, sondern in denen sogar mehr als die Hälfte der Auszubildenden weiblich waren.

Eine Analyse der Auszubildendenzahlen von 1991 (Chaberny/Schade 1993) verdeutlicht, dass über die Hälfte der westdeutschen Mädchen in Jungenberufen sich in nur acht der 186 Berufe befand, die 1977 zu den Jungenberufen zählten. Und zwar waren dies: Köchin, Gärtnerin, Konditorin, Re-

---

20 Beispielsweise fanden im Druckbereich mit der Einführung von Computern grundlegende Veränderungen statt. Schriftsetzer/in war 1977 noch ein Jungenberuf, mittlerweile sind 42% (1998) der Auszubildenden Mädchen. Ähnliches gilt u.a. für den Beruf „Kaufmann/frau im Eisenbahn- und Straßenverkehr", wo der Mädchenanteil mit der Neuordnung 1979 auf 57% hochschnellte. 1998 beträgt er 65%.

staurantfachfrau, Bäckerin, Tischlerin/Holzmechanikerin, Dienstleistungsfachkraft im Postbetrieb und Malerin und Lackiererin. Lediglich Maler/in und Lackierer/in und Tischler/in/Holzmechaniker/in waren zu diesem Zeitpunkt noch Jungenberufe, Koch/Köchin und Bäcker/in mit Prozentanteilen von 27 bzw. 23% hatten sich zu männlich-dominierten Berufen entwickelt und Konditorin war mit einem Mädchenanteil von 62% zu einem weiblich dominierten geworden. Die Erfolge, die die Berufsbildungsberichte im Vergleich zum Basisjahr 1977 ausweisen, kommen vornehmlich durch diese Berufe zustande.

Der wesentliche Unterschied zwischen den Berufen, die vorrangig für Frauen geöffnet wurden, und den Metall- und Elektroberufen besteht in den Verwertungschancen auf dem Arbeitsmarkt: Einige sind „Schmalspurberufe" – Bäcker z.B. werden nach der Ausbildung traditionell Fließbandarbeiter, als Koch bzw. Köchin und Restaurantfachfrau/mann arbeiten überwiegend ungelernte Kräfte, in vielen Berufen ist die Entlohnung vergleichsweise gering und in einigen bestehen Arbeitsmöglichkeiten nur während der jeweiligen Saison. In erster Linie haben Mädchen Zugang zu Berufen gefunden, die von Jungen abgewählt werden und in denen die Ausbildung wenig oder nichts kostet.[21]

Im Gegensatz dazu ist innerhalb der Metall- und Elektroberufe *keine* Konzentration auf bestimmte – unter Umständen weniger chancenreiche – Berufe festzustellen. Die wenigen Frauen verteilen sich dort auf nahezu alle Berufe, mit Ausnahme der Bergbauberufe, in denen die Arbeit von Frauen Untertage nach wie vor nicht erlaubt ist. Die Metallerinnen lernen am häufigsten Kraftfahrzeugmechanikerin (355 Auszubildungsbeginnerinnen 2002 = 1,7% Mädchenanteil), Industriemechanikerin mit der Fachrichtung Produktionstechnik (121 = 6,5%), mit der Fachrichtung Maschinen- und Systemtechnik (113 = 2,1%) und mit der Fachrichtung Geräte- und Feinwerktechnik (112 = 4,7%). Mehr als 60 Mädchen sind dann noch in den Berufen Werkzeugmechanikerin – Stanz- und Umformtechnik (93 = 3,6%), Industriemechanikerin – Betriebstechnik (88 = 1,8%), Fertigungsmechanikerin (70 = 6,0%), Metallbauerin (74 = 0,9%), Energieelektronikerin – Betriebstechnik (96 = 2,7%) und Industrieelektronikerin mit den Fachrichtungen Produktionstechnik (64 = 6,6%) und Gerätetechnik (61 = 4,9%) zu finden.

Im Folgenden werde ich mich auf den „harten Kern" der Jungenberufe, auf die Metall- und Elektroberufe konzentrieren, wo es im Gegensatz zu den oben genannten Berufen keinen Geschlechtswechsel gegeben hat, und die – obwohl gerade in diesen Bereichen die Auszubildendenzahlen zeitweilig zu-

---

21 Diese Einschätzung basiert auf einer Analyse von Thomas Clauß und Rolf Jansen (1984), auf aktuellen Daten, die freundlicherweise vom Bundesinstitut für Berufsbildung zusammengestellt wurden, auf der Analyse von Gerhard Engelbrech zum Einkommen nach der Lehre (1996) und auf einer Studie zu den Ausbildungskosten (Bardeleben u.a. 1994).

rückgegangen sind – immerhin noch 19% (2000)[22] der Ausbildungsplätze im dualen System ausmachen. In der Übersicht 6 werden die Entwicklung der Mädchenanteile am Bestand der Auszubildenden in Westdeutschland bis 1992 gezeigt sowie die Mädchenanteile an den neu abgeschlossenen Ausbildungsverträgen in Gesamtdeutschland seit 1993. Diese Inkohärenz beider Zeitreihen lässt sich leider nicht umgehen.[23] Ich stelle die Entwicklung in einer Grafik mit einer optischen „Bruchstelle" dar.

In den 1980er Jahren ist der Anteil von Mädchen in Metall- und Elektroberufen in Westdeutschland stetig – wenngleich nur langsam – gestiegen.[24] 1981 waren noch allein zwölf Prozent der Mädchen, die einen Metall- und Elektroberuf lernten, Teilnehmerinnen einer einzigen Maßnahme – des Modellversuchsprogramms des Bundes. Dieses Programm endete 1985. Dennoch fand danach kein Einbruch statt. Seit 1991 aber geht der Mädchenanteil auch in den Metall- und Elektroberufen zurück. Ein Grund könnte sein, dass mit der Verbesserung der Ausbildungssituation (in Westdeutschland) die Zahl der außerbetrieblichen Ausbildungsplätze abgenommen hat. Ein Blick in die Grafik bestätigt aber tendenziell die Vermutung, dass es sich wohl um einen allgemeinen Trend gehandelt hat, der vornehmlich darauf zurückzufüh-

---

22   Gezählt wurden hier nur Jungenberufe, die eine Ausbildungsdauer von mindestens 3 Jahren haben. Auch die Behindertenberufe blieben unberücksichtigt.
23   Die an sich wünschenswerte Analyse des Anteils von Mädchen an den Neuabschlüssen ist aus vielerlei Gründen nicht machbar. Das Statistische Bundesamt weist bis 1992 nur den Anteil an den Gesamtzahlen der Auszubildenden aus: Die Kurve ist daher als gleitender Durchschnitt der Entwicklung des Anteils der Mädchen an den Neuabschlüssen zu lesen. Zudem werden die Zahlen in den einzelnen Berufen nur für Westdeutschland ausgewiesen. Für Ostdeutschland gibt es dagegen nur Aufbereitungen nach (zusammenfassenden) Berufsgruppen, die für meine Analyse zu grob sind. Für die folgenden Jahre (ab 1993) können dagegen die Veränderungen des Mädchenanteils unmittelbarer an der Zahl der Neuabschlüsse aufgezeigt werden. Allerdings gibt es diese Zahlen nur für Gesamtdeutschland. Die Zahlen für Ostdeutschland dürften zudem mindestens bis zum Jahr 1991 mit Ungenauigkeiten behaftet sein. In der Übergangsphase wurde in den neuen Bundesländern sowohl in DDR-Berufen als auch in westdeutschen Berufen ausgebildet. Auch wurden teilweise auf DDR-Abschlüsse lautende Ausbildungsverträge umgewandelt, so dass die Jugendlichen ihren Abschluss in einem BRD-Beruf machten.
24   In meine Berechnungen zu den Metall- und Elektroberufen habe ich ausschließlich Berufe einbezogen, die 1977 zu den Jungenberufen zählten. Nicht enthalten sind somit einige wenige Metallberufe, beispielsweise der Beruf des/r Gold- und Silberschmieds/in. Zudem habe ich nur Berufe berücksichtigt, deren Ausbildungsdauer 3 und mehr Jahre beträgt. Hierdurch bleiben einige weitere Metallberufe außen vor. (Schließlich geht es um eine Verbesserung beruflicher Chancen für Mädchen; der zweijährige Beruf Teilezurichterin beispielsweise ist somit nicht unbedingt eine Alternative zu einem dreijährigen Büroberuf.) Die industriellen Elektroberufe allerdings waren bis Ende der 80er Jahre zumeist Stufenberufe: Einer zweijährigen Ausbildung folgte eine bis eineinhalbjährige zweite Stufe. Um zu vermeiden, dass Veränderungen der Mädchenanteile erst mit zweijähriger Verspätung erfasst werden, habe ich die erste Stufe mit einbezogen. Unberücksichtigt blieben die gesonderten Ausbildungsgänge für Behinderte (BBiG § 48).

Übersicht 6:
Anteil der Mädchen an den metall- und elektrotechnischen Ausbildungsverhältnissen in %

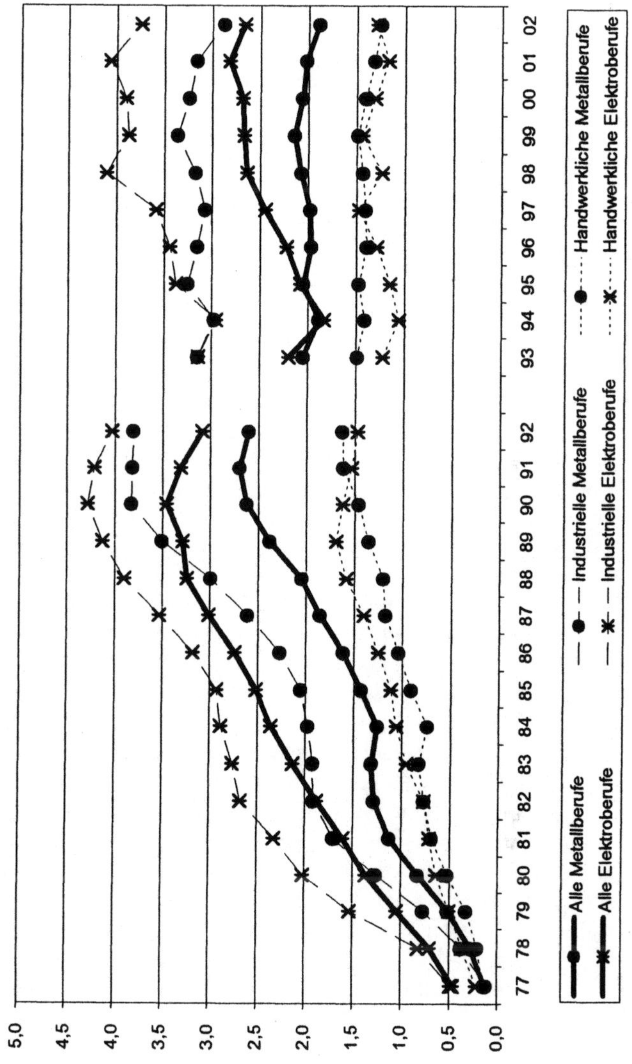

Quelle: Eigene Berechnungen nach: Stat. Bundesamt, FS 11, Rh 3, fortlaufende Nummern. Bis 1992: Mädchenanteile am Bestand in Westdeutschland. Ab 1993: Mädchenanteile an den Neuabschlüssen in Gesamtdeutschland.

ren sein dürfte, dass die Erschließung von Jungenberufen für Mädchen kaum noch auf der politischen Tagesordnung stand.

1993 haben 1.828 Mädchen eine Ausbildung in einem Metall- und 856 in einem Elektroberuf aufgenommen. Ihr Anteil an den Neuabschlüssen ist damit in den Metallberufen (Gesamtdeutschland) niedriger als am westdeutschen Bestand von 1992 und zwar sowohl in industriellen als auch in handwerklichen Berufen (3,2% gegenüber 3,8% bzw. 1,2% gegenüber 1,5%). In den industriellen Elektroberufen ist zwar ein Anstieg um 0,1 Prozentpunkte zu verzeichnen, damit aber wird die Relation von 1990 noch nicht wieder erreicht. Seit 1994 steigt der Anteil der Mädchen in den industriellen Elektroberufen zwar, Ende des Jahrtausends ist es damit aber auch schon wieder vorbei. Dieser Trend zeigt sich in nahezu allen Einzelberufen.[25] In den Metallberufen bleibt der Anteil der Mädchen seit 1993 für einige Jahre – immerhin – konstant, in den letzten Jahren ist aber insbesondere in den industriellen Berufen ein Rückgang zu verzeichnen.

Das Handwerk, das schon in den 1980er Jahren besonders wenige Mädchen einstellte, hinkt bis heute nach: Die Marge von 1,5% Mädchenanteil wurde kaum überschritten. Doch auch die Industrie bildete in den Metall- und Elektroberufen kaum jemals mehr als 4% Mädchen aus. Festhalten lässt sich, dass der Rückgang Anfang der 1990er Jahre und die weitere Stagnation in den Metallberufen auf die Abwesenheit politischer Programme zurückzuführen sein dürfte. Für den Anstieg in den industriellen Elektroberufen in den 1990er Jahren aber habe ich keine Erklärung: Mir ist zumindest nicht bekannt, dass es irgendwo gesonderte Mädchen-Ausbildungen in entsprechender Anzahl oder anderweitige Policies gegeben hätte. Möglicherweise – aber diese Erklärung ist rein spekulativ – wächst eine neue Mädchengeneration heran. Es gibt verschiedene Hinweise, dass die „Töchter" der Frauengeneration, die die Frauenbewegung der 1970er Jahre getragen haben, von den Errungenschaften profitieren, ohne ihr Eindringen in bislang männlich dominierte Bereiche als etwas Außergewöhnliches zu betrachten.

Welchen Anteil hatte die Berufsberatung an dieser Entwicklung? Angesichts der kleinen Zahlen, zu denen sich Mädchen in gewerblich-technischen Ausbildungen befinden, kann die Arbeit der Berufsberatung zumindest nicht sonderlich erfolgreich gewesen sein. Allerdings entsprachen die Vorstellungen des Hauptausschusses des BIBB zum Zeitpunkt des Beschlusses schon längst nicht mehr der mittlerweile veränderten vorherrschenden Geschlechterleitlinie und der Bonner Politik. Hierauf werde ich im Folgenden eingehen.

---

25 Bei der forcierten Zunahme des Mädchenanteils in der Industrie 1998 gegenüber 1997 hat die Entwicklung im Beruf Industrieelektronikerin – Gerätetechnik mit 96 Ausbildungsanfängerinnen 1998 gegenüber 58 im Jahr 1997 und 96 im Jahre 1998 eine Rolle gespielt. Letzteres könnte möglicherweise auf einzelne außerbetriebliche Maßnahmen zurückzuführen sein.

3.3 Leitlinien der Geschlechterpolitik in der Bundesrepublik

Die Berufsberatung erhielt ihren Auftrag von der Bundesregierung. Würde die Berufsberatung den grundlegenden Interessen der Bundespolitik entgegenhandeln, könnte sie ihre Existenz gefährden. Wie sahen die geschlechterpolitischen Leitideen der – wechselnden – Bundesregierungen aus, unterscheiden sie sich von denen der Bundesländer, die in den Leitungsgremien der Bundesagentur mitwirken? Unterscheiden sich die Leitideen, die der Bundesagentur vorgegebenen werden, vielleicht gar von denen der Bevölkerung, womit die Berufsberatung es möglicherweise mit gegensätzlichen Anforderungen zu tun hätte? Im Folgenden werde ich aufzeigen, was das Geschlechterregime in der Bundesrepublik kennzeichnet. Daran anschließend werde ich die – gemeinsamen – Wurzeln der geschlechterpolitischen Leitbilder in beiden deutschen Staaten und deren Unterschiede nach 1949 veranschaulichen und vor diesem Hintergrund auf die aktuellen Kontroversen eingehen.

Geschlechterordnung in der Bundesrepublik

Gøsta Esping-Andersens Arbeit zur Typisierung von Wohlfahrtsstaats-Regimen, die er 1990 vorlegte, erntete viel Aufmerksamkeit, von feministischer Seite aber auch viel Kritik. Er unterscheidet zwischen sozialdemokratischen, konservativen und liberalen Wohlfahrtsregimen, wobei Schweden als Prototyp eines sozialdemokratischen Regimes gilt, die Bundesrepublik als Prototyp des konservativen und die USA als Prototyp des liberalen. Esping-Andersen entwickelte seine Typologie unter dem Gesichtspunkt der „dekommodifizierenden" Wirkung von Sozialpolitik. In der feministischen Literatur wird daran vor allem kritisiert, dass Esping-Andersen die männliche Perspektive verlängert (Langan/Ostner 1994: 305). Einer „Dekommodifizierung", d.h., der Chance, die Warenform der Arbeitskraft abzulegen, müsse zunächst eine „Kommodifizierung" vorausgegangen sein. Frauen haben aber häufig unzureichende Versicherungszeiten vorzuweisen. Zudem gibt es vielerlei Faktoren, von der Diskriminierung durch Arbeitgeber bis hin zur Familienarbeit, die Frauen daran hindern, erwerbstätig zu sein, sprich zu „kommodifizieren". Werden die Indikatoren Müttererwerbstätigkeit, eigenständige oder abgeleitete soziale Sicherung sowie Ausmaß und Art öffentlicher Kinderbetreuung einbezogen, so zählen die Niederlande nicht mehr, wie bei Esping-Andersen, zum sozialdemokratischen Modell, sondern ähneln dem konservativen der Bundesrepublik, und Frankreich kommt dem sozialdemokratischen Regime nah und nicht dem konservativen (Ostner 1995a: 9). In seiner Arbeit von 1999 nimmt Esping-Andersen die Kritik der fehlenden Frauen-Perspektive insoweit auf, als er Familialisierung/Defamilialisierung als neue, zusätzliche Kategorien einführt. Er verbleibt damit aber letztlich bei seiner Typisierung, da beide Kategorienbündel parallel verlaufen. Esping-Andersens Interesse, so Regina-Maria Dackweiler (2003: 72), „richtet sich weder auf eine Auseinandersetzung mit feministischer Theorie bezogen auf die gesellschaftliche Organisation der Geschlechterverhältnisse sowie der Konstruktionsmodi sozialer Differenzen zwischen den Genusgruppen durch wohlfahrtsstaatliche Policies, noch teilt Esping-Andersen den demokratischen Horizont feministischer Wohlfahrtsstaatsforschung, welcher die gerechte Verteilung von Ressourcen und die damit verbundene egalitäre Teilhabe- und Lebenschancen beider Geschlechter in den Mittelpunkt stellt".

Bereits im Anschluss an die erste Arbeit von Esping-Andersen haben verschiedene Wissenschaftler/innen sich mit der Frage beschäftigt, wie die Typisierungen aussehen, wenn die Geschlechterperspektive einbezogen wird. Mary Langan und Ilona Ostner verglichen verschiedene europäische Länder. Ihrer Analyse zufolge zählt die Bundesrepublik neben Großbritannien, den Niederlanden und Irland zu den Ländern mit einem „starken Ernährermodell"; in Finnland, Schweden und Dänemark ist dieses Modell nur schwach ausgeprägt und in Frankreich und Belgien „moderat" (Ostner 1995a u. b, Langan/Ostner 1994). Im Gegensatz zu anderen Ländern sind Mütter in der Bundesrepublik häufig diskontinuierlich und zudem nur Teilzeit erwerbstätig, ihre soziale Sicherung ist über den Ehemann abgeleitet, alte Menschen werden häufig zu Hause gepflegt, für ganz kleine Kinder existieren kaum öffentliche Betreuungsangebote und für Kinder über zwei Jahre zumeist nur teilzeitige.[26]

Die Ursache unterschiedlicher Geschlechterordnungen sehen Mary Langan und Ilona Ostner in der historischen Entwicklung des jeweiligen Landes. Einmal gewählte Lösungswege hätten eine „je eine spezifische Eigenlogik und -dynamik" (Ostner 1995b: 60). Frankreich etwa gelte als sozialpolitischer Nachzügler. Wegen der Dominanz kleinbetrieblicher und familienwirtschaftlicher Strukturen sowie geringen Bevölkerungswachstums konnte es sich „weitgehend auf traditionelle Hilfesysteme von Familie, Gemeinde und Caritas verlassen" (ebd.: 63). Es herrsche die soziale Norm, dass Menschen ein Leben lang den sozialen Bezügen verpflichtet sind, in die sie hineingeboren wurden. Französische Sozialpolitik sei daher „Politik für die arbeitende Familie" und seit dem Geburtenrückgang vor allem auch für die „arbeitende Mutter".

---

26 Während beispielsweise in Finnland, Dänemark und Schweden zwischen 30 und 60% der Kinder unter drei Jahren und mehr als 60% im Alter von 3 bis 7 Jahren in Vollzeit außerhäuslich betreut werden, sind es in der Bundesrepublik weniger als 3% der ganz kleinen Kinder. Zur außerhäuslichen Ganztagsbetreuung der 3- bis 7-Jährigen machen die Autorinnen keine Angabe, aber 60% werden in Teilzeit betreut.

„Besser eine Frau, gleich ob Mutter oder nicht, ist teilzeit- als gar nicht erwerbstätig, hieß bis in die jüngste Zeit die Devise. Die Bundesrepublik formuliert die Norm eher umgekehrt: wenn schon als Mutter kleiner Kinder erwerbstätig, dann am besten teilzeitbeschäftigt" (ebd.: 63f.).

In Skandinavien wiederum spielte in der Vergangenheit die Verwandschaftsbeziehung die entscheidende Rolle, wobei als Verwandtschaft die Haushaltsmitglieder zählten. Jeder der Haushaltsangehörigen hatte grundsätzlich für sich selbst zu sorgen: „Niemand sollte einem anderen zur Last fallen und dadurch dessen Möglichkeit zur Existenzsicherung einschränken" (ebd.: 64). Mit der Industrialisierung trat der Staat an die Stelle des Verwandschaftsverbandes. „Im ‚Volksheim Schweden' gehört das Kind allen und ist – wie alle anderen Mitglieder – zugleich recht früh auf sich selbst gestellt" (ebd. 64f.). Es gilt daher die Norm, dass Frauen und Männer gleiche Rechte, Pflichten und Möglichkeiten haben sollen. Schon seit dem Ende der 1960er Jahre, somit vergleichsweise früh, wurde die Zweiverdienerehe zum politisch handlungsleitenden Modell.

Den Gegenpol zum „Volksheim Schweden" bilden die USA mit der dort dominierenden liberalen, sich auf Fairness und Chancengleichheit berufenden Ideologie. Vor diesem Hintergrund „hatte der Protest gegen die Rassensegregation eine unabweisbare Legitimität, die zu diesem historischen Zeitpunkt selbst in einem laissez-faire-Regime nicht ungehört verklingen konnte. Die amerikanische Frauenbewegung hat diese Legitimität durch die ‚race-analogy' für ihre geschlechtsspezifischen Gleichheitsforderungen nutzbar machen können" (von Wahl 1999: 355). Amerikanische Frauenpolitiken gehen von einer prinzipiellen Gleichheit der Geschlechter (sameness) aus. Sie „nehmen Arbeitnehmerinnen tendenziell ohne die ‚lästigen' Reproduktionsfähigkeiten und -pflichten wahr und reduzieren Frauen so zum Quasi-Mann" (ebd.: 358).

Dominierende Gleichstellungsmuster verlaufen in vielerlei Hinsicht parallel zum jeweiligen nationalen Arbeitsmarktregime, dennoch können mit dem „Regimekonzept bestimmte Entwicklungen und Mobilisierungen in der Gleichstellungspolitik nicht" erfasst werden (ebd.: 362). Als Beispiel benennt Angelika von Wahl die Quotierung (affirmative action) in den USA, die dem Wirtschaftsliberalismus diametral entgegensteht. Auch in einigen anderen Komponenten ist das Gleichstellungsregime der USA dem skandinavischer Länder näher als dem der Bundesrepublik. Durch das System der Ganztagsschulen und aufgrund des hohen Versorgungsgrades mit privaten aber auch öffentlichen Kindergärten können auch

„Mütter relativ leicht einer Halbtags- oder Ganztagsarbeit nachgehen und müssen, anders als in Deutschland, nicht zur Mittagszeit mit einer warmen Mahlzeit aufwarten" (ebd.: 361).

Andererseits gibt es in den USA – wie in Deutschland und im Gegensatz zu den skandinavischen Ländern – in der Einkommensbesteuerung ein Splitting-

verfahren: Auf den „Zuverdienst" der Ehefrau (oder des Ehemannes) sind ungleich mehr Steuern zu zahlen (Feenberg/Rosen 1994). Trotz der jeweiligen Inkongruenzen herrschen in den verschiedenen Ländern deutlich unterscheidbare Leitideen vor:
- die Idee der Gleichheit der Geschlechter (sameness),
- die Idee der Differenz (difference) oder
- die Idee der Gleichheit bei Anerkennung der Differenz (equality).

Der Gleichheitslogik folgt am ehesten die Geschlechterpolitik der USA, der der Differenz die Bundesrepublik und der Idee der Equality kommen die skandinavischen Politiken am nächsten (Pappi/Ostner 1994: 139f.). Das Konzept der „sameness" „passt" zum liberalen Regimetyp, das der Equality zum sozialdemokratischen und das der Differenz zum konservativ-korporatistischen.

Die Kennzeichnung bundesdeutscher Geschlechterpolitik als der Differenzlogik folgend mag verwundern, hat doch die Frauenbewegung erhebliche Erfolge vorzuweisen und ist doch in offiziellen Regierungsverlautbarungen – auch und besonders der konservativ-liberalen Bundesregierung der 1980er und 1990er Jahre – viel von „Vereinbarkeit von Beruf und Familie" zu lesen. Dazu Angelika von Wahl:

„Im konservativen Regime schließt die Erwerbspolitik Frauen tendenziell aus. Diese traditionelle Ausschlußtendenz zeigt sich darin, Frauen im Bedarfsfall zu ‚schutzbedürftigen Wesen' zu erklären, sie zwangsweise in den Mutterschaftsurlaub (Elternurlaub, H.O.) zu schicken, ohne aber für außerhäusliche Betreuungsmöglichkeiten zu sorgen, und diese Praxis als ‚Wahlfreiheit' zu bezeichnen" (1999: 358).

Bei der Herausbildung unterschiedlicher Gleichstellungsregime spielt die historische Entwicklung eine wichtige Rolle: Neue Ideen und Bedürfnisse stoßen auf vorhandene Strukturen, werden in diese eingebunden und von ihnen „passend" gemacht (Langan/Ostner 1994; North 1991). Im Folgenden werde ich die historische Entwicklung in Deutschland nachzeichnen, insbesondere um die Gemeinsamkeiten und Unterschiede in West- und Ostdeutschland herauszuarbeiten.

Entwicklungen der Geschlechterpolitik

Während die DDR eine offensive Politik zur Integration von Frauen in die Erwerbsarbeit betrieb, sind viele Frauen in Westdeutschland auch heute noch „zu Hause". Anzunehmen wäre daher, dass die Berufsberatungen in den neuen Bundesländern sich besonders bemühen, chancenreiche Ausbildungen auch den Mädchen anzubieten, und westdeutsche eher davon ausgehen, dass Mädchen bald Mütter und Hausfrauen sein werden, und die besseren Berufe daher den zukünftigen Familienernährern zustehen. Dem ist keineswegs so, wie ich noch aufzeigen werde. Eine Erklärung dafür ist die gemeinsame deutsche Geschichte, an die beide deutsche Staaten anknüpften.

Das Bestreben, „Arbeiten und Zuständigkeiten möglichst konsequent zwischen den Geschlechtern aufzuteilen und die jeweiligen Tätigkeiten, Leistungen und Kompetenzen stets hierarchisch zugunsten des männlichen Geschlechts zu bewerten" war zwar jahrhundertelang wirksam (Hausen/Krell 1993: 11). Zur sozialen Verallgemeinerung der Geschlechterordnung kam es aber erst mit der bürgerlich-kapitalistischen Gesellschaft. Bis dahin waren die Verhältnisse je nach sozialem Stand höchst unterschiedlich, wobei die Armut sich eher nivellierend auf die Geschlechterunterschiede ausgewirkt hat. Mit der Industrialisierung aber wurde die Geschlechterhierarchie „zur natürlichen Ordnung erklärt und gegen jede auf Veränderung drängende Entwicklungsdynamik verteidigt" (ebd.: 11). Die steigende Erwerbsbeteiligung von Frauen drohte die „natürliche Ordnung" zu erodieren und die „Familie als gesellschaftlicher Institution" zu gefährden (ebd.: 12).

„Seit dem späten 19. Jahrhundert war es das erklärte – wenn auch nie verwirklichte – sozialpolitische Bestreben, möglichst alle verheirateten Frauen vom Arbeitsmarkt fernzuhalten. Auch die in beiden Weltkriegen forcierte Mobilisierung von Frauen für die Kriegswirtschaft galt dementsprechend nur als vorübergehende Notmaßnahme, die nach Kriegsende wieder rückgängig gemacht werden sollte" (ebd.: 13).

Berufliche Bildung sollte auf zukünftige Familienarbeit und auf eventuell eintretende Notsituationen vorbereiten: Frauen sollten nur dann erwerbstätig sein, wenn kein Ehemann da war, der für ihren Unterhalt sorgte.

Warum hat sich in Deutschland das Leitbild der Differenz nicht nur herausbilden, sondern auch so lange halten und verfestigen können? Und warum gibt es innerhalb Deutschlands und vor allem innerhalb Westdeutschlands – wie ich noch aufzeigen werde – unterschiedliche Leitbilder oder zumindest Differenzierungen des Differenz-Leitbildes? Eine aufschlussreiche Erklärung dazu bietet Birgit Pfau-Effingers vergleichende Studie zur Frauenerwerbstätigkeit in Deutschland und Finnland. Sie verweist, wie auch Langan/Ostner und Sackmann/Häussermann (vgl. Abschnitt 3.4), auf den Einfluss von Entwicklungspfaden.

Im Vergleich zu Finnland setzte der Prozess der Industrialisierung in Deutschland nicht nur wesentlich früher sondern auch stärker ein. Er zerstörte in großem Umfang die traditionellen bäuerlichen Strukturen und in den Industrieregionen entstand „vielfach ein kulturelles Vakuum, das vom städtischen Bürgertum gefüllt wurde, welches den Industrialisierungsprozeß als soziale Schicht ökonomisch und kulturell dominierte" (Pfau-Effinger 1993: 653). Deren Familienideal unterschied sich jedoch grundlegend von den Familienformen, die in der Agrargesellschaft vorherrschten. Die berufliche und die häusliche Sphäre wurden voneinander getrennt. „Der Mann übernahm die ‚öffentliche' Berufsrolle, die Frauen komplementär dazu die ‚private' Hausfrauen- und Mutterrolle" (ebd.: 654).

Zum Transfer des bürgerlichen Geschlechterleitbildes in die Arbeiterschichten dürften die Dienstmädchen wesentlich beigetragen haben. Junge Frauen strömten in die Industriestandorte, verdingten sich dort in bürgerlichen Haushalten und lernten so deren Lebensformen kennen. Zudem orientierte sich das soziale Sicherungssystem, das Ende des 19. Jahrhundert geschaffen wurde, an diesem Modell des Zusammenlebens der Geschlechter und stabilisierte es. Das Versicherungs- und auch das Ernährerprinzip gelten noch heute.

Finnland dagegen war noch bis in die 1950er Jahre des 20. Jahrhunderts eine Agrargesellschaft, in der kleinbäuerliche Betriebe auf der Basis des freien Eigentums dominierten. Überwiegend wurde „ein egalitäres, partnerschaftlich ausgerichtetes Familienmodell praktiziert, bei dem die Frauen gleichberechtigt zur Existenz der Familie beitrugen" (ebd.). Die vergleichsweise spät und zögernd einsetzende Industrialisierung bestand im Wesentlichen aus holzverarbeitender Industrie und war zunächst vorwiegend auf ländliche Regionen beschränkt. Die alten Strukturen blieben daher unangetastet und der Aufbau eines eigenen Nationalstaats nach der Befreiung von der russischen Herrschaft 1917 ging deshalb auf der Basis der sozialen Ordnung der kleinbäuerlichen Gesellschaft vonstatten. Das Leitbild der Hausfrauenehe wurde „niemals zum dominierenden Familienmodell" (ebd: 657). Ähnliches wird über Frankreich berichtet, wo auch lange Zeit kleinbetriebliche und familienwirtschaftliche Strukturen überwogen (Ostner 1995b: 63, s.o.).

Das, was als Normalität angesehen wird, wird nachhaltig durch Traditionen geformt: In Deutschland führte die rasche Industrialisierung zur Entwurzelung der Landbevölkerung, die nunmehr als Industriearbeiter/innen und Dienstboten in den Städten nach neuen Normen suchten und sie im bürgerlichen Lebensmodell fanden. In Finnland dagegen konnten die alten Werte wegen des verspäteten und langsameren Übergangs in die Industriegesellschaft aufrechterhalten werden. Seinen sichtbaren Ausdruck finden die Leitvorstellungen in den jeweiligen sozialen Sicherungssystemen.

„Sozialpolitische Maßnahmen befördern und verfestigen ... Erwartungen an die Bürger, wie sie ihren Lebensunterhalt zu verdienen und für ihre Familien zu sorgen haben. Sie beeinflussen Art und Umfang der Abhängigkeit zwischen den Geschlechtern und Generationen. Derartige Normalitätsannahmen kristallisieren sich in den verschiedenen sozialpolitischen Institutionen, die das Sozialstaatsregime einer Nation ausmachen. Diese Institutionen sind historisch gewachsen, knüpfen häufig an überkommene Lösungen an, nehmen diese auf und formen sie zeitgemäßer um. Jeweils haben sie die Erwartungen der Bürger an ihren Staat und umgekehrt die einer Gesellschaft an ihre Bürger strukturiert. Weil verwoben mit der Geschichte eines spezifischen Landes, unterscheiden sich die institutionalisierten Regeln des Umgangs mit sozialen Problemen und folglich auch die gewählten Lösungen von Land zu Land. Sie haben eine je spezifische Eigenlogik und –dynamik" (Ostner 1995b: 60).

Das bürgerliche Ideal der Hausfrauenehe überdauerte im Westen Deutschlands sogar noch den 2. Weltkrieg. Irmgard Weyrather (1990) führt in ihrem

Aufsatz zur „Frauenarbeit in ‚Männerberufen' nach 1945" eine ganze Reihe von Beispielen an, mit welchen argumentativen Verrenkungen Frauen nach dem Krieg aus „unpassenden" Arbeitsplätzen hinausgedrängt wurden. Im Beruf der Straßenbahnschaffnerin beispielsweise lauerten plötzlich gesundheitliche Gefahren für Frauen; das Stehen im rüttelnden Fahrzeug könne zu Unterleibserkrankungen führen. Als dieses Argument nicht hinreichte, wurden sittliche Gefährdungen entdeckt. Aber nicht etwa die Frau wurde als potenziell Bedrohte angesehen, wenn sie nachts im Dunkeln gemeinsam mit dem männlichen Fahrer die Straßenbahn verließ, sondern als gefährdet galt die Ehe des Fahrers. Man habe „insbesondere in sittlicher Hinsicht schlechte Erfahrungen mit Schaffnerinnen gemacht", war 1950 die offizielle Begründung des Gewerbeaufsichtsamts Siegen dafür, dass keine Schaffnerinnen mehr eingestellt wurden (ebd.: 142). Auf Baustellen dagegen galten die Frauen als gefährdet. Die Arbeit sei für Frauen zu schwer und zudem drohe „psychische Verrohung" (ebd.: 138). Verboten wurde die Arbeit von Frauen auf Baustellen schließlich (von den Gewerbeaufsichtsämtern der britischen Zone), weil Frauen nach den Durchführungsbestimmungen des Kontrollratsgesetzes „nicht auf Leitern arbeiten dürften" (ebd.: 138). Es ging um die Freimachung von Arbeitsplätzen für heimkehrende Soldaten und um die Wiederherstellung der „natürlichen" Geschlechterordnung. „Grundsätzlich ist die durch Anlernung hervorgerufene stärkere Bindung von Frauen an typisch männliche Berufe unerwünscht", argumentierte das Arbeitsamt Westfalen-Lippe 1946 (ebd.: 138).

Häufig werden in Diskussionen um Frauen in Männerberufen die Trümmerfrauen als frühes Beispiel genannt. Entgegen der vielfach geäußerten Meinung aber waren sie gerade nicht die Vorhut der Frauen, die sich heute anschicken, die Berufe der Männer zu erobern. Vielmehr galten sie in der deutschen Bevölkerung als Sinnbild des verlorenen Krieges und waren sichtbarer Ausdruck von „Widernatürlichkeit". Nicht etwa schon während des Krieges, sondern erst mit dem Kontrollratsgesetz Nr. 32 von 1946 wurden deutsche nicht-jüdische Frauen bei Trümmerräum- und Bauarbeiten eingesetzt. Deutsche Frauen machten jetzt die Arbeit, die vordem Kriegsgefangene, Zwangsarbeiter/innen und nicht zuletzt KZ-Häftlinge ausführen mussten. Sie versinnbildlichten einerseits die Überwindung des Faschismus und den beginnenden Neuaufbau, andererseits aber symbolisierten sie erlittene Schmach.

Erwerbstätigkeit von Frauen war in der Nachkriegszeit in Westdeutschland nur akzeptiert, wenn die Frauen unverheiratet oder verwitwet oder wenn ihre Ehemänner beispielsweise wegen einer Kriegsverletzung erwerbsunfähig waren. Auf 1.000 deutsche Männer im heiratsfähigen Alter kamen im Jahr 1946 1.249 Frauen. Der „Frauenüberschuss" galt als großes Problem, diese Frauen waren „überflüssig" (ebd.: 135), weil in der Geschlechterordnung nicht vorgesehen war, dass es Frauen ohne männlichen Ernährer geben könnte.

In Ostdeutschland und in Berlin dagegen wurde „die Frauenarbeit am Bau nicht nur als Übergangserscheinung angesehen. Die Berliner Arbeitsämter finanzierten Umschulungen zur Maurerin und die ‚Kranführerin' wurde zum Sinnbild der Frauenemanzipation in der späteren DDR" (ebd.: 137).

„Die kontinuierliche Förderung von Frauenarbeit in ‚Männerberufen' in der sowjetischen Besatzungszone und im Ostsektor Berlins lag nicht nur an dem größeren Arbeitskräftemangel der späteren DDR, die Ausbildung von Frauen in ‚Männerberufen' wurde bereits in den ersten Jahren nach dem Krieg als Fortschritt für die Frauenemanzipation angesehen und in einem viel größeren Umfang propagiert als in den Westzonen. Die SED warb sogar in einer Wahlkampfschrift, die sich an die Frauen in den Westsektoren richtete, mit einem ‚fraulichen Maurerlehrling'" (ebd.: 138).

Die DDR nahm die sozialistische Position aus der ersten Frauenbewegung auf, demnach Gleichberechtigung und Selbständigkeit nur über eigene Erwerbstätigkeit zu erreichen sind (Hille 1993: 217, Penrose 1990). Dennoch blieben auch in der DDR die Berufe weitgehend geschlechtstypisch besetzt. Unter den Lehrlingen zum Instandhaltungsmechaniker waren 1975 gerade mal 6,1% weiblich und unter den angehenden Elektromonteuren 7,9%. Hohe Quoten erreichten „Wartungsmechaniker für Datenverarbeitung und Büromaschinen" mit 30,1% und „Maschinist" mit 51% (Zentralinstitut 1989: 22). Seit 1975 aber ging der Mädchenanteil in den Jungenberufen zurück. In den Berufen, die in der Studie des Zentralinstituts angeführt werden, hatte sich der Mädchenanteil 1987 gegenüber 1975 meist halbiert. Die Betriebe boten Mädchen seither weniger Plätze an und gleichzeitig bemühten sich kaum Mädchen um solche Ausbildungen (ebd.: 22f.). Dennoch unterschieden sich die Leitideen der DDR und der Bundesrepublik erheblich. Im Folgenden werde ich die Unterschiede aufzeigen.

BRD

Im Grundgesetz der Bundesrepublik war die Gleichberechtigung der Geschlechter zwar von Anfang an festgeschrieben, doch schon das Zustandekommen des Grundgesetzartikels ist symptomatisch für die Rolle, die Frauen zugedacht war. Zunächst war lediglich geplant, dass Frauen und Männer dieselben staatsbürgerlichen Rechte und Pflichten haben sollten, „was die Gleichberechtigung im gesamten Bereich des Erwerbslebens und der Familie ausdrücklich nicht erfaßt hätte" (Berghahn/Fritzsche 1991: 23). Die Initiative von Elisabeth Selbert, einem Mitglied des Parlamentarischen Rates, Frauen die gleichen Rechte in allen Bereichen zu geben, scheiterte zunächst. Erst eine von ihr ins Leben gerufene außerparlamentarische Kampagne sorgte für die Festschreibung der Gleichberechtigung im Grundgesetz, wobei diesem Artikel entgegenstehendes Recht bis zum 31.3.1953 angepasst werden sollte.

„Tatsächlich hat man(n) sich viel länger Zeit gelassen" (ebd.: 23). Erst 1958 trat das Gleichberechtigungsgesetz in Kraft. Schon 1959 musste das Bundesverfassungsgericht wichtige Ergänzungen vornehmen, hatten doch die Väter immer noch das alleinige Vertretungs- und Erziehungsrecht für ihre Kinder behalten. Andere dem Grundgesetz entgegenstehende Regelungen, wie beispielsweise das Recht des Ehemannes, den Arbeitsplatz seiner Frau zu kündigen, und die „Zölibatsklausel" des Beamtenrechts, wonach Beamtinnen entlassen werden konnten, wenn sie durch ihren Ehemann versorgt waren, waren 1953 außer Kraft getreten. Aber noch bis 1977 war im BGB festgeschrieben, dass die Frau allein für die Haushaltsführung zuständig ist. Frauen waren nur „berechtigt" erwerbstätig zu sein, und zwar nur „soweit dies mit ihren Pflichten in Ehe und Familie vereinbar ist" (§ 1356 BGB). Seitdem müssen beide Ehegatten sich über die Verteilung der Hausarbeit einigen und beide sind berechtigt erwerbstätig zu sein.

Im Erwerbsleben war die rechtliche Benachteiligung noch lange nicht aufgehoben. Zwar ist seit 1980 die Diskriminierung von Frauen auch bundesgesetzlich verboten, doch es mussten immer wieder Gerichte und häufig auch der europäische Gerichtshof bemüht werden. Dabei ging es um mittelbare Diskriminierungen durch Umstände, die vordergründig geschlechtsneutral sind, faktisch aber vornehmlich Frauen betreffen: um den Ausschluss von Teilzeitbeschäftigten aus der betrieblichen Alterssicherung und vom Anspruch auf Übergangsgeld im BAT, um die Zahlung lediglich eines Teilzeitgehaltes bei ganztägigen Schulungen von Halbtags beschäftigten Betriebsratsmitgliedern, um die Einstufung von Frauenarbeit als leichte Arbeit und um den Ausschluss geringfügig Beschäftigter aus der gesetzlichen Lohnfortzahlung im Krankheitsfall. In all diesen Fällen entschied der Europäische Gerichtshof, dass die bundesdeutschen Regelungen frauendiskriminierend seien (vgl. Bertelsmann 1994: 167f.). Vor allem ist immer noch die Minderbezahlung von Frauen nicht geklärt. Zwar haben Frauen Anspruch auf gleichen Lohn bei gleichwertiger Arbeit, unklar sind jedoch die Bewertungsmaßstäbe. Der Lohn ist in Frauenberufen noch heute deutlich niedriger als in Männerberufen (vgl. Abschnitt 3.5).

Auch das Nachtarbeitsverbot für Arbeiterinnen wurde 1991 vom Europäischen Gerichtshof (und 1992 auch vom Bundesverfassungsgericht) als gleichberechtigungswidrig eingestuft, und selbst der erst 1980 in das BGB eingeführte § 611a, der die Diskriminierung von Frauen bei Einstellungen verbietet, ging dem EuGH nicht weit genug. Die Bundesregierung reagierte auf die vielen verlorenen Prozesse bzw. auf die Kritik an bundesdeutschem Recht nicht etwa mit dem Bemühen, solche Fehler zu vermeiden, sondern mit einer Schelte des Gerichtshofes. Bundeskanzler Kohl meinte, dass der Gerichtshof „nicht nur recht schöpferisch tätig ist, sondern weit darüber hinaus" (Bulletin, zit. nach Bertelsmann 1994: 177). Beschäftigte des Bundesarbeitsministeriums und sogar der Minister selbst (Norbert Blüm) veröffentlichen

Aufsätze, in denen sie gegen den Gerichtshof zu Felde zogen. Klaus Bertelsmann führt diese Kritik und die Versuche, die Arbeit des Gerichtshofes einzuschränken, nicht auf juristische Kontroversen zurück, sondern sie könnten

„vielmehr damit erklärt werden, daß gerade im Bereich der Gleichbehandlung von Frauen und Männern eine Vielzahl von gesetzlichen oder tarifvertraglichen Regelungen der Bundesrepublik, für die insbesondere das Bundesarbeitsministerium als gesetzgeberisch federführend oder als Teil des öffentlichen Dienstes als Arbeitgeber mitzuständig war, vom EuGH als EG-widrig bewertet worden ist" (ebd.: 1994: 178).

Die vom EuGH vertretene Gleichstellung passte in der Tat nicht zum Konzept der Bundesregierung.

In den 1990er Jahren gab es kaum noch die Erwerbstätigkeit von Frauen fördernde Maßnahmen. Die Frauenpolitik konzentrierte sich auf den Bereich des Privaten und Familiären, z.b. die Reform des § 218, des Kindschaftsrechts und die Verfolgung häuslicher Gewalt (vgl. Berghahn 1999a, 1999b). Manche vordergründig frauenfreundliche Regelung entpuppte sich bei näherem Hinsehen als „Mogelpackung". So sind die Erweiterung des Zeitraumes der Freistellung bei Erkrankung eines Kindes von fünf auf zehn Tage und die explizite Verpflichtung der Arbeitgeber sexuelle Belästigung am Arbeitsplatz zu verhindern und zu ahnden aus frauenpolitischer Sicht sicherlich zu begrüßen; diese Regelungen lassen sich aber auch lesen als Verteuerung weiblicher Arbeitskraft. Erleichterungen für Arbeitgeber zur befristeten Beschäftigung mögen zwar der Arbeitslosigkeit auch von Frauen entgegenwirken, sie hebeln u.U. aber den Mutterschutz aus. Schließlich hat eine Schwangere bzw. eine „junge" Mutter keinen Anspruch auf bezahlte Freistellung, wenn ihr Arbeitsvertrag „rechtzeitig" ausgelaufen ist. Auch die 1996 erfolgte Aufhebung des Kündigungsschutzes[27] in kleineren Betrieben traf Frauen stärker als Männer: Arzt-, Zahnarzt- oder Anwaltspraxen haben selten mehr als zehn Beschäftigte. Allerdings hatten viele Frauen sowieso nie einen Kündigungsschutz, weil sie in Betrieben mit höchstens fünf Beschäftigten arbeit(et)en. Und letztlich kann die 1992 eingeführte Regelung, dass allein erziehende Mütter (und Väter) bis zum sechsten Lebensjahr des Kindes Sozialhilfe beziehen können, ohne dass ihre Eltern herangezogen werden, nicht nur als Aufhebung der Abhängigkeit vom Kindesvater (der Kindesmutter) gelesen werden, sondern auch als Entlastung des Arbeitsmarktes: Heute ist jede zweite allein erziehende Mutter nicht erwerbstätig (Eichhorst/Thode 2002: 26).

Die Änderung des Ehe- und Familienrechts in den 1970er Jahren und das Programm zur Erschließung von Männerberufen für Frauen, das ebenfalls aus den 1970ern stammt, erscheinen im Nachhinein geradezu als Betriebsunfälle der Geschichte. Inwieweit die jüngst eingeführte Strategie des Gender Main-

---

27 Diese Regelung wurde von der rot-grünen Koalition kurz nach der Regierungsübernahme wieder aufgehoben. Zum Jahr 2004 lockerte die Koalition den Kündigungsschutz jedoch wieder.

streaming Erfolge aufweisen wird, ist fraglich. Diese Strategie ist eine Gleichstellungsinitiative der EU und findet allmählich Eingang in die Bundes- und Landesbehörden. Neben gesonderter Frauenförderung sieht es vor, dass alle Maßnahmen der EU-Mitgliedsstaaten auf ihre etwaigen Auswirkungen auf die Geschlechter überprüft werden sollen. Skeptisch bin ich, weil es sich bei diesem Konzept um einen Top-down-Ansatz handelt und wirksame Kontroll- und Sanktionsmöglichkeiten nicht gegeben sind und weil ausgerechnet *die* Führungskräfte für die Einhaltung verantwortlich sind, die bisher nicht selten frauenfördernde Politik blockierten.[28] Das bereits 1994(!) im Grundgesetz eingefügte Staatsziel der „tatsächlichen Durchsetzung der Gleichberechtigung" und der „Beseitigung bestehender Nachteile" (GG Art. 3, Abs. 2) wartet weiterhin auf seine Verwirklichung.

Bevor ich auf die Geschlechterpolitik der letzten Jahrzehnte zurückkomme, werde ich die anders geartete Entwicklung in der DDR vorstellen.

DDR

In der DDR ging es in den 1950er Jahren im Gegensatz zur Bundesrepublik um die Erhöhung der Erwerbsbeteiligung von Frauen. Dabei wurde, wie erwähnt, ein besonderes Gewicht auf die Ausbildung von Mädchen und Frauen in bislang geschlechtsuntypischen Berufen gelegt. Virginia Penrose (1990) macht drei Phasen der DDR-Frauenpolitik aus: 1946-1965 die Integration der Frauen in den Arbeitsprozess und den Schutz der Mütter, 1963-1972 die Weiterbildung und berufliche Qualifizierung von Frauen und ab 1971 die Vereinbarkeit von Beruf und Familie.

Schon 1946 verfügte die sowjetische Militäradministration die Gleichberechtigung von Männern und Frauen. Unter anderem war für gleiche Arbeit gleicher Lohn zu zahlen. Die Verfassung der DDR übernahm diese Grundsätze. Alle der Gleichberechtigung entgegenstehenden Bestimmungen waren mit Inkrafttreten der Verfassung aufgehoben (ebd.: 65). Die DDR knüpfte an die marxistischen Theoretiker/innen Engels, Bebel, Lenin und Zetkin an und definierte Erwerbstätigkeit als zentrale Voraussetzung einer Gleichberechtigung. Gleichzeitig aber hatten Frauen, so jedenfalls Clara Zetkin, qua Natur besondere „Pflichten als Mutter und Gattin" (zit. n. ebd: 62). Entlastung sollte eine „Haushaltsindustrie" bringen, die Frauen aus der „Haussklaverei" (Lenin, zit. n. ebd.: 62) befreite. Entsprechend fand sich in der DDR-Verfassung „die Forderung nach Schaffung von Einrichtungen, die es gewährlei-

---

28 Diese Einwände brachten Ursula Frübis und Clarissa Rudolph auf einer Tagung des AK Politik und Geschlecht in der DVPW im Mai 2001 vor. Ursula Frübis stellte dem Konzept (von Paul A. Sabatier entwickelte) Kriterien für die Erfolgswahrscheinlichkeit von Top-down-Strategien gegenüber und Clarissa Rudolphs Einschätzung fußte auf einer Erhebung bei Gleichstellungs- bzw. Frauenbeauftragten.

sten, daß die Frau ihre Aufgabe als Bürgerin und Schaffende mit ihren *Pflichten* als Frau und Mutter vereinbaren kann'" (ebd.: 65, Hervorh. H.O.). Wie im BGB gab es auch in der DDR besondere Pflichten, die Frauen nicht aber Männer hatten. Mit dem Gesetzbuch der Arbeit der DDR wurden 1961 Dienstleistungseinrichtungen zur Entlastung erwerbstätiger Frauen vorgeschrieben, Frauen erhielten einen Hausarbeitstag[29] und wurden bei der Erkrankung von Kindern von der Arbeit freigestellt. Gedacht waren diese Maßnahmen als vorübergehende, weil es eine Mehrbelastung von Frauen und Müttern „im vollbrachten Sozialismus nicht mehr geben würde" (ebd.: 65).

In der zweiten Phase, als die Integration der Frauen in die Erwerbsarbeit weitgehend vollzogen war, stand die berufliche Qualifizierung im Mittelpunkt. Bis dahin arbeitete die Mehrheit der Frauen als Un- und Angelernte. Nunmehr sollten Frauen für leitende Positionen vorbereitet werden. Eingerichtet wurden unter anderem gesonderte Studiengänge für Frauen, die Kinder oder Pflegebedürftige versorgten.

Seit 1971 aber rückte die sinkende Geburtenrate als Problem in den Vordergrund. Die Gleichberechtigung wurde nunmehr von Erich Honecker höchstpersönlich „als vollzogen" erklärt (zit. n. Penrose 1990: 69) und es galt Frauen anzuregen, mehr Kinder zu bekommen. Es gab erhöhte Geburtenhilfen, zinsgünstige Kredite für junge Ehepaare, besondere Unterstützungen für studierende Mütter und für junge Mütter, die sich noch in der Lehre befanden. Der Mutterschutzurlaub wurde verlängert und Mütter erhielten eine Arbeitszeitreduzierung. Schon 1976 wurde ein „Babyjahr", eine bezahlte Freistellung von Müttern von der Arbeit eingeführt, sofern sie zwei Kinder hatten. 1984 wurde das „Babyjahr" ab dem dritten Kind auf 18 Monate verlängert und seit 1986 konnten sich auch Mütter mit nur einem Kind von der Arbeit freistellen lassen. Die Karrierefrau blieb weiterhin Vorbild. „Allerdings mit dem Unterschied, daß die sozialistische Leiterin jetzt stets verheiratet und Mutter von zwei bis drei, meist fast erwachsenen Kindern war, und sie war dreifach orientiert: Beruf, Familie, Politik" (ebd.: 73). Doch es gab auch Stimmen, die die Frage stellten, „ob die Übernahme solcher Positionen den Frauen *zuzumuten* sei" (ebd.: 74).

„Die Bevölkerungspolitik der DDR bewirkte, daß vorangegangene sozialpolitische Leistungen nach und nach unterlaufen wurden. Obwohl z.B. die Arbeitsteilung zwischen Mann und Frau im Haushalt im 1965 verabschiedeten Familiengesetzbuch festgeschrieben wurde, hatten die neuen, die Frau bevorzugenden, zeitlichen Regelungen ... zur Folge, daß eine Auseinandersetzung über die Rollen- und Aufgabenverteilung in der Familie umgangen werden konnte" (ebd.: 72).

---

29 Eine vergleichbare Regelung gab es auch in der Bundesrepublik. Allerdings war sie an eine Wochenarbeitszeit von 48 Std. gekoppelt, der Hausarbeitstag entfiel also mit der Arbeitszeitverkürzung. Zudem hatte das Bundesverfassungsgericht die Beschränkung auf Frauen als gleichberechtigungswidrig erklärt.

Den Frauen „wurde zwar ein ganzes Leben lang gesagt, daß in der DDR Männer und Frauen gleichberechtigt seien, dennoch sollten sie nicht nur Kinder gebären, sondern ebenso die Hauptverantwortung für ihre Erziehung und für die Versorgung des Haushalts übernehmen. Überforderte Leiterinnen stiegen aus; junge Frauen schraubten ihren beruflichen Ehrgeiz zurück. Das alte Vorurteil, daß es sich nicht lohne, die Frauen groß zu fördern, weil sie gewiß irgendwann wieder aussteigen, um sich der Familie zu widmen, wurde dadurch geschürt. Damit schloß sich der Kreis" (ebd.: 74).

Die Gleichstellung in der Erwerbsarbeit blieb unvollendet. Nicht nur waren auch in der DDR die Tätigkeiten in „männliche" und „weibliche" separiert, sondern darüber hinaus war die Lohndifferenz zwischen Frauen und Männern die gleiche wie in der Bundesrepublik (vgl. Nickel 1993: 237f.).

Virginia Penrose sieht die Ursache der halbherzigen Gleichstellungspolitik der DDR im Festhalten an den Positionen der marxistischen Theoretiker/innen. Die im Verlauf des kalten Krieges entwickelte „Sicherheitsparanoia" (Penrose 1990: 63) habe kritische Auseinandersetzungen nicht zugelassen (und artete letztlich in Verfolgung aus).

„Zu dieser Zeit wurde aus einer dialektischen Theorie des Sozialismus ein Dogma. Der Wahrheitsanspruch des Marxismus-Leninismus verurteilte auch die Frauenpolitik in der DDR, auf der theoretisch-wissenschaftlichen Ebene der Jahrhundertwende stehen zu bleiben. Über die aus der Biologie hergeleitete Hauptverantwortung der Frauen für die Versorgung und Erziehung der Kinder, ob zu Hause oder in den Krippen und Schulen, wurde in der DDR also nicht weiter reflektiert, ... (sie wurde H.O.) widerspruchslos akzeptiert und weitergegeben" (ebd.: 63).

Beiden deutschen Staaten ist das Leitbild der Differenz gemeinsam: In der DDR das der erwerbstätigen Mutter, die zeitweilig den Beruf zurückschraubt, und in der Bundesrepublik das Leitbild der Hausfrau und Mutter, die nicht erwerbstätig ist oder wenn doch, etwas „hinzuverdient". Dabei zeigen sich aber erhebliche Widersprüche: Die Eherechtsreform der 1970er Jahre der BRD wurde nicht wieder rückgäng gemacht. Zwar ist nicht, wie in der DDR, gesetzlich verankert, dass Männer sich an der Hausarbeit beteiligen *müssen*, aber die Frau kann immerhin die Mitarbeit verlangen. Auch konnte die Frauenbewegung im Zuge des § 218-Kompromisses durchsetzen, dass es für drei- bis sechsjährige Kinder einen garantierten Kindergartenplatz geben soll. Und das Leitbild der Regierungsparteien der 1980er und 1990er Jahre war ein anderes als das der Europäischen Union: Recht und Leitbild fielen auseinander. Im Folgenden werde ich analysieren, welche frauenpolitischen Positionen bei wichtigen Bundespolitikern/innen und politischen Parteien in den letzten Jahrzehnten dominierten.

Frauenpolitische Linien der Parteien

In den 1950er Jahren war die Position der CDU eindeutig: Die Frau gehörte ins Haus. Der Bundesfamilienminister Würmeling sprach sich sogar dafür aus, dass Ehe und Scheidung dem kirchlichen Recht unterstellt werden sollten (Meyer-Ullrich 1986: 119). Als es vor dem Bundesverfassungsgericht 1957 um die Einkommensteuer von Ehepaaren ging, plädierte die Bundesregierung für eine höhere Besteuerung des „Zweit"-Einkommens von Ehefrauen. Das Ziel war die Erziehung von Frauen. Ein „Educationseffekt", sollte bewirken, „die Ehefrau ins Haus zurückzuführen" (BVGE 9/1957: 80f.).[30] In der Präambel des ungeliebten, und wie sich bald herausstellen sollte, unvollständigen Gleichberechtigungsgesetzes von 1957 (s.o.), hieß es, der Mann sei „der Ernährer der Familie" und die Frau das „Herz" (Meyer-Ullrich 1986: 115). Die SPD dagegen knüpfte an sozialistische Traditionen an, stand aber gleichzeitig in dem Dilemma der Abgrenzung zur DDR und hielt letztlich am traditionellen Frauenleitbild fest.

Erst nach den Regierungswechseln 1966 (große Koalition) und 1969 (SPD-FDP-Mehrheit) kam die Position der SPD stärker zum Zuge: Beispielsweise sah das 1969 verabschiedete AFG Hilfen für die Wiedereingliederung von Frauen nach der Familienphase vor. Nicht zuletzt trug die erstarkte Frauenbewegung mit dazu bei, dass es entscheidende Änderungen im Ehe- und Familienrecht gab: Im Scheidungsrecht wurde das Schuldprinzip durch das Zerrüttungsprinzip ersetzt (Frauen konnten nun erstmals ihren Mann verlassen, ohne auf Vermögen, das sie während der Ehe miterwirtschaftet hatten und auf Unterhaltszahlungen verzichten zu müssen), das Familienrecht wurde in der Hinsicht geändert, dass die Frau nunmehr nicht mehr gesetzlich zur Führung des Haushalts verpflichtet ist und auch der Name des Mannes nicht mehr automatisch zum Familiennamen wird. Das Modell war das einer „Partnerschaftsfamilie" (Meyer-Ullrich 1986: 123). In den Auseinandersetzungen um diese Reform wurde deutlich, dass es CDU und CSU um die Bewahrung der Ehe als „einer den Individuen übergeordneten Institution" und der SPD um „die spezifischen Bedürfnisse der einzelnen Familienmitglieder, besonders um den Gleichberechtigungsanspruch der Frau" ging (Meyer 1990: 21).

Gabriele Meyer-Ullrich datiert das Vorherrschen des Modells der „Partnerschaftsfamlie" nur auf die ersten Jahre der 1970er. In der zweiten Hälfte dagegen habe auch in der SPD das Leitbild der „Wahlfreiheit" dominiert. Massenarbeitslosigkeit und vor allem der Geburtenrückgang rückten die Einverdienerehe wieder in den Vordergrund. Im Familienbericht 1979 sorgten sich die Sachverständigen um die Benachteiligungen von Kindern berufstäti-

---

30 In dem Verfahren ging es darum, dass Ehepaare gemeinsam zur Steuer veranlagt wurden. Beim bestehenden, progressiven Steuersystem bedeutete dies, dass das zweite Einkommen wesentlich höher veranlagt wurde als das erste. Das Bundesverfassungsgericht verwarf dieses Verfahren mit Hinweis auf den Gleichheitsgrundsatz des Grundgesetzes. Eher nebenbei verwies das Gericht auf das amerikanische Verfahren des Splittings, dass daraufhin eingeführt wurde. Dabei verkannte das Gericht aber, dass auch das Splitting-Verfahren das Zweiteinkommen „bestraft".

ger Mütter. „Nach den Vorstellungen der Kommission sollte die Entlastung der Mütter nicht durch die Bereitstellung öffentlicher Unterstützung geleistet werden, ,es soll vielmehr Sorge dafür getragen werden, daß Frauen sich wieder mit ihrer Rolle als Familienhausfrau identifizieren können und eine Integration für sie zweitrangig wird'" (Meyer-Ullrich 1986: 126). Hatte der Familienbericht von 1975 „Familie" noch als jedwedes Zusammenleben mit Kindern, also auch in Wohngemeinschaften, definiert, stellt der Bericht von 1979 die „'biologischen Geschlechter' wieder als konstitutiv für ‚Familien' dar" (Behning 1996: 155).

Die Position der FDP, die die SPD-Reformen mitgetragen und viele Forderungen der Frauenbewegung aufgegriffen hatte, änderte sich mit dem Wechsel der Koalitionspartnerin 1982. Nicht nur verließen viele engagierte Frauen die Partei, sondern die FDP näherte sich der konservativen Koalitionspartnerin vor allem in den Bereichen Wirtschafts- und Finanzpolitik an, was sie zu einem frauenpolitischen Umdenken nötigte (Meyer 1990: 24). Forderungen der Frauenbewegung fielen nun „zunehmend wirtschafts- und arbeitsmarktpolitischen Überlegungen oder dem Koalitionskalkül zum Opfer" (ebd.: 24). Dennoch nahm die FDP an einigen wichtigen Punkten entscheidenden Einfluss. Sie brachte die steuerliche Absetzung von Haushaltshilfen ein, sofern diese für die Kinderbetreuung nötig waren, verhinderte eine Verschärfung des § 218, erreichte die Beibehaltung der Abtreibung auf Krankenschein, und der Parteitag forderte den Zugang von Frauen zur Bundeswehr. Das von der FDP präsentierte Frauenbild scheint „orientiert zu sein ... am Modell einer gebildeten, qualifizierten, frauenpolitisch moderat auftretenden, gleichwohl dynamischen (Jung-)Unternehmerin" (ebd.: 25).

Die CDU und CSU dagegen mussten nun ihre Kritik an den frauenpolitischen Maßnahmen der SPD-FDP-Koalition umsetzen. Sie standen vor der widersprüchlichen Aufgabe, „in ein traditionelles Frauenleitbild die gesellschaftlichen Veränderungen und das gewachsene Bildungs-, Berufs- und Anspruchsniveau von Frauen aufzunehmen" (ebd: 23). Ihre Aktivitäten konzentrierten sich vornehmlich auf die Familienpolitik: Der verlängerte Erziehungsurlaub und die Anrechnung von Erziehungszeiten in der Rente sollten vor allem die Arbeit von Müttern anerkennen. Zwar ist offen gehalten, wer von den Eltern den Erziehungsurlaub in Anspruch nimmt, die Einzelregelungen zielen aber auf die Mutter, zumal eine drei- oder mehrköpfige Familie kaum von einem Frauengehalt leben kann. (Nicht mit der Mutter verheiratete Väter sind generell ausgeschlossen.) Allerdings gab es innerhalb der CDU höchst widersprüchliche Strömungen. Die Regelungen zum Erziehungsurlaub versinnbildlichen diese geradezu: Sie ermöglichen der erwerbstätigen Frau (und dem erwerbstätigen Mann, sofern seine Frau genug verdient), sich ganz dem Kind zu widmen, ohne den Arbeitsplatz gänzlich aufgeben zu müssen. Gleichzeitig aber sorgen sie dafür, dass fast ausschließlich Frauen den Erziehungsurlaub in Anspruch nehmen, die Kündigungsschutzrechte sind so locker gehalten, dass die Arbeitsplatzrückkehr nicht immer gesichert ist und spätestens, wenn das Kind in die Schule kommt, ist gewährleistet, dass Mütter zu Hause bleiben, weil das Kind sonst über weite Strecken des Tages unbeaufsichtigt wäre. Das sozialpolitische System, hier vor allem in Form der Halbtagsschule, die in den ersten Jahrgängen eher eine „Vierteltagsschule" ist, verfestigt die Norm der Nichterwerbstätigkeit von Müttern, die auch durch eine dreijährige Garantie einer Rückkehrmöglichkeit an den Arbeitsplatz nicht gefährdet ist. Dennoch gab es in der CDU unterschiedliche Linien. Sie lassen sich an den Personen von Rita Süßmuth, der ersten Frauenministerin, und Norbert Blüm, dem langjährigen Arbeitsminister, ausmachen. Während Rita Süßmuth die Erschließung von Jungenberufen für Mädchen forderte, war für Norbert Blüm der einzig angemessene Platz für Frauen der Haushalt.

Die konservativen Parteien

Ein Beispiel für Norbert Blüms Leitbild sind seine Leitsätze zur „sanften Gewalt der Familie", die er 1981 auf dem Bundestag der Christlich-Demokratischen Arbeitnehmerschaft (CDA) vorstellte. Den biologischen Unterschieden von Frau und Mann entsprächen „unterschiedliche Verhaltensweisen" (Ziff. 16). „Liebe, Güte und Zärtlichkeit" seien „die besonderen Wesensmerkmale der Mutter". Mütter und Väter seien „nicht beliebig auswechselbar" (Ziff. 10). Wo „mütterliche" Zuwendung fehle oder unzureichend sei, bezahle das Kind „mit empfindlichen Verhaltensstörungen" (Ziff. 13). Zwar solle Frauen und Männern ermöglicht werden, an der jeweils gegengeschlechtlichen „Welt" mehr teilzuhaben, aber: „Der Spielraum für Wechsel und Wählbarkeit hat natürliche Grenzen" (Ziff. 26).

Das Rollendiktat, das diesem Konzept innewohnt, stieß auf scharfe Proteste, und zwar auch von Seiten vieler Frauen aus der CDU und der CDA: Eine CDU-Bundestagsabgeordnete bezeichnete Blüm gar öffentlich als einen „Reaktionär" (Frankfurter Rundschau 30.6.1981). Die Zeitung der späteren Koalitionspartnerin FDP, die Liberale Zeitung, titelte: „CDU gegen die Frau" (16.11.1981). Schon einen Monat nach dem Erscheinen der Thesen war Blüm anscheinend gezwungen, erneut Stellung zu nehmen. Er erfand die Forderung: „Die Mutter muss aufgewertet werden". Emanzipation sei nicht mit Erwerbsarbeit gleichzusetzen.

Der von Rita Süßmuth mitverfasste Leitantrag des Bundesvorstandes der CDU zum Bundesparteitag 1985 liest sich dann schon ganz anders: Die Frauenbewegung wird ob ihres Anteils an den Fortschritten zur Durchsetzung der Gleichberechtigung gelobt (Bundesvorstand 1985, Ziff. 2) und es sei „die freie Entscheidung von Ehepartnern, wie sie Erwerbsarbeit, Hausarbeit und Kindererziehung unter sich aufteilen, ohne daß von außen bestimmte Aufgaben dem Mann oder der Frau zugeordnet werden" (Ziff. 7). Gefordert wird sogar ein Abbau der geschlechtsspezifischen Segmentierung von Berufen:

„Alle Angebote der dualen Berufsausbildung und der vollzeitschulischen Ausbildungsgänge müssen Mädchen wie Jungen offenstehen. Frauen sollten sich an zukunftsträchtigen Berufsfeldern und qualifizierten Berufsanforderungen orientieren" (Ziff. 24). „Die Erfahrung hat gezeigt, daß sich Mädchen und Frauen auch in technischen Berufen bewährt haben" (Ziff. 25).

Die Schlüsselformel in diesem Leitantrag lautet jedoch: „Gleichwertigkeit der Arbeit in Beruf und Familie" (Ziff. 15).

„Arbeit gibt es nicht nur im Erwerbsleben, sondern auch in der Familie, im sozialen Dienst und im öffentlichen Leben. Die Arbeit in diesen Bereichen ist derjenigen im Beruf gleichwertig und muß deshalb entsprechend ihrer gesellschaftlichen Bedeutung anerkannt werden" (Ziff. 15).

Insoweit schloss sich der Leitantrag der Blümschen Forderung nach Aufwertung der Mütterarbeit an. Als Mittel dienten das Erziehungsgeld und die Anrechnung von Kindererziehungszeiten in der Rentenversicherung. Dem Leitantrag gelang es, die Blümsche Position mit der Forderung nach einer besseren Vereinbarkeit von Berufs- und Familienarbeit, die vor allem von Frauen auch aus der CDU vorgetragen wurde, zu integrieren. Dazu zählten u.a. Appelle an Arbeitgeber, Frauenförderpläne zu erstellen und die Arbeitszeiten zu flexibilisieren. Zudem versprach die Partei, die Zugangsmöglichkeiten zu Wiedereingliederungsmaßnahmen der Arbeitsämter für Frauen und Männer zu verbessern, die Kinder erzogen hatten. Prinzipiell überlässt der Leitantrag den Ehepaaren die Entscheidung, wer welche Arbeit übernimmt. Dennoch schreibt das CDU-Papier bestehende Geschlechterverhältnisse fort.

„Nicht mehr die Gleichberechtigung zwischen Mann und Frau, sondern zwischen Hausfrau und berufstätiger Frau ist das Ziel" (Jansen 1984: 825).

Die CDU definierte zentrale Begriffe der Frauenbewegung um (vgl. Beck-Gernsheim 1984: 23f.):

- Die Forderung nach verbesserten Berufschancen wird zwar auch mit entsprechenden Appellen, vorrangig aber mit der Definition von Hausfrauenarbeit als Beruf beantwortet.
- Unter „Benachteiligung" wird nunmehr die Benachteiligung von Familienfrauen gegenüber erwerbstätigen Frauen verstanden, nicht mehr die Benachteiligung von Frauen gegenüber Männern.
- Mit Emanzipation werden die Selbsverwirklichungschancen von Frauen in der Familie assoziiert, nicht mehr die Eigenständigkeit auf der Basis von Berufstätigkeit und eigenem Einkommen.
- „Wahlfreiheit" heißt nicht mehr, dass Frauen die Möglichkeit haben sollten erwerbstätig zu sein, sondern „seit der Tendenzwende wird damit für die umgekehrte Wahl plädiert, für die Rückbesinnung auf die Familie" (ebd.: 24).

Damit nahm die CDU die Empfindungen vieler älterer Frauen auf. „Diese fühlten sich nicht selten bedroht durch die neu aufkommenden Stichworte ‚Chancengleichheit' und ‚Emanzipation'. Denn damit wurde ja der Lebensweg in Frage gestellt, für den sie sich selbst, mehr oder minder freiwillig, einmal entschieden hatten" (ebd.: 28). Die jüngeren Frauen aber wollten, wie Studien aus diesen Jahren zeigen, beides, Beruf und Familie. Vor diesem Hintergrund war es ein weiterer geschickter Schachzug der CDU, die in Frauenfragen versierte und zudem in der Frauenforschung anerkannte Professorin Rita Süßmuth im Spätsommer 1985 in das Kabinett zu holen. Rita Süßmuth war für die Wertkonservativen akzeptabel; sie verteidigte die Ehe, war verheiratet, gläubige Katholikin und zudem Mutter. Gleichzeitig aber trat sie nachdrücklich für die Gleichberechtigung von Frauen in der Erwerbsarbeit ein. Besonders wichtig war ihr, dass Mädchen und Frauen einen erhöhten Anteil in gewerblich-technischen Berufen erlangten. Ihre Begründung war, dass sich die Chancen in den klassischen Frauenberufen in nächster Zukunft verminderten, weil gerade Frauenarbeitsplätze mit dem Einzug von Computern wegfielen (Süßmuth 1983b: 47).[31] An der CDU-Frauenpolitik äußerte sie (bevor sie selbst die dafür zuständige Ministerin wurde) deutliche Kritik. Sie akzeptierte den Rollenwandel „der Frauen im Partnerschafts- und Familiengründungsverhalten" und gleichzeitig lag ihr die Familie am Herzen, deren wirtschaftliche Probleme sich „aufgrund der Arbeitsmarktkrise und des gleichzeitigen Abbaus von Sozialleistungen" (Süßmuth 1983a: 90) erhöhten. Vor diesem Hintergrund forderte sie „Kurskorrekturen in der Familienpolitik" (ebd.). Vorrangig müssten die Arbeitszeitstrukturen geändert werden. „Aber ohne flankierende Maßnahmen im Betreuungs- und Bildungswesen ... können Vereinbarkeit von Familie und Erwerbstätigkeit nicht erreicht werden" (ebd.: 92).

In der Frauenbewegung schien es durch die Berufung Rita Süßmuths zur Ministerin, wie Mechthild Jansen schrieb, „manche Irritationen zu geben":

„Unwillen äußerten lediglich ‚Die Welt' und ein murrender CSU-Parteitag. Sozialdemokratische Frauen betonten Kooperationsbereitschaft, ‚Emma' zeigte sich geradezu entzückt, in der TAZ sah frau die CDU schon als brauchbarer an als die SPD" (Jansen 1986: 186).

Im Nachhinein betrachtet ist Rita Süßmuth mit ihrem Konzept gescheitert. Sie wurde zwischen der konservativen Fraktion à la Blüm und eben jenen Sparzwängen aufgerieben, die sie noch 1983 scharf kritisiert hatte.

---

31 Damals noch in ihrer Eigenschaft als Leiterin des Hannoveraner Forschungsinstituts Frau und Gesellschaft gelang es ihr sogar trotz Widerstands der amtierenden Ministerin (Willms) beim Bildungsministerium ein Projekt einzuwerben, in dem die Berufsverläufe von Frauen mit einer gewerblich-technischen Ausbildung untersucht und gleichzeitig ein Implementationsprojekt beim Landkreis Göttingen aufgebaut wurde. (Es war das erste Projekt solcher Art, dem später noch weitere folgen sollten. Vgl. Abschnitt 3.2).

SPD und FDP

Ihre Analyse der Frauenpolitik der SPD und der FDP betitelt Birgit Meyer mit: „Viel Lärm um nichts" (Meyer 1998: 85). Nach wie vor standen bei beiden Parteien die Frauenerwerbstätigkeit und das Recht auf qualifizierte Berufsausbildung im Zentrum. Die SPD-Frauenpolitik hatte „verwischte Konturen". Sie hatte Balanceakte zu meistern, sich von der Frauenpolitik der konservativ-liberalen Bundesregierung abzusetzen, „und sich gleichzeitig von der ‚übertriebenen Emanzipation' und Forderungen aus dem Umfeld und von Bündnis 90/Die Grünen zu distanzieren" (ebd.: 86). Zudem hielt die SPD (wie die Gewerkschaften) lange Zeit an der Forderung nach Vollzeitarbeit fest, ein Konzept, das bei vielen Teilzeitarbeit suchenden Frauen auf wenig Gegenliebe traf.

Mit frauenpolitischen Forderungen tat sich die Partei schwer. Die Arbeitsgemeinschaft sozialdemokratischer Frauen (AsF), in der alle Frauen der SPD organisiert sind, wurde erst 1973 gegründet, und bestand anfänglich aus drei zerstrittenen Fraktionen: Die eine sah gesellige und karitative Frauenarbeit als ihre Aufgabe, die andere, von den Jungsozialisten beeinflusste, „antikapitalistische" Strukturreformen und eine dritte, die allerdings die stärkste Strömung darstellte, „vertrat eine vermittelnde und kompromißbereite Position" (Brüssow 1996: 142). Stark beschäftigt hat die AsF die innerparteiliche Durchsetzung ihrer Forderungen und nicht zuletzt die Frage der innerparteilichen Quotierung, die lange auch von der Mehrheit der SPD-Frauen abgelehnt wurde. Innerhalb der Partei fand die AsF schwer Gehör. Noch 1994 beklagte die Bundesvorsitzende, dass die AsF nicht an der Ausarbeitung eines SPD-Regierungsprogramms beteiligt worden war. Die These, die AsF sei eine „frauenpolitische Spielwiese innerhalb der SPD", ist Gaby Brüssow zufolge „sicherlich nicht vollständig zurückzuweisen" (ebd.: 164). Die zentralen Anliegen der AsF sind „eigenständige ökonomische Absicherung von Frauen, die Vereinbarkeit von Beruf und Familie und die gleichberechtigte Teilhabe an gesellschaftlichen (und politischen) Machtpositionen" (ebd.), wobei diese Forderungen mit der Forderung nach einer täglichen Höchstarbeitszeit von sechs Stunden verbunden werden. Innerhalb der Partei aber sind diese Forderungen nicht durchgängig Konsens: „So ist die Partei beispielsweise nicht bereit, die Forderung der AsF nach Umverteilung der Familienarbeit, die vor allem die Männer mit einbeziehen soll, durch entsprechende arbeitsmarktpolitische Alternativen zu unterstützen" (ebd.: 165).

SPD-Frauenpolitik fand derweil in den von ihr (mit-)regierten Bundesländern statt. In all diesen Ländern wurden Gleichstellungsstellen eingerichtet. Andere Maßnahmen aber scheiterten häufig an den leeren Kassen. Die SPD-Forderungen nach Ausbau der öffentlichen Kinderbetreuungseinrichtungen und Ganztagsschulen konnten auch in diesen Bundesländern nicht im erwünschten Maße umgesetzt werden.

Im Vergleich zur SPD war die FDP aktiver. Sie war die erste Partei, die ein Antidiskriminierungsgesetz forderte. Schon 1978 hatte sie eine Initiative der Humanistischen Union aufgenommen und in den Bundestag eingebracht. Der Gesetzentwurf sah ein Verbot direkter und indirekter Benachteiligung aufgrund des Geschlechts in den Bereichen Arbeit, Erziehung, Geschäftsverkehr, Dienstleistungen, Justiz, Werbung und Medien vor. Nach dem Koalitionswechsel aber konzentrierten sich die frauenpolitischen Themen der FDP auf die Flexibilisierung der Arbeitsverträge und auf eine Veränderung der Ladenschlusszeiten. Daneben plädierte sie für Zugangsmöglichkeiten von Frauen zur Bundeswehr, wandte sich gegen die Verschärfung des § 218 und die Diskriminierung nicht-ehelicher und gleichgeschlechtlicher Lebensgemeinschaften und setzte gegen den Widerstand der Koalitionspartner durch, dass Vergewaltigung in der Ehe als Straftat gilt (vgl. Meyer 1998: 86). Zudem plädierte sie für eine Abschaffung des (nur für Arbeiterinnen geltenden) Nacharbeitsverbots. (Letztere war aber wegen des vor dem Europäischen Gerichtshofes anhängigen Verfahrens sowieso absehbar.) Aktivitäten zur Verbreiterung des Berufsspektrums für Frauen blieben auf die Forderung nach umfassender und frühzeitiger Information und Beratung über Berufsmöglichkeiten beschränkt (vgl. FDP 1994: 96).

Die Geschlechterpolitik der FDP orientierte sich am liberalen Wohlfahrtsregime und dem dazu „passenden" Leitbild der „sameness": Frauen sollten gleiche Rechte und Pflichten wie Männer haben und nur dort einen besonderen Schutz in Anspruch nehmen können, wo ein solcher unbedingt nötig ist. Den erzkonservativen Kreisen innerhalb der Koalitionspartnerinnen CDU und CSU konnte eine solche Politik wenig entgegensetzen. Sie konnte lediglich verschärfte Regulierungen beispielsweise zum § 218 verhindern. Regulierungen aber wie die Forderung nach einer Quotierung widersprachen prinzipiell der wirtschaftsliberalen Grundhaltung.

Vor dem Hintergrund der als Gemenge liberaler und konservativer Strömungen zu charakterisierenden Bonner Regierungspolitik spielte die grüne Partei eine höchst eigentümliche Rolle. Ihre Forderungen kamen aus einer sich zu großen Teilen als „autonom" begreifenden Frauenbewegung und beeinflussten nicht zuletzt auch gerade diesen Teil der Frauenbewegung.

Die Grünen/Bündnis 90

Bei den Grünen waren von Beginn an viele Feministinnen versammelt. Claudia Pinl, einer ehemaligen Pressesprecherin der Bundestagsfraktion der Grünen, zufolge, gab es beim erstmaligen Einzug 1984 in den Bundestag „viele Radikalfeministinnen in der Partei, die entschlossen waren, die Bonner Bühne zu nutzen" (Pinl 1993: 88). Sie waren angetreten um sich als Interessenvertretung von Frauen für die „Selbstbestimmung von Frauen über ihren Körper, ihre Arbeit, ihre Zeit" einzusetzen. Ein in den Bundestag eingebrachter Entwurf eines Antidiskriminierungsgesetzes (BTDruckS 10/6137) versuchte, „Regelungen, Gebote und Verbote bewußt und parteilich zugunsten von Frauen umzufunktionieren" (ebd.). Das bisherige Verhältnis zwischen den Geschlechtern wurde als Herrschaftsverhältnis begriffen, als dessen Basis vor allem die Arbeitsteilung nach Geschlecht und die Nicht- bzw. Minderbewertung von Frauenarbeit sowie Gewalt gegen Frauen galten. Entsprechend konzentrierte sich der Gesetzentwurf auf diese Bereiche.

Der Entwurf fand nicht bei allen grünen Frauen Zustimmung, insbesondere Mütter kritisierten, dass er einseitig auf den Erwerbsbereich zentriert sei und an ihrer Lebenswirklichkeit vorbeigehe. Ende 1986 fand ein Kongress zum Thema: „Leben mit Kindern – Mütter werden laut", statt, der für die grüne Frauenpolitik folgenreich war. Dieser Kongress wurde von Wissenschaftlerinnen des Deutschen Jugendinstituts und Frauen aus dem Umfeld der Grünen organisiert. Gemeinsame Forderungen wurden auf dem Kongress nicht entwickelt. Im Anschluss daran aber entwarfen grüne Politikerinnen und Sozialwissenschaftlerinnen ein „Müttermanifest" und präsentierten es 1987 als eins der Ergebnisse dieses Kongresses. Claudia Pinl betitelte einen Aufsatz, in dem sie sich mit dem Manifest auseinandersetzt, mit: „Schöne Grüße von Norbert Blüm" (Pinl 1987). In der Tat ähnelt dieses Konzept der Blümschen „sanften Gewalt der Familie". Adressaten/innen der aufgestellten Forderungen waren nicht – wie bei den Radikalfeministinnen – die Männer und die (von Männern dominierten) Bundes- und Landesregierungen, sondern die „Karrierefrauen" auch und gerade innerhalb der grünen Partei. „Motherhood is beautiful" wurde zur Losung „für ein neues Selbstbewußtsein von Müttern" (Müttermanifest Ziff. I).

„Wir sind gerade durch das Leben als Mütter für die Schwächen aber auch für die Umgestaltungsmöglichkeiten vieler gesellschaftlicher Orte und Prozesse sensibilisiert und haben die Kompetenz angemessene Änderungsmodelle zu entwickeln. Dieser Sachverstand fehlt in einer auf Mutter-, Kinder- und Naturferne eingerichteten Welt allenthalben. Wir betreiben seine Einkehr in die von anderen Perspektiven bestimmte Expertenkultur, sei sie männlich oder weiblich" (ebd. Ziff. II).

Das Müttermanifest trägt die Handschrift Gisela Erlers, einer am Deutschen Jugendinstitut arbeitenden Wissenschaftlerin, die den Kongress mit vorbereitet hatte. In ihrem 1985, somit kurz zuvor publizierten Buch, „Frauenzimmer – Für eine Politik des Unterschieds", arbeitet sie Differenzen zwischen Frauen und Männern heraus. Sie argumentiert unter anderem mit Unterschieden in den Gehirnen und dem Einfluss von Hormonen.

„Darüber zu spekulieren, weshalb die Hirnfunktionen von Frauen und Männern teilweise unterschiedlich organisiert sind, ist ein heikles Geschäft."
„Und doch ist es unsinnig, den Gedanken abzulehnen, daß Millionen Jahre relativ spezialisierter Aufgabenstellung nicht nur den Körper der Geschlechter, sondern auch seine psychischen Dispositionen mitgeprägt haben" (Erler 1985: 85f.).

Die Arbeitsteilung der Geschlechter ist für sie die Ursache unterschiedlicher biologischer Konstitution, die wiederum Auswirkungen auf die jeweiligen Fähigkeiten habe. Carol Hagemann-White, die sich in ihrem nur ein Jahr vorher erschienenen Buch ebenfalls mit biologischen Studien beschäftigt, kommt dagegen zu einem gänzlich anderen Schluss. Ihr zufolge ist die Sozialisation, die Zuweisung von Frauen- und Männerrollen wesentlich bedeutsamer als die Unterschiede der Hirnhäften oder der Hormone. Gisela Erlers Schlussfolgerung aber ist, dass Frauen „ihre realen Stärken und Fähigkeiten" anerkennen und selbstbewusst mit ihnen umgehen sollten (ebd.: 91).

Im Müttermanifest fand das neue Selbstbewusstsein von Frauen über ihr Anderssein seinen – wütenden – Ausdruck. Die alte Forderung der Grünen nach Überwindung der geschlechtsspezifischen Teilung des Arbeitsmarktes sei „ungenügend". Erst eine Stärkung von Müttern könne die Basis für eine konstruktive Annäherung der Geschlechter sein (Müttermanifest Ziff. II). Gisela Erler argumentiert, Frauen hätten sich jahrhundertelang geweigert, sich auf „männliche Logik" einzulassen. Der „Gerätetrieb" der Männer und ihr „qualitativ anderer Zugang zur Mathematik" hätten letzteren einen Vorsprung gesichert (Erler 1985: 142). Allerdings waren einige Produktionszweige und auch die Mathematik zeitweilig in der Hand von Frauen. Gisela Erler erklärt dies damit, das es in diesen Feldern „ein Frauenumfeld, eine Frauenkultur" gegeben habe und „der Verwendungszweck war deutlich auf die Gruppe, ihr besseres Leben, ihre Versorgung abgestellt" (ebd.: 142). Frauen sollten daher als Gruppe in solche Berufe gehen in dem Bewusstsein: „Ich bringe noch etwas anderes mit", nicht nur: „Ich kann das genausogut" (ebd.: 143). Diese Position wurde später vom CDU-geführten Bundesbildungsministerium aufgegriffen; der Slogan: „Frauen geben Technik neue Impulse", diente lange Jahre als – bezeichnenderweise – einziges Argument, mit dem für die Ausbildung von Mädchen in gewerblich-technischen Berufen geworben wurde (vgl. Abschnitt. 3.2).

Nicht nur war dieses Manifest innerparteilich bedeutsam, sondern es fand Eingang in die Politik von Bundesländern, bspw. in Niedersachsen unter der grünen Frauenministerin Waltraud Schoppe. Das Gemeinsame des Müttermanifestes mit den Leitlinien der CDU und sogar mit den Thesen des Pamphlets von Norbert Blüm war die Annahme einer essentiellen Geschlechterdifferenz. Wie Blüm und der CDU-Parteitag forderte auch das Müttermanifest eine Neudefinition von Arbeit. Die Versorgung von Personen, die Wahrnehmung sozialer Bezüge müssten sozial, politisch und finanziell „anerkannt werden" (Manifest Ziff. II).

Dieses Müttermanifest hat die grüne Partei nicht nur lange beschäftigt, sondern auch die Frauen in der Partei gespalten. Zudem waren Flügelkämpfe zwischen „Realos" und „Fundies" entbrannt. Der realpolitische Flügel befand sich nach dem Scheitern der rot-grünen Koalition in Hessen 1987 in der Krise, bei Landtagswahlen gingen Stimmen verloren und eine erneute Regierungsbeteiligung war in weite Ferne gerückt. „Teile der Erlerschen Ideologie schienen wie geschaffen, um das geistig-politische Vakuum zu füllen. Der anfänglich Schwung der ‚Mütter' versprach neue Impulse von der ‚Basis'". Doch auch etliche grüne Abgeordnete, die nicht zum Realo-Flügel gehörten, nahmen die Überlegungen „geradezu begeistert" auf (Pinl 1993: 91). Zwar schlief die gegen den Willen der Radikalfeministinnen in der Bundesarbeitsgemeinschaft Frauen eingerichtete „Untergruppe Mütterpolitik" bald ein, doch auch die Radikalfeministinnen verloren an Terrain, zumal sie ihre Forderungen nur mit Hilfe des linken Flügels der Partei durchsetzen konnten, der aber immer weniger Einfluss hatte. Ende der 1980er Jahre hatte der grüne Feminismus an Radikalität verloren (vgl. Brüssow 1996: 90). Die aktivste und dominierende Gruppe war die Bundesarbeitsgemeinschaft Lesbenpolitik, mit deren Schwerpunkten sich wiederum die mittlerweile neu hinzugekommenen ostdeutschen Frauen kaum identifizieren konnten. Trotz der selbstverschuldeten Zersplitterung und Marginalisierung gelang es zumindest der grünen Bundestagsfraktion Anfang 1990 erneut ein Antidiskriminierungsgesetz in den Bundestag einzubringen und sich dabei sogar auf eine 50%-Frauenquote bei allen Arbeitsplätzen zu einigen. Wie nicht anders zu erwarten war, lehnte die Mehrheit des Bundestages diesen Gesetzentwurf ab.

Eine Geschlossenheit grüner Frauen kam erst wieder durch den Angriff von Männern auf die innerparteiliche Quotierung zustande. Durch die Vereinigung der Grünen mit Bündnis 90 war ein neues Frauenstatut notwendig geworden. Sowohl die Quotierung als auch das Reißverschlussverfahren bei der Besetzung von Listen standen zur Disposition. Diese Ansinnen konnten die Frauen erfolgreich abwehren.

Das Müttermanifest verlor in den 1990er Jahren an Bedeutung, doch auch die Radikalfeministinnen hatten ihre Position verändert. Nicht „mehr radikalfeministische Systemkritik und -opposition, sondern frauenpolitische Forderungen, die sich stärker am Kriterium der realpolitischen Durchsetzbarkeit orientieren", bestimmten nun das Bild (ebd.: 99). Das frauenpolitische Leitbild von Bündnis 90/Die Grünen ist heute stark vom „sameness"-Konzept geprägt, lässt aber auch andere Lebensentwürfe zu. Im Programm zur Bundestagswahl 1998 ist, wie Beate Hoecker 1998: 75) schreibt, „der ‚Gegner' im Geschlechterkampf ... weitgehend aus dem Blick geraten; nach wie vor fehlen wegweisende Konzepte, wie denn eine nachhaltige Umgestaltung geschlechtsspezifischer Machtverhältnisse erreicht werden soll, die zweifellos tief in das Leben von Männern eingreifen würde". Die „samtpfötige und Männer schonende Frauenpolitik" sei im Hinblick auf eine Regierungsbeteiligung am Machbaren und Konsensfähigen ausgerichtet (ebd.: 76).

Neue Impulse unter rot-grün?

Das Geschlechterleitbild einer Differenz zwischen Männern und Frauen setzte sich in der BRD in der zweiten Hälfte der 1980er Jahre immer mehr durch. Frauen erschienen wegen ihres „Andersseins" als besonders für die Familienarbeit geeignet. Ironischerweise verfolgten die konservativen Parteien und die Grünen gemeinsam das Ziel der Gleichstellung nicht-erwerbstätiger mit erwerbstätigen Frauen, und nicht von Frauen mit Männern. Das von der konservativ-liberalen Regierung verabschiedete Erziehungsgeldgesetz und die Anerkennung von Erziehungs- und Pflegezeiten in der Rentenberechnung unterstützen Frauen nur wenig und ersetzten kein Männergehalt: Das propagierte Leitbild „Gleichheit bei Anerkennung der Differenz" (equality) war in Wirklichkeit ein Leitbild der „Differenz". Wenn es um Elternurlaub, Teilzeitarbeit, flexible Arbeitszeiten und letztlich um die Wiedereingliederung in den Arbeitsmarkt ging, waren immer nur die Frauen gemeint. Bei der Bundesagentur für Arbeit war nun nicht mehr die Herstellung von Chancengleichheit durch die Erschließung von Jungenberufen für Mädchen ein zentrales Thema, sondern sie konzentrierte sich ganz auf die Wiedereingliederung von Familienfrauen. (Wie ich im 4. Kapitel noch zeigen werde, hatte das Problem der Berufswahl von Mädchen bei der Bundesagentur nie eine sonderliche Bedeutung.) Die Wiedereingliederung nach der Familienphase aber gestaltet sich bei angespanntem Arbeitsmarkt problematisch, so dass letztlich nicht das Modell der „Equality", sondern das der Differenz gelebt wird. Die häufig propagierte „Wahlfreiheit" wurde unterlaufen, indem die von Rita Süßmuth vor ihrem Regierungsamt geforderte Absicherung durch den Ausbau von Kinderbetreuungsmöglichkeiten konsequent vermieden wurde. Policies zur Verbesserung beruflicher Chancen von Frauen durch die Ausbildung in männertypischen Berufen waren in den 1990er Jahren nicht mehr modern.

Von Seiten der DDR-Frauen waren nach der deutschen Vereinigung keine wesentlichen Impulse zur Gleichstellung der Geschlechter zu erwarten, hatten sie doch ebenfalls nach dem Modell der Differenz gelebt, und hatte doch die Geburtenpolitik der DDR der Mutter (und nicht dem Vater!) die Kinderbetreuung zugewiesen. Die Position der sozialistischen Klassiker/innen, wonach Frauen gesonderte Pflichten als „Mutter und Gattin" haben, knüpfte an die b ürgerliche Norm der Jahrhundertwende an und wurde lediglich mit der Forderung nach Erwerbstätigkeit von Frauen verbunden. Die DDR verwirklichte schließlich – bezeichnenderweise aber nur zum Teil – die Befreiung der Frau aus der „Haussklaverei", indem sie eine Ganztagsbetreuung von Kindern und warme Mahlzeiten in Schulen und Betrieben einführte. Dieser Vorteil, den die DDR gegenüber der BRD den Frauen bot, verringert sich aber deutlich, wenn mitbedacht wird, dass DDR-Frauen verschiedene „Laufereien" (Winkler 1990: 127) aufgrund von Versorgungsengpässen bei Waren, Dienstleistungen und Telekommunikation erledigen mussten. Geblieben sind vom Entwicklungspfad, den die DDR einschlug, die Forderung nach Erwerbsarbeitsplätzen für Frauen und nach Entlastung bei der Kinderbetreuung.

Die wichtigste und kostenträchtigste geschlechterpolitische Maßnahme sowohl in der Geschichte der Bundesrepublik als auch und ganz besonders in den 1990er Jahren war die, dass Ehemänner im Zeitverlauf immer mehr Steuervergünstigung bekamen, wenn ihre Frauen zu Hause blieben und somit kein oder – sofern sie „mitverdienten" – nur ein geringes Erwerbseinkommen hatten. Nicht nur steigt mit jeder Nominallohnerhöhung der staatliche Zuschuss, den diese Ehemänner bekommen, sondern in der Steuerreform 1996 wurde der Bonus noch mal kräftig erhöht. Seither können Einverdiener-Ehemänner nicht nur einen verminderten Steuersatz beanspruchen, sondern mit der Verdopplung des Grundfreibetrages ihre Frauen steuerlich noch besser „abschreiben" (vgl. Ostendorf 1997). Für Frauen, deren Männer kein Einkommen haben, gelten diese Vergünstigungen selbstredend auch, aber solche Konstellationen sind bekanntlich selten.

Die CDU/CSU hat nicht nur 1998 die Mehrheit im Bundestag verloren, sondern ihr Konzept der Rückführung von Frauen in die Familie war auch während ihrer Regierungszeit nicht von Erfolg gekrönt: Immer mehr westdeutsche Frauen nahmen trotz der Unzulänglichkeiten im Hinblick auf die Versorgung ihrer Kinder und trotz der Zumutung, dass die Familie im Gegenzug finanzielle Vorteile verlor, eine Erwerbstätigkeit auf. Die Frauenpolitik der Grünen ist heute weniger radikal. Dennoch gibt es in der Bundesrepublik im Hinblick auf vorherrschende Geschlechterleitbilder nach wie vor deutliche Unterschiede.

Das eine Extrem stellt die bayerisch-sächsische Konzeption dar: Nach den Vorstellungen der von diesen beiden Bundesländern einberufenen „Zukunftskommission" sollen Frauen „insbesondere in der sogenannten ‚Phase des leeren Nestes', nachdem die Kinder den Haushalt verlassen haben", unbezahlt „Bürgerarbeit" leisten (Kommission 1997: 165). Den Gegenpol bilden PDS und Grüne mit ihren Quotierungsforderungen. Die Koalitionsvereinbarungen der rot-grünen Bundesregierung von 1998 kommen allerdings moderater daher:

„Die neue Bundesregierung will die Gleichstellung von Mann und Frau wieder zu einem großen gesellschaftlichen Reformprojekt machen. Ein Bündnis für Arbeit muß zugunsten von Frauen und Männern gleichsam wirken" (Koalitionsvereinbarung Ziff. VIII).

Im einzelnen sind darin ein Gleichstellungsgesetz mit verbindlichen Regeln auch für die Privatwirtschaft, die verstärkte Teilhabe von Frauen an Maßnahmen der aktiven Arbeitsförderung, die Bindung der öffentlichen Auftragsvergabe an frauenfördernde Maßnahmen und nicht zuletzt „gleiche Chancen bei der Ausbildung in zukunftsorientierten Berufen" und „grundsätzlich die Hälfte aller Ausbildungsplätze" enthalten (ebd.). Umgesetzt wurde davon kaum etwas.

Die Ausbildungsprobleme von Mädchen, ihre Konzentration in Mädchenberufen und die Problematik der berufsfachschulischen Ausbildungen beispielsweise tauchen in den Ergebnissen der Arbeitsgruppe „Aus- und Weiterbildung" des Bündnisses für Arbeit vom 10.11.1999 gar nicht erst auf. Das „Aktionsprogramm Frau und Beruf", das schon in den Koalitionsvereinbarungen als eine der ersten Aktivitäten fixiert war, ist gleich zu Anfang steckengeblieben. Die Vereinbarung, den Splitting-Vorteil in der Einkommensteuer (die Subventionierung ein-verdienender Ehemänner) zu begrenzen, wurde merkwürdigerweise in der im Juli 2000 verabschiedeten Steuerreform „vergessen" und in den neuerlichen Koalitionsvereinbarungen 2002 konnten die Grünen nicht einmal ihren – bescheidenen – Vorstoß, den Splittingvorteil zu kappen, gegen die SPD durchsetzen. Das geplante Gleichstellungsgesetz wurde vom Bundeskanzler höchstselbst durch Zielvereinbarungen mit den Spitzenverbänden der Wirtschaft ersetzt und dadurch aller Voraussicht nach erstmal hinausgeschoben. Auch andere auf Chancengleichheit zielende Absichten kommen anscheinend nur schwer in Gang, beispielsweise der Ausbau der öffentlichen Ganztagsbetreuung für Kinder (wenngleich hier das Pisa-Debakel[32] für neue Munition sorgte). Wenn aber die Abwandlung des Erziehungsgeldes zu einem Elterngeld mit Zeitkonto (d.h., Eltern müssen die Auszeit nicht unmittelbar nach der Geburt des Kindes nehmen) das einzige Projekt bleiben sollte, wird die rot-grüne Frauenpolitik allenfalls zur „Anerkennung der Differenz" nicht aber zur Gleichstellung von Männern und Frauen beitragen. Bezeichnenderweise wurde die Forderung, dass Eltern den Erziehungsurlaub teilen *müssen*, nicht aufgenommen. Eine solche Regelung hätte erfordert, dass das Einkommen der Mutter auf mindestens ein „Ernährer-Gehalt" aufgestockt würde. Zudem hätten Väter der Karriere zuliebe wahrscheinlich dennoch verzichtet und herausgekommen wäre lediglich eine Halbierung des bisherigen Erziehungsurlaubes für Frauen.

Die Erschließung von Jungenberufen für Mädchen konnte in der konservativ-liberalen Regierungspolitik kein Thema sein, schon gar nicht in Zeiten von Lehrstellen- und Arbeitsplatzknappheit. Gewollt war, dass Frauen „Differenz" lebten, zu Hause blieben und die Erwerbsarbeit den Männern überließen. Allenfalls kam die Erschließung chancenreicher Männerberufe für die Frauen in Frage, die nach der Familienphase erwerbstätig sein mussten, weil das Einkommen des Mannes nicht reichte oder weil die Ehe geschieden war.

---

32 Die PISA-Studie (Dt. PISA-Konsortium Hg. 2001) verglich das Kompetenzniveau von 15-jährigen Schülern und Schülerinnen in 31 Ländern in der Verkehrssprache, Mathematik und der naturwissenschaftlichen Grundbildung. Deutschland erreichte im Ranking der 31 Länder lediglich die Plätze 20 bzw. 21. Besonders schlecht schnitt Deutschland hinsichtlich der Integration von Kindern aus Zuwandererfamilien ab. Und darüber hinaus erreichten in Deutschland auffällig viele Kinder aus unteren sozialen Schichten nur niedrige Werte.

Die mitregierende FDP hatte mit ihrem originär liberalen Konzept dem nicht viel entgegenzusetzen. Nicht aktive Politik zur Erschließung von Jungenberufen für Mädchen stand auf dem Programm, sondern lediglich die Ermöglichung des Erlernens und Ausübens solcher Berufe. Eine einflussreiche Opposition gegen diese Politik der Differenz hat es in den späten 1980er und in den 1990er Jahren nicht gegeben, vielmehr probten grüne Frauen den Schulterschluss mit Norbert Blüm. Dies konnte nicht ohne Auswirkungen auf die Politik der Bundesagentur bleiben. Wenngleich mit einer erheblichen Zeitverzögerung setzte sich dort das Leitbild der Differenz in den 1990er Jahren immer mehr durch, wobei das Leitbild der Gleichberechtigung der 1970er Jahre ebenfalls zeitverzögert und auch nur schwach in der zweiten Hälfte der 1980er Jahre zum Zuge kam (vgl. Kap. 4). Allmählich scheint sich das Blatt wieder zu wenden, wenn auch im Schneckentempo. Lernen können die Regierungsparteien und die Bundesagentur nicht zuletzt aus den Modellversuchen, die der sozialdemokratische Bundes-Bildungsminister Rhode Ende der 1970er Jahre ins Leben rief.

Im Folgenden werde ich Analysen zur Erwerbstätigkeit von Frauen vorstellen. Welche Leitlinie manifestiert sich auf dem Arbeitsmarkt? Oder stellen sich für die Berufsberatung durch das tatsächliche Verhalten von Mädchen und Frauen sowie deren Wünsche womöglich gänzlich andere Anforderungen als die Vorgaben regierender Parteien einfordern?

3.4 Erwerbsbeteiligung von Frauen: Unterschiedliche Präferenzen innerhalb Deutschlands

Im Jahr 2001 betrug die Erwerbsquote der Frauen in Westdeutschland 63,2% und in Ostdeutschland 72,5%.[33] Während die Erwerbsbeteiligung ostdeutscher Frauen der skandinavischer Frauen nahekommt, sind westdeutsche Frauen deutlich seltener erwerbstätig und auch seltener als in vielen anderen europäischen Ländern. Unter den 30 OECD-Ländern liegt die (gesamt)-deutsche Frauenerwerbsquote auf einem mittleren Rangplatz und auch innerhalb der „alten" EU im Mittelfeld. Im Vergleich der Erwerbsquoten nimmt Ostdeutschland den siebthöchsten Platz der 30 OECD-Länder ein und Westdeutschland gerade mal den 19. Nun sind in Deutschland im Vergleich zu anderen Ländern auch die Männer seltener erwerbstätig. Die Übersicht 7

---

33 Daten nach dem Mikrozensus. Quelle: IAB Zahlen-Fibel. Stand: 7.10.2002.

Übersicht 7:
Auf 100 erwerbstätige Männer kommen im Jahr 2001... erwerbstätige Frauen

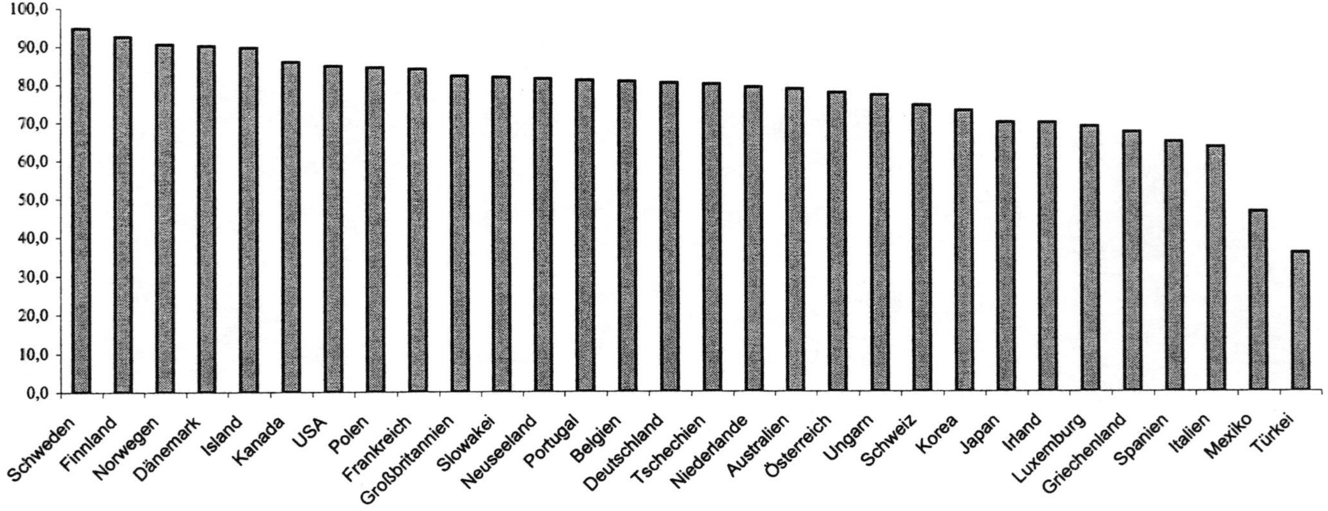

zeigt die Relation von Männern und Frauen.³⁴ Auf 100 erwerbstätige Männer kommen in Schweden bspw. 94,7 Frauen, in (Gesamt)-Deutschland aber nur 80,2. Hat die Geschlechterpolitik konservativer Bundesregierungen hier „Erfolge" zu verzeichnen oder sind die Daten eher als „Misserfolg" zu interpretieren, weil immerhin nicht jede verheiratete Frau bzw. Mutter „zu Hause" bleibt? Im Folgenden werde ich auf die Struktur und auf die Entwicklung der Frauenerwerbstätigkeit in den letzten Jahrzehnten eingehen und damit verbunden auf die Frage, ob Frauen und vor allem junge Frauen das vielzitierte Dreiphasenmodell tatsächlich leben und leben wollen. Die anschließende Auswertung empirischer Ländervergleiche erhellt wesentliche Ursachen der niedrigen Erwerbsquote. Zum Schluss dieses Abschnittes werde ich herausarbeiten, dass sich die Berufsberatung im Hinblick auf ihre Geschlechterpolitik unterschiedlichen und sogar konträren Anforderungen gegenübersieht.

Struktur und Entwicklung der Frauenerwerbstätigkeit

Obwohl die Zahl der erwerbstätigen Frauen in Westdeutschland nach wie vor verhältnismäßig niedrig ist, war in den letzten Jahrzehnten eine deutliche Zunahme zu verzeichnen. 1970 lag die Erwerbsquote erst bei 46,2%. Insbesondere in der Dekade zwischen 1980 und 1990 gab es dann einen „rasanten" Anstieg um acht Prozentpunkte (ANBA SH 2000: 388). Bis zum Jahrtausendwende waren es dann noch mal vier Prozentpunkte.³⁵ Bemerkenswert ist, dass vor allem immer mehr Frauen mittlerer Altersjahrgänge erwerbstätig wurden: Mütter geben heute ihre Erwerbstätigkeit nicht mehr unbedingt auf und wenn sie es tun, bleiben sie seltener als früher für lange Zeit „zu Hause" (Maier 1993a, Engelbrech/Jungkunst 2001). Häufig greifen sie auf Teilzeitmöglichkeiten zurück.³⁶ In der DDR war die Erwerbstätigkeit von Frauen – auch von Müttern – selbstverständlich und die Erwerbsneigung hat sich bei den ostdeutschen Frauen seither nur wenig verändert.³⁷

---

34 Quelle: www.oecd.org ... Main Economic Indicators, abgerufen am. 23.1.2003. Zu folgenden Ländern sind in der Grafik die Zahlen des Jahres 2000 und nicht wie angegeben des Jahres 2001 enthalten: USA, Österreich, Belgien, Tschechien und Griechenland.
35 Ein Teil dieses Anstiegs geht auf eine stärkere Erfassung nicht-sozialversicherungspflichtiger Beschäftigungsverhältnisse ab dem Jahr 1990 zurück (gegenüber dem Vorjahr stieg die Quote 1990 um 3 Prozentpunkte).
36 Zwischen 1983 und 1992 beispielsweise blieb das Arbeitsvolumen von Frauen nahezu unverändert, aber die Zahl der sozialversicherungspflichtig beschäftigten Frauen stieg um 1,9 Mio. (ANBA SH 1999: 110).
37 Häufig ist zu hören, dass in der DDR 91% der Frauen erwerbstätig gewesen seien. Bei dieser Zahl handelt es sich um den Beschäftigungsgrad, d.h., Schülerinnen und Studentinnen wurden mitgezählt. Der Anteil erwerbstätiger Frauen an der weiblichen Wohnbevölkerung im Alter von 15 bis 65 Jahren lag dagegen 1989 bei 78,1% (Nickel 1993: 237). 1955 betrug die Zahl der erwerbstätigen Frauen im arbeitsfähigen Alter nur 52,5%. Sie war schon da-

Ginge es nach der Erwerbsneigung würden in Deutschland wesentlich mehr Frauen erwerbstätig sein. In einer Befragung von Müttern, deren Kinder höchstens neun Jahre alt waren, präferierte nur jede siebte Mutter das traditionelle Einverdiener-Modell. Selbst von den Müttern mit Kindern unter drei Jahren war kaum jede sechste westdeutsche und nur jede 20. ostdeutsche damit zufrieden, dass der Mann allein verdiente (Engelbrech/Jungkunst 2001). Auch in einer repräsentativen, 1995 durchgeführten Befragung von 16- bis 69-jährigen Frauen und Männern (BMFSFJ Hg. 1996) meinte die große Mehrheit der Frauen (71% der westdeutschen und 87% der ostdeutschen), dass für die Förderung der Berufstätigkeit von Frauen zu wenig getan werde. Zur Förderung eines beruflichen Wiedereinstiegs nach der Familienphase äußerten ähnlich viele Frauen Unzufriedenheit (69 bzw. 87%), wobei auch mehr als die Hälfte der westdeutschen und noch mehr ostdeutsche Männer diese Kritik teilten (ebd.: 36ff.). Finanzielle Unabhängigkeit von Frauen in der Ehe ist dieser Befragung zufolge mehr als 90% der Frauen wichtig, jede zweite votierte sogar für „sehr wichtig". Auch die Männer legen sehr viel Wert auf die wirtschaftliche Unabhängigkeit von Ehefrauen, allerdings etwas weniger als die Frauen selbst und ostdeutsche Männer mehr als westdeutsche. Befragungen von Mädchen im Schulentlassalter zeigen seit mindestens zwei Jahrzehnten immer wieder ein ähnliches Bild: Berufliche Ausbildung, berufliches Fortkommen und vor allem die finanzielle Unabhängigkeit gehören zu ihren Lebensplanungen dazu (u.a. Hoose/Vorholt 1996).

Für viele Frauen ist allerdings die Geburt von Kindern Anlass, die Erwerbsarbeit zumindest vorübergehend aufzugeben. Auffällig ist, dass viele Frauen, auch wenn die Kinder schon größer sind, nicht wieder erwerbstätig werden. In älteren, grafischen Aufbereitungen der Erwerbsbeteiligung westdeutscher Frauen ist eine M-Kurve zu sehen: In jungen Jahren steigt die Erwerbsbeteiligung (Lehrlinge gehören bereits früh zu den Erwerbstätigen, Universitätsabsolventinnen erst ein knappes Jahrzehnt später). Aber schon in der Altersgruppe der 20-25-Jährigen sinkt die Erwerbsbeteiligung wieder und erreicht bei den 30-35-Jährigen ihren Tiefpunkt. Der anschließende Anstieg bis zur Gruppe der 40-45-Jährigen bleibt dann unter dem vorhergehenden Maximum und in den späteren Altersgruppen sinkt die Erwerbsbeteiligung erneut. (In neueren Aufbereitungen ist der m-förmige Kurvenverlauf nicht mehr sichtbar, u.a. weil Frauen im Erziehungsurlaub als Erwerbstätige gezählt werden und mit der Verlängerung des Erziehungsurlaubs somit deren Zahl stieg.)

Aus dieser M-Kurve wird abgeleitet, dass der Lebensverlauf von Frauen sich in den drei aufeinanderfolgenden Phasen Erwerbstätigkeit, Familienarbeit und erneuter Erwerbstätigkeit vollzieht. Die Ursache dessen, dass weni-

---

mals zwar höher als in der Bundesrepublik, hatte aber noch längst nicht den Stand von 1989 erreicht.

ger Frauen nach der Familienphase erwerbstätig sind als vorher, wird darin vermutet, dass diese Frauen mittlerweile Qualifikationsdefizite haben, die angesichts des vielerorts engen Arbeitsmarktes besonders zu Buche schlagen und denen durch entsprechende Kurse und durch Umschulungen begegnet werden müsse. Dabei wird allerdings vergessen, dass vielfach nicht die Zeit für Dequalifizierung sorgte, sondern dass viele Frauenberufe strukturell nicht auf eine längerfristige Erwerbstätigkeit und auf einen eventuellen Wiedereinstieg angelegt sind. Viele Frauenförderprogramme aber, nicht zuletzt die der Bundesagentur für Arbeit, konzentrieren sich auf den Wiedereinstieg nach einer fest umrissenen Familienphase.

Qualitative Untersuchungen dagegen zeigen, dass viele (westdeutsche) Frauen nicht das Dreiphasenmodell leben, sondern mehrfach zwischen Erwerbstätigkeit und Nicht-Erwerbstätigkeit pendeln (Born u.a. 1996, Krüger 1998). „Unterbrechungsmarker" sind nicht nur die Geburt von Kindern, sondern beispielsweise das Schulpflichtigwerden der Kinder, die Pflege der Eltern und die Orts- und Aufstiegsmobilität des Ehemannes (Krüger 1998). Vor allem aber zeigt die Untersuchung auch, dass der Erwerbsverlauf von Frauen ganz entscheidend vom erlernten Beruf abhängt. Von den 1948/49 ausgelernten Kinderpflegerinnen, *die 20 Jahre später erwerbstätig waren*, arbeitete keine mehr in ihrem Beruf. Die große Mehrheit (83%) befand sich in nicht-versicherungspflichtigen Beschäftigungsverhältnissen. Von den Verkäuferinnen waren 26,5% im Beruf und 58,8% nicht-versicherungspflichtig beschäftigt, bei den Friseurinnen war das Verhältnis 11,1 zu 22,2%, bei den Schneiderinnen 25,9 zu 11,1%. Einzig die Frauen mit anderen kaufmännischen Ausbildungen befanden sich 20 Jahre nach Ausbildungsabschluss noch zu 50% im Beruf und nur zu 17,4% in nicht-versicherungspflichtigen Beschäftigungsverhältnissen. (Die Differenz zu 100% benennt diejenigen, die in andere Tätigkeitsfelder eingemündet sind). In einer anderen Veröffentlichung zu diesen Erhebungen wird das Patchworkartige weiblicher Erwerbsverläufe besonders deutlich. Die Autorinnen fanden bis zu zwölf familienbedingte Erwerbsunterbrechungen vor (Born u.a. 1996: 224ff.). Diese Befunde werden gestützt durch die Daten des sozio-ökonomischen Panels. Denen zufolge haben zwischen 1940 und 1949 geborene Frauen mit mindestens einem eigenen Kind zu 20,1% angegeben, dass sie „immer erwerbstätig" waren, 10,8% „nur Hausfrau" und 69,1% „teils Hausfrau, teils erwerbstätig" (DIW 1992: 254). Zwar haben gut 80% derjenigen, die nach einer Erwerbsunterbrechung in den Beruf zurückkehrten, die Erwerbstätigkeit nur einmal unterbrochen, aber immerhin knapp 20% gaben mehrmalige Umstiege an. Von den 65-jährigen Frauen waren es sogar mehr als 30%.

Ein eindrucksvolles Bild der verstärkten Bemühungen um Erwerbsarbeit westdeutscher Frauen und ihres Pendelns zwischen Erwerbs- und Familienarbeit gibt die Analyse der Stillen Reserve, die auf ca. 2,5 Mio. Menschen geschätzt wird, von der Frauen mehr als drei Viertel stellen. Die Fluktuation innerhalb der Stillen Reserve Westdeutschlands „ist so hoch, daß sich innerhalb weniger Jahre ihr Personenbestand fast völlig ausgetauscht hat" (ebd.: 928). (In Ostdeutschland dagegen ist, wie bereits angemerkt, die Erwerbstätigkeit von Frauen nach wie vor selbstverständlicher als in Westdeutschland und entsprechend spielt die Stille Reserve eine geringere Rolle.)

Dem Dreiphasenmodell kommt weit weniger Bedeutung zu als vielfach angenommen wird. Frauenfördermaßnahmen, die auf eine Wiedereingliederung von Familienfrauen nach einer längeren Berufspause zielen, entsprechen nur den Bedürfnissen weniger Frauen. Immerhin ist jede zweite westdeutsche Mutter eines Kindergartenkindes mittlerweile erwerbstätig, in Ostdeutschland sind es sogar zwei von drei (Engelbrech/Jungkunst 2001). In Ostdeutschland kehren viele Mütter sogar noch vor Ablauf des dreijährigen gesetzlichen Erziehungsurlaubs in die Erwerbsarbeit zurück (DIW 1997a: 924). Der Lebensverlauf von Frauen ist anscheinend weniger ein geplanter Ablauf von Schwerpunktsetzungen auf Beruf *oder* Familie mit dem Vorrang der Familie solange die Kinder klein sind, sondern eher eine Aneinanderreihung mehrerer Phasen, deren Zahl und Länge sich danach richtet, welche Anforderungen die Familie stellt und wie korrespondierend dazu sich die beruflichen Möglichkeiten darstellen.

Die Gründe für die zeitweilige Nichterwerbstätigkeit von Müttern liegen auf der Hand: Der „desintegrierende Sozialstaat" (Schmid 1994) erwartet, dass soziale Dienstleistungen wie Kindererziehung, Beaufsichtigung von Schularbeiten oder die Pflege von Alten und Kranken innerhalb der Familien erbracht werden. Der Mangel an öffentlicher Kinderbetreuung erklärt die Nichterwerbstätigkeit von Müttern in der Zeit, in der ihre Kinder heranwachsen, nicht aber die insgesamt niedrigere Erwerbsbeteiligung und zudem sind Mütter auch in anderen Ländern zeitweilig „zu Hause". Selbst in den skandinavischen Ländern nehmen Mütter Erziehungsurlaub, trotz der dort wesentlich besser ausgebauten öffentlichen Kinderversorgung. Im Folgenden wird aufgezeigt, in wieweit Frauen in verschiedenen Ländern unterschiedliche Bedingungen vorfinden und in wieweit die spezifisch bundesdeutschen Verhältnisse die geringe Erwerbsbeteiligung erklären.

Theoretische und empirische Deutungen

Die Frauenarbeitsmarktforschung hat in den vergangenen Jahrzehnten vielfältig nach theoretisch untermauerten Erklärungen für die geschlechtsspezifische Segmentation des Arbeitsmarktes und in diesem Zusammenhang auch für die geringe Erwerbsbeteiligung bundesdeutscher Frauen gesucht. Sonderlich ertragreich waren die Bemühungen nicht. Die „klassischen" Arbeitsmarkttheorien, die Theorie der statistischen Diskriminierung, die Segmentations- und die Humankapitaltheorie erwiesen sich für die Frauenforschung als wenig hilfreich: Zwar gibt es fundierte empirische Belege dafür, dass junge Frauen bereits kurz nach dem Lehrabschluss weniger verdienen als ihre männlichen Kollegen mit gleichem Berufsabschluss (Engelbrech/Nagel 2002) und dass sich die Schere der beruflichen Positionen mit den Jahren immer weiter öffnet (Damm-Rüger 1991, Engelbrech 1991 u. 1996), die statistische Diskriminierung bleibt als Erklärung aber allzu dürftig. Sie reduziert sich letztlich darauf, dass Arbeitgeber/innen kollektiv Frauen „verfolgen", Frauen, die in ihren Betrieben qualifiziert wurden und die betriebsspezifisch eingearbeitet sind. Auch die These eines innerbetrieblich in „good jobs" und „bad jobs" segmentierten Arbeitsmarktes (Sengenberger 1987) ist wenig stichhaltig. Gerade weil Frauen andere Tätigkeiten als Männer ausüben, kann auf Frauen nicht eher verzichtet werden als auf Männer: Baut beispielsweise ein Maschinenbaubetrieb Arbeitsplätze ab, wird die Lohnbuchhalterin nicht unbedingt vor den Maschinenschlossern entlassen. Die Humankapitaltheorie (Becker 1985) wiederum betrachtet eine Ehe als „Firma", in der Mann und Frau sich jeweils auf Erwerbsarbeit oder Hausarbeit festlegen, um so einen „Spezialisierungsgewinn" zu erwirtschaften. Frauen könnten daher weniger Energie für Erwerbsarbeit aufwenden und aus diesem Grunde würden sie weniger verdienen. Entgegen den Annahmen dieser statischen Theorie sind die Wohlfahrtsgewinne einer Spezialisierung in den verschiedenen Phasen der Ehe aber höchst unterschiedlich. Zumindest in der Zeit, bevor Kinder geboren werden, und ebenfalls, nachdem sie das Haus verlassen haben, dürfte die „Haushaltsproduktion" kaum ein zusätzliches Markteinkommen aufwiegen. Auch wäre für die Reproduktion des Mannes allein eine Vollzeit-Haushälterin nur dann nötig, wenn die Erwerbsarbeit ihm nicht genügend an disponibler Zeit übrig ließe, – bei einer 35- oder 38-Stundenwoche eine unrealistische Annahme, selbst wenn noch einige Überstunden hinzukommen. Ferner dürften sich die Präferenzen beispielsweise zwischen dem 25sten und dem 75sten Lebensjahr verändern. Die Ehe als rationale Wahlhandlung zum Zweck der Erzielung zusätzlichen Einkommens zu betrachten, geht an den Motiven einer Eheschließung vorbei: Emotionale Beziehungen, ihre Veränderbarkeit und unter Umständen Brüchigkeit sind fernab mikroökonomischer Rationalität.

Karin Gottschall (1995: 136) bezeichnet die bisherigen Ansätze als „unzulänglich", weil, wie sie zu Recht anmerkt, die zentralen Kategorien wenig reflektiert sind und Bezüge zu den gesellschaftlichen Bedingungen fehlen. Doch selbst wenn von der Stichhaltigkeit einer der drei Erklärungsvarianten (oder etwas von allen) ausgegangen wird, bleibt unklar, warum der Grad der Erwerbstätigkeit von Frauen in ökonomisch vergleichbaren Ländern so unterschiedlich ist. Allenfalls könnte vermutet werden, dass für bundesdeutsche Frauen Investitionen in eine beruflich verwertbare Qualifikation besonders unprofitabel sind, dass hierzulande die geschlechtsspezifische Segmentation besonders rigide und die statistische Diskriminierung besonders ausgeprägt ist, so dass die Frauen deshalb wenig „geneigt" sind erwerbstätig zu sein. Bei allen drei Theorievarianten fehlt die Nachfrageseite (vgl. Pfau-Effinger 1993, Cyba 1998). Möglicherweise haben bundesdeutsche Frauen unter den gegebenen Bedingungen tatsächlich keine Lust auf Erwerbsarbeit. Hier wiederum könnte in der Tat die Humankapitaltheorie Relevanz haben: Politische Regulierungen können die Einverdienerehe profitabel machen.

Andere Untersuchungen nehmen empirisch Vorfindbares zum Ausgangspunkt. Manfred G. Schmidt (1993a u. b), Richard Rose (1997) und Eichhorst/Thode (2002) untersuchten den Einfluss verschiedener politisch-institutionalistischer Faktoren, Günther Schmid und Christine Ziegler (1993; Schmid 1994) verglichen unterschiedliche OECD-Länder und bündelten ihre Ergebnisse zu Szenarien, Birgit Pfau-Effinger (1993) stellte historische Entwicklungspfade in den Vordergrund und Mary Langan und Ilona Ostner (Langan/Ostner 1994, Ostner 1995a u. b.) typisierten wohlfahrtsstaatliche Regelungen, wobei einer der einbezogenen Faktoren die Erwerbsbeteiligung von Frauen war (vgl. Abschnitt 3.3).

Die Studien setzten unterschiedliche Gewichtungen. Soweit sie Typisierungen vornehmen (Schmid/Ziegler, Schmidt, Langan/Ostner) gehen diese in die gleiche Richtung. Als eine der Ursachen geringer Frauenerwerbstätigkeit wird der in Deutschland vergleichsweise kleine Dienstleistungssektor ausgemacht (Schmidt 1993a u. b, Rose 1997), der einen Nachfragemangel an frauentypischen Tätigkeiten mit sich bringt. Das geringe Gewicht des Dienstleistungssektors im Verhältnis zum produzierenden Gewerbe hierzulande ist aber nur bedingt als Erklärungsmoment für die Rate der Frauenerwerbstätigkeit brauchbar: Im Dienstleistungssektor werden nicht nur kaufmännische, beratende, erziehende etc. Tätigkeiten ausgeübt und im produzierenden Sektor schon gar nicht ausschließlich produzierende. Das Verkehrswesen beispielsweise gehört – per Definition der Volkswirtschaftlichen Gesamtrechung – zum Dienstleistungssektor. Kfz-Mechaniker/in ist also in der Regel ein Dienstleistungsberuf. Büro-, Informatik- und Industriekaufmann/frau dagegen sind Berufe, die häufig im produzierenden Gewerbe ausgeübt werden. Ein Vergleich des DIW (1997b) ergibt, dass die Relation von dienstleistenden und produzierenden *Tätigkeiten* in Deutschland nur wenig niedriger ist als in den USA. Die geringere Bedeutung des Dienstleistungs*sektors* gegenüber den USA ist darauf zurückzuführen, dass Dienstleistungsarbeit in Deutschland häufig innerhalb des produzierenden Gewerbes vollbracht und in den USA dagegen an spezifische Dienstleistungsbetriebe vergeben wird.

Der viel beachtete Vorschlag von Wolfgang Streeck und Rolf Heinze (1999) zur Bekämpfung der Arbeitslosigkeit in Deutschland den Dienstleistungssektor auszuweiten, ist daher nur erfolgversprechend, wenn auch das Arbeits*volumen* vergrößert wird. Berechnungen von Günther Schmid (2003) zufolge ist das Beschäftigungsniveau im Dienstleistungssektor im Niedriglohnbereich in Deutschland um 8,5 und im Hochlohnbereich um 6,9 Prozentpunkte niedriger als in den USA. (Im Produzierenden Gewerbe ist es im Niedriglohnbereich um 1,2 Prozentpunkte niedriger und im Hochlohnbereich um 0,1 Prozentpunkte höher). Auch ist in den USA das Arbeitsvolumen pro Kopf wesentlich höher als in Deutschland[38] mit der Folge, dass mehr Dienstleistungen nachgefragt werden. Dies eröffnet wiederum Erwerbsmöglichkeiten in Frauenberufen und die dort beschäftigten Frauen fragen selbst wieder vermehrt Dienstleistungen und Produkte nach. Martin Baethge (1999), der sich mit der „Hartnäckigkeit des industriellen Denkens" in Deutschland beschäftigt, fordert in Umkehrung des Gedankens von Streeck und Heinze eine Erhöhung der Frauenerwerbsquote. Sie sei „eine zentrale Bedingung für die Verringerung der Arbeitslosigkeit". In der Tat könnte eine Erhöhung der Frauenerwerbsquote zu mehr Konsumnachfrage führen.

Bislang aber werden Dienstleistungen hierzulande häufig nicht erwerbsförmig, sondern informell, innerhalb der privaten Haushalte erbracht. Staat und Sozialversicherungen unterstützen die Familien in sozialen Bedarfslagen vorrangig mit Transferzahlungen und stellen wenig Dienste zur Verfügung (Schmid 1994). Beispielsweise erhalten Eltern Kindergeld und es wird erwartet, dass sie und nicht die staatlichen Schulen die Schularbeiten betreuen. Letztlich wird sogar die Nicht- und die marginale Erwerbstätigkeit eines Ehepartners unabhängig vom Vorhandensein von Kindern steuerlich begünstigt (Ehegattensplitting), ein Verfahren, dass noch 1982 vom Bundesverfassungsgericht mit Verweis auf „eine besondere Anerkennung der Aufgabe der Ehefrau als Hausfrau und Mutter" (BVerGE Bd. 61: 346) legitimiert wurde.[39] Hiermit korrespondiert, dass die Männerlöhne in Deutschland relativ hoch sind, und zwar nicht nur im Vergleich zu den Frauenlöhnen, sondern auch zu den Männerlöhnen in anderen Ländern. Die hohen Löhne ermöglichen zum einen die Nichterwerbstätigkeit von Ehefrauen und zum anderen stimulieren sie den Staat zur Förderung neuer und hochproduktiver Arbeitsplätze, wobei es sich zumeist wieder um Arbeitsplätze in Männerberufen handelt (Schmid 1994). Transferzahlungen verringern gemeinsam mit den Vorteilen der Ehegattenbesteuerung und der sozialen Absicherung von Frauen durch die Kran-

---

38 In den USA leisteten die Arbeitnehmer/innen 1997 durchschnittlich 1967 Arbeitsstunden, in Deutschland 1519 (Streeck, Heinze 1999).
39 Das Einkommen von Ehegatten wird in Deutschland (im Gegensatz zu vielen anderen Ländern auch der Europäischen Union) in der Regel gemeinsam, und zwar nach dem Splitting-Verfahren besteuert: Das Einkommen beider Ehegatten wird zusammengezählt, durch zwei geteilt und auf beide Hälften ist der so ermittelte Steuersatz zu zahlen. Da der Steuersatz mit dem Einkommen steigt, haben Ehegatten, von denen eine/r kein Einkommen hat, die höchste Ermäßigung. Diese sinkt mit zusätzlichem Einkommen der Partnerin/des Partners und bei gleichem Einkommen der Ehegatten entfällt sie gänzlich (vgl. Ostendorf 1997).
In einem neuen Urteil betont das Bundesverfassungsgericht, der Splittingvorteil komme nicht zur Kompensation der Schlechterstellung durch den Kindesunterhalt in Betracht, „weil sie verheirateten Eltern gegenüber Ehegatten ohne unterhaltsberechtigte Kinder benachteiligen würde" (BVerGE Urteil v. 19.1.1999).

ken- und Rentenversicherungen ihrer Männer den Lohnanreiz. Bei durchschnittlichem Verdienst bleiben von einem 40%-igem Zuwachs des gemeinsamen Bruttoeinkommens nur 26% übrig und bei einem Zuwachs eines vollen Verdienstes auch nur 63% (Eichhorst/Thode 2002: 39). Bezogen auf die Erwerbsbeteiligung „desintegriert" das bundesdeutsche System die Frauen (Schmid 1994). In der Tat werden Investitionen in berufliche Bildung für die eine Hälfte eines Ehepaares, zumeist für die Frauen, fragwürdig, wenn sie über Jahrzehnte nicht verwertet werden können und Erwerbstätigkeit sich zudem finanziell kaum auszahlt. Zusätzlich hindert das in Deutschland vergleichsweise geringe Angebot an Teilzeitarbeitsplätzen Mütter daran, erwerbstätig zu sein (Schmidt 1993a, Rose 1997). Zusammengenommen stehen der wachsenden Erwerbsneigung von Frauen in Westdeutschland und der ungebrochenen in Ostdeutschland restringierende Faktoren gegenüber, deren Leitidee nicht die Chancengleichheit von Männern und Frauen, sondern die Differenz der Geschlechter ist, und die den Frauen vorrangig die Familienarbeit und den Männern die Erwerbsarbeit zuweisen.[40]

Die Frauenerwerbsquote ist Manfred G. Schmidts international vergleichender Analyse zufolge vor allem in den Ländern gering, in denen – wie in der Bundesrepublik – der Katholizismus und konservative Parteien wesentlichen Einfluss auf die Familienpolitik ausüben. Andere Autoren/innen knüpfen an den Gedanken kultureller Einflüsse an und verweisen auf länderspezifische (Pfau-Effinger 1993) und letztlich auf regional unterschiedliche Entwicklungspfade (Sackmann/Häussermann 1994). Diesen Studien ist implizit, was Jill Rubery und Jane Humphries (1994) die „relative Autonomie der sozialen Reproduktion" nennen. Die soziale Reproduktion ist mit dem Produktionsbereich verwoben und ein integraler Bestandteil der Ökonomie. Das Verhältnis von Produktion und sozialer Reproduktion kann daher nur im historischen Kontext verstanden werden: „Kausalbeziehungen bestehen nicht nur in einer Richtung: Was einmal *Wirkung* war, kann *Ursache* werden und umgekehrt" (ebd.: 80).

Von Nöten ist eine „Historisierung und Kontextualisierung" (Gottschall 1995: 146) bzw. eine „synthetische" Theorie, die die Vielzahl der Einflüsse systematisiert und bündelt (Cyba 1998: 58). Zur Behebung der Geschlechterungleichheiten bedarf es einer „systemischen" Lösung (OECD 1994: 18). „That solution lies in applying an integrated approach to institutional change aimed at addressing the contradictions and tensions generated at the interface between the household, the community and employment structures" (ebd.).

---

40 Neben den diskutierten Einflussfaktoren macht Manfred G. Schmid auch auf den vergleichsweise schwachen Organisationsgrad von Gewerkschaften und auf eine geringe politische Partizipation von Frauen aufmerksam. Richard Rose stellt fest, dass in Ländern mit geringer Frauenerwerbstätigkeit die Inflation und die Kindersterblichkeit hoch sind. Hinsichtlich der Bedeutung der Kinderzahl für die Erwerbsbeteiligung von Frauen sind M. G. Schmidt und R. Rose uneinig.

Deutlich wird aus den bisherigen Aufbereitungen, dass die Frauenerwerbstätigkeit in Deutschland deshalb vergleichsweise niedrig ist, weil die sozialen Regulierungen und die sie bedingenden und durch sie reproduzierten kulturellen Normen die Aufgabe, Erwerbseinkünfte zu erzielen, vorrangig dem Mann zuweisen.

Eine verstärkte Berufsförderung von Mädchen stößt an die Grenzen des Systems. Weder kann die Berufsberatung das Arbeitsvolumen oder die Nachfrage nach Gütern und Dienstleistungen ausweiten, noch kann sie das am Modell der Einverdiener-Ehe orientierte soziale System umkrempeln. Berufsberatung von Mädchen befindet sich in Deutschland in dem Dilemma zwischen den Bedingungen des Systems (die in konservativen Ideen zur Rolle von Frauen als erhaltens- und unterstützenswert formuliert werden) und den Bedürfnissen nach verstärkter beruflicher Förderung, die von der Bevölkerung und auch von Mädchen geäußert werden. Kommt sie den Bedürfnissen nach beruflicher Förderung entgegen, stellt sich die Frage „wofür", wenn Frauen – konfrontiert mit den desintegrierenden Wirkungen des Systems – schließlich doch die Erwerbstätigkeit aufgeben.[41] Die Bundesagentur sieht sich indes nicht nur unterschiedlichen Anforderungen konservativer Parteien einerseits und der Klientel andererseits gegenüber, sondern auch die Anforderungen der Klientel sind innerhalb des Bundesgebiets keineswegs einheitlich.

Regionale Unterschiede

Die Erwerbsbeteiligung von Frauen ist innerhalb Deutschlands höchst unterschiedlich, und zwar nicht nur zwischen den alten und den neuen Bundesländern, sondern auch zwischen verschiedenen Regionen Westdeutschlands. Während im Saarland, in Nordrhein-Westfalen und in Rheinland-Pfalz viele Frauen nach der Geburt von Kindern die Erwerbsarbeit für immer aufgeben, kehren Frauen in anderen Regionen zumeist in die Erwerbsarbeit zurück.[42] Im Saarland sind einer bei Sackmann/Häussermann (1994: 1384) abgedruckten Grafik zufolge nur ca. 30% der 45-49-jährigen Frauen erwerbstätig, in Rheinland-Pfalz und Nordrhein-Westfalen knapp über 40%, in den anderen Bundesländern sind es deutlich mehr als 50%.

---

41 Staatliche Leistungen oder Vergünstigungen sind häufig einkommensabhängig, wobei regelmäßig das Einkommen des Ehepaares zählt. Unter Umständen bekommen die Kinder keine Ausbildungsförderung, weil beide Eltern erwerbstätig sind, oder die Familie kann sich eben aus diesem Grund (!) keinen Hausbau leisten: Für ein freifinanziertes Haus reichen u.U. auch zwei Einkommen nicht; für eine Förderung im Rahmen des sozialen Wohnungsbaus aber hat die Familie ein Einkommen zu viel.

42 Dieses Ergebnis der Studie von Sackmann und Häussermann basiert auf Auswertungen der Volkszählung, deren Daten bekanntlich unzuverlässig sind. Die Abstände zwischen den Bundesländern sind aber so groß, dass eine Verwendung m.E. zulässig ist.

Die Autoren schlussfolgern aus ihrem Regionenvergleich, dass für das Ausmaß der Erwerbsbeteiligung von Frauen nicht das Angebot an Arbeitsplätzen in den Dienstleistungsbranchen und auch nicht die Versorgung mit öffentlicher Kinderbetreuung entscheidend ist, sondern dass kulturelle Entwicklungspfade zu diesen Unterschieden führen. Frappierend ist an ihrer (auf Westdeutschland begrenzten) Aufbereitung, dass die Erwerbsbeteiligung von Frauen heute in den Regionen hoch ist, wo sie auch schon 1895 vergleichsweise hoch war und umgekehrt. Und zwar ist die Erwerbsquote ausgerechnet im katholischen Süden höher als im mehrheitlich protestantischen Norden. Nicht die Art der Tätigkeiten, ob diese gemeinhin eher Frauen oder Männern zugeordnet werden, ist entscheidend, sondern die Organisation der Erwerbsarbeit, wobei diese wiederum mit sozialen Normen in einer Wechselbeziehung steht.

„Regions should not be seen as following one predetermined path of development, where there is just one way of integrating women into the labour process, and where different regions are more or less advanced. Rather they represent ‚regional societies' characterised by contrasting features of the work spheres of gainful employment and household work, and how they are integrated or separated" (ebd.: 1394).

Auch die Studie von Bender und Hirschenauer (1993), die im Gegensatz zu Sackmann und Häussermann nicht die Volkszählung, sondern die Beschäftigungsstatistik der Arbeitsverwaltung heranzogen, kommt zu ähnlichen Ergebnissen. Demnach „lassen sich erhebliche regionale Unterschiede feststellen, die deutlich ausgeprägter sind als bei der regionalen Erwerbsbeteiligung der Männer" (ebd.: 296). Bender und Hirschenauer machten (für Westdeutschland 1990) Frauenerwerbsquoten[43] zwischen 40,1% und 64,8% aus. Die Erwerbsbeteiligung der Frauen hängt dabei *nicht nur* vom Angebot an Arbeitsplätzen ab. Zwar ist sie in hoch verdichteten Räumen leicht überdurchschnittlich, doch selbst in einigen der gering oder mittel verdichteten Regionen in Bayern und Baden-Württemberg lag die Frauenerwerbsquote damals schon über 60%. Auch Bender und Hirschenauer weisen darauf hin, dass ein hohes Angebot an Arbeitsplätzen im Dienstleistungssektor nicht unbedingt mit einer hohen Frauenbeschäftigung einhergeht: In Nordrhein-Westfalen ist die Erwerbsbeteiligung nicht nur dort gering oder gerade mal durchschnittlich, wo ein hoher Anteil der Arbeitsplätze in der männerdominierten Montanindustrie zu finden ist, sondern sie erreicht auch in den Dienstleistungsregionen Köln und Düsseldorf nur den Durchschnitt. Augenscheinlich muss die Ursache für die regional unterschiedliche Erwerbsbeteiligung außerhalb von Angebotsstrukturen gesucht werden, und kulturelle Traditionen dürften eine erhebliche Rolle spielen. Auch in der DDR gab es noch in den

---

43 Abhängig Beschäftigte + arbeitslos Gemeldete in % der Wohnbevölkerung von 15 bis 64 Jahren. Sie nehmen diese Hilfsgröße, weil Statistiken, die alle Erwerbspersonen einbeziehen, auf Kreisebene nicht vorliegen.

1980er Jahren Unterschiede. Gisela Ehrhardt und Brigitte Weichert (1988: 527) berichten (mit Verweis auf I. Lange) von einem durchschnittlichen „Beschäftigungsgrad" von 91,3%, „wobei es in fast allen Bezirken Kreise gibt, in denen er bereits 95 Prozent beträgt".

Zwischen den sechs westdeutschen Amtsbezirken meiner Untersuchung waren ebenfalls erhebliche Unterschiede festzustellen. Auch der Anteil der Frauen an den arbeitslos Gemeldeten entsprach ihrem Anteil an den Erwerbstätigen, was erneut die These bestätigt, dass weniger das Angebot an Arbeitsplätzen das Niveau der Frauenerwerbstätigkeit beeinflusst, sondern dass regionale Kulturen eine große Bedeutung haben.

Manfred G. Schmidts These des Einflusses der katholischen Kirche ist insoweit zuzustimmen, als das soziale System in Deutschland von der katholischen Kirche und von konservativen Parteien, die in den 1950er Jahren die Bundespolitik dominierten, entscheidend geprägt wurde. Die Vorherrschaft des Katholizismus in einer Region hat aber anscheinend keinen Einfluss auf die Erwerbsbeteiligung.[44] Ich vermute vielmehr, dass die hohe Erwerbsquote von Frauen in Bayern ähnlich erklärt werden kann wie für Finnland (vgl. Pfau-Effinger 1993): Noch bis in die 1950er Jahre dominierten *kleine* Bauernhöfe, auf denen es selbstverständlich war, dass die Frauen mitarbeiteten. Ein entscheidender Faktor für den Entwicklungspfad einer niedrigen Frauenerwerbsquote könnte in Norddeutschland daher das Vorherrschen größerer Bauernhöfe sein, wo eher bürgerliche Lebensformen als Norm galten.[45]

Will die Berufsberatung nicht *lenken*, wie es ihr Grundsatz ist, muss sie, sofern die Regionen auf ihrem „Pfad" voranschreiten, regional unterschiedlich handeln: In manchen Gegenden muss sie die Mädchen auf eine bis zur Mutterschaft befristete Erwerbstätigkeit vorbereiten, in anderen dagegen auf eine allenfalls kurzzeitig unterbrochene, prinzipiell aber bis zum Rentenalter dauernde Berufskarriere. Allerdings haben die unterschiedlichen Modelle des weiblichen Lebens- und Berufsverlaufs selbst innerhalb von Regionen keinen Ausschließlichkeitsanspruch; überall kommen alle Varianten – wenngleich in unterschiedlichem Ausmaß – nebeneinander vor. Auch ist keineswegs gesagt, dass aus dem Lebensverlauf der Mütter und Großmütter auf die Optionen der

---

44 Ein weiterer Hinweis, dass nicht der Katholizismus an sich, sondern die von ihm mitbeeinflussten sozialstaatlichen Regulierungen eine Rolle spielen, gibt eine neue Untersuchung zur These der Bildungsbenachteiligung des *katholischen Arbeitermädchens vom Lande*. Diese These stimmt im nationalen Durchschnitt, nicht aber bei regionaler Betrachtung: In evangelischen Regionen haben katholische Mädchen gleich gute Chancen wie evangelische und in katholischen Gegenden die evangelischen Mädchen gleich schlechte. Nicht die Religionszugehörigkeit ist die Ursache der Benachteiligung, sondern das soziale Milieu (Bertram/Henning 1996). Im katholischen Bayern war bis vor kurzem die Hauptschule Regelschule und im evangelischen Norden die Realschule.
45 Einen zentralen Einfluss hat hier wahrscheinlich das Höfeerbrecht, demnach beispielsweise in Niedersachsen der Hof in Gänze in der Regel an den ältesten Sohn vererbt und – im Gegensatz zu manchen anderen Regionen – nicht unter den Kindern aufgeteilt wird.

heutigen Berufswählerinnen geschlossen werden kann. Zudem ist genauso wenig sicher, dass die Lebensverläufe der Mütter und Großmütter deren individuellen Wünschen entsprachen, womöglich fügten sie sich lediglich den Gegebenheiten von kulturellen Normen, dem Mangel an Arbeitsgelegenheiten und außerhäuslichen Kinderbetreuungsangeboten etc. Befragungen der heutigen Mädchengeneration deuten auf eine verstärkte Erwerbsorientierung hin. Ob Mädchen diesen Wunsch verwirklichen können, ist vor allem abhängig vom erlernten Beruf:

„Was bei Betrachtung des Zeitraums danach (über die Kleinkindphase hinaus, H. O.) überdeutlich wird: *Bildungsressourcenhomogenität* und die *Kleinkindphase* erzeugen keineswegs gleiche Erwerbsverlaufseffekte – auch nicht die *Zahl* der Kinder oder der Unterbrechungen, der regionale Kontext oder ... etwa die *Lohnhöhen* der *Partner*, sondern die Erwerbsverläufe der Frauen differieren in Korrespondenz zum jeweiligen erlernten *Erstberuf*" (Krüger 1998: 146).[46]

Wie gestaltet sich die Situation für Frauen, die einen Männerberuf gelernt haben? Die Antwort auf diese Frage ist – besonders unter dem Blickwinkel der Forderung nach Gleichberechtigung der Geschlechter – für die Berufsberatung zentral: Wenn sie Mädchen zuraten soll, einen solchen Beruf zu ergreifen, muss sie sich sicher sein, dass die späteren Chancen dieser Mädchen zumindest nicht schlechter sind als in den bislang für Mädchen typischen Berufen. Dieser Frage werde ich im folgenden Abschnitt nachgehen.

3.5 Situation von Facharbeiterinnen und Gesellinnen: Haben Frauen mit Männerberufen eine Zukunft?

„Gegenüber einer Ausbildung und Beschäftigung von Frauen in ‚Männerberufen' bestehen in unserer Gesellschaft aufgrund geschlechtsspezifischer Rollenvorstellungen noch zahlreiche Vorbehalte. Mädchen, die eine Ausbildung für einen ‚Männerberuf' beginnen, werden daher mit größeren Schwierigkeiten konfrontiert als Jungen in diesen Berufen" (Stegmann/Kraft 1986: 445).

In der Tat, noch Mitte der 1980er Jahre berichteten mir einzelne Facharbeiterinnen und Gesellinnen, dass man ihnen, als sie sich um einen Arbeitsplatz bewarben, gesagt habe, man habe sie nur zum Gespräch eingeladen, um mal zu sehen, wie eine Frau mit einem Männerberuf ausschaut. Einstellungschancen hatten Frauen bei diesen Vorgesetzten nicht. Aber sind die Entscheidungsträger in den Betrieben auch heute noch der Meinung, Frauen gehörten

---

46 In einer ergänzenden, quantitativen Studie, in der jüngere Alterskohorten einbezogen waren, wurde dieser Befund untermauert. Ob Frauen Kinder haben oder nicht und auch die Teilzeitmöglichkeiten im jeweiligen Beruf spielen keine Rolle. Vgl. Born 2000.

nicht in diese Berufe, und wenn eine Frau einen solchen Beruf gelernt habe, gehöre sie jedenfalls nicht in „seinen" Betrieb? Stoßen Frauen mit einer gewerblich-technischen Berufsausbildung auch heute noch auf „zahlreiche Vorbehalte"? Haben sie „größere Schwierigkeiten"?

Der Berufsberatung geht es um ein Matching von Person und Beruf. Sie hat sich zum Ziel gesetzt, dass die jeweilige Person zum ausgewählten Beruf passen muss und der Beruf ebenso zur Person. Sind Jungenberufe für Mädchen geeignet, eröffnen sie ihnen berufliche Chancen? Zum Berufsübergang und Berufsverlauf von Facharbeiterinnen und Gesellinnen ist eine ganze Reihe von Studien erschienen. Alle kranken jedoch daran, dass sie in den 1980er Jahren durchgeführt wurden, d.h. kurz nachdem erstmalig in der BRD Mädchen in nennenswerter Anzahl solche Berufe erlernten. Alle Studien hatten das Problem der kleinen Zahlen, die eine Analyse nach Einzelberufen nicht zuließ und selbst eine nach Berufsgruppen problematisch machte.

Eine seitherige Veränderung des Klimas kann in den Ergebnissen dieser Studien nicht zum Ausdruck kommen. Sowohl die steigende Erwerbsbeteiligung von Frauen als auch die zwischenzeitliche Gewöhnung an das Vorhandensein von Frauen in gewerblich-technischen Berufen sprechen für eine größere Akzeptanz. Die Leitlinien konservativer Parteien richteten sich zwar gegen eine Erwerbstätigkeit von Frauen, die Annahme einer essenziellen Geschlechterdifferenz lässt aber auch die Option einer besonderen Eignung von Mädchen und Frauen für gewerblich-technische Berufe zu.

Politisch besonders gewichtig waren in den 1980er Jahren zwei Analysen des IAB. Ihre Botschaft ist: Jungenberufe sind für Mädchen ungeeignet. Interessant sind an diesen Studien in erster Linie aber nicht die vielfach zitierten Befunde zur Erwerbslosigkeit junger Facharbeiterinnen und Gesellinnen, sondern die methodischen Unzulänglichkeiten. Vor allem ist die Diktion aufschlussreich. Diese Studien blieben über etliche Jahre hinweg die einzigen vorhandenen Untersuchungen zu den beruflichen Chancen von Frauen mit Männerberufen. Für das Handeln der Berufsberatung waren sie daher sehr bedeutsam. Im Anschluss an die Erörterung der IAB-Analysen werde ich die Ergebnisse späterer und tiefergehenderer Arbeiten vorstellen.

Sicht des IAB: Arbeitslosigkeit nach der Lehre

Die vom IAB herausgegebenen „Materialien aus der Arbeitsmarkt- und Berufsforschung" (MatAB) richten sich vorrangig an die Beratungs- und Vermittlungskräfte in den Arbeitsagenturen. In dieser Publikationsreihe erschien 1985 eine Studie mit dem Titel „Mädchen in Männerberufen" (Kraft 1985). Sie erkundete, wie viele von denjenigen, die 1983 die Ausbildung abgeschlossen hatten, unmittelbar danach arbeitslos gemeldet waren. Ein Ergebnis dieser Untersuchung, das viel zitiert wurde, ist:

„Mädchen, die eine betriebliche Ausbildung für einen Männerberuf abgeschlossen haben, sind nach der Ausbildung viermal so häufig erwerbslos (arbeitslos bzw. im Haushalt der Eltern) wie Jungen in Männerberufen (16% zu 4%)" (Kraft 1985: 2).

Diese Aussage hat den Gegnern einer Gleichberechtigung von Frauen auf dem Arbeitsmarkt ein Argument geliefert, dass Mädchen nicht für eine geschlechtsuntypische Berufsausbildung motiviert werden sollten. Darüber hinaus hat sie sicherlich dazu beigetragen, dass die Befürworter/innen einer solchen Politik verunsichert wurden. In der Pauschalität ist das Ergebnis aber nicht haltbar:

- Es werden höchst unterschiedliche Berufe zusammengefasst. Als „Männerberuf" definiert die Studie (wie üblich) alle Berufe, die 1977 einen Mädchenanteil an den Auszubildenden von höchstens 20% aufwiesen. Dazu zählen neben den Metall- und Elektroberufen auch Restaurantfachfrauen, Bäckerinnen, Konditorinnen, Gärtnerinnen, Köchinnen, Tischlerinnen und Maler- und Lackiererinnen. Die hochgradig verschiedenen Chancen, die diese Berufe jeweils bieten, bleiben unberücksichtigt.
- Da unter den Jungen anteilig weit mehr in Metall- und Elektroberufen zu finden sind als unter den Mädchen, liegt es auf der Hand, dass Jungen in der so definierten Kategorie der Männerberufe durchschnittlich bessere Möglichkeiten haben. Die Chancen von Mädchen sind nicht unbedingt wegen ihres Geschlechts geringer als die von Jungen, sondern weil die Berufe, die sie mehrheitlich erlernen, weniger Möglichkeiten bieten: Das IAB hat es unterlassen, die Geschlechterpräsenz in den jeweiligen Berufen zu gewichten.

Dieser Analyse zufolge waren Frauen, die einen Männerberuf gelernt hatten, zudem häufiger erwerbslos als Frauen mit anderen beruflichen Abschlüssen. Doch auch dieser Vergleich „hinkt". In etlichen Frauenberufen ist es Tradition, dass eine Vielzahl der Ausgelernten den Beruf verlässt und sich als Anlernling anderweitig Arbeit sucht. Nicht-erwerbslos ist also nicht gleichbedeutend mit „qualifikationsgerecht beschäftigt". (Zudem sind Mädchen- bzw. Frauenberufe häufig nicht Wunschberufe, was die Vermutung[47] erhärtet, dass junge Frauen nach dem Lehrabschluss den Beruf freiwillig verlassen.) Unklar bleibt auch, ob unter den Absolventinnen mit Männerberuf überproportional viele mit einer Ausbildung in außerbetrieblichen Werkstätten sind, denen sich von vornherein keine Chance zur Übernahme durch den Ausbildungsbetrieb bietet. Hierzu gibt es keine verlässlichen Zahlen. Eine West-Berliner Auszubildenden-Untersuchung deutet aber darauf hin, dass unter den Mädchen mit Jungenberufen mehr in solchen Werkstätten ausgebildet werden als unter den Jungen mit denselben Berufen (Behringer/Gaulke 1986). Auch der Erhebungszeitpunkt der Arbeitslosenstatistik Ende September ist problematisch.

---

47 Berufsverlaufsstudien zu Frauen mit Frauenberufen gibt es kaum.

Mehr Mädchen als Jungen, die einen Männerberuf lernen, verfügen über die Hochschulreife. Eine von Sabine Hübner, Hedwig Rudolph und mir in Westberlin durchgeführte Befragung (s.u.) ergab beispielsweise, dass sich unter den im September arbeitslos gemeldeten Frauen mit einem Männerberuf eine ganze Reihe befanden, die im Oktober ein Studium begannen und somit gar nicht auf der Suche nach Erwerbsarbeit waren. (In den Arbeitsamtsstatistiken ist auffällig, dass unmittelbare Erwerbslosigkeit nach der Lehre häufig gerade in Berufen auftritt, in denen viele Abiturienten/innen ausgebildet werden.)

Hermine Kraft weist besonders darauf hin, dass Werkzeugmacherinnen nach der Lehre zu 15,7% arbeitslos gemeldet sind, von ihren männlichen Kollegen aber nur 2,4% und von den Frauen mit Frauenberufen 6% und in Mischberufen nur 3%. Was sie im Text nicht erwähnt ist, dass die genannten 15,7% gerade mal 14 Frauen waren. Hier wäre es nötig gewesen nachzuforschen, wo diese Frauen ausgebildet worden sind und ob sich einige vielleicht schon einen Monat später bei den Arbeitsämtern abgemeldet haben, weil sie ein Studium aufgenommen haben. Werkzeugmacher/in gilt immerhin als Spitzenberuf unter den Metallberufen.

Auch eine aktualisierte und um anderes Datenmaterial angereicherte Aufbereitung (Stegmann/Kraft 1986) ist wenig weiterführend. Dort wird zum einen mit den 20 am häufigsten mit Mädchen besetzten Jungenberufen argumentiert, vornehmlich also mit Berufen, die nicht metall- oder elektrotechnische sind. Im Durchschnitt dieser 20 Berufe beträgt die Arbeitslosigkeit der Frauen 1984 unmittelbar nach der Lehre 14,4% und die der Männer 8,6%. Nur die Schriftsetzer, Fernmeldehandwerker und Fleischer waren häufiger als ihre Kolleginnen arbeitslos. In neun Berufen lag die Arbeitslosigkeit der Frauen um 3,5 und mehr Prozentpunkte über der der Männer. „In diesen neun Berufen wird knapp die Hälfte (46%) der Mädchen in ‚Männerberufen' ausgebildet" (ebd.: 444).[48] – Die Durchschnittszahl wird also auch hier wieder durch wenige Berufe bestimmt, aber immerhin wird dieser Umstand benannt.

In diesem Aufsatz werden die Metall- und Elektroberufe gesondert ausgewertet, und zwar auf der zusammenfassenden 1- und 2-Stellerebene. (Wegen zu kleiner Zahlen war eine Auswertung auf der Ebene 3-stelliger Berufsordnungen oder gar der 4-stelligen Berufsklassen nicht möglich). Auch 1984 waren junge Frauen mit metall- und elektrotechnischen Abschlüssen häufiger als junge Männer arbeitslos gemeldet: In den Elektroberufen 3,5% der Frauen und 3,0% der Männer, in den Metallberufen 8,9% der Frauen und 6,3% der Männer. Stegmann und Kraft betonen die überdurchschnittliche Arbeitslosigkeit von Frauen gegenüber Männern in diesen Berufen, erwähnen in diesem

---

48 Diese neun Berufe sind: Gärtnerin, Konditorin, Malerin und Lackiererin, Bäckerin, Tischlerin, Raumausstatterin, Landwirtin, Kauffrau im Eisenbahn- und Straßenverkehr und Kraftfahrzeugmechanikerin.

Zusammenhang aber nicht, dass Frauen im Allgemeinen nach der Ausbildung im selben Jahr durchschnittlich zu 9,7% arbeitslos gemeldet waren.
Ergänzt wird diese Analyse der Übergangszahlen von 1984 durch eine Betrachtung des Berufsverlaufs. Dabei stützen sich Stegmann und Kraft auf die Zahlen der BIBB-IAB-Erhebung von 1979. D.h., es wird der Berufsverlauf von Frauen analysiert, die vor (!) Beginn einschlägiger Policies ihre Ausbildung abgeschlossen haben. Auf diese Passage soll hier nicht gesondert eingegangen werden. Angesichts der verschwindend geringen Zahl, zu der Mädchen damals einen solchen Beruf lernten, dürfte es sich wohl vornehmlich um die Töchter von Betriebsinhabern, um die „Meistertöchter", die einmal den Betrieb übernehmen sollten, gehandelt haben. Manche der referierten Ergebnisse erscheinen unter dieser Perspektive in einem anderen Licht als sie von Stegmann und Kraft dargestellt werden.

Bemerkenswert ist an diesem Aufsatz auch die Konnotation:

- Es wird nicht etwa betont, dass Frauen, die einen elektro- oder metalltechnischen Beruf erlernt haben, nach der Lehre *seltener* arbeitslos sind als ausgelernte Frauen im Durchschnitt, sondern es wird hervorgehoben, dass sie *häufiger* erwerbslos sind als Männer mit den gleichen Ausbildungen.
- Das Ergebnis, dass Frauen mit einem Männerberuf (in der Befragung von 1979) mehr verdienten als Frauen durchschnittlich, wird sogleich relativiert: Es ließe sich „nur in Verbindung mit größeren Bildungsanstrengungen und häufigeren Berufswechseln beurteilen" (Stegmann/Kraft 1986: 445).[49] Der unmittelbar daran anschließende Satz spricht für sich: „*Ein* Ergebnis ist jedoch besonders hervorzuheben: Männer mit erlerntem ‚Männerberuf' haben trotz etwa gleicher schulischer Vorbildung häufiger Berufspositionen eingenommen, die sich durch (relativ) hohes Prestige und Einkommen auszeichnen als Frauen mit dieser Berufsausbildung" (ebd.).

Diese Analysen zeichnen sich durch eine für die Untersuchung von Arbeitsmarktchancen unbrauchbare Kategorie („Männerberufe") aus und zudem dadurch, dass die Vergleichsgruppe nach Belieben gewechselt wird: Frauen mit Männerberufen haben entweder schlechtere Perspektiven als alle Frauen im Durchschnitt oder als alle Männer mit Männerberufen – jedenfalls stehen sie immer auf der Verliererseite. Bei genauerer Betrachtung der präsentierten Zahlen wäre das Ergebnis eher, dass Frauen mit Männerberufen gegenüber Männern mit denselben Berufen oft benachteiligt werden, gegenüber Frauen mit Frauenberufen aber häufig besser dastehen.

Diese Analysen waren die einzigen – und sind es bis heute noch –, die den Berufsberater/innen zugänglich gemacht wurden. D.h. dem Beratungspersonal wurde in den hauseigenen Schriften vermittelt, dass Mädchen mit

---

49 Wenn aber angenommen wird, dass in der Gruppe viele Frauen waren, die den elterlichen Betrieb übernommen haben, verwundert es nicht, wenn sie die Meisterprüfung und andere Weiterbildungen absolviert haben. Sie mussten sich also nicht „anstrengen", weil sie weiblich waren, sondern weil der Erhalt des Familienbetriebes dies verlangte.

Männerberufen sehr häufig erwerbslos sind. Die Unterschiede zwischen den Berufen, den Ausbildungsorten und nicht zuletzt ein Vergleich mit dem Verbleib von Frauen, die einen Frauenberuf gelernt haben, blieben ihnen verborgen.

Der Verdienst von Hermine Kraft und später von Stegmann/Kraft ist, dass sie zu den ersten gehörten, die eine Arbeit zum Berufsübergang von Frauen mit Männerberufen vorlegten. Die Zahl, wie viele Absolventen/innen unmittelbar nach der Ausbildung arbeitslos gemeldet sind, kann ein Indikator für spezifische Probleme (oder Erfolge) sein. Die Ursachen erhellen kann diese Zahl nicht.

Differenziertere Ergebnisse anderer Studien:
Von ungeeigneten Berufen und beruflichen Erfolgen

In der zweiten Hälfte der 1980er Jahre wurden von anderen Instituten weitere Untersuchungen zum Berufsverlauf von Facharbeiterinnen und Gesellinnen durchgeführt. Im Gegensatz zur IAB-Untersuchung gründeten diese Studien nicht nur auf Arbeitslosigkeitsstatistiken, sondern auf Fragebogenerhebungen und Interviews. Ein wesentlicher Unterschied im Vergleich zur IAB-Untersuchung ist vor allem, dass die befragten Frauen vom zwischenzeitlichen „Klimawechsel" profitieren konnten. Im Gegensatz noch zur ersten Hälfte der 1980er Jahre war eine Frau mit Männerberuf nun nicht mehr ganz so exotisch. Zudem erkundeten diese Studien die Motivationen der Befragten, die sie zu Berufs- oder Betriebswechseln, Weiterbildungen etc. veranlasst hatten. Diese Studien sind zwar nicht repräsentativ, weil sie jeweils nur bestimmte Gruppen von Frauen einbeziehen oder sie beschränken sich nur auf eine Region, ihre Ergebnisse sind aber in zentralen Punkten sehr ähnlich. Ich stütze mich im Folgenden vorrangig auf Studien, die eine größere Anzahl von Frauen in ihrem Sample haben:

- Christel Alt und Brigitte Wolf untersuchten den Verbleib von Teilnehmerinnen des 1985 abgeschlossenen Bundes-Modellversuchsprogramms zur Ausbildung von Mädchen in gewerblich-technischen Berufen (66 Interviews und 186 Fragebögen; vgl. Alt/Wolf 1990, Alt 1989, Wolf 1989).
- Ulrike Hellmann und Christiane Schiersmann befragten Frauen aus dem Kammerbezirk Hannover (105 Frauen mit gewerblich-technischer Ausbildung und als Vergleichsgruppe 102 Technische Sonderfachkräfte; vgl. Hellmann/Schiersmann 1990, dies. 1991).
- Sabine Hübner, Hedwig Rudolph und ich untersuchten den Werdegang Westberliner Facharbeiterinnen und Gesellinnen (n = 153; vgl. Hübner/Ostendorf/Rudolph 1991; Ostendorf 1992, dies. 1996b).
- Jürgen Strauß ging dem Verbleib von Absolventinnen eines Modellversuchs des Landes Nordrhein-Westfalen nach (n = 64; vgl. Strauß 1986).

In der Tendenz sind die Ergebnisse dieser Studien zumeist gleichlautend. Diskrepanzen erklären sich vornehmlich aus unterschiedlichen Ausbildungsorten, den Erhebungszeitpunkten und der jeweiligen konjunkturellen Situation. Ich werde mich vornehmlich auf eine von mir mitverfasste Westberliner Studie des Werdegangs von 153 Facharbeiterinnen und Gesellinnen beziehen.[50] Im Vergleich zu den anderen Studien mit größerer Fallzahl zeichnet sich unser Sample vor allem dadurch aus, dass es differenzierte Betrachtungen zu den Berufen und Ausbildungsorten zulässt. Zusätzlich beziehe ich die Resultate einer qualitativen Erhebung bei 21 Westberliner und Hamburger Facharbeiterinnen mit einer metall- oder elektrotechnischen Ausbildung mit ein. Diese Frauen arbeiteten in 16 unterschiedlichen Betrieben.[51] Eine männliche Kontrollgruppe hatten wir – wie auch die anderen Studien – leider nicht in unserem Sample.

Von der Ausbildung in den Beruf

Selbst in den IAB-Analysen, allerdings nur bei sehr genauem Hinsehen und gegen-den-Strich-gelesen, wird deutlich, dass Frauen mit einer elektrotechnischen Ausbildung genauso selten erwerbslos sind wie ihre männlichen Kollegen: In einem Jahr ist die Erwerbslosigkeit von Frauen um wenige zehntel Prozentpunkte höher als die der Männer, im anderen Jahr niedriger. In den Metallberufen ist sie zwar über die Jahre 1982 bis 1984 immer höher, liegt aber mit Ausnahme von 1982 unter der von Frauen mit geschlechtstypischen Berufen. Oben wurde bereits angedeutet, dass zum einen die Kategorie „Berufsabschnitt" (d.h. beispielsweise: alle Metallberufe) zu grob ist und zwi-

---

50 Der folgende Text ist zum Teil eine überarbeitete und gekürzte Fassung eines 1996 in den WSI Mitteilungen erschienenen Aufsatzes.
51 Beide Projekte wurden vom Bundesministerium für Bildung und Wissenschaft gefördert. Am ersten Projekt war anfangs Sabine Hübner beteiligt. Das zweite Projekt führte ich zusammen mit Dr. Marlies Grüning durch. Die Ergebnisse ihrer Befragungen der unmittelbaren Vorgesetzten der Frauen sowie der Personalverantwortlichen sind beim Bundesministerium für Bildung, Wissenschaft, Forschung und Technologie erhältlich (Grüning 1995). Beide Projekte wurden von Prof. Dr. Hedwig Rudolph betreut.
Den im „Schneeballverfahren" Ende 1989 Westberliner Frauen mit gewerblich-technischem Ausbildungsabschluss zugesandten *Fragebogen* beantworteten 48 Metallerinnen, 57 Elektrikerinnen, 31 Tischlerinnen, 14 Malerinnen und Lackiererinnen und je eine Steinmetzin, Gebäudereinigerin und Ver- und Entsorgerin. Ende 1991 ergänzten wir diese Ergebnisse durch leitfadengestützte *Interviews* von 21 Facharbeiterinnen in neun Westberliner und sieben Hamburger Betrieben. Acht Frauen hatten einen Metall- und 13 einen Elektroberuf gelernt. In beiden Untersuchungen überwog bei den Frauen ein mittlerer Bildungsabschluss. In der Fragebogenerhebung war knapp die Hälfte höchstens 24 und drei Viertel waren maximal 28 Jahre alt. In den Interviews konnten wir die Untersuchungen auf eine längere Berufserfahrung der Befragten stützen: Vier Frauen waren 31 Jahre und älter, neun zwischen 25 und 30 Jahren alt und acht zwischen 19 und 24. Mehrheitlich fanden die Interviews in Großbetrieben mit 1.000 und mehr Beschäftigten statt; vier Betriebe hatten aber weniger als 400 Mitarbeiter/innen. Der Anteil der Frauen unter den Facharbeitern/innen betrug in 10 der 16 Betriebe maximal 2 %. Die höchste Quote erreichten zwei elektrotechnische Betriebe mit 7 %.

schen einzelnen Berufen unterschieden werden muss, und dass zum anderen die Ausbildungsorte eine große Relevanz haben können. In allen Untersuchungen – soweit sie entsprechende Berechnungen angestellt haben – steigt die Übernahmequote in ein Beschäftigungsverhältnis mit der Größe des Ausbildungsbetriebes. In der Berliner Befragung z.B. erhielt nur gut die Hälfte der Absolventinnen aus Kleinbetrieben mit höchstens 19 Beschäftigten ein Übernahmeangebot; in Großbetrieben mit 1.000 und mehr Beschäftigten waren es dagegen 77%. Diese Zahlen entsprechen in etwa den Ergebnissen von Untersuchungen, die dem Verbleib nahezu ausschließlich männlicher Absolventen entsprechender Berufe nachgingen.[52] Parallel zu den Betriebsgrößenklassen ist eine Abfolge nach Ausbildungsbereichen zu verzeichnen: In der Industrie wurden 80,5% übernommen, im Öffentlichen Dienst 72,4% und im Handwerk 55,6%. In den jeweiligen Berufen spiegelt sich der entsprechende Anteil der Betriebsgrößen: Handwerkerinnen wurden seltener übernommen als Facharbeiterinnen.

Eine Nichtübernahme kann verschiedene Gründe haben; bekannt ist, dass das Handwerk traditionell mehr Jugendliche ausbildet als Arbeitsplätze für Gesellen/innen vorhanden sind. Uns interessierte vorrangig, ob die Frauen gegenüber ihren männlichen Kollegen benachteiligt werden. Auf die Frage, weshalb sie kein Übernahmeangebot erhalten hätten, antwortete gut die Hälfte der betroffenen Frauen (16 Angaben): „Der Betrieb hat niemanden übernommen", gefolgt von: „Es war bekannt, dass ich nicht übernommen werden wollte", mit acht Angaben und: „Der Betrieb hat junge Männer bevorzugt übernommen", in immerhin sechs Fällen. Andere Gründe, wie nicht ausreichende Leistungen und zu viele Krankheitstage, wurden nur vereinzelt genannt. Wenn niemand übernommen wurde, dann hauptsächlich im Handwerk und im Öffentlichen Dienst. Die Bevorzugung von Männern kommt in allen Ausbildungsbereichen gleichermaßen vor.

Neben der Ablehnung eines (möglichen) Übernahmeangebots wegen des Wechsels in eine Fachoberschule oder in ein – meist fachspezifisches – Studium (8 Angaben) wurde oft benannt, dass der Betrieb oder das Betriebsklima nicht gefallen hätten (11 Angaben). Letzteres wird gleichermaßen häufig von jungen Männern angeführt. Welche Wege aber schlagen die Frauen ein? Eine nähere Analyse zeigt, dass nur drei der elf Frauen gleichzeitig dem erlernten Beruf den Rücken kehrten, die meisten jedoch suchten sich Facharbeitsplätze in anderen Betrieben. Dabei zeugen die Strategien der Stellensuche von Selbstsicherheit und beruflichem Zutrauen. Die 70 Frauen, die im bisherigen Berufsverlauf schon einmal auf Stellensuche waren, benutzten meist nicht-institutionalisierte Wege: Sie bewarben sich aufgrund von Hinweisen, auf Verdacht oder antworteten auf Stellenanzeigen in Zeitungen;

---

[52] Vgl. Herget u.a. 1987. Palamidis/Schwarze 1989, Stegmann/Kraft 1987, Behringer/Gaulke 1986.

Vermittlungen des Arbeitsamtes sind demgegenüber nachrangig. Auch hier zeichnen sich keine besonderen Probleme von Frauen ab, vielmehr sind nicht-institutionalisierte Wege ebenfalls bei Männern und in anderen Berufsgruppen üblich (Blaschke 1987: 164ff.).[53]

Die Erfahrungen bei der Stellensuche waren indes nicht durchgängig positiv. Ausschließlich Erfreuliches berichteten nur neun von 66 Frauen, die auf diese offen gestellte Frage antworteten. Die Mehrheit gab ausschließlich Negatives an. Als belastend empfundene Erfahrungen, von denen 45 Frauen berichteten, beziehen sich überwiegend auf das Geschlecht „Frau", häufig gekoppelt mit dem vordergründigen Argument der fehlenden sanitären Anlagen. Den Frauen wurde bedeutet, dass generell keine Frauen eingestellt würden, man sie nicht als einzige Frau in einer Werkstatt mit lauter Männern arbeiten lassen könne, und sie demnächst ja sowieso Kinder haben würden. Einige Arbeitgeber verlangten gar eine schriftliche Zusicherung, dass die Bewerberin in den nächsten Jahren nicht schwanger würde. Nicht selten wurde den jungen Frauen weniger Gehalt geboten als ihren männlichen Kollegen. Besonders betroffen von diskriminierenden Ablehnungen waren Handwerkerinnen.

Innerhalb des Berufsfeldes (zumindest zeitweilig) tätig geworden sind 83% unserer Untersuchungsgruppe. Das Selbstvertrauen beim Übergang von der Ausbildung in den Beruf war offenbar berechtigt: Von den Frauen aus Kleinbetrieben bzw. dem Handwerk ist zwar nur gut die Hälfte im Ausbildungsbetrieb geblieben, gut drei Viertel nahm aber eine der Ausbildung entsprechende Tätigkeit auf. Deutliche Schwierigkeiten aber hatten außerbetrieblich Ausgebildete; nur 46% mündeten in eine Tätigkeit im erlernten Berufsfeld ein. Dieses schlechte Ergebnis gilt für alle Berufsfelder gleichermaßen und kann daher nicht auf eine berufsspezifisch unterschiedliche Arbeitskräftenachfrage zurückgeführt werden. Zusammengefasst: Die Frauen weisen je nach Beruf, Ausbildungsbereich und -ort den Männern vergleichbare Übergangsquoten auf. Die Nichtübernahme durch den Ausbildungsbetrieb ist kein unüberwindbarer Stolperstein. Gleichwohl müssen Frauen immer wieder erleben, dass Bewerbungen aufgrund ihres Geschlechts abgelehnt werden. Im Folgenden stehen die fachliche Integration der in den Beruf eingemündeten Frauen, ihr Berufsverlauf und ihre Tätigkeitsfelder im Mittelpunkt.

Fachliche Integration

Während 83% unserer Befragten ihren Ausbildungsberuf oder eine ähnliche Fachtätigkeit zumindest zeitweilig ausgeübt haben, war zum Zeitpunkt der

---

53 Nicht-institutionalisierte Wege beim Finden des ersten Arbeitsplatzes haben auch in den anderen Untersuchungen zu Frauen in gewerblich-technischen Berufen eine große Bedeutung (vgl. Hellmann/Schiersmann 1991: 85; Ostendorf 1986: 40; Strauß 1986: 15 u. 120).

Erhebung nur gut jede Zweite im erlernten Beruf, 3% waren „zu Hause" 16% Schülerinnen oder Studentinnen und 16% arbeitslos gemeldet.[54] (Die hohe Arbeitslosenquote ist nicht repräsentativ, sondern darauf zurückzuführen, dass arbeitslos gemeldete Frauen gezielt einbezogen wurden.) Die anderen Untersuchungen zum Verbleib gewerblich-technisch ausgebildeter Frauen zeigen ähnliche Ergebnisse.[55] Verbirgt sich dahinter ein „Ausstieg" aus dem Männerberuf?

Berufsverlauf:

In unserer Analyse zeigte sich, dass die Frauen die per Ankreuzverfahren zu beantwortende Frage nach ihrem Berufsverlauf zwischen „war kontinuierlich im Beruf" und „war nie im Beruf", die sich auch in der Studie von Hellmann/ Schiersmann findet, sehr eng ausgelegt haben. Zum Beispiel antworteten Frauen, die eine Meisterschule absolvierten, sie seien nur „zeitweilig" in ihrem Beruf tätig gewesen. Andere gaben an, sie seien „auch schon arbeitslos" gewesen, wobei es sich um zwei Wochen in einem Zeitraum von 10 Jahren handelte. Ein diskontinuierlicher Berufsverlauf ist somit nicht unbedingt mit Erfolglosigkeit gleichzusetzen. Wir haben die Frauen zusätzlich um einen stichpunktartigen Lebenslauf gebeten und auf dessen Grundlage die Berufsverläufe unterteilt in „kontinuierlich", „instabil", „keinen Einstieg gefunden" und „Ausstieg".

53% der befragten Frauen konnten auf einen kontinuierlichen Berufsverlauf zurückblicken, bei 14,5% war er diskontinuierlich, ebenfalls 14,5% verließen das Berufsfeld nach anfänglicher fachspezifischer Erwerbstätigkeit und 17,8% fanden nach der Lehre keinen Berufseinstieg. Besonders zahlreich sind Facharbeiterinnen und Gesellinnen, die einen Elektroberuf erlernt haben, im Beruf verblieben, zwei Drittel haben einen kontinuierlichen Berufsverlauf. Den Gegenpol bilden die Tischlerinnen, von denen nur ein knappes Drittel einen dauerhaften Verbleib aufweist. Instabile Berufsverläufe und „Ausstiege" kommen am häufigsten bei den Malerinnen und Lackiererinnen und bei den Tischlerinnen vor.

---

54 Einige Frauen befanden sich zum Erhebungszeitpunkt in Umbruchsituationen, z.B. wechselten sie gerade von Erwerbstätigkeit oder Erwerbslosigkeit in ein wenige Tage später beginnendes Studium. Diese Frauen haben häufig „doppelt" geantwortet. Ihre Antworten wurden zu beiden Bereichen berücksichtigt, so dass die Zahlen nicht immer übereinstimmen. Überdies arbeiten einige Studentinnen nebenher.

55 Wolf (1989: 56) berichtet von 54%, die drei bis fünf Jahre nach der Prüfung noch im Beruf sind. Strauß (1986: 32) zählt zwei bis drei Jahre nach Ausbildungsabschluss bei den betrieblich Ausgebildeten jedoch nur 41%. Von den außerbetrieblichen Ausgebildeten waren es 33%. Aus dem Sample von Hellmann/Schiersmann sind 38% im Beruf; aus dem hessischen Sample dagegen 58% (Debener u.a. 1989: 14c).

Den größten Einfluss auf den Berufsverlauf hat in unserem Sample – unabhängig vom Berufsfeld – der *Ausbildungsort*. Während betrieblich ausgebildete Frauen überwiegend kontinuierlich im Beruf verblieben sind oder – verursacht durch eine schwierige Arbeitsmarktsituation, von der hauptsächlich Tischlerinnen und Malerinnen/Lackiererinnen betroffen waren – zumindest zeitweilig Arbeit fanden, ist ein befriedigender Berufsverlauf für außerbetrieblich ausgebildete Frauen eher die Ausnahme: Nur ein knappes Drittel blieb kontinuierlich im Beruf, die größte Gruppe (39%) nahm keine der Ausbildung entsprechende Tätigkeit oder Weiterbildung auf und die übrigen hatten instabile Berufsverläufe. Dieses Muster gilt für alle Berufsgruppen gleichermaßen.

Der Ausbildungsort als für den Berufsverlauf zentrale Einflussgröße wird überlagert von den individuellen Bedingungen und Bedürfnissen der Frauen sowie unterschiedlichen Chancen, die die Berufe bieten. Elektrikerinnen und Tischlerinnen bilden in unserer Untersuchungsgruppe auch hier die Extrempole. Während der Berufsverlauf der Elektrikerinnen dem klassischen Bild gewerblich-technischer Facharbeit entspricht, assoziiert das Verhalten der Tischlerinnen eher vorrangig arbeitsinhaltlich geprägte Muster künstlerischer Lebenswege. Trotz miserabler Arbeitsmarktchancen versuchten sie mit erheblicher Energie, an ihrem Beruf festzuhalten. Einige blieben über Jahre erwerbslos, andere gründeten am Rande der Legalität und zum Preis extremer Selbstausbeutung eigene Betriebe.

Im Vergleich zu den anderen Studien über Frauen in gewerblich-technischen Berufen ermittelten wir durchschnittliche, denen männlicher Ausbildungsabsolventen entsprechende Verbleibswerte. Revidiert werden muss indessen die These des Zusammenhangs von Nichtübernahme durch den Ausbildungsbetrieb und Erfolgsgrad des Berufsverlaufs, von der Alt/ Wolf (1990: 61) und Hellmann/Schiersmann (1991: 98f.) berichten: Neben der Übernahme durch den Ausbildungsbetrieb beeinflussen eine Vielzahl von Faktoren – individuelle wie „objektive" – den Berufsverlauf und sind ebenso gewichtig.

Berufliche Einsatzbereiche:

Auch bei der Auswahl des Arbeitsplatzes spielen neben z.B. konjunkturell bedingten Chancen persönliche Präferenzen eine Rolle. Uns interessierte vorrangig, ob Frauen das breite Spektrum möglicher Tätigkeiten gewerblich-technisch ausgebildeter Fachkräfte oder nur bestimmte Bereiche zur Verfügung stehen – möglicherweise diejenigen, die neueren Prognosen zufolge potenziell wegfallen werden. Daneben war es uns wichtig zu erfahren, ob die Facharbeiterinnen und Gesellinnen, zum Beispiel weil sie ihre Kinder betreuen, reduzierte Arbeitszeiten „einführen" konnten, die bis dato in Männerberufen praktisch nicht vorkamen.

Von den 153 Frauen, die den Fragebogen beantworteten, gaben 99 als letzte Station ihres Berufsweges eine Tätigkeit als Facharbeiterin bzw. Gesellin an.[56] Überwiegend haben die Frauen Vollzeitarbeitsplätze. Aber immerhin 16% arbeiten Teilzeit. Der Einsatz in Tagschicht überwiegt, unter den Metallerinnen und Elektrikerinnen aber ist jede vierte im Zweischichtsystem. Die interviewten Frauen dagegen arbeiten überwiegend in Tagschicht und Vollzeit. Nur jeweils zwei gaben Teilzeitarbeit und Einsatz im Zweischichtsystem an. Auch die Männer in den entsprechenden Abteilungen bzw. Betrieben arbeiten überwiegend tagsüber.

Die Schwerpunkte des Arbeitseinsatzes sind bei den Metallerinnen der Fragebogenerhebung (n = 25) Fertigung und Produktion (48%) sowie Instandhaltung und Wartung (28%). Bei den Elektrikerinnen (n = 36) dominieren das Prüffeld (28%) sowie Instandhaltung/Wartung und Fertigung/Produktion mit jeweils 22%. Im Büro, im Kundendienst oder im Verkauf finden sich nur einzelne Frauen; teilweise handelt es sich dabei um Aufstiegsarbeitsplätze.[57]

In den Interviews wurde die Gelegenheit genutzt, die ausgeübte Tätigkeit näher zu erfragen. Teilweise konnte darüber hinaus der Arbeitsplatz in Augenschein genommen werden. Hauptsächlich arbeiten die Frauen – wie ihre männlichen Kollegen – an Einzelarbeitsplätzen (15), drei im Team mit Kollegen vergleichbarer Qualifikation und eine in vom Betrieb neu eingeführter Gruppenarbeit. Die Betriebsräte bestätigten, dass die Organisationsform im jeweiligen Betrieb üblich sei. Gelernt haben die 21 interviewten Frauen 18 unterschiedliche Berufe der Metall- oder Elektrotechnik. Die ausgeübten Tätigkeiten sind sehr vielfältig: Einige Berufsanfängerinnen haben (noch) relativ repetitive Aufgaben, wie z.B. das Drehen von Nockenwellen an einer CNC-Maschine. Bei der Mehrheit sind die Anforderungen komplexer. Einige Beispiele: der Einbau von Klimaanlagen in Flugzeuge, die Montage von Schaltschränken in Einzelfertigung oder von kommunikationstechnischen Geräten bei Kunden oder die Wartung von Computer-Betriebssystemen per Ferndiagnose verbunden mit dem Einsatz der Kundendiensttechniker/innen. Zwei Interviewpartnerinnen leiteten als Meisterinnen die Elektrowerkstatt in mittelständischen metallverarbeitenden Betrieben.

Stutzig macht die Häufung der Tätigkeitsbezeichnungen Prüffeldmonteurin (5 Frauen) und Einrichterin (3 Frauen), zumal auch in unserer Fragebogenerhebung relativ viele Frauen diese Berufe angaben. Hier könnte sich eine „weibliche" Domäne herausbilden. Diese Bereiche sind, so das Ergebnis einer Studie von Iris Bednarz-Braun (1983) über *angelernte* Frauen, häufig

---

56 Zu den Differenzen mit vorgenannten Zahlen vgl. Fußnote 53.
57 Die Hannoveraner Untersuchung zeigt ähnliche Verteilungen: Von 48 Metallerinnen und 31 Elektrikerinnen arbeiteten 31% bzw. 26% in der Werkstatt, 4% bzw. 29 % im Prüffeld und 33% bzw. 26% in der Fertigung oder Produktion. Vgl. Hellmann/Schiersmann .1991: 207.

zwischen „gelernt" und „angelernt" anzusiedeln. Bei unserer Untersuchungsgruppe allerdings sind die jeweiligen Tätigkeiten der einzelnen Frauen sehr komplex. Die Frauen werden als Facharbeiterin bezahlt, und auf parallelen oder vergleichbaren Arbeitsplätzen arbeiten in den entsprechenden Betrieben männliche Fachkräfte. Von einer sich herausbildenden Segmentierung zu sprechen, wäre angesichts der noch geringen Zahlen verfrüht; dennoch sollten diese Einsatzbereiche weiter beobachtet werden. Da die Beschäftigtenzahlen im Bereich „Einrichten und Warten" in den vorhergehenden Jahren gestiegen waren, könnten „unsere" Einrichterinnen von dieser Entwicklung profitiert haben. Insgesamt haben sich Frauen offensichtlich in vielerlei Bereichen durchgesetzt. Angesichts der gegenwärtigen Veränderungen besonders bedeutsam ist gleichwohl, welche Positionen die Frauen *innerhalb* dieser Bereiche einnehmen.

Anforderungsprofil der Arbeitsplätze:

Allgemein ist neben der geschlechtsspezifischen horizontalen eine vertikale Segmentierung zu beobachten, wodurch sich für Frauen und Männer mit *gleicher Ausbildung* unterschiedliche Berufswege eröffnen. So ist z.B. die berufliche Situation von Frauen mit derselben kaufmännischen Qualifikation wie ihre gleichaltrigen männlichen Kollegen und mit allenfalls kurzzeitig unterbrochener Berufstätigkeit schon in den ersten Berufsjahren höchst unterschiedlich und verstärkt sich mit zunehmendem Alter: Von den unter 25jährigen Kauffrauen sind 4% in Leitungspositionen, von den Kaufmännern sind es 7%. In der Altersgruppe der 30- bis 34jährigen wächst die Differenz auf 10% zu 30%. Entsprechend sind die Einkommensunterschiede: 22% der Männer verdienten 1985/86 im Alter von 30 bis 34 Jahren 4.000 DM oder mehr, von den gleichaltrigen Frauen mit derselben Berufserfahrung und -ausbildung waren es nur 4%.[58] Die Ursachen sind nicht zuletzt in der betrieblichen Segregation zu suchen.

Von 7633 von Gerhard Engelbrech und Hermine Kraft befragten Betrieben gab jeder vierte an, weibliche Fachkräfte anders einzusetzen als männliche, und zwar nicht nur in gewerblich-technischen, sondern auch in kaufmännischen Bereichen. Als Begründung nannten die Hälfte der Betriebe die erforderliche körperliche Kraft, jeweils 40% die Vermutung eines früheren Ausscheidens weiblicher Fachkräfte und eine andere Arbeitsplatzwahl von Frauen. Noch offenkundiger wird die Benachteiligung von Frauen in der Aussage, für junge Männer sei eine ausbaufähige Stellung wichtiger als für junge Frauen, der sich immerhin 15% der Betriebe bezüglich gewerblich-

---

58 Zu diesem Ergebnis kommt die Auswertung der repräsentativen, vom Bundesinstitut für Berufsbildung (BIBB) in Zusammenarbeit mit dem Institut für Arbeitsmarkt- und Berufsforschung (IAB) durchgeführten Erwerbstätigenbefragung. Vgl. Damm-Rüger 1991.

technischer Tätigkeitsfelder und sogar 19% bezüglich kaufmännischer anschlossen (Engelbrech/Kraft 1992a: 1 u. 18). Die Hypothese, dass Frauen mit Männerberufen erst recht auf nachrangige Plätze verwiesen werden, liegt auf der Hand, sind sie doch in einen Frauen „nicht zustehenden" Berufsbereich eingedrungen. Umgekehrt spricht auch einiges für die Vermutung, dass diese Frauen sich besonders behaupten, haben sie doch die Ausbildung in einem Männerberuf überstanden.

Vergleiche zu Männern mit entsprechender Ausbildung und Berufserfahrung können auf der Basis unserer Erhebungen nicht vorgenommen werden: In den Interviews sahen sich zum Beispiel die meisten Frauen nicht in der Lage anzugeben, wieviel ihre männlichen Kollegen verdienten. Auch war die Zusammensetzung der Kollegen auf vergleichbaren Arbeitsplätzen zu heterogen, als dass unmittelbare Vergleiche zulässig wären. Martina Morschhäuser (1993: 55) beobachtete in ihrer Untersuchung „in einigen Fällen" eine verspätete Höhergruppierung. Einzelfälle aus unseren Befragungen stützen diese These.

In der Fragebogenerhebung fanden wir erste Anzeichen unterschiedlicher Positionen innerhalb der Gruppe der befragten Facharbeiterinnen. Die Hälfte der Metallerinnen und drei Viertel der Elektrikerinnen gaben 1989 Bruttolöhne von mehr als 2.500 DM an; jeweils vier Prozent bezifferten ihr Einkommen mit DM 4.000 oder mehr. Ein erheblicher Anteil der mehrheitlich noch jungen Frauen verdiente damit mehr als den Facharbeitereckohn. Auch berichteten 74 der 153 Ausbildungsabsolventinnen von berufsbezogenen Weiterbildungen, davon allein zwölf von der Teilnahme an Meisterinnen-, vier an Technikerinnen- und vier an Ausbilderinnenkursen.[59] Andere Frauen aber bekundeten, sie hätten „keine Lust" sich fortzubilden. Diese ersten Hinweise auf einen „meisterlichen" Berufsverlauf einerseits und „mal gerade" eine Facharbeiterposition erreicht haben, gaben Anlass, in der qualitativen Untersuchung – wenngleich auf zwangsläufig schmaler Datenbasis – den Bedingungsfaktoren des Berufsverlaufs vertiefter nachzugehen. In den Interviews wurde das Anforderungsprofil der Arbeitsplätze mit Hilfe mehrerer Indikatoren bewertet: die Zeit pro Arbeitsaufgabe, die Lohnhöhe, die Verwertung des in der Ausbildung Gelernten, die Notwendigkeit von Fortbildung und deren Anwendung sowie die Einstufung des Arbeitsplatzes durch die Befragte auf einer vorgefertigten Skala zwischen „für Männer wenig attraktive Anlernarbeit" und „für Männer attraktive Spezialistenarbeit".

Im Ergebnis wurde das Tätigkeitsprofil von sechs Frauen zwar eindeutig als Facharbeit, jedoch im Vergleich zu den Tätigkeitsprofilen der anderen Befragten als *niedrig* eingestuft. Besonders auffällig bei dieser Gruppe ist, dass

---

59 Weitere 13 gaben den Besuch einer fachspezifischen Fachoberschule oder ein fachspezifisches Studium an, 6 kaufmännische und 35 andere berufsbezogene Kurse wie z.B. Schweißen oder Elektronik. (Teilweise besuchten die Frauen mehrere Maßnahmen.)

für den jeweiligen Arbeitsplatz allenfalls eine Einarbeitung aber keine Fortbildung notwendig zu sein scheint und eine solche von den Arbeitsplatzinhaberinnen auch nicht absolviert wurde. Bei allen sechs Frauen handelt es sich um Berufsanfängerinnen, so dass das niedrige Niveau dieser Arbeitsplätze nicht sonderlich verwundert. In einer *mittleren* Gruppe (8 Frauen) führten unterschiedliche Komponenten zur Höherbewertung: Teilnahme an und Verwertung von Fortbildung, große Zeitspielräume für die jeweiligen Arbeitsaufgaben oder hochgradige Verwertung des in der Ausbildung Gelernten. In der Gruppe mit *höherwertigen* Tätigkeiten schließlich (7 Frauen) haben alle an Fortbildungen teilgenommen, die aus der Sicht der Befragten für ihre Tätigkeit nötig waren. Hinzu kommen meist hohe Bewertungen bei den anderen Indikatoren. In den beiden letztgenannten Gruppen beträgt die Dauer der Berufstätigkeit seit Abschluss der Lehre bei den meisten (Median) rund neun Jahre bei einer Spannweite von zweieinhalb bis zwanzig Jahren. Offenbar gilt auch für Frauen das bezogen auf Männer nicht sonderlich erwähnenswerte Ergebnis des beruflichen Aufstiegs bei zunehmender Berufserfahrung und Teilnahme an Fortbildungen. Es bleibt jedoch die Frage nach den Gründen für die unterschiedlichen Karrieren bei gleicher Berufserfahrung.

Die These des „anderen" Einsatzes von Frauen, von der Engelbrech/Kraft bezüglich jedes vierten Betriebes berichten, kann in unserer Untersuchung über Frauen mit Männerberufen nicht bestätigt werden. Zu vermuten ist, dass die von Engelbrech/Kraft befragten Betriebsleiter und Personalchefs die Frage nach einem geschlechtsspezifischen Einsatz nur spekulativ beantworten konnten, ist doch im Facharbeiterbereich nicht die Chefetage, sondern die untergeordnete Ebene der Meister bei der Personalgewinnung die vorrangig entscheidende (Grüning 1995: 64f.). Christel Alt weist auf den Unterschied zwischen Erwartungen und tatsächlichem Einsatz hin: Für die Absolventinnen des Bundes-Modellversuchsprogramms zur Erschließung gewerblich-technischer Ausbildungsberufe für Mädchen wurden häufig spezifische, den Frauen bezüglich der erforderlichen Körperkraft aber auch des Schmutzes „zumutbare" Arbeitsplätze ausgesucht. Der tatsächliche Einsatz erfolgte aber anders, oder die Frauen wechselten später auf „normale" Plätze (Alt 1990: 68).

Unter dem Aspekt struktureller Umbrüche der Arbeitstätigkeiten dürften die Frauen mit hohem Tätigkeitsniveau „es geschafft" haben: Ihre Arbeitsplätze erfordern z.B. den Abschluss der Meisterprüfung (2 Frauen) oder umfangreiche anderweitige Spezialisierungen wie laufende Computerschulungen von bis zu drei Monaten pro Jahr. Doch welche Bedingungen führten dazu, dass – bei gleicher Dauer an Berufserfahrung – die eine Gruppe höherwertige Tätigkeitsniveaus erreichte, die andere aber im Spektrum unserer Untersuchungsgruppe auf einem mittleren Niveau verblieb?

Voraussetzungen für den beruflichen Aufstieg:

Wir untersuchten mögliche personale und strukturelle Einflussfaktoren. Gängige Theoriemodelle erwiesen sich als nur bedingt hilfreich, ging es doch um berufliche Karrierewege der einzigen im Betrieb vorhandenen Facharbeiterin oder von nur wenigen. Betriebliche Strukturen, wie z.b. die Betriebsgröße, Wachstum, demographische Zusammensetzung und Technologie (vgl. Baron/Balby 1984) haben, wenn der Berufseinstieg gelang, vermutlich weniger Einfluss als das Zusammenspiel von individuellen Merkmalen der jeweiligen Frau (und ihrer Vorgesetzten und Kollegen) und organisatorischen Strukturen nicht nur im jeweiligen Betrieb, sondern insbesondere in der Abteilung (wobei nicht wenige der befragten Frauen die Betriebe und/oder Abteilungen im Laufe ihrer Berufstätigkeit wechselten).

Voraussetzung für das Erreichen höherwertiger Arbeitsplätze ist ein Zusammenspiel von Eigeninitiative und betrieblichen Förderungen wie dem Einsatz auf Arbeitsplätzen mit Lernpotenzialen und dem Anstoß für die Teilnahme an Fortbildungen. In unserer Untersuchungsgruppe hatten Frauen mit höherem Tätigkeitsniveau den Arbeitsplatz häufiger gewechselt als andere, ihr Einstiegsarbeitsplatz war zumeist einer mit Lernpotenzialen, und Vorgesetzte hatten sie zu Fortbildungen angeregt. Gleichzeitig aber scheuten diese Frauen keine Konflikte. Alle Frauen, die von Behinderungen beim Wechsel von Arbeitsplätzen durch Vorgesetzte oder Kollegen berichteten, gehören zur Gruppe mit höherem Tätigkeitsniveau. Auch gehen diese Frauen ihren Hobbys wesentlich intensiver nach als die anderen. Frauen auf mittlerem Tätigkeitsniveau scheinen sowohl beruflich als auch privat inaktiver zu sein und hatten gleichzeitig weniger Förderung aber auch weniger Behinderungen von Vorgesetzten und Kollegen erfahren. Innerhalb des Kollegenkreises stuften diese Frauen sich als „integriert" ein. Drei von sieben Frauen mit höherem Tätigkeitsniveau dagegen bezeichneten sich als „Exotinnen".

Ein besonderes Gewicht erhalten diese Faktoren durch den Wandel der Tätigkeitsanforderungen: Frauen, die am technischen Wandel nicht durch Fortbildungen und Streben nach anspruchsvolleren Arbeitsplätzen teilnehmen, droht langfristig die Dequalifizierung. Ursprünglich möglicherweise vorhandene Eigeninitiative kann aber auch durch soziale Ausgrenzung gebrochen werden. Aus der Situation als einzige Frau im Männerteam oder als eine von nur wenigen ergeben sich für die Facharbeiterinnen bestimmte Verhaltensoptionen, die sich speziell unter dem Vorzeichen neuer Arbeitsorganisation und steigender Tätigkeitsanforderungen auf Chancen und Risiken der Frauen auswirken.

Soziale Integration

Rosabeth Moss Kanter (1977: 208f.) stellt die These auf, dass je nach Grad der zahlenmäßigen Dominanz bzw. Unterlegenheit der Geschlechter (Gleiches gilt für Hautfarben, Nationalitäten usw.) begrenzte Verhaltensoptionen bestehen. Bei Gleichverteilung der Geschlechter in einer Gruppe können Untergruppen entstehen, deren Zusammensetzung nicht unbedingt geschlechtsspezifisch sein muss, sondern sich nach anderen strukturellen oder persönlichen Merkmalen bestimmen kann. Bei einer Zusammensetzung von „vielleicht" 65 zu 35 sind zwischen den Mitgliedern der Minderheit immer noch Bündnisse möglich; sie können die Kultur der Gruppe beeinflussen. Anders bei einer Verteilung von beispielsweise 85 zu 15. Die zahlenmäßig dominante Gruppe bestimmt die Gruppenkultur; die Mitglieder der Minderheit sind lediglich ein Zeichen (token) einer anderen Kultur und werden häufig als solches und nicht als Individuen behandelt. Auch wenn nicht nur ein („solo"), sondern zwei „Zeichen" in einer Gruppe vorhanden sind, ist es schwierig für sie, Zusammenschlüsse zu bilden. Die Situation vereinzelter Frauen in männlich dominierten Gruppen wird bestimmt von:

- *Aufmerksamkeit* (attention): Frauen sind „sichtbarer" als jeder einzelne der Männer.
- *Gegensatz* (contrast): Die dominante Gruppe der Männer wird sich durch die Anwesenheit einer Frau stärker ihrer „Allgemeinheit" und ihres Unterschieds zu Frauen bewusst. Die Männer versuchen eine Grenze zu setzen, indem sie die Unterschiede überhöhen.
- *Gleichsetzung* (assimilation): Stereotype über das Wesen von Frauen werden auf die jeweilige Frau übertragen: Obwohl „Zeichen" als „anders" sichtbar sind, wird ihnen keine nicht-stereotype Individualität zugestanden.

Berufliche Ziele zu erreichen, erfordert von den Frauen eine schwierige Balance zwischen erfolgreich sein und dabei nicht den Unmut der männlichen Kollegen hervorzurufen. Gefordert sind gleichermaßen berufliche Kompetenz und Sensibilität, Fähigkeiten, die meist erst durch längere Berufserfahrung erworben werden (ebd. 220f.). Die Frauen müssen mit der ständigen Beachtung und der Überhöhung ihrer „Andersartigkeit" umgehen und sich mit der Gleichsetzung ihrer Person mit „den Frauen" auseinandersetzen. Frauen, die unter diesen Bedingungen zu hervorragenden Leistungen fähig sind, sind Ausnahmen. Eine mögliche Verhaltensoption ist, die Allbekanntheit zu nutzen und die *„Differenz"* sowohl zu männlichen Kollegen als auch zu anderen Frauen hervorzuheben. Aber zugleich bietet sich das Gegenteil an: der Versuch, sich *sozial unsichtbar* zu machen.

Die Verhaltensoptionen haben Konsequenzen: „Ausnahme-Frauen" werden als positive Beispiele wahrgenommen. (Mit der Folge, dass weitere Frauen als Arbeitnehmerinnen willkommen sind.) „Sozial unsichtbare" Frauen hingegen werden nicht bemerkt; ihr berufliches Können bleibt verborgen.

Das Hervorheben der „Differenz" um Anerkennung und berufliche Ziele zu erreichen erfordert meist die Unterstützung von Vorgesetzten und macht von diesen abhängig.

Ein deutliches Signal misslungener Integration ist die sexuelle Belästigung. Im Folgenden werde ich zunächst die Ergebnisse unserer Fragebogenerhebung zur sexuellen Belästigung am Arbeitsplatz vorstellen. In einem weiteren Schritt wird über die Integrationsmodelle berichtet, die unsere Interviewpartnerinnen für sich fanden.

Fast die Hälfte der 153 Frauen, die unseren Fragebogen beantworteten, berichteten von „eindeutigen" Witzen, Sprüchen oder gar von Handgreiflichkeiten; am häufigsten sind sexistische Sprüche und Witze, von Handgreiflichkeiten ist allerdings immerhin auch jede 10. betroffen. Sexuelle Belästigungen am Arbeitsplatz gegenüber Frauen sind auch (oder gerade?) in frauentypischen Tätigkeitsfeldern alles andere als selten (vgl. Holzbecher u.a. 1990). Die Reaktionen der Facharbeiterinnen und Gesellinnen erscheinen äußerst moderat. In der Regel machten sie „entsprechende Bemerkungen", konterten mit Sprüchen auf derselben Ebene oder lachten einfach mit. Betriebsräte werden äußerst selten eingeschaltet. Nur wenige Frauen haben den Arbeitsplatz aufgrund von sexistischen Übergriffen gewechselt; geäußerte berufliche Veränderungsabsichten sind *nicht* die Folge sexueller Belästigungen. Dieses frappierende Bild des Sichabfindens zumindest mit verbalen Übergriffen wird bestätigt durch die Angaben auf die Frage nach der Zufriedenheit hinsichtlich der Zusammenarbeit mit männlichen Kollegen. 81% der Frauen waren damit mindestens „zufrieden", 45% sogar „sehr zufrieden".[60] D.h., auch Frauen, die sexistischer Anmache ausgesetzt sind, haben an der Zusammenarbeit mit den männlichen Kollegen wenig zu beanstanden.

In den Interviews wurde das Thema „sexuelle Belästigung" nicht angesprochen. Im Vordergrund standen vielmehr andere Indikatoren für die jeweilige soziale Position im männlich dominierten Umfeld. Wir baten die Interviewpartnerinnen, sich auf einer vierstufigen Skala einzuordnen: „fachlich anerkannt, im Kollegenkreis integriert", „Exotin", „fällt nicht auf (one of the boys)" und „hat es schwer, ist isoliert". Darüber hinaus fragten wir, wie sie ihre Pausen verbringen – mit dem (männlichen) Team oder außerhalb des Teams. Einen Indikator für die Optionen der „sozialen Unsichtbarkeit" und der „Betonung der Differenz" bildete die Frage, wie die Frauen sich auf der Arbeit und auf dem Weg dorthin kleiden – ob sie sich besonders überlegten, in welcher Aufmachung sie den männlichen Kollegen begegnen.

Fast alle Facharbeiterinnen sahen sich selbst als fachlich anerkannt und im Kollegenkreis integriert, allerdings meinten davon drei, ihre Rolle habe

---

60 Erhoben wurde die Zufriedenheit auf einer vierstufigen Skala. Gänzlich unzufrieden waren 6 %. Am häufigsten mindestens "zufrieden" waren die Elektrikerinnen mit 87,5 %; am wenigsten die Malerinnen und Lackiererinnen mit 71,4 %.

auch etwas Exotisches. Darüber hinaus stufte sich eine als „Exotin" ein. Ihre Haltung dazu: „Als Frau mittendrin ist toll". Keine der Frauen bezeichnete sich als unter Männern nicht weiter auffallend („one of the boys") oder meinte, sie sei isoliert. Die Arbeitspausen verbringt die Mehrheit (14) zusammen mit den männlichen Kollegen aus dem jeweiligen Arbeitsbereich, einige Frauen „je nach dem, wie es sich so ergibt" oder mit bestimmten Personen außerhalb des Teams. Lediglich eine Frau berichtete, sie würde lieber für sich sein als am Kartenspiel der männlichen Kollegen teilzunehmen. Ihrer „Sichtbarkeit" sind die Frauen sich durchaus bewusst. Die Mehrheit wählt die Kleidung für den Weg zur Arbeit und für die Arbeit – sofern, wie bei den meisten Elektrikerinnen, kein Blaumann üblich ist – besonders aus.

Als günstig für die Integration in den männlichen Kollegenkreis erwies sich in unserem Sample eine unmittelbare Zusammenarbeit mit Männern, eine längere Berufserfahrung und die Gewöhnung des Umfeldes an Frauen: eine längere Tradition der Ausbildung von Mädchen in gewerblich-technischen Berufen und der Beschäftigung von Facharbeiterinnen sowie das Vorhandensein mehrerer Facharbeiterinnen im Betrieb. Dabei führt sowohl die Betonung der Differenz durch bewusst weibliche Kleidung als auch der Versuch, sich durch männliche Kleidung sozial „unsichtbar" zu machen, tendenziell zur Ausgrenzung. Von expliziten Ausgrenzungen berichtete weder eine der Frauen noch war einem der befragten Betriebsräte ein solcher Fall bekannt. Offenbar gelingt den meisten Facharbeiterinnen die Integration in irgendeiner Form. Bei manchen Frauen wird allerdings eine Tendenz zur Verhaltensoption der „Differenz" oder zum Muster der „sozialen Unsichtbarkeit" deutlich.

Warum Mädchen Jungenberufe wählen sollten

Frauen mit Männerberufen haben es sicherlich nicht immer einfach. Sind aber die Verhältnisse in Frauenberufen so, dass Frauen dort keinerlei Probleme haben? Unsere Berliner Studie ergab durchschnittliche Übergangszahlen der Frauen im Vergleich zu ihren männlichen Kollegen. Auch bei den beruflichen Einsatzbereichen ließ sich keine Geschlechtersegregation ausmachen. Dem entgegen steht das Ergebnis von Sigrid Damm-Rüger (1991), dass in kaufmännischen Berufen eindeutig zwischen den Geschlechtern segregiert wird. Auch die Betriebsbefragung von Gerhard Engelbrech und Hermine Kraft (1992a) zeigt, dass in kaufmännischen Berufen noch mehr als in gewerblich-technischen bei Personalleitungen die Meinung besteht, für Männer sei eine ausbaufähige Position wichtiger als für Frauen. Sexuelle Belästigung als Extremform persönlicher Herabwürdigung ist in gewerblich-technischen Berufen keineswegs selten – in typischen Frauenarbeitsbereichen aber auch nicht. Es spricht soweit also nichts dagegen, dass Mädchen Jungenberufe erlernen. Allerdings sollte, wie bei anderen Berufen auch, darauf geachtet werden, wie die Chancen im einzelnen Beruf sind. Malerinnen und Lackiererinnen oder Restaurantfachfrauen haben mit Elektronikerinnen genauso wenig gemeinsam wie Bäckereiverkäuferinnen mit Bankkauffrauen.

Unseren, mittlerweile allerdings auch schon älteren Befragungen zufolge, eröffnen sich für außerbetrieblich ausgebildete Frauen deutlich schlechtere Chancen als für betrieblich Gelernte: Die Berufsberatung sollte daher darauf hinwirken, dass Mädchen vorrangig betriebliche Ausbildungsplätze erhalten. Von Vorteil ist zudem eine Ausbildung in größeren Betrieben, weil diese in der Regel für den eigenen Bedarf ausbilden, und somit ein Einstiegsarbeitsplatz gesichert ist. Aber in unserer Untersuchung offenbart sich auch eine Hierarchie der Eignung von Berufen: Elektroberufe, Metallberufe, Malerin und Lackiererin und am Schluss Tischlerin. Die Berufsberatung sollte die jeweiligen Chancen in einzelnen Berufen berücksichtigen – und vor allem die Kategorie „Männerberufe" zu den Akten legen: Eine gelernte Werkzeugmechanikerin hat, obwohl in einem Metallberuf ausgebildet, mehr Möglichkeiten als eine Elektroinstallateurin, eine Elektronikerin aber wahrscheinlich wiederum mehr als eine Metallerin mit einer Ausbildung als Zerspanungsmechanikerin: Im Zweifel kann eine Werkzeugmechanikerin auch eine Drehmaschine bedienen, eine Zerspanungsmechanikerin aber nicht jedes Werkzeug fertigen; eine Elektronikerin wird auch elektrische Leitungen legen können, eine Elektroinstallateurin hat aber nur begrenzte Kenntnisse elektronischer Zusammenhänge. Die Eignung der einzelnen Berufe ist aber auch von der jeweils unterschiedlichen regionalen Nachfrage abhängig und zudem von Branchenkonjunkturen. Konjunkturen aber können die Beratungsfachkräfte schwerlich vorhersagen: Zwischen der Berufsentscheidung und dem Übergang in die Fachtätigkeit liegen meist mehr als vier Jahre.

Was bleibt, wenn Mädchen einen Jungenberuf lernen, ist die Aufmerksamkeit, die sie dort erregen und mit der sie umgehen müssen. Soziale Kompetenz gepaart mit fachlicher erleichtert das Arbeiten nur unter Männern. Das heißt für die Berufsberatung, die Berufe sind auch für Mädchen geeignet, und Mädchen eignen sich für die Berufe besonders dann, wenn sie soziale Fähigkeiten und einen guten Schulabschluss mitbringen. Gegebenenfalls müsste der Ausbildungsbetrieb danach ausgesucht werden, dass er gewährleistet, was eigentlich selbstverständlich sein sollte und in vielen Betrieben auch ist, nämlich dass Gewicht auf die *Vermittlung* entsprechender Fähigkeiten gelegt wird.

Soweit spricht also nichts *gegen* eine Vermittlung von Mädchen in Jungenberufe. Was aber spricht *dafür*? Zunächst einmal geht es darum, den Mädchen Zugang zur Hälfte der Ausbildungsplätze zu verschaffen. Bislang gehen drei von fünf Ausbildungsplätzen an Jungen. Arbeitsmarktprognosen sagen zwar eine Verringerung der Arbeitsplätze im Bereich „Maschinen einrichten/einstellen" bis 2010 um jährlich 0,9% voraus, und auch die Bereiche

„gewinnen/herstellen" und „reparieren" werden um jährlich 1,4% bzw. 1,3% abnehmen (Weidig u.a. 1999: 44). Aber welche Alternative bietet sich den Mädchen und Frauen? Bürotätigkeiten werden diesen Prognosen zufolge stagnieren; zunehmen wird die Zahl der Arbeitsplätze vor allem in Organisation und Management, im Handel und in der Pflege – allerdings wird *ausschließlich* mit der Zunahme von Teilzeitarbeitsplätzen gerechnet. Das Arbeitsvolumen wird sich in weiblichen Tätigkeitsfeldern kaum erhöhen, die (prognostizierte) Verschiebung von Voll- auf Teilzeitarbeit wird „zum überwiegenden Teil die Arbeit innerhalb der Gruppe der Frauen lediglich umverteilen" (Engelbrech 1999: 22).

„Mit weiter zunehmender Erwerbsorientierung westdeutscher Frauen wird ein Anstieg des weiblichen Erwerbspotentials zwischen 1995 und 2010 – ohne ausländische Nettozuwanderungen – um 0,2 Mio. auf 14,5 Mio. erwartet ... . Damit werden ... noch 2,2 Mio. Arbeitsplätze für Frauen fehlen" (ebd.: 23).

Die neue IAB-Prognos-Prognose bezieht zwar erstmals Teilzeitarbeit in ihre Analyse ein, schreibt aber deren bisherigen Stand fort. Der Arbeitsplatzabbau aufgrund eines Rückgangs des benötigten Arbeitsvolumens wird in männerdominierten Tätigkeitsbereichen – weil angenommen wird, dass die Teilzeitquote sich dort nicht verändert – also nur wenig durch die Einrichtung von Teilzeitarbeitsplätzen aufgefangen, in frauendominierten Bereichen aber implizieren die Modellannahmen, dass ein Rückgang des Arbeitsvolumens zu mehr Teilzeitarbeit führt. Den Berechnungen zufolge werden im Jahre 2010 31,7% aller Vollzeitarbeitsplätze in den Bereichen „Maschinen einrichten/warten", „gewinnen/herstellen" und „reparieren" zu finden sein. (1995 waren es 34,6%.). Werden Mädchen expandierende Tätigkeitsbereiche nahegelegt, ist dieses gleichbedeutend damit, dass sie auf Teilzeitarbeit verwiesen werden. Nicht der Wunsch nach Teilzeitarbeit, beispielsweise aus familiären Gründen, ist dann ausschlaggebend, sondern die Alternative wird vielfach sein: „Teilzeitarbeit oder keine Arbeit". Zukunft haben Dienstleistungsberufe mit mittlerem Tätigkeitsniveau dann, wenn das Volumen dieses Sektors stärker ausgeweitet wird als die Modellannahmen vorsehen, wenn der Staat mehr Ganztagskindergärten, mehr Pflegeeinrichtungen etc. vorsieht.

Ein weiteres und zwar starkes Argument für eine Vermittlung von Mädchen in Jungenberufe sind die Einkommensunterschiede. In der Tabelle 9 wurden einige Zahlen für Westdeutschland zusammengetragen. Aufgeführt werden Metall- und Elektroberufe, in denen relativ (!) viele Mädchen sind und einige Berufe, in denen Mädchen zumeist ausgebildet werden. Die Berufe haben Gerhard Engelbrech und Elisabeth Nagel zu Berufsordnungen (3-Stellern) zusammengefasst, was sicherlich wegen der geringen Zahl von Frauen bzw. Männern in geschlechtsuntypischen Berufen unumgänglich war. Allerdings entstehen dadurch vermutlich Verzerrungen, weil der Frauenanteil in industriellen Berufen höher als in handwerklichen sein dürfte. Wahrscheinlich kommt der höhere Verdienst der Frauen in der Gruppe der Elektroinstallateurinnen usw. dadurch zustande, dass die Mehrheit der Männer im Handwerksberuf Elektroinstallateur und die Mehrheit der Frauen aber im Industrieberuf Elektrogeräteelektronikerin beschäftigt ist.

Tabelle 9:
Bruttomonatsverdienste 1997 vollzeitbeschäftigter westdeutscher Männer und Frauen mit Abschluss einer betrieblichen Berufsausbildung im Jahr 1996 und Verbleib in einem Ausbildungsberuf

	Männer	Frauen	Einkommen der Frauen im Vergleich zu Männern im selben Beruf in %	Einkommen der Frauen im Vergleich zum durchschnittlichen Frauenverdienst in %
Elektroinstallateur/in, Energiegeräteelektroniker/in, Kraftfahrzeugelektroniker/in	3672	4086	111,3	135,2
Industriemechaniker/in	4000	(3884)	97,1	128,5
Industrie-, Maschinenbaumechaniker/in	3961	(3783)	95,5	125,2
IT-System-Elektroniker/in, Kommunikationselektr.-IT, Informations-, Industrieelektroniker/in, Elektromechaniker/in	3857	(3681)	95,4	121,8
Kommunikations-, Fernmeldeanlagenelektroniker/in	3586	(3485)	97,2	115,3
Kommunikationselektroniker/in, Hörgeräteakustiker/in	3130	(3114)	99,5	103,0
Kraftfahrzeug-, Automobilmechaniker/in	3.333	3.093	90,7	102,3
Bankkaufmann/frau	3.906	3.882	99,4	128,5
Kaufmann/frau f. Bürokommunikation, Industriekaufmann/frau, Fachangestellte/r f. Bürokommunikation	3.461	3.242	93,7	107,3
Einzelhandelskaufmann/frau, Kaufmann/frau im Groß- und Außenhandel	3.064	2.934	95,8	97,1
Hotelfachmann/frau	2.819	2.649	94,0	87,7
Arzt-, Zahnarzt-, Tierarzthelfer/in	(2.672)	2.608	97,6	86,3
Verkäufer/in, Fachverkäufer/in im Nahrungsmittelhandwerk	3.005	2.625	87,3	86,9
Friseur/in	2.012	1.942	96,5	64,3
Durchschnitt über alle Berufe	*3.593*	*3.022*	*84,1*	*100*

Quelle: Engelbrech/Nagel 2002 und eigene Berechnungen.
In Klammern gesetzte Zahlen besagen, dass die Grundgesamtheit aus weniger als 100 Personen besteht.

Durchschnittlich erhielten westdeutsche Frauen 84% und ostdeutsche Frauen 89% des jeweiligen Männerlohns. In den Frauenberufen erhielten die Frauen im Westen 7 Prozentpunkte weniger als die Männer in den gleichen Berufen und im Osten war der Abstand 17 Prozentpunkte. In den Männerberufen jedoch war die Differenz geringer: Im Westen betrug sie fünf Prozentpunkte und im Osten sieben. Entscheidend ist aber die horizontale Segregation.

„So verdienen Männer vor allem auch deshalb mehr als Frauen, weil in Männerberufen höhere Einkommen erzielt werden als in Frauenberufen" (Engelbrech/Nagel 2002: 9).
Eine Verkäuferin bspw. ging 1997 im Westen mit DM 2.625 und im Osten mit DM 2.038 brutto „nach Hause". Verkäuferinnen sind, wenn sie ein Kind zu versorgen haben, auf einen Ernährer angewiesen. Frauen mit einem metall- oder elektrotechnischen Beruf dagegen können selbst entscheiden, ob, wann und wen sie heiraten. Übrigens sind Frauen, die Männerberufe erlernt haben, überhaupt nicht Partner-unwillig. Unsere Berliner Befragung ergab, dass Frauen mit Männerberufen ebenso häufig verheiratet sind oder mit einem Partner zusammenleben wie andere Frauen auch. Zusammengefasst: Es gibt keinerlei Gründe, Mädchen nicht in Jungenberufe zu vermitteln, aber viele, es zu tun. Liegt es möglicherweise an der Art der Berufe, dass so wenige Mädchen einen Jungenberuf erlernen?

3.6 Eigenart von Frauen- und Männerberufen: Was ist unweiblich an Männerberufen?

Als Ursula Rabe-Kleberg auf einer Tagung Ende 1985 ihre Forschungsergebnisse zu den Frauenberufen vorstellte, entspann sich unter den anwesenden Forscherinnen eine Diskussion darüber, welche Tätigkeiten Frauenberufe auszeichnen. Die Expertinnen fanden keine Antwort; all die angeführten Berufsinhalte kamen auch in Männerberufen vor. Als Männerberufe gelten neben Managementfunktionen meist technische Berufe. Hieraus wird dann abgeleitet, Mädchen sprächen sich gegen Jungen- bzw. Männerberufe aus, weil sie nichts mit Technik zu tun haben wollten. Verschiedene Studien aber machen darauf aufmerksam, dass Technik je nach der Geschlechtsbezogenheit unterschiedlich definiert wird. Cynthia Cockburn (1988) berichtet unter der trefflichen Kapitelüberschrift „Die Küche und der Werkzeugschuppen", dass die Geräte, die sich alternativ in der Küche oder im Werkzeugschuppen befinden, häufig auf denselben Technologien beruhen. Beispielsweise haben Küchenmixer und Bohrmaschinen dasselbe Prinzip. Ulrike Teubner (1989) weist völlig zu Recht auf die vielen weiblichen Technischen Sonderfachkräfte hin, auf die Laborantinnenberufe, in denen sich fast ausschließlich Mädchen und Frauen befinden. (Technische Berufe, in denen viele Mädchen ausgebildet werden, sind in der Berufssystematik eine Sondergruppe!) Selbst Friseurin, so kann Ulrike Teubner ergänzt werden, ist ein hochgradig technischer Beruf: Es geht um Schnitttechnik und um Biologie und dazu passende

Chemie. Technik als Berufsinhalt ist offenbar kein Kriterium der Unterscheidung von männlich und weiblich dominierten Berufen. Mittlerweile haben verschiedene, vor allem historisch angelegte Studien (vgl. u.a. Schmidt 1993, Schwarzkopf 1993, Liff 1986) herausgearbeitet, dass unabhängig vom Arbeitsinhalt technologisch bedingte Veränderungen der Arbeitstätigkeiten in aller Regel zum Ergebnis hatten, dass Männer die gesellschaftlich anerkannteren und besser bezahlten Arbeitsplätze einnahmen. Die von männlich dominierten Berufsverbänden und Gewerkschaften eingesetzten Strategien variierten und selbst die Frauen und Männern zugeschriebenen Kompetenzen waren je nach historischen und sozialen Kontexten höchst verschieden und manchmal widersprüchlich.

„Die andauernde Macht der Gleichsetzung von Technik und Männlichkeit ist ... keineswegs eine dem biologischen Geschlechtsunterschied innewohnende Eigenheit. Sie ist vielmehr Ergebnis der historischen und kulturellen Konstruktion des sozialen Geschlechts" (Wajcmann 1994: 166).

In der deutschsprachigen wissenschaftlichen Diskussion zur Eigenart von Frauenberufen stellt Ursula Rabe-Klebergs zunächst 1987 und schließlich 1993 in ergänzter Form veröffentlichte Studie einen Wendepunkt dar. Bis dahin hatte noch die – im Abschnitt 2.2. bereits angesprochene – These einer *Hausarbeitsnähe* von Frauenberufen die Diskussion beherrscht, die jedoch durch historische Befunde eines Geschlechtswechsels von Berufen in Frage gestellt war. Tendenziell abgelöst wurde die Grundannahme eines weiblichen Arbeitsvermögens erst in den 1990er Jahren, als die Erkenntnis einer sozialen Konstruiertheit der Zweigeschlechtlichkeit in der wissenschaftlichen Diskussion an Bedeutung gewann. In der Frauenpolitik herrschte dagegen – und herrscht vielerorts noch heute – die Überzeugung eines Anders-Seins von Frauen vor.

Ursula Rabe-Kleberg dagegen verneint die Existenz eines weiblichen Arbeitsvermögens, konstatiert aber, dass in Frauenberufen spezifische, als weiblich etikettierte Fähigkeiten *verlangt* werden. Als besonderes Merkmal von Frauenberufen identifiziert sie *Geduld*. In Deutschland immer noch wenig beachtet ist die Arbeit von Peta Tancred-Sheriff (1989), die als besonderes Kennzeichen von Frauenberufen *„adjunct control"* ausmacht. Meines Erachtens ist Peta Tancred-Sheriffs These weitergehender als die eines weiblichen Arbeitsvermögens bzw. einer Hausarbeitsnähe von Frauenberufen und die der Geduld. Nicht zuletzt findet sich „assistierende Kontrolle" als Tätigkeitsmerkmal in vielen Unterlagen der Berufsberatung, in denen sie Mädchenberufe beschreibt. Im Folgenden werde ich die drei Konzepte nacheinander vorstellen und abschließend auf die zentrale Frage, was an Männerberufen unweiblich ist, eingehen.

Hausarbeitsnähe:
Frauenberufe als Räume zur Verwirklichung weiblicher Identität

Im zweiten Kapitel bin ich bereits auf das Konzept eines „weiblichen Arbeitsvermögens" eingegangen. Im Mittelpunkt stand dort die politische Verselbständigung der Theorie zu einer sozialen Tatsache. Hier nun soll die These der Autorinnen im Mittelpunkt stehen, wonach hausarbeitsnahe Präferenzen von Frauen in die Berufswahl und Berufsausübung eingehen (Beck-Gernsheim/Ostner 1978: 275).

Wie bereits dargestellt, gehen Elisabeth Beck-Gernsheim und Ilona Ostner davon aus, dass die weibliche Sozialisation und insbesondere die Erfahrungen aus der Hausarbeit die „Identität der Frau" prägen (Beck-Gernsheim/ Ostner 1978: 273). Frauen zu Eigen seien daher intuitiv-gefühlsbestimmte Verhaltensweisen, Geduld und Beharrlichkeit, die Bereitschaft zur Einfügung sowie emotionale Abhängigkeit. Diese Fähigkeiten würden in „hausarbeitsnahen" Berufen verwertet.[61] Zudem sei Hausarbeit ganzheitliche Arbeit, deren Zeitökonomie nicht beliebig veränderbar sei. Berufsarbeit dagegen sei tauschgerecht ausdifferenzierte Detailarbeit, sie ende nach einer bestimmten Zeit.

M.E. ist diese Differenzierung so nicht haltbar. Vielmehr verlangen auch Männerberufe „weibliches Arbeitsvermögen": sich auf andere Personen beziehen (Kunden/innen, Kollegen/innen, Vorgesetzte, Untergebene), inhaltliches Engagement, Erfahrungswissen und nicht selten auch Intuition. Und zwar gilt dies nicht erst seit neue Arbeitspolitiken in die Betriebe Einzug halten. Auf der Facharbeiter/innenebene war die industrielle Produktion nie gänzlich taylorisiert; Instandhaltungsarbeit beispielsweise lässt sich wenig voraussehen und noch weniger in einzelne Tätigkeiten zerlegen. Ebensogut könnten gerade viele frauentypische Tätigkeiten als in Zeiteinheiten zerstückelte beschrieben werden: Frauenarbeit ist häufig angelernte Arbeit (im Extrem in einzelne Handgriffe zerlegte Fließbandarbeit), Männerarbeit dagegen häufiger „Berufsarbeit", Arbeit, die spezifische Kenntnisse und Fertigkeiten voraussetzt, eben weil sie nicht in Details zerlegt werden kann. Besonders deutlich werden die Unterschiede in Bezug auf die Zeitökonomie: Männliche Facharbeit ist meist aufgabenbezogen; der Arbeitstag endet zwar „mit der Uhr" (wobei Gleitzeitregelungen für Flexibilität sorgen), die Arbeit wird aber am nächsten Tag dort wieder aufgenommen, wo sie unterbrochen wurde. Von mir befragte, in der industriellen Produktion arbeitende Metall- und Elektrofacharbeiterinnen (ich hatte ausschließlich Frauen in meinem Sample) hatten beispielsweise im Durchschnitt Zeitvorgaben von 2 ½ Tagen pro Arbeitsauf-

---

61 Diese These war übrigens nicht neu, hatte doch schon die erste Frauenbewegung um die Jahrhundertwende damit für die Öffnung bestimmter Berufe für Frauen und für den Ausschluss von Männern aus diesen Berufen argumentiert.

gabe (Ostendorf 1996b). Gerade im typischen Frauenbereich der personenbezogenen Dienstleistungen, in der berufsmäßigen Erziehung von Kindern, in der Versorgung von Kranken und Alten, der Betreuung von Gästen und Kunden/innen in Restaurants, Hotels und Geschäften ist die Zuständigkeit nach Uhrzeiten zerteilt. Die Arbeitszeit regiert *vor* der Arbeitsaufgabe: Hunger oder Hilfsbedürftigkeit bilden nicht das Zentrum, sondern die Natur wird durch Arbeitsteilung beherrscht. – Diese Umkehrung der Zuordnung von Eigenschaften zur Frauen- bzw. Männerarbeit ist sicherlich gleichermaßen „schief" in dem Sinne, als nicht *alle* beruflich verrichteten Arbeiten von Frauen und Männern erfasst werden. Doch offensichtlich verläuft die Trennungslinie zwischen Frauen- und Männerarbeit anders als Elisabeth Beck-Gernsheim und Ilona Ostner meinen.

Ihre These, dass „hausarbeitsnahe" Präferenzen von Frauen in die Berufswahl und die Berufsausübung eingingen, erscheint vor dem Hintergrund der Berufseinmündungen von Mädchen geradezu abwegig: Zum einen stellen Verkaufen, Haareschneiden, Büro- und Bürohilfsarbeiten, wenn überhaupt, nur Randbereiche von Hausarbeit dar. Zum anderen entsprechen die Berufseinmündungen gerade der Mädchen keineswegs den Berufswünschen (Feller 1996). Der Unterschied zwischen Wünschen und Realisierung ist aber weniger ein inhaltlicher als vielmehr ein Unterschied im sozialen Status der Berufe. Nicht zuletzt zeigen empirische Untersuchungen zum *Prozess* der Berufsentscheidung von Mädchen die Relevanz des Kontextes, z.B. der Art und Zahl der regional angebotenen Ausbildungsplätze: Viele Mädchen werden Einzelhandelskauffrau, weil es in diesem Beruf Ausbildungsplätze gibt, nicht weil sie diesen Beruf erlernen *wollen*. Selbst wenn arbeitsinhaltliche Interessen von Mädchen zum Ausgangspunkt genommen werden, ist eine Begrenzung auf Frauenberufe keineswegs zwingend: Die von Mädchen häufig geäußerten arbeitsinhaltlichen Interessen sind auch in einer ganzen Reihe von Männerberufen zu finden. Die Segmentation zwischen Frauen- und Männerberufen ist nicht auf eine unterschiedliche Eignung der Geschlechter für bestimmte Berufe zurückzuführen, sondern ist das Resultat von Aushandlungsprozessen und Kämpfen zwischen den Geschlechtern, die jeweils wiederum von einem Leitbild des angemessenen Platzes der jeweiligen Geschlechter in der Gesellschaft durchzogen waren. Geschlechtsspezifische, sozialpsychologische Erklärungen werden „nachgeschoben" (Rabe-Kleeberg 1987: 41).

Festhalten lässt sich, dass weder Frauenberufe hausarbeitsnah sind, noch dass in Männerberufen die angeblich weiblichen Fähigkeiten nicht gefordert werden. Zudem ist es äußerst fraglich, ob Mädchen heutzutage noch ausschließlich oder zumindest vorrangig auf die Hausarbeit hin sozialisiert werden und aus diesem Grund Berufe auswählen, in denen die ansozialisierten, zum Bestandteil ihrer Identität geronnenen Fähigkeiten und Verhaltensweisen gefragt sind. Dennoch ist das Konzept von Elisabeth Beck-Gernsheim und Ilona Ostner nicht gänzlich aus der Luft gegriffen. Die von ihnen als weiblich charakterisierten Eigenschaften werden in vielen Frauenberufen gefordert.

Geduld:
Mütterliche Kompensation der Auswirkungen der Moderne

Die These besonderer Fähigkeiten von Frauen wird auch von Ursula Rabe-Kleberg (1993) und gleichfalls von Peta Tancred-Sheriff (1989) geteilt, ohne aber dass diese die Fähigkeiten naturalisieren: Nicht Frauen *haben* qua Biologie oder Sozialisation solche Fähigkeiten, sondern Frauen müssen sie sich aneignen, weil sie in Frauenberufen *verlangt* werden. Ursula Rabe-Kleberg argumentiert aus berufssoziologischer Perspektive. Sie definiert Arbeit in Anlehnung an Claus Offe „in ihrer reinen Form" als in den öffentlichen Raum des Berufs verlagerte männliche Arbeit „ohne Beimischungen aus anderen gesellschaftlichen Handlungssphären und Funktionsbereichen" (1993: 55). Berufliche Arbeit grenze sich nicht nur von Privatarbeit ab, sondern auch von unqualifizierter Arbeit und von Arbeiten,

„die eher mehr von Arbeitskräften verlangen als den Einsatz von ‚Kopf und Hand', nämlich den Einsatz von Körper (in seiner Gesamtheit) und Gefühl, der ganzen Person, wie dies in Frauenberufen der Fall ist. ... Die ‚weiblichen' Arbeitsbereiche und Arbeitsformen sowie die dafür notwendigen Qualifikationen sind gerade dadurch gekennzeichnet, daß sie vermischt sind, diffus, ganzheitlich und ohne sichtbare Trennungslinie zu persönlichen Fähigkeiten" (ebd.).

In einem Pamphlet der 1920er Jahre, in dem gegen das Eindringen von Frauen in Verkaufs- und Büroberufe argumentiert wird, entdeckte Ursula Rabe-Kleberg den Begriff der „Familienberufe". Dieser Begriff sei aufschlussreich, weil er nicht das Geschlecht zum Beruf ins Verhältnis setzt,

„sondern die Spezifik dieser Berufe aus der für Frauen als Norm gesetzten Lebensform, der Familie, ableitet. Frauen, die ‚Familienberufe' ausüben, werden so gesellschaftlich in ihrer als normal definierten Eingebundenheit in die Familienform sichtbar, und ihre Berufe unterliegen – berufssoziologisch ausgedrückt – der Partikularität ..., sind also keine richtigen Berufe" (ebd.: 75)

Die gerade in Frauenberufen nötigen sozialkommunikativen Fähigkeiten gelten als „Jederfraufähigkeit". Beispielsweise seien für die Verkaufsarbeit nötigen, zentralen Qualifikationen wie Freundlichkeit, Verbindlichkeit und Ehrlichkeit im Umgang mit Kunden in der Ausbildung nur schwer operationalisierbar. „Sie erscheinen ... als fertige Produkte" (ebd.: 60). Angehende Erzieherinnen sind der Meinung, dass ihr Beruf nicht erlernbar ist und leiten ihre Befähigung zu diesem Beruf aus familiären und aus Erfahrungen in Jugendverbänden ab (ebd.: 62). Auch Krankenpflegerinnen definieren „persönliche Fähigkeiten wie Beobachtungsgabe, Kontaktfähigkeit, Vielseitigkeit und Einfühlungsvermögen (als) für sie wichtiger als medizinisch-theoretische Einzelwissensbestände" (ebd.: 64). Die Selbstwertschätzung von Frauen in diesen Berufen sinkt „mit dem als fachlich definierten Anteilen und dem Anwachsen sogenannter Jede-Frau-Tätigkeiten" (ebd.: 63).

Selbst in von beiden Geschlechtern ausgeübten Berufen kommt es zu unterschiedlichen Einsatzbereichen: In Banken finden sich die Frauen im „kleinen Geschäft" am Schalter und die Männer in den Kreditabteilungen, wo die Verdienst- und Karrierechancen besser sind. Die Ursache ist aber nicht nur, dass Männer die Frauen von den besseren Rängen ausgrenzen, sondern Frauen werden in Positionen gedrängt, „wo sie mit Menschen zu tun haben und ihre persönlichen kommunikativen und sozialen Fähigkeiten zum Einsatz kommen können" (ebd.). Offenbar herrschen feste Vorstellungen über die Eignung von Frauen – und nur von Frauen – für bestimmte Tätigkeiten und Berufe, wobei mittlerweile Frauen zugetraut wird, dass sie die für Männerberufe nötigen Qualifikationen erwerben können, Männern allerdings die Fähigkeit abgesprochen wird, als Kindergärtner, Schreibkraft oder Putzhilfe zu arbeiten (ebd.: 71). Vor allem werden Berufe der unteren Ränge der Hierarchie ausschließlich den Frauen zugeordnet.

Besonders interessant sind hier Organisations- und Betriebszusammenhänge, in denen auch Männer tätig sind. In den Arbeitsbereichen von Sekretärinnen und assistierenden Berufen schieben sich im Arbeitsalltag persönliche Qualitäten vor die beruflichen und verdecken diese.

„An den Frauenarbeitsplätzen werden eher die persönlichen, bei den Männerarbeitsplätzen eher die fachlichen Qualifikationen hervorgehoben, und diese stehen im Arbeitsvollzug in einem kompensatorischen Verhältnis zueinander. ...
Leicht einsichtig ist dies bei der Krankenpflegerin und ihrem Verhältnis zur Arbeit des Arztes. Krankenschwestern arbeiten Ärzten vor, zu und nach. Sie minimieren Störungen und Risiken und gleichen Spannungen aus, so daß die eigentliche berufliche Arbeit der Ärzte ungestört, d.h., stetig ablaufen kann. Krankenschwestern sind somit für ‚das Lebendige' am Menschen zuständig, bereiten dieses für den Arzt als ‚Krankengut' zu. Wie in anderen Bereichen, wo Frauen in einem assistierenden Verhältnis zur männlichen Arbeit eingesetzt werden, funktioniert auch die Arbeit der Krankenschwester als Kompensation, nicht aber als Kritik der männlichen Arbeit. Von Frauen werden solche Aspekte bzw. Teilbereiche der männlichen Arbeit übernommen, die von jenen aus Gründen der beruflichen Statussicherung und Standardisierung sowie technischer und bürokratischer Rationalisierung ausgeschieden, übrig gelassen wurden" (ebd.: 65).

Frauen und Männern wird im Beruf Sozialkompetenz in unterschiedlicher Ausprägung abverlangt. Gefragt sind in beratenden, bedienenden und betreuenden Berufen im Wesentlichen „private, persönliche Handlungsmuster des Zuhörens und Miteinandersprechens, des Versorgens und Umsorgens, des Informierens und Beratens" (ebd. 78). Zwischen „dem eher organischen Zeitmaß ‚lebendiger' Prozesse und der linearen Zeitdefinition der industriellen und bürokratischen Sphäre" gilt es zu vermitteln, was Geduld erfordert. „Geduld ist die Fähigkeit, auch unter widrigen, widersprüchlichen Arbeitsbedingungen soziale und individuelle Prozesse sensibel und verantwortlich zu begleiten" (ebd.: 81).

Dass Frauen diese Fähigkeit zugewiesen wird, erklärt Ursula Rabe-Kleberg aus der Entstehung von Frauenberufen und dem Vorherrschen der bürgerlichen Norm der Trennung von privatem Haushalt und öffentlicher Arbeit. Der Prototyp für abwartendes, emphatisches Verhalten und Rückstellen eigener Bedürfnisse sei die mütterliche Geduld (ebd.). „Das unter ‚Geduld' zusammengefaßte Fähigkeitsspektrum muß als Ergebnis eines spezifischen historischen Prozesses begriffen werden, in dessen Verlauf Frauen aus dem gesellschaftlichen in den privaten Raum der Familie gedrängt wurden und sich dort vollständig auf die Arbeit für die Kinder und die anderen Familienmitglieder zu konzentrieren hatten" (ebd.: 81). Der weibliche Sozialcharakter diente der ersten Frauenbewegung nicht selten als Argument, um Männer aus ihren Berufen fernzuhalten (ebd.: 70).

Diese Begründung für die Zuschreibung von Geduld zum weiblichen Geschlecht scheint einleuchtend. Allerdings: Wenn beispielsweise finnische Frauen (vgl. Abschnitt 3.3) nie ausschließlich Hausfrauen und aus dem gesellschaftlichen Raum ausgeschlossen waren und gleichzeitig die berufliche Segmentierung eine ähnliche ist wie in Deutschland, muss der Grund für die geschlechtsspezifische Zuschreibung von Geduld anderweitig gesucht werden. Eine Erklärung scheint mir der Charakter von Frauenarbeit als „adjunct control", als der Kontrolle dienender Gehilfinnen-Arbeit zu bieten.

„Adjunct control":
Kontrollierbarkeit der Steuerungsgehilfinnen

Peta Tancred-Sheriffs (1989) Ergebnisse sind in vielen Punkten gleichlautend mit denen von Ursula Rabe-Kleberg, wobei beide Autorinnen sich nicht aufeinander beziehen. Auch Peta Tancred-Sheriff sieht eine zentrale Dimension von Frauenberufen in der Notwendigkeit kommunikativer Fähigkeiten. Im Gegensatz zu Ursula Rabe-Kleberg argumentiert sie nicht berufssoziologisch, sondern arbeitspolitisch. Ihre zentrale These ist:

„I want to propose an alternative position – that women's organizational location is characterized by their intermediate position between the labour process and the control system. In other words, the defining characteristic of women's work, in both intra-organizational and inter-organizational terms, is that it constitutes an adjunct to the control system" (Tancred-Sheriff 1989: 46f.).

Frauen hätten vor allem in den Bereichen Arbeit gefunden, die mit der Industrialisierung die größte Ausweitung erfahren haben: Der Umfang der Produktion ist gestiegen und damit auch ausdifferenzierter geworden. Zudem werden ehedem im Haushalt erzeugte Güter nunmehr warenförmig hergestellt. Beide Entwicklungen haben die Distanz zwischen den beteiligten Organisationen und zwischen den Hauptgruppen innerhalb der Organisationen vergrößert. Die Überwachung der Arbeiter/innen und des Verhaltens der Kunden/innen erfolgt nicht mehr durch den/die Firmeninhaber/in direkt, sondern wurde bürokratisiert und an dafür eigens eingestelltes Personal delegiert. Damit der Überblick möglich bleibt, sind detaillierte Berichte und Zusammenstellungen mannigfaltiger Informationen nötig. Auch der Übergang von ehedem im Haushalt erstellten Dienstleistungen in die Marktförmigkeit bedeutet, dass sie jetzt „organization-to-individual" verkauft werden müssen. „The distance between producer and consumer has increased enormously, with all the difficulties of control implied by this development" (ebd.: 47). Zu den Büroangestellten hinzu kommt „eine Armee" in Verkaufs- und Serviceberufen. Deren Aufgabe ist nicht nur Produkte oder Service zu liefern, sondern sie haben sicherzustellen, das der/die Konsument/in „behaves appropriately – both during the immediate transaction and in becoming ‚loyal and reliable customers' in the future" (ebd.: 48). In Verkaufsberufen ist also nicht, wie Ursula Rabe-Kleberg meint, „Ehrlichkeit im Umgang mit Kunden" gefragt, sondern intendiert ist, dass die Kunden wiederkommen, dass sie den *Eindruck* haben, ehrlich bedient worden zu sein. Beide Gruppen, die kontrollierenden Büroangestellten und die „Armee" in den Verkaufs- und Serviceberufen machen Peta Tancred-Sheriff zufolge fast drei Viertel aller erwerbstätigen Frauen Kanadas aus. In Deutschland dürfte die Relation ähnlich groß sein: Die Frauen helfen den Kaufleuten und ihre Abschlussprüfung heißt bezeichnenderweise auch heute noch Kaufmanns*gehilfen*prüfung.

In Verkaufs- und Serviceberufen könne die Tätigkeit Peta Tancred-Sheriff zufolge als *Sozialisation* bezeichnet werden.

„While the sales and service workers are required to record information, the main control component of their task is very largely one of socialization. They explicitly encourage and implicitly demonstrate their expectations of appropriate behaviour (as we all instantly recognize when approaching a new service situation in a doctor's office or unfamiliar restaurant)" (ebd.: 49).

Auch andere weibliche Beschäftigte, die nicht mit Klienten/innen zu tun haben, „sozialisieren". Das Büro als „unsichtbare Hand" erlaubt es den Managern, Marktprozesse und Mitarbeiter/innen umsichtig (carefully) zu „manipulieren". Allein das Sammeln von Informationen über Mitarbeiter/innen und Kunden/innen tut seine Wirkung.

Diejenigen, die diese Arbeit ausführen, partizipieren an der Autorität des Managements und haben gleichzeitig wenig zu sagen. Häufig wissen sie nicht einmal, weshalb sie bestimmte Daten sammeln oder Arbeiten so und nicht anders ausführen müssen. Dieses wiederum sichert die Effektivität der Kontrolle und Sozialisation: „‚But those are the rules around here'. ... 'You must fill in this form in five copies in order to be reimbursed'" (ebd.: 48). Gleichzeitig sind die Steuerungs-Gehilfinnen selbst schwer zu kontrollieren. Die Qualifikationen, die für eine effektive Kontrolle und Sozialisation benötigt werden, sind diffus und kaum greifbar. Benötigt wird daher verlässliches Personal.

Frauen sind wegen „ihrer" weiblichen Fähigkeiten verlässlich, auch wenn ihnen diese nicht angeboren oder in der Kindheit ansozialisiert worden sind, sondern sie sich diese Fähigkeiten für die berufliche Arbeit aneignen mussten. Die Überwachung der Kontrollgehilfinnen und ihrer Fähigkeiten, so Peta Tancred-Sheriff, erfolgt über ihre Weiblichkeit, über die Sexualität: Die Körperlichkeit wird instrumentalisiert und regelmäßig inspiziert. Frauenberufe sind mit einer jeweils spezifischen Form sexueller Ausstrahlung[62] verbunden.

„One has only to attempt to visualize a homely or frumpy receptionist to recognize the effort invested in the selection process and the constant encouragement/reinforcement of sexually attractive appearance that must take place" (ebd.: 53).

Indem die körperliche Ausstrahlung schon bei der Personalgewinnung ein entscheidendes Kriterium ist und später laufend überwacht wird, werden die diffusen Qualifikationsanforderungen überprüfbar. Als angemessen erwünschtes Verhalten wird zumindest wahrscheinlich.

Die Kontrolle kann unterschiedliche Formen annehmen. Lisa Atkins (1993) berichtet in ihrer Untersuchung, die sie in Großbritannien in einem Hotel und in einem Freizeitpark durchführte, von vorgeschriebenen Uniformen, die die Weiblichkeit betonten. Die Frauen trugen hohe Absätze, durchscheinende Strümpfe, die Rocklänge war festgelegt, und bei Frauen, die an der Bar arbeiteten, musste eine Schulter unbekleidet sein. Attraktivität war ein zentrales Einstellungskriterium und wurde ständig kontrolliert. Gepflegtes Äußeres (frisch gebügelte Blusen bzw. Hemden, geputzte Schuhe) waren für beide Geschlechter ein Muss. Im Gegensatz zu den Frauen aber spielte Attraktivität bei männlichen Beschäftigten keine Rolle. Hier wiederum gibt Daniela Rastetter (1994: 157) einen wichtigen Hinweis: In das Konstrukt von Männlichkeit seien sexuelle Aspekte weniger integriert als in das Konstrukt von Weiblichkeit. Zwar versuche die Industrie in den letzten Jahren, männliche Schönheitsnormen zu entwickeln, aber die Werbung, die attraktive männliche Models einsetzt, richtet sich ausschließlich an Frauen! (Männerunterwäsche und -parfüms werden mehrheitlich von Ehefrauen und Freundinnen gekauft, nicht von den Männern selbst.) Noch allerdings sei „das Männlichkeitsbild verbunden mit überwiegend nicht-sexuellen Zuschreibungen wie Stärke, Sachlichkeit, Initiative, Energie ...". (ebd.). Dabei besteht „zwischen

---

62 Daniela Rastetter (1994: 157) zeigt eine Linie von mehr und weniger sexualisierten Berufen zwischen Technikerin/Handwerkerin und Pornodarstellerin auf. Meines Erachtens aber geht es nicht um die Quantität von Sexualität, sondern um deren Art. Die Rezeptionistin in einem Top-Hotel verkauft ihre Sexualität ebenso wie die Barfrau an der Reeperbahn. Der Unterschied ist „lediglich", dass erstere dem Gast vermitteln soll, dass er sich in einem gepflegten Haus befindet, in das er gerne wieder zurückkehren wird, und dass letztere zum Einkauf von Prostitution animieren soll.

dem Männlichkeitsbild, zu dem Männer in der Gesellschaft ermuntert werden, und den Forderungen der Organisation an den Mann hinsichtlich eines beruflichen Fortkommens eine enge Beziehung" (ebd.: 158).

Meines Erachtens wird in Frauenberufen nicht nur die sexuelle Ausstrahlung von Frauen verkauft, sondern wichtig ist in vielen Berufen generell die Zugehörigkeit der Berufsinhaberinnen zum weiblichen Geschlecht (sex category). Gerade in den Verkaufsberufen gibt es interessante Geschlechtertrennungen. Im Lebensmitteleinzelhandel sind vor allem Frauen beschäftigt. Da alle Frauen in der Regel immer auch Hausfrauen sind, symbolisieren Verkäufer*innen* per Geschlechtszugehörigkeit Kompetenz. Der Verkauf von Radios und Fernsehern dagegen ist eine nahezu reine Männerdomäne, d.h., hier wird auf die Zuschreibung von Technikkompetenz zum männlichen Geschlecht gesetzt. Die Realität sieht, wie mir aus Berufsschulen und IHK-Kommissionen berichtet wurde, vielfach gänzlich anders aus: Da weigern sich Wurstverkäuferinnen, die von ihnen verkaufte Ware auch nur zu probieren, und Einzelhändler der Radio- und Fernsehbranche „glänzen" nach dreijähriger Ausbildung in den Prüfungen damit, dass es ihnen nicht gelingt, einen Videorecorder zum Laufen zu bringen. Doch auch diese Beispiele bestätigen Peta Tancred-Sheriffs These: Weil Männlichkeit mit Technikkompetenz verbunden wird, müssen Fernsehverkäufer nur äußerlich als Männer daherkommen. Um den zumeist in Sachen Fernsehtechnik noch inkompetenteren Kunden und Kundinnen das Gerät zu verkaufen, müssen sie nicht sexuell attraktiv sein. Bei Frauen dagegen, auch bei Wurstverkäuferinnen, ist – je nach sozialer Schicht der Adressaten/innen unterschiedliche – Attraktivität gefordert: Käuferinnen müssen sich mit ihnen identifizieren können, und diese Identifikation läuft wiederum über die (von Männern) definierte Attraktivität. Sexuelle Attraktivität ist also selbst bei Lebensmittelverkäuferinnen ein Hebel zur Kontrolle und zur Disziplinierung.

Innerhalb der sexualisierten Atmosphäre gibt es verschiedene Rollen, in die Frauen hineinschlüpfen können. Rosemary Pringle (1987) untersuchte die Verhältnisse zwischen männlichen Vorgesetzten und ihren Sekretärinnen. Sie identifizierte drei Grundmuster:

- *„Herr-Leibeigene"*: Die Subjekte sind die Chefs, die Sekretärinnen die Objekte. Die Rolle des Objekts kann die einer „unterwürfigen Frau" (subordinate wife), einer „eifrigen Jungfer" (devotet spinster) oder der „attraktiven Mätresse" (attractive mistress) annehmen.
- *„Mutter-Sohn"*: Die Sekretärin nimmt die Rolle einer Mutter, eines Dragoners oder einer dominierenden Frau ein. Der Chef wird zum „helpless little boy", der der mütterlichen Aufsicht bedarf. (Wobei die Chefs darauf bestehen, dass die Sekretärin ersetzbar sei, was sie auch ist, weil sich andere „Mütter" finden lassen.)
- *„Gegenseitige Ergänzung"*: Die Sekretärin arbeitet mit dem Chef *zusammen*, nicht *für* ihn. Gleichzeitig aber sind sie dennoch kein Team.

Das Verhältnis ist meist einseitig: Sekretärinnen sind die „Verlängerung" des Chefs mit der Folge extensiver Überstunden und Ansprüchen an die Verfügbarkeit. Sich als Ausgleich einen Tag freizunehmen oder die Mittagspause zu verlängern, ist auf Zeiten beschränkt, wo keine Arbeit anfällt. Im Vergleich zur „Mutter" nimmt die Sekretärin in diesem Muster eine unterwürfigere Rolle ein, und zwar die einer Amme (nurse).

Eine gegenseitige Ergänzung im Sinne einer rationalen Aufgabenverteilung zwischen männlichem Chef und weiblicher Sekretärin scheint kaum möglich zu sein. Immer spielt das Geschlecht eine Rolle. Sekretärinnen haben ein gewisses Spektrum an Verhaltensmöglichkeiten, die aber immer an die – unterschiedlichen – Muster von Weiblichkeit gekoppelt sind. Der Chef bleibt der Herrschende, selbst wenn er die Rolle eines „hilflosen kleinen Jungen" einnimmt.

Frauen sind nicht gänzlich machtlos. Die sexualisierte Atmosphäre setzt ihren Handlungsmöglichkeiten aber Grenzen. Zum professionellen Handeln gehört häufig auch das Reagieren auf von Kollegen oder Kunden ausgehende Flirts. „Knowing how to deal with men was ‚part' of the job", „laughing it off" und „playing along with it" waren Umgangsformen, die Lisa Atkins bei Serviererinnen und Barfrauen fand. Ein solcher Umgang mit männlichen Annäherungsversuchen ist Teil der beruflichen Anforderung. Aber: „It becomes possible to consider the power and pleasure they currently experience and ask how they can operate more on their own terms" (Pringle 1987: 177). Der Dreh- und Angelpunkt dabei ist die Herrschaftsbeziehung zwischen Frauen und Männern: Erst die untergeordnete Position von Frauen macht aus Erotik sexuelle Belästigung. Sexuelle Belästigung wird von Frauen als Degradierung, als Symbolisierung ihrer Minderwertigkeit empfunden – und ist häufig auch so gemeint.

Zuarbeit und Gleichberechtigung

Die Grenze zwischen Frauen- und Männerberufen verläuft entlang den Herrschaftsbeziehungen. Meines Erachtens ist das Konzept des „adjunct control" am ertragreichsten von den hier vorgestellten: Frauen mit Frauenberufen helfen (in der Regel männlichen) Vorgesetzten, Menschen zu sozialisieren und deren Verhalten zu steuern. Eine zentrale Qualifikation für diese Tätigkeiten sind die Fähigkeiten, die Beck-Gernsheim/Ostner als „weibliches Arbeitsvermögen" charakterisierten.

Unweiblich an Männerberufen ist, dass bei Frauen, die in diesen Berufen arbeiten, die *Sexualisierung ihrer Arbeitskraft keine Rolle spielt*. Ihre Tätigkeit besteht nicht in dem Chef zuarbeitender Überwachung von Mitarbeitern/innen oder Kollegen/innen, die sich objektiven Bewertungsmaßstäben weitgehend entzieht und zu deren Kontrolle das Kriterium der weiblichen

Ausstrahlung herangezogen wird. Für die Herstellung eines Schiffsmotors ist es gleichgültig, ob die beteiligte Monteurin besonders sexy oder eher verlottert daherkommt: Unweiblich ist die selbständige und gleichberechtigte Position *neben* Männern. Die Tätigkeit erfordert kein gesondertes, nur Frauen „eigenes" weibliches Arbeitsvermögen. Allerdings stehen gerade solcherlei Fähigkeiten mittlerweile hoch im Kurs: Nur werden sie jetzt nicht mehr als „weibliche" benannt, sondern – geschlechtsneutral – als Schlüsselqualifikationen. Gleichzeitig hat die Frauenbewegung ihr Vertrauen in besondere, den Frauen eigene Fähigkeiten verloren: Jetzt wo „weibliche Eigenschaften" gefordert sind, glauben nicht einmal mehr Frauen an deren natürliche oder zumindest ansozialisierte Existenz bei allen Frauen. Über diese Fähigkeiten verfügen also Männer tendenziell genauso häufig oder wenig, und die Berufspädagogik setzt alles daran, sie den Berufsinhabern und -inhaberinnen zu vermitteln.

Im Abschnitt 3.5 wurde deutlich, dass Frauen in Männerberufen ihre jeweils individuelle Position erst finden müssen. Die Negierung der Sexualität, das Sich-Unsichtbar-Machen durch Anpassung der Kleidung und Verhaltensweisen an manchmal rüde männliche (Arbeiter)-Normen wird von den männlichen Kollegen wenig akzeptiert. Diese Frauen grenzen sich selbst aus. Die umgekehrte Option, die Differenz hervorzuheben, ähnelt in vertrackter Weise der Mätressen-Beziehung zwischen Sekretärin und Chef: Die Frau bleibt in der Rolle einer „Leibeigenen" ihres Vorgesetzten gefangen. Sie ist abhängig von seinem Fortkommen und letztlich bleibt sie dennoch ersetzbar. (Wenn sie unabhängig von ihrem Chef beruflich vorankommen will, muss sie sich aus der Leibeigenschaft lösen. Schließlich verliert der Chef mit ihrem Aufstieg eine bewährte Mitarbeiterin.) Die Anerkennung erreicht frau erst, wenn sie berufliche und soziale Kompetenzen gesammelt hat. Mein Befragungsergebnis, dass einige Frauen nach 20-jähriger beruflicher Erfahrung in Meisterinnen- oder andere Vorgesetztenpositionen aufgestiegen sind, ist nicht überraschend: Um solche Positionen übertragen zu bekommen, brauchen auch Männer gewisse Berufserfahrungen und soziale Kompetenzen. Das Spannende daran ist, dass eine Meisterin sogar mit Minirock und Stöckelschuhen daherkommen kann.[63] Die Position einer Meisterin, ist, eben weil es

---

63 Meine Bewunderung für das Outfit einiger Fachfrauen rührt sicherlich auch daher, dass ich zu Beginn meiner Tätigkeit als empirische Sozialforscherin von einer wohlmeinenden Kollegin den Rat bekam, zum gemeinsamen Betriebsbesuch unbedingt flache Schuhe anzuziehen. Ein zu schmaler Absatz bliebe womöglich in einem der meist zahlreich vorhandenen Roste hängen. Bestätigt wurde diese Regel später, als ich zusammen mit einer Kollegin auf einer Werft zu tun hatte: Im Eingangsgespräch fixierte der uns begrüßende Personalleiter plötzlich unsere Schuhe. Wohl feststellend, dass wir beide auf flachen Sohlen daherkamen, lud er uns zu einem Rundgang über das Werftgelände ein. Hätten wir Stöckelschuhe getragen, wäre uns vieles entgangen.

eine nicht-sexualisierte Männerposition ist, nicht mit geschlechtsspezifischen Attributen belegt.

Gleichwohl „schleichen" sich auch „adjunct-control"-Positionen in den gewerblich-technischen Bereich ein. In einer Befragung ist mir einmal eine Frau begegnet, deren Position neu geschaffen worden war. Und zwar arbeitete diese Frau an der Schnittstelle zwischen Entwicklung und Produktion. Gefragt sind in derartigen Positionen zum einen fundiertes fachliches Wissen und Können und zum anderen sozialkommunikative Fähigkeiten. Bislang aber gibt es viel zu wenige ausgebildete Frauen, als dass sich solche Entwicklungen verfestigen könnten: Verlässt die Frau den Betrieb, steht nicht unbedingt ein weiblicher Ersatz zur Verfügung. Festzuhalten bleibt, dass das Spezifikum von Frauenberufen „adjunct control" ist, und Männerberufe eben deshalb unweiblich sind, weil in ihnen Sexualität nicht verwertet wird und daher belanglos ist. Mit dem Tätigkeitsmerkmal „adjunct control" aber geht die Berufsberatung recht eigentümlich um. Darauf werde ich im Abschnitt 4.5 zurückkommen

Sexuelle Attraktivität wird in zahlreichen Frauenberufen verlangt, und zwar nicht nur in den Berufen, in denen sie unmittelbar verkauft oder mitverkauft wird, sondern gerade auch in Zuarbeits-Berufen, in denen die Arbeitsleistung schwer kontrolliert werden kann. Sexuell attraktiv zu wirken aber ist vielen Mädchen speziell in der Lebensphase, in der sie sich für einen Beruf entscheiden müssen, besonders wichtig. Mädchen wählen Jungenberufe nicht deshalb ab, weil diese mit Technik zu tun haben, sondern weil der Erhalt eines Ausbildungsplatzes in einem Mädchenberuf ihnen und ihrer Umwelt bestätigt, dass sie attraktiv sind. Im Folgenden werde ich diese These erläutern.

3.7 Berufswünsche von Mädchen: Komplexe Theorien und eine einfache Erklärung

Mädchen *wollen* Berufe, die als frauentypische etikettiert sind, so vermelden einschlägige Befragungen immer wieder. Die Zahl der Einmündungen in gewerblich-technische Jungenberufe ist in den letzten 25 Jahren nur um wenige Prozentpunkte gestiegen. Eine der Ursachen dieses verhaltenen Anstiegs ist, dass viele Policies eher symbolisch gemeint und nicht auf Effektivität angelegt waren. Zudem hat sich die Politik seit Anfang der 1990er Jahre von dem Ziel der Erschließung von Jungenberufen für Mädchen verabschiedet. Die Folge ist, dass Mädchen sich in den letzten zwei Jahrzehnten kaum neue und chancenreiche Berufsbereiche erobert haben. In diesem Abschnitt wird es zum einen darum gehen, was Mädchen *wollen*, welche Kriterien ein Beruf ihrer Meinung nach erfüllen soll und zum anderen, inwieweit Betriebe heute bereit sind, Mädchen in Jungenberufen auszubilden. Wenn im Folgenden von

Berufs*wahl* die Rede ist, ist damit die Auswahl innerhalb eines begrenzten Angebots gemeint: den in der Region zur Verfügung stehenden Ausbildungsmöglichkeiten, die wiederum bestimmte Schulabschlüsse verlangen, und den Begrenzungen, die sich daraus ergeben, dass die Jugendlichen (wie auch deren Eltern und selbst die Berufsberater/innen) keine vollständige Marktübersicht über die vorhandenen Plätze und deren Anforderungen haben. Mädchen (und Jungen) wählen aus dem aus, was realisierbar erscheint und zudem in ihrem Blickfeld ist. Hier hat die Berufsberatung neben den Eltern, den Schulen usw. die Aufgabe der Unterstützung, unter anderem indem sie Jugendlichen wenig bekannte Berufe nahebringt. Im Folgenden soll zunächst aufgezeigt werden, welche Berufswünsche Mädchen zu Beginn der Suche nach einem Beruf äußern, wobei Äußerungen und Wünsche angesichts der benannten Begrenzungen durchaus verschieden sein können. Anschließend werde ich auf der Basis berufswahltheoretischer Literatur den Einflussfaktoren des Entscheidungsprozesses nachgehen, um dann in einem weiteren Schritt herauszuarbeiten, inwieweit Ausbildungsbetriebe heute bereit sind, Mädchen in geschlechtsuntypischen Berufen auszubilden.

"Hauptsache ein weiblicher Beruf!" – Verlust technischer Interessen im Entscheidungsprozess von Mädchen

Karen Schober ist anhand des Datenmaterials der Bundesagentur und des Statistischen Bundesamtes den Veränderungen zwischen (1.) den Angaben in „Step-Plus", (2.) den bei der Berufsberatung registrierten Vermittlungswünschen und (3.) den Einmündungen in Ausbildung nachgegangen (Schober 1996). Bis vor wenigen Jahren verteilte die Berufsberatung die Step-Plus-Fragebögen in allen Vorabgangsklassen der Sekundarstufe I. Die Jugendlichen konnten dort ankreuzen, welche Arbeitstätigkeiten und –umgebungen sie bevorzugen und welche sie ablehnen. Daneben konnten sie ihre „Wunschberufe" nennen. Die Bundesagentur wertete diese Angaben aus und schlug in einem Antwortbrief jeweils 10 bis 20 als geeignet erscheinende Berufe vor.

In den Resultaten der Step-Plus-Erhebung wird offenkundig, dass Mädchen zu dem Zeitpunkt, wo sie sich allmählich entscheiden müssen, andere Berufe angeben als Jungen (vgl. Tabelle 10). Lediglich Bankkaufmann /frau, Bürokaufmann/frau, Kaufmann/frau im Einzelhandel und Polizeivollzugsbeamter/in finden sich bei beiden Geschlechtern unter den ersten 25 Berufen. Hauptsächlich nennen Mädchen *und* Jungen Berufe, in denen ihr Geschlecht dominiert. Unter den Angaben der Mädchen sind zudem viele berufsfachschulische Ausbildungen, nicht aber unter denen der Jungen.

Tabelle 10:
Von Mädchen und Jungen geäußerte Berufswünsche

Mädchen	Rang	Jungen
Erzieherin	1	Kraftfahrzeugmechaniker
Arzthelferin	2	Maurer
Bürokauffrau	3	Tischler
Kinderkrankenschwester	4	Bankkaufmann
Bankkauffrau	5	Elektroinstallateur
Kinderpflegerin	6	Elektromechaniker
Hotelfachfrau	7	Automobilmechaniker
Friseurin	8	Radio- und Fernsehtechniker
Tierpflegerin	9	Bürokaufmann
Tierarzthelferin	10	Zimmerer
Krankenschwester	11	Technischer Zeichner
Floristin	12	Fliesenleger
Kosmetikerin	13	Polizeivollzugsbeamter
Fotografin	14	Dachdecker
Verkäuferin	15	Bauzeichner
Reiseverkehrskauffrau	16	Koch
Zahnarzthelferin	17	Kaufmann im Einzelhandel
Pferdewirtin	18	Maler- u. Lackierer
Polizeivollzugsbeamtin	19	Datenverarbeitungskaufmann
Kauffrau im Einzelhandel	20	Kaufm. im Groß- u. Außenhandel
Krankengymnastin	21	Industriekaufmann
Werbekauffrau	22	Zweiradmechaniker
Rechtsanwaltsgehilfin	23	Maschinenbaumechaniker
Altenpflegerin	24	Kraftfahrzeugelektriker
Raumausstatterin	25	Polizeivollzugsbeamter BGS

Quelle: Schober 1996: 2884

Theoretische Deutungen

Diese Auswahl und die Rangfolge der Berufe sollte keinesfalls als Abbild intrinsischer Wünsche interpretiert werden. Die genannten Berufswünsche sind vielmehr Resultat erster Überlegungen, Erkundungen, Auswahlen und eben auch Abwahlen. Bezeichnenderweise kommen weder *Pilotin* noch *Stewardess* vor, und die befragten Jugendlichen, die vor dem Haupt- oder Realschulabschluss stehen, wissen offensichtlich, dass ihr Schulabschluss für akademische Bildungsgänge nicht ausreicht. Schon in der siebten Klasse haben die Berufswahlüberlegungen von Hauptschüler/innen einen „direkten Arbeitsmarktbezug", konstatieren Walter R. Heinz und Helga Krüger u.a. vor dem Hintergrund ihrer Längsschnittstudie zum Berufswahlprozess Bremer

Hauptschüler/innen. Die erwarteten Realisierungschancen sind von „überragende(r) Bedeutung für das Formulieren und Verwerfen von Berufsoptionen" (Heinz/Krüger u.a. 1987: 260); „der Interessenbezug entwickelt sich an einem ihm vorgelagerten Arbeitsmarktdiktat" (ebd.: 264). Während Jungen im Laufe dieses Prozesses die erreichbare schulische Formalqualifikation „zum Dreh- und Angelpunkt ihrer Anpassungsüberlegungen machen", reflektieren die Mädchen gleichzeitig geschlechtsspezifische Begrenzungen mit (ebd.: 270).

„Die Differenz zwischen den geäußerten Interessen und der tatsächlichen geschlechtsspezifischen Zuteilung von Berufschancen wird den Mädchen – wie den Jungen – selten unter dem Gesichtspunkt der Chancenungleichheit bewusst, die sich als gesellschaftlich gewordene Strukturbegrenzung kritisieren ließe. Wie selbstverständlich scheint es zur realistischen Arbeitsmarkteinschätzung und zur Entwicklung realisierbarer Berufswünsche dazuzugehören, diesen Tatbestand zu sehen und sich individuell darauf einzustellen, ohne ihn ... in Frage zu stellen, da die eigene Entwicklung von realisierbaren Berufswünschen als individuelle Aufgabe aufgefasst und als ein von den vorausgesetzten gesellschaftlichen Bedingungen her zu leistender Vorgang akzeptiert wird" (ebd.: 270).

Mädchen und Jungen formulierten jedoch auch keine Einwände gegen eine geschlechtsuntypische Berufsentscheidung. Die Mädchen allerdings meinten zugleich, für sie persönlich käme ein Jungenberuf nicht in Frage, weil sie die späteren Chancen in Jungenberufen als zu unsicher einschätzten (ebd.: 271). Die Lenkung der Jugendlichen in bestimmte Berufe erfolgt dieser Untersuchung zufolge über den Arbeitsmarkt und die der Mädchen darüber hinaus durch das geschlechtsspezifische, staatliche Berufsausbildungssystem. Familiäre Sozialisationsprozesse dienten als Begründung für die Entscheidungen, und zwar sowohl antizipatorisch als auch retrospektiv. Sie dienten der Identitätsfindung und Akzeptanz zugeschriebener klassischer Frauenrollen „als zur weiblichen Arbeitskraft gehörend" (ebd.: 274). Als Forschungsaufgabe bleibt dieser Untersuchung zufolge „eine differenziertere Aufarbeitung der Thesen zur geschlechtsspezifischen Sozialisation", zumal auch Jungen geschlechtstypische Begründungsmuster anführen. Die Erklärung, dass Mädchen (und Jungen) sich am vorhandenen Ausbildungsstellenangebot orientieren, ist heute insoweit nicht mehr hinreichend, als mittlerweile – 20 Jahre nach den Erhebungen von Heinz/Krüger u.a. und mehr als zwei Jahrzehnte nach den ersten Policies zur Verbreiterung des Berufs(wahl)spektrums von Mädchen – zumindest im industriellen Bereich das Angebot an gewerblichtechnischen Ausbildungen weitgehend auch den Mädchen offen steht, von ihnen jedoch kaum in Anspruch genommen wird.

Vieles spricht für die These, dass die konkrete Beschäftigung mit den Wunschberufen und möglichen Alternativen, die u.a. von der Berufsberatung in ihren Materialien und in persönlichen Gesprächen offeriert werden, zu Veränderungen führen. Bei den Jungen tauchen unter den von der Berufsberatung häufig registrierten *Vermittlungswünschen* (dem zweiten Erhebungszeitpunkt in Karen Schobers Studie[64]) vermehrt industrielle Berufe auf; Automobilmechaniker und Elektromechaniker werden jetzt ergänzt durch Industriemechaniker und Kommunikationselektroniker. Darüber hinaus zeigen sich gegenüber Step-Plus einige weitere Verschiebungen. Jungen verzichten auf Berufe, in denen das Ausbildungsstellenangebot gering ist, der Beruf Bankkaufmann rutscht auf einen niedrigeren Rangplatz; neu hinzu kommen einige traditionelle handwerkliche Berufe mit höherem Ausbildungsstellenangebot. Die Liste der 20 am häufigsten *neu abgeschlossenen Ausbildungsverträge* ist schließlich mit der Liste der bei der Ausbildungsstellenvermittlung registrierten Zielen weitgehend identisch, lediglich der Beruf Dachdecker kam hinzu. Bei den Mädchen erhält Bankkauffrau unter den Realisierungsabsichten ebenfalls einen nachrangigeren Listenplatz. Von den Berufen der Step-Plus-Liste, die im dualen System erlernt werden können, werden überwiegend die gestalterischen und die tierpflegerischen Berufe sowie Reiseverkehrs- und Werbekauffrau aufgegeben. Neu hinzu kommen Fachverkäuferin im Nahrungsmittelhandwerk, Hauswirtschafts-, Ernährungs- und Gastronomieberufe sowie einige kaufmännisch-verwaltende (Verwaltungsfachangestellte, Kauffrau im Groß- und Außenhandel und Pharmazeutischkaufmännische Angestellte). Auch bei den Mädchen entsprechen die registrierten Vermittlungswünsche weitgehend den Einmündungen in Ausbildung. Karen Schober interpretiert das Ergebnis ihrer Gegenüberstellung der drei einschneidenden Phasen im Prozess der Berufssuche bezogen auf die Jungen als

„wachsende Orientierung an den Realitäten des Ausbildungsmarktes ..., die u.a. auch Ergebnis berufsberaterischer Aktivitäten ... sind" (Schober 1996: 2877).

Für die Mädchen konstatiert sie:

„so läßt sich sagen, dass das Spektrum der angestrebten Berufe sich insgesamt verengt hat, bei einer gleichzeitigen Ausdifferenzierung insbesondere der kaufmännisch-verwaltenden Berufe. Als einziger technisch orientierter Beruf ist die Bauzeichnerin übrig geblieben; neu hinzugekommen sind zwei ehemalige ‚Männerberufe' (Köchin und Bäckerin/Konditorin)" (ebd.: 2878).

---

64 Anhand der von Karen Schober vorgestellten Daten können die Veränderungen *individueller* Berufswünsche nicht nachgebildet werden, wie sie selbst anmerkt. In den drei Statistiken spiegelt sich die Rangfolge der Berufe zu unterschiedlichen Zeitpunkten des Berufswahlprozesses (Step-Plus, Vermittlungswunsch, Einmündung), sie stammen aus verschiedenen Quellen und haben unterschiedliche Bezugsgruppen. Dennoch sind sie meines Erachtens hinreichend, um entsprechende Vermutungen anzustellen, zumal sie jeweils auf einer sehr großen Datenbasis beruhen: allen Einsendungen zu Step-Plus (75 - 80% eines Altersjahrganges nutzten Step-Plus), 508.038 bei der Berufsberatung registrierten Vermittlungswünschen und 579.375 neu abgeschlossenen Ausbildungsverträgen.

Die technischen Berufswünsche, die die Mädchen bei Step-Plus angeführt haben[65], sind auf dem Weg der Realisierung verloren gegangen. Ersetzt wurden sie nicht etwa durch andere technische Berufe, beispielsweise – wie bei den Jungen – durch industrielle Metall- und Elektroberufe, sondern vornehmlich durch typische Mädchenberufe.[66]

Eine geschlechtersegregierende Zuweisung durch die Berufsberatung, und zwar sowohl durch die Beratungsfachkräfte als auch durch die Materialien und Verfahrensweisen der Institution, wird das ihre dazu beitragen, dass Mädchen letztlich in Mädchenberufen landen, und zwar vor allem in denen, wo es mehr Ausbildungsplatzangebote als Nachfrage gibt. Diese Erklärung ist aber insoweit nicht hinreichend, als es sich bei den technischen Wunschberufen ebenfalls mehrheitlich um Mädchenberufe oder zumindest um Berufe mit hohen Mädchenanteilen handelt. Ein Grund dafür, dass Mädchen im Verlauf des Anpassungsprozesses an die Ausbildungstellenangebote die industriellen Metall- und Elektroberufe kaum einbeziehen, mag sein, dass sie wie bei den Jungen erst in einer sehr späten Phase in den Blick geraten. Dennoch bleibt das Phänomen, dass Mädchen (und Jungen!) trotz aller Veränderungen und Anpassungsprozesse *keine* geschlechtsuntypischen Berufe ins Kalkühl ziehen.

Die Aufforderung von Walter R. Heinz, Helga Krüger u.a., die Thesen zur geschlechtsspezifischen Sozialisation differenzierter aufzubereiten, gibt die Richtung für eine weitere Analyse an. Meines Erachtens liefert die ethnomethodologische These der sozialen Konstruktion der Zweigeschlechtlichkeit hier einen ganz wichtigen Hinweis. Judith Lorber betont, dass geschlechtskohärentes Verhalten „sameness" bedeutet und „doing gender" so zum Bestandteil der individuellen Identität wird (vgl. Abschnitt 2.2). Muss die geschlechtstypische Berufsentscheidung letztlich doch psychologisch erklärt werden?

Heinz/Krüger u.a. wenden sich gegen psychologische Erklärungsmuster, weil sie die Auswirkungen des Arbeitsmarktes auf die beruflichen Präferenzen der Jugendlichen vernachlässigen (Heinz/Krüger u.a. 1987: 244). Micha-

---

65 Es sind dies (unter Angabe des Rangplatzes): Raumausstatterin (25), Technische Zeichnerin (26), Schauwerbegestalterin (29), Zahntechnikerin (31), Chemielaborantin (35), Augenoptikerin (37), Mode-Designerin (39), Biologielaborantin (40), Drogistin (44), Goldschmiedin (45), Pharmazeutisch-technische Assistentin (48). Der Beruf Bauzeichnerin, der bei den Einmündungen an 16. Stelle steht, hatte in der Step-Plus-Liste den Rangplatz 30. Die Bäckerin rangierte unter den Wunschberufen auf Platz 47.

66 Zwar handelt es sich, wie angemerkt, jeweils um andere Bezugsgruppen, doch gerade dass in der Statistik der Bundesagentur und in der Auszubildendenstatistik die Abiturientinnen enthalten sind, in der Statistik von Step-Plus aber nicht, stützt diese Interpretation: In manchen typischen Mädchenberufen wie den Verkaufsberufen und den Berufen Friseurin und Fachkauffrau für Bürokommunikation sind eher weniger Abiturientinnen zu finden: Umso mehr Mädchen ohne Abitur müssen sich zugunsten typischer Mädchenberufe umentschieden haben.

el Selk (1984) hat sich in seiner Dissertation[67], die meines Erachtens zu wenig beachtet wird, ausführlich mit ökonomischen, soziologischen und psychologischen Berufswahltheorien auseinandergesetzt. Er kommt zu dem Ergebnis, dass für ein theoretisches Konzept, das die geschlechtsspezifische Berufsentscheidung erklären will, an das Subjekt von außen herangetragene Faktoren und individuelle Dispositionen integriert werden müssen.

Ökonomische und soziologische Berufswahltheorien können seiner Einschätzung nach nur einzelne Aspekte des Ausleseprozesses begründen. An den Studien von Lazarsfeld, Schöber, Beck, Brater und Wegener kritisiert er, dass unterhalb sozialstruktureller Determinanten geschlechtstypische Muster von Entscheidungsprozessen unberücksichtigt bleiben (ebd.: 44). Mit Daheim könne die geschlechtstypische Berufsentscheidung nur dann erklärt werden, wenn nachgewiesen sei, dass Mädchen das bei ihm zentrale Wertmuster „Leistung im universellen Rahmen" weniger akzeptieren als Jungen. Lange wiederum beschreibe Normalfälle des Auswahlverhaltens, bleibe kausale Herleitungen jedoch schuldig. Am ehesten werde der interaktionistische Ansatz von Kohli dem Aspekt, „dass eine Berufswahlentscheidung in jedem Fall mit einer innerpsychischen, kognitiven, emotionalen oder motivationalen Vorgang in einem Individuum verbunden ist, zwar nicht explizit aber vom Ansatz her ... gerecht" (ebd.: 45). An den psychologischen Berufswahltheorien kritisiert er zusammenfassend, dass diese die nach Geschlechtern unterschiedlichen Ausprägungen individueller Bedürfnislagen, Orientierungen und Selbstkonzepte nicht zu erfassen vermögen. Ein geschlechtsspezifisches Handlungsziel wie die Hausfrauen- und Mutterrolle werde als „dem Subjekt prinzipiell äußerlich" begriffen. Nötig sei, diese Prozessvariablen mit in die Analyse einzubeziehen (ebd.: 67f.).

Selks zentrale Kategorie ist die der *Geschlechtsrolle*, wobei er „Rolle" definiert als „Gesamtheit der Erwartungen, die an den Inhaber einer Position gerichtet werden" (ebd.: 72). Soziale Rollen versteht er „keinesfalls nur als eine standardisierte, an das Individuum von außen herangetragene Verhaltenserwartung", sondern er bezieht „gefühlsmäßige Dispositionen, Engagement und Identifikation des Individuums" mit ein.

„Es ist daher anzunehmen, dass mit dem Erlernen und der Annahme der Geschlechtsrolle vom Individuum ein Deutungs- und Regelsystem übernommen wird, das situationsübergreifend die Umsetzung bestimmter Merkmale der Persönlichkeitsstruktur im Verhalten mit determiniert. Geschlechtsrollen müssen danach als – gesellschaftlich intentional vermittelter – Teil der Persönlichkeit des Individuums begriffen werden, mit dem sowohl die individuellen Handlungsmotive als auch die individuellen Verhaltenspotentiale erfasst werden können" (ebd.: 73).

Damit werden Berufsentscheidungen an geschlechtstypische Interpretationsmuster objektiver, je nach Geschlecht verschiedener Laufbahnnormen ge-

---

67 Michael Selk war wissenschaftlicher Mitarbeiter im Hamburger Bundesmodellversuch. Seine Dissertation entstand in diesem Rahmen.

bunden. Die Entscheidung für einen Jungen- oder Mädchenberuf hängt vom individuellen Selbstkonzept ab, von der Akzeptanz normativer Muster der Geschlechtsrolle, „da diese dem Individuum im beruflichen Entscheidungsprozess als subjektives Interpretationsraster dienen und somit die Antizipation der beruflichen Laufbahn bedingen" (ebd.: 110).

Im Ergebnis seiner empirischen Untersuchung, einem Vergleich von 78 männlichen und 269 weiblichen Auszubildenden in den Berufen Dreher/in, Maschinenschlosser/in, Versicherungskaufmann/frau, Friseurin, Verkäuferin und Arzthelferin kommt Selk zu folgenden Schlüssen:

„Der Grad der Akzeptanz normativer Geschlechtsrollenorientierungen ist offenbar als subjektiver Faktor für den Prozeß der Berufswahl insofern bedeutend, als er die Auswahl beruflicher Alternativen mitbestimmt. Sowohl die Ergebnisse des semantischen Differentials als auch die Ergebnisse über die Akzeptanz von Geschlechtsrollenstereotypen sowie der normativen Muster der Geschlechtsrolle, die mit den Zukunftsorientierungen erfasst wurden, deuten darauf hin, dass die Mädchen in sogenannten typischen Männerberufen ihre Berufswahl als bewußte Entscheidung gegen eine typisch weibliche Laufbahn vollzogen haben. ... Ein Zusammenhang zwischen den familialen Sozialisationsbedingungen und der Berufswahl ... ließ sich anhand der Ergebnisse der empirischen Untersuchung nicht nachweisen. Weder die Ergebnisse über differentielle Sozialisationspraktiken noch die Befunde über elterliche Erziehungstile lassen systematische Unterschiede zwischen den Vergleichsgruppen erkennen" (ebd.: 217f.).

Diese Interpretation ist vielleicht insoweit etwas problematisch, als die befragten Dreher/innen und Maschinenschlosser/innen in einer außerbetrieblichen Sondermaßnahme ausgebildet wurden. Insbesondere der erste von zwei Einstellungsjahrgängen wurde erst kurz vor Ausbildungsbeginn angeworben. Das heißt, die Mädchen standen (wie die Jungen) vor der Alternative, Maschinenschlosser/in bzw. Dreher/in zu werden, oder in die Arbeitslosigkeit bzw. in eine Warteschleife einzumünden. Die Ablehnung normativer Geschlechtsrollenstereotypen durch die Mädchen in den Jungenberufen könnte auch Resultat (und nicht Begründung) ihrer Berufs„wahl" sein. Zur elterlichen Sozialisation findet sich unter den Einzelergebnissen ein interessantes Detail, das der obigen Gesamteinschätzung tendenziell widerspricht. Und zwar haben die Dreherinnen und Maschinenschlosserinnen ein deutlich geringeres Maß an elterlicher Kontrolle wahrgenommen als die anderen Mädchen und Jungen, wobei es zwischen den Mädchen der anderen Berufsgruppen wiederum prägnante Unterschiede gibt: Mädchen, die typische Frauenberufe lernen, wurden zu Hause eher überbehütet als die anderen (ebd.: 200).

Mir scheint das Konzept der Geschlechtsrollen als Teil der Persönlichkeit, so wie Michael Selk es formuliert, überzeugend. „Geschlechtsrolle" ist in diesem Konzept nichts Fixes, sie kann von unterschiedlichen Generationen, sozialen Schichten und in verschiedenen Regionen verschieden interpretiert werden und sich zudem verändern. Nicht zuletzt ist auch die berufliche Situation von entscheidendem Einfluss: Wie unsere Befragung von West-Berliner Facharbeiterinnen und Gesellinnen zeigte, präferieren beruflich nicht-erfolgreiche Frauen einen längeren Erziehungsurlaub, beruflich erfolgreiche dagegen wollen ihre Erwerbstätigkeit nur kurzzeitig unterbrechen. (Bei denjenigen, die bereits Mütter waren, zeigte sich dieses Muster ebenfalls. Vgl. Absch. 3.5).

Das Geschlecht ist nicht nur bei der hauptberuflichen Hausfrau und Mutter Teil der Identität, sondern auch bei der Frau, die ohne Mann und Kinder lebt. „Doing gender is unavoidable" schreiben Candace West und Don H. Zimmerman (1991). Nicht nur die Hausfrau und Mutter signalisiert Weiblichkeit an ihrem Haus-Arbeitsplatz, sondern die Topmanagerin in ihrem Job gleichfalls. Wie bei allen anderen Dispositionen auch ist die *Ausprägung* der Geschlechtsrolle dafür entscheidend, ob eine Frau sich eher als Hausfrau oder als Topmanagerin wohl fühlt (und gleichzeitig, ob sie für die jeweilige Arbeit geeignet ist). Der „direkte Arbeitsmarktbezug" bleibt dennoch nicht außen vor. Die Mädchen der ersten Hamburger Modellversuchsgruppe beispielsweise hätten vielleicht auch lieber Versicherungskauffrau oder Technische Zeichnerin gelernt, mangels solcher Alternativen wählten sie letztlich einen Jungenberuf. Gleichzeitig aber haben sie sich *gegen* eine berufsfachschulische Warteschleife entschieden: Ein Jungenberuf entsprach ihrem individuellen Geschlechtsrollenkonzept eher als die meist in solchen Warteschleifen angebotenen bürotechnischen oder hauswirtschaftlichen Kurse. Wie alle anderen Dispositionen auch, kann sich die Geschlechtsrolle im Laufe des Lebens verändern und ihr Gewicht kann unterschiedlich sein. Bei Carol Hagemann-White (1992) und Helga Krüger (1993b) findet sich eine interessante Erweiterung dieser These, wobei beide sich allerdings nicht auf dieses Konzept Michael Selks beziehen:

„Die Lehrstellenwahl ... erweist sich bei Mädchen ... als besondere Labilisierungsfalle zwischen Geschlechtsidentität und Interessen-/Kompetenzeinschätzungen, die in den Selbst- und Fremdzuschreibungen hoch bedeutsam sind" (Krüger 1993b: 334).

„Frauentypische Berufe werden gewählt, weil zum Zeitpunkt der Berufswahl die stürmische Pubertät schon vorbei ist, weil Mädchen die spätere Vereinbarkeit mit Familie für zwingend halten, weil sie übermäßig von der Bewertung und Bestätigung durch das soziale Umfeld abhängig sind, weil ihre starke Beschäftigung mit Sexualität alles Interesse von Schule und Beruf abzieht, weil die Sexualität in einem männlich dominierten Beruf ihnen bedrohlich und unerwünscht erscheint, ..." (Hagemann-White 1992: 80).

In den Studien zur Berufsentscheidung von Mädchen sei bisher die Implikation der Möglichkeit nicht ausgeleuchtet,

„daß Frauenberufe Mädchen deshalb anziehen, weil sie Frauenberufe sind, und zwar unabhängig davon, ob sie hausarbeitsnah, sozialkommunikativ oder lukrativ sind. Dies jedoch wäre theoretisch einleuchtend. Die schlichte Tatsache, dass der Frauenanteil eines Berufs hoch ist, verleiht eine geradezu unwiderstehliche Plausibilität der Annahme, dass die Vereinbarkeitsleistung (als Grundforderung der weiblichen Normalbiographie) in diesem Beruf gelingt. ... Ferner eignet sich ein Frauenberuf von vornherein für die Konstruktion und Darstellung einer weiblichen Identität; sie hat daher im Bereich der symbolischen Interaktion große Vorteile. Zwar ziehen Mädchen nicht ausschließlich Frauenberufe in Betracht;

wir müssen jedoch die Möglichkeit prüfen, daß die Geschlechtstypik einen eigenständigen Reiz hat" (ebd.: 72f.).

Mir scheint diese Erklärung frappierend einfach wie einleuchtend. In der Studie von Daniela Hoose und Dagmar Vorholt (1996: 94ff.) wiesen einige der befragten Eltern auf solche Zusammenhänge hin. Die dort ebenfalls befragten Mädchen waren überwiegend (zu 80%) der Meinung, Mädchen sollten viel häufiger Jungenberufe erlernen, weil diese gut bezahlt würden. Doch 30 und mehr Prozent der Mädchen meinten auch, Mädchen gingen in Jungenberufen das Risiko ein, an Attraktivität zu verlieren, und zudem würde den Jungen eine solche Tätigkeit eines Mädchens „wohl kaum gefallen". Im Vergleich zu ihren Eltern äußerten die Mädchen sich sogar konservativer. Auch die neuere und repräsentative 13. Shell-Jugendstudie weist darauf hin, dass gerade für die 15- bis 17-jährigen deutschen Mädchen Attraktivität besonders wichtig und wichtiger als den Jungen und den deutschen Mädchen anderer Altersgruppen ist (Fritzsche 2000: 110).[68]

Wenn bei den meisten Mädchen (und Jungen[69]) gerade in der Lebensphase, in der sie sich für einen Beruf entscheiden müssen, Sexualität eine besonders große Rolle spielt, und es ihnen vorrangig darum geht, die Zugehörigkeit zum weiblichen Geschlecht zu demonstrieren, ist eine mädchentypische Berufsentscheidung nicht verwunderlich. Diese These erklärt auch, warum Mädchen, wenn ihr Wunsch nach einem für Mädchen üblichen, technischen Beruf schwer realisierbar ist, nicht auf einen technischen Beruf des männlich besetzten Spektrums ausweichen. Mädchen geben anscheinend eher ihre arbeitsinhaltlichen Interessen auf, als dass sie das – antizipierte – Risiko eingehen, ihr „gender display" zu gefährden.

Gleichzeitig aber verdeutlichten schon die Studie von Seidenspinner und Burger (1982) und seither mehrere andere Befragungen, dass den Mädchen Berufstätigkeit und berufliches Fortkommen sehr wichtig sind. Im Folgenden geht es darum, welche Aspekte eines Berufs den Mädchen bedeutsam sind. Zu den Mädchen gibt auch hier wieder die Step-Plus-Befragung eine exzellente Datenbasis. Da dort einige Fragen zu wichtigen Aspekten der Berufswahl nicht gestellt wurden, beziehe ich mich zusätzlich auf eine von Daniela Hoose und Dagmar Vorholt 1994/95 bei Hamburger Schülerinnen durchgeführte Erhebung.

---

68 Bei den ausländischen, zumeist türkischen Mädchen ist Attraktivität bereits in früherem Alter besonders wichtig. Yvonne Fritzsche erklärt diese Altersverschiebung damit, dass diese Mädchen bereits früher „unter der Haube" sind (Fritzsche 2000: 110).
69 Carol Hagemann-Whites (1992) Interesse gilt ausschließlich den Mädchen, bei denen ihrer Analyse zufolge Pubertät und Adoleszenz nicht gleichzeitig, wie bei den Jungen, sondern nacheinander erfolgen. Für Jungen stellen sich die Verhältnisse damit anders, aber nicht weniger problembehaftet dar.

Auswahlkriterien von Mädchen

Gerd-Holger Klevenow (1996) zog aus den Einsendungen des Schuljahres 1989/90[70] zu Step-Plus eine Stichprobe von 140.000 Fragebögen und wertete diese unter anderem danach aus, wie sich die Präferenzen von Mädchen und Jungen unterscheiden. Die Datenbasis dieser Studie ist zwar schon vergleichsweise alt – Jugendliche haben heute eventuell andere Wünsche als 1989/90 –, der Vorteil dieser Studie gegenüber späteren ist, dass zwischen „mit Menschen zu tun haben" und „anderen helfen" differenziert wird.

Übersicht 8:
Berufliche Präferenzen und Abneigungen 1989/90 befragter Mädchen

Mädchen bevorzugen:	Mädchen wählen ab:
1. Mit Menschen zu tun haben	1. Mit Metall umgehen
2. Anderen helfen	2. Maschinen zusammenbauen/reparieren
3. Im Büro arbeiten	3. Mit Baumaterialien umgehen
4. Gestalterisch arbeiten	4. Mit Elektrizität/Elektronik zu tun haben
5. Saubere Arbeit	5. Produktionsanlagen überwachen
6. Mit Pflanzen und Tieren umgehen	6. Auf technischem Gebiet arbeiten
	7. Handwerklich arbeiten

Quelle: Klevenow 1996: 100.

Insgesamt wurden den Jugendlichen 17 Merkmale vorgelegt. Das Ergebnis fasst Gerd-Holger Klevenow (1996: 101) wie folgt zusammen:

„Auffällig ist, wie deutlich sich die Interessen der Schülerinnen von denen der Schüler unterscheiden: Pointiert formuliert lehnen die Mädchen die Interessenmerkmale ab, die auf gewerblich-technische Berufe verweisen, und die die Jungen besonders bevorzugen. ... Des weiteren fällt auf, dass sich Haupt- und Realschülerinnen in der aggregierten Perspektive in der Bewertung der Interessenmerkmale nur geringfügig unterscheiden, während zwischen Haupt- und Realschülern Unterschiede sichtbar werden: Hauptschüler interessieren sich im Vergleich mehr für Berufe, die motorische Anforderungen stellen, und weniger für kaufmännische oder technische...."

Interpretiert werden kann dieser Befund entweder als: „Mädchen *sind* anders und wollen deshalb nicht mit Metall, Baumaterialien, Elektrizität usw. umgehen", – oder als Ausdruck von „doing gender". Die geringen Differenzen zwischen den Haupt- und Realschüler*innen* deuten auf Letzteres hin. Jungen

---

70 Step-Plus wurde mittlerweile durch die Arbeitshefte „Mach's Richtig" und die dazugehörige CD Rom ersetzt. Seit dem Sommer 1998 sind entsprechende interaktive Programme auch im Internet abrufbar. Eine Auswertung hierzu gibt es noch nicht.

hingegen haben im Gegensatz zu den Mädchen die Möglichkeit im Rahmen der vorgegebenen Merkmale zu differenzieren, ohne dabei geschlechts*un*typische Tätigkeiten oder Berufe benennen zu müssen.

Die Step-Plus-Liste stellt nur auf Arbeitstätigkeiten und –umgebungen ab; Kriterien wie Einkommens-, Aufstiegs- oder Beschäftigungschancen kommen nicht vor. Obgleich solche Kriterien den Mädchenstudien zufolge wichtig sind, fehlen sie in den Auswahlalternativen der Bundesagentur. Sie können somit in Klevenows Aufbereitung auch nicht enthalten sein. Interessant ist an der Studie gleichwohl, dass Mädchen „mit Menschen zu tun haben" zwar an die erste Stelle ihrer Wünsche setzen, damit aber keineswegs meinen, sie wollten „anderen helfen". Letzteres findet sich zwar auf Platz 2, allerdings mit deutlichem Abstand zu „mit Menschen zu tun haben". Leider lassen sich aus der Grafik von Gerd-Holger Klevenow die Abstände nicht exakt herauslesen[71], deutlich sichtbar ist immerhin, dass „anderen helfen" nicht beliebter ist als Büroarbeit und nur wenig vor „gestalterisch arbeiten" und „saubere Arbeit" liegt. Von den Jungen möchte im Übrigen auch mehr als die Hälfte „mit Menschen zu tun haben"; nur ganz wenige jedoch wollen „anderen helfen".

Tabelle 11:
Den Mädchen wichtige Bedingungen (Angaben in %)

	sehr wichtig	wichtig	nicht so wichtig
Nette Kolleginnen/Kollegen	70,7	27,3	2,1
Möglichkeit zum Wiedereinstieg nach der Familienphase	70,5	22,8	6,7
Sichere Beschäftigungschancen	56,6	39,2	4,2
Aufstiegsmöglichkeiten	55,0	38,8	6,2
Finanzielle Unabhängigkeit	54,2	39,3	6,5
Viel Kontakt mit Menschen	52,2	36,2	11,6

Quelle: Hoose/Vorholt 1996: 177 (Auszug).

Eine andere, erst Mitte der 1990er Jahre durchgeführte Befragung beschäftigte sich ebenfalls mit den Kriterien, anhand derer Mädchen Berufe auswählen. Daniela Hoose und Dagmar Vorholt haben 1994/95 in Hamburg 439 Schülerinnen der Klassen acht bis zehn unter anderem gefragt: „Welche Bedingungen sollte ein Beruf erfüllen, den Du einmal ausübst?" Im Einzelnen werde ich auf die Ergebnisse dieser Studie im Abschnitt 5.5 noch einmal zurückkommen: Ich habe sowohl die Merkmale aus Step-Plus als auch diejeni-

---

71 Die konkreten Zahlen sind nicht mehr beschaffbar.

gen aus der Untersuchung von Hoose und Vorholt den Berufsberatern/innen vorgelegt, und sie gefragt, was ihrer Meinung nach den Mädchen wichtig ist. An erster Stelle stehen bei den Mädchen „nette Kollegen/innen", 71% sind nette Kollegen/innen „sehr wichtig" und lediglich 2% kreuzten hier „nicht so wichtig" an. Nahezu gleichermaßen relevant ist für Mädchen, dass der Beruf einen Wiedereinstieg nach der Familienphase möglich macht. Mehr als jede Zweite hält zudem sichere Beschäftigungschancen, Aufstiegsmöglichkeiten, finanzielle Unabhängigkeit sowie „viel Kontakt mit Menschen" für „sehr wichtig", Letzteres ist allerdings auch jeder Zehnten „nicht so wichtig". Merkmale wie „Ansehen bei anderen", „saubere Arbeit", „verantwortungsvolle Aufgabe", „körperlich leichte Arbeit", „regelmäßige Arbeitszeiten", „Möglichkeit zur Teilzeitarbeit" und „Eltern müssen einverstanden sein" erhielten vergleichsweise weniger Zustimmung und (mit Ausnahme von „Teilzeitarbeit") mehr Ablehnung. Sehr deutlich wird an dieser Untersuchung, dass Mädchen der späteren Berufstätigkeit und der finanziellen Unabhängigkeit ein großes Gewicht beimessen. Untermauert wird dieser Befund sowohl durch die Shell-Jugendstudie aus dem Jahr 2000, wonach die Berufsorientierung bei 15- bis 17-jährigen Mädchen sogar stärker ausgeprägt ist als bei gleichaltrigen Jungen (Fritzsche 2000: 113f.),[72] als auch durch eine neuere Befragung von Krewerth u.a. In dieser Untersuchung waren die „guten Chancen auf dem Arbeitsmarkt" den Mädchen wichtiger als den Jungen (Krewerth u.a. 2004: 44).

Potenzierte Vergeschlechtlichung

Mädchen entscheiden sich – ebenso wie die Jungen – vornehmlich für geschlechtstypische Berufe. Mädchen wünschen sich gleichzeitig Berufe, in denen ein Wiedereinstieg möglich ist, in denen nicht nur die Beschäftigungschancen sicher sind, sondern in denen sie auch aufsteigen können und letztlich soviel verdienen, dass sie finanziell unabhängig sind. Warum entscheiden sie sich dann ausgerechnet für Berufe, in denen genau diese Kriterien nicht erfüllt werden? Unter den zehn Berufen, in die die meisten Mädchen einmünden, sind allein drei, in denen ein Aufstieg sogar vom Berufssystem her ausgeschlossen ist; Meisterprüfungen oder Vergleichbares sind für Arzt- und Zahnarzthelferinnen sowie Steuerfachangestellte nicht vorgesehen. (Für die meist kürzeren Ausbildungen an den Berufsfachschulen gibt es schon gar

---

72 Während das Niveau der Berufsorientierung bei älteren, männlichen Jugendlichen gleich hoch ist wie bei den jüngeren, ist sie bei 22-bis 24-jährigen Frauen wesentlich niedriger. Anscheinend verliert der Beruf an Wert, je näher die Familiengründung rück und vielleicht auch dadurch, dass viele junge Frauen ihre Ziele u.a. deshalb nicht verwirklichen konnten, weil sie andere Berufe als gewünscht erlernen mussten und diese ihnen obendrein keine Entwicklungsmöglichkeiten bieten.

keine Weiterkommensmöglichkeiten). Vielen Berufen ist darüber hinaus eigen, dass in ihnen ganz besonders wenig verdient wird. Auch die Wiedereinstiegschancen sind in etlichen Berufen zweifelhaft, weil überproportional viele Auszubildende nachwachsen. Zudem sind einige Berufe körperlich hoch belastend, sie erfordern u.a. ständiges Stehen und sind deshalb von vornherein nur für eine befristete[73] Erwerbsarbeit gedacht.

Ein Grund, dass Mädchen sich für diese Berufe entscheiden, ist der „direkte Arbeitsmarktbezug" ihrer Überlegungen: In diesen Berufen gibt es schlicht besonders viele Ausbildungsplätze. Diejenigen, die in Anfangsphasen des Realisierungsprozesses noch andere Wünsche haben, müssen sich zwangsweise anpassen. Beispielsweise gaben 1995 fast 13.000 Mädchen und gut 3.000 Jungen in Step-Plus als Berufswunsch *Fotograf/in* an. Im Folgejahr wurden in diesem Beruf aber nur 982 neue Ausbildungsverträge abgeschlossen! D.h., auf mehr als 1.600 Interessenten/innen kommt ungefähr ein Ausbildungsplatz! *Einzelhandelskaufmann/frau* wünschten sich in Step-Plus 17.338 Jugendliche; die Zahl der im Folgejahr besetzten Plätze war um 10.000 höher.

Unter den 50 von Mädchen in Step-Plus am häufigsten angegebenen Berufen befindet sich kein einziger Jungenberuf. Auf unteren Rangplätzen wurden mit *Bäckerin* und *Köchin* gerade mal zwei männlich dominierte angegeben. Die Jungen wünschen sich immerhin auch zwei Frauenberufe (*Kaufmann für Bürokommunikation*, *Hotelfachmann*) und darüber hinaus zwei weiblich dominierte (*Bürokaufmann* und *Fotograf*). Gemeinsam ist diesen gegengeschlechtlichen Optionen, dass die Berufsbezeichnungen anderes vermuten lassen. Backen und Kochen ist gemeinhin eine weibliche Tätigkeit. Bürokommunikation suggeriert Umgang mit Computern; in der Öffentlichkeit bekannte Fotografen sind in der Regel Männer und Hotelchefs (und seien es diejenigen aus dem Vorabendprogramm des Fernsehens) meist auch.

Diese beim Eintritt in die Realisierungsphase genannten gegengeschlechtlichen Berufswünsche widersprechen somit keineswegs der These durchgängig geschlechtstypischer „Wahlen". Mädchen und Jungen wenden

---

73 Christa Cremer (1984: 93) führt ein weiteres Argument für die Fristigkeit an: „Sobald Mixturen in ‚Tiegeln und Töpfen' vor den eigenen Falten resignieren ... ist der Berufsaustritt unaufhaltsam entschieden". Auch Helga Krüger verweist noch 1998 (S. 147) auf die Bevorzugung Junger, Attraktiver „als Reklame fürs Geschäft". Meines Erachtens lässt sich diese These heute nicht mehr überall aufrechterhalten: In Gegenden mit höherer Frauenerwerbsquote wird auch die „ältere" Friseurin eher akzeptiert werden als in anderen. Zudem scheint mir das jeweilige Milieu wichtig: In bürgerlich-akademisch geprägtem Einzugsgebiet ist möglicherweise die Fachkompetenz mehr gefragt als modische Tagesaktualität der Erscheinung. Sollten mir meine Vermutungen richtig sein, ist der Beruf umso kritischer zu sehen. Wenn Friseurinnen am Ende ihrer Jugendlichkeit nicht aus dem Beruf ausscheiden, wird kein Arbeitsplatz für die zahlreich nachrückenden frei. Frühzeitiges Ausscheiden wird ersetzt durch gar nicht erst hineinkommen. Auf jeden Fall bleibt eine erhebliche Gruppe, die entweder gleich nach der Ausbildung oder in späteren Jahren in berufliche Chancenlosigkeit entlassen wird.

sich aber nicht prinzipiell gegen eine geschlechtsatypische Entscheidung. In der Studie von Heinz/Krüger u.a. (1987) bildeten antizipierte Arbeitsmarktprobleme das Gegenargument. In der Studie von Heine und Scherbaum (1991: 11) führten Mädchen die Argumente „Dreckarbeit", „geringe Verdienstmöglichkeiten" und: „bin an der Weiterbildung meiner geistigen Fähigkeiten interessiert", an – Argumente, die zeigen, dass diese Mädchen wenig über die Berufe wissen. Unter den dort befragten 158 Mädchen befanden sich bemerkenswerterweise sieben, die Kfz-Mechanikerin oder Elektrikerin als Wunschberuf nannten. Möglicherweise war dies eine Folge dessen, dass in der Region bereits seit zwei Jahren ein Implementationsprojekt arbeitete. Bezeichnenderweise führten *diese* Mädchen gute Verdienst- und Weiterbildungsmöglichkeiten ins Feld. In einem anderen Projekt durchliefen Mädchen ein viertägiges Berufswahltraining (Garbe u.a. 1989). 1013 Mädchen wurden vor und nach dem Kurs zu ihren Berufswünschen befragt. Die Konzentration auf Mädchenberufe war nach dem Kurs deutlich geringer, und unter den am häufigsten genannten Berufen befanden sich nunmehr an sechster Stelle Tischlerin und an zwölfter Stelle Kfz-Mechanikerin (ebd.: 76). Offenbar sind Mädchen, wenn sie Informationen zu den ihnen (neben „nette Kollegen/innen") wichtigen Kriterien *Wiedereinstieg, Beschäftigungschancen, Aufstiegschancen und finanzielle Unabhängigkeit* erhalten, durchaus bereit, gewerblich-technische Berufe zu erlernen.

In Step-Plus wurden *andere* Merkmale erfragt. In Fragebogenerhebungen kann bekanntermaßen nur das als Ergebnis herauskommen, was abgefragt wurde. Die Bundesagentur konnte erfahren, welche der von ihr vorgegebenen Merkmale Mädchen und Jungen mehr oder weniger wichtig sind, nicht jedoch, ob diese Kriterien den Jugendlichen überhaupt sonderlich relevant sind. (Immerhin fast 30% der Antworten erwiesen sich als nicht auswertbar.)[74] Die Untersuchung von Hoose und Vorholt (1996) gibt Hinweise, dass andere Kriterien den Mädchen mindestens *auch* wichtig sind. Was fehlt, ist eine Untersuchung, die unterschiedliche Ebenen gemeinsam erhebt, um daraus eine Rangfolge abzuleiten, und in der untersucht wird, ob sich die Prioritäten zwischen verschiedenen (sozialen etc.) Gruppen von Mädchen unterscheiden. Besonders kritisch scheint mir die Dimension der Empathie: Die Berufsberater/innen (vgl. Abschnitt 5.5) halten Mädchen besonders für Berufe geeignet, in denen „anderen helfen" gefordert ist. Mädchen hingegen sind derartige Tätigkeiten kaum willkommener als Büroarbeit. Herauszufinden wäre, welche beruflichen Dimensionen Teil der (über die Geschlechtsrolle verinner-

---

74 Eine Antwortverweigerung hätte dazu geführt, dass die Bundesagentur die Bögen nicht hätte auswerten und den Jugendlichen somit keine Berufsvorschläge hätte machen können. In knapp 30% der Fälle konnte die Bundesagentur ihre vorbereiteten Standardbriefe nicht verwenden. Entweder hatten die Jugendlichen zu wenige Merkmale angekreuzt, oder zwischen den genannten Interessen und Berufsvorstellungen gab es zu große Abweichungen (vgl. Klevenow 1996: 106).

lichten) Identität von Mädchen sind, wie stark deren Ausprägung – bei unterschiedlichen Mädchengruppen – ist, und zudem wäre zu überprüfen, ob diese jeweiligen Charaktereigenschaften in den Berufen überhaupt gefordert und erwünscht sind. Mir scheint eine doppelte Verselbständigung des Theorems eines weiblichen Arbeitsvermögens vorzuliegen: Zum einen wird es Mädchen und Frauen als Eigenschaft unterstellt, und zum anderen wird nicht hinterfragt, ob solche Orientierungen möglicherweise sogar dysfunktional sein können. Krankenschwestern beklagen sich beispielsweise, dass in ihrem Beruf kein Raum für Empathie bleibt, und verlassen nicht zuletzt deshalb ihren Beruf vielfach schon nach drei bis fünf Jahren (Prognos 1989, zit. n. Krüger 1996: 261). Gefragt ist eben nicht Empathie etc., sondern „adjunct control". Zudem: „Anderen helfen" kann frau auch als Mitarbeiterin der Feuerwehr oder des Technischen Hilfswerks, Einsatzbereiche, in denen eine technische Berufsausbildung verlangt wird.

Für die Berufsberatung ergibt sich aus dem Vorangegangenen, dass sie an die Kriterien anknüpfen sollte, die den Mädchen wichtig sind. Ob ein Mädchen die Kollegen/innen in einem Betrieb als „nett" empfinden wird, lässt sich schwer vorhersagen, und schon gar nicht, ob die Kollegen/innen in einem Beruf freundlicher als in einem anderen sind. Werden aber die anderen, von Mädchen zumeist genannten Auswahlaspekte Wiedereinstiegsmöglichkeiten nach einer Familienphase, sichere Beschäftigungschancen, Aufstiegsmöglichkeiten und finanzielle Unabhängigkeit in den Mittelpunkt der Beratung gerückt, wird deutlich, dass viele Mädchenberufe genau diesen Kriterien nicht standhalten.

Schwieriger dagegen dürfte es im Beratungsalltag sein, das „genderdisplay" zu durchschauen. Die Beratungsfachkräfte müssen die ihnen präsentierte Weiblichkeit ernst nehmen und zum einen nach Berufen suchen, wo Mädchen zumindest während der Ausbildung die ihnen wichtige Präsentation von Weiblichkeit leben können. Zum anderen müssen sie den Mädchen verdeutlichen, dass die Entscheidung für einen Jungenberuf nicht gleichbedeutend mit einer Vermännlichung ist. Vor allem müssen die Beratungsfachkräfte hinter den Spiegel schauen: Welche Neigungen und Fähigkeiten hat das Mädchen jenseits der präsentierten „weiblichen"? Ist die präsentierte „Weiblichkeit" womöglich nur eine Maske? In Jungenberufe vermitteln können die Beratungsfachkräfte Mädchen nur, wenn die Betriebe bereit sind, Mädchen auszubilden. Der geringe Anteil, den Mädchen bislang in Jungenberufen haben, lässt den Verdacht aufkommen, dass nicht nur die Mädchen sich gegen Jungenberufe entscheiden, sondern auch die Betriebe keine Mädchen wollen. Im Folgenden werde ich aufzeigen, dass der Spielraum für die Vermittlung von Mädchen viel größer ist als die bisherigen Zahlen zeigen.

Angebot der Betriebe

Im Vergleich zur Fülle von Studien zur Berufswahl von Mädchen, auch an empirischen Befragungen, ist die Zahl der Erhebungen zur betrieblichen Ausbildungsbereitschaft dürftig. – Ein erneuter Beleg dafür, dass in der Frauenforschung in der Regel die Haltungen und Meinungen von Mädchen und nicht die Strukturen, denen Mädchen sich gegenübersehen, untersucht wurden. Und dabei ist die Eignung der Berufe für Mädchen und Frauen für die berufliche Beratung eine zentrale Frage! Im Folgenden werde ich die Ergebnisse der wenigen, vorhandenen Analysen vorstellen.

Auffällig ist, dass die Bundesagentur für Arbeit bzw. das IAB sich dieser Frage kaum gewidmet hat. Sie ist ihr lediglich am Rande einer allgemeinen Studie zu den Hemmnissen und Möglichkeiten von Frauen nachgegangen (Engelbrech/Kraft 1992a u. 1992b). Das Ergebnis dieser Untersuchung ist, dass viele Betriebe Mädchen ablehnen, weil die Arbeit zu schwer sei und weil Frauen früher als Männer aus dem Arbeitsleben ausschieden. Nach Berufen, der Betriebsgröße oder der Branche wurden die Ergebnisse nicht differenziert: Da es wesentlich mehr Kleinbetriebe als Großbetriebe gibt, haben die Kleinbetriebe das Ergebnis dominiert. Eine der Veröffentlichungen zu dieser Untersuchung – ein IAB-Werkstattbericht – richtet sich speziell an die die Beratungs- und Vermittlungskräfte in den Arbeitsagenturen. Den Berufsberater/innen wurde damit (erneut) vermittelt, dass es schwer ist, für Mädchen einen Ausbildungsplatz in einem gewerblich-technischen Beruf zu finden, und zudem nach der Ausbildung mit erheblichen Arbeitsmarktproblemen zu rechnen sei.

Im Folgenden beziehe ich mich vorrangig auf zwei Befragungen. Die eine wurde 1991 im Raum Kiel/Rendsburg-Eckernförde bei 72 Betrieben durchgeführt, die zweite 1990 im Raum Kassel bei 100 Betrieben. Die Untersuchungen sind unterschiedlich angelegt. Die Ergebnisse beider Studien bestätigen in der Tendenz den Befund der Analyse der Ausbildungsstatistik, demnach sich für Mädchen eher in Industrie- als in Handwerksbetrieben Chancen bieten. Die Autorinnen der schleswig-holsteinischen Studie zählen 18 Betriebe zum „Typ: Vorreiter", dies sind mehrheitlich Groß- und größere Betriebe, die zum Befragungszeitpunkt alle bereits Mädchen in gewerblich-technischen Berufen ausgebildet hatten. Weitere 18 werden als „Hoffnungsträger" bezeichnet. Dies sind Betriebe, in denen zwar bislang noch kein Mädchen ausgebildet wurde, die dennoch vorbehaltlos dazu bereit sind. Darunter befinden sich sowohl Handwerks- als auch mittlere und größere Industriebetriebe. 17 Betriebe dagegen seien „problematische Fälle" und 19 „hoffnungslose". Von den Letzteren hätten 13 eine Ausbildung von Mädchen explizit und sechs „versteckt" abgelehnt. Bei den „problematischen" und den „hoffnungslosen" Fällen handelte es sich zumeist um Handwerksbetriebe (Bonnemann-Böhner u.a. 1992: 74ff.).

In Kassel wurden neben Industrie- und Handwerksbetrieben auch sechs aus dem Öffentlichen Dienst befragt. Letztere erklärten sich alle zur Ausbildung von Mädchen in Jungenberufen bereit. Bei den anderen Betrieben ist das Ergebnis dem aus Kiel/Rendsburg-Eckernförde ähnlich: Ein gutes Drittel der Industriebetriebe ist einer Ausbildung von Mädchen gegenüber aufgeschlossen. Bei den Handwerksbetrieben ist es nur jeder vierte, die Hälfte der Handwerksbetriebe lehnt die Ausbildung von Mädchen ab und 22% haben Vorbehalte (Heine/Scherbaum 1991: 114ff.). In Kiel/Rendsburg-Eckernförde gaben 72% der Handwerksbetriebe an, die in ihrem Betrieb anfallende Arbeit sei für Mädchen bzw. Frauen zu schwer. Die Autorinnen weisen meines Erachtens zu Recht darauf hin, dass in Einzelfällen die Arbeit für eine durchschnittlich gewachsene Frau tatsächlich zu schwer sein kann. In vielen Fällen aber werde das Argument als Vorwand zur Ausgrenzung von Mädchen bzw. Frauen missbraucht.

Im Hinblick auf die größeren Betriebe sogar ein etwas günstigeres Bild gibt eine Erhebung, die meine Kolleginnen und ich 1987 in West-Berlin durchgeführt haben. Es ging um die Erstellung einer Liste mit Ausbildungsangeboten für Mädchen in Metall- und Elektroberufen. Wegen der Ergebnisse des Bundes-Modellversuchsprogramms, wonach kleinere Handwerksbetriebe Mädchen eher selten in ein Beschäftigungsverhältnis übernehmen[75], konzentrierten wir uns auf Betriebe mit 500 und mehr Beschäftigten. 32 von 48 (67%) der angeschriebenen Betriebe beteiligten sich an der Aktion, d.h., sie erklärten sich bereit, Mädchen einzustellen. Diese im Vergleich zu den vorgenannten Studien höhere Bereitschaft „unserer" Betriebe mag daran liegen, dass die Frauenerwerbsquote in Berlin (auch im Westen der Stadt) traditionell sehr hoch ist, und nicht zuletzt hatten wir namhafte Protagonisten für diese Aktion: den Leiter des Arbeitskreises der Ausbildungsleiter und den Leiter des Berufsbildungsausschusses des Arbeitgeberverbandes. Beide hatten (im Rahmen eines der Bundes-Modellversuche) bereits Erfahrungen mit der Ausbildung von Mädchen (Hübner/Ostendorf/Rudolph 1992: 47ff.).

Auf eine Nachbefragung ein Jahr später antworteten 22 der 32 Betriebe. Dort hatten sich 3.445 Jugendliche um einen Ausbildungsplatz in einem Elektroberuf beworben (darunter 6,0% Mädchen) und 2.205 um einen Metallberuf (darunter 8,5% Mädchen).[76] In den Bewerbungsverfahren waren die Mädchen sogar erfolgreicher als die Jungen. In den Metallberufen erhielten 10,3% der Jungen, aber 11,7% der Mädchen einen Ausbildungsplatz. In den Elektroberufen waren es 9,1% der Jungen und 12% der Mädchen.

---

75 Die Ergebnisse aus den Berufsverlaufsuntersuchungen lagen zu diesem Zeitpunkt noch nicht vor. Zudem werden in kleineren (Handwerks-)Betrieben auch Jungen häufig über den eigenen Nachwuchsbedarf hinaus ausgebildet.
76 Wegen der Intervention des Landesarbeitsamtes gegen unsere Aktion (vgl. Abschn. 3.2) sind diese Zahlen kein Indikator für den Erfolg oder Misserfolg der Liste.

Trotz der nur dürftigen Literaturlage lässt sich festhalten, dass in Westdeutschland Anfang der 1990er Jahre mindestens jeder dritte Industriebetrieb zur Ausbildung von Mädchen bereit war. Gleichzeitig gab es „Hoffnungsträger"; Betriebe, die noch kein Mädchen ausgebildet hatten, weil sich bei ihnen noch keines beworben hatte. Unsere West-Berliner Aktion, bei der es um die Zusammenstellung einer Liste mit Ausbildungsplätzen für Mädchen ging, weist in dieselbe Richtung: Viele, zumindest der größeren Betriebe sind willens, Mädchen auszubilden.

Die schleswig-holsteinische Studie kommt zu dem Schluss, dass durch die Nutzung des aktuellen und latenten Angebotspotentials vor allem größerer Betriebe sich der Mädchenanteil an den Ausbildungsverhältnissen im dualen System in Kiel und Rendsburg-Eckernförde „optimistisch geschätzt" von 37,5% auf 50% erhöhen ließe (Bonnemann-Böhner 1992: 81). Ihre Berechnungsgrundlage legen die Autorinnen zwar nicht offen, festhalten lässt sich zumindest, dass es in der alten Bundesrepublik Ausbildungsmöglichkeiten für Mädchen gibt, die ungenutzt bleiben, weil sich kaum Mädchen für die angebotenen Berufe bewerben.

In der DDR dagegen waren die Verhältnisse sehr viel ungünstiger. Einer Studie des dortigen Zentralinstituts für Berufsbildung zufolge bestanden bei den Betrieben und Kombinaten erhebliche Vorurteile.

„Es ist unübersehbar, daß eine Reihe von Betrieben und Kombinaten versuchen, den Anteil weiblicher Aufnahmen zu reduzieren und dafür Jungen einzustellen. Dabei unternehmen die Betriebe zum Teil große Bestrebungen, Veränderungen beim zuständigen Planungsorgan bestätigen zu lassen, andere handeln auf eigene Verantwortung und setzen sich über Planauflagen hinweg und schließlich gibt es auch nicht selten die Erscheinung, dass geplante Lehrstellen unbesetzt bleiben, obwohl der Arbeitskräftebedarf tatsächlich vorhanden ist.

Die Betriebe begründen ihre Handlungsweise wie folgt:
- „hohe Ausfallquoten der Frauen (im Spannungsfeld der effektiven Nutzung des gesellschaftlichen Arbeitsvermögens und den umfangreichen sozialpolitischen Maßnahmen für die Mütter);
- zum Teil noch vorherrschende schwere körperliche Arbeit; Arbeitsbedingungen und Arbeitsaufgaben entsprechen noch zu wenig den physischen Anforderungen, die an die Frauen und Mädchen zu stellen sind;
- hohe Fluktuationsraten der Frauen;
- Mädchen und Frauen sind nicht genügend technisch interessiert und motiviert;
- Zum Teil noch fehlende soziale Bedingungen für die Mädchen und Frauen" (Zentralinstitut 1989: 17).

Das Argument der schweren körperlichen Arbeit mag in der DDR in einigen Bereichen stichhaltiger als in der Bundesrepublik gewesen sein. Sehr deutlich wird in dieser Untersuchung aber eine massive Ablehnung gegenüber Mädchen. Eine Rolle spielten dabei nicht nur die Kosten, die für sozialpolitische Vergünstigungen für verheiratete Frauen und Mütter entstanden, weil die Betriebe (und nicht der Staat oder die Sozialversicherungsträger, wie in der Bundesrepublik) dafür aufzukommen hatten, sondern schlichte Vorurteile.

Während es unter den Betrieben in den alten Bundesländern nicht nur etliche „Vorreiter" gibt, sondern auch noch einige „Hoffnungsträger", sieht die Situation in den neuen Bundesländern düsterer aus. Die Tradition der Segmentierung dürfte sich angesichts der Konkurrenz um knappe Ausbildungsplätze eher noch verschärft haben. Festzuhalten bleibt an dieser Stelle, dass der geringe Mädchenanteil in gewerblich-technischen Berufen und besonders in den Metall- und Elektroberufen zumindest in Westdeutschland nicht auf die betrieblichen Einstellungswünsche zurückgeführt werden kann.

Gründe, die aus betrieblicher Sicht *für* eine Ausbildung von Mädchen sprechen, sind allerdings wenig zugkräftig. In der schleswig-holsteinischen Studie meinte knapp die Hälfte der Betriebe, die über Erfahrungen mit der Ausbildung von Mädchen verfügten, Mädchen auszubilden brächte keine Veränderungen oder Probleme mit sich. Eine weitere knappe Hälfte berichtete von einem „höflicheren Umgangston/besseren Betriebsklima". Von den Betrieben ohne Erfahrung mit der Mädchenausbildung erwarteten über die Hälfte keine Veränderungen und nur ein gutes Viertel einen höflicheren Umgangston. Der Umgangston scheint sich in der Tat durch die Anwesenheit von Mädchen bzw. Frauen zu verändern (vgl. Grüning 1995: 67). Aber dieses Argument bleibt ein recht schwaches, wenn es darum geht, gesondert, unter Umständen mit finanziellem Aufwand, gezielt um Mädchen zu werben. Der Analyse von Bonnemann-Böhner u.a. (1992) zufolge wirbt rund die Hälfte der Betriebe erst gar *nicht* um Auszubildende: „Die kommen von allein". Allenfalls werden die zu besetzenden Plätze der Berufsberatung gemeldet. Anscheinend kommen Mädchen jedoch nicht „von allein".

Für die Berufsberatung ergibt sich hier ein breites Aufgabenfeld. Sie muss die Betriebe ausfindig machen, die bereit sind, Mädchen auszubilden. Dazu zählen diejenigen, in denen bislang bereits Mädchen anzutreffen waren und darüber hinaus diejenigen, die Bonnemann-Böhner u.a. als „Hoffnungsträger" bezeichnen. Diese beiden Betriebsgruppen geben in der Tat „Hoffnung", dass Mädchen in Zukunft mehr Plätze als bisher in den dualen Ausbildungen einnehmen können.

3.8 Handlungschancen der Berufsberatung

Soll Chancengleichheit der Geschlechter erreicht werden, spricht nichts dagegen und alles dafür, Mädchen die Ausbildung in einem Jungenberuf anzuempfehlen. Bislang haben Mädchen selbst innerhalb des dualen Systems die schlechteren Chancen und Positionen: Nur 40% der Plätze sind mit Mädchen besetzt, und dies sind dann zumeist auch noch diejenigen, die eher berufliche Probleme als Zukünfte versprechen. Wie groß die Probleme von Mädchen sind, wird aber erst so richtig deutlich, wenn auch die berufsfachschulischen

Ausbildungen einbezogen werden. Nicht nur erhalten Mädchen dort keine Ausbildungsvergütung, sie sind also auch nicht renten- und arbeitslosenversichert, sondern ihre Abschlüsse sind auf dem Arbeitsmarkt meist nicht einmal viel wert.

Aber nicht nur die bestehenden Benachteiligungen in der Berufsausbildung sprechen *für* die verstärkte Vermittlung von Mädchen in gewerblich-technische Berufe, sondern auch die Erfahrungen von und mit Mädchen bzw. Frauen in diesen Berufen und sogar die Wünsche, die Mädchen mit einem Beruf verbinden. Den Mädchen zumeist wichtige Auswahlkriterien wie sichere Beschäftigungschancen, Aufstiegsmöglichkeiten und finanzielle Unabhängigkeit werden in vielen gewerblich-technischen Berufen erfüllt, während etliche stark mit Mädchen besetzte Berufe gerade in diesen Dimensionen Mängel aufweisen. Die Einschränkung, dass bislang manche kleine (Handwerks)-Betriebe sich gegen eine Ausbildung von Mädchen sperren, ist nicht unbedingt ein Manko: In den größeren Betrieben stehen genug Plätze für Mädchen zur Verfügung, und gerade in Großbetrieben ist die Ausbildungsqualität vielfach besser als in kleinen. Größere Betriebe bilden – im Gegensatz zu vielen kleinen – zudem meist für den eigenen Bedarf aus und übernehmen entsprechend die von ihnen ausgebildeten Fachkräfte in ein Beschäftigungsverhältnis. Auch ein Wiedereinstieg nach einem Erziehungsurlaub (ein den Mädchen ebenfalls wichtiges Auswahlkriterium) ist eher in größeren als in kleinen Betrieben gewährleistet. Selbst wenn der Arbeitsplatz mittlerweile besetzt ist, wird sich ein anderer finden. Gleichwohl ist nicht jeder Jungenberuf „geeigneter" als ein mit Mängeln behafteter Mädchenberuf: Auch innerhalb der Jungenberufe ist zu differenzieren zwischen solchen, die den Mädchen die Möglichkeit zu einem zufriedenstellenden Berufs- und damit Lebensverlauf ermöglichen, und solchen, die dieses nicht gewährleisten. Chancen, Mädchen für die Wahl eines zukunftsträchtigen gewerblich-technischen Berufs zu gewinnen, ergeben sich vor allem dadurch, dass die Auswahlkriterien von Mädchen ernst genommen werden, und ihnen die Möglichkeiten und Risiken, die die unterschiedlichen Berufe im Hinblick auf den Erwerbsverlauf mit sich bringen, verdeutlicht werden.

Aus den Policies der 1980er Jahre lässt sich als Handlungsempfehlung an die Berufsberatung vor allem ableiten, dass sie den Mädchen die Ausbildungsplätze *aktiv* anbieten sollte. Hierzu hat die Berufsberatung gute Bedingungen: Nicht nur hat sie Kenntnis von nahezu allen zu besetzenden Ausbildungsplätzen, sondern die Berater/innen haben auch Einblicke in die Betriebe und sie haben Kontakt zu allen Mädchen. Allerdings dürfte eine solche Politik bei etlichen, nicht zuletzt auch bei politisch Einflussreichen, auf Widerspruch stoßen. In der Bundesrepublik stehen sich zwei unversöhnliche Geschlechterleitbilder gegenüber: das Leitbild der Geschlechterdifferenz mit der Konsequenz des Verweises von Frauen „ins Haus" und das Leitbild der Geschlechtergleichheit, nach dem Frauen nicht nur Anspruch auf ein eigenständiges und ausreichendes Erwerbseinkommen, sondern letztlich, wie beispielsweise in Skandinavien und Frankreich, auch die normative Pflicht zur Erwerbstätigkeit haben. Folgt die Berufsberatung dem ersten Leitbild, muss sie die chancenreichen Ausbildungsmöglichkeiten zuallererst mit Jungen besetzen, schließlich müssen diese später einmal eine Familie ernähren. Folgt die Berufsberatung jedoch dem zweiten Leitbild, muss sie für gerechte Chancen für Mädchen sorgen, d.h., den bisherigen Benachteiligungen von Mädchen mit Nachdruck entgegenarbeiten. Dabei steht die Berufsberatung vor mehreren Problemen: Regierungen, und mit ihnen das dominierende Geschlechterleitbild wechseln; in den Bundesländern herrschen verschiedene Regierungsmehrheiten und letztlich differieren die Leitbilder nicht nur zwischen den Ländern, sondern sogar zwischen Regionen innerhalb der Bundesländer. Doch nicht einmal in den Regionen herrscht das eine oder andere Leitbild ungebrochen vor. Die Bundesagentur muss ihre Position austarieren. Eine offensive Wahrnehmung beispielsweise der ihr vom Hauptausschuss des BIBB zugeordneten Aufgaben (s. Abschnitt 3.2) hätte eine Positionierung *gegen* erhebliche Teile der konservativen Parteien und der Grünen sowie deren Wählerschaft bedeutet. Ein umgekehrtes Vorgehen, die Mädchen auf die nachrangigen Plätze zu verweisen, hätte wiederum die Opposition von sozialdemokratisch regierten Bundesländern hervorgerufen. Gleichzeitig fordert die Mehrheit der Bevölkerung explizit eine verstärkte Frauenförderung auf dem Arbeitsmarkt ein. Wie verhält sich die Bundesagentur? Welcher Art Geschlechterleitbild prägt ihre Aktivitäten? Diesen Fragen werde ich in den folgenden beiden Kapiteln nachgehen.

4 Mädchen in der beruflichen Beratung

> „Die Zeit liegt noch nicht weit zurück – gestandene Berufsberaterinnen und Berufsberater werden sich vielleicht noch daran erinnern –, in der männliche Ratsuchende von einem Berater, weibliche Ratsuchende hingegen von einer Beraterin Rat und Auskunft erhielten. Dies hatte zur Folge, daß die Berater/innen in jeder Hinsicht ‚Spezialisten' für die Beratung von Jugendlichen des jeweiligen Geschlechts waren" (Arbeitskreis 1988: 118).

Die Zeit liegt in der Tat nicht weit zurück, als auch die Ausbildungsstellenvermittlung getrennt nach Jungen und Mädchen erfolgte und die Betriebe im Vorhinein angeben mussten, ob sie ein Mädchen oder einen Jungen wünschten. In der Bundesrepublik galt diese Regelung noch bis 1984; in den neuen Ländern wurden sogar noch bis 1992 nach Geschlechtern getrennte Vermittlungskarteien geführt. An diese – damaligen – Selbstverständlichkeiten dürften sich die Beratungsfachkräfte nicht nur „erinnern", sondern es dürften sich – so die These – normative Annahmen und Kognitionen in manche Regularien „eingegraben" haben.

In diesem Kapitel werde ich zunächst das Selbstverständnis der Berufsberatung vor dem Hintergrund ihrer historischen Entwicklung aufzeigen und dabei darlegen, wie sich die mädchen- und frauenpolitische Zielsetzung in den letzten zwei Jahrzehnten verändert hat (Abschnitt 4.1). Im Abschnitt 4.2 geht es darum, welche Möglichkeiten und Grenzen das Ausbildungsstellenangebot der Berufsberatung setzt. Zur Beantwortung der Frage nach dem Geschlechterleitbild knüpfte ich an die Arbeit von W. Richard Scott (1995, vgl. Abschnitt 2.3) an und analysiere die regulativen, normativen und kognitiven Säulen. In den nächsten Abschnitten geht es dann um die Identifizierung der Träger und Säulen von Geschlecht als sozialer Institution anhand von zentralen Texten aus der Bundesagentur (Abschnitt 4.3), um ihre Verfahrensweisen und um die Materialien, die sie für Jugendliche bereit hält (Abschnitte 4.4 u. 4.5). Abschließend werde ich die Ergebnisse dieses Kapitels zusammenfassen (Abschnitt 4.6).

4.1 Selbstverständnis der Berufsberatung

Das Ziel der Berufsberatung ist, „eine bewußte, eigenverantwortliche und möglichst rationale Berufswahl" zu fördern, „ohne die emotionale Dimension zu vernachlässigen" (RdErl. 3/93: 1). Die Berufsberatung geht davon aus, dass Berufswahl ein Prozess ist, den sie unterstützend begleitet. Die Rolle der

Berufsberater/in sei die eines Helfers „bei der Selbsthilfe, der beim richtigen Vorgehen hilft, aber keine eigenen Ziele setzt". Es gehe nicht mehr, wie noch in den 1950er Jahren, um die Lieferung „fertiger Problemlösungen" (Bahrenberg 1997: 4)[1] Die Berufsberatung orientiert sich heute an der einfachen Grundidee, dass Menschen unterschiedliche Veranlagungen und Neigungen haben und gleichzeitig Berufe unterschiedliche Anforderungen stellen. Es geht um das Zueinanderpassen von Person und Beruf.

Die Berufsberatung bietet den Jugendlichen vielfältige Möglichkeiten, die eigenen Neigungen und Eignungen zu entdecken und parallel dazu Berufe zu erkunden. Auch das Konzept der Bundesagentur für die Einzelberatung (BA 1992b) sieht vor, zunächst die Persönlichkeit des/r Jugendlichen zu ermitteln und die Neigungen aufzuspüren, um diese dann mit den Anforderungen der Berufe zu vergleichen. Idealerweise erfolgt anschließend die Vermittlung in einen passenden Ausbildungsplatz. Seine Perfektion erreicht das Beratungsmodell, wenn die Jugendlichen, unterstützt durch ein koordiniertes Vorgehen von Schule, Elternhaus und Berufsberatung, selbst herausfinden, was zu ihnen passt. Der gesetzliche Auftrag der Berufsberatung ist umfassend. Inbegriffen sind:

„die Erteilung von Auskunft und Rat
1. zur Berufswahl, beruflichen Entwicklung und zum Berufswechsel,
2. zur Lage und Entwicklung des Arbeitsmarktes und der Berufe,
3. zu den Möglichkeiten der beruflichen Bildung,
4. zur Ausbildungs- und Arbeitsplatzsuche,
5. zu Leistungen der Arbeitsförderung" (§ 30 SGB III).

Hinzu kommt die Beratung zu schulischen Ausbildungen, „soweit sie für die Berufswahl und die berufliche Bildung von Bedeutung" sind (ebd.). Doch welche schulische Bildung ist schon gänzlich unwesentlich für die berufliche Bildung?

Neben der Beratung im engeren Sinne hat die Arbeitsagentur die Aufgabe der *Berufsorientierung*, d.h., der Vorbereitung der Jugendlichen auf die Berufswahl. Dabei soll die Arbeitsagentur

„über Fragen der Berufswahl, über die Berufe und ihre Anforderungen und Aussichten, über Wege und Förderung der beruflichen Bildung sowie über beruflich bedeutsame Entwicklungen in den Betrieben, Verwaltungen und auf dem Arbeitsmarkt umfassend unterrichten" (§ 33 SGB III).

Bei der Vermittlung in Ausbildungsstellen hat die Arbeitsagentur „darauf hinzuwirken, dass Ausbildungssuchende eine Ausbildungsstelle ... und Arbeitgeber geeignete ... Auszubildende erhalten. Sie hat dabei die Neigung, Eignung und Leistungsfähigkeit der Ausbildungssuchenden ... sowie die Anforderungen der angebotenen Stellen zu berücksichtigen" (§ 35 SGB III). Da-

---

1 Dieser Aufsatz ist Teil einer von der Bundesanstalt für Arbeit herausgegebenen Fachlichen Arbeitshilfe für die Beratungspraxis (BA 1992).

bei darf sie nicht in ein Ausbildungsverhältnis vermitteln, „das gegen das Gesetz oder die guten Sitten verstößt" (§ 36 SGB III). Letzteres ist insoweit relevant, als Jugendliche, d.h., unter 18-Jährige, *ausschließlich* in staatlich anerkannte Ausbildungen vermittelt werden dürfen, d.h., entweder in landesrechtlich geregelte schulische oder in betriebliche Ausbildungen nach dem Berufsbildungsgesetz oder der Handwerksordnung.

Die Berufsberatung arbeitet intensiv mit den allgemein bildenden Schulen zusammen. Dieses hat zur Folge, dass jede/r Jugendliche mindestens einmal und meist mehrfach mit der ihr in Kontakt kommt. Innerhalb des regulären Schulunterrichts stellen die Berufsberater/innen die Unterstützungsangebote der Arbeitsagenturen vor und geben erste Hinweise zum Vorgehen bei der Berufswahl. Im Maximum sind der Inanspruchnahme der Berufsberatung keine Grenzen gesetzt. Sie bietet eine ganze Reihe von Materialien und Maßnahmen an, darunter auch speziell an Mädchen gerichtete. Zu den Beratungsformen gehören:

- terminierte Einzelberatungen von in der Regel 45minütiger Dauer,
- Beratungen in Sprechstunden, für die keine Anmeldung erforderlich ist und die für kürzere Nachfragen gedacht sind,
- Besprechungen in Schulklassen, wobei ein zweiter Termin manchmal als Gruppenmaßnahme durchgeführt wird, bei der ausgewählte, häufig von den Schüler/innen selbst gewünschte Themen im Vordergrund stehen,
- Vortragsveranstaltungen meist berufskundlicher Art, zu denen häufig Referenten/innen aus der Berufspraxis hinzugezogen werden,
- Seminarveranstaltungen zu unterschiedlichen Themen,
- Elternveranstaltungen, die gewöhnlich in Zusammenarbeit mit den Schulen durchgeführt werden, und
- Veranstaltungen für Lehrkräfte, Ausbilder/innen und Multiplikatoren/innen.

Ergänzt werden diese personalen Maßnahmen durch Selbstinformationseinrichtungen, den Berufsinformationszentren (BIZ), in denen vielerlei Medien zur Erkundung der eigenen Fähigkeiten und Neigungen sowie der Berufe zur Verfügung stehen. Hinzu kommen diverse Broschüren, die u.a. über die Schulen verteilt werden, im Internet abrufbare Informationen und verschiedene gesonderte Aktivitäten, bspw. Informationsstände bei Veranstaltungen Dritter.

Die Berufsberatung ist ein Großbetrieb. Im Beratungsjahr 2001/2002 verfügte sie über 2.950 ausgebildete Berater/innen (BA, Berufsberatung 2001/2002: 6). Der Personalbestand ist in den letzten Jahren gesunken; 1998 waren es noch über 3.300 Berater/innen (BA, Berufsberatung 1998/99: 10 u. 45f.). Hinzu kommen noch fast ebenso viele andere Kräfte: Ärzte/innen und Psychologen/innen, die in besonderen Fällen gutachterlich tätig werden, Sachbearbeiter/innen verschiedenen Qualifikationsniveaus und mit unterschiedlichen Aufgaben, bspw. der Betreuung der Besucher/innen im BIZ, der Vermittlung von Ausbildungsplätzen und der Entgegennahme von Vermittlungsaufträgen der Betriebe. 7% des Personals sind Führungskräfte (Abschnittsleiter/innen und Abteilungsleiter/innen) (Meyer-Haupt 1995: 52).

Im Beratungsjahr 2001/02 suchten 2,2 Mio. Ratsuchende die Berufsberatung auf, mit denen 3,4 Mio. ausführliche Beratungsgespräche geführt wurden. Hinzu kommen 2,2 Mio. Kurzberatungen in den Sprechstunden. Es fanden 122.110 Unterrichtsveranstaltungen in Schulen („Schulbesprechungen") statt, 17.272 Elternveranstaltungen, 25.661-mal hielten Vertreter/innen der Berufsberatung anderweitig Vorträge und führten 65.561 Gruppenveranstaltungen durch (BA, Berufsberatung 2001/2002: 6).

Dass sie Berufs*lenkung* betreibe, weist die Bundesagentur weit von sich. „Berufslenkung" gilt innerhalb der Bundesagentur als Unwort, wobei meinem Eindruck nach die Bundesagentur häufiger betont, dass sie keine Berufslenkung betreibe, als ihr dies überhaupt vorgeworfen wird. Erklären lässt sich dies aus der nicht immer rühmlichen Geschichte.

Historische Hintergründe: Sozialethik, Globalsteuerung, Planwirtschaft und Diktatur des Marktes

Der vergessene Anfang der Berufsberatung liegt in der Frauenbewegung! In einem eigentümlichen Gegensatz zum ansonsten feststellbaren Beharrungsvermögen von Traditionen steht, dass die Verwurzelung der Berufsberatung in der Frauenbewegung in Vergessenheit geriet. Frauenpolitik und -forschung beschäftigen sich zwar vielfältig mit der Berufswahl von Mädchen, so gut wie nie aber mit der politischen Institution Berufsberatung.[2]

Im Folgenden werde ich zunächst auf den historischen Hintergrund eingehen, der die Struktur der heutigen Berufsberatung entscheidend geprägt hat. Auch die Berufsberatung der DDR knüpfte an diese Tradition an. Dort wurde Berufslenkung zum integralen Bestandteil mikroökonomischer Planung. In der Bundesrepublik dagegen ist die Freiheit der Berufswahl einerseits grundgesetzlich verankert, andererseits aber war die Berufsberatung 1969 bis 1997 den Zielen globaler Wirtschaftssteuerung verpflichtet.

---

2   Selbst im zweibändigen Werk zur Geschichte der Mädchen- und Frauenbildung (Kleinau/Opitz Hg. 1996) findet sich kein einziger Beitrag zur Berufsberatung. Auch die Studie von Cordula Schweitzer und Claudia Wolfinger (1994), die sich im Rahmen eines Cedefop-Projekts zur institutionellen Verfasstheit der Berufsberatung und der Qualifikation des Beratungspersonals explizit mit dem Beratungsbedarf von Mädchen beschäftigte, geht kaum auf die Berufsberatung ein, sondern beschränkt sich auf die Bedürfnisse und Verhaltensweisen von Mädchen.

Von der „Auskunftsstelle für Fraueninteressen" zum SGB III

Seit der Industrialisierung Ende des neunzehnten Jahrhunderts bemühten sich soziale und kirchliche Organisationen um die Beratung von Jugendlichen in beruflichen Fragen. Geprägt wurde der Name „Berufsberatung" von einer „Kommission zur Förderung der beruflichen Erwerbstätigkeit und zur wirtschaftlichen Selbständigkeit der Frauen", die 1898 vom Bund deutscher Frauenvereine eingesetzt wurde und die eine „Auskunftsstelle für Fraueninteressen" in Berlin einrichtete (Herrmann 1927). Diese Stelle gab zunächst nur schriftliche Auskünfte, bald jedoch mussten regelmäßige Sprechstunden und auch in anderen Städten Auskunftsstellen eingerichtet werden. 1911 fand die Gründung eines „Kartells der Auskunftsstellen für Frauenberufe" statt und parallel dazu gab es Bemühungen, gewerbliche Handwerksausbildungen für Mädchen zu öffnen, die in einer rechtlichen Anpassung der Vorschriften der Gewerbeordnung in traditionellen Erwerbsbereichen mündeten (vgl. Schlüter 1990: 28f.).[3] Zunächst hatte die Berliner Auskunftsstelle nur erwachsene Frauen beraten, knüpfte dann aber Verbindungen zu den höheren Schulen, „und bald gehörten deren Absolventinnen zu den eifrigsten Besucherinnen" (ebd.: 83). 1912 erfolgte die Gründung der „Zentralstelle für Lehrstellenvermittlung", die sich an Absolventen/innen der Volksschulen richtete. An dieser Gründung hat die Leiterin der „Auskunftsstelle für Frauenberufe", entscheidend mitgewirkt. Sie wurde eine der Kuratoriumsmitglieder.

Die „Auskunftsstelle für Frauenberufe" bestand zunächst parallel zur „Zentralstelle für Lehrstellenvermittlung" weiter, bis sie 1920 als „Abteilung für Mädchen mit höherer Schulbildung" vom Berliner Berufsamt (dem späteren Landesarbeitsamt) übernommen wurde. Die Beratung der Volksschulabsolvent*innen* durch die öffentliche Zentralstelle kam dann allerdings mit dem Ausbruch des ersten Weltkrieges nahezu zum Erliegen. Es wurde sogar erwogen, die Mädchenabteilung gänzlich zu schließen und letztlich konnte diese nur durch das Engagement des „Verbandes für handwerksmäßige und fachgewerbliche Ausbildung der Frau", der eine Beraterin und weitere ehrenamtlich Tätige abstellte, aufrechterhalten werden. Die bislang festangestellten Mitarbeiterinnen wurden zum Zentralarbeitsnachweis und dem Nationalen Frauendienst versetzt. Während des ersten Weltkrieges schwankte dann die Inanspruchnahme beträchtlich. Wegen der Abwesenheit erwachsener Männer und des gleichzeitigen Wirtschaftsbooms fanden Jugendliche zeitweise ohne Ausbildung gut bezahlte Arbeit.

„Daß das Hineinströmen der Jugendlichen beiderlei Geschlechts in die ungelernte Arbeit eine große Gefahr für ihre Zukunft bedeutete, hatten die maßgebenden Kreise bald erkannt, und sie sahen immer mehr die Notwendigkeit ein, die Berufsberatung zu einer öffentlichen

---

3 Neben dem Friseur/innenberuf und den Textilberufen zählten damals schon die Berufe Bäcker/in, Buchbinder/in, Gärtner/in und Fleischer/in dazu.

Einrichtung umzugestalten und mit behördlicher Unterstützung auszubauen" (Herrmann 1927: 86).

Mit dem Reichsarbeitsnachweisgesetz von 1922 wurden „Allgemeine Bestimmungen über Berufsberatung und Lehrstellenvermittlung" erlassen und letztlich wurde 1927 mit dem Gesetz über Arbeitsvermittlung und Arbeitslosenversicherung eine einheitliche Berufsberatung geschaffen, wobei eine gewerbsmäßige Beratung ausdrücklich untersagt war. Schon damals erfolgte die Finanzierung aus den Beiträgen der Arbeitslosenversicherung und an der Verwaltung der Arbeitsämter waren – wie heute – Arbeitgeber, Arbeitnehmer und öffentliche Körperschaften beteiligt. Während des Nationalsozialismus jedoch wurden die Arbeitgeber- und Arbeitnehmerorganisationen aufgelöst und 1935 wurde die „Lenkung der Arbeitskräfte" zum Staatsprogramm erhoben (BA 1996: 10). „Die jungen Menschen mußten nach Zuteilungsquoten zwangsweise bestimmten Berufen zugewiesen werden" (BA 1991b: 8). 1952 schließlich entstand in der Bundesrepublik wieder eine einheitliche Arbeitsverwaltung als Selbstverwaltung. In Ostdeutschland dagegen wurden die Berufsberatungen bei den Räten der Kreise angesiedelt. Geblieben sind aus der historischen Entwicklung:

- Die Berufsberatung ist Teil der Arbeitsverwaltung, somit einer staatlichen und gleichzeitig bürokratischen Organisation. Sie wird nach wie vor aus den Mitteln der Arbeitslosenversicherung finanziert, ihre Leistungen jedoch sind auch für Nichtversicherte und deren Kinder offen.
- Die Arbeitsagenturen werden tripartistisch-korporativ vom Staat, den Arbeitgeberverbänden und den Gewerkschaften verwaltet. Die Einbeziehung des Staates wird damit begründet, dass zu den Hauptaufgaben der Bundesagentur neben der Arbeitslosenversicherung auch die öffentliche Arbeitsvermittlung und die Berufsberatung gehören (BA 1996: 10).
- „Berufslenkung" gilt als Unwort. Es unterstellt, die Berufsberatung würde an die nationalsozialistische Vergangenheit anknüpfen und mithin gegen die grundgesetzlich garantierte Freiheit der Berufswahl handeln.

Das Verbot gewerblicher Berufsberatung wurde in das Arbeitsförderungsgesetz (AFG) von 1969 übernommen. Es bestand somit 70 Jahre. Zudem hatte das Arbeitsamt ein Vermittlungsmonopol. 1998, mit Inkrafttreten des Arbeitsförderungsreformgesetzes (SGB III) ist das Beratungsmonopol entfallen und das Vermittlungsmonopol wurde wesentlich gelockert. Nunmehr dürfen Private auch gegen Entgelt beraten. Sie müssen zwar eine Erlaubnis der Bundesagentur einholen, doch in bestimmten Fällen ist nicht einmal dieses mehr nötig; beispielsweise sofern die Vermittlungen im alleinigen Auftrag eines Arbeitgebers erfolgen.[4] Schon bald nach Inkrafttreten des SGB III traten die

---

4 Vom Verbot ausgenommen sind auch explizit der Vertrieb von Listen mit Stellenangeboten, ein Medium, mit dem sich Mädchen nachweislich für eine Ausbildung in einem Jun-

ersten privaten Institute auf, die gegen Entgelt Berufsberatung anboten und zudem versuchen beispielsweise Krankenkassen neue Mitglieder zu gewinnen, indem sie Berufsberatung offerieren. Die Mitarbeiter/innen der zwölf von mir befragten Berufsberatungen reagierten auf den Verlust bzw. die Einschränkungen der Monopolstellung zumeist abwartend, teils war diese Haltung mit Angst vor einer gänzlichen Privatisierung und dem damit verbundenen Verlust der eigenen Arbeitsplätze gepaart. Die Bundesagentur schätzt die privaten Berufsberatungen als quantitativ nicht bedeutsam ein (BA, Berufsberatung 1998/1999: 10f.).

Die weiteren Neuerungen des SGB III ändern am Beratungsalltag wenig. Nunmehr sollen die Arbeitsagenturen, soweit erforderlich, Ratsuchende „mit ihrem Einverständnis" ärztlich und psychologisch untersuchen und begutachten (§ 32). Im Zweifelsfall wurden solche Gutachten aber auch bisher schon erstellt. Auch die nunmehr (§ 41, 2) vorgeschriebenen Selbstinformationseinrichtungen gab es bei nahezu allen Arbeitsagenturen bereits vorher. Neu ist die gesetzliche Regelung, dass die Berufsberatung, wenn ein Ausbildungsplatz drei Monate nicht besetzt werden konnte, dem jeweiligen Ausbildungsbetrieb eine Beratung anbieten muss, eine Bestimmung, der wenig Bedeutung zukommt.[5] Hinzugekommen ist dann im Jahre 2002 (mit dem Job-Aktiv-Gesetz), dass die Berufsberatung längere Berufsorientierungsmaßnahmen Dritter finanziell unterstützen kann.

Grundsätzlich aber hat sich die Aufgabe der Berufsberatung mit dem SGB III entscheidend verändert. Die Globalsteuerung ist dem Laissez Faire gewichen.

Von der Globalsteuerung zur Steuerung durch den Markt

Nach dem AFG war die Bundesagentur für Arbeit verpflichtet, ihre Maßnahmen

„im Rahmen der Sozial- und Wirtschaftspolitik der Bundesregierung darauf auszurichten, daß ein hoher Beschäftigungsstand erzielt und aufrechterhalten, die Beschäftigungsstruktur ständig verbessert und damit das Wachstum der Wirtschaft gefördert wird" (§ 1 AFG).

---

genberuf gewinnen lassen, und um das es in den Transferprojekten Ende der 1980er Jahre noch Auseinandersetzungen mit der Arbeitsverwaltung gegeben hatte (§§ 290f. SGB III; Hübner/Ostendorf/Rudolph 1992).

5 In einem der von mir besuchten Amtsbezirke gibt es das Phänomen, dass ausgerechnet im stark überlaufenen Beruf Hotelfachmann/frau, der gegenwärtig anscheinend ein Modeberuf ist, Ausbildungsplätze nicht besetzt werden können. Die Gründe sind zum einen, dass die Ausbildungsbetriebe verkehrstechnisch sehr ungünstig liegen und zum anderen, dass sich unter den dortigen Hotelbetrieben „schwarze Schafe" befinden. Die Hotels stellen zu Beginn der Sommersaison Auszubildende ein, um sie zum Ende der Saison mit dem Ablauf der gesetzlichen Probezeit von 3 Monaten wieder zu entlassen. Dieses habe sich herumgesprochen, und die Jugendlichen würden sich dort nicht mehr bewerben. – In solchen Fällen sind Gespräche mit den Betrieben sicherlich wenig nützlich.

Sie hatte explizit die Aufgabe, „die Lage und Entwicklung des Arbeitsmarktes und der Berufe angemessen zu berücksichtigen", wobei sie die Belange „einzelner Wirtschaftszweige und Berufe allgemeinen und sozialen Gesichtspunkten unterordnen" musste (§ 26 AFG). Im Sinne des § 1 AFG ergibt sich hieraus nicht nur die Anforderung, Zukunftsberufe zu erkennen und gegebenenfalls mitzugestalten, sondern darüber hinaus, den Ratsuchenden das Erlernen eines solchen Zukunftsberufes nahezulegen.

Auch lässt sich aus dieser Aufgabenbestimmung schlussfolgern, dass die Berufsberatung nur in Ausbildungen vermitteln durfte, die die Einmündung in Beschäftigung versprachen. Die Berufsberatung selbst geht von einem interaktiven Verhältnis von Person und Beruf aus. Ein Beruf ist dann geeignet, wenn erwartet werden kann, „daß die Person A eines Tages im Beruf X erfolgreich und zufrieden sein wird" (Hilke/Hustedt 1992: 109). Genau das ist aber gerade in vielen Mädchenberufen schon aus dem einfachen Grund nicht gewährleistet, weil es im Verhältnis zu den Beschäftigtenzahlen übermäßig viele Auszubildende gibt. Zudem haben Ausgelernte in einigen stark und nahezu ausschließlich mit Mädchen besetzten Berufen (insb. Friseurin und Zahnarzthelferin) kaum Chancen, außerhalb ihres Berufs einen Arbeitsplatz zu finden, bei dem ihre Qualifikationen nützlich sind: Die Berufe weisen gemessen an anderen eine unterdurchschnittliche Flexibilität auf (Clauß/Jansen 1984; Ostendorf 1985). Wie die Bewerber/innenstatistik der Bundesagentur zeigt, gelang der Berufsberatung die Berücksichtigung der „Lage und Entwicklung der Berufe" nur wenig. Die Rangfolge und Zahl an registrierten Einmündungs-„Wünschen" entspricht ziemlich genau derjenigen der letztlich besetzten Ausbildungsplätze (Schober 1996). Allerdings: Bei den Mädchenberufen gibt es eine bemerkenswerte Differenz. Mädchen „wünschen" sich – laut Statistik der Bundesagentur – seltener eine Ausbildung in einem der besonders stark besetzten Mädchenberufe, als sie sie letztlich aufnehmen. Genau hier offenbart sich das Dilemma, weshalb eine Globalsteuerung durch die Berufsberatung scheitern musste: Wenn das Ausbildungsstellenangebot nicht höher ist als die Nachfrage, hat die Berufsberatung keine Chancen, Prioritäten im Hinblick auf die Verbesserung der Berufsstruktur zu setzen.

Nunmehr aber ersetzt die Herrschaft des Marktes auch auf der gesetzlichen Ebene die staatliche Verantwortung. An die Stelle der Aufgabe *der Verbesserung* der Beschäftigungsstruktur ist die Vorgabe getreten, die Beschäftigungs*möglichkeiten* zu berücksichtigen (§ 31 SGB III). In der DDR herrschte das andere Extrem. Es wurde detailliert geplant, in welchen Berufen Nachwuchsbedarf bestand, und die Berufswünsche der Jugendlichen wurden systematisch in diese Richtung gelenkt.

Berufsberatung der DDR

In der DDR erließ eine staatliche Kommission bindende Richtlinien für die Verteilung der Schulabgänger/innen auf die verschiedenen Wirtschaftszweige. Dabei war das „Niveau der Berufsberatung" eine entscheidende Voraussetzung, die „Beachtliches" erreichte (Rudolph 1990: 19):

„Es geht um die Erziehung der Schüler zu einer bewußten Berufswahl, bei der die persönlichen Interessen und Neigungen mit den gesellschaftlichen Erfordernissen in Übereinstimmung stehen" (ebd.).

Berufsberatung fand in der DDR vornehmlich in den Polytechnischen Oberschulen und in den Betrieben statt, die teilweise eigens ausgebildete Berufsberater/innen beschäftigten. Unterstützung erhielten die Schulen und Betriebe von Berufsberatungszentren, die es flächendeckend bei allen Räten der Kreise gab und in denen ebenfalls gesondert ausgebildete Berufsberater/innen arbeiteten. Deren Aufgabe war, die berufsberaterischen Aktivitäten zu koordinieren, den Betrieben und Schulen Anleitung und Unterstützung zu geben, Veranstaltungen für Eltern und Schüler/innen durchzuführen und, sofern Schwierigkeiten auftraten, auch individuell zu beraten. Hinzu kamen Maßnahmen von Massenorganisationen wie der Freien Deutschen Jugend und der Medien. Berufskundliche Materialien rundeten die Angebote ab (vgl. Rudolph 1990: 19; Luers 1990).

„Ab Klasse 6 wurden erstmals die Berufswünsche der Schüler systematisch auf Karten erfaßt, mit Eltern und Lehrern diskutiert und an die Beratungszentren weitergeleitet, die die Berufswünsche mit dem tatsächlichen Bedarf verglichen. Diskrepanzen zwischen Bedarf und Berufswünschen wurden an die Schulen zurückgemeldet, um die erzieherische Funktion der Berufsberatung rechtzeitig ins Spiel bringen zu können, d.h., die Nachfrage der Schüler dem durch die Planung festgelegten Bedarf anzupassen. Diese Abgleichung von Aspirationen und Planungserfordernissen wiederholte sich in den folgenden Jahren, so dass schließlich am Ende der Pflichtschule die Mehrzahl der Jugendlichen zumindest als zweite oder dritte Wahl einen ‚realistischen' Berufswunsch äußerten" (Hörner 1990: 14).

In den neuen Bundesländern könnte die Tradition dirigistischer Beratungspraxis noch nachwirken. Angesichts der dort besonders großen Ausbildungsstellenknappheit werden die Berater/innen aber eher froh sein, wenn sie die Jugendlichen in Berufe vermitteln können, die diese als Wunsch benennen. Einer Befragung der Bundesagentur zufolge sehen Berufsberater/innen sich in erster Linie als Helfer/innen bei der Entscheidungsfindung (Kleffner/Schober 1998a: 3437). Auch in meiner Befragung sprachen die Berater/innen sich selbst sowie den Kollegen/innen nur ganz vereinzelt ein berater/innenzentriertes Verhalten zu.

Vor dem Hintergrund des ausgeklügelten Systems der Berufslenkung der DDR ist die dortige Segmentierung zwischen Mädchen- und Jungenberufen besonders bemerkenswert. Es ist offensichtlich,

„daß Mädchen von vornherein überwiegend in solche Facharbeiterberufe ‚verplant' wurden, die bereits einen hohen Frauenanteil aufwiesen" (Nickel 1993: 239).

„Schüler bekamen einen Katalog mit Lehrstellenangeboten in die Hand, der mit rosa und blauen Symbolen jeweils vermerkte, welche Berufe vorzugsweise den Mädchen und welche den Jungen offenstanden" (ebd.: 241).

Doch die Zuweisung der jeweiligen Geschlechter in für sie vorgesehene Berufe hat keineswegs nur in den neuen Bundesländern Tradition. Im Folgenden wird die Veränderung der Mädchenpolitik der Bundesagentur für Arbeit aufgezeigt.

Von der Zuweisung zu Mädchenberufen zur Motivierung für Jungenberufe – Chronik der Mädchen- und Frauenpolitik

Es ist in der Tat noch nicht lange her, dass den Verfahrensweisen der Berufsberatung ganz offenkundig eine nach Geschlechtern segregierende Verteilung innewohnte. Mittlerweile jedoch hat die Bundesagentur das Ziel, die beruflichen Perspektiven von Mädchen und jungen Frauen zu erweitern, sogar zur „geschäftspolitischen Leitlinie" erhoben (BA, Arbeitsmarktreport 1995: 1510). Der Gleichbehandlung der Geschlechter wird ein hoher Stellenwert beigemessen. „Peinlichst" achte man in der Hauptstelle beispielsweise auf eine nicht-diskriminierende Sprache, wie eine meiner dortigen Gesprächspartnerinnen betonte. Manfred Leve, der damalige Abteilungsleiter „Berufsberatung" bei der Nürnberger Hauptstelle, d.h., nach dem Präsidenten bzw. (seit März 2002) dem Vorstandsvorsitzenden der höchste Vorgesetzte der Berufsberatung, unterstreicht in einem Aufsatz, die Berufsberatung trage im Rahmen ihrer Möglichkeiten „aktiv dazu bei, das Spektrum der Berufe für Mädchen und junge Frauen zu erweitern" (1992: 3093). Seine Begründung für diese Politik sind die bekannten (auch aus meiner Sicht nach wie vor zu beklagenden) Fakten der Konzentration von Mädchen in nur wenigen Berufen, und zwar in den Berufen, in denen vielfach unterdurchschnittliche Einkommenschancen, eingeschränkte Aufstiegs- und Weiterbildungsmöglichkeiten sowie Risiken an der zweiten Schwelle bestehen. Im Einzelnen führt Manfred Leve folgende Maßnahmen an:

- Initiierung individueller Betriebskontakte, damit Mädchen sich über die ungewöhnlichen Berufe vor Ort informieren können,
- Gruppenberatungen für Mädchen,
- ein speziell entwickeltes dreitägiges Seminar,
- intensive Werbung bei den Arbeitgebern,
- Thematisierung in Elternveranstaltungen,
- Vermeidung rollenstereotyper Darstellungen in den Medien der Berufsberatung,
- Informationen für die Mitarbeiter/innen der Berufsberatung,

- Einrichtung von Arbeitskreisen in den Arbeitsämtern,
- Beteiligung an Aktivitäten Dritter und
- eine enge Zusammenarbeit mit den Gleichstellungsbeauftragten der Kommunen.

Im Folgenden werde ich den Politikwechsel nachzeichnen. Dabei stütze ich mich vornehmlich auf Erlasse und Gesetzesänderungen sowie auf einige mir als Markierungspunkte bedeutsam erscheinende Veröffentlichungen der Bundesagentur. Die Chronik der Mädchen- und Frauenpolitik illustriert strukturelle Bestandteile des „Policy-Regimes" Berufsberatung. Wie sich zeigen wird, ist der Politikwechsel viel jünger und zudem weniger eindeutig als vielfach angenommen wird.

Ein Ausgangsdatum für die Politik der Verbreiterung des Berufsspektrums für Mädchen lässt sich nicht beziffern. Nach dem Eindruck meiner Gesprächspartnerinnen in der Hauptstelle der Bundesagentur war dies vielmehr ein allmählicher Prozess. Die folgende Nachzeichnung bestätigt diesen Eindruck.

- An den Bundesmodellversuchen zur Erschließung gewerblich-technischer Ausbildungsberufe für Mädchen, die von 1978 bis 1985 an 21 Standorten durchgeführt wurden, beteiligte sich die Berufsberatung kaum. Nur in einen der Versuche war sie direkt eingebunden; an den anderen Standorten wirkte sie meist lediglich im Rahmen ihres üblichen Geschäfts mit und vermittelte Mädchen in die Versuchsbetriebe. Zwischen dem Team der Programmevaluation, das beim Bundesinstitut für Berufsbildung angesiedelt war, und der Nürnberger Hauptsstelle sowie den Landesarbeitsämtern gab es nur ganz vereinzelte Kontakte.[6]
- 1980 wird das EG-Anpassungsgesetz in das BGB eingefügt, das eine geschlechterdifferente Ausschreibung von Arbeitsplätzen verbietet (§§ 611f. BGB). Doch erst 1984 reagiert die Bundesanstalt auf die Neuregelung und ändert das Formblatt zur Erfassung eines Vermittlungsauftrages (Erlass v. 2.7.1984). Von den Arbeitgebern wird nun nicht mehr von vornherein verlangt, sich alternativ für ein Mädchen oder für einen Jungen zu entscheiden. Aber es gibt weiterhin eine Rubrik „besondere Wünsche", wo das Geschlecht eingetragen werden kann. Zwei Jahre später wird das Formblatt erneut geändert. Die Erfassungsfelder „gleich", „weiblich", „männlich" sind seither nicht mehr enthalten (RdErl. 98/86).
- Im Zuge der siebten AFG-Novelle wird 1986 in den Paragraphen 2 eingefügt: „Die Maßnahmen nach diesem Gesetz haben insbesondere dazu

---

6 Ende 1984 habe ich (als Mitarbeiterin des Evaluationsteams beim BIBB) eine Synopse der Kontakte zu verschiedenen Personengruppen und Organisationen erstellt. Die Feststellung gründet auf dieser Auswertung.

beizutragen, daß ... der geschlechtsspezifische Ausbildungsstellen- und Arbeitsmarkt überwunden wird".[7]
- In der zweiten Hälfte der 1980er Jahre geben verschiedene Landesarbeitsämter Broschüren heraus, die Mädchen zur Aufnahme einer gewerblich-technischen Ausbildung ermuntern sollen.
- Der Hauptausschuss des Bundesinstituts für Berufsbildung beschließt Anfang 1987 „Empfehlungen ... zur Ausweitung des Berufsspektrums für Frauen im gewerblich-technischen Berufsbereich". Darin wird die Berufsberatung aufgefordert, Öffentlichkeitsarbeit zu betreiben, Texte und Bilder so zu gestalten, dass auch Mädchen sich angesprochen fühlen, Mädchen verstärkt über gewerblich-technische Berufe zu beraten, das Personal fortzubilden und gezielt bei den Betrieben nach Ausbildungsmöglichkeiten für Mädchen zu fragen. In diesem Gremium ist die Bundesagentur mit beratender Stimme vertreten, d.h., sie verpflichtete sich damals selbst.
- 1988 erstellt das Landesarbeitsamt Nordrhein-Westfalen eine Fachliche Arbeitshilfe „Erweiterung der beruflichen Perspektiven für Mädchen und Frauen" (Arbeitskreis 1988).
- Im selben Jahr werden in der Abteilung Arbeitsvermittlung und -beratung Beauftragte für Frauenbelange berufen (RdErl. 103/88). 1990 werden diese Funktionen auch in den anderen Abteilungen eingerichtet. Die Beauftragten haben seit 1990 unter anderem den Auftrag, sich an der „Erschließung weiterer Ausbildungsmöglichkeiten (auch im gewerblich-technischen Bereich)" zu beteiligen (RdErl. 100/90).
- 1993 erlässt die Hauptstelle neue Fachliche Anweisungen für die berufliche Beratung (RdErl. 3/93). Die Berufsberater/innen haben jetzt u.a. die Zielvorgabe: „Mädchen und junge Frauen sollen angeregt werden, ihr berufliches Spektrum zu erweitern. Dies kann ein konkreter Schritt zur Überwindung geschlechtsspezifischer Ausbildungsstellen- und Arbeitsmärkte sein".
- 1994 gründet die Bundesagentur gemeinsam mit dem Bundesministerium für Bildung und Wissenschaft und der Deutschen Telekom die Initiative „Frauen geben Technik neue Impulse", die u.a. ein bundesweites Netzwerk von Projekten und Initiativen aufbauen, Daten und Materialien dokumentieren und Fachtagungen durchführen soll.
- In diesem Zusammenhang erscheint 1994 zum ersten Mal ein Schwerpunktheft der wöchentlichen *Informationen für die Beratungs- und Ver-*

---

7 Vor dem Hintergrund, dass der damalige Bundesarbeitsminister Norbert Blüm die Aufgabe von Frauen vorrangig in der Familienarbeit sah, ist diese Änderung des AFG besonders bemerkenswert. Eine Mitarbeiterin des damals zuständigen Referats im Bundesarbeitsministeriums, die ich dazu befragte, führt die Änderung auf EG-Richtlinien, auf Resolutionen und Übereinkommen der ILO und der UN und vor allem auf den Druck der Frauenbewegung zurück, der auch im Bundesarbeitsministerium spürbar gewesen sei.

mittlungskräfte der Bundesagentur (ibv) zum Thema „Frauen". Weitere Hefte folgen in den nächsten Jahren. 1997 findet sich darin erstmalig eine Rubrik, in der einzelne Berufsberatungen ihre speziellen Mädchenmaßnahmen vorstellen.
- Mit dem Inkrafttreten des SGB III zum 1.1.1998 werden die nebenamtlichen Beauftragten für Frauenbelange in den einzelnen Abteilungen wieder abgeschafft. An ihre Stelle tritt nunmehr eine Hauptamtliche pro Amt. Unter anderem soll diese die Fach- und Führungskräfte bei der „Planung, Einrichtung, Durchführung und Ausweitung von Orientierungsveranstaltungen zur Erweiterung des Berufswahlspektrums von Mädchen" unterstützen (RdErl. 44/97).

§ 2,5 AFG findet sich in folgender Modifikation im § 8,1 SGB III wieder:

„Die Leistungen der *aktiven Arbeitsförderung* sollen die tatsächliche Durchsetzung der Gleichberechtigung von Frauen und Männern am Arbeitsmarkt fördern. Zur Verbesserung der beruflichen Situation von Frauen ist durch sie auf die Beseitigung bestehender Nachteile sowie auf die Überwindung des geschlechtsspezifischen Ausbildungs- und Arbeitsmarktes hinzuwirken" (Hervorh. H.O.).

- Im März 2002 wird der § 1 SGB III erneut revidiert. Nunmehr ist die „Gleichstellung von Frauen als durchgängige Praxis zu verfolgen".

Die Veränderung der Arbeitsvorgaben war nicht nur ein langer, sondern auch ein zäher Prozess, der sich im Hinblick auf das Ziel der Verbreiterung des Berufswahlspektrums von Mädchen in den letzten Jahren tendenziell sogar umkehrte. Nach dem SGB III von 1998 sollen nur noch die Leistungen der *aktiven Arbeitsförderung* auf eine Überwindung des geschlechtsspezifischen Ausbildungsmarktes hinwirken. Im AFG war dieses Ziel noch allgemein für jedwede Aktivität vorgegeben. In der Neufassung des SGB III vom März 2002 wurde zwar mehr Wert auf Frauenfreundlichkeit gelegt, aber es wurde nur eine der zwei parallelen Schienen des EU-Konzepts des Gender Mainstreamings verankert: die Gleichstellung der Geschlechter als „durchgängiges Prinzip". Die zweite Schiene, Maßnahmen zur expliziten Förderung, bleibt auf die „aktive Arbeitsförderung", d.h., im Wesentlichen auf Frauen in der Lebensmitte begrenzt. Maßnahmen zugunsten von Mädchen fehlen weiterhin.

Wer bei den einzelnen Neuregelungen jeweils die Initiative ergriff, ob die Änderungen aus der Bundesagentur heraus entstanden sind, oder ob diese von außen dazu veranlasst wurde, lässt sich aus den Materialien nicht immer entnehmen. Anscheinend war beides der Fall. Im Erlass von 1984, der das Verfahren der nach Geschlechtern getrennten Erhebung zu besetzender Ausbildungsplätze beendete, wird auf den „Hintergrund" des EG-Anpassungsgesetzes und den „Wunsch" des Bundesministeriums für Arbeit und Sozialordnung verwiesen. In dem neuen Formblatt werden die Betriebe darauf aufmerksam gemacht, dass nach „wissenschaftlichen Erkenntnissen und praktischen Erfahrungen ... für fast alle Berufe Frauen im gleichen Maße geeignet (sind) wie Männer". Erkennbar wird hier der Druck der Europäischen Gemeinschaft und gleichzeitig taten die Bundes-Modellversuche ihre Wirkung. Nicht nur lag zu diesem Zeitpunkt schon eine große Anzahl an wissenschaftlichen Ergebnissen vor, sondern das Bundessozialministerium hatte auch verschiedentlich bei den Programmevaluatoren/innen angefragt. Doch immer wieder gaben auch Einzelpersonen aus der Bundesagentur Impulse, beispielsweise die am nordrhein-westfälischen Arbeitskreis beteiligten Berufsberaterinnen oder die Redakteurin, die 1997 in der ibv Motivierungsmaßnahmen für Mädchen vorstellte. Bei der neuerlichen Änderung des SGB III hat „'Europa' der *Political Correctness* ... doch erheblich ‚auf die Sprünge' , geholfen" (Wenner 2002: 1125f.). Die Beschäftigungspolitischen Leitlinien der EU fordern u.a. eine Förderung der Chancengleichheit von Frauen und ein ausgewogenes Verhältnis von Frauen und Männern in allen Wirtschaftszweigen und -berufen (vgl. Tischer 2001: 1243). Insgesamt scheint mir, dass die Bundesagentur eher auf Anforderungen von außen reagierte, als dass die Initiativen von ihr selbst ausgegangen wären.

Die Geschlechterpolitik der Bundesagentur hat sich in den letzten zwei Jahrzehnten gewandelt. Die – aus heutiger Sicht – noch bis in die 1980er Jahre hinein offen diskriminierende Praxis der Geschlechtersegregation ist der „geschäftspolitischen Leitlinie" der Erweiterung des Berufsspektrums von Mädchen und Frauen gewichen. Erinnert sei in diesem Zusammenhang daran, dass die Segregation der Geschlechter noch bis in die 1970er Jahre gesellschaftlichen Normen entsprach, und dass bis 1977 sogar im BGB festgeschrieben war, dass Frauen nur dann erwerbstätig sein durften, wenn „dies mit ihren Pflichten in Ehe und Familie vereinbar ist" (§ 1356). Das verbreitete Geschlechterleitbild war das der Differenz: Die Gesellschaft verortete die Aufgabe von Frauen vorrangig in Ehe und Familie. Wenn die Berufsberatung beispielsweise den Mädchen mehrheitlich Berufe anbot, die auf Fristigkeit angelegt waren, entsprach dies der gesellschaftlichen Norm, wonach Frauen bei der Verheiratung oder spätestens beim ersten Kind aus der Erwerbsarbeit ausschieden. Selbst als Mütter seit Mitte der 1960er Jahre zunehmend um Erwerbsarbeit nachsuchten, konnte dies noch kein Anlass sein, die Politik zu ändern. Nach zehn Jahren (bei mehreren Kindern auch leicht 15 oder 20 Jahren) ausschließlicher Familientätigkeit ist jede Erstausbildung nicht mehr viel wert. Heute aber ist die Norm nicht mehr eindeutig.

Bevor ich der Frage nachgehe, welches Geschlechterleitbild heute die Politik der Berufsberatung prägt, werde ich die Zahlen vorstellen: Verstärkt die Berufsberatung die Geschlechtersegmentierung in der beruflichen Erstausbildung, wirkt sie ihr entgegen oder verhält sie sich neutral?

4.2 Segregation durch Beratung und Vermittlung? – Die Zahlen

Durch ihre Schulbesuche erreicht die Berufsberatung alle Jugendlichen, die vor der Berufswahl stehen. Doch in den letzten Jahren kommen auch viele junge Erwachsene wie z.b. Arbeitslose, Ausbildungs- und Studienabbrecher/innen, Berufsfach- und Fachschüler/innen (Kleffner/Schober 1998b). Offenkundig besteht eine große Nachfrage seitens der Jugendlichen und jungen Erwachsenen. Mädchen und junge Frauen stellen etwas mehr als die Hälfte der Nachfragenden.

Im Folgenden geht es darum, inwieweit die Berufsberatung die Möglichkeit hat, Mädchen vermehrt in gewerblich-technische Ausbildungsberufe zu vermitteln. Dazu werde ich zunächst beleuchten, in welchem Ausmaß die Betriebe die freien Stellen der Berufsberatung überhaupt melden. Viele Mädchen und Jungen äußern, wie Befragungen zeigen, geschlechtstypische Berufswünsche. Dabei ist es die originäre Aufgabe der Berufsberatung, die Ernsthaftigkeit und die Realisierbarkeit der geäußerten Wünsche zu prüfen. Aus dem Vergleich der bei der Berufsberatung gemeldeten freien Plätze mit den registrierten Berufswünschen lässt sich ablesen, dass das Missverhältnis zwischen Angebot und Nachfrage gerade in den Mädchenberufen besonders groß ist. In vielen gewerblich-technischen Berufen hat die Berufsberatung dagegen hinreichende Möglichkeiten Mädchen zu vermitteln. Dennoch aber scheint sie sich nicht besonders für eine Erweiterung des Berufswahlspektrums von Mädchen zu engagieren.

Einschaltungsgrad und Vermittlungshäufigkeit

Die Ausbildungsbetriebe nehmen das Angebot der Vermittlung von Bewerber/innen in hohem Ausmaß in Anspruch. In den 1990er Jahren beträgt die Einschaltquote[8] (in Westdeutschland) zwischen 85 und 111%; d. h., zeitweilig waren bei der Berufsberatung mehr Plätze gemeldet, als letztlich besetzt wurden. Zwar ist das Meldeverhalten der Betriebe stark davon abhängig, ob sie mit einem Bewerber/innenmangel rechnen müssen, doch auch in den 1980er Jahren war meist mehr als jeder zweite Ausbildungsplatz beim Arbeitsamt registriert (BMBF, Berufsbildungsbericht 1998: 31ff.).

Wie viele Jugendliche von der Berufsberatung vermittelt werden, lässt sich nicht feststellen. Die Jugendlichen sind nicht verpflichtet, ihren Verbleib zu melden. Beispielsweise können Jugendliche bei der Berufsberatung als Bewerber/innen registriert sein, sich dann aber doch für einen weiteren

---

8 Gemeldete Plätze in % der neu abgeschlossenen Ausbildungsverträge.

Schulbesuch oder ein anderweitiges Ausbildungsangebot entscheiden. Zahlen hierzu liegen nicht vor. Ich vermute, dass sie eine relevante Größenordnung ausmachen.[9] Auch ist von immerhin 10% aller Jugendlichen, die z.B. 2001/02 bei der Berufsberatung vorgesprochen haben, der Verbleib nicht bekannt.[10]

Gemessen an der Zahl der jährlich neu abgeschlossenen Ausbildungsverträge hat etwa die Hälfte der Jugendlichen um eine Vermittlung durch die Arbeitsagentur nachgesucht. Davon wird wiederum knapp die Hälfte tatsächlich von der Berufsberatung in einen Ausbildungsplatz vermittelt. Eine Befragung des BIBB aus dem Jahr 2000 zufolge haben 19% der westdeutschen und 35% der ostdeutschen Auszubildenden ihren Ausbildungsplatz durch die Berufsberatung erhalten (BMBF, Berufsbildungsbericht 2001: 63). Eine ältere Auswertung der Daten des sozio-ökonomischen Panels kam zu ähnlichen Ergebnissen. Dort waren es 23,5% (Mosley/Speckesser 1997: 53).

Offensichtlich münden nicht alle Jugendlichen in Ausbildungen ein, die ihnen von der Berufsberatung anempfohlen werden. Vermutlich finden Jugendliche anderweitig als von der Berufsberatung vorgeschlagen einen Ausbildungsplatz oder machen sich selbst auf die Suche, wenn sie von der Berufsberatung keine Betriebsadresse im gewünschten Beruf erhalten haben. Eine weitere Erklärung für die Diskrepanz zwischen den tatsächlichen Vermittlungen einerseits und der hohen Zahl an nachfragenden Jugendlichen und gemeldeten Stellen andererseits ist, dass Jugendliche nicht nur in anderen Betrieben eine Ausbildung aufnehmen, sondern sich auch in Berufen und Bildungswegen bewarben, die ihnen nicht von der Berufsberatung vorgeschlagen wurden. Zahlen aus den 1980er Jahren zeigen, dass weniger als die Hälfte der weiblichen Auszubildenden und nur zwei Drittel der männlichen einen Platz in ihrem Wunschberuf erhalten. An der Spitze der Ausweichberufe standen die stark besetzten Frauenberufe Verkäuferin, Bürogehilfin[11], Verkäuferin im Nahrungsmittelhandwerk und Einzelhandelskauffrau (Herget u.a. 1987: 91f.). Eine weitere, Ende der 1980er und Anfang der 1990er Jahre durchgeführte Untersuchung stützt diese Zahlen und weist nach, dass insbesondere Mädchenberufe oftmals Ausweichberufe sind. Mit Ausnahme der angehenden Friseurinnen und Bankkauffrauen sagte jedes zweite Mädchen, das einen der zehn von Mädchen am häufigsten ergriffenen Berufe lernte, dieser Beruf sei nicht ihr Wunschberuf (Feller 1996). Angesichts dessen, dass

---

9 Von Betrieben, und zwar auch von renommierten größeren, ist häufig die Klage zu hören, dass Jugendliche noch vor Beginn der Ausbildung den Ausbildungsvertrag kündigen.
10 Sie sind der Statistik der Bundesagentur zufolge entweder nach einem Vermittlungsvorschlag „unbekannt verblieben" oder nach einem ersten Gespräch nie wieder aufgetaucht („sonstige Erledigung"). Eine Befragung dieser Personengruppen zeigt, dass 32,7 bzw. 26,5% von ihnen sich in einem regulären betrieblichen Ausbildungsverhältnis befinden (BMBF 2001: 68.).
11 Die heutige Bezeichnung lautet: Kauffrau für Bürokommunikation.

die Ausbildungsstellensituation sich vielerorts seither nicht verbessert hat, dürfte dieser Befund auch heute noch zutreffen.

Im Folgenden werde ich anhand der Statistiken der Bundesagentur vorstellen, wie die Berufsberatung in die Verteilung der Geschlechter auf die Berufe hineinwirkt. Ich werde zeigen, dass Mädchen mit einem gewerblich-technischen Berufswunsch gute Chancen haben, in eine Ausbildung vermittelt zu werden, die Bundesagentur aber dennoch versucht, Mädchen vorrangig in Mädchenberufen unterzubringen. In einem weiteren Analyseschritt vergleiche ich die Ergebnisse der Bewerber/innenstatistik der Bundesagentur mit der Statistik der Auszubildenden. Da die Bundesagentur zum Berichtsjahr 2000/01 ihre Berufssystematik verändert hat und die Vergleichbarkeit mit früheren Jahren nicht mehr gegeben ist, muss meine Analyse leider größtenteils auf den Zeitraum bis zum Jahr 2000 begrenzt bleiben.

Strukturen der Angebote und Vermittlungen

In ausgewählten, meist stark besetzten Berufen weist die Bundesagentur die Bewerber/innen sowie die Unvermittelten nach Geschlecht aus. Diese Statistik umfasst rund 80% aller gemeldeten Ausbildungsplatzbewerber/innen. Die Registrierung der Vermittlungswünsche erfolgt durch das Beratungspersonal, d.h., in dieser Statistik kommt somit *auch* zum Ausdruck, welche Berufe die Berater/innen für die jeweiligen Jugendlichen für geeignet halten und als realisierbar erachten.

Von den Ratsuchenden Mädchen wurden im Beratungsjahr 2001/02 47,6% in eine duale Berufsausbildung vermittelt, von den Jungen waren es hingegen 50%. Häufiger als Jungen münden Mädchen in allgemein bildende Schulen (6,8 zu 5,8%), in Universitäten und Fachhochschulen (2,5 zu 1,6%) und in berufsbildende Schulen (11,4 zu 9,9%) ein. Doch auch wenn die Mädchen die Hürde der Registrierung als Bewerberin um einen betrieblichen Ausbildungsplatz geschafft haben, sind ihre Chancen schlechter als die der Jungen. Obwohl Mädchen überproportional häufig in allgemeinbildende und vor allem in teilqualifizierende Berufsfachschulen ausweichen (vgl. Abschnitt 3.1), bleiben im Osten wie im Westen regelmäßig mehr Mädchen als Jungen unversorgt.

Mitte der 1990er Jahre zeigte sich im Westen eine deutliche Tendenz zur Verschlechterung des Ausbildungsstellenmarktes, wobei insbesondere die Chancen der Mädchen geringer wurden. Im Beratungsjahr 1992/93 blieben 3,5% der westdeutschen Mädchen und Jungen ohne Ausbildungsplatz, im Beratungsjahr 1997/98 waren es von den Mädchen 6,2% von den Jungen aber „nur" 5,6%. Seither verbessert sich die Lage wieder leicht: Zum Ausbildungsjahr 2002 waren jeweils 2,9% der Mädchen und Jungen unversorgt. Im Osten ist die Unterversorgung wesentlich größer. Zum Ausbildungsjahr 1997

Übersicht 9:
Angebote und Registrierungen 2000

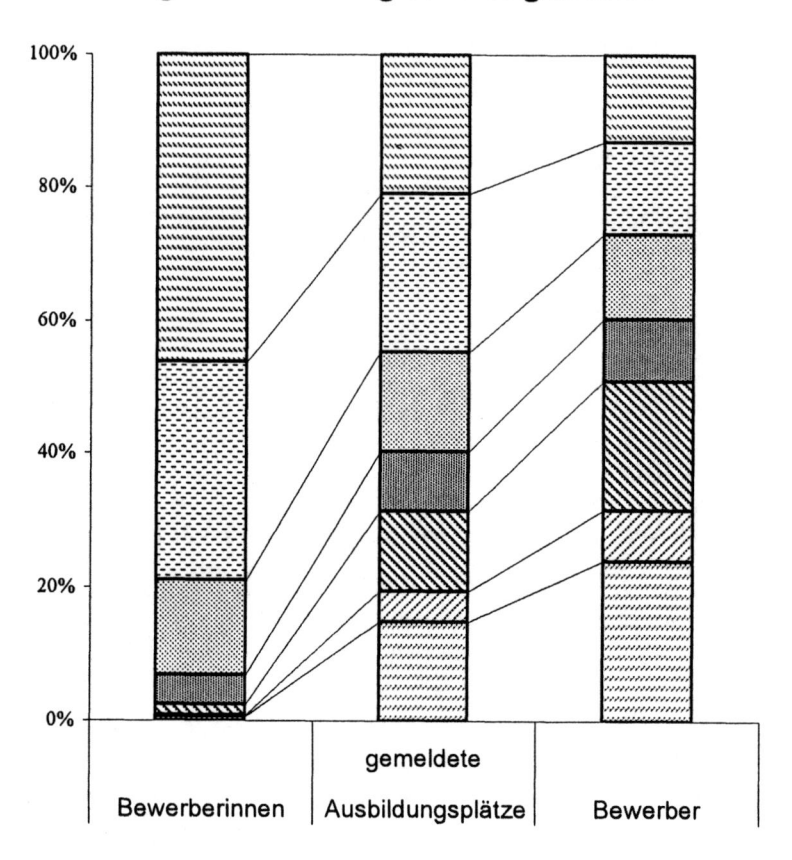

| | Bewerberinnen | gemeldete Ausbildungsplätze | Bewerber |

◩ Mädchenberufe
▣ Weiblich dominierte Berufe
▨ Mit beiden Geschlechtern besetzte Berufe
▥ Männlich dominierte Berufe
◪ Sonstige Jungenberufe
▧ Elektroberufe
▤ Metallberufe

blieben dort 7,2% der Mädchen und 6,2% der Jungen ohne Ausbildungsplatz, 2002 waren es 4,3% der Mädchen und 4,2% der Jungen. Mädchen sind somit Ost wie West nicht nur unter denjenigen, die für eine Vermittlung in eine duale Ausbildung vorgesehen sind, unterrepräsentiert, sondern sie bleiben auch häufiger als Jungen ohne Ausbildungsplatz. Eigentlich aber müssten Mädchen mehr Chancen als Jungen haben, schließlich bringen sie die besseren Schulabschlüsse mit: Auch wollen junge Frauen mit Abitur zahlreicher eine Berufsausbildung aufnehmen als junge Männer. Ein Grund für die schlechteren Aussichten der Mädchen besteht darin, dass „ihre" Berufe besonders überlaufen sind.

Zum Ausbildungsbeginn 2000 wurden bei den Arbeitsagenturen in Westdeutschland 24% und in Ostdeutschland 27% der zu besetzenden Plätze in Jungenberufen ausgeschrieben. Darunter dominierten im Westen die Metallberufe mit 12,8%, gefolgt von den „anderen" Männerberufen mit 7,4% und den Elektroberufen mit 3,9%. Im Osten dagegen stehen die „anderen" Männerberufe mit 13,6% an erster Stelle, d.h., die Bau- und Ausbauberufe sowie der Beruf Landwirt/in werden im Osten überproportional stark angeboten. An zweiter Stelle stehen im Osten die Metallberufe mit 10,7%, und die Elektroberufe machen 3,2% der Angebote aus.

Die Mädchenberufe stellten 2000 im Westen nur 17% und im Osten 16%. In den Jungenberufen waren 189 Ts. Ausbildungsplätze gemeldet, in den Mädchenberufen aber nur 126 Ts. Plätze. In den weiblich dominierten Berufen aber stehen den Arbeitsagenturen mehr Plätze als in den männlich dominierten zur Verfügung, so dass die Chancen, in einen geschlechtstypischen Beruf einzumünden, für Mädchen und Jungen in etwa gleich groß sind.

Ein gegengeschlechtlicher Vermittlungswunsch kommt sowohl bei Jungen als auch bei Mädchen höchst selten vor. In der Übersicht 9 werden die jeweiligen Verengungen nur allzu deutlich. Der Nachfrage von Mädchen nach Mädchenberufen steht nur ein vergleichsweises kleines Angebot gegenüber, während sich die Nachfrage der Jungen gleichmäßiger auf die Berufsgruppen verteilt. Dieses Ungleichgewicht wird verschärft durch den Nachfrageüberhang insgesamt: Es standen im Jahr 2000 bei der Berufsberatung 625.442 Ausbildungsplätze zur Verfügung, aber 770.348 Jugendliche suchten dort um einen Platz nach.

Im Folgenden werde ich aufzeigen in welche Berufe die Berufsberatung speziell die Mädchen vermittelt und darüber hinaus der Frage nachgehen, ob die Berufsberatung die Einmündungen in geschlechtstypische, häufig wenig chancenreiche Berufe verstärkt, ob die vorhandenen Ausbildungsstellenangebote ihr die Möglichkeiten zum Gegensteuern geben und ob sie diese nutzt.

Zuordnung der Mädchen

In *Westdeutschland* sind in den 1990er Jahren lediglich zwischen 2,1% und 2,8% der Bewerberinnen um einen betrieblichen Ausbildungsplatz in einem Jungenberuf vermerkt; in den Mädchenberufen sind es zwischen 31 und 37% und in den weiblich dominierten Berufen zwischen 25 und 28%. Innerhalb des männlichen Segments ist die Zahl der Mädchen am höchsten in den „sonstigen Jungenberufen", wobei Mädchen dort fast ausnahmslos für die Berufe Tischlerin/Holzmechanikerin und Malerin und Lackiererin eingetragen sind. Die Zahl der Anwärterinnen für alle Metall- und Elektroberufe zusammengenommen ist gerade mal so hoch wie allein für die beiden Berufe Tischlerin und Holzmechanikerin. Für das Ausbildungsjahr 2000 waren nur 0,6% der Mädchen für einen Metall- und gerade mal 0,13% für einen Elektroberuf registriert. In absoluten Zahlen waren dies 1.588 bzw. 362 von 271.720 Bewerberinnen. Um den Beruf *Steuerfachangestellte* beispielsweise bewerben sich in manchen Jahren mehr als dreimal so viele Mädchen als um alle Metall- und Elektroberufe zusammengenommen. Und dabei werden immerhin mehr als ein Viertel aller Ausbildungsplätze in den Metall- und Elektroberufen angeboten, im genannten Einzelberuf aber nur ein Hundertstel.

Im Laufe der 1990er Jahre wurden bei der Berufsberatung sogar sukzessive immer weniger Mädchen als Bewerberin für einen Jungenberuf eingetragen. Der Anteil fiel von 2,8% im Beratungsjahr 1992/93 auf 2,1% im Jahr 1999/2000. Dem gegenüber ist die Zahl der Bewerbungen um Frauenberufe deutlich gestiegen: Für das Jahr 2000 hatte die Berufsberatung allein jede zehnte Bewerberin für den Beruf Arzthelferin registriert und jede zwanzigste entweder für eine Ausbildung zur Verkäuferin, Fachverkäuferin im Nahrungsmitteleinzelhandel oder zur Friseurin. Jedes dritte Mädchen sollte oder wollte einen Mädchenberuf erlernen. Aber selbst wenn die Jungen sich aus diesem Segment gänzlich zurückgezogen hätten, wäre nur für jedes sechste Mädchen ein Platz vorhanden gewesen.

- Zurückgegangen ist der Anteil der Bewerberinnen innerhalb des Segments der *Jungenberufe* insbesondere in den Elektroberufen; ganz besonders sogar im Beruf *Kommunikationselektronikerin*. Dabei stellt die Deutsche Telekom, die gemeinsam mit dem Bundesbildungsministerium und der Bundesagentur für Arbeit Trägerin der Initiative „Frauen geben Technik neue Impulse" ist, einen großen Teil der Ausbildungsplätze in diesem Beruf. 1993 wurden noch 0,15% der Bewerberinnen hierfür vorgesehen; das waren 312 Mädchen. 1998 betrug die Zahl nur noch 135 und im Jahr 2000 waren es lediglich 68, womit der Anteil an den Bewerberinnen auf 0,03% sank. Auch in den Metallberufen werden in fast allen Berufen mittlerweile weniger Mädchen als Bewerberinnen in der Kartei der zu Vermittelnden erfasst, allenfalls stagniert der Mädchenanteil.

Tabelle 12:
Verteilung der Bewerberinnen auf die Berufsgruppen – Westdeutschland (Angaben in %)

Beruf	1992/ 93	1993/ 94	1994/ 95	1995/ 96	1996/ 97	1997/ 98	1998/ 99	1999/ 2000
Jungenberufe	2,81	2,62	2,76	2,68	2,51	2,33	2,17	2,08
Darunter: Metallberufe	0,67	0,56	0,59	0,59	0,57	0,57	0,57	0,58
Darunter Elektoberufe	0,33	0,23	0,19	0,18	0,17	0,16	0,14	0,13
Darunter: sonstige Jungenberufe	1,81	1,84	1,97	1,90	1,76	01,59	1,46	1,36
Männlich dominierte Berufe	2,27	2,30	2,43	2,72	3,03	3,18	3,05	2,94
Von beiden Geschlechtern besetzte Berufe	22,45	20,64	19,71	18,38	16,44	15,34	14,10	13,36
Weiblich dominierte Berufe	24,57	25,34	25,39	24,89	25,03	25,49	26,87	27,76
Mädchenberufe	31,17	32,98	33,97	35,64	36,76	36,71	35,51	34,44
Übrige Berufe	16,74	16,12	15,75	15,69	16,24	16,96	18,30	19,43
Insgesamt	100	100	100	100	100	100	100	100

Quelle: BA, Berufsberatung, fortlaufende Nummern, eigene Berechnungen

- Unter den vier *männlich dominierten Berufen* haben bis Mitte der 1990er Jahre vor allem die Berufe Koch/Köchin und Bäckerin/Konditorin zugelegt, seither sinkt der Anteil wieder. Für eine Ausbildung zur Informatikkauffrau (ehemals Datenverarbeitungskauffrau) wurden bis Mitte der 1990er Jahre dagegen immer weniger Mädchen registriert (1992/93: 0,3%; 1996/97: 0,19%), seither steigt der Anteil wieder. Für das Jahr 2000 aber waren hierfür auch nur 0,43% aller Bewerberinnen eingetragen, d.h., 1.179 Mädchen bzw. 19,4% aller, die einen Ausbildungsplatz in diesem Beruf suchten.[12]
- Dramatisch verringert hat sich der Mädchenanteil in den *von beiden Geschlechtern besetzten Berufen*. Dieser Trend betrifft alle dieser Kategorie zugeordneten Berufe. Wollten (oder sollten?) zum Ausbildungsjahr 1993 noch 22,5% der Mädchen einen dieser Berufe erlernen, so sind es zum Jahr 2000 nur noch 13,4%.
- Immer mehr Mädchen sieht die Berufsberatung dagegen für *weiblich dominierte* und für *Mädchenberufe* vor. Für weiblich dominierte Berufe waren 1992/93 24,6% aller Bewerberinnen eingetragen; zum Ausbil-

---

12 539 Mädchen begannen im Jahr 2000 eine Ausbildung zur Informatikkauffrau. Damit waren 21,6% der Auszubildenden in diesem Beruf weiblich.

dungsjahr 2000 waren es 27,8%. In den Mädchenberufen stieg der Anteil von 31,2% zwischenzeitlich sogar auf 37% und liegt zum Jahr 2000 bei 34%. Gestiegen ist der Anteil vor allem bei den Friseurinnen (+ 2,8 Prozentpunkte), Verkäuferinnen (+ 0,7) und Fachverkäuferinnen im Nahrungsmittelhandwerk (+ 0,8).

Tabelle 13:
Verteilung der Bewerberinnen auf die Berufsgruppen – Ostdeutschland (Angaben in %)

Berufe	1996/ 97	1997/ 98	1998/ 99	1999/ 2000
Jungenberufe	2,23	2,31	2,16	2,03
Darunter: Metallberufe	0,38	0,42	0,39	0,39
Darunter: Elektroberufe	0,09	0,08	0,08	0,08
Darunter: sonstige Jungenberufe	1,76	1,81	1,68	1,56
Männlich dominierte Berufe	5,61	5,91	5,82	5,93
Von beiden Geschlechtern besetzte Berufe	11,66	11,07	9,86	9,51
Weiblich dominierte Berufe	29,04	28,62	30,45	29,23
Mädchenberufe	51,46	52,09	51,71	53,30
Übrige Berufe	16,43	17,49	18,60	20,52
Insgesamt	100,00	100,00	100,00	100,00

Quelle: BA, Berufsberatung, fortlaufende Nummern, eigene Berechnungen

In *Ostdeutschland* werden sogar noch erheblich weniger Mädchen für die Vermittlung in einen Jungenberuf vorgemerkt als im Westen.

- Lediglich knapp 0,4% der Bewerberinnen wurden in den *Metallberufen* registriert und weniger als 0,1% in den *Elektroberufen*. Innerhalb der Metallberufe werden Mädchen weit überwiegend (und prozentual häufiger als die Jungen) als Bewerberin für den Beruf *Kfz-Mechanikerin* vermerkt; in etlichen anderen Metallberufen aber ist kein einziges Mädchen aufgeführt. In den Elektroberufen kommen Mädchen in allen vier Berufen vor, die in der Statistik der Bundesagentur einzeln ausgewiesen werden.
- In den *„sonstigen Jungenberufen"* werden die Mädchen im Osten etwas häufiger vorgemerkt als im Westen. Dabei dominiert im Osten der Beruf *Malerin und Lackiererin* und im Westen der Beruf *Tischlerin*.

- Häufiger als im Westen aber finden sich Mädchen im Osten in den *männlich dominierten Berufen*, allen voran als Ausbildungsinteressentin für den Beruf *Köchin*.
- In den von *beiden Geschlechtern besetzten Berufen* sind im Osten sogar noch weniger Mädchen eingetragen als im Westen. Lediglich in den Berufen Zahntechnikerin und Bankkauffrau finden sich ein paar Mädchen mehr. Sehr viel weniger als im Westen sind aber als Bewerberinnen für den Beruf Industriekauffrau registriert.
- Selbst in den *weiblich dominierten Berufen* finden sich anteilsmäßig im Osten weniger Bewerberinnen als im Westen. Weniger Mädchen wollten oder sollten Kauffrau im Einzelhandel oder Kauffrau für Bürokommunikation bzw. Bürokauffrau werden. Größer als im Westen ist hingegen der Anteil der „übrigen" Hotel- und Gaststättenberufe, d.h., alle Berufe dieses Bereichs außer Hotelfachmann/frau.[13]
- Für *Mädchenberufe* schließlich wird im Osten mehr als jede zweite Bewerberin eingetragen. (Im Westen ist es jede Dritte.) Deutlich häufiger als im Westen werden Mädchen im Osten für die Berufe Verkäuferin und Hotelfachfrau vorgesehen. Mehr als jedes 20. ostdeutsche Mädchen ist für einen dieser beiden Berufe vorgemerkt. Im Gegensatz dazu sollen oder wollen im Osten weniger Mädchen Arzthelferin werden als im Westen.[14]

Festhalten lässt sich, dass in Ost wie West Mädchen nur selten für eine Vermittlung in einen Jungenberuf vorgesehen sind und dass die Berufsberatung sogar zunehmend versucht, Mädchen in Berufen unterzubringen, in denen ihr Anteil bereits mehr als 80% beträgt. Im Folgenden werde ich zeigen, dass die Chancen der Berufsberatung Mädchen zu vermitteln keine Begründung für diese Praxis hergeben.

Vermittlungschancen

Wie erwähnt, lässt sich nicht feststellen in welche Berufe die Jugendlichen letztlich eingemündet sind. Analysieren lässt sich aber, wie sich die Vermittlungschancen in den jeweiligen Berufen *für die Berufsberatung* darstellen. Die Statistik der Bundesagentur weist aus, bei wie vielen Mädchen und Jungen im Laufe des Beratungsjahres ein bestimmter Beruf an der *ersten Stelle*

---

13 Diese „übrigen" Hotel- und Gaststättenberufe weist die Bundesagentur nicht einzeln aus. Gemeint sind damit vor allem Restaurantfachmänner und -frauen und daneben Hotelkaufleute, Fachkräfte im Gastgewerbe und Fachmänner/-frauen in der Systemgastronomie.
14 Bei den Ost-Agenturen sind deutlich weniger Ausbildungsplätze für Arzthelferinnen gemeldet als im Westen. Möglicherweise führt die geringere Ärztedichte im Osten nicht nur zu einem geringeren Ausbildungsplatzangebot der Praxen, sondern auch dazu, dass in diesem Beruf nur wenige außerbetriebliche Ausbildungsplätze geschaffen wurden.

der Vermittlungswünsche stand und wie viele dieser Jugendlichen, nachdem das Ausbildungsjahr bereits begonnen hatte, immer noch einen Platz suchten. In der Regel sind bei den jeweiligen Bewerbern/innen zusätzlich noch andere Berufe eingetragen. Es kann daher durchaus sein, dass Jugendliche in andere, nachrangig platzierte Berufe eingemündet sind und dass im Gegenzug Jugendliche diesen Beruf aufgenommen haben, bei denen er an nachrangiger Stelle stand. Denkbar ist auch, dass Jugendliche mit Abitur ihren Vermittlungswunsch zurückziehen, weil sie sich entgegen ursprünglichen Planungen doch für ein Studium entscheiden.[15] Diese Unsicherheiten gilt es im Folgenden mitzubedenken.

Für Ostdeutschland liegen die Zahlen erst seit dem Beratungsjahr 1999/97 vor. Für Westdeutschland habe ich, um eine möglichst breite Basis zu haben, die Zahlen der Beratungsjahre 1992/93 bis 1999/2000 zu Grunde gelegt. Wegen der Unterschiede zwischen Ost- und Westdeutschland analysiere ich beide Landesteile zunächst getrennt, um anschließend gemeinsame Tendenzen aufzuzeigen. (Eine ausführliche Tabelle befindet sich im Anhang.)

Im *Westen* unterscheiden sich die Vermittlungschancen von Mädchen und Jungen auffällig wenig. Die besten Möglichkeiten haben Mädchen – wie die Jungen – in den Elektroberufen. Doch auch in den Metallberufen sind die Aussichten von Mädchen noch überdurchschnittlich. Die geringste Wahrscheinlichkeit, einen Ausbildungsplatz zu erhalten, besteht für Mädchen und für Jungen in den Mädchenberufen. Auch in den jeweils vom Gegengeschlecht dominierten Berufen bestehen unterdurchschnittliche Aussichten.

Die verbreitete Ansicht, Mädchen hätten in gewerblich-technischen Berufen schlechte Ausbildungsplatzchancen, wird von diesen Zahlen eindeutig widerlegt. Unter den zehn Berufen, in denen in Westdeutschland die Vermittlungswahrscheinlichkeit für Mädchen besonders gut ist, befinden sich allein fünf (!) gewerblich-technische Jungenberufe, und zwar bis auf den Handwerksberuf *Dreherin* ausschließlich industrielle. Die Vermittlungsstatistik bestätigt somit die These, dass Industriebetriebe Mädchen gegenüber aufgeschlossen sind. Allerdings scheinen auch handwerkliche Berufswünsche nicht gänzlich ohne Chancen zu sein. Von den Bewerberinnen um den Beruf Gas- und Wasserinstallateurin sind in den Jahren 1993 bis 2000 durchschnittlich 95,8% untergekommen, von denjenigen, die Kfz-Mechanikerin werden wollten, waren es 95,2%, von den Elektroinstallateurinnen 97,4% und von den Radio- und Fernsehtechnikerinnen 96,3%. Unterdurchschnittlich

---

15 Unter den Auszubildenden haben mehr als die Hälfte die Hochschulreife in den stark besetzten Berufen Bankkaufmann/frau, Versicherungskaufmann/frau, Fachinformatiker/in und Mediengestalter/in für Digital- und Printmedien. Berufe mit mehr als die Hälfte Hauptschüler/innen sind dagegen: Fachverkäufer/in im Nahrungsmittelhandwerk, Maler/in und Lackierer/in, Metallbauer/in, Friseur/in, Maurer/in und Verkäufer/in. Vgl. BMBW, Berufsbildungsbericht 2003: 82ff.

Tabelle 14:
Vermittlungschancen in Westdeutschland
(Durchschnitt der Jahre 1992/93 bis 1999/2000, Angaben in %)

Mädchen	Rang	Jungen
Elektroberufe 97,7%	1	Elektroberufe 97,5%
Von beiden Geschlechtern besetzte Berufe 97,7%	2	Von beiden Geschlechtern besetzte Berufe 97,0%
Übrige Berufe 96,2%	3	Metallberufe 96,3%
Metallberufe 96,1%	4	Übrige Berufe 95,9%
Weiblich dominierte Berufe 95,5%	5	Sonstige Jungenberufe 95,7%
Sonstige Jungenberufe 95,3%	6	Männlich dominierte Berufe 95,5%
Männlich dominierte Berufe 95,4%	7	Weiblich dominierte Berufe 94,6%
Mädchenberufe 94,9%	8	Mädchenberufe 93,8%
Insgesamt 95,8%		Insgesamt: 96,1%

Quelle: Eigene Berechnungen nach: BA, Berufsberatung, fortlaufende Nummern.

Tabelle 15:
Berufe mit über- und unterdurchschnittlichen Vermittlungschancen für Mädchen in Westdeutschland
(Durchschnitt der Beratungsjahre 1992/93 bis 2000, Angaben in %)

Hohe Vermittlungszahlen	Niedrige Vermittlungszahlen
Bankkauffrau 99,2%	Verkäuferin 92,0%
Energieelektronikerin 98,8%	Fachverkäuferin im Nahrungsmittelhandwerk 92,6%
Dreherin 98,7%	Fleischerin 92,8%
Verwaltungsfachangestellte 98,6%	Malerin und Lackiererin 94,5%
Kommunikationselektronikerin 98,5%	Landmaschinenmechanikerin 94,7%
Chemielaborantin 98,3%	Kauffrau im Einzelhandel 94,4%
Industriekauffrau 97,9%	Köchin 95,0%
Versicherungskauffrau 97,8%	Arzthelferin 95,0%
Werkzeugmechanikerin 97,8%	Übrige Hotel- u. Gaststättenberufe 95,1%
Industriemechanikerin 97,4%	Gärtnerin 95,1%

Quelle: Eigene Berechnungen nach: BA, Berufsberatung, fortlaufende Nummern.

Tabelle 16:
Vermittlungschancen in Ostdeutschland
(Durchschnitt der Jahre 1996/97 bis 1999/2000, Angaben in %)

Mädchen	Rang	Jungen
Von beiden Geschlechtern besetzte Berufe 97,2%	1	Von beiden Geschlechtern besetzte Berufe 97,5%
Elektroberufe 96,4%	2	Elektroberufe 96,3%
Übrige Berufe 96,0%	3	Übrige Berufe 95,5%
Mädchenberufe 94,8%	4	Mädchenberufe 95,4%
Weiblich dominierte Berufe 94,0%	5	Metallberufe 95,2%
Männlich dominierte Berufe 93,1%	6	Männlich dominierte Berufe 94,9%
Metallberufe 93,1%	7	Sonstige Jungenberufe 94,9%
Sonstige Jungenberufe 92,5%	8	Weiblich dominierte Berufe 94,7%
Insgesamt 94,7		Insgesamt 95,3

Quelle: Eigene Berechnungen nach: BA, Berufsberatung, fortlaufende Nummern.

Tabelle 17:
Berufe mit über- und unterdurchschnittlichen Vermittlungschancen für Mädchen in Ostdeutschland
(Durchschnitt der Beratungsjahre 1996/97 bis 2000, Angaben in %)

Hohe Vermittlungszahlen	Niedrige Vermittlungszahlen
Alle Bewerberinnen für folgende Berufe wurden „vermittelt": Automobilmechanikerin (n=24), Werkzeugmechanikerin (n=23), Konstruktionsmechanikerin (n=17), Werkzeugmacherin (n=9), Landmaschinenmechanikerin (n=9), Maschinenbaumechanikerin (n=8)	Dreherin (n=10) 90,0%
Bankkauffrau 98,9%	Gas- und Wasserinstallateurin 90,5%
Chemielaborantin 98,2%	Schlosserin u. Metallbauerin 90,5%
Verwaltungsfachangestellte 97,8%	Fleischerin 91,0%
Kommunikationselektronikerin 97,6%	Fachverk. i. Nahrungsmittelhandw. 91,2%
Zahntechnikerin 97,1%	Verkäuferin 91,7%
Steuerfachangestellte 97,0%	Landwirtin 91,8%
Pharmazeutisch-kaufmännische Assistentin 96,9%	Malerin u. Lackiererin 91,9%
Versicherungskauffrau 96,8%	Kauffrau im Einzelhandel 92,0%
Hauswirtschafterin 96,7%	Köchin 92,3%

Quelle: Eigene Berechnungen nach: BA, Berufsberatung, fortlaufende Nummern.

sind dagegen die Aussichten in vielen stark besetzten Mädchenberufen wie den Einzelhandelsberufen, und auch im Beruf Arzthelferin sind die Perspektiven nicht rosig. Es findet sich hier aber auch der handwerkliche (Jungen)-Beruf Landmaschinenmechanikerin. Vergleichsweise schlechte Aussichten haben Mädchen ebenfalls in einigen Jungenberufen außerhalb der Gruppe der Metall- und Elektroberufe sowie in den männlich dominierten Berufen Köchin und Gärtnerin.

In den *neuen Ländern* stehen die von beiden Geschlechtern besetzten Berufe sowie die Elektroberufe auf den ersten beiden Rangplätzen. Auch in den neuen Ländern haben Bewerberinnen für Elektroberufe überdurchschnittlich gute Möglichkeiten! Es folgen – wie im Westen – die „übrigen", in der Statistik der Bundesagentur nicht einzeln ausgewiesenen Berufe. Dann aber weicht die Rangfolge deutlich vom Westen ab. Die Mädchenberufe stehen im Osten sowohl bei den Mädchen als auch bei den Jungen auf Platz vier, während sie im Westen mit Platz acht das Schlusslicht bilden. Bei näherem Hinsehen aber unterscheiden sich die Perspektiven je nach Beruf erheblich. Von den zwölf (in der Statistik der Bundesagentur aufgeführten) Mädchenberufen und den fünf weiblich dominierten Berufen bieten lediglich sechs überdurchschnittliche Chancen. Ihnen gegenüber stehen ebenfalls sechs Berufe mit z.T. weit unterdurchschnittlichen Aussichten.[16]

Im Hinblick auf die Realisierungsmöglichkeiten zeichnen sich in Ost- und Westdeutschland Gemeinsamkeiten ab. Schlechte Aussichten haben Bewerberinnen in einigen wenigen Jungen- und männlich dominierten Berufen, in einigen weiblich dominierten und generell in den Mädchenberufen, die zu den am stärksten besetzten gehören. Eine hohe Wahrscheinlichkeit, dass das jeweilige Mädchen einen Ausbildungsplatz findet, besteht im Vergleich dazu in ausgewählten Jungenberufen, in einigen von beiden Geschlechtern gleichermaßen besetzten Berufen sowie in bestimmten weiblich dominierten Berufen. Unter den Mädchenberufen und den männlich dominierten befindet sich hingegen kein einziger mit guten Aussichten auf einen Ausbildungsplatz.

Innerhalb der Metallberufe, vornehmlich bei den handwerklichen, gibt es im Osten Vermittlungsprobleme, und im Westen sind die Aussichten im Vergleich zu anderen Berufen gerade mal durchschnittlich. Besondere Probleme gibt es – Ost wie West – bei den Kfz-Mechanikerinnen. Auf diesen Beruf aber entfallen im Westen allein 50% und im Osten 70% aller Versuche, Mädchen in einen Metallberuf zu vermitteln. Im Westen machen die Vermittlungswünsche der Mädchen in Metallberufe 23,7% aller Vermittlungswün-

---

16 Die Berufe mit hoher Realisierungswahrscheinlichkeit sind: Steuerfachangestellte, Verwaltungsfachangestellte, Pharmazeutisch-kaufmännische Angestellte, Rechtsanwaltsfachangestellte u. zugehörige Berufe, Zahnarzthelferin und Hauswirtschafterin. Unterdurchschnittliche Möglichkeiten bestehen in den Berufen Einzelhandelskauffrau, Bürokauffrau/Kauffrau für Bürokommunikation, Verkäuferin, Fachverkäuferin im Nahrungsmittelhandwerk und Friseurin.

Übersicht 10:
Vermittlungschancen in Gesamtdeutschland
(Zusammenfassung der Tabellen 14-17)

Hohe Vermittlungswahrscheinlichkeit für Mädchen	Geringe Vermittlungswahrscheinlichkeit für Mädchen
Jungenberufe:	**Jungenberufe:**
Werkzeugmechanikerin	Kfz-Mechanikerin
Kommunikationselektronikerin	Fleischerin
Männlich dominierte Berufe:	**Männlich dominierte Berufe:**
./.	Gärtnerin
./.	Bäckerin/Konditorin
./.	Köchin
Gemischt besetzte Berufe:	**Gemischt besetzte Berufe:**
Chemielaborantin	./.
Bankkauffrau	./.
Versicherungskauffrau	./.
Industriekauffrau	./.
Weiblich dominierte Berufe:	**Weiblich dominierte Berufe:**
Steuerfachangestellte	Kauffrau im Einzelhandel
Verwaltungsfachangestellte	Bürokauffrau/Kauffrau für Bürokommunikation
Mädchenberufe:	**Mädchenberufe:**
./.	Verkäuferin
./.	Fachverkäuferin im. Nahrungsmittelhandwerk
./.	Friseurin

sche in Jungenberufe aus. Im Osten sind es 18,1%. Auf die Elektroberufe entfallen im Westen nur 7,6% der Berufswünsche von Mädchen im männlichen Spektrum und im Osten sind es sogar nur 3,8%. Hier wäre angesichts der zumeist guten Realisierungschancen zweifelsohne ein Terrain, dass beispielsweise den Bewerberinnen für den Beruf Kfz-Mechanikerin nahegelegt werden könnte. 68,6% (Westen) bzw. 78,1% (Osten) der Mädchen, die sich um einen Jungenberuf bewerben, sind für Berufe außerhalb des Metall- und Elektrobereichs eingetragen. Im Westen sind dies fast ausschließlich Bewerberinnen für die Berufe Tischlerin oder Holzmechanikerin und im Osten in der Mehrzahl für den Beruf Malerin und Lackiererin. Beide Berufe aber, insbesondere der Malerinnen- und Lackiererinnenberuf, weisen Ost wie West unterdurchschnittliche Realisierungschancen auf. Auch hier tut eine Umorientierung der Beratung Not.

Für die oben genannte Hypothese, dass Jugendliche mit Abitur häufig den Bewerbungswunsch zurückziehen um doch ein Studium aufzunehmen gibt es keine eindeutigen Belege. (Die Berufsberatung weist nicht aus, welche Schulabschlüsse die Bewerberinnen jeweils haben.) Sichtbar ist in diesen Tabellen allerdings, dass in Berufen, in denen der Hauptschüler/innenanteil (an den Auszubildenden) gegen null geht, bessere Vermittlungschancen bestehen als in den Hauptschüler/innen-Berufen. Die unterdurchschnittlichen Chancen in den beiden Verkäufer/innenberufen und im Friseur/innenberuf können aber nicht dadurch verursacht sein, dass sich bei der Berufsberatung überdurchschnittlich viele mit schlechten Schulabschlüssen meldeten: Der Anteil derjenigen, die höchstens einen Hauptschulabschluss vorweisen können, ist bei der Berufsberatung nicht höher als unter den Auszubildenden. Vor allem erklären die Schulabschlüsse nicht, dass Bewerberinnen um Elektroberufe und einige Metallberufe überdurchschnittliche Chancen haben. Die jeweiligen Berufe gehören nicht zu denjenigen mit sehr hohem Abiturienten/innenanteil.

Ungeachtet der Probleme, Mädchen in bestimmten Jungenberufen unterzubringen, sind die Vermittlungsmöglichkeiten *keine* generelle Barriere. Ginge es allein nach den Vermittlungschancen, müssten sowohl im Osten als auch im Westen deutlich mehr Mädchen für Elektroberufe vorgesehen werden. Auch in den industriellen Metallberufen scheint es noch einen großen Spielraum zu geben. Mädchen werden schon aus dem einfachen Grund seltener in eine duale Berufsausbildung vermittelt als Jungen, weil sie in großer Zahl in Berufen registriert sind, in denen die Erfolgswahrscheinlichkeit unterdurchschnittlich ist. Das trifft insbesondere auf die klassischen Mädchenberufe zu. Im Folgenden werde ich anhand eines Segregationsindexes aufzeigen, in welchen Berufen die Berufsberatung zurückhaltend ist und in welchen eher die Betriebe bremsen

Betriebe oder Berufsberatung: Wer bremst?

Wenn zumindest in größeren Betrieben mehr Mädchen als bisher in gewerblich-technischen Berufen unterkommen könnten, stellt sich die Frage, ob die Berufsberatung zu wenige Mädchen dorthin schickt. Anhand des Datenmaterials der Berufsberatung und der Berufsbildungsstatistik habe ich einen Segregationsindex entwickelt, mit dem der Beitrag der Berufsberatung an der Erschließung gewerblich-technischer Berufe für Mädchen gemessen werden kann. Die Berechnungsformel lautet:

(VB : AB) − [(Vi : Ai)−1)]

VB = Zur Vermittlung in einen bestimmten Beruf vorgesehene Mädchen in % aller zur Vermittlung in diesen Beruf Vorgesehenen.
AB= Mädchenanteil in % der Ausbildungsanfänger/innen in einem bestimmten Beruf
Vi = Mädchenanteil in % aller zur Vermittlung Vorgesehenen
Ai = Mädchenanteil in % aller Ausbildungsanfänger/innen

Ein Index >1 bedeutet, dass der Mädchenanteil bei der Berufsberatung größer ist als unter den Auszubildenen, die Berufsberatung also anteilig mehr Mädchen in den Berufen unterzubringen versucht als letztlich in die Ausbildung einmünden.

Die Ergebnisse dieser Berechnungen sind allerdings mit einigen Unschärfen behaftet:
- In der Statistik der Berufsberatung wurden manchmal verwandte Berufe zusammengefasst, ohne dass ausgewiesen wird, welche Einzelberufe berücksichtigt wurden. Möglicherweise weichen die im Zähler und im Nenner enthaltenen Einzelberufe voneinander ab. Große Ungenauigkeiten dürften sich dadurch nicht ergeben, weil in der Statistik der Berufsberatung alle stark besetzten Berufe enthalten sind, ich diese grundsätzlich mit aufgenommen habe und sich zudem der Mädchenanteil an den Auszubildenden in ähnlichen Berufen zumeist kaum unterscheidet.[17]
- Mein Segregationsindex ist eine unechte Quote: Bei den Auszubildenden sind auch diejenigen enthalten, die von der Berufsberatung vermittelt

---

17 Neben den Berufen, deren Zuordnung unmittelbar aus der Berufsbezeichnung der Bundesanstalt zu erschließen ist, habe ich folgende Berufe einbezogen:
Konstruktionsmechaniker/in: Fachrichtungen Schweißtechnik, Ausrüstungstechnik, Metall- u. Schiffbautechnik, Feinblechbautechnik, Rolladen- und Jalousiebauer/in, Klempner/in und Anlagemechaniker/in-Versorgungstechnik.
Energieelektroniker/In: Fachrichtungen Anlagentechnik und Betriebstechnik sowie Elektroanlagenmonteur/in.
Kommunikationselektroniker/in: Fachrichtungen Telekommunikationstechnik, Informationstechnik und Funktechnik, Fernmeldeanlagenelektroniker/in, Informationselektroniker/in, Informations- u. Telekommunikationssystem-Elektroniker/in, Kommunikationselektroniker/-in.
Maler/in u. Lackierer/in: Maler/-in u. Lackierer/in, Lackierer/in Holz u. Metall, Verfahrensmechaniker/in für Beschichtungstechnik.
Bürokaufmann/frau, Kaufmann, -frau für Bürokommunikation: Bürogehilfe/in, Bürokaufmann/frau, Kaufmann/frau für Bürokommunikation, Fachangestellte/r für Bürokommunikation.
Verwaltungsfachangestellte/r: Verwaltungsfachangestellte/r, Justizangestellte/r, Justizfachangestellte/r, Fachangestellte/r für Arbeitsförderung, Sozialversicherungsfachangestellte/r.

wurden sowie diejenigen, die zwar in den jeweiligen Beruf vermittelt werden sollten, sich den Platz aber letztlich selbst gesucht haben. Die Segregation ist also höher als ausgewiesen.

Da bei der Berufsberatung der Mädchenanteil an der Gesamtzahl der zu Vermittelnden höher ist als der Mädchenanteil an den Auszubildenden wurde der Index um diesen Faktor bereinigt.

In der Tabelle 18 zeigen sich deutliche Unterschiede zwischen dem Anteil, den Mädchen in der Ausbildung in bestimmten Berufen innehaben und dem Anteil, zu dem die Berufsberatung sie hierfür vorsieht. In *Metallberufen* versucht die Berufsberatung im Durchschnitt mehr Mädchen unterzubringen, in *Elektroberufen* bremst sie und in den *anderen Jungenberufen* sieht sie wiederum besonders viele Mädchen für eine Ausbildung vor. In *den männlich dominierten Berufen* liegt die Berufsberatung im Mittel knapp unter den Betrieben, in den *weiblich dominierten* und den *Mädchenberufen* stellen die Betriebe anteilig mehr Mädchen ein, während die Berufsberatung hier stärker die Jungen untergebracht wissen will. Innerhalb der Berufsgruppen zeigen sich jedoch deutliche Verwerfungen.
- Im Bereich der *Metallberufe* versucht die Berufsberatung Mädchen verstärkt in den Handwerksberufen Kfz-Mechanikerin, Landmaschinenmechanikerin und Werkzeugmacherin unterzubringen. Hinzu kommt noch der Industrieberuf Automobilmechanikerin. Kfz- und Landmaschinenmechanikerin sind nun aber ausgerechnet Berufe, in denen nur geringe Vermittlungschancen bestehen! In den anderen Berufen sind die Vermittlungsmöglichkeiten durchschnittlich. Für die Berufe Konstruktionsmechanikerin, Gas- und Wasserinstallateurin und Werkzeugmechanikerin aber sieht die Berufsberatung wesentlich weniger Mädchen vor, als anteilig von den Betrieben eingestellt werden. Gas- und Wasserinstallateurinnen sind in den neuen Ländern schwer vermittelbar, in den alten ist die Vermittlungswahrscheinlichkeit durchschnittlich. In den beiden anderen Berufen (Konstruktions- und Werkzeugmechanikerin) aber kommen Mädchen überdurchschnittlich häufig unter.
- Im Beruf Radio- und Fernsehtechnikerin schwankt die Quote der Mädchen unter den zu Vermittelnden erheblich. Über die Jahre hat die Berufsberatung für diesen Beruf leicht überdurchschnittlich viele Mädchen vorgesehen. In den anderen drei *Elektroberufen* (bzw. Berufsbereichen) sind anteilig weit weniger Mädchen vermerkt als in den Betrieben zu finden sind. Dabei sind die Vermittlungschancen überdurchschnittlich.
- Bei den *anderen Jungenberufen* hat die Berufsberatung einen überproportional hohen Mädchenanteil bei den Landwirten, den Tischler/innen bzw. Holzmechaniker/innen und den Maler/innen und Lackierer/innen. Im letzten Beruf bleiben überdurchschnittlich viele Mädchen ohne Ausbildungsplatz. Landwirtin liegt in Westdeutschland gerade im Durchschnitt und in Ostdeutschland gibt es große Schwierigkeiten. Tischler-

Tabelle 18:
Segregationsindex

Berufe	1997	1998	1999	2000
Metallberufe*	**1,15**	**1,09**	**1,03**	**1,11**
Dreher/-in	2,58	1,96	1,45	0,77
Zerspanungsmechaniker/-in	0,91	0,84	1,05	1,08
Konstruktionsmechaniker/-in	0,92	0,44	0,94	0,73
Gas- u. Wasserinstallateur/-in	0,40	0,76	0,62	0,66
Zentralheizungs- u. Lüftungsbauer/-in	0,47	1,32	0,80	0,94
Schlosser/-in, Metallbauer/-in	1,03	1,04	0,94	1,01
Maschinenbaumechaniker/-in	1,79	1,23	1,28	0,97
Industriemechaniker/-in	1,02	0,97	1,01	1,20
Kraftfahrzeugmechaniker/-in	1,84	1,80	1,54	1,77
Automobilmechaniker/-in	2,57	3,15	1,68	2,09
Landmaschinenmechaniker/-in	5,06	1,41	1,89	3,80
Werkzeugmechaniker/-in	1,09	0,86	0,50	0,56
Feinmechaniker/-in	1,12	0,69	0,94	1,08
Werkzeugmacher/-in	3,17	2,71	1,08	1,37
Elektroberufe*	**0,50**	**0,48**	**0,50**	**0,54**
Elektroinstallateur/-in	0,63	0,73	0,66	0,93
Energieelektroniker/-in	0,54	0,57	0,72	0,81
Kommunikationselektroniker/-in	0,39	0,50	0,56	0,56
Radio- und Fernsehtechniker/-in	0,77	1,75	0,72	1,49
Andere Jungenberufe**	**1,37**	**1,36**	**1,29**	**1,31**
Landwirt/-in	1,46	1,48	1,58	1,41
Fleischer/in	0,53	0,51	0,65	0,83
Mauer/-in, Hochbaufacharbeiter/-in	0,49	0,92	0,67	1,30
Zimmerer/-in, Ausbaufacharbeiter/-in	0,40	0,75	0,75	0,63
Tischler/-in, Holzmechaniker/-in	1,47	1,40	1,24	1,19
Malerin u. Lackiererin, Lackiererin Holz und Metall, Verfahrensmechanikerin für Beschichtungstechnik	1,38	1,27	1,26	1,32
Männlich dominierte Berufe**	**0,94**	**0,94**	**0,93**	**0,94**
Gärtner/-in	1,08	1,03	1,03	0,96
Bäcker/-in/Konditor/-in	1,18	1,21	1,19	1,23
Koch/Köchin	0,93	0,83	0,78	0,97
Mit beiden Geschlechtern besetzte Berufe**	**0,80**	**0,81**	**0,82**	**0,85**
Zahntechniker/-in	1,08	1,09	1,02	1,00
Chemielaborant/-in	0,74	0,76	0,78	0,76
Bankkauffrau/-mann	0,86	0,87	0,87	0,87
Versicherungskaufmann/-frau	0,93	0,89	0,91	0,93
Industriekaufmann/-frau	0,66	0,65	0,73	0,75

Noch: Tabelle 18

Berufe	1997	1998	1999	2000
Weiblich dominierte Berufe**	**0,83**	**0,81**	**0,84**	**0,80**
Kaufmann/-frau im Einzelhandel	0,90	0,83	0,78	0,91
Steuerfachangestellte	0,77	0,79	0,82	0,83
Bürogehilfe/-in, Bürokaufmann/-frau	0,79	0,77	0,80	0,81
Verwaltungsfachangestellte/r u.z.B.	0,82	0,82	0,86	0,88
Frauenberufe**	**0,84**	**0,83**	**0,86**	**0,87**
Verkäufer/-in	0,92	0,84	0,67	0,93
Fachverkäufer/-in im Nahrungsmittelhandwerk	0,83	0,82	0,84	0,87
Pharmazeutisch-kaufmännische Angestellte	0,81	0,80	0,82	0,84
Arzthelfer/-in	0,82	0,81	0,83	0,85
Zahnarzthelfer/-in	0,82	0,81	0,83	0,85
Friseur/-in	0,86	0,86	0,87	0,89

Quelle: Eigene Berechnungen nach: BA, Berufsberatung, fortlaufende Nummern und Statistisches Bundesamt, FS 11, Rh 3, fortlaufende Nummern.
* Im Nenner berücksichtigt wurden alle Metall- bzw. Elektroberufe.
** Im Nenner berücksichtigt wurden alle Berufe der jeweiligen Gruppe, die in der Statistik der Berufsberatung ausgewiesen werden.

in/Holzmechanikerin liegt in Westdeutschland im Durchschnitt, in Ostdeutschland gab es in den ersten beiden Jahren des betrachteten Zeitraums große Probleme, seither nähert sich die Vermittlungsquote dem Durchschnitt an.
- Im Segment der *männlich dominierten Berufe* versucht die Berufsberatung Mädchen vom allem in den Berufen Bäcker/in und Konditorin unterzubringen. Die Vermittlungschancen sind hier leicht unterdurchschnittlich. Deutliche Defizite zeigen sich bei den Berufen Chemielaborant/in und Industriekaufmann/-frau: Beides Berufe, in denen Mädchen gute Chancen haben.
- In den *weiblich dominierten* und den *Mädchenberufen* schließlich sind Mädchen unterrepräsentiert. Dies ist nicht verwunderlich, weil nur die an erster Stelle stehenden Vermittlungswünsche ausgewertet wurden. Diese Berufe sind aber häufig Ausweichberufe.

Wollen Mädchen lieber Malerin und Lackiererin werden als z.B. Industriekauffrau, Chemielaborantin, Elektronikerin oder Konstruktionsmechanikerin, und möchten sie eher Werkzeugmacherin lernen als Werkzeugmechanikerin? Zwar sagen die hier präsentierten Verhältniszahlen nichts über die Vorlieben der Mädchen aus (sondern über die Relation von Jungen und Mädchen in den Berufen), es drängt sich aber erneut der Verdacht auf, dass Mädchen sich zuallererst in Berufen bewerben, die sie kennen oder zu kennen glauben. Im Jahr 2000 waren bei der Berufsberatung 14 Mädchen als Bewerberin für den

Handwerksberuf Werkzeugmacherin und 66 für den Industrieberuf Werkzeugmechanikerin vermerkt. Die Ausbildung aufgenommen haben im selben Jahr 18 Werkzeugmacherinnen und 159 Werkzeugmechanikerinnen. Im Handwerksberuf wurden 1.066 neue Ausbildungsverträge geschlossen, 1,5% davon mit Mädchen. Im Industrieberuf war die Zahl der Ausbildungsverträge mit 4.170 fast viermal so hoch, und 3.8% davon erhielten Mädchen. In den Elektroberufen wurden sogar 38.015 Plätze besetzt, davon mit Mädchen im Handwerk 236 (1,3%) und in der Industrie 782 (3,9%). Der Mädchenanteil unter den Bewerber/innen ist bei der Berufsberatung nur halb so hoch wie unter den Auszubildenden.

Festhalten lässt sich, dass insbesondere in etlichen Jungenberufen, die nach der Ausbildung gute Arbeitsmarktchancen bieten, Mädchen bei der Berufsberatung unterproportional als Bewerberin geführt werden. In den Elektroberufen sind bei der Berufsberatung anteilig nur halb so viele Mädchen als Bewerberin registriert, wie letztlich einmünden. Die Ausnahme ist der Handwerksberuf Radio- und Fernsehtechnikerin. Auch in den Metallberufen versucht die Berufsberatung Mädchen in erster Linie im Handwerk unterzubringen (Kfz- und Landmaschinenmechanikerin sowie in schlosserischen Berufen). Hier wäre noch Potenzial, Mädchen besser über die einzelnen Berufe aufzuklären und ihnen industrielle stärker ans Herz zu legen. Aus der Vermittlungsstatistik lässt sich nicht entnehmen, dass die Berufsberatung sich sonderlich darum bemüht, Mädchen *industrielle* Metall- und Elektroberufe nahe zu legen, Berufe, in denen die Vermittlungswahrscheinlichkeit hoch ist und in denen es noch ungenutztes Potenzial an Ausbildungsplätzen für Mädchen gibt (vgl. Abschnitt 3.7). Eine verstärkte Erschließung der geschlechtsuntypischen Berufe könnte im Hinblick auf die Versorgung mit Ausbildungsplätzen für mehr Gerechtigkeit zwischen den Geschlechtern sorgen. Auch wenn die Möglichkeiten der Berufsberatung begrenzt sind, sollte dieser Befund Anlass zum Nachdenken geben. Liegt die Zeit vielleicht doch noch nicht ganz so weit zurück, als den Mädchen noch vorrangig Berufe nahe gelegt wurden, in denen das weibliche Geschlecht traditionell stark vertreten ist? Im Folgenden geht es um die damit verknüpfte, zentrale Frage nach dem Geschlechterleitbild der Bundesagentur. Verfolgt sie vielleicht gar nicht das – von mir implizit unterstellte – Ziel, Mädchen mit der Berufsausbildung gute Chancen auf dem Erwerbsarbeitsmarkt zu eröffnen?

4.3 Geschlechterleitbilder der Bundesagentur: Differenz oder Chancengleichheit?

Denkwelten bilden Denkstrukturen aus, die wiederum die Arbeitsmaterialien und Verfahrensweisen von Organisationen prägen. Mary Douglas (1991) schreibt: „Institutionen treffen Entscheidungen über Leben und Tod", und dabei meint sie nicht einmal politische Institutionen wie Militär und Polizei, sondern nur soziale. Ich will zwar nicht gerade behaupten, dass die Denkstrukturen, die in den Materialien und Verfahrensweisen der Bundesagentur vergegenständlicht sind, *töten* könnten – wenngleich das Sterbealter nach Berufen differiert (!); zumindest aber greift die Bundesagentur in das *Leben* ein, wenn sie zur Wahl bestimmter Berufe und damit Lebenswege ermuntert und von anderen abrät. Nicht zuletzt sei an die Untersuchungsergebnisse von Born, Krüger und Lorenz-Meyer (1996, Krüger 1998) erinnert: Nicht das Private, die Zahl der Kinder, der Verdienst des Ehemanns etc. sind dafür ausschlaggebend, ob eine Frau qualifiziert erwerbstätig ist, „zu Hause" bleibt oder im Zweifel gezwungen ist, jede Arbeit anzunehmen, sondern es sind die Chancen die der erlernte Beruf ihnen bietet.

Hinsichtlich der Berufsberatung macht es einen wesentlichen Unterschied, ob die *Herstellung der Chancengleichheit* zwischen den Geschlechtern das Ziel ist oder ob eine *Differenz zwischen den Geschlechtern* mitgedacht ist. Bei knappem Angebot an Ausbildungsplätzen läge es in der Logik des Differenzmodells, dass in Berufe mit guten Erwerbschancen primär Jungen vermittelt werden – schließlich müssen sie einmal eine Familie ernähren. Für Mädchen wären demgegenüber auf Fristigkeit angelegte Berufe besonders geeignet und letztlich wäre es gleichgültig, welchen Beruf ein Mädchen lernt. Mädchen dürften im Moratorium zwischen Schulabschluss und Kindererziehung, ohne dass es ihnen letztlich schaden könnte, ihre *Neigungen* ausleben. Beim Gleichheitsmodell dagegen tritt die Frage nach der *Eignung des Berufs* hinzu und erhält eine ebenso wichtige Bedeutung wie die Frage nach der Eignung des Mädchens.

Positionen aus der Hauptstelle:
„Äußert eine junge Frau von Anfang an ..."

„Frauen geben Technik neue Impulse" behauptet die Bundesagentur gemeinsam mit dem Bundesbildungsministerium und der Deutschen Telekom. In einem Faltblatt der gleichnamigen Initiative wird die These vertreten, technische Unternehmensbereiche profitierten durch den Einsatz von Frauen wegen deren besonderen Eigenschaften wie ganzheitlichem Denkvermögen, sozialer Kompetenz, des Sinns für Ästhetik und Kundenorientierung (BA 1997a, vgl. Abschnitt 3.2). Dieses Faltblatt ist ein plakatives Beispiel für die Annahme einer essentiellen Geschlechterdifferenz. Es mag dazu geeignet sein, Betriebe für die Einstellung von Mädchen und Frauen zu gewinnen, indem es die Anforderungen von technischen Berufen mit gängigen Annahmen über weibliche Charaktereigenschaften verknüpft. Wird die Botschaft aber andersherum gelesen, nämlich dass Frauen diese Eigenschaften keineswegs eigen sind,

Übersicht 11:

> **Das Ziel der Differenz – oder: „Sprache ist das Spiegelbild des Denkens"**
>
> „Zwei Drittel der Berufswünsche junger Frauen entfallen auf 15 Ausbildungsberufe. Daran haben die Bemühungen, Frauen verstärkt für gewerblich-technische Berufe zu gewinnen, wenig geändert; wobei hierzu sicherlich beigetragen hat, daß Absolventinnen gewerblich-technischer Ausbildungen nur schwer eine ihrer Ausbildung entsprechende Anschlußtätigkeit finden können" (BA, HSt Ia4 1996: 2341f.).
>
> „In der Einzelberatung werden mit den Berufswählerinnen individuelle Strategien entwickelt ... Dabei werden ggf. sowohl die ungünstigen Beschäftigungsbedingungen in vielen typischen Frauenberufen als auch die besonderen Schwierigkeiten von Frauen in gewerblich-technischen Berufen thematisiert" (BA, Arbeitsmarktreport 1995: 1512).
>
> „Frauen suchen vorrangig büroorientierte und erzieherische sowie pflegerische Tätigkeiten (Lehrerin, Krankenpflegerin). Auch sind ihnen Berufe mit sozialen Kontakten wichtig (z.B. Verkaufsberufe, Friseuse). Dies gilt für die alten und neuen Bundesländer gleichermaßen" BA, HSt Ia4 1996: 2341f.).
>
> „Auch orientieren sich die Mädchen weiterhin an gesellschaftlichen Rollenerwartungen, wonach Mädchen eher in der Ausbildung eine soziale Ausrichtung suchen, während Jungen eher aufstiegsorientiert sind. Mädchen und junge Frauen suchen oft auch im Hinblick auf spätere Erziehung von Kindern Ausbildungsstellen in Berufen, von denen sie meinen, sie später leichter in Teilzeit ausüben zu können oder in denen ihrer Ansicht nach eher eine Berufsunterbrechung möglich ist. Dieses sozialisationsbedingte Berufswahlverhalten wird nicht selten von den Eltern beeinflußt" (Leve 1992: 3091).
>
> „Die Erfahrungen (der Berufsberatung, H. O.) zeigen: Ein wesentlicher Aspekt der Berufswahl bei den jungen Frauen ist die spätere Vereinbarkeit von Beruf und Familie" (ebd.: 3092).
>
> „Alle Erfahrungen zeigen, daß eine wesentliche berufliche Erwartung bei den jungen Frauen die spätere Vereinbarkeit von Beruf und Familie ist. Dieses Motiv wird von Jungen in Beratungsgesprächen so gut wie nie geäußert" (BA, Arbeitsmarktreport 1995: 1512).
>
> „Aufgabe der Berufsberatung kann nicht die Überprüfung oder Korrektur gesellschaftlicher Normen und dadurch bedingten Rollenverhaltens sein. Ebenso ist es nicht ihre Aufgabe, Berufslenkung zu betreiben, also beispielsweise Mädchen in gewerblich-technische, ingenieurwissenschaftliche oder sonstige Berufe ‚hineinzuberaten'" (ebd.: 1510, auch: Leve 1992: 3091).

bleibt die Nachricht, dass es keinerlei Grund gibt, Mädchen und Frauen in technischen Berufen zu beschäftigen.

In der Übersicht 11 habe ich einige Zitate aus Texten der Hauptstelle zusammengestellt. Geschrieben haben diese Texte der Leiter der Abteilung „Berufsberatung" Manfred Leve, das Referat für Frauenbelange sowie ein weiteres Referat der Hauptstelle. D.h., diese Texte repräsentieren die Meinung der Bundesagentur.

In allen Veröffentlichungen wird auf vielfältige Aktivitäten zur Verbreiterung des Berufswahlspektrums für Mädchen hingewiesen, auch auf ein eigens für Mädchen konzipiertes Seminar. Sowohl der Abteilungsleiter der Berufsberatung als auch das Referat für Frauenbelange sprechen sich explizit für eine Verbreiterung der Berufsoptionen von Mädchen aus:

„Da einige der traditionellen Ausbildungsberufe für Frauen kritische Kennzeichnungen wie geringeres Einkommen, eingeschränkte Aufstiegs- und Weiterbildungsmöglichkeiten und Übernahmerisiken an der zweiten Schwelle aufweisen, ist es nur konsequent, daß die Erweiterung der beruflichen Perspektiven in den Beratungsgesprächen eine wichtige Rolle spielt" (BA, Arbeitsmarktreport 1995: 1512, vgl. auch Leve 1992: 3092).

Gleichzeitig wird in den Zitaten, die in der Übersicht zusammengestellt wurden, aber deutlich, dass nach Auffassung der Bundesagentur (erstens) die Elternhäuser verursachend für die einseitigen Berufsentscheidungen von Mädchen sind, dass Mädchen (zweitens) sowieso keine gewerblich-technischen Berufe lernen wollen und dass sie diese (drittens) auch nicht lernen sollten:

- Der Befund des IAB aus den 1970er und den frühen 1980er Jahren, demnach junge Frauen nach einer gewerblich-technischen Ausbildung schlechte Übergangschancen haben sollen, wird ungeprüft in die 1990er Jahre übertragen, als ob die Betriebe in ihrem Einstellungsverhalten nicht längst hinzugelernt hätten! Auf diese Untersuchung bin ich im Abschnitt 3.5 ausführlich eingegangen. (Sie ist methodisch unsauber, u.a. weil die untersuchten Frauen andere Berufe erlernt haben als die Vergleichsgruppe der Männer.)
- Allen seriösen Untersuchungen zum Trotz werden die Einmündungen in Ausbildung mit intrinsischen Wünschen verwechselt. Dabei ergeben sogar die Daten der Bundesagentur, dass Mädchen (und auch Jungen) in ihre Berufswahlüberlegungen die Marktsituation einbeziehen (Schober 1996). Nur 41% der Mädchen lernen Berufe, die sie als ihre Wunschberufe bezeichnen. In fünf der zehn dualen Ausbildungsberufe, in denen besonders viele Mädchen ausgebildet werden, „wird sogar weit unterdurchschnittlich oft der Wunschberuf erlernt, von jeder vierten bis höchstens jeder dritten" (Feller 1996: 177).
- Die doppelte Sozialisation der heutigen Mädchengeneration auf Familie und Beruf wird ignoriert. Als ob Mütter ihren Töchtern nicht längst *auch* Erwerbstätigkeit vorlebten.

- Entgegen der Behauptung des Frauen-Arbeitsmarktreports belegen sogar Erhebungen der Bundesagentur, dass das Problem der Vereinbarkeit von Familie und Beruf in den Beratungsgesprächen selten vorkommt (Kleffner/Schober 1998b: 16): Woher kommen die zitierten „Erfahrungen"? Von den Berufsberater/innen, die ich befragte, meinten 62%, die Möglichkeiten zur Teilzeitarbeit seien den Mädchen „nicht so wichtig", und nur 8% gaben an, sie seien den Mädchen „sehr wichtig". Beim Item „Möglichkeit zum Wiedereinstieg" votierten 10% der Berater/innen für „den Mädchen sehr wichtig" und 38% für „nicht so wichtig".

In diesen Texten ist der Denkstil der Differenz offenkundig. Bemerkenswert ist, dass die zitierten Mitarbeiter/innen auf Belege für ihre Thesen verzichten: Die Thesen haben sich anscheinend in der Bundesagentur zu sozialen Institutionen verselbstständigt, die keines Beweises mehr bedürfen. Würde den einzelnen Behauptungen nachgegangen, müssten sie deutlich relativiert werden.

Selbst im Referat für Frauenbelange der Nürnberger Hauptstelle dominiert das Dreiphasenmodell als Leitlinie der Politik. In einem 34-seitigen Artikel zu den Handlungsfeldern der Frauenförderung widmet die Beauftragte für Frauenbelange bezeichnenderweise ganze drei Spalten den Ausbildungs- und Studienwählerinnen. In den dort angeführten zwölf „Eckpunkten" der Handlungsfelder der Bundesagentur tauchen Mädchen ein einziges Mal auf. Und zwar sollen sie „für eine umfassende, langfristige, kontinuierliche, individuelle, eigenverantwortliche Berufsweg- und Lebenswegplanung" sensibilisiert werden , (BA, RFB 1998: 3773). Wer dies tun soll bleibt offen und von verstärkten Beratungs- und Vermittlungsbemühungen ist nicht die Rede.

Die Zugrundelegung der Annahme einer essentiellen Differenz zwischen den Geschlechtern bedeutet dennoch nicht, dass die Berufsberatung die Ausbildung von Mädchen in gewerblich-technischen Berufen blockierte. Der Grundsatz der Berufsberatung ist die Freiheit der Berufswahl mit der Konsequenz des weitgehend vorbehaltlosen Respektierens der geäußerten Berufswünsche. Angesichts der angenommenen Notwendigkeit einer Neuqualifizierung nach der Familienphase kommt der Berufsentscheidung von Mädchen aber nicht so viel arbeitsmarktpolitische Bedeutung zu wie der von Jungen. Wird die Erstausbildung eines Mädchens als verlängerte Kindheit betrachtet, darf es auch ein Jungenberuf sein:

„Äußert eine junge Frau von Anfang an einen solchen (gewerblich-technischen, H.O.) Berufswunsch, ist sie darüber hinaus auch geeignet, so wird sie ermutigt, diesen Weg auch zu gehen" (Leve 1992: 3092).

Mädchen müssen „von Anfang an" einen gewerblich-technischen Berufswunsch äußern, um zum Zuge zu kommen. Wie noch zu zeigen sein wird, handeln viele Berufsberater/innen vor Ort ganz anders. Sie weisen auch noch in den Einzelberatungen, somit zu einem Zeitpunkt, wo die Entscheidung weitgehend fest steht, auf die Alternative einer gewerblich-technischen Ausbildung hin.

Nachdem Anfang 2002 in das Arbeitsförderungsrecht die Bestimmung eingefügt worden war, demnach die Gleichstellung von Frauen und Männern als durchgängiges Prinzip zu verfolgen ist, argumentiert die Bundesagentur wie folgt:

„Angesichts der demographischen Veränderungen in Deutschland ... gilt es, das vorhandene Arbeitskräftepotential auszuschöpfen: junge Frauen in Deutschland bilden hier eine erhebliche Ressource. ... Die attraktivere Gestaltung von Ausbildungsplätzen und die stärkere Gewinnung von Schulabgängerinnen auch im gewerblich-technischen Bereich stellen hier eine große bildungspolitische Herausforderung aller beteiligten Akteure dar ..." (BA, Ref. Berufsbildungspolitik 2002: 1180f.).[18]

Nicht die Chancen von Mädchen und Frauen stehen im Mittelpunkt der Argumentation, sondern die drohende Facharbeiterlücke. Dafür werden flugs „alle beteiligten Akteure" in die Pflicht genommen. Im nachfolgenden Absatz werden dann verschiedenen gesellschaftlichen Gruppen konkrete Aufgaben zugewiesen: Schulen sollten technische Zusammenhänge besser als bisher vermitteln, die Unternehmen sollten ihre Kulturen familienfreundlicher gestalten und der Bund müsse die Kinderbetreuung grundsätzlich regeln. Anschließend werden dann die gesonderten Maßnahmen der Bundesagentur aufgelistet: berufskundliche Blätter für Mädchen zu IT-Berufen, Mädchencomputerkurse in den Ferien, Verschicken des mit Unterstützung der Bundesagentur entwickelten Computerprogramms „JOBLAB" an Schulen (bei dem es um Berufsentscheidung vor dem Hintergrund der Vereinbarkeit von Beruf und Familie geht), die Beteiligung am Kompetenzzentrum „Frauen in der Informationsgesellschaft und Technologie" und am Girl's Day sowie die Schwerpunktsetzung, mehr Migrantinnen (sowie ausländische Betriebsinhaber/innen) für eine Ausbildung zu gewinnen. Was hier – erneut – fehlt ist eine verstärkte Einbindung des Ziels, Mädchen für gewerblich-technische Ausbildungen zu motivieren in die Regelmaßnahmen der Bundesagentur. Das Problem wird auf die – unterstellte – mangelnde Vereinbarkeit gewerblich-technischer Berufsarbeit mit Familienarbeit verschoben.

Der Leiter der Abteilung Berufsberatung der Hauptstelle resümiert seine Überlegungen dahingehend, dass ein Durchbruch vermutlich erst dann gelingen werde,

„wenn auch die gesellschaftlichen Rahmenbedingungen es den Frauen ermöglichen, sich etwa wegen ihrer Familienpflichten beruflich nicht mehr zu stark einschränken zu müssen" (Leve 1992: 3093).

---

18 Die Formulierung: „Gewinnung von Schulabgängerinnen ... im gewerblich-technischen Bereich" anstelle von „*für* den gewerblich-technischen Bereich" mag ein Schreibfehler sein. Es drängt sich jedoch der Verdacht einer freudschen Fehlleistung auf.

Die Familienarbeit aber ist nicht das eigentliche Problem, sondern die Berufe machen es (gemeinsam mit dem sozialen System, das die Nicht-Erwerbstätigkeit von Ehefrauen fördert) den Frauen schwer, Familie und Beruf zu vereinbaren. Zumindest lassen sie eine Erwerbsarbeit unattraktiv werden. Auch bleibt anzumerken, dass Frauen seit der Eherechtsreform 1977 nicht mehr Familien*pflichten* als Männer haben.

Die Relevanz der analysierten Publikationen kann nicht hoch genug eingeschätzt werden: Alle Texte wurden in der ibv veröffentlicht, einer Zeitschrift, die nicht nur allen Berufsberatern/innen zugeht, sondern die auch, wie meine Befragungen zeigen, von diesen viel gelesen wird. Die Aussagen der Artikel dürften daher einem gesicherten Wissen nahekommen. Außerhäusliche Literatur, aus der Gegenteiliges zu entnehmen wäre, wird von den Berater/innen (zumindest denjenigen, die ich befragt habe) kaum rezipiert.

Dieser, an entscheidenden Positionen der Hauptstelle bestehende Denkstil der Differenz prägt die von ihr veranlassten Maßnahmen und die Materialien, die sie den Jugendlichen zur Verfügung stellt. Hierauf werde ich in den Abschnitten 4.4 und 4.5 eingehen. Zunächst aber geht es mir um die Möglichkeiten und Aufgaben der Beauftragten für Frauenbelange (bzw. seit 2004: Beauftragten für Chancengleichheit), die es mittlerweile bei jeder Arbeitsagentur gibt. Inwieweit ist (auch) in deren Regelungen die Differenzthese – und damit das Gegenteil der Verwirklichung von Chancengleichheit auf dem Arbeitsmarkt– eingeschrieben?

Aufgaben der Beauftragten für Frauenbelange: Berufliche Bildung für Frauen – Spielwiesen für Mädchen?

Beauftragte für die Belange von Frauen wurden bei der Bundesagentur erstmals 1988 berufen (RdErl. 103/88). Die Bundesagentur gehörte hinsichtlich der Einrichtung solcher Funktionen somit zu den Nachzüglern/innen. Mittlerweile gab es eine zweimalige Revision der Statuten (1990 und 1997). Zunächst blieb der Wirkungsbereich der Beauftragten auf die Abteilung *Arbeitsberatung und -vermittlung* begrenzt. Organisatorisch waren sie in diese Abteilung eingebunden und entsprechend tauchten in ihren, per Erlass festgelegten Aufgaben, die Wörter „Mädchen" oder „Ausbildung" nicht auf, obwohl der Erlass gleichzeitig auf die siebten AFG-Novelle verwies, wonach die Bundesanstalt dazu beizutragen hatte, dass „der geschlechtsspezifische Ausbildungsstellen- und Arbeitsmarkt überwunden wird".

Die Stelleninhaberinnen waren Ansprechpartnerinnen für die Bevölkerung, hatten mit Frauenbeauftragten der Region zusammenzuarbeiten und sie hatten die Federführung bei frauenrelevanten Aufgaben *innerhalb* ihrer Abteilung. Entsprechend fand sich im Aufgabenkatalog, dass sie u.a. den *Arbeits*markt beobachten sollten, nicht aber den Ausbildungsstellenmarkt. Die

Beauftragten hatten Qualifikationsmaßnahmen für *Berufsrückkehrerinnen* zu initiieren, darunter auch „berufsbildende Maßnahmen insbesondere im gewerblich-technischen Bereich nur für Frauen zu ermöglichen", sie hatten in der Öffentlichkeit und bei Betrieben für *Teilzeitarbeitsplätze* zu werben und gegenüber den Verwaltungsausschüssen über die *Beschäftigungs*situation von Frauen zu berichten. Ob diese „nach Möglichkeit" weibliche Beauftragte haupt- oder nebenamtlich eingesetzt wurde, war nicht festgelegt. Der Erlass sah lediglich vor, dass gewährleistet sein müsse, dass die Beauftragte „die frauenspezifischen Belange in ausreichendem Umfang wahrnehmen kann".

Zwar erwähnte der Erlass die „nach wie vor größeren Schwierigkeiten" von Mädchen, „den gewünschten Ausbildungsplatz zu erhalten bzw. nach Abschluss einer Ausbildung sich ins Berufsleben zu integrieren", Aktivitäten zur Verbesserung der Situation waren aber nicht vorgesehen. Arbeitsmarktpolitische Aufmerksamkeit gewannen Frauen erst in der Lebensmitte. Die Regelungen bei dieser erstmaligen Einrichtung von Beauftragten für Frauenbelange folgten ganz offensichtlich der Leitidee „Gleichheit bei Anerkennung der Differenz": Die Bundesanstalt ging davon aus, dass Frauen das Dreiphasenmodell lebten und etliche von ihnen Hilfen bei der Rückkehr in die Erwerbstätigkeit benötigten.

Die Revision dieses Erlasses, die zwei Jahre später erfolgte (RdErl. 100/90), trägt eine andere Handschrift. Sie sah Beauftragte für Frauenbelange in allen Abteilungen des Arbeitsamtes vor, d.h., auch in der Abteilung Berufsberatung. Gemäß der als „vorläufig" gekennzeichneten Aufgabenbeschreibung sollten die Beauftragten der Abteilung Berufsberatung u.a.

- bei der Erarbeitung fachlichen Informationsmaterials mitwirken,
- die Ausbildungsstellensituation der Mädchen beobachten,
- für berufliche Alternativen motivieren,
- sich an der Erschließung neuer Ausbildungsmöglichkeiten („auch im gewerblich-technischen Bereich") beteiligen und
- Veranstaltungen für Mädchen und für Ausbildungsbetriebe initiieren.

Nunmehr kamen die Bedürfnisse von Mädchen gleichgewichtig vor. Dennoch hatte die Beauftragte der Abteilung Arbeitsberatung und -vermittlung im Zweifel immer noch das Sagen. Ihr oblag die abteilungsübergreifende Federführung, und in dieser Funktion war sie nicht – wie die anderen Beauftragten – ihrer Abteilungsleitung unterstellt, sondern der Leitung des Amtes.

Der Runderlass sah vor, dass sicherzustellen sei, „daß die frauenspezifischen Belange einerseits im erforderlichen Umfang wahrgenommen werden können, andererseits in Verbindung mit den originären Aufgaben die Arbeitszeit einer vollbeschäftigten Kraft nicht überschritten wird" (ebd.). Faktisch hat eine solche Freistellung aber nicht funktioniert. Die Landesarbeitsämter berichteten dem Vorstand der Bundesanstalt schon 1992, dass die Regelung sich „nicht bewährt hat" (BA, Arbeitsmarktreport 1995: 1502). Die nebenamtlich beauftragten Kräfte seien zeitlich nicht in der Lage, „auch nur den an sie von außen herangetretenen Ansprüchen gerecht zu werden" (ebd.). Vor allem verursachten die bei anderen Behörden und Institutionen mit hauptamtlichen Kräften eingerichteten Gleichstellungsstellen „eine Menge Zuarbeit" (ebd.).[19] Zwischenzeitlich mehrten sich die Forderungen (u.a. der Konferenz der Frauenministerinnen und der Arbeits- und Sozialminister/innen der Länder) nach hauptamtlichen Beauftragten, die schließlich mit Inkrafttreten des SGB III zum 1. Januar 1998 erfüllt wurden.

Die seither hauptamtlichen Kräfte sind für alle Abteilungen der Arbeitsagentur zuständig (RdErl. 44/97). Gegenüber der Regelung von 1990 ist neu hinzugekommen, dass sie „bei der frauengerechten fachlichen Aufgabenerledigung ihrer Dienststelle zu beteiligen" sind (§ 397 Abs. 3 SGB III). Sie sind unmittelbar dem/der Direktor/in unterstellt und somit auf der gleichen Hierarchieebene wie die Abteilungsleitungen angesiedelt. Im Gegensatz zu den Abteilungsleitungen haben sie aber keine Weisungsbefugnis oder Fachaufsichtsfunktion. Mehr noch: Ihnen können „im Rahmen der verbleibenden arbeitszeitlichen Kapazität" sogar andere Aufgaben zugewiesen werden. Hierbei unterstehen sie dann den jeweils fachlich zuständigen Abteilungsleitungen. Wie Kapazitäten „verbleiben" sollen, ist mir schleierhaft: Die neue Hauptamtliche muss drei Nebenamtliche ersetzen und sie verfügt über keinerlei Mitarbeiter/innen oder eigene Haushaltsmittel. Die Bundesagentur scheint sich nach wie vor mit ihren Beauftragten schwer zu tun.

Im neuen Erlass sind die Aufgaben nicht einzeln festgeschrieben, sondern dem Runderlass wurde lediglich ein als „Handlungsrahmen" gekennzeichnetes Papier beigefügt, „der entsprechend der regionalen Erfordernisse Schwerpunktbildungen ermöglicht" und in dem „Aufgabenbeispiele" als „Hilfestellung" enthalten sind. Angesichts der unterschiedlichen Ausgangslagen in den Regionen ist diese Offenheit zweifelsohne sinnvoll. Die vorgesetzten Dienststellen können damit aber bestimmte Aktivitäten auch nicht einfordern. Im Handlungsrahmen finden sich auch einige – wenngleich angesichts des insgesamt dreiseitigen Katalogs wenige – Aktivitäten zur Berufsberatung:

- „Arbeitgeber und Arbeitnehmer sowie deren Organisationen in übergeordneten Fragen der Frauenförderung (zu) unterstützen und beraten, insbesondere in Fragen der beruflichen Ausbildung, ..."
- „Zur Verbesserung der Ausbildungs- und Beschäftigungssituation von Frauen in regionalen Arbeitskreisen mitzuarbeiten, ..."

---

19 Frauenpolitische Aktivitäten, die nicht von der Bundesanstalt ausgingen, wurden sogar als *Konkurrenz* empfunden: „Die konkurrierenden Beratungsstellen belasten auf diese Weise die angesetzten Kräfte, ohne daß die positiven Ergebnisse der Bundesanstalt zugerechnet werden" (BA Arbeitsmarktreport 1995: 1502).

- „Fach- und Führungskräfte bei deren frauengerechten fachlichen Aufgabenerledigung zu unterstützen/beraten", u.a.
  - bei der „Planung, Einrichtung, Durchführung und Ausweitung von Orientierungsveranstaltungen zur Erweiterung des Berufswahlspektrums von Mädchen".
  - „Durchführung der geschlechtsneutralen Ausbildungs- und Arbeitsvermittlung".
  - „bei der Erarbeitung von Informationsangeboten für Frauen (z.B. Schriften, Broschüren, Informationsblätter) unterstützen und beraten und ggf. Beiträge zur inhaltlichen Ausgestaltung des Infomationsangebots liefern, insbesondere überregionale Aus- und Weiterbildungs- sowie Beschäftigungsmöglichkeiten".
- „Im Rahmen von Informationsangeboten der Selbstinformationseinrichtungen auf die Berücksichtigung frauenspezifischer Belange hinzuwirken, z.B. Einrichtung spezieller Informationsecken für Frauen, Durchführung von Gruppeninformationen für Frauen."

In diesem Katalog von Aufgabenbeispielen ist die berufliche Erstausbildung also durchaus berücksichtigt. Während aber die Beauftragte für Frauenbelange bei Wiedereingliederungsmaßnahmen eigene Kompetenzen hat, hat sie im Hinblick auf die Erweiterung des Berufswahlspektrums von Mädchen lediglich die Abteilung Berufsberatung zu *beraten* und zu *unterstützen*. Auch geht der „Handlungsrahmen" auf die Problemlagen erwachsener Frauen sehr viel differenzierter ein: Die Beauftragten haben beispielsweise die Aufgabe, für eine „familiengerechte Ausgestaltung von Maßnahmen der aktiven Arbeitsförderung" zu sorgen, auf die Erschließung „flexibler Arbeitszeitmodelle" hinzuwirken, sich um „langzeitarbeitslose Frauen" sowie um „Berufsrückkehrerinnen" zu kümmern. Bei den Berichtspflichten findet sich gleichfalls dieser seltsame Gegensatz. Die Beauftragen sollen „über die Situation von Frauen auf dem Ausbildungs- und Arbeitsmarkt" informieren, in den erläuternden Einzelpunkten taucht „Ausbildung" dann aber nicht mehr auf. Beispielsweise ist der Verwaltungsausschuss über die „Situation und Entwicklung der Frauenerwerbsarbeit" zu unterrichten; Information über die Ausbildungssituation von Mädchen ist aber nicht vorgesehen.

Der Kreis scheint sich zu schließen: 1988 stand das Leitbild der Gleichberechtigung von Frauen erst dann auf dem Programm, wenn die Frauen ihre Kinder großgezogen hatten. 1990 aber ging es darum, schon in der Ausbildung den Grundstein für eine berufliche Chancengleichheit zu legen. 1998 ist dieser Ansatz zwar noch vorhanden, er hat aber gegenüber 1990 an Gewicht verloren. Die Beauftragte für Frauenbelange hat im Hinblick auf den Übergang von Mädchen von der Schule in die Ausbildung keinerlei eigene Kompetenzen mehr. Allenfalls kann sie noch auf die Durchführung spezifischer Maßnahmen für Mädchen „hinwirken"; die Abteilungsbeauftragte aber hatte die Aufgabe, solche Maßnahmen zu „initiieren".

Auf die Beauftragten für Frauenbelange werde ich unter dem Aspekt des Einflusses organisationaler Faktoren auf die Mädchen-Politik der Berufsberatung erneut zurückkommen. Doch an dieser Stelle sei vorweg erwähnt, das die meisten der Beauftragten, die ich in den von mir untersuchten zwölf Agenturen antraf, bislang in der Abteilung Arbeitsberatung und -vermittlung und nicht in der Berufsberatung gearbeitet hatten. Schon in der Auswahl der Kandidatinnen wird die Schwerpunktsetzung auf die Bedürfnisse erwachsener Frauen deutlich. Insgesamt zeigen die Regelungen zu den Aufgaben der Beauftragten, dass die Bundesagentur unter Gleichstellungspolitik hauptsächlich die Wiedereingliederung von Berufsrückkehrerinnen versteht.

Wenn die Bundesagentur ihre Frauenpolitik auf die Phase des Wiedereinstiegs zentriert und der beruflichen Erstausbildung von Mädchen nur wenig Gewicht beimisst, *setzt sie die Norm eines Dreiphasenmodells*: Mädchen äußern in der Phase der Adoleszenz weibliche Berufswünsche, weil sie Weiblichkeit präsentieren wollen. Nötig wäre, dass die Berufsberatung dem eine hinreichende Berufsaufklärung entgegensetzt, in der die Mädchen erkennen können, dass sich ihre gleichzeitigen Wünsche nach einem sicheren Arbeitsplatz, nach Aufstiegs- und Wiedereinstiegsmöglichkeiten und ausreichendem Einkommen in diesen Berufen kaum realisieren lassen. Tut sie dieses nicht, lässt sie zu, dass Mädchen in wenig chancenreiche Berufe hineinstolpern. Im Dreiphasenmodell dagegen ist die Erwerbsbeteiligung junger Frauen ein vorfamiliäres Zwischenstadium. Die Frage nach der *Eignung des Berufs*, nach der Wahrscheinlichkeit eines möglichst kontinuierlichen und erfolgreichen Berufsverlaufs, stellt sich erst nach der Familienphase.

Das Leitbild der Chancengleichheit hätte demgegenüber zur Konsequenz, dass der Schwerpunkt in der Erstausbildung zu setzen wäre, um so die Notwendigkeit eines beruflichen Neuanfangs von vornherein zu vermeiden. In der Studie von Helga Krüger (1998) wird deutlich, dass viele der kaufmännischen Angestellten im Gegensatz zu Frauen mit anderen, und zwar frauentypischeren Berufen trotz teilweise häufiger Erwerbsunterbrechungen keine Umschulung nötig hatten. Das Gleiche gilt für West-Berliner Facharbeiterinnen mit Metall- oder Elektroberufen, die wir 1989 befragten (Hübner u.a. 1991; Ostendorf 1992 u. 1996). Sie unterbrachen ihre Erwerbstätigkeit bei der Geburt von Kindern in der Regel nur kurzzeitig: Ihre Qualifikationen waren auf dem Arbeitsmarkt begehrt. Die Zeitdauer der Unterbrechung der Erwerbstätigkeit wird nicht allein von familialen Faktoren bestimmt, sondern von einem Matching familialer Anforderungen und der erwartbaren Lohnhöhe (Krüger 1998: 147). Und bei der Lohnhöhe können Frauen mit Metall- oder Elektroberufen eben mit ihren Männern mithalten.

Wird aber bei der Wahl des Erstberufs die Norm des Dreiphasenmodells zugrunde gelegt, hat die Berufsberatung im Hinblick auf die Mädchen nur noch die Aufgabe, ihnen den „*gewünschten*" Ausbildungsplatz zu vermitteln (vgl. die Formulierung im RdErl. 103/88) und zwar ohne dass die Notwendigkeit besteht, über längerfristige Berufsperspektiven nachzudenken. Vor allem ist es vor dem Hintergrund des Dreiphasenmodells auch wenig wichtig, wie der vorgetragene Berufswunsch zustande kam: Ob das Mädchen sich an traditionellen Weiblichkeitsbildern orientiert, weil sie ihm während der turbulenten Zeit der Adoleszenz Halt geben, ob es vielleicht nur nicht genug Informationen über die Breite möglicher Ausbildungen hat oder ob es tatsächlich diesen Beruf und keinen anderen will ist ohne Bedeutung, wenn eine Frau ein paar Jahre nach dem Lehrabschluss die Erwerbsarbeit sowieso für lange Zeit aufgibt.

Die Positionen wichtiger Personen in der Nürnberger Hauptstelle sind den berufswählenden Mädchen sicherlich weder bekannt noch unmittelbar für sie relevant. Wichtig aber sind für die Mädchen die Angebote der Berufsberatung, die ihnen helfen sollen, den passenden Beruf zu finden. In den Verfahrensweisen und Unterrichtungsmaterialien materialisieren sich jedoch – wie ich im Folgenden zeigen werde – die Denkstrukturen der Geschlechterdifferenz und des damit verbundenen Dreiphasenmodells weiblicher Lebensverläufe. Verfahrensweisen und Unterrichtungsmaterialien tragen dazu bei, dass Mädchen wenig Interesse an einer gewerblich-technischen Ausbildung äußern und somit auch nur in geringer Zahl als Aspirantinnen für eine derartige Ausbildung in den Vermittlungsstatistiken der Bundesagentur erscheinen.

4.4 Wo bleiben die Mädchen I? – Verfahrensweisen der Berufsberatung

Verfahrensweisen, die Richtlinien und ungeschriebenen Gesetze einer Organisation, ermöglichen die Arbeit, zumindest erleichtern sie sie. Zugleich aber geben sie Strukturen vor. In den Verfahrensweisen sind Annahmen darüber, was zu tun ist, was wichtig und weniger wichtig und was unerwünscht ist enthalten. In ihnen sind regulative, normative und kognitive „Säulen" sozialer Institutionen verdinglicht (vgl. Abschn. 2.3). Im Folgenden werde ich mithilfe organisationssoziologischer Methoden die geschlechterpolitischen Implikationen der Verfahrensweisen der Berufsberatung herausarbeiten. Allerdings ist die Berufsberatung – und jede ihrer Dienststellen wieder anders – in vielfältiger Weise mit ihrem sozio-politischen und -ökonomischen Umfeld verbunden. Sie ist auf die Zusammenarbeit mit Schulen und Betrieben angewiesen und nicht zuletzt muss sie von ihren Zielgruppen angenommen werden. Ich werde daher zuerst auf die Verknüpfungen mit anderen Organisationen und anschließend auf die Organisation Berufsberatung im engeren Sinne eingehen. Beide Aspekte werden relativ ausführlich dargestellt, weil deren Kenntnis für das Verständnis der Unterschiede zwischen den einzelnen Berufsberatungen (Kapitel 5) nötig ist. Der Analyse der Unterrichtungsmaterialien der Berufsberatung ist ein eigener Abschnitt (4.5) gewidmet.

Bundesagentur im Netzwerk der Berufsbildungspolitik

Die Berufsberatung ist auf vielfältige Weise in das Politiknetzwerk der Berufsbildung eingebunden. Sie ist davon abhängig, dass die Betriebe ihr die offenen Ausbildungsplätze melden, und darüber hinaus ist sie Teil eines vielschichtigen Netzwerkes verbändedemokratischer Selbststeuerung der Berufsbildung (zum Letzteren vgl. Streeck u.a. 1987). Meines Wissens ist es bezeichnenderweise in der Geschichte der Bundesrepublik nur ein einziges Mal vorgekommen, dass der dafür zuständige Bundeswirtschaftsminister eine Ausbildungsordnung erließ, ohne das abschließende Votum des Hauptausschusses des Bundesinstituts für Berufsbildung (BIBB) abzuwarten; ein tripartistisch besetztes Gremium, dessen gesetzlich fixierte Aufgabe die Beratung der Bundesregierung ist. Arbeitgeberverbände und Gewerkschaften drohten daraufhin, ihre Arbeit einzustellen. Zwar weisen korporative Gremien häufig männerbündische Strukturen auf (vgl. Abschnitt 2.1), doch der Zwang der Zusammenschlüsse von Arbeitgebern/innen und Arbeitnehmer/innen, sich mit Fragen der Berufsbildung zu befassen, kann für die Frauen- und Mädchenpolitik auch durchaus förderlich sein. So fällt z.B. auf, dass sich einige größere Betriebe für die Ausbildung von Mädchen in gewerblich-technischen Berufen engagieren, die nie an einem der großen Programme (Modellversuchsprogramm und Transferprojekte des Bundes) beteiligt waren, oder die sonstwie mit einem längerfristig angelegten Projekt zusammengearbeitet haben. Die Vernetzungen im Berufsbildungssystem, beispielsweise in Ausbilderarbeitskreisen, in den Berufsbildungsausschüssen der Kammern, im Deutschen Industrie- und Handelskammertag (DIHT), im Deutschen Handwerkskammertag (DHKT), im Kuratorium der deutschen Wirtschaft für Berufsausbildung (KWB) und nicht zuletzt im Arbeitgeberverband der Metall- und Elektroindustrie (Gesamtmetall) transportieren[20] die Botschaften.

Auf Bundesebene „kann" die Bundesagentur für Arbeit mit beratender Stimme an den Sitzungen des Hauptausschusses des BIBB teilnehmen (§ 8 BerBiFG). Auf Landes- und auf regionaler Ebene gibt es vergleichbare Ausschüsse, deren Zusammensetzung und Aufgaben durch das Berufsbildungsgesetz (BBiG) geregelt sind. Eine Beteiligung der Bundesagentur ist auf diesen Ebenen nicht vorgesehen. Dennoch wird die Berufsberatung häufig zu den Sitzungen eingeladen.

---

20 „Transportieren" ist bei dem Verband der Metall- und Elektroindustrie wörtlich zu nehmen: Der Verband setzt ein Info-Mobil ein, das, wie mir von einigen Berufsberatungen berichtet wurde, häufig von Schulklassen – also auch von den Mädchen – besucht wird.

Die Berufsberatung kann somit auf die Berufsbildungspolitik einwirken, indem sie sich beispielsweise an den Diskussionen um die Stellungnahmen des Hauptausschusses zum jährlichen Berufsbildungsbericht der Bundesregierung beteiligt, in denen es unter anderem regelmäßig um eine Beurteilung der Ausbildungsstellensituation und um Lösungsvorschläge zur Behebung der Jugendarbeitslosigkeit geht. Die Berufsberatung hat in keinem dieser Ausschüsse ein Stimmrecht. Weil aber in diesen Gremien in der Regel das Konsensprinzip herrscht (Streeck u.a. 1987), dürfte der Einfluss der Berufsberatung zumindest dann, wenn es um sie unmittelbar berührende Fragen geht, beträchtlich sein. Ein Beispiel sind die Empfehlungen des Hauptausschusses des BIBB „zur Ausweitung des Berufsspektrums für Frauen im gewerblich-technischen Berufsbereich" von 1987 (vgl. Abschnitt 3.2). In der vom Bundesinstitut gefertigten Beschlussvorlage hieß es noch, es sollten „regionale (evtl. auch lokale) Kontakt- oder Informationsstellen" eingerichtet werden, die „ggf. bei den Gleichstellungsstellen anzusiedeln" seien (BIBB 1986: 15f.). Die Sitzungen des Hauptausschusses des BIBB sind, wie in solchen korporativen Gremien üblich, nicht öffentlich. Nach meinen Informationen ist dieser Passus auf Drängen der Bundesagentur herausgenommen worden. Deren Beratungs- und Vermittlungsmonopol wurde schon damals in Frage gestellt. Die Bundesagentur befürchtete anscheinend, dass ein Exempel statuiert werden könnte. Auch die Landesausschüsse für Berufsbildung tagen nicht öffentlich. Als ich Ende der 1980er Jahre mit dem West-Berliner Landesausschuss verschiedentlich zu tun hatte, hatte ich den Eindruck, das Landesarbeitsamt sei dort nicht nur Gast, sondern ordentliches Mitglied und zudem noch ein wesentliches (Hübner/Ostendorf/Rudolph 1992: 47ff.).

Zu den Aufgaben der Berufsbildungsausschüsse der Kammern, die als regionale Gremien im Berufsbildungsgesetz (§ 56) vorgesehen sind, gehören vornehmlich die Überwachung der Ausbildung, beispielsweise der Erlass von Rechtsverordnungen wie Prüfungsordnungen etc. Die Aufgaben berühren das Tätigkeitsfeld der Berufsberatung somit wenig. Allerdings wird die Berufsberatung häufig zu Kammer- und Innungsversammlungen und manchmal auch zu den Sitzungen des Berufsbildungsausschusses eingeladen. Bereits 1973, vier Jahre nach Verabschiedung des Berufsbildungsgesetzes, vereinbarten die Bundesanstalt, der Deutsche Industrie- und Handelskammertag und der Deutsche Handwerkskammertag (die Zusammenschlüsse der Kammern) einen regelmäßigen Erfahrungsaustausch zwischen den jeweiligen Kammern und Arbeitsämtern (Rahmenvereinbarung 1973). Zudem ist die Berufsberatung auf Informationen der zuständigen Kammer angewiesen, wenn es darum geht, ob ein Betrieb die Berechtigung zur Ausbildung hat. Neben diesen, im Berufsbildungs- bzw. Berufsbildungsförderungsgesetz vorgesehenen Gremien besteht vor Ort manchmal noch eine Reihe zusätzlicher Netzwerke, beispielsweise Ausbilderarbeitskreise bei den Arbeitgeberverbänden und/oder Gewerkschaften, und bundesweit verbreitet sind Arbeitskreise „Schule-Wirtschaft". Für die Berufsberatung ergeben sich somit vielfältige Möglichkeiten sowohl zum Informationsaustausch als auch zur Mitgestaltung der Berufsbildung.

Weitere Gremien sind die Selbstverwaltungsorgane der Arbeitsagenturen. Auch diese sind tripartistisch zusammengesetzt, wobei die dort vertretenen Arbeitgeberverbände und Gewerkschaften „wesentliche Bedeutung" haben müssen. Insbesondere müssen sie Tarifverträge abgeschlossen haben. Der aus maximal 15 (bis 2003: 21) Personen bestehenden Verwaltungsausschuss der jeweiligen Arbeitsagentur „überwacht und berät die Agentur für Arbeit bei Erfüllung ihrer Aufgaben" (SGB III § 374).[21]

Die Netzwerke der Politiksteuerung sind in der Berufsbildung vielschichtig miteinander verwoben. Häufig ist zu beobachten, dass es immer wieder dieselben Personen sind, die sich in den Ausschüssen treffen:

„Gerade auf dem Feld der Berufsbildungspolitik im engeren Sinne kann man in der Bundesrepublik durchaus von einer ‚policy community' sprechen, an der Berufspädagogen und Ausbilder, die entsprechenden Spezialisten auf Verbandsebene, die zuständigen Ministerialbürokratie und andere beteiligt sind und die gewichtige Eigeninteressen an der Integrität und Konsistenz ihres Handlungsinstrumentariums hat" (Streeck u.a. 1987: 98).

Diese Vernetzungen sind Orte, wo Erfahrungen mit der Ausbildung ausgetauscht werden, was wiederum zur Folge hat, dass Betriebe sich zur Aufnahme von Mädchen bereit erklären, die bislang keine Mädchen ausgebildet haben. Diese Orte sind aber auch prädestiniert für die Herausbildung bündischer Strukturen. In die Landesausschüsse und die Berufsbildungsausschüsse der Kammern können auf der Arbeitnehmer/innenseite neben Gewerkschaften selbstständige Vereinigungen mit sozial- oder berufspolitischer Zwecksetzung berufen werden. Jugend- und Frauenverbände haben somit zumindest die Chance, ihre Anliegen einzubringen. Für die Verwaltungsausschüsse der Arbeitsagenturen gilt dieses nicht. Jugendliche, um die es in der Berufsberatung primär geht, sind in den Verwaltungsausschüssen nicht repräsentiert, genauso wenig wie die vielen Frauen, die in Kleinbetrieben arbeiten, deren

---

21 Bis 2003 hatten die Verwaltungsausschüsse noch eine Mitwirkungspflicht „bei der Erfüllung der Aufgaben durch diese Agenturen" (§ 378 SGB III). Sie waren „insbesondere zuständig für die Aufteilung der Ermessensleistungen der aktiven Arbeitsförderung, einschließlich der freien Förderung" (§ 378 SGB III).
Die „freie Förderung" machte 10% der Haushaltsmittel aus, die für die Arbeitsförderung vorgesehen waren. Mit ihr sollten innovative Maßnahmen finanziert werden, die im Regelwerk der üblichen Aktivitäten nicht vorkamen. Mit dieser gegenüber dem AFG neuen Aufgabe gewannen die Verwaltungsausschüsse an Macht hinzu. Aus der „freien Förderung" konnten prinzipiell auch Maßnahmen zur Verbreiterung des Berufswahlspektrums von Mädchen finanziert werden. Vorher hatten die Verwaltungsausschuss die Ausbildungsstellensituation lediglich zu „erörtern", aber keine eigenen Gestaltungsmöglichkeiten hinsichtlich der einzuschlagenden Maßnahmen. Mit der Einführung des SGB III 1998 wurde der Handlungsspielraum erweitert und zum Jahr 2004 insofern zurückgenommen, als er auf die Überwachung reduziert wurde.

Arbeitgeber/in möglicherweise keinem Verband angehört und die auch von keiner Gewerkschaft vertreten werden, weil es für ihre Branche keinen Tarifvertrag gibt. Hausfrauen, die deshalb „zu Hause" sind, weil sie keine adäquate Arbeit finden, sind selbstverständlich auch nicht vertreten. Hinzu kommt, dass in vielen Gremien ausnahmslos oder fast nur Männer sitzen. Nicht nur Mädchen- und Frauenverbände bleiben somit außen vor, sondern auch weitgehend die Lebenswelt von Frauen. Es besteht die Gefahr von Abschottungen, die „nicht so sehr durch Antagonismus ..., sondern durch Indifferenz, Gleichgültigkeit der Handelnden gegenüber negativen Externalitäten, die bei der Verfolgung eigener Interessen verursacht werden, geprägt sind" (Messner 1994: 575f.). Mädchen- und Frauenprojekte (und Berufsorientierungsmaßnahmen generell) haben daher wenig Aussichten auf Zustimmung des Verwaltungsausschusses. Hinzu kommt, dass solche Maßnahmen allenfalls – wenn überhaupt – den Interessen einzelner Mitglieder entsprechen und somit nicht konsensfähig sind.

Gerda Neyer kritisiert an der korporatistischen Theorie, diese ginge implizit vom Konflikt von Arbeit und Kapital aus, sei daher ökonomisch verkürzt und blende das Geschlechterverhältnis als gesellschaftliches Strukturmerkmal schon im Ansatz aus (Neyer 1996: 87). Dieses Defizit ist aber bereits in der Zusammensetzung der Gremien angelegt, zumindest in der Zusammensetzung der Verwaltungsausschüsse der Arbeitsagenturen. Einen Konflikt zwischen Arbeit und Kapital gibt es allenfalls wegen der notwendigen Zahl an Ausbildungsplätzen. Doch selbst hier ist die Handlungsfähigkeit begrenzt. Weil sie die Beteiligten nicht gegen ihre Interessen zu einer bestimmten Politik verpflichten können, sind korporative Gremien für redistributive Politik (Windhoff-Héritier 1991: 34f.). Darüber hinaus haben selbst die Vertreter/innen der Arbeitgeberseite keine Machtmittel gegenüber den Betrieben. Allenfalls können sie apellieren, dass die Betriebe mehr Plätze als bisher oder mehr Plätze in bestimmten Berufen zur Verfügung stellen; zwingen können die Ausschussmitglieder die Betriebe jedoch nicht.

Mit dem Ziel, dass Fraueninteressen verstärkt Eingang in Gremien finden, die an der Bundespolitik mitwirken, verabschiedete der Bundestag 1991 ein Bundesgremienbesetzungsgesetz, dessen Bestimmungen sich auch im SGB III (§ 390, 2) wiederfinden. Danach hat die berufende Stelle

„Frauen und Männer mit dem Ziel ihrer gleichberechtigten Teilhabe in den Gruppen zu berücksichtigen. Liegen Vorschläge mehrerer Vorschlagsberechtigter vor, so sind die Sitze anteilsmäßig unter billiger Berücksichtigung der Minderheiten zu verteilen."

Bei den Vorschlägen haben die entsendenden Stellen eine Doppelbenennung mit einer Frau und einem Mann vorzunehmen. Allerdings blieb in diesem Gesetz eine offene Hintertür: Die Doppelbenennung ist nur dann nötig, wenn der jeweiligen Organisation fachlich und persönlich geeignete Personen zur Verfügung stehen. Da Frauen in den Organisationen kaum auf hochrangigen

Posten zu finden sind, ist es nicht verwunderlich, dass Frauen trotz dieser Neuregelung nach wie vor selten in den Gremien zu finden sind.

Die Zusammensetzung des Vorstandes und des Verwaltungsrats der Bundesanstalt sah im Mai 1999 folgendermaßen aus:
- Von den neun Mitgliedern des Vorstandes der Bundesanstalt war eins weiblich, von den neun Stellvertreter/innen zwei. Alle Frauen gehörten zur Gruppe der Arbeitnehmer/innen.
- Von den 51 Mitgliedern des Verwaltungsrats waren acht weiblich, fünf Gewerkschafter/innen und drei Vertreter/innen öffentlicher Körperschaften. Unter den Stellvertreter/innen befanden sich acht Frauen (fünf Gewerkschafter/innen und drei Vertreter/innen öffentlicher Körperschaften). Die Arbeitgeberverbände hatten keine Frau entsandt.

Die Mitglieder der Gremien wurden Anfang 1998 neu berufen. Im Vergleich zur vorherigen Zusammensetzung hat sich an der Geschlechterpräsenz im Vorstand nichts geändert. Unter den Mitgliedern des Verwaltungsrates sind jetzt zwei Frauen mehr als vorher, dafür ist die Zahl der Frauen unter den Stellvertreter/innen um zwei geschrumpft.

Die Beauftragte für Frauenbelange der Hauptstelle der Bundesanstalt berichtete verschiedentlich von frauenpolitischen Impulsen aus diesen Gremien. Dies verwundert nicht. Ursula Engelen-Kefer, Gudrun Hamacher, Christiane Bretz und (im vorhergehenden Verwaltungsrat noch vertreten) Wiebke Buchholz-Will sind für frauenpolitisches Engagement bekannt. Gemessen am Frauenanteil in den Verwaltungsausschüssen der Arbeitsagenturen, die ich danach befragt habe, ist der Anteil im Verwaltungsrat der Hauptstelle sogar hoch.

Mädchenpolitische Diskussionen, so zeigen meine Befragungen, sind in den Verwaltungsausschüssen eher selten. Auch über Berufsberatung wird dort kaum diskutiert. Bislang sind andere Gremien für die Berufsberatung wichtiger, beispielsweise die Arbeitskreise „Schule-Wirtschaft", Ausbilderarbeitskreise oder die Ausschüsse der Kammern. Möglicherweise gewinnen die Verwaltungsausschüsse an Relevanz hinzu, wenn die Berufsberatungen Mittel aus der freien Förderung beanspruchen.[22]

In den institutionalisierten Ausschüssen und anderen Gremien geht es in der Regel um die Grundzüge der einzuschlagenden Politiken. Im Vergleich dazu sind die Berufsberatungen vor Ort sehr viel direkter von der Zusammenarbeit mit den Betrieben und den Schulen abhängig.

---

22 Vermutlich haben die Verwaltungsausschüsse auch deshalb wenig Bedeutung für die Berufsberatung, weil dort auch von Arbeitgeber/innen- und Arbeitnehmer/innenseite die „falschen" Personen sitzen: Ansprechpartner/innen für die Berufsberatung sind in den Betrieben die Ausbildungsleiter/innen, nicht die Personalleiter/innen, und in den Gewerkschaften die Bildungs- und Jugendsekretäre/innen, nicht die für Arbeitsmarktfragen Zuständigen.

Zusammenarbeit mit Schulen und Betrieben

Die Berufsberatung ist für Jugendliche u.a. deshalb so attraktiv, weil sie von fast allen zu besetzenden Ausbildungsplätzen Kenntnis hat. Bis Anfang der 1990er Jahre erfolgte die Ausbildungsstellenvermittlung durch gesonderte Vermittlungskräfte. Berufsberater/innen hatten daher selten Kontakte zu Betrieben und entsprechend rudimentär dürften ihre Kenntnisse über die Ausbildungsrealität gewesen sein. Seit der Organisationsreform 1992 gehört die Betreuung und Beratung der Betriebe mit zu den Aufgaben der Beratungsfachkräfte, wobei in der Regel ein/e Berufsberater/in für die Schulen und Betriebe eines Gebietes verantwortlich ist. In Berlin ist dies beispielsweise ein Postzustellbezirk.

In vielen Regionen geht es bei den Betriebskontakten in erster Linie darum, Betriebe für die Einrichtung zusätzlicher, dringend benötigter Ausbildungsplätze zu gewinnen. Ein Abteilungsleiter einer ostdeutschen Agentur berichtete mir, seine Mitarbeiter/innen hätten den ausdrücklichen Auftrag, jedesmal, wenn sie unterwegs seien, nach neuen Firmenschildern Ausschau zu halten. Die Berater/innen „müssen ihr Territorium kennen". Mädchenpolitisch hat die Neuorganisation den Vorteil, dass die Beratungsfachkräfte während des Beratungsgesprächs bereits mitreflektieren können, in welchem Betrieb ein Mädchen, das einen gewerblich-technischen Beruf erlernen möchte, Einstellungschancen hat. Ein prinzipieller Nachteil ist aber, dass die jeweiligen Berater/innen nur Kenntnisse über die Betriebe in dem Gebiet haben, das sie betreuen. Von großer Bedeutung ist daher der Informationsaustausch innerhalb der Agenturen. Wie ich im nächsten Kapitel zeigen werde, spielt die Kommunikation unter den Beratungsfachkräften eine große Rolle im Hinblick auf die Häufigkeit der Vermittlung von Mädchen in gewerblich-technische Berufe.

Die Zusammenarbeit mit den Schulen ist ein weiteres wichtiges Standbein der Berufsberatung. Diese Kooperation gewährleistet, dass die Berufsberatung alle Jugendlichen erreicht. 1971 schloss die Bundesanstalt mit der Ständigen Konferenz der Kultusminister/innen der Länder (KMK) eine „Rahmenvereinbarung über die Zusammenarbeit von Schule und Berufsberatung". Darin ist nicht nur eine „Ständige Kontaktkommission" vorgesehen, sondern die Zusammenarbeit zwischen den Schulen und der Berufsberatung wird umfassend geregelt. Explizit wird der Berufsberatung die Möglichkeit eingeräumt, während der Unterrichtszeit Gruppenbesprechungen und Einzelberatungen durchführen.

Darüber hinaus sind von den Schulen auch individuelle Eignungsuntersuchungen zu ermöglichen, bei Zustimmung der Erziehungsberechtigten Unterlagen über Schüler/innen zur Verfügung zu stellen und den Eltern und Schüler/innen ist der Besuch der berufsaufklärenden Veranstaltungen und die Inanspruchnahme der individuellen beruflichen Beratung zu empfehlen. Die

Aufgaben der Berufsberatung sind die „Orientierung" der Eltern, die Vermittlung von „Orientierungen" über Ausbildungs- und Studiengänge, über verschiedene Berufsbereiche und -strukturen sowie Informations-, Lehr- und Anschauungsmaterial zur Verfügung zu stellen. Die Berufsberatung „stützt sich ... auf die durch die Schule geleistete Hinführung zur Wirtschafts- und Arbeitswelt" (Rahmenvereinbarung 1971: 132).[23]

Ende der 1970er Jahre beschloss die Kultusministerkonferenz, in den schulischen Unterricht Inhalte zur Vorbereitung der Jugendlichen auf die Berufswahl aufzunehmen. Dieser Beschluss wurde recht schnell umgesetzt. Schon der Berufsbildungsbericht von 1980 enthält eine Synopse, wonach in allen Bundesländern ein berufsorientierender Unterricht in den letzten Klassen der Hauptschulen zumindest erprobt wird (BMBW 1980: 54). Berufsorientierender Unterricht, wenngleich mit unterschiedlichen Lernzielen und unterschiedlicher Verortung in einzelnen Schulfächern, gehört in der Sekundarstufe I mittlerweile zum Standard. „Höhepunkt" des Berufswahlunterrichts ist das Betriebspraktikum. Von mehr als der Hälfte der Schülerinnen wird das Praktikum als wichtigste Hilfestellung angesehen (Beinke 1994: 4027f.).

Unter Geschlechteraspekten ist vielerorts die Anbindung dieser Betriebspraktika an bestimmte Kurse ein Problem. Wenn die Schüler/innen zwischen Kleinkindpflege und Technik wählen können (wie zumindest noch in den 1990er Jahren. an manchen Berliner Schulen) und gleichzeitig die Betriebspraktika in diese Inhalte eingebunden sind, liegt es nahe, dass Mädchen ihr Praktikum im Kindergarten absolvieren und Jungen in einem technischen Betrieb. In Sachsen, wo die Realschule die Regel ist, müssen sich die Schüler/innen nach der sechsten Klasse für einen Schwerpunkt entscheiden. „Im sozial-hauswirtschaftlichen Zweig fanden sich nur Mädchen wieder, im technischen fast nur Jungen" (Roitsch 1999).

Die Organisation und die geschlechtsspezifische Zuweisung von Betriebspraktika sind jedoch nicht das einzige Problem. Ein Praktikum kann schließlich auch erfolgreich gewesen sein, wenn ein Mädchen (oder ein Junge) erkennt, dass dieses Berufsfeld doch nicht gefällt. Nachhaltiger noch dürfte der „heimliche" Lehrplan sein. Lore Hoffmann und Manfred Lehrke wiesen schon 1986 auf die Unterdrückung der Mädchen im schulischen Unterricht hin, und ganz besonders darauf, dass den Mädchen vermittelt wird, dass Physik und Technik nichts für sie seien. Seither haben Gleichstellungsstellen und Ministerien eine ganze Reihe von Unterrichtseinheiten entwickeln lassen. Ich habe den Eindruck, sie teilen das Schicksal so vieler wissenschaftlicher Expertisen und Handreichungen: Sie konzentrieren sich auf die

---

23 Diese Rahmenvereinbarung wurde 2004 erneuert. Die genannten Formen der Zusammenarbeit und die Aufgabenverteilung blieben unverändert. Hinzugefügt wurden gegenüber 1971 Passagen zur Heranführung benachteiligter Jugendlicher an eine Ausbildung (Rahmenvereinbarung 2004).

(Politik)-Inhalte, vergessen aber weitgehend die Prozesse und Strukturen im Implementationsfeld. Beispielsweise übernahm eine Berliner Lehrerin, mit der wir im Projekt „Frauen und Technik"[24] zusammengearbeitet haben, eine solche Unterrichtseinheit: Ihre Schülerinnen und sie waren begeistert. Gleichzeitig aber merkte die Lehrerin an, dass sie diesen Aufwand nicht jedes Jahr treiben könne: Gesonderte Räume, diverse Materialien, darunter auch berufstypische Kleidung, waren zu besorgen. Nicht zuletzt habe es Probleme im Kollegium gegeben: Bei den Rollenspielen sei es zu laut gewesen und der ganze Stundenplan sei durcheinander geraten, weil sie sich nicht an die üblichen zweistündigen Unterrichtseinheiten gehalten habe. An einer anderen Berliner Schule harrten vom Pädagogischen Landesinstitut erstellte Unterrichtseinheiten seit mehr als einem Jahr der „Nummerierung" und „Katalogisierung" für die Bibliothek; sie waren den Lehrkräften weder bekannt gemacht worden, noch waren sie ihnen zugänglich. An dieser Schule war auch der Lehrplan, der für den Arbeitslehreunterricht verbindlich ist, und wonach Mädchen auf Ausbildungsmöglichkeiten im gewerblich-technischen Bereich hinzuweisen sind, etlichen Fachlehrkräften nicht geläufig. Anscheinend „hakt" es mancherorts an der Umsetzung.

Lore Hoffmanns und Manfred Lehrkes Ergebnisse wurden damals von Wissenschaftler/innen viel beachtet. Die Konsequenzen daraus allerdings sind immer noch längst nicht überall gezogen worden. In der Literatur finden sich zahlreiche Hinweise, dass der „heimliche Lehrplan" vielerorts noch weitgehend ungebrochen vorzufinden ist. Während Lehrkräfte auf Wissensmängel bei Jungen eingehen, wird den Mädchen nicht geholfen, und Mädchen werden im Unterricht weit seltener aufgerufen als Jungen. Hinzu kommen zwischen den Geschlechtern differenzierende Interaktionen, die mit dem Unterrichtsstoff nichts zu tun haben, die aber die Geschlechterunterschiede „dramatisieren" (Faulstich-Wieland 1999). In den Schulbüchern scheinen sich die vermittelten Leitbilder zum Verhältnis der Geschlechter allmählich zu verändern.[25]

---

24 Vgl. Hübner, Ostendorf, Rudolph 1992.
25 In einer Studie aus den 1980er Jahren, in der 55 Schulbücher untersucht wurden (Voigt 1984/85), fanden sich hanebüchene Beispiele der Geschlechtertrennung. Frauen wurden zumeist als Mütter und Hausfrauen gezeigt, Männer dagegen als Berufstätige (ebd.: 25). Jungen und Männer wurden dargestellt als „eigenständige Personen mit individuellen Zügen und Erfahrungen". „Treten Mädchen und Frauen einmal als Hauptperson auf, so fast ausschließlich ... als Opfer von Mißgeschicken oder als dümmliche, lächerliche, unselbständige Personen" (ebd.: 28). In einer neueren Studie (Scheer o. J.) wurden 65 Schulbücher untersucht, die 1996 in Sachsen-Anhalt zugelassen wurden. Immer noch werden demnach Jungen mehr berufliche Identifikationsmöglichkeiten geboten als Mädchen: 91-mal kommen Männer vor; 31-mal Frauen; 62-mal werden Berufe nur für Männer ausgewiesen, 6-mal nur für Frauen (64). Im Gegensatz zu den 1980er Jahren kommen Frauen als Erwerbstätige jetzt zumindest vor. Auch bei den Mädchen und Jungen zugesprochenen Eigenschaften haben die Verlage anscheinend hinzu gelernt. Im Hinblick auf kritische Hand-

Einer Zusammenarbeit von Schule und Berufsberatung steht prinzipiell nichts im Wege. Inwieweit sie genutzt wird, hängt in erster Linie von den jeweiligen Lehrkräften und Berufsberater/innen ab. Wollen beide Seiten Mädchen mehr Chancen geben, so stehen ihnen mittlerweile eine ganze Reihe curricularer Materialien zur Verfügung. Auch zum Betriebspraktikum gibt es alternierende Konzepte, d.h., Mädchen und Jungen durchlaufen männliche und weibliche Tätigkeitsbereiche. Für einen gemeinsam konzipierten, auf die jeweilige Klasse abgestimmten Berufswahlunterricht ist allerdings ein erhebliches Maß an zeitlichem Engagement nötig, das beide Seiten unter Umständen nicht aufbringen können. Hinzu kommt, dass seitens der Schule die Bereitschaft bestehen muss, auf die übliche Stundenplaneinteilung zu verzichten, damit Planspiele, Rollenspiele, Betriebserkundungen usw. möglich sind. Hier werden unter Umständen Konflikte mit anderen Lehrkräften heraufbeschworen, die sich vielleicht sogar – weil deren Unterricht bei den Jugendlichen nicht so gut ankommt – ins Unrecht gesetzt fühlen, oder die es für falsch halten, Mädchen für geschlechtsuntypische Berufe zu motivieren. Diskussionen um Stundentafeln, Lautstärke in der Klasse usw. stehen möglicherweise stellvertretend für eine Ablehnung des inhaltlichen Ziels.

Die Lehrkräfte sind von den Berufsberater/innen abhängig, weil nur diese über das nötige berufskundliche Wissen verfügen. Doch die Berufsberater/innen sind gleichermaßen auf die Lehrkräfte angewiesen, damit ihre vereinzelten Schulveranstaltungen vor- und nachbereitet werden. Auf die Schulbesuche werde ich im nächsten Kapitel noch zurückkommen. Doch auch die Schulen sind, wie die Berufsberatung, in vielfältige Policy-Landschaften eingebunden und nicht zuletzt in ihre Region, in der wiederum spezifische Haltungen und Meinungen das kulturelle Klima ausmachen.

„Was passt": Regionale Unterschiede der Geschlechternormen

Im Abschnitt 3.4 habe ich die erheblichen Unterschiede der Erwerbsbeteiligung von Frauen in der Bundesrepublik dargelegt. Während eine Mutter in Nordrhein-Westfalen, Rheinland-Pfalz und dem Saarland meist zu Hause bleibt, und auch wenn die Kinder aus dem Haus sind nicht wieder erwerbstätig wird, kehrt sie in den neuen Bundesländern sowie in einigen südlichen Regionen Westdeutschlands schon bald nach der Geburt von Kindern in die Erwerbsarbeit zurück. In der einen Region wird die Berufsberatung mit einer Politik der Verbesserung der beruflichen Chancen von Mädchen bei Eltern, Betrieben und Mädchen gleichermaßen auf Unverständnis stoßen, in einer

---

lungsfähigkeit finden Mädchen und Jungen gleich häufig Identifikationsmöglichkeiten. Dennoch sind Jungen auch heute noch häufiger fröhlich, haben mehr Mut und Abenteuerlust, jedoch sind sie auch oftmals ängstlich, während Mädchen öfter als Hilfe suchend und Gefühl ausdrückend dargestellt werden (68).

anderen aber wird sie offene Türen vorfinden. In einer solchen Region werden auch andere Organisationen, seien es staatliche, wie beispielsweise kommunale Frauenbeauftragte und Jugendämter oder soziale und kirchliche, mitziehen: Die Berufsberatung findet nicht nur Unterstützung, sondern sie kann sich den Aktivitäten Anderer anschließen.

Die Berufsberatung ist darauf angewiesen, dass sich ihre Kunden/innen gut beraten fühlen, dass die Mädchen auch im Nachhinein mit den Berufsvorschlägen zufrieden sind und dass die Betriebe weiterhin freie Ausbildungsplätze melden. Letzteres setzt voraus, dass die Betriebe (aus ihrer Sicht) geeignete Bewerber/innen vermittelt bekommen. Hält ein Betrieb ausschließlich Jungen für befähigt, wird er verärgert sein, wenn die Berufsberatung Mädchen schickt.

Die jeweilige regionale Ausprägung der Arbeitsteilung zwischen den Geschlechtern scheint mir ein ganz wesentliches Moment für die Möglichkeiten der Berufsberatung zu sein, wobei das in der Hauptstelle der Bundesagentur dominierende Leitbild des Dreiphasenmodells weiblicher Lebensverläufe nicht überall von der Mehrheit der Bevölkerung geteilt wird. Doch die Leitbilder Chancengleichheit bzw. Differenz herrschen in den jeweiligen Regionen nicht ungebrochen vor und auch die jeweiligen Beratungsfachkräfte sind nicht unbedingt alle derselben Ansicht. Entscheidend wird hier, welche Handlungspielräume die Beratungsfachkräfte haben. Geben die Organisationsstrukturen Möglichkeiten, Mädchen so zu beraten, dass sie geschlechtsuntypische Berufe mit ins Kalkül nehmen?

Organisation der Berufsberatung

Trotz der vielschichtigen Verknüpfungen im Netzwerk der Berufsbildungspolitik, der „policy community", sind Organisationen wie die Berufsberatung insoweit eigenständige Akteurinnen, als sie die Verfügung über Handlungsressourcen strukturieren, Handlungsorientierungen mit beeinflussen und die Handlungssituationen prägen sowie die Handelnden als Funktionsträger/innen konstituieren. Die lange Tradition der geschlechtersegregierenden Beratung lässt vermuten, dass in den Regeln und Verfahrensweisen der Berufsberatung noch heute Mädchen-benachteiligende Elemente enthalten sind. Im Folgenden geht es darum, solche Faktoren aufzuspüren. Zunächst werde ich auf die Verwaltungsstruktur und die Organisation der Beratung und Vermittlung eingehen und anschließend werde ich darstellen, inwieweit das Beratungspersonal für die Anforderungen der Beratung von Mädchen qualifiziert ist.

Verwaltungsstruktur

Die Berufsberatung befindet sich seit geraumer Zeit im Umbruch: Sie strebt ein Mehr an Kundenfreundlichkeit an. Vor allem bemüht sie sich verstärkt, flexibel auf die Wünsche der Ratsuchenden einzugehen. Dass „bis vor noch nicht allzu langer Zeit ... den Berufsberatern sogar Beratung per Telefon untersagt" war (van Norden 1997: 1766) scheint heute ein Fossil längst vergangener Zeiten. Einer meiner Gesprächspartner meinte, seit der Ära Jagoda hätten sich selbst die Dienstanweisungen verändert; heute würden sie Handlungskorridore aufzeigen und kaum noch Mussvorschriften enthalten. Trotzdem wirkt das ehedem obrigkeitsstaatliche, verwaltungsförmige Konzept nach. Die Diensterlasse beispielsweise sind nach wie vor mehrheitlich als „nur für den Dienstgebrauch" gekennzeichnet und dürfen normalerweise nicht an Dritte weitergegeben werden, obwohl dort rein gar nichts zu entdecken ist, was geheimhaltungsbedürftig wäre.

Die formelle Organisation der Agenturen ist von der Bundesagentur vorgegeben. Dem/der Direktor/in sind die Abteilungsleitungen der (1) Arbeitsberatung/Vermittlung, (2) der Leistungsabteilung und (3) der Berufsberatung direkt unterstellt. Dem/der Abteilungsleiter/in der Berufsberatung sind (je nach Größe des Bezirks) ein/e oder mehrere Abschnittsleiter/innen zugeordnet, die wiederum Vorgesetzte der Beratungsfachkräfte und der Mitarbeiter/innen des „fachtechnischen Dienstes" sind. Die Berufsberatung ist unterteilt in die Sparten „allgemeine Berufsberatung", „Beratung für Abiturienten/innen und Hochschüler/innen (AH)" und „Behindertenberatung (REHA)".[26] Die Beratungsfachkräfte sind in „Beraterbereichen" zusammengefasst und zu einem oder mehreren „Beraterbereichen" gehört wiederum ein „Beraterbüro". Jede Berufsberatung verfügt heute über ein Berufsinformationszentrum (BIZ), wo schriftliche Informationsmaterialien, Filme, Computerprogramme etc. öffentlich zugänglich sind und wo es Räumlichkeiten für Vortragsveranstaltungen etc. gibt.

In den „Beraterbüros" arbeiten Sachbearbeiter/innen und Verwaltungsinspektoren/innen, wobei letztere, wie die Berufsberater/innen, über ein Diplom der Fachhochschule des Bundes verfügen. Neben Zuarbeiten wie die Aufnahme der Daten der Ratsuchenden und Nachfragen bei Betrieben, ob die gemeldeten Ausbildungsplätze noch unbesetzt oder mittlerweile vergeben sind, haben die Beraterbüros die Aufgabe der Entgegennahme von Vermittlungsaufträgen, der Bearbeitung von Anträgen auf Ausbildungsbeihilfen[27],

---

26 Die Berater/innen für Abiturienten/innen und Hochschüler/innen sind mancherorts direkt dem Direktor unterstellt, und zwar wenn die jeweilige Abschnittsleitung nicht – im Gegensatz zu diesen Berater/innen – dem höheren Dienst angehört (vgl. Meyer-Haupt 1995: 52). D.h., die Bundesagentur bewertet Dienstgrade höher als Funktionen.

27 Die Agentur für Arbeit zahlt Ausbildungsbeihilfen, wenn die Ausbildungsvergütung und die Unterhaltsansprüche gegenüber den Eltern die Lebenshaltungskosten nicht decken.

der haushaltsmäßigen Abwicklung von Auftragsmaßnahmen, beispielsweise von außerbetrieblichen Ausbildungen, und vor allem auch der Folgevermittlung; d.h., wenn die Vermittlungsbemühungen der Beratungsfachkraft erfolglos blieben, erhalten die Jugendlichen weitere Betriebsadressen von den Beratungsbüros.

Bis zur Organisationsreform im Jahr 1992 (RdErl. 20/92) gab es eine Trennung zwischen „Berufsorientierung/Berufliche Beratung" einerseits und „Ausbildungsstellenvermittlung und Beratung" andererseits (vgl. Ertelt 1992: 9 u. RdErl. 55/77). Mittlerweile gilt der Grundsatz der Beratung und Vermittlung „aus einer Hand". Begründet wird diese Organisationsreform mit einem Wandel der Nachfragestruktur und der Kundenerwartungen, mit Tendenzen zur Regionalisierung, einem veränderten, stärker nachfrageorientierten Aufgabenverständnis und mit der Einführung der EDV (RdErl. 20/92).

Der hierarchische Aufbau der Berufsberatung mit Abteilungsleitung, Abschnittsleitung und untergeordneten Berater/innen muss nicht unbedingt heißen, dass Impulse von unten unterdrückt werden. Möglicherweise kooperative Einstellungen finden allerdings dort schnell ihre Grenzen, wo es um Macht und Ressourcen geht. Gerade vor dem Hintergrund der Arbeitsbelastung, die durch die schwierige Situation auf dem Ausbildungsstellenmarkt entstanden ist, geht es um Schwerpunktsetzungen und letztlich um die – „positive" oder „negative" – Koordination der Beratungsfachkräfte (vgl. Abschnitt 2.3). „Beratungsfachkräfte sind Einzelkämpfer/innen" meinte einer meiner Gesprächspartnerinnen. In der Tat arbeiten sie meist allein, sie sind für ihre Regionen, für die dortigen Schulen und Betriebe zuständig und viel unterwegs. Einige arbeiten gar in Außenstellen und treffen – wenn überhaupt – nur den/die eine/n Kollegen/in, der/die mit ihnen dort Dienst hat. Gleichzeitig sind Berufsberater/innen auf Informationen ihrer Kollegen/innen über die Ausbildungspolitik der Betriebe, die von diesen Kollegen/innen betreut werden, angewiesen. Zudem ist der Austausch mit Kollegen/innen häufig die einzige Möglichkeit, eigene Schwächen zu erkennen und positive Erfahrungen weiterzugeben. In den von mir besuchten Agenturen sind vielfältige Formen des Informationsaustausches institutionalisiert. Neben Dienstbesprechungen gibt es häufig feste Termine, zu denen sich alle Beratungsfachkräfte zusammensetzten. Mädchen, die gewerblich-technische Berufe lernen, werden meist von größeren Betrieben ausgebildet. Daher ist es immens wichtig, dass die Beratungsfachkräfte, die diese Betriebe betreuen, die Botschaft der Mädchenfreundlichkeit an ihre Kollegen/innen weitergeben. Ist die Kommunikation unter den Beratungsfachkräften noch weitgehend gesichert, so gilt dies nicht unbedingt für den Austausch mit der Beauftragten für Frauenbelange.

Wie bereits ausgeführt, hat die Beteiligung der Beauftragten für Frauenbelange an Berufsorientierung und -beratung im Konzept der Bundesagentur nur einen marginalen Stellenwert. Da die Beauftragten kaum eigene Kompetenzen haben, vor allem nicht in Fragen der Berufsberatung, sind sie fundamental auf die Bereitschaft zur Zusammenarbeit der Fachabteilungen angewiesen: Der RdErl. 44/97 sieht vor, dass „sicherzustellen" ist, dass die Beauftragte für Frauenbelange

„alle verfügbaren Informationen und die entsprechenden Einwirkungsmöglichkeiten erhält, die sie zur Erledigung ihrer Aufgabe benötigt. So ist in frauenspezifischen Fragen die Mitzeichnung der Beauftragten für Frauenbelange durch die fachlich zuständigen Organisationseinheiten vorzusehen. Diesbezügliche Eingänge sind ihr in Kopie zuzuleiten. Weiterhin ist ihr die Teilnahme an Führungskräfte- und Dienstbesprechungen zu ermöglichen. Für solche Veranstaltungen kann sie ihrerseits die Behandlung frauenspezifischer Themen vorschlagen."

Doch welche Fragen sind „frauenspezifisch", gibt es überhaupt nichtfrauenspezifische? Vor allem wird es der Beauftragten für Frauenbelange unmöglich sein, an allen Besprechungen jeder Abteilung teilzunehmen. Zudem fehlt ihr, wenn sie nicht zufällig „gelernte" Berufsberaterin ist, die fachliche Qualifikation, um über die Beratung von Jugendlichen und die Anforderungen der Ausbildung mitreden zu können. Aber: Ist das Personal der Berufsberatungsabteilung hinreichend für die Aufgabe der Verbreiterung des Berufswahlspektrums von Mädchen qualifiziert? Bevor ich damit verbundenen Fragen nachgehe, werde ich zunächst darstellen, wie Berufsberatung und Ausbildungsstellenvermittlung üblicherweise organisiert sind und welcher Raum dabei für das Eingehen auf Mädchen und ihre spezifische Problematik, einerseits Weiblichkeit präsentieren und andererseits einen zukunftsträchtigen Beruf erlernen zu wollen, besteht.

Organisation von Beratung und Vermittlung

Für die Beratung und berufliche Information sind bestimmte Regelmaßnahmen wie Schulveranstaltungen und terminierte Einzelberatungen den Agenturen vorgegeben. Dabei ist ihnen aber freigestellt ergänzende Maßnahmen zu entwickeln und durchzuführen. Grundsätzlich geht die Berufsberatung davon aus, dass Berufswahl ein längerer Prozess ist, den sie unterstützend begleitet. Die Jugendlichen sollen Berufswahlkompetenz erlangen, sie sollen befähigt werden, die Letztentscheidung eigenständig zu treffen. Dieser Anspruch findet seine Grenzen allerdings in den Ressourcen der Beratungsfachkräfte.

In erster Linie versucht die Berufsberatung, den Jugendlichen zu helfen, indem sie Möglichkeiten zur Eigeninformation durch vielfältige Schriften und andere Medien bereithält. Diese reichen von Hilfen zur Selbsterkundung der Interessen und Fähigkeiten bis hin zu ausführlichen Darstellungen einzelner Berufe. Teils richten sich die Materialien direkt an Jugendliche, teils sind sie für den Einsatz im schulischen Unterricht gedacht. In den letzten Jahren werden zunehmend elektronische Medien eingesetzt. Diese Entwicklung begann mit PCs, die in den Berufsinformationszentren aufgestellt sind, und

Übersicht 12:
Personale Interventionen der Berufsberatung

Entscheidung   Ausbildungsstellenvermittlung

⬆   Einzelberatung

⬆   Dritter Schulbesuch der Beratungsfachkraft: Gruppenberatung, BIZ-Besuch im Klassenverband, Vortragsveranstaltungen im BIZ etc.

⬆   Zweiter Schulbesuch der Beratungsfachkraft: Informationen zu einzelnen Berufsfeldern, zum Bewerbungsverfahren etc.

⬆   Erster Schulbesuch der Beratungsfachkraft: Kontaktaufnahme mit den Schülern/innen, Informationen zum Angebot der Berufsberatung und zum Zeitschema der Berufsauswahl

Erstorientierung

mithilfe derer die Jugendlichen ihre Interessen und die Anforderungen der Berufe erkunden können. Mit der im Schuljahr 1996/97 eingeführten, neuen Version der Broschüre „Mach's Richtig", die vornehmlich für den schulischen Unterricht gedacht ist, sich aber ebenso für die Selbsterarbeitung eignet, wurden an die Lehrkräfte CD-ROMs ausgeliefert, die diese auf den Schulcomputern installieren können. Den Schüler/innen steht damit in der Schule (und nicht nur im BIZ) ein Programm zur Erkundung von Interessen und Berufen zur Verfügung. Seit dem Sommer 1998 sind Selbsterkundungsprogramme und Informationen zu Ausbildungsberufen auch im Internet abrufbar; im Herbst desselben Jahres wurde darüber hinaus ASIS, das Verzeichnis freier Ausbildungsplätze[28], ins Internet eingestellt.

---

28 In diesem Verzeichnis sind neben den Berufen und Eingangsvoraussetzungen manchmal auch die Betriebsadressen mit enthalten. 70% der Betriebe aber verweigern die Veröffentlichung ihrer Adresse, weil sie nach Information der Bundesagentur befürchten, dass sich zu

Auch die Formen der persönlichen Beratung orientieren sich am Prozesscharakter der Berufswahl. Sie reichen von schulischen Veranstaltungen, in denen die Beratungsfachkräfte vorrangig in die Angebote der Berufsberatung einführen, über Vortragsveranstaltungen zu einzelnen Berufen oder Berufsgruppen bis hin zur ausführlichen Einzelberatung, die in eine Enscheidungsberatung mündet. Die Entwicklungen sind gegenwärtig im Fluss. Das Leitbild verstärkter Kundenorientierung wird zusammen mit den Möglichkeiten, die die neuen Medien eröffnen, in den nächsten Jahren voraussichtlich zu verschiedenen Modifizierungen hergebrachter Organisationsformen führen (zu den Denkmodellen vgl. van Norden 1997). Die Bundesagentur rechnet nicht damit, dass verstärkte Möglichkeiten zur Selbstinformation und zur Selbstbedienung einen Minderbedarf an Beratungsfachkräften zur Folge haben wird, vielmehr zeigten Erfahrungen, dass diese „zu einer erhöhten Nachfrage nach individuellen Beratungsleistungen führen können" (BA, Berufsberatung 1996/1997: 8).

Im Folgenden werden die bedeutsamen Informations- und Beratungsformen vorgestellt. Dazu zählt in erster Linie die Einzelberatung, die das „Herzstück" berufsberaterischer Intervention bildet (Kleffner/Schober 1998a: 3445). Daneben wurden die Schulbesprechungen, das Berufsinformationszentrum und die Beratung der Betriebe aufgenommen. Dabei zeigt sich, dass sowohl die Organisation der Beratung als auch zentrale Vorgaben, wie die Beratungsfachkräfte vorzugehen haben, dazu beitragen, dass Mädchen gewerblich-technische Berufe wenig in ihre Überlegungen einbeziehen. Zur Motivierung von Mädchen für gewerblich-technische Ausbildungen gibt es in den Berufsinformationszentren keine gesonderten Materialien, in den Schulbesprechungen bestehen dafür kaum Gelegenheiten, und die Einzelberatungen liegen zu nah am Bewerbungsschluss, als dass noch Zeit für berufliche Neuüberlegungen wäre. Zudem wird in den Einzelberatungen höchst selten auf die Chancen eingegangen, die die unterschiedlichen Berufe bieten.

Auf die Analyse weiterer, das Gesamtkonzept abrundender Interventionsformen werde ich weitgehend verzichten, zumal es hierzu kaum Literatur gibt. Zu diesen weiteren Interventionsformen zählen Vortragsveranstaltungen, Arbeit mit Gruppen, Seminare, Veranstaltungen für Lehrkräfte, Ausbilder/innen und Multiplikatoren/innen sowie berufskundliche Ausstellungen. Diese Maßnahmen haben zugleich quantitativ eine geringere Bedeutung als die oben genannten. Ich werde zunächst auf die Berufsinformationszentren eingehen, und dann – dem Prozesscharakter der beruflichen Beratung folgend – auf die Schulbesprechungen, die Einzelberatung und die Ausbildungsstellenvermittlung.

---

viele und vor allem nicht geeignete Bewerber/innen melden. Die Betriebe setzen weiterhin auf die Vorauswahl durch das Beratungspersonal (vgl. BA, Berufsberatung 1998: 6).

Berufsinformationszentren:

Erst vor gut 20 Jahren wurde das erste Berufsinformationszentrum (BIZ) eröffnet (BMBW 1983: 52). Die Zentren, die es inzwischen bei jeder Arbeitsagentur gibt, dienen in erster Linie der Selbstinformation. In den Mediotheken sind diverse, eigens von der Hauptstelle entwickelte, schriftliche Informationsmaterialien, Filme, Hörcasetten, Computerprogramme etc. und darüber hinaus – in verschiedenem Ausmaß und unterschiedlicher Qualität – auf die Region zugeschnittene Informationen öffentlich zugänglich. Ende 2002 wurden dort auch Internet-Zugänge geschaffen. Mitarbeiter/innen des „Fachtechnischen Dienstes" geben bei Bedarf Hilfestellungen und in der Regel ist das BIZ außerdem mit einer Beratungsfachkraft besetzt. In ländlichen Regionen können die Agenturen zusätzlich ein „BIZ-Mobil" anfordern, das mit denselben Informationsmaterialien wie die stationären Zentren ausgestattet ist. Zudem finden in den Räumen des BIZ meist ein- bis zweimal wöchentlich Veranstaltungen zu bestimmten Berufen oder Berufsgruppen statt. Auch sind dort Informationen über freie Ausbildungsplätze erhältlich. Früher lagen Computerausdrucke mit den freien Ausbildungsplätzen aus. Seit dem Herbst 1998 können die aktuellen Angebote auf gesonderten PCs abgerufen werden.

Die Berufsinformationszentren werden stark frequentiert und kommen bei den Jugendlichen gut an. Beispielsweise zählte die Bundesagentur im Beratungsjahr 2000/01 fast 5 ½ Mio. Besucher/innen (BA, Berufsberatung 2000/2001: 14). Mehr als die Hälfte der Besucher/innen kommen mehrfach in das BIZ und 77% verweilen dort mindestens eine Stunde (vgl. Kretschmer/Perrey 1998). 69% der Nutzer/innen gehen noch zur Schule, 57% sind jünger als 17 und nahezu 80% höchstens 20 Jahre alt. In Anspruch genommen werden vorrangig die Info-Mappen, die interaktiven Computerprogramme zur Erkundung von Interessen einerseits und Anforderungen der Berufe andererseits sowie die berufskundlichen Filme, wobei diese Medien von den Besucher/innen wiederum die besten Noten (um „gut" auf einer Sechserskala) erhielten. Die Bücher wurden mit 2,3 benotet und die Hörprogramme und Diaserien immerhin mit einer guten drei. Eine Informationsmappe „Mädchen in gewerblich-technischen Berufen", die von der Bundesagentur in den 1980er Jahren entwickelt worden ist, wurde zwischenzeitlich ersatzlos entfernt. Sie war veraltet. Ob Materialien, die sich speziell an Mädchen und Frauen richten, vorhanden sind oder nicht, hängt somit von der jeweiligen Arbeitsagentur ab.

Die Selbstinformation, die angesichts der knappen Zeit, die für eine personale Begleitung des Berufswahlprozesses zu Verfügung steht, unabdingbar ist, wird von den Jugendlichen gut angenommen. In den Tabellen von Kretschmer und Perrey (1998) wird hinsichtlich der Nutzung einzelner Medien nicht zwischen Erst- und Wiederholungsbesuchern/innen unterschieden. Doch wenn vorausgesetzt wird, dass die Erstbesucher/innen die unterschiedlichen Medien zu gleichen Prozentanteilen wie die Besucher/innen insgesamt nutzen, haben im Jahr 1996/97 1,4 Mio. Menschen die Info-Mappen zu Rate gezogen, 1,1 Mio. verwendeten die Computerprogramme und knapp 1 Mio. sahen sich einen oder mehrere der dortigen Filme an. Die BIZ-Medien sind offensichtlich ein Publikumserfolg.

Der Erstkontakt zum BIZ erfolgt meist auf Initiative der Berufsberater/innen und der Lehrer/innen. 14,1% bzw. 55,4% der befragten Schüler/innen führten ihren BIZ-Besuch auf diese Personengruppen zurück (vgl. ebd.). Dass Berufsberater/innen mit *nur* 14,1% als Initiatoren/innen genannt wurden, hat insoweit keine Bedeutung, als die Befragten den Besuch im Klassenverband wahrscheinlich eher den Lehrer/innen als den Berufsberater/innen zuordnen. Unter den jüngeren Besucher/innen überwiegen den Befragungen von Kretschmer und Perrey zufolge die Mädchen, vermutlich weil Mädchen größere Probleme haben einen Ausbildungsplatz zu finden.[29] Weitere, nach Geschlechtern differenzierte Auswertungen zur Verwendung und zur Bewertung der einzelnen Medien liegen nicht vor. Mutmaßlich unterscheidet sich die Nutzung von Mädchen und Jungen nicht sonderlich. Allenfalls könnte angenommen werden, dass Jungen die Computer eher anwenden um ihre „Technikkompetenz" zu beweisen. Doch selbst wenn dem heute noch so sein sollte: Zum einen wird die Computerbenutzung durch die Einführung in den Schulen auch für Mädchen immer selbstverständlicher und zum zweiten wäre eine verminderte Nutzung durch Mädchen angesichts des „genderings" des am häufigsten frequentierten Programms „Interessen-Ausbildung-Beruf" durchaus nicht von Nachteil (vgl. Abschnitt 4.5).

Schulbesprechungen:

Die Schulbesprechungen sind ein weiteres wesentliches Element der Unterstützung der Jugendlichen durch die Berufsberatung. In der Regel werden sie in allen Vorabgangs- und Abgangsklassen zumindest der Haupt-, Real- und Gesamtschulen sowie in den Abschlussklassen der Gymnasien und teilweise auch in den Berufsfachschulen durchgeführt. Grob lassen sich diese Veranstaltungen als Übernahme eines Teils des Unterrichts beschreiben. Meist unterrichtet die Berufsberatung jeweils einmal für ein oder zwei Stunden in den letzten beiden Schuljahren. Nachdem 1971 in einer Vereinbarung mit der KMK der rechtliche Rahmen geschaffen war, entwickelte die Bundesanstalt 1975 einen „vorläufigen", dennoch umfangreichen Lernzielkatalog, der im Prinzip heute noch gilt (BA 1975). Aufgeführt werden folgende Lernziele:

---

29 Eine Rolle könnte auch spielen, dass Mädchen anderenorts weniger auf die Berufswahl vorbereitet werden als Jungen. Beispielsweise kommen in den Schulbüchern erwerbstätige Frauen deutlich seltener vor als erwerbstätige Männer (vgl. Fußnote 23).

- „Der Jugendliche erkennt grundlegende Merkmale der Ausbildungs- und Berufswahl." (U.a.: Freiheit der Berufswahl; lebensbedeutsame Aspekte der Berufswahl; Erkennen der mit der Ausbildungs- und Berufswahl gestellten Aufgabe.)
- „Der Jugendliche hat einen Überblick über die seiner Bildungsstufe entsprechenden Bildungs-, Ausbildungs-/Studiengänge und Berufsmöglichkeiten und kann einzelne Ausbildungs-/Studiengänge und Berufe beschreiben." (U.a.: Bedeutung der schulischen Bildung für die Berufswahl; Kennen verschiedener Formen der Ausbildung und einzelne Ausbildungsgänge analysieren können; Überblick über Berufsmöglichkeiten und einzelne Berufe analysieren können; Fähigkeit zu differenzierten Fragen nach Informationen über Beschäftigungsaussichten; Bewusstsein über die Bedeutung der beruflichen Weiterbildung.)
- „Der Jugendliche hat einen Überblick über die berufswahlrelevanten persönlichen Voraussetzungen für den Ausbildungs- und Berufserfolg; er kann diese in Beziehung zu Ausbildungs- und Berufsalternativen setzten." (U.a.: Bedeutung der persönlichen Voraussetzungen für die Berufswahl; Erkennen und Bereitschaft zur Ermittlung einzelner psychischer und physischer Voraussetzungen; Kennen der Problematik der Selbsteinschätzung und Bereitschaft zur Nutzung von Fremdeinschätzungen.)
- „Der Jugendliche kennt die Berufsberatung und ist bereit und fähig, sie in Anspruch zu nehmen." (U.a.: Kennen der Hilfsangebote der Berufsberatung; Einordnung der Hilfen der Berufsberatung in das Gesamtkonzept seiner Vorbereitung; Erkennen der Hilfsangebote der Berufsberatung als Teil eines für das spätere Erwerbsleben wichtigen Dienstleistungsangebots des Arbeitsamtes.)

Die Literatur zu den Schulbesprechungen datiert meist aus den 1970er und 1980er Jahren; ihre Aussagen scheinen jedoch teilweise trotz mannigfaltiger Veränderungen heute noch Gültigkeit zu haben. Elmar Lange und Ursula Becher konstatieren in ihrer Untersuchung der *ersten* Schulbesprechungen, dass die Berater/innen sich gegenüber dem Lernzielkatalog „glücklicherweise" zu beschränken wissen und sich am Stand der Berufswahlvorbereitung der Klasse orientieren (1981: 354f.). Auch wurden die Landesarbeitsämter mit Erscheinen dieses Lernzielkatalogs aufgefordert, Vereinbarungen mit den Kultusbehörden der Länder zu treffen, welche Lernziele jeweils von der Schule und welche von der Berufsberatung übernommen werden sollen, was mittlerweile geschah. In „jedem Fall" aber sollten der Berufsberatung „diejenigen Lernziele zugeordnet werden, die Informationen über die Situation und Entwicklung auf dem Ausbildungsstellenmarkt sowie über die Dienste und Leistungen der Berufsberatung zum Gegenstand haben" (BA 1975: 776).

In den Vereinbarungen mit den Bundesländern war vor allem zu berücksichtigen, ob und in welcher Form ein Berufswahlunterricht in den jeweiligen Ländern vorgesehen und wie die regionalen Gegebenheiten sind. Anna-Theresia Heitkötter und Marita Schmickler-Herriger stellen im Handbuch der Berufsorientierung der BA (1992: 50ff.) drei unterschiedliche Modelle vor: In Nordrhein-Westfalen sind die schulischen und die berufsberaterischen Maßnahmen eng verzahnt; von Lehrkräften und Berufsberater/innen wird *gemeinsam* schon am Anfang des achten Schuljahres ein schulinterner Lehrplan für die jeweilige Klasse entwickelt. In Baden-Württemberg dagegen besteht wegen der Vielzahl der dort meist wohnortnahen Hauptschulen eine verbindliche Rahmenvorgabe des Kultusministeriums zur „Orientierung in Berufsfeldern" mit 36 Unterrichtsstunden. Die Schulbesprechungen der Berufsberatung sind als „Mini-Epochen" eingebaut, „damit können die Berufsberater sich auf die Inhalte konzentrieren, über die sie besser verfügen als die Lehrer, können diese aber vertiefend angehen" (ebd. S. 53). Das dritte Beispiel beschreibt die Verknüpfung von Berufsberatung, Gymnasium und Universität im Saarland. Wegen der kurzen Fahrtwege besteht dort – wie in weiten Teilen Nordrhein-Westfalens – die Möglichkeit einer häufigen Beteiligung der Berufsberatung.

Vielleicht noch wichtiger als Lehrpläne und räumlich-organisatorische Möglichkeiten sind die Vorbereitung der Schüler/innen auf den Termin sowie generell das Engagement der Lehrkräfte und Berufsberater/innen. Trifft ein uninteressierte/r Berater/in auf eine ebenso uninteressierte Lehrkraft, dürfte die Schulbesprechung kaum Erfolge haben; umgekehrt führt ein Zusammentreffen von engagierten Fachkräften unter Umständen zur gemeinsamen Entwicklung eines schulklassenspezifischen Lehrplans – selbst wenn die Vorgaben des Landes viel anspruchsloser sind und eine solche intensive Kooperation gar nicht vorsehen.

Elmar Lange und Ursula Becher (1981) zufolge waren die Erwartungen der Schüler/innen *vor* der ersten Besprechung hoch und diffus zugleich. *Nach* der Besprechung wurden die Hilfsmöglichkeiten der Berufsberatung realistischer eingeschätzt, die Angst vor der Berufs- und Ausbildungsplatzwahl war geringer als vorher und die Schüler/innen verfügten über vertiefte Kenntnisse der Bildungsmöglichkeiten, insbesondere über die schulischen. In dieser Untersuchung fällt im Übrigen die teils mangelnde Vorbereitung durch die Lehrkräfte auf: Nur einem Teil der Schüler/innen waren diejenigen Materialien der Bundesagentur bekannt, die an die Schüler/innen verteilt werden (sollen) *und* die teilweise auch für den Einsatz im schulischen Unterricht gedacht sind. Nur ein Viertel der Schüler/innen war auf den Besuch der Berufsberater/in vorbereitet; in sechs von 29 Fällen war die Lehrkraft bei der Schulbesprechung nicht einmal anwesend (Lange/Becher 1981: 355).

Mittlerweile wurden die Curricula revidiert und bei den Lehrkräften mag angesichts der langandauernden Misere auf dem Ausbildungsstellenmarkt ein erhöhtes Problem- und Verantwortungsbewusstsein entstanden sein. Einer neueren Befragung zufolge war zu Beginn des letzten Schuljahres immerhin mehr als 70% der Schüler/innen der Abgangsklassen der Sekundarstufe I die Informationsschrift „Beruf aktuell" bekannt und aus den zehnten Klassen der Gesamt- und Realschulen kannten ebenso viele entweder „Step plus" oder „mach's richtig"[30] (Kleffner u.a. 1996: 9). Dennoch bleibt fraglich, ob die (verbindlichen) Lehrpläne der Länder immer von jeder einzelnen Lehrkraft

---

30 „Step plus" und „mach's richtig' wurden mittlerweile durch die Medienkombination „Mach's Richtig" (in Großschreibung) zusammengefasst.

und jeder Schule eingehalten werden. Abgesehen davon, dass auch Lehrpläne veraltet sein können, ein Ignorieren somit angebracht wäre, ist doch häufiger festzustellen, dass Lehrkräfte die Pläne nicht beachten, weil sie sie schlicht nicht zur Kenntnis genommen haben. Zudem hängen die Möglichkeiten der Berufsberatung auch wesentlich von der Qualität des jeweiligen schulischen Berufswahlunterrichts ab. Der umfangreiche, aus meiner Sicht auch heute noch sinnvolle Lernzielkatalog der Bundesagentur lässt sich nur einlösen, wenn der größte Teil der Lernziele im schulischen Unterricht erarbeitet wird und wenn der schulische Unterricht qualitativ hinreichend ist.

Ganz zentral ist damit neben dem Engagement der jeweiligen Berufsberater/innen das der *einzelnen* Lehrkräfte, wobei deren Handlungsmöglichkeiten wiederum von ihren Schulen und insbesondere den unmittelbaren Kollegen/innen abgesteckt werden. Elmar Lange und Ursula Becher (1981: 355) stellten große Unterschiede zwischen den Schulen und eine große Homogenität innerhalb der Schulen fest: „Das mit ... Führungsstilen' verbundene soziale Klima findet sich in den einzelnen Klassen wieder: Die Schüler erwarten praktisch von den Lehrern, dass sie sich – in den extremen Positionen, – entweder autokratisch, partnerschaftlich oder aber alles durchgehen lassend verhalten" (ebd.: 355). Wenn indessen Einvernehmen zwischen Beratern/innen und Beratenden über den Sinn und die Perspektive der Beratung für ein Gelingen unabdingbar ist (Faulstich-Wieland 1985), kann die Arbeit der Berufsberatung nur in den Schulen erfolgreich sein, in denen ein entsprechendes Klima herrscht; die Lehrkräfte und die Berufsberater/innen sich einem gemeinsamen Ziel verpflichtet fühlen.

Für die zweite Schulbesprechung ist der Inhalt seitens der Bundesagentur nicht festgeschrieben. Auch in der Literatur lässt sich dazu wenig finden. Anscheinend werden oftmals spezifische Themen angeboten, beispielsweise zu einzelnen Berufsbereichen. Solche *Gruppenberatungen* führen „zu einer deutlichen Erhöhung des berufswahlrelevanten Wissens, vor allem aber zu einem Sich-Selbst-Erkennen und Sich-Selbst-Festschreiben der Teilnehmer hinsichtlich ihrer Neigungen und Eignungen" (Lange/Neuser 1985 I: 243).

Elternabende gehören ebenfalls zum Soll der Schulbetreuungen. Die „Elternorientierung", die nach der Rahmenvereinbarung zwischen der Bundesagentur und der Kultusministerkonferenz in Zusammenarbeit von Schule und Berufsberatung durchgeführt wird, sollte idealerweise in das Curriculum eingebunden sein. In Westdeutschland entfiel 2001/02 auf 9,2 Schulveranstaltungen eine Elternveranstaltung, in Ostdeutschland auf 4,3. Anscheinend werden zumindest in Westdeutschland Elternveranstaltungen nicht in jeder Schulklasse durchgeführt. Die Erfahrungen der von mir befragten Agenturen sind höchst unterschiedlich. Einige berichteten, Elternveranstaltungen seien gut besucht, andere, und zwar großstädtische, sagten, es komme niemand.

Um Mädchen für eine gewerblich-technische Berufsausbildung zu gewinnen, bleibt in den Schulbesprechungen wenig Raum. Für eine ausführlichere Befassung mit einer geschlechtsuntypischen Berufsausbildung stehen nur die zweite und – so sie durchgeführt wird – die dritte Schulbesprechung zur Verfügung. Wird in der dritten Veranstaltung aber das BIZ besucht, dürfte es schwierig werden. Wenn die Agenturen nicht eigenständig entsprechende Materialien in die Mediothek eingestellt haben, gibt es solche dort auch nicht. Um auf das Thema einzugehen, bleibt somit allenfalls ein einziger Veranstaltungstermin, wobei die Zeit allemal zu knapp ist, um dem langjährigen „gendering" wirkungsvoll entgegenzutreten.

Eine denkbare, wenngleich unzureichende Lösung wäre, die zweite (oder gegebenenfalls die dritte) Schulveranstaltung als Gruppenmaßnahme anzubieten, wo es eine gesonderte Gruppe zu „Mädchen und atypische Berufswahl" gibt. Eine andere Möglichkeit wären gesonderte Seminare. Die Bundesagentur hat eigens ein Seminarkonzept mit dem Titel „Mädchen stellen Weichen für die Zukunft" entwickelt. Gruppenmaßnahmen und Seminare sind jedoch generell selten. Festzuhalten bleibt, dass der zeitliche Rahmen der Schulbesprechungen viel zu knapp ist, um den Ansprüchen des Lernzielkatalogs zu genügen und erst recht, um bei diesen Schulbesprechungen Mädchen für eine gewerblich-technische Berufswahl zu gewinnen. Dieser Lernzielkatalog kann nur erfüllt werden, wenn die Schule das Ihre dazu beiträgt.

Einzelberatungen:

In den Einzelberatungen sind stehen die Individuen im Mittelpunkt und es kann auf die jeweiligen Wünsche und Neigungen sowie auf die Eignung eingegangen werden. Meines Erachtens finden die Einzelberatungen zu spät und zu selten statt, als dass die Wünsche und Neigungen herausgefiltert werden könnten. Insbesondere bei Mädchen, die sich im Berufswahlalter in der Adoleszenz befinden, wären extensivere Reflektionen nötig, um hinter den Spiegel der präsentierten Weiblichkeit zu schauen. Dies ist aber kein Ziel des Beratungskonzeptes der Bundesagentur. Vielmehr knüpft das Konzept an dem an, was in der Kürze des Beratungsgesprächs als Interesse benannt wird. *Präsentierte* Weiblichkeit droht als Berufung zu weiblich konnotierten Arbeitstätigkeiten missinterpretiert zu werden. Dies werde ich im Folgenden aufzeigen.

Die Bundesagentur unterscheidet zwischen *Beratungen nach Vereinbarung*, wo gewöhnlich ein Zeitrahmen von 45 bis 60 Minuten[31] zur Verfügung steht, und *Sprechstunden*, die für kürzere Nachfragen gedacht sind. Erstberatungen finden in der Regel – wie im Konzept der Bundesagentur beabsichtigt

---

31 Dieser Zeitrahmen scheint angemessen zu sein, zumal viele Jugendliche sich kaum länger konzentrieren können. Von den Berater/innen halten zwei Drittel diese Zeit für sachgerecht; die anderen empfanden sie je zur Hälfte als zu kurz oder als zu lang. Vgl. Kleffner/Schober 1998a: 3446.

– in Form einer *Beratung nach Vereinbarung* statt (vgl. Kleffner/Schober 1998b: 14). Um den Jugendlichen lange Wege zu ersparen, werden *offene Sprechstunden* zunehmend auch in den Schulen angeboten. Einige Agenturen führen aus demselben Grund ebenfalls terminierte Beratungen in den Schulen durch. Im Durchschnitt entfallen auf eine/n Ratsuchende/n 1,6 ausführliche Beratungen und 0,5-mal eine kürzere in den Sprechstunden.[32]

In den 1990er Jahren – und somit nach fast zwei Jahrzehnten „Pause" – hat die Bundesagentur neue Erhebungen zur Zufriedenheit der Kunden/innen durchführen lassen (Kleffner/Schober 1998a und b). Neben der Literatur zu den Beratungszielen und der -methodik werden diese Untersuchungen im Folgenden die Grundlage für die Beantwortung der Frage sein, ob Einzelberatungen in geschlechtstypische Berufe lenken oder eine Chance bieten, das jeweilige Berufswahlspektrum zu erweitern.

Ein wesentliches Ergebnis dieser neuen Untersuchungen ist, dass die Klientel der Berufsberatung immer heterogener wird. Jugendliche „an der ersten Schwelle", d.h., nach bzw. kurz vor dem allgemein bildenden Schulabschluss machen nur gut die Hälfte der Kunden/innen aus. Von der anderen Hälfte stellen die Arbeitslosen mit 17% die größte Gruppe, gefolgt von den Schüler/innen beruflicher Schulen (9%, ohne Auszubildende) und den Berufstätigen (8%). Die Übrigen studieren, befinden sich in einer Berufsausbildung, absolvieren den Wehr- oder Zivildienst oder ein freiwilliges soziales Jahr (Kleffner/Schober 1998b: 3).

Zumeist sind die Ratsuchenden mit den Leistungen der Berufsberatung zufrieden. Lediglich 4% der nach dem Gespräch Befragten (Kleffner/Schober 1998b: 17) bzw. einer anderen Untersuchung zufolge 14% der Schüler/innen (Kleffner u.a. 1996: 19) machten den Vorwurf, der/die Berufsberater/in habe versucht, ihnen den Berufswunsch auszureden.

„Grundsätzlich ist die Mehrzahl der Befragten (zwischen 60% und 80%) der Ansicht, daß ihnen das Gespräch einen Zuwachs an Berufswahlkompetenz gebracht hat: Sie wüßten nun besser, wie sie bei der Berufswahl vorgehen müssen und wie sie ihre beruflichen Vorstellungen verwirklichen können ... Sie bestätigen auch, daß der/die Berater/in ihnen neue Möglichkeiten aufgezeigt hat, an die sie selbst noch nicht gedacht hatten. Das gilt in besonderem Maße für Schüler ..." (Kleffner/Schober 1998b: 21).

Das Konzept der Bundesagentur sieht vor, dass sich die Ratsuchenden mithilfe der Medien, die sie für die Selbstinformation zur Verfügung stellt, vorbereitet haben. Dies gelingt ihr weitgehend: 60% der Ratsuchenden hatten vorher ein BIZ besucht, 45% Schriften der Bundesagentur gelesen, 40% hatten sich sogar schon um einen Ausbildungsplatz beworben und nur 16% hatten bislang nichts unternommen (ebd.: 7). Der Beratungsbedarf ist analog der Heterogenität der Klientel vielfältig. Im Vordergrund stehen konkrete berufs-

---

32 Berechnet nach: BA Berufsberatung (2001/2002: 5).

kundliche Informationen und Hilfestellungen, um das selbstgesetzte Ziel zu erreichen.

„80 Prozent und mehr der Befragten stimmten folgenden Aussagen zu: ‚Ich will wissen, wie ich meinen Wunschberuf verwirklichen kann' und ‚Daß man mir hilft, einen Ausbildungs-/Studienplatz zu finden' und eine Beratung darüber, ‚welche Berufe Zukunft haben', dicht gefolgt von dem Wunsch nach einer ‚grundsätzlichen Beratung, welche Möglichkeiten für mich überhaupt in Frage kommen', ‚ob es noch andere Möglichkeiten gibt, die mir selbst nicht eingefallen sind' und Informationen über die ‚Aufstiegs- und Karrierechancen im angestrebten Beruf'" (ebd.: 9).

Mit deutlichem Abstand aber immer noch hohen Besetzungen folgen: „einmal ausführlich mit jemandem über ihre beruflichen Vorstellungen reden", Hilfe bei der Frage, ob der gewünschte Beruf geeignet ist, und gut die Hälfte wünscht, „daß man mir sagt, was ich werden soll" (ebd.).

Oberstes Prinzip beruflicher Einzelberatungen ist ein nicht-lenkendes Vorgehen. Gefordert ist je nach Stand der Ratsuchenden[33] eine „flexible Beratungsmethodik", die ein Beratungsverständnis voraussetzt,

„bei dem der Ratsuchende dem Berater als Partner gegenübersteht. Er ist nicht Objekt beraterischer Betreuung, sondern Subjekt, das Anspruch auf Transparenz des Beratungsgeschehens hat" (Deichsel 1992: 63).

Im maßgeblichen „Grundwerk individueller Beratung" der Bundesagentur (BA 2002), in dem das Vorgehen bei den Einzelberatungen aufbereitet ist, ist vorgesehen, dass die Berater/innen an den Interessen und Einstellungen der Ratsuchenden anknüpfen. Die Berater/innen sollen aus der Biographie der Jugendlichen deren Vorlieben und Abneigungen erkunden, beispielsweise die in der Schule gewählten Fächer, die Freizeitaktivitäten und die Art der Mitarbeit im Familienhaushalt (ebd.: 140). Es gilt herauszufinden: „Welche Verhaltensweisen legte der/die Ratsuchende in (alterstypischen) *Wahlsituationen* an den Tag?" Unter dem Stichpunkt „Familie" beispielsweise findet sich in der Fachlichen Arbeitshilfe eine Differenzierung zwischen „verantwortliche Betreuung von jüngeren Geschwistern" und „Reparatur von Geräten und/oder Fahrzeugen u.ä." (ebd.). Diese Sichtweise unterstellt, dass Mädchen und Jungen sich gänzlich unbeeinflusst von den Erwartungen der Eltern und Peer Groups für das eine und gegen das andere entscheiden konnten und sie unterstellt vor allem, dass die Peer-groups zum Zeitpunkt der Berufsentscheidung keinen Einfluss haben: Mädchen, die Weiblichkeit präsentieren wollen, werden von sich behaupten, sie hätten sich „immer schon" und „ausschließlich" für weiblich konnotierte Tätigkeiten interessiert. Eine Gleichsetzung von: „hat jüngere Geschwister betreut", mit: „ist an sozialen und erzieherischen Berufen interessiert", wäre daher reichlich verkürzend.

---

33 Das „BA-Modell" (Meyer-Haupt 1992: 13) unterscheidet drei Ablaufformen: die Informations-, die Entscheidungs- und die Realisierungsberatung.

Professionelle Beratung setzt Kenntnis des/der zu Beratenden voraus, die bei der Flüchtigkeit des Kontakts zwischen Berater/innen und zu Beratenden kaum gegeben ist. Die Berufsberatung versucht zwar die personelle Kontinuität zu gewährleisten, indem nach Möglichkeit die für die Schulklasse zuständige Beratungsfachkraft auch die Einzelgespräche führt, doch da der Schulkontakt kaum zum Kennenlernen führt, fehlt die Basis für die Einschätzung der Persönlichkeit der jeweiligen Jugendlichen. Zudem dürften 16-Jährige kaum in der Lage sein, ihre Wünsche und Überlegungen innerhalb eines einzigen Beratungstermins hinreichend zu reflektieren, selbst wenn die Beratungsfachkraft Unterstützung gibt.

Informationen über die Zukunftschancen von Berufen und über die Aufstiegs- und Karrieremöglichkeiten, die sich 80% der Ratsuchenden wünschen, wären für Mädchen besonders wichtig. Mädchen wollen einerseits einen Beruf erlernen, der ihnen den Weg in eine berufliche Zukunft öffnet, andererseits nennen sie mehrheitlich Berufe wie Erzieherin und nicht-ärztliche Gesundheitsberufe, in denen weder eine kontinuierliche Erwerbstätigkeit noch berufliche Aufstiegsmöglichkeiten vorgesehen sind (vgl. Abschnitt 3.7). Informationen zu den Themenkomplexen „welche Berufe Zukunft haben" und „Aufstiegs-/Karrieremöglichkeiten" jedoch kommen in den Beratungsgesprächen kaum vor. Unter den neun, dort am häufigsten thematisierten, tauchen diese Inhalte nicht auf (vgl. die Grafik bei Kleffner/Schober 1998b: 16).

Auch in der Fachlichen Arbeitshilfe der Bundesagentur haben Sachinformationen zur Aufnahmefähigkeit des Arbeitsmarktes, zur Bezahlung, zu den Arbeitszeiten und zu den Aufstiegs- und Karrieremöglichkeiten innerhalb des Ablaufplanes, der für die Einzelberatung vorgesehen ist, nur einen nachrangigen Stellenwert: Dieser Komplex ist nur einer von insgesamt 28 Themengebieten, die in einem einzigen Gespräch abgehandelt werden sollen. In der Vorgängerversion der Arbeitshilfe wurden den Berater/innen sogar nahegelegt, die Ratsuchenden möglichst selbst die Bedingungen des Berufs herausfinden zu lassen, weil deren Vorstellungen und Bewertungen emotional aufgeladen sein könnten (BA 1992: 41). Hinreichende Materialien, anhand derer eine solche Selbsterarbeitung möglich wäre, stellt die Berufsberatung jedoch nicht zur Verfügung. D.h., die Berufsberatung informiert *nicht* über das, was den Mädchen besonders wichtig ist.

Ein entscheidender Hinderungsgrund, Mädchen zur Aufnahme bspw. einer metall- oder elektrotechnischen Ausbildung anzuregen, dürfte auch die Zeit sein, und zwar sowohl die Enge des Terminkalenders der Beratungskräfte als auch der Zeitpunkt, zu dem die Beratung stattfindet. Entlassen die Berater/innen Mädchen aus dem Gespräch mit dem Auftrag, über eine Ausbildung in einem Jungenberuf nachzudenken, wird ein erneuter Beratungstermin fällig. Dafür aber ist im überfüllten Terminkalender der Berater/innen kein Platz mehr. (Wegen des Grundsatzes, dass eine/r Ratsuchende immer von derselben Fachkraft betreut wird, fällt diese Zusatzarbeit sogar auf die jeweilige Fachkraft zurück.)

Darüber hinaus ist es beim Beratungstermin für Neuüberlegungen häufig schon zu spät. Die terminierten Beratungen finden in der Regel erst im letzten Schuljahr statt. (Zu Beginn des letzten Schuljahres hatten erst 17% der Schüler und Schülerinnen der Sekundarstufe I eine persönliche Beratung im Arbeitsamt gehabt. Vgl. Kleffner u.a. 1996: 9.) Häufig sind der BIZ-Besuch und die zweite Schulbesprechung Anlass, dass ganze Schulklassen um Einzelberatungen nachsuchen, was dazu führt, dass die Wartezeiten im Frühherbst besonders lang sind. Wenn dann vier Wochen oder gar drei Monate allein mit Wartezeit vergehen, was durchaus nicht selten ist, bleibt für die berufliche Neuorientierung kein Raum mehr.[34] Viele große Betriebe, d.h., gerade diejenigen, die vorrangig Mädchen in Jungenberufen einstellen, beginnen mit den Auswahlverfahren im Oktober; Ende Dezember sind die Ausbildungsplätze für das nächste Jahr bereits vergeben. Damit die Bewerbung rechtzeitig erfolgt, muss kurz nach Schuljahresbeginn bereits feststehen, welche Berufe von Interesse sind.

Möglichkeiten, die Wartezeiten zu verkürzen, bestehen kaum. In der Regel versuchen die Arbeitsagenturen, die Zeit sinnvoll zu füllen, indem sie die Jugendlichen gezielt zu berufskundlichen Vorträgen einladen. Auch werden Jugendliche vorrangig bedient, die Berufswünsche angeben, in denen die Bewerbungsfristen demnächst auslaufen. Beides aber löst das Problem nicht: Mädchen mit geschlechtstypischen Berufswünschen werden kaum von sich aus berufskundliche Vorträge zu Metall- oder Elektroberufen aufsuchen. Wenn sich später beim Beratungsgespräch herausstellt, dass das Mädchen doch Interesse an einem Jungenberuf hat, ist es möglicherweise für eine Bewerbung schon zu spät.

In den Erhebungen der Bundesagentur entsprach die Bewerbungsabsicht nach dem Beratungsgespräch mehrheitlich dem Berufswunsch, der vor dem Gespräch genannt worden war (Kleffner/Schober 1998b: 19). Meines Erachtens ist dieser Befund kritisch zu sehen. Das Beratungspersonal steht gerade im Spätsommer und Frühherbst unter Zeitdruck und zudem begreifen sich die meisten Fachkräfte als „Entscheidungshelfer/innen" (Kleffner/Schober 1998a: 3437) und nicht als Informanten/innen über Berufe: Sofern die geäußerten Berufswünsche als realisierbar erscheinen, besteht wenig Anlass, sie in Frage zu stellen und auf Alternativen hinzuweisen. Die berufliche Einzelberatung, und zwar auch die Langform einer „terminierten", kann nur schwerlich ein Ort sein, wo Anstöße zu einer beruflichen Neuorientierung gegeben werden: Nicht nur ist der Termin meist zu nah am Bewerbungsschluss, sondern durchschnittlich nur 1,5 ausführliche Gespräche von in der

---

34 In „meinen" Agenturen betrugen die Wartezeiten für eine ausführliche Beratung meist zwischen zwei und sechs Wochen; zwei Agenturen gaben „bis zu drei Monate" an.

Regel einer dreiviertel Stunde sind zu wenig, um hinter den Spiegel der präsentierten Weiblichkeit zu schauen, um das dem Mädchen vor lauter Bemühen, dem Wunschbild des sozialen Umfeldes zu entsprechen, verlustig gegangene „Selbst" (Hagemann-White 1992: 71) zu entdecken. Zudem knüpfen Beratungsgespräche, jedenfalls wenn sie nach dem Muster durchgeführt werden, das von der Bundesagentur vorgegeben ist, an der bisherigen Biographie an, und verlängern so das „gendering" in die Berufsentscheidung. Besonders misslich ist, dass die berufsimmanenten Chancen und Risiken in den Gesprächen kaum thematisiert werden, Mädchen werden also kaum darüber in Kenntnis gesetzt, dass „ihre" Berufe häufig besonders schlechte Perspektiven eröffnen. Trotz der Begrenzung der Möglichkeiten, die durch die bisherige Organisation der Einzelgespräche besteht, „lohnt" es sich dennoch, Mädchen in diesen Gesprächen auf geschlechtsuntypische Ausbildungen hinzuweisen: In „meinen" Agenturen, die überdurchschnittlich häufig Mädchen in gewerblich-technische Berufe vermitteln, thematisieren die Berater/innen zahlreicher als in den anderen Agenturen diese Alternative selbst noch in den Einzelgesprächen. Ein solches Vorgehen setzt jedoch ein Beratungsverständnis voraus, in dem auch berater/innen-zentriertes, mehr über die verschiedenen Berufe aufklärendes Vorgehen an den richtigen Stellen seinen Platz hat.

Ausbildungsstellenvermittlung:

Ist die Entscheidung für einen bestimmten Beruf in der Einzelberatung gefallen oder besteht zumindest eine Liste der in Frage kommenden Berufe, erfolgt die Vermittlung unmittelbar durch die Beratungsfachkraft; d.h., die Jugendlichen erhalten einige Adressen von Betrieben, die in den gewünschten Berufen Ausbildungsplätze anbieten und bei denen sie sich bewerben können. Erst wenn diese Bewerbungen erfolglos bleiben, können sie um weitere Adressen nachsuchen. Diese Adressen erhalten sie dann von den Beratungsbüros.

Spätestens wenn es um die Ausbildungsstellenvermittlung geht, werden die Geschlechternormen des Beratungspersonals bedeutsam: Es sind die Berater/innen, die einen Vermittlungswunsch bzw. eine Rangfolge von in Frage kommenden Berufen in die Kartei eintragen. Zudem werden sie gegebenenfalls auch die Betriebsadressen danach filtern, ob sie meinen, dass das jeweilige Mädchen in dem Betrieb eine Chance hat. Zur individuellen Haltung, ob Mädchen einen Jungenberuf erlernen sollten oder nicht, kommt der Grad der Informiertheit über in Frage kommende Betriebe hinzu. Das gleiche gilt für die Sachbearbeiter/innen in den Beratungsbüros: Fragt ein Mädchen erneut nach Betriebsadressen und hat die Beratungsfachkraft neben gewerblich-technischen auch mädchentypischere Berufe eingetragen, hat der/die Sachbearbeiter/in die Möglichkeit zwischen Betrieben und damit zwischen Berufen auszuwählen.

Prinzipiell müssten bei der Berufsberatung alle Ausbildungsplätze geschlechtsneutral erfasst sein. Im entsprechenden Runderlass von 1986 wird ausdrücklich vermerkt, dass *nicht* initiativ nachzufragen sei, ob ein bestimmtes Geschlecht gewünscht werde. § 36 des SGB III bestimmt entsprechend:

„Die Agentur für Arbeit darf Einschränkungen, die der Arbeitgeber für eine Vermittlung hinsichtlich Geschlecht, Alter, Gesundheitszustand oder Staatsangehörigkeit des Ausbildungsuchenden ... und ähnlicher Merkmale vornimmt, die regelmäßig nicht die berufliche Qualifikation betreffen, nur berücksichtigen, wenn diese Einschränkungen nach Art der auszuübenden Tätigkeit unerläßlich sind."

Heute sind, abgesehen von wenigen Ausnahmen im Bergbau, alle Ausbildungsberufe für Mädchen zugelassen. Unerlässliche Einschränkungen, die einer Einstellung entgegenstehen, gibt es nur noch im Bergbau. Die Regelung, dass alle Ausbildungsplätze prinzipiell geschlechtsneutral zu erfassen sind, ist für das Beratungspersonal aber wenig hilfreich: Unter Umständen schickt eine Beratungsfachkraft ein Mädchen mehrfach in Betriebe, die keine Mädchen wollen. Auch hier wird wieder das Wissen über betriebliche Eigenheiten entscheidend. Doch es gibt durchaus auch Berufsberatungen, die nicht aus Sorge um die Mädchen, sondern aus Gleichgültigkeit gegenüber den beruflichen Perspektiven von Mädchen Ausbildungsplatzangebote immer noch nach Geschlechtern getrennt erfassen. Heraus kommt, was beabsichtigt ist: Die Mehrheit der Ausbildungsplätze ist ausschließlich Jungen vorbehalten. Zumindest wird in einer der von mir besuchten Agenturen solchermaßen zwischen Jungen und Mädchen segregiert. Die Abteilungsleitung berichtete mir davon, als sei dieses Vorgehen das Selbstverständlichste der Welt.

Zwischenzusammenfassung:

Offene Diskriminierungen wie beispielsweise Mädchen Ausbildungsplätze vorzuenthalten sind zwar selten, doch in die organisationalen Regelungen ist ein Geschlechterleitbild eingeschrieben, das der beruflichen Beratung von Mädchen weniger Bedeutung beimisst als nötig wäre: Das altersspezifische „gender display" der Mädchen, die in der Phase der turbulenten Adoleszenz präsentierte Weiblichkeit, wird als Bestandteil der Persönlichkeit fehlinterpretiert. Aus dem Blick geraten dabei die Mängel weiblicher Berufe: Kriterien wie Aufstiegsmöglichkeiten, sichere Beschäftigungschancen, finanzielle Unabhängigkeit und Möglichkeiten zum Wiedereinstieg, die vielen Mädchen besonders wichtig sind (Hoose/Vorholt 1996: 177), werden kaum angesprochen, da Berufsberater/innen sich nicht als Informanten/innen über Berufe begreifen: „Weibliche Bescheidenheit" steht aber beispielsweise im Widerspruch zum Wunsch nach beruflichem Aufstieg, und die Erfordernis „weiblicher Attraktivität" in Form von Jugendlichkeit und Schönheit zumindest beim Friseurinnenberuf im Widerspruch zum Wunsch nach Wiedereinstiegsmöglichkeiten. Es stellt sich die Frage, ob Berufsberater/innen über die nötigen Informationen über die Berufschancen von Frauen in gewerblich-technischen Berufen verfügen und – allgemeiner formuliert – inwieweit sie für die Beratung von Mädchen qualifiziert sind.

Zusammensetzung, Qualifikation und Motivation des Beratungspersonals

Traditionell arbeiten in der Berufsberatung viele Frauen. Der bis in die 1970er Jahre geltende Grundsatz der Beratung von Mädchen ausschließlich durch Frauen machte eine ausreichende Zahl an weiblichen Fachkräften nötig. Offizielle Zahlen über die Geschlechterverteilung unter den Beratungsfachkräften liegen nicht vor. Verschiedene Untersuchungen deuten auf einen bundesdurchschnittlichen Frauenanteil zwischen 40 und gut 50% hin. Dabei scheint der Frauenanteil im Osten etwas höher zu sein als im Westen.[35] Somit sind Berufsberater*innen* zumindest nicht selten. Aber sind sie und ihre männlichen Kollegen auch darauf vorbereitet, Mädchen zu einer geschlechtsuntypischen Berufsentscheidung zu motivieren? Im Folgenden berichte ich über die Qualifikation des Beratungspersonals, vom Einfluss der Landesarbeitsämter bei der Personalauswahl, der Motivation und den familiären Hintergründen von Beamten im Allgemeinen und Berufsberater/innen im Besonderen und den – fehlenden – Informationen darüber, was Mädchen sich wünschen.

Berufsberater/innen verfügen über eine hohe Qualifikation. Dennoch bestehen deutliche Begrenzungen, sich Wissen über die Bedürfnisse von Mädchen und die Berufsverläufe von Frauen anzueignen. Die Berater/innen der *allgemeinen Berufsberatung* erhalten ihre Ausbildung an einem gesonderten Fachbereich der Fachhochschule des Bundes für öffentliche Verwaltung. Diese Ausbildung besteht seit 1972; bis dahin wurde eine zweieinhalbjährige Fachanwärterausbildung absolviert (vgl. Schröder 1989: 104). Voraussetzung um in das Fachhochschulstudium aufgenommen zu werden ist neben dem Fachabitur eine abgeschlossene Berufsausbildung *und* eine mindestens dreijährige berufliche Tätigkeit. Das gleichfalls dreijährige Studium umfasst Berufskunde, verschiedene Rechtsfächer, Volks- und Betriebswirtschaftslehre, Psychologie, Pädagogik und Soziologie. Es wird von mehreren, in Arbeitsagenturen zu absolvierenden Praktika unterbrochen. Für die einjährige Ausbildung zum/zur *Berufsberater/in für Abiturienten/innen und Hochschüler/innen*

---

35 In „meinen" West- Agenturen sind – nach Auskunft der Abteilungsleitungen – 52% der Beratungsfachkräfte weiblich (einschließlich AH und REHA); in den Ost-Agenturen liegt der Frauenanteil bei 65% und damit deutlich höher. Andere Befragungen haben etwas niedrigere Frauenanteile. In einer Untersuchung der Bundesagentur, die in ausgewählten Arbeitsagenturen durchgeführt wurde, kamen 46% der Antworten von Frauen (Kleffner/Schober 1998a: 3434). Helmut Schröder (1989) hatte in seinem westdeutschen Sample einen Frauenanteil von 39,3%.

ist ein abgeschlossenes Universitätsstudium Voraussetzung. Die Ausbildung setzt sich aus Praktika in den Arbeitsagenturen und (bisher) bei den Landesarbeitsämtern, aus Lehrgängen an einer Verwaltungsschule und einem dreimonatigen, zusätzlichen Studium an der Hochschule für Verwaltungswissenschaften in Speyer zusammen. Bereits während der Ausbildung sind die angehenden Berater/innen als Beamtenanwärter/innen angestellt. *Behindertenberater/innen* beider Gruppen müssen neben der Berater/innenausbildung eine neunwöchige Zusatzausbildung durchlaufen (Meyer-Haupt 1995: 52ff. u. Ertelt 1992: 40ff.).[36]

Das Personal der DDR-Berufsberatungen wurde zum Großteil von der Bundesagentur übernommen: Die Berufsberatungszentren gingen Anfang 1990 in die neu gegründeten Arbeitsämter auf und diese wiederum wurden mit der Vereinigung beider deutscher Staaten Teil der Bundesanstalt für Arbeit. In der DDR hatten die Berater/innen ein zweijähriges, kombiniertes Direkt- und Fernstudium absolvieren müssen, wobei ein abgeschlossenes, in der Regel berufspädagogisches Hoch- oder Fachschulstudium Zugangsvoraussetzung war (Rudolph 1990: 22).[37] Die Qualifikation der Berater/innen war in der DDR somit mindestens ebenso anspruchsvoll wie in Westdeutschland. Nach der Vereinigung erhielten diese Beratungsfachkräfte eine halbjährige Anpassungsfortbildung.

Üblicherweise orientiert sich Personalauswahl an dem Grundsatz, dass der/die Bewerberin in eine Organisation *passen* muss, dass die Person entweder dem vorhandenen Personal ähnlich ist, oder es in erwünschter Weise ergänzt (Beck/Brater 1977, Cockburn 1988, Grüning 1995): Die Personalauswahl folgt der Leitidee der Organisation und gewährleistet somit nicht nur das organisationsinterne Klima, sondern auch die Kontinuität in der Außenperspektive, der Aufgabe politischer Institutionen, „das Volk zu erziehen" (Göhler 1994). Die *einzelnen* Berufsberatungen haben jedoch kaum Einfluss auf die Auswahl ihrer Mitarbeiter/innen; die Leitidee wird vielmehr von den jeweiligen Regionaldirektionen (den ehemaligen Landesarbeitsämtern) durchgesetzt. Und zwar werden die Beamtenanwärter/innen, bevor sie das Fachhochschulstudium aufnehmen, von den Regionaldirektionen – ohne jegliche Beteiligung der einzelnen Ämter – eingestellt. Doch auch wenn die Absolventen/innen der Fachhochschule auf die Ämter verteilt werden, hat die jeweilige Regionaldirektion das Recht zu entscheiden, wer in welches Amt kam. Nur knapp die Hälfte der von mir besuchten Ämter wurde an der Auswahl ihres Personals beteiligt, die anderen nicht. „Beteiligung" heißt, dass ausschließlich der/die Direktor/in des jeweiligen Amtes und manchmal auch die Abteilungsleitung an den Bewerbungsgesprächen teilnahm oder dass das

---

36 Die Ausbildungsgänge stellt Ertelt (1992) detailliert dar.
37 Studieninhalte waren Arbeitswissenschaften, Berufskunde, Ökonomie, Psychologie, Pädagogik, Soziologie, Medizin und Recht (Rudolph 1990: 22).

Amt die Kandidaten/innen einlud und eine „Hitliste" erstellte. Doch selbst bei diesem weitestgehenden Beteiligungsmodell hieß es, das Landesarbeitsamt habe „eine bestimmte Vorstellung". Die jeweiligen Regionaldirektionen wählen somit schon die Studienplatzbewerber/innen danach aus, wer zu ihrer Leitidee passt. Darüber hinaus können sie auf die einzelnen Ämter Einfluss nehmen, indem sie dorthin die jeweils „zweckmäßigen" Mitarbeiter/innen schicken – im Zweifel diejenigen, die im Sinne der Regionaldirektion korrigierend auf das jeweilige Amt einwirken. Dass einige Agenturen mehr Mädchen in gewerblich-technische Berufe vermitteln als andere, kann somit nicht auf die Personalrekrutierung zurückgeführt werden. Allenfalls könnte die Personalgewinnung Unterschiede zwischen den Bezirken der Regionaldirektionen erklären.

Auffällig an der Personalzusammensetzung ist die hohe Zahl von Beschäftigten, die nicht in der Beratung im engeren Sinne eingesetzt sind. Klaus Meyer-Haupt (1995: 52) berichtet von 3.661 Berufsberater/innen, 493 Führungskräften und 2.886 Sachbearbeiter/innen und Mitarbeitern/innen des Fachtechnischen Dienstes. Angenommen, in jeder der 181 Arbeitsagenturen gebe es eine Abteilungssekretärin und einen Arzt oder eine Ärztin, stehen rein rechnerisch drei Berufsberater/innen zwei Zuarbeitende zur Verfügung. Hier wirkt sich noch die alte, bis 1992 geltende Trennung von Berufsorientierung und Ausbildungsvermittlung aus, die eine große Zahl von Verwaltungsinspektoren/innen in der Ausbildungsstellenvermittlung notwendig machte. Das Klima scheint heute immer noch stark von bürokratischen Regeln geprägt zu sein, jedenfalls äußerten von die mir befragten Beratungsfachkräfte in größerer Anzahl Kritik am Nichtfunktionieren der Beraterbüros, wo die Verwaltungsinspektoren/innen arbeiten. Möglicherweise sehen sich die Verwaltungsinspektoren/innen genötigt, ob der mittlerweile erfolgten Einführung der EDV und der Übernahme der Betriebskontakte durch die Beratungsfachkräfte ihre Wichtigkeit zu legitimieren.

Die Bundesagentur versucht durch die Umschulung von Verwaltungsinspektoren/innen zu Berufsberater/innen deren Überhang abzubauen. Damit aber wird das bislang hohe Qualifikationsniveau der Beratungsfachkräfte verwässert. Die Verwaltungsinspektoren/innen haben – im Gegensatz zu den „gelernten" Berufsberater/innen – in der Regel keine Berufserfahrung außerhalb der Arbeitsverwaltung. Die Umschulung zur Beratungsfachkraft besteht aus 15 Wochen Studium und zwölf Wochen Praktikum in der Berufsberatung. Ich habe erhebliche Zweifel, ob sich die nötigen Kenntnisse in faktisch einem Studiensemester vermitteln lassen.[38]

---

38 Ertelt (1992: 43) führt folgende Stoffgebiete an: „Berufsberatung als personenbezogene Dienstleistung, psychologische Grundlagen der Beratung, Berufswahl, Berufsorientierung, Ausbildungsvermittlung, Ausbildungsstellenmarkt und Arbeitsmarkt (einschließlich EG-Binnenmarkt), Berufskunde/Bildungskunde, Förderung, Recht."

Sind Berufsberater/innen typische Beamte/innen dergestalt, wie sie in Witzen beschrieben werden? Sozialwissenschaftliche Untersuchungen – wenngleich älteren Datums – bestätigen manche Vorurteile gegenüber Beamten/innen. Zudem werden Beamten/innenpositionen häufig „vererbt". So kommen bundesweit (West) 34% der Beamten/innen des gehobenen Dienstes aus Beamtenfamilien, im höheren Dienst sind es sogar 42%; bei den niedrigeren Dienstgraden allerdings weniger (vgl. Bosetzky/Heinrich 1994: 38). Die Berufsmotivationen von Verwaltungsbeamten/innen sind „klar erkennbar ... extrinsisch" (ebd.: 39). Es geht um die äußeren Belohnungen, nicht um die Inhalte der Arbeit.

„Der öffentliche Dienst zieht an:
- generell diejenigen, die großen Wert auf Arbeitsplatzsicherheit und gesicherte Versorgung legen, die eine geordnete Tätigkeit und eine geregelte Arbeitszeit hoch einschätzen.
- die „Idealisten" oder „Altruisten", die den Menschen nützen und die Gesellschaft verbessern wollen.
- nur oder doch besonders in den Schülergruppen diejenigen, die Wert auf ein hohes soziales Ansehen und gute Aufstiegschancen legen und die Menschen führen wollen.

Der öffentliche Dienst stößt dagegen ab
- generell diejenigen, die besonderen Wert auf selbstständiges Arbeiten legen,
- unter den Akademikern diejenigen, die besonderen Wert auf ein hohes Einkommen legen,
- vor allem unter den Akademikern diejenigen, die eine abwechslungsreiche Tätigkeit und viel Kontakt mit anderen Menschen suchen" (Bosetzky/Heinrich 1994: 36).[39]

Die Beraterinnen der allgemeinen Berufsberatung gehören dem gehobenen Dienst an. Dennoch sind sie, soweit sie die reguläre Ausbildung an der Fachhochschule des Bundes durchlaufen haben, untypische Beamte. D.h., Berufsberater/in ist immer ein Zweitberuf. Eine „Vererbung" wird schon deshalb eher selten vorkommen und diejenigen, die meinen Fragebogen ausfüllten, kommen im Vergleich zu anderen Beamten/innen erwartungsgemäß wesentlich häufiger aus Arbeiter- und Angestelltenfamilien. Arbeitsplatz- und Versorgungssicherheit sind auch in der Berufsberatung gegeben, die Berater/innen beziehen sogar schon während des Studiums ein Gehalt. Die Aufstiegschancen sind allerdings eher gering. Wegen ihres spezifischen Ausbildungsprofils können Berater/innen nur innerhalb der Berufsberatung aufrücken; d.h., sie können höchstens Abschnittsleiter/in oder Abteilungsleiter/in werden. Diese Stellen sind jedoch nicht nur rar, sondern zumindest der Posten der Abteilungsleitung verlangt meist einen Universitätsabschluss, den die Mitarbeiter/innen der allgemeinen Beratung im Gegensatz zu ihren Kollegen/innen aus der Beratung für Abiturienten/innen und Hochschüler/innen

---

39 Horst Bosetzky und Peter Heinrich beziehen sich hier auf eine 1973 erschienene Untersuchung von Niklas Luhmann und Renate Mayntz.

in der Regel nicht vorweisen können. Über das soziale Ansehen von Berufsberater/innen liegen keine Studien vor; wegen der häufigen Kritik an der Berufsberatung dürfte das Ansehen eher niedriger als das manch anderer Fachhochschulabschlüsse sein. Einige der „abstoßenden" Merkmale des Öffentlichen Dienstes treffen auf den Bereich der Berufsberatung jedoch nicht zu: Berufsberater/innen arbeiten weitgehend selbstständig, ihre Tätigkeit ist abwechslungsreich und sie haben viel Kontakt mit anderen Menschen. Wert auf ein hohes Einkommen dürfen sie, wie andere Beamten/innen des gehobenen Dienstes auch, allerdings nicht legen.

Berufsberater/innen haben mehrheitlich eine intrinsische Motivation, schrieb Helmut Schröder 1989. Instrumentalistische Berufsauffassungen bildeten die Minderheit. Gilt dieses Ergebnis auch heute noch? Gilt dieser Befund (oder ein gegenteiliger) im Osten und Westen gleichermaßen und für alle Gruppen von Berater/innen, für Männer und Frauen und unabhängig von der sozialen Herkunft? Und nicht zuletzt: Welche Auswirkungen haben die jeweiligen beruflichen Orientierungen des Beratungspersonals auf ihre Bemühungen, Mädchen für Jungenberufe zu interessieren? In meinem Sample zeigen sich andere Orientierungen als in der Untersuchung von Helmut Schröder. Lediglich bei gut der Hälfte der Berater/innen steht eine professionelle Aufgabenerledigung im Vordergrund. Bei den anderen haben bürokratische Orientierungen und/oder instrumentalistische Berufsauffassungen die Oberhand. Helmut Schröder (1989: 178) unterscheidet drei idealtypische Muster:

- *Instrumentalistisch*: Die Konformität wird „ausschließlich über die Nutzung organisationaler Gratifikations- und Deprivationsmöglichkeiten" geregelt. „Konformes Handeln steht hier unter dem Vorzeichen der Lohnarbeit."
- *Bürokratisch*: Das Grundverhältnis ist „durch eine enge Loyalitätsbeziehung ... hinsichtlich des organisationalen Regelgefüges gekennzeichnet". „Die Bindung ist durch die Identifikation mit den Verfahren, Arbeitsvollzügen, Richtlinien, der hierarchischen Struktur usw. bedingt."
- *Professionell*: „Die professionelle Einbindung erfolgt demgegenüber durch die Identifikation mit den Zielen des Handlungssystems. Die Organisation gibt ihrem Mitglied Gelegenheit, mehr oder weniger stark internalisierte Berufsstandards zu verwirklichen...".

Berufsberatung verlangt persönliches Engagement. Wenn Berufsberater/innen ihre Tätigkeit lediglich instrumentalistisch als „9-to-5-job" ansehen, oder bei jedem Handeln erst prüfen, ob dieses durch Anweisungen und Erlasse gedeckt ist, wird kaum eine die Kunden/innen zufriedenstellende Beratung herauskommen. Gefragt ist eine professionelle Berufsauffassung. Diese steht konträr zur bürokratischen und zur instrumentalistischen Orientierung, wobei aber letztere wiederum zusammengehen. Jemand mit einer professionellen

Orientierung wird beispielsweise eine ihr/ihm wichtig erscheinende Veranstaltung besuchen, unabhängig davon, ob ihm/ihr die Teilnahme als Arbeitszeit angerechnet wird, und unabhängig davon, ob im Zweifel erst eine Genehmigung einzuholen ist.[40] Das Beratungspersonal teilt sich in „Kämpfer/innen" und „Instrumentalisten/innen". Den einen geht es darum, die Ratsuchenden möglichst optimal zu betreuen. Im Schema von Heinrichs und Bosetzky (1994) sind sie den Idealisten und Altruisten zuzurechnen, die den Menschen nützen wollen, und dabei ihren für Beamte/innen untypischen Freiraum zu selbstständigem Arbeiten nutzen. Anderen allerdings scheinen die „geordnete Tätigkeit" und die geregelte Arbeitszeit einer Beamten/innenposition wichtiger zu sein. Manche suchen die Jugendlichen nach Dienstschluss zu Hause auf, um sie angesichts der schwierigen Lage auf dem Ausbildungsstellenmarkt zu trösten, andere verwenden ihre Arbeitszeit für private Telefonate (wie ich länglich beobachten konnte) und kennen noch nicht einmal die Medien ihres Hauses, mit denen die Jugendlichen sich auf die Berufsentscheidung vorbereiten.[41]

Im Abschnitt 5.5 werde ich ausführlich darstellen, dass die Haltungen und Meinungen des Beratungspersonals viel mit der „eigenen Empirie" zu tun haben, mit dem Alter, der sozialen Herkunft und der Herkunft aus dem Osten oder dem Westen. Überraschenderweise hat das Geschlecht wenig Bedeutung. Das Private, die sich aus der eigenen Erfahrungswelt ergebenden Deutungsmuster, bildet einen Teil der persönlichen Haltungen zu „Mädchen in Jungenberufen". Den anderen Teil steuern die beruflichen Erfahrungen, beispielsweise die Gespräche mit den Betrieben und das professionelle Wissen bei. Welches Wissen hat das Beratungspersonal über die Berufsverläufe von Frauen mit einer gewerblich-technischen Ausbildung? Wegen des veralteten Standes der hausinternen Quellen und deren methodischen Unzulänglichkeit (vgl. Abschnitt 3.5) sind die Berufsberater/innen auf externe Quellen verwiesen. In den Beratungsgesprächen haben sie unter anderem zu prüfen, ob die einzelne Person für den Beruf geeignet ist. Im Zentrum steht dabei

---

40 Entsprechende Erfahrung machten wir im Projekt „Frauen und Technik" 1989 in West-Berlin. Obwohl das Landesarbeitsamt die Berufsberatungen angewiesen hatte, aus jedem Amt solle *eine* Person an der von uns arrangierten Vortragsveranstaltung zu „Einsatzmöglichkeiten von Facharbeiter/innen" teilnehmen, kamen wesentlich mehr. Darunter war sogar eine Beraterin, die sich im Mutterschaftsurlaub befand und nur wenige Tage später ihr Kind zur Welt brachte.

41 25,6% der von mir befragten Berufsberater/innen kreuzten bei der Frage nach der Qualität der Medien bei der CD-ROM „weiß nicht so genau" an, weitere 5,6% gaben keine Antwort, so dass davon ausgegangen werden muss, dass mehr als jede/r vierte bis dritte Berater/in die CD-ROM nicht kennt. Zu den anderen Medien gab es weniger Missings und niemand kreuzte „weiß nicht so genau" an. – Die Hauptstelle hatte in den Agenturen eigens gesonderte Computer installieren lassen, damit das Beratungspersonal das Programm erkunden konnte.

nicht nur die Ausbildung, sondern vor allem die Erwerbstätigkeit. Die Eignungsaussage

„beruht auf einer gedanklichen Vorwegnahme einer möglichen Interaktion zwischen Person und Beruf. Gewöhnlich stützt sie sich auf verallgemeinerte Beobachtungen darüber, wie es anderen Personen mit ähnlichen Eignungsmerkmalen ergangen ist. Dabei wird angenommen, daß das, was bei anderen Personen eingetreten ist, in ähnlicher Weise auch im vorliegenden Einzelfall eintreten wird" (Hilke/Hustedt 1992: 109).

Analysen dazu, wie es bestimmten Personengruppen in und mit einzelnen Berufen ergeht, sind generell selten. Hinzu kommt, dass Berufsberater/innen, wie meine empirische Befragung ergeben hat, wenig Fachliteratur lesen, die nicht vom IAB herausgegeben wurde oder aus der Bundesagentur selbst stammt. In den Publikationsreihen des IAB und der Hauptstelle aber tauchen kaum Berichte zu den Chancen und Risiken einer gewerblich-technischen Ausbildung von Mädchen auf und manche der Analysen sind wiederum in ihren Aussagen höchst problematisch (vgl. Abschnitt 3.5 und die Übersicht 11). Zu meiner an die Berufsberater/innen gerichtete Frage, welche Informationsquellen zum Thema „Erschließung gewerblich-technischer Berufe für Mädchen" ihnen in den letzten Jahren wichtig gewesen seien, erhielt ich nur von 31% etwas genannt, und zwar ganz überwiegend jene hauseigenen Quellen. Eine Beraterin antwortete:

„Erschreckend: Spontan keine, dann ME-Magazin: Frauen in der Metall und Elektroindustrie, Ausgabe 12."

Das ME-Magazin wird vom Arbeitgeberverband der Metall- und Elektroindustrie herausgegeben und richtet sich an Jugendliche.

Grundsätzlich können die Berufsberater/innen selbstredend auf andere als die hauseigenen Informationsquellen zurückgreifen. Ein wesentlicher Grund, dass solche Möglichkeiten wenig genutzt werden, dürfte in der Arbeitsbelastung liegen. Die Zahl der Beratungsfachkräfte ist seit den 1980er Jahren stark zurückgegangen, obwohl die Zahl der Kunden/innen nicht zuletzt durch den Beitritt der neuen Bundesländer stieg. Für Mitte der 1990er Jahre gibt Klaus Meyer-Haupt (1995) die Zahl von 3.661 Beratungsfachkräfte an; im Beratungsjahr 2001/02 waren es nur noch 2.950 (BA, Berufsberatung 2001/2002: 6). Die Anzahl der betreuten Ratsuchenden betrug zum Zeitpunkt meiner empirischen Erhebungen durchschnittlich 645 pro Beratungsfachkraft (BA Berufsberatung 1996/1997: 8); 2001/02 ist die Zahl auf 739 gestiegen. Im statistischen Durchschnitt führen Berufsberater/innen pro Arbeitstag fünf bis sechs ausführliche Beratungsgespräche und mehr als drei Kurzberatungen durch, nahezu jede Woche ist eine schulische Unterrichtsveranstaltung abzuhalten und alle 1½ Wochen eine andere Veranstaltung aktiv mitzugestalten (Elternabende, Vortrags- und Seminarveranstaltungen, Teilnahme an Lehrer/innenkonferenzen und Betreuung von Informationsständen). Da Letztere vor- und nachbereitet werden müssen und die Dauer eines Beratungsgesprächs in der Regel 45 Minuten beträgt, bleibt so gut wie keine Zeit mehr zu gesonderten Bemühungen, Mädchen für eine gewerblich-technische Berufsausbildung zu interessieren. Selbst wenn die ausgewiesene Zahl der Beratungsfälle, wie jüngst für die Abteilung Arbeitsvermittlung/-beratung festgestellt, überhöht sein sollte, bleibt festzuhalten, dass die Arbeitsbelastung in der Berufsberatung hoch ist und dass unter dem Arbeitsdruck die Eigenfortbildung leiden dürfte.

Mädchen haben bei der Berufsberatung einerseits gute Chancen, optimal beraten zu werden: Die Mehrzahl der Beratungsfachkräfte verfügt über eine fundierte Qualifikation, die sowohl Berufskunde als auch Beratungsmethodik umfasst. Zudem werden die Mädchen entweder von Frauen beraten, die selbst die Mühen eines zweiten Bildungsweges auf sich genommen haben, oder, wenn sie an einen männlichen Berater geraten, ist zumindest sichergestellt, dass dieser insoweit in die Lebenswelt von Frauen Einblick hat, als er von einer nennenswerten Anzahl von Kolleginnen umgeben ist. Von Vorteil ist auch, dass die Beratungsfachkräfte eine Vielfalt an beruflichen Vorbildungen und Erfahrungen mitbringen. Dieser Vorteil wird jedoch möglicherweise durch das Verfahren der Personalauswahl zunichte gemacht. Zumindest wird der Wissensmarkt des Beratungspersonals erheblich dadurch eingeschränkt, dass Berufsberater/innen zum einen alle die gleiche Ausbildung an derselben Fachhochschule durchlaufen und zudem auch die Fortbildung, wie meine Befragungsergebnisse zeigen (vgl. Übersicht 20), von der Bundesagentur weitgehend monopolisiert wird. Es dominiert von der Hauptstelle *gefiltertes* Wissen. Nötig wäre eine Vielfalt an Fortbildungen, in der die Vielschichtigkeit der Geschlechterleitbilder, die in der Bundesrepublik nebeneinander bestehen, vorkommt. Auch die Akzeptanz unterschiedlicher Ausbildungen könnte anregend auf interne Diskussionen wirken. Solange aber der Filter des Wissensmarktes dem Denkstil der Differenz gehorcht, wie sich aus wesentlichen Publikationen der Hauptstelle herauslesen lässt, werden Aktivitäten zur Verbesserung beruflicher Chancen von Mädchen gebremst, zumal wenn den Beratungsfachkräften kaum Zeit bleibt, sich Informationen anderweitig einzuholen.

Zusammenfassung

Die Verfahrensweisen der Berufsberatung verlängern vielschichtig vorangegangenes „doing gender". Einzelberatungen knüpfen an dem an, was die Mädchen thematisieren, ohne das alterstypische „gender display" beiseite zu schieben. Die gleichzeitigen Bedürfnisse von Mädchen (und Jungen) nach Informationen über die Zukunftschancen von Berufen werden außen vor gelassen. Die Schulbesprechungen geben weder Gelegenheit, die einzelnen Mädchen und Jungen kennenzulernen, noch eignen sie sich dazu, Mädchen für eine untypische Berufswahl zu motivieren. In den Einzelgesprächen ist es für berufliche Neuüberlegungen dann tendenziell schon zu spät. Auch haben die Berufsberater/innen nur wenige Möglichkeiten, sich über die Chancen und Risiken einer geschlechtsuntypischen Berufsausbildung von Mädchen zu informieren. Zum einen bietet die Bundesagentur ihnen dazu kaum Informationen an und zum anderen bleibt für die Wahrnehmung anderweitiger Literatur und von Fortbildungsangeboten angesichts der Vielzahl an Muss-Veranstaltungen wenig Zeit. Meines Erachtens ist es unbedingt nötig, bereits zu einem frühen Zeitpunkt, beispielsweise im Anschluss an die erste Schulbesprechung in der Vorabgangsklasse, Einzelgespräche oder zumindest Kleingruppenberatungen durchzuführen, in denen den Mädchen alternative Wege aufgezeigt werden und in denen die Beratungsfachkraft auch anbieten kann, zusätzlich zu den schulischen Betriebspraktika[42] individuelle Betriebserkundungen zum Kennenlernen von Berufen zu arrangieren. Dazu müssten die Beratungsfachkräfte aber zunächst einmal selbst von der Sinnhaftigkeit solcher Aktivitäten überzeugt sein. Bislang ist die Verbreiterung des Berufswahlspektrums von Mädchen einerseits „geschäftspolitische Leitlinie", andererseits betont die Bundesagentur in den Schriften, mit denen sie die Beratungsfachkräfte informiert, immer wieder, dass Mädchen es in Jungenberufen besonders schwer hätten. Die geschlechterpolitische Leitlinie der Hauptstelle ist die der Differenz, die zur Folge hat, dass es unwichtig ist, welchen Beruf ein Mädchen lernt: Der Zeitpunkt, Grundlagen für eine kontinuierliche Erwerbstätigkeit zu legen, beginnt erst nach der Familienphase.

Die Einbindung der Berufsberatung in das aus Vertretern/innen von Gewerkschaften, Arbeitgeberverbänden und öffentlichen Körperschaften bestehende Policy-Netz der Berufsbildung kann sich unterschiedlich auswirken. Einerseits schotten sich korporative Gremien häufig gegen alles Fremde ab (Rastetter 1994, Kreisky 1995b), oder ignorieren es zumindest (Messner 1994), andererseits sind sie Orte, wo Neuigkeiten ausgetauscht werden; beispielsweise, dass ein Betrieb gute Erfahrungen mit der Ausbildung von Mädchen gemacht hat.

Von Frauen jedoch kann das Frauen- bzw. Mädchen-Thema kaum in die Gremien eingebracht werden. Frauen sind in den Policy-Netzwerken der Berufsbildung generell wenig präsent. Meines Erachtens ist der Grund weniger, dass der Unsicherheitsreduktion dienende Männerbünde Frauen abwehren (Kreisky 1995b, Rastetter 1994), als vielmehr, dass schon in den entsendenden Arbeitgeberverbänden, Gewerkschaften und öffentlichen Dienststellen die entsprechenden Positionen zumeist mit Männern besetzt sind. Innerorganisatorische Diskussionen sind manchmal, wie Sigrid Koch-Baumgarten

---

42 Die Lernziele der schulischen Betriebspraktika sind in den Bundesländern unterschiedlich gefasst. Teilweise geht es nur um das Kennenlernen der Arbeitswelt und nicht um die Vorbereitung der eigenen Berufsentscheidung.

(1997: 273) über die Gewerkschaftsseite berichtet, sogar von „Geschlechteraggressionen" gekennzeichnet. Zumindest prädestiniert bspw. bei den Gewerkschaften die Trennung der Funktionen „Frauensekretärin" und „Berufsbildungssekretär" dafür, dass die Berufsbildungs-Community sich vornehmlich aus Männern zusammensetzt.

Die Einflussmöglichkeiten der Berufsberatung auf die Berufsentscheidung sind aber nicht auf Einzelberatungen und Schulbesuche begrenzt. Diese sind für individuelle Jugendliche möglicherweise wichtig, aber sie sind immer nur punktuelle Ereignisse. Eine viel nachhaltigere Wirkung dürften die Materialien der Bundesagentur haben. Diese werden z.T. im Schulunterricht eingesetzt und sie sind für die Selbstinformation gedacht, d.h., zum „immer wieder mal Reinschauen. Im Folgenden werde ich aufzeigen, welche Geschlechter-Zuweisungen den Materialien innewohnen.

4.5 Wo bleiben die Mädchen II?
– Materialien zur Berufsorientierung

Noch bis weit in die 1980er Jahre hinein tauchten in den Broschüren der Bundesagentur Mädchen in Jungenberufen nur ausnahmsweise auf. Inzwischen wurde ein deutlicher Wandel vollzogen. Die Texte und Bilder der Broschüren vermitteln sogar den Eindruck, in Metall- und Elektroberufen seien Mädchen selbstverständlich. Hinweise auf die Besonderheit von Mädchen in diesen Berufen finden sich nicht, sie würden Mädchen ja auch nur verunsichern. Im Folgenden werde ich zunächst untersuchen, inwieweit die Bundesagentur die ehedem männliche Sprache neutralisiert hat. Doch wichtiger noch als das „-in" erscheint mir die Zuordnung von Tätigkeitsinhalten. Was betont die Bundesagentur an einzelnen Berufen und was nicht? Führt der Symbolgehalt der Beschreibungen der – so Gerhard Göhler (1996: 311f.) – den Adressaten/innen „Orientierung" geben soll, möglicherweise dazu, dass Mädchen bestimmte Berufe abwählen? Unter den vielen Unterrichtsmedien der Bundesagentur (vgl. Übersicht 13) sind „Beruf Aktuell", der BIZ-Computer und die CD-ROM zu „Mach's Richtig" besonders relevant. Nach der Erörterung der Sprache werde ich im Einzelnen auf diese Materialien eingehen.

Übersicht 13:

Berufsorientierende Medien, deren Zielgruppen und Inhalte	
Zielgruppe/Titel	Inhalt
SchülerInnen/Schüler, Sekundarstufe I: MACH'S RICHTIG Medienkombination mit PC-Programm; auch als online-Angebot: www.arbeitsamt.de CD-ROM „Bewerbung um eine Ausbildungsstelle"	Medienkombination zur Berufswahlvorbereitung Elemente der Medienkombination • Schülerordner mit 7 Schülerarbeitsheften – Interessen erkennen – Berufe erkunden – Meine Interessen – Meinen Fähigkeiten auf der Spur – Wie informiere ich mich? – Blick in die Zukunft – Wie bewerbe ich mich? – Aus der Schule in den Beruf • Lehrerordner mit – einer Kurzbeschreibung der Medienkombination – den 7 Schülerarbeitsheften – 4 Arbeitsblättern pro Schülerarbeitsheft – dem PC-Programm „Interessen erkennen – Berufe erkunden" Ziel ist die Unterstützung der kooperativen Berufswahlvorbereitung durch die Schule. Primärer Verwendungszweck ist der unterrichtliche Einsatz durch den Lehrer.
WAS WERDEN Das Magazin der Berufsberatung (auch als online-Angebot) Berufskunde live Eltern und Berufswahl BERUF AKTUELL	Informiert mit aktuellen Berichten, Reportagen und Interviews über Fragen der Berufswahl (6x jährlich) informieren über spezifische Berufs- und Tätigkeitsfelder (2x jährlich) Berufskundliche Kurzbeschreibung von Tätigkeiten in den anerkannten Ausbildungsberufen und von Berufen mit geregelten Ausbildungsgängen an beruflichen Schulen, in Betrieben, Verwaltungen sowie nach einem Fachhochschulstudium
SchülerInnen/Schüler, Sekundarstufe II: abi-Berufswahlmagazin, als Zeitschrift und als online-Angebot: www.abimagazin.de abi-Sonderheft für Schülerinnen und Schüler ab der 9. und 10. Klasse an Gymnasien und Gesamtschulen abi-Materialien: „Berufswahl im Dialog": – Selbsterkundung – Entscheidung – Studieren und Mathematik Studien- und Berufswahl, als Broschüre und als online-Angebot: www.studienwahl.de www.berufswahl.de	Informationen u.a. über: – Ausbildungs- und Studienmöglichkeiten – Berufspraxis und Arbeitsmarkt – Berufswahlvorbereitung, Beratung, Förderung (10x jährlich) Zur Vorbereitung auf die mit dem Abitur verbundenen Ausbildungsentscheidungen. Dabei werden die Möglichkeiten mit mittlerem Bildungsabschluss nicht ausgeschlossen. Arbeits- und Lesehefte, insbesondere für die unterrichtliche, aber auch für die individuelle Nutzung gedacht. Kurze Beschreibungen der Studiengänge und Beschäftigungsmöglichkeiten sowie der beruflichen Bildungswege, Verzeichnis aller Hochschulen; Studienkosten und Förderung sowie Aussagen zur Beschäftigungslage von Hochschulabsolventen, außerdem Fragen zu Studium und Wehrdienst.
Studierende an Universitäten und Fachhochschulen: UNI-Magazin Perspektiven für Beruf und Arbeitsmarkt als Zeitschrift und als online-Angebot: www.unimagazin.de www.arbeitsamt.de → Berufs- und Studienwahl, Ausbildungssuche → Studium + Arbeitsmarkt www.wege-ins-studium.de Internetportal zu verschiedenen Online-Angeboten rund um Studium und Arbeitsmarkt	Informationen über: – Arbeitsmarktlage und -perspektiven – Berufs- und Studienpraxis (7x jährlich) Informationen rund um alle Themen zum Studium und Arbeitsmarkt
Für alle Zielgruppen: „Blätter zur Berufskunde" Einzelheft oder Loseblattsammlung „Videos und Filme über Beruf und Arbeit" (Verzeichnis wird über die Schulen verteilt) BERUFEnet Datenbank für Ausbildungs- und Tätigkeitsbeschreibungen online Angebot: www.arbeitsamt.de BERUFEnet-CD ROM Teil I: Erstausbildungen und Studium Teil II: Weiterbildungsberufe und Tätigkeiten Kurs Datenbank für Aus- und Weiterbildung online Angebot: www.arbeitsamt.de	Ausführliche Beschreibungen von Einzelberufen (unter anderem über Aufgaben, Tätigkeiten, Zugangsvoraussetzungen, Ausbildung und Fortbildung): Verzeichnis der aktuellen berufskundlichen Filme mit Inhaltsbeschreibungen, technischen Daten und Angabe der Verleihstellen Informiert über 6.000 Berufe von A–Z, zeigt berufliche Perspektiven und Alternativen, verbindet mit 600.000 Qualifizierungsmaßnahmen in Kurs. Verlinkt zu Stellenbörsen und nennt Adressen von Verbänden und Institutionen Der Inhalt entspricht den Beschreibungen in der Datenbank BERUFEnet im Internet Erschließt den Aus- und Weiterbildungsmarkt, systematisch gegliedert, umfassend und aktuell. Von der Anschrift der Bildungsträger, über Dauer, Inhalt und Kosten bis zu Zugangsvoraussetzung der Bildungsmaßnahmen.

Quelle: BA Berufsberatung 2001/2002: 17.

Sprache und Bilder: „-in" in Wort und Schrift

Mädchen nicht zu „vergessen" ist explizites Ziel der Bundesagentur. Zum Beispiel wurde in der Medienkombination „Mach's Richtig", die aus den erwähnten Schüler/innenarbeitsheften und Hinweisen für Lehrkräfte (einschließlich der CD-ROM) besteht, gesondert darauf geachtet, dass Mädchen sprachlich nicht benachteiligt werden und dass in den Arbeitsmaterialien, in den Fallbeispielen, Interviews und Statements Mädchen und Jungen gleich häufig vorkommen. Hierauf wird im Text eigens hingewiesen (1997/98: 14).[43] Dennoch ist die Neutralität in der Sprache nicht ganz so eindeutig wie in den Bildern, wenngleich – zumindest in den Materialien der Hauptstelle – das „-in" immer ergänzt wird. Sprache ist nach Auffassung der Hauptstelle „der Spiegel unseres Denkens" (BA, Arbeitsmarktreport 1995: 1507).

„Deshalb ist die Forderung nach einer frauenfreundlichen Sprache keine bloße Stilübung, sondern ein Beitrag zur Gleichbehandlung von Männern und Frauen in der sozialen Wirklichkeit" (ebd.).

Die Hauptstelle orientiert sich an den Empfehlungen der aus verschiedenen Bundesministerien zusammengesetzten Arbeitsgruppe Rechtssprache von 1991. Formulierungsanweisungen hat die Arbeitsgruppe nicht entwickelt. Letztlich komme „es auf die Formulierungskunst derjenigen an, die die Vorschriften entwerfen und die inhaltlichen Vorgaben möglichst klar, präzise, verständlich und geschlechtsdifferent in bezug auf die Personenbezeichnungen formulieren sollen" (ebd.: 38). Grundsätzlich seien geschlechtsneutrale Begriffe zu benutzen. Wenn sich ein Text an konkrete Personen richte, sollten diese gemäß ihrem Geschlecht angesprochen werden, oder es sei beispielsweise bei Formularen die „Paarformel" zu verwenden, indem beide Geschlechter benannt werden. Die Hauptstelle der Bundesagentur bemüht sich in der Tat, zumindest wenn es um an Jugendliche gerichtete Materialien geht, eine mädchendiskriminierende Schreibweise zu vermeiden. Auch der Abteilungsleiter der Berufsberatung in der Hauptstelle betont, dass Rollensstereotype vermieden werden müssten (Leve 1992: 3093).

Soweit es um die korrekte Wiedergabe von Berufsbezeichnungen geht, ist die Benutzung weiblicher Formen neben den männlichen mittlerweile sowieso keine Geschmackssache mehr. Seit fast zwei Jahrzehnten wird, wenn

---

43 Die Bundesanstalt wurde von einem „Herausgeberbeirat" unterstützt, dem „Vertreter der Arbeitgeberverbände und Arbeitnehmerverbände, die von der Kultusministerkonferenz berufenen Lehrerinnen und Lehrer sowie Mitarbeiterinnen und Mitarbeiter aus den Landesarbeitsämtern und Arbeitsämtern" angehörten (BA 1997/98: 4). „Herausgeber, Redaktion und Beirat haben ... eingehend und mit kontroversen Meinungen erörtert, in welchem Umfang weibliche und männliche Bezeichnungen ... aufgenommen werden sollten" (ebd.). Anscheinend war es nicht für alle Beteiligten selbstverständlich, die weibliche Form mit aufzunehmen. – Doch *die* Bundesanstalt bezeichnet sich an derselben Stelle selbst als Herausgeber und nicht als Herausgeberin.

ein Beruf neu geschaffen oder neu geordnet wird, die Bezeichnung in der Ausbildungsordnung grundsätzlich immer in männlicher *und* in weiblicher Form angeführt. Die Arbeitsgruppe Rechtssprache verweist sogar auf Ausbildungsordnungen aus dem Jahr 1985 als positive Beispiele. Schon vorher hatte das Bundesbildungsministerium ein Rechtsgutachten erstellt, demnach die Benutzung der weiblichen Bezeichnung auch bei älteren Berufen zulässig ist. Mittlerweile wurden die allermeisten Ausbildungsordnungen überarbeitet, die Doppelbenennung ist somit unzweifelhaft die korrekte Form; für die industriellen Metall- und Elektroberufe gilt dies schon seit 1988.

Bei den Berufsbezeichnungen allerdings versagt auch die Formulierungskunst der Hauptstelle des Öfteren. Viele Berufsbezeichnungen sind einfach zu lang, als dass eine Doppelbenennung den Lesern/innen auf Dauer zuzumuten wäre. Beispielsweise braucht „Energieelektroniker/Energieelektronikerin – Fachrichtung Anlagentechnik" auch in diesem Text jedes Mal eine ganze Zeile. Die Empfehlung der Arbeitsgruppe Rechtssprache, auf sachliche Begriffe auszuweichen, ist nicht anwendbar, wenn es um spezifische Berufe geht. In den Überschriften benutzt die Bundesagentur z.B. in „Machs's Richtig" und in „Beruf Aktuell" immer die Paarformel. In den erläuternden Texten weicht sie dann aber auf den Plural aus, – und zwar ausschließlich und durchgängig auf den männlichen. In „Beruf Aktuell" heißt es dann beispielsweise: „Die Energieelektroniker der Fachrichtung Anlagentechnik sind ...". Wenn es aber heißt: „Floristen pflegen und versorgen Blumen", fragt sich dann doch, was denn die anderen 97% der Auszubildenden machen.

Im Gegensatz zur Hauptstelle scheint der Grundsatz der geschlechtsneutralen Schreibweise bei den Arbeitsagenturen und selbst bei den Landesarbeitsämtern noch nicht überall angekommen zu sein. Wenn aber „die Sprache ein Spiegel des Denkens ist", gibt ein männlicher Sprachgebrauch in diesen Dienststellen Hinweise darauf, dass Mädchen bzw. Frauen nicht gemeint sind, zumindest nicht gleichberechtigt mit den Jungen. In den von mir besuchten Arbeitsagenturen traf ich vereinzelt auf Schriften, die sich sprachlich ausschließlich an Jungen richteten. Beispielsweise hatte eine Arbeitsagentur in der Liste der freien Ausbildungsplätze, die im BIZ auslag, nur die männlichen Berufsbezeichnungen angegeben. Die Liste wäre sonst zu lang, war die Begründung. In einer anderen Agentur lag berufskundliches Material der Landesregierung aus, in dem alle Berufe, auch die typischen Mädchenberufe, ausschließlich in männlicher Form benannt waren. In einer weiteren Agentur hingen in den Fluren zahlreiche, ausschließlich an Männer adressierte Arbeitsplatzangebote aus. Viele Mitarbeiter/innen der östlichen Agenturen haben Probleme, sich an die für sie neuen weiblichen Endungen zu gewöhnen. Doch in allen von mir besuchten Dienststellen – und zwar auch in den östlichen – bemühten sich die Mitarbeiter/innen der Berufsberatung zumindest in den Papieren, die für die Öffentlichkeit bestimmt sind, auch Mädchen bzw. Frauen anzusprechen.

Den Gipfel sprachlicher Diskriminierung, und gleichzeitig ein Beispiel dafür, dass der nachrangige Umgang mit Mädchen und sogar mit deren Lehrer*innen* längst nicht vergangenen Zeiten angehört, fand ich vor meiner Haustür. In den „Didaktische(n) Handreichungen zum BIZ-Besuch" der Berufsberatung des Landesarbeitsamts Berlin-Brandenburg aus dem Jahr 1996 ist die Sprache – von wenigen Ausnahmen abgesehen – durchgängig maskulinistisch. Und zwar entschieden sich die Autoren/innen (4 Frauen und 1 Mann) explizit dafür. Im Vorwort findet sich eine Fußnote, in der lapidar vermerkt ist: „Im folgenden Text wird auf die Benutzung der weiblichen Form verzichtet". Konsequenterweise werden nur Lehrer angesprochen, die Lehrerinnen nicht. Doch nicht nur das: In den Arbeitsmaterialien für die Schüler/innen kommen Mädchen und Frauen nur am Rande und in nachrangigen Positionen vor. In einem Kreuzworträtsel sind neun Berufe gefragt, acht in männlicher Bezeichnung und einer – Altenpfleger/in – in weiblicher: Für die Berufe Polizist/in, Techniker/in und selbst Assistent/in sollen Mädchen anscheinend nicht gewonnen werden. Mehr noch: Die Zuordnung der Berufe zu den jeweiligen Geschlechtern ist nötig, um das Kreuzworträtsel lösen zu können. Die Sprache ist zweifellos wichtig. Eine geschlechtsneutrale Sprache der Berufsberatung wird umso bedeutungsvoller, je mehr sich in anderen gesellschaftlichen Bereichen eine Doppelbenennung bzw. neutrale Schreibweise durchsetzt. Maskulinistische Formulierungen geraten zum Signal, dass diese Berufe nur für Jungen geeignet sind.

Schwerer zu entschlüsseln sind demgegenüber implizite Zuschreibungen. In aller Regel hat jeder Beruf höchst unterschiedliche Tätigkeiten zum Inhalt, die teils weiblich und teils männlich konnotiert sind. Die zumeist männlichen Kfz-Mechaniker/innen beispielsweise müssen sich auf Kunden/innen einlassen können, bei kniffligen Problemen sind Geduld und Beharrlichkeit gefragt und manchmal auch Intuition. Gefordert sind also Fähigkeiten, die Frauen in den 1980er Jahren für sich reklamierten und als weibliches Arbeitsvermögen bezeichneten. Gleichzeitig aber sind metalltechnische Kenntnisse und Fertigkeiten nötig, und die Arbeit ist manchmal schmutzig – Merkmale, die üblicherweise von Männern ausgeübten Berufen zugeordnet werden. Von großer Bedeutung ist, was die Berufsberatung in ihren Informationsmaterialien an den jeweiligen Berufen hervorhebt und was sie weglässt, denn Berufsbeschreibungen geben einen Interpretationsrahmen vor.

„Beruf Aktuell": Berufe in zwölf Zeilen

Vornehmlich enthält dieses mittlerweile 650 Seiten starke Buch Kurzbeschreibungen zu dualen und schulischen Ausbildungen, zu den Beamten/innenberufen und zu Berufen, für die ein Studium an einer Fachhochschule nötig ist. Das Buch wird an *alle* Schüler und Schülerinnen der Sekundarstufe I verteilt. Mehr als 70% der Schüler/innen der Abgangsklassen dieser Schulstufe kennen einer Befragung zufolge das Buch (Kleffner u.a. 1996: 9). Evaluationen zur Häufigkeit und Art der Nutzung liegen zwar nicht vor, doch ist anzunehmen, dass die Jugendlichen nicht nur zahlreich, sondern auch mehrfach auf das Buch zurückgreifen, zumal die anderen Möglichkeiten, sich über einzelne Berufe zu informieren, schwerer zugänglich sind. Nicht in jedem Elternhaus gibt es einen Internet-Zugang; die CD-ROM steht (wenn überhaupt) nur in der Schule zur Verfügung, und um den BIZ-Computer zu Rate zu ziehen, sind mancherorts lange Fahrwege nötig.

Wegen der großen Anzahl anzuführender Berufe muss die Beschreibung der Einzelberufe in diesem Buch notwendigerweise kursorisch ausfallen. In der neueren Ausgabe wird meist eine halbe Seite verwendet, früher war es in der Regel noch weniger. In dieser Kürze Berufe ausreichend differenziert darzustellen, ist nahezu unmöglich, zumal fast jede Ausbildung in eine Vielzahl unterschiedlicher Tätigkeiten einmündet und diese sich zudem noch ständig verändern. Alle Beschreibungen systematisch auf ihre Vergeschlechtlichungen hin zu überprüfen, was für eine Beurteilung wissenschaftlich notwendig und darüber hinaus mädchenpolitisch wünschenswert wäre, war im Rahmen meiner Studie nicht leistbar. Die Zahl der in dem Buch vorgestellten Berufe beträgt rund 800! Mein Eindruck ist, dass manche Tätigkeitsbeschreibungen geschlechtsspezifisch konnotiert und manchmal auch fehlerhaft sind. Dies soll beispielhaft an den Beschreibungen zu den Berufen Werkzeugmechaniker/in (96% Jungenanteil) und Damenschneider/in (95% Mädchenanteil) gezeigt werden, wie sie noch in der Ausgabe 2001/2002 zu finden waren. Der Beruf Werkzeugmechaniker/in zählt in der Hierarchie der gewerblich-technischen zu den Spitzenberufen. Bei der Auswertung der Bewerber/innenstatistik der Bundesagentur fiel mir auf, dass im Verhältnis zur Zahl der Ausbildungsstellenangebote in diesem Beruf nur wenige Bewerber/innen registriert sind. Im Beruf Damenschneiderin besteht dagegen eine erhebliche Übernachfrage.

Werkzeugmechaniker/in wird wie folgt beschrieben:

„Mit hoher Maßgenauigkeit werden die Produkte in Handarbeit oder maschinell nach Muster oder Zeichnungen hergestellt. Alle Arbeiten werden in Einzelfertigung von den Werkzeugmechanikern selbständig ausgeführt" (BA 2001/2002: 73).

Zur Damenschneider/in schreibt die Bundesanstalt:

„Immer dem jeweiligen Modetrend angepasst, werden Stoffe ... und zahlreiches modisches Zubehör verarbeitet. Sowohl bei Neuanfertigungen als auch bei Änderungen gehören eine individuelle Kundenberatung, exakt errechnetes Zuschneiden ... zu den Aufgaben" (ebd.: 159).

Damenschneider/in wird mit den weiblichen Feldern „Mode" und „Beratung" in Verbindung gebracht; Werkzeugmechaniker mit männlich-technischer Arbeit „nach Mustern oder Zeichnungen" und „Einzelfertigung". Diese beiden Berufsbeschreibungen lassen sich jedoch genauso gut vertauschen:

„Immer nach den neuesten Trends der technischen Entwicklung und den sich daraus ergebenden Anforderungen werden Schneid-, Umform- und Bearbeitungswerkzeuge hergestellt. Die Beratung der ‚Kunden', der Meister und Ingenieure, gehört dabei zu den Aufgaben."

„Mit hoher Maßgenauigkeit werden Kleidungsstücke in Handarbeit oder maschinell nach Muster oder Zeichnungen hergestellt. Alle Arbeiten werden in Einzelfertigung selbständig ausgeführt."

Zudem ist die Beschreibung zur „Damenschneider/in" sachlich falsch. Kundenberatung gehört nach der Ausbildungsordnung nicht zu den Lerninhalten. In den Schneiderateliers wird wahrscheinlich vorrangig der/die Meister/in die Beratungsgespräche führen.[44] Auch werden die zahlreich in diesem Beruf ausgebildeten Frauen (2000 gab es 1766 weibliche und 66 männliche Lehrlinge) nach der Ausbildung wohl kaum alle in entsprechenden Ateliers Arbeit finden. Ich vermute, dass viele in Fabriken unterkommen und dort als Bekleidungsnäherin oder -fertigerin, d.h., als Maschinenbedienerinnen arbeiten.[45]

Anhand von „Beruf Aktuell" können Jugendliche sich erste Informationen über einzelne Berufe beschaffen. Haben sie dann Berufe in die engere Wahl gezogen, bietet die Bundesagentur verschiedene Wege, sich vertiefter zu informieren. Abgesehen von einem persönlichen Gespräch mit dem/der Berufsberater/in, können die Jugendlichen den BIZ-Computer befragen oder einen Computer, auf dem die CD-ROM installiert ist (beispielsweise in der Schule), oder sie können sich die Informationen aus den WWW-Seiten der Arbeitsagentur herunterladen. Außerdem können Broschüren zu den einzelnen Berufen kostenlos angefordert werden. Mit der unumgänglich kursorischen Darstellungsweise in „Beruf Aktuell" geht jedoch die Gefahr einher, dass Berufe vorschnell abgewählt werden: Berufsbeschreibungen, die Weibliches hervorheben, werden eher die Mädchen veranlassen sich intensiver mit diesem Beruf zu beschäftigen, und Darstellungen, die Männliches betonen, eher die Jungen. Eine so eindeutige Zuschreibung wie bei Damenschneider/in und Werkzeugmacher/in findet sich nicht überall. Auch wurde das Buch inzwischen überarbeitet. Die Basis der Berufsbeschreibungen sind nunmehr die Ergebnisse der 1991/92 durchgeführten BIBB/IAB-Erwerbstätigenbefragung. Auf die Brauchbarkeit dieser Befragung werde ich am Schluss dieses Kapi-

---

44 Kundenberatung ist auch in der überarbeiteten Fassung von 2003/2004 noch als Tätigkeitsfeld benannt.
45 In den Berufen Bekleidungsnäherin und -fertigerin beträgt die Ausbildungszeit nur ein Jahr bzw. zwei Jahre. In der Textil*industrie* gibt es den dreijährigen Beruf *Bekleidungsschneider/in*. Die gleichfalls drei Jahre – jedoch im Handwerk – ausgebildeten Damenschneider/innen dürften aber kaum mit den Bekleidungsschneidern/innen konkurrieren können, weil in ihrer Ausbildung keine Kenntnisse der Maschinen vermittelt werden, die in der Massenfertigung eingesetzt werden.

tels noch zurückkommen. Aus der Perspektive der Geschlechtergleichstellung wäre es jedenfalls nötig, die Beschreibungen systematisch auf darin enthaltene Geschlechter-Konnotationen zu untersuchen und diese ggf. zu entfernen.

BIZ-Computer: Auswahl für Jungen

Die BIZ-Computer sind offensichtlich beliebt. Nach meinen Beobachtungen stürzten sich die Jugendlichen geradezu auf die Geräte. In einer Befragung zur Akzeptanz der im BIZ bereitstehenden Medien bekam der Computer die allerbeste Note. Er enthält – ähnlich der CD-ROM (s.u.) – Programmpakete mit Informationen zu Berufen, zur Bewerbung um eine Ausbildungs- oder Arbeitsstelle, zu finanziellen Unterstützungen und vor allem interaktive Programme, die die jeweils anzugebenden Interessenschwerpunkte mit den Berufsinhalten vergleichen. In der Version für die Sekundarstufe I können die Jugendlichen auf einer Viererskala bei 17 Items angeben, was ihnen mehr oder weniger wichtig ist und was sie „auf keinen Fall" möchten. In der Übersicht 14 ist ein Beispiel abgedruckt. Untersucht habe ich eine Version aus dem Jahr 1994, die im Frühjahr 2002 immer noch installiert war. In diesem Programm ist deutlich erkennbar, dass der Bundesagentur die Berufsentscheidung eines Mädchens weniger wichtig ist als die eines Jungen. Darüber hinaus werden die Berufe mit geschlechtsspezifisch konnotierten Merkmalen belegt.

Auch in diesem Programm ist die Eindeutigkeit der Berufsbeschreibungen wieder ein Problem. *Kommunikationselektroniker/innen – Informationstechnik* beispielsweise (vgl. Übersicht 14) haben demnach nichts mit Menschen zu tun, helfen niemandem, ihre Arbeit ist sauber, sie setzen Maschinen zusammen oder reparieren sie und arbeiten mit Elektrizität/Elektronik. Für andere industrielle Elektroberufe gelten die gleichen Zuschreibungen. Die letzten beiden sind unbestritten, aber aus meiner, in empirischen Untersuchungen gewonnenen, allerdings schmalen Datenbasis, wage ich die anderen Kennzeichnungen anzuzweifeln. Junge Facharbeiterinnen beispielsweise beschweren sich, dass sie „zwischen Beinen rumkrabbeln" müssen. Gemeint ist damit die unbeliebte Anfänger/innenarbeit des Kabelverlegens. (Die Zugänge zu den Kabelschächten befinden sich häufig unter oder in unmittelbarer Nähe von Schreibtischen, an denen jemand sitzt.) Ihre Arbeit ist also – entgegen der Merkmalsausprägung in der Übersicht 14 – nicht immer unbedingt sauber. Gleichzeitig *helfen* Kommunikationselektroniker/innen Menschen, jedenfalls wenn diese auf einen Computer angewiesen sind. „Mit Menschen zu tun haben" gehört aber laut BIZ-Computer nicht zu den Merkmalen dieses Berufs. Eine andere Kommunikationselektronikerin, mit der ich sprach, war bei einem großen Computerhersteller in der Anwender/innenschulung eingesetzt. D.h., Menschen zu helfen, war ihre originäre Aufgabe, und Menschen waren ihre Arbeitsgegenstände. Das dritte Beispiel ist eine Frau, die Fehlermeldungen der Kunden/innen nachging, soweit möglich online reparierte, und wenn sie einen Hardwarefehler vermutete, eine/n (in der Regel männlichen) Servicetechniker/in zur Kundschaft schickte. D.h., diese Frau arbeitete ausschließlich im Büro und hatte sehr viel mit Menschen, mit den Servicetechniker/innen und den Kunden/innen, zu tun.

Übersicht 14:
BIZ-Computer
Vergleich zwischen Interessen und Merkmalen des Berufs:
Kommunikationselektroniker/in – Fachrichtung Informationstechnik

	Ist mir sehr wichtig	Ist mir wichtig	Ist mir weniger wichtig	Möchte ich auf keinen Fall
Im Freien arbeiten			●	
Mit Pflanzen oder Tieren umgehen			●	
Mit Menschen zu tun haben		●		
Körperlich tätig sein			●	
Gestalterisch arbeiten			●	
Handwerklich arbeiten	▨	●		
Auf technischem Gebiet arbeiten	▨	●		
Im Büro arbeiten		●		
Anderen helfen			●	
Verkaufen, kaufen			●	
Saubere Arbeit	▨		●	
Maschinen zusammenbauen, reparieren	▨		●	
Produktionsanlagen überwachen	▨		●	
Mit Metall umgehen	▨		●	
Mit Elektrizität, Elektronik zu tun haben	▨		●	
Mit Baumaterialien umgehen				
Im Labor arbeiten	▨			

Im BIZ-Computer ist die Auswahl eigentümlich und es dominiert Männliches. Die in der Übersicht 14 grau unterlegten Kästchen geben an, welche Merkmale den dargestellten Beruf des/der Kommunikationselelektronikers/in – Informationselektronik kennzeichnen sollen; die schwarzen Punkte sind die von mir eingegebenen „Interessen". Im Programm des BIZ-Computers stehen drei Arbeitsorte (im Freien, im Büro, im Labor) zur Auswahl, Verkaufsräume und Werkstätten kommen nicht vor. Bei der Arbeitsumgebung ist ausschließlich nach der Relevanz sauberer Arbeit gefragt. Hinsichtlich der Arbeitsgegenstände und -tätigkeiten sind zwar mehr Items vorgegeben, doch auch hier ist die Auswahl wenig einsichtig. Arbeitsgegenstände, mit denen vornehmlich Frauen umgehen, fehlen. Wenn Mädchen, wie Carol Hagemann-White (1992) schreibt, mit der Berufswahl Weiblichkeit demonstrieren wollen, bleibt ihnen nur die Auswahl zwischen „mit Menschen zu tun haben" und „mit Pflanzen oder Tieren" umgehen. Jungen, die Männlichkeit hervorheben wollen, haben die Möglichkeit, sich zwischen doppelt so vielen Arbeitsgegenständen (Metall, Elektrizität, Baumaterialien und Pflanzen/Tieren) zu entscheiden.

Auch bei den Tätigkeiten sind die Items auf die Interessen von Jungen ausgerichtet. Die Mädchen können wählen zwischen „anderen helfen", „gestalterisch arbeiten" und „verkaufen/kaufen". Die Jungen aber können ihre Prioritäten setzen hinsichtlich von „körperlich tätig sein", „handwerklich arbeiten", „auf technischem Gebiet arbeiten" und letztlich können sie sogar entscheiden, ob sie eher „Maschinen zusammenbauen/reparieren" oder lieber „Produktionsanlagen überwachen" wollen. Den Mädchen stehen drei Merkmale zur Verfügung, den Jungen aber fünf. Organisieren, verwalten und beraten, die Tätigkeiten vieler Frauen, kommen im BIZ-Programm nicht vor.

Befragungen zeigen immer wieder, dass „mit Menschen zu tun haben" für viele Mädchen ein wichtiges Kriterium bei der Berufswahl ist. Was aber ist darunter zu verstehen? Bedeutet dieses, dass Mädchen *erziehen*, *beraten* und *pflegen* wollen, oder einfach nur, dass sie sich am Arbeitsplatz Kontakte beispielsweise zu Kollegen/innen wünschen, sie nicht allein arbeiten wollen? Wie ich im Abschnitt 3.7 aufgezeigt habe, geht es den meisten Mädchen vorrangig um „nette Kollegen/innen". „Anderen helfen" wollen zwar auch viele. Aber genauso viele präferieren Büroarbeit, gestalterische Arbeiten oder „saubere" Arbeit. Wenn aber ein Mädchen, das sich „nette Kollegen/innen" wünscht, mangels eines solchen Items in den BIZ-Computer eingibt, dass es „mit Menschen zu tun haben" will, erhält es immer die Antwort, dass dieser Wunsch sich in gewerblich-technischen Berufen nicht realisieren lässt.

CD-ROM „Mach's Richtig": Menschen und andere Merkmale

Die CD-ROM ist der Ausgabe von „Mach's Richtig" beigefügt, die sich an Lehrkräfte richtet, und die gegenüber der Schüler/innenversion zusätzliche „Handreichungen für den Unterricht" enthält. Auf ihr befinden sich:
- eine Datenbank mit 398 Berufen, wobei zu 140 nähere Beschreibungen aufgerufen werden können.

- eine spielerische Berufserkundung, in der „Tina" „Mark" am Ausbildungsplatz besucht (wahlweise auch umgekehrt). Es wird die Arbeitsumgebung gezeigt und es entspinnt sich ein Dialog über den Beruf.
- ein Ratespiel, in dem berufskundliches Wissen erworben und gefestigt werden soll.
- ein interaktives Programm „Interessen – Wunschberuf – Alternativen", wo die Jugendlichen anhand von 41 Merkmalen eine individuelle Interessenliste erstellen können. Das Programm vergleicht diese Angaben mit den 398 erfassten Berufen und antwortet mit einer Liste derjenigen Berufe, die zu den angegebenen Interessen passen. Die Jugendlichen können auch umgekehrt vorgehen, ihren Wunschberuf eingeben und sich vom Programm ähnliche Berufe nennen lassen.

Ich werde mich im Folgenden auf den Programmteil „Interessen – Wunschberuf – Alternativen" konzentrieren.[46] Besonders fragwürdig ist in diesem Programmteil das Merkmal „Menschen", das die Bundesagentur insgesamt 98 Berufen zugeordnet hat. Von wenigen Ausnahmen abgesehen handelt es sich dabei nicht um Jungenberufe. Allein neun der zehn Berufe, in denen im dualen System mehr als die Hälfte der Mädchen ausgebildet werden, sind mit diesem Merkmal versehen (vgl. Übersicht 15). Hierauf werde ich im Folgenden detaillierter eingehen. Ein weiteres fragwürdiges Merkmal ist der Arbeitsort „beim Kunden". Dieses Merkmal wurde vorrangig Jungenberufen zugeordnet, ohne dass diese Berufe mit dem Merkmal „Menschen" versehen wurden.

Im Vergleich zum BIZ-Computer enthält die CD-ROM mehr als doppelt so viele Merkmale. Sie sind nach Tätigkeiten („was"), Arbeitsorten („wo"), Arbeitsmittel und -gegenständen (zusammengefasst zu „womit") geordnet. Im Gegensatz zum BIZ-Programm finden sich in der CD-ROM-Variante auch die Merkmale, deren Fehlen ich beim BIZ-Computer moniert habe. Mädchen können sich beispielsweise für „schreiben und verwalten" entscheiden, für die Arbeitsorte „Verkaufsraum" oder „Hotel", für die Arbeitsmittel „Regelungen/Gesetze/Vorschriften" oder für „Büromaschinen/–materialien", wobei sie in jeder Gruppe mehrere Items gleichzeitig angeben können. Bei genauerem Hinsehen (vgl. Übersicht 15) gibt es für Mädchen aber auch hier wieder weniger Auswahl als für Jungen.

---

46 Der Grund ist wiederum die Unmöglichkeit alles zu untersuchen. Nach meinem Eindruck stimmt auch bei den anderen Programmteilen einiges nicht. Etwa berichtet „Tina" in der Rolle einer angehenden Fachkauffrau für Bürokommunikation, dass in ihrem Beruf das Auswerten von Daten mit dem Computer eine wichtige Aufgabe sei. Datenverarbeitung aber gehört gar nicht zu diesem Berufsbild, ist also kein Ausbildungsinhalt.

Übersicht 15:
Berufsmerkmale auf der CD-ROM

Merkmalsbereich „Tätigkeiten" – Was?	Merkmalsbereich „Arbeitsort" – Wo?	Merkmalsbereich „Arbeitsmittel/-gegenstände" Womit?
Anbauen/ernten/hegen/ züchten	Werkstatt/Fabrikhalle	Baustoffe
Bauen	Verkaufsraum	Chem./synth. Stoffe/ Kunststoffe
herstellen/zubereiten/ Material bearbeiten	im Freien: Außenanlg/ natürliche Umgebung	Elektrotechnik/ Elektronik
kaufen/verkaufen/ bedienen/beraten	soziale/medizinische/ Bildungseinrichtung	Fahrzeuge/ Transportmittel
behandeln/pflegen/ erziehen/unterrichten	Labor/Prüfstation	Glas/Keramik/ Edelsteine
gestalten/malen/ entwerfen/zeichnen	Hotel/Gaststätte	Holz/Papier
montieren/installieren/ reparieren	Fahrzeuge/Transportmittel	Lebensmittel
prüfen/untersuchen	beim Kunden	Meß-/Prüfgeräte
Reinigen	Büro	Menschen
schreiben/verwalten		Metalle
Maschinen steuern und bedienen		Pläne/Entwürfe
transportieren/ lagern/verpacken		Regelungen/Gesetze/ Vorschriften
Computer bedienen/ programmieren		Technische Anlagen
		Textilien/Leder
		Tiere/Pflanzen
		Zeichen-/Schreibgeräte
		Büromaschinen/ Büromaterialien
		Information/Medien/ Fremdsprachen
		Maschinen/Werkzeuge

Quelle: BA „Mach's Richtig" 1997/98.

Darüber hinaus finden sich auch in diesem Programm eindeutige Geschlechterzuordnungen. Weiblich konnotierte Tätigkeiten werden höchst selten als Merkmal von Jungenberufen genannt und das Merkmal „Menschen" ist missverständlich. Dieses Item besteht auf der CD-ROM nur aus dem Wort „Menschen". Es ist dem Merkmalsbereich Arbeitsmittel/-gegenstände („womit") zugeordnet. In der Erläuterung heißt es:

„Mit Menschen kannst du auf sehr unterschiedliche Art zu tun haben: z.B. als Kunden, Patienten oder Gäste, du kannst dich um Kinder kümmern oder um alte Menschen, um kranke oder behinderte Menschen. Dabei kannst du es mit Einzelpersonen oder mit Gruppen zu tun haben" (BA, „Mach's Richtig" 1997/98; 8:17).

Diese Erläuterung ist, obwohl sie sich sprachlich an Jugendliche richtet, nur den Lehrkräften zugänglich. Auch verweisen die „Unterrichtsbeispiele für den Einsatz des Programms" *nicht* darauf, dass es notwendig ist, den Schülern/innen die Definitionen zu vermitteln. Ich habe Zweifel, ob 15- bis 17-jährigen Jugendlichen bewusst ist, dass sie sich mit der Wahl dieses Merkmals für soziale, pflegerische und dienstleistende Berufe entscheiden. „Nette Kollegen/innen", die den Mädchen besonders wichtig sind, tauchen als Merkmal nicht auf. Nun weiß niemand im Vorhinein, ob die Kollegen/innen nett sind oder nicht, doch Items zur „Zusammenarbeit mit anderen" versus „Alleinarbeit" fehlen. Auf das Merkmal „Menschen" werde ich näher eingehen, weil es deutlich macht, dass Symbole eine Steuerungsfunktion haben.

Nur sehr wenige der 98 Berufe, denen das Merkmal „Menschen" zugeordnet wurde, sind mehrheitlich mit Jungen besetzt. Aber alle typischen Mädchenberufe wurden damit versehen! 50 der 98 Berufe erhielten gleichzeitig das Merkmal „kaufen/verkaufen/bedienen/beraten", 27 Berufe das Merkmal „behandeln, pflegen/erziehen, unterrichten" und vier dieser Berufe werden „beim Kunden" ausgeübt. Bei weiteren 29 Berufen ist das Merkmal „Menschen" angegeben, *ohne* dass gleichzeitig eine der genannten drei Tätigkeitsgruppen vermerkt wäre (vgl. Übersicht 17). In der Übersicht 18 werden dann die 69 Berufe aufgeführt, die neben dem Merkmal „Menschen" noch mindestens eins der anderen genannten Merkmale zugeordnet wurde.

Möglicherweise sitzt die Bundesagentur hier einem Zirkelschluss auf: Sie geht davon aus, dass die Arbeitsgegenstände und Arbeitsmittel von Frauen vornehmlich Menschen sind und ordnet den Berufen, in denen Mädchen üblicherweise ausgebildet werden, das Merkmal „Menschen" zu. Die wissenschaftlichen Hintergründe der Entstehung von Merkmalen unterstreichen diesen Verdacht. Zudem finden sich unter den Berufen, in denen Menschen Arbeitsgegenstände oder Arbeitsmittel sind, viele Ausbildungen, die ausschließlich an Berufsfachschulen angeboten werden. Doch zunächst zu den Eigentümlichkeiten des Zusammenspiels der Merkmale.

Übersicht 16:
Die zehn am häufigsten mit Mädchen und Jungen besetzten Berufe 2002 und die Merkmale „Menschen" und „beim Kunden"

Berufe	Merkmale		Anteil an den weibl. bzw. männl. Auszubildenden in %
	Menschen	beim Kunden	

Häufig mit Mädchen besetzte Berufe

Bürokaufmann/frau	X	–	7,2
Kaufmann/frau im Einzelhandel	X	–	6,7
Friseurin/Friseur	X	–	6,6
Arzthelfer/in	X	–	6,3
Zahnmedizinische Fachangestellte/r	X	–	5,7
Industriekaufmann/frau	X	–	4,8
Fachverkäufer/in im Nahrungsmittelhandwerk	X	–	4,4
Kaufmann/frau für Bürokommunikation	X	–	4,0
Verkäufer/in	X	–	3,9
Hotelfachmann/frau	X	–	3,8
Mädchen in diesen Berufen in % der weiblichen Auszubildenden		–	53,4

Häufig mit Jungen besetzte Berufe

Kraftfahrzeugmechaniker/in	–	–	6,4
Maler/in und Lackierer/in	–	X	4,2
Elektroinstallateur/in	–	X	3,8
Kaufmann/frau im Einzelhandel	X	–	3,6
Tischler/in		X	3,6
Koch/Köchin	–	–	3,4
Kaufmann/frau im Groß- u. Außenhandel	X	–	2,7
Fachinformatiker/in		X	2,6
Metallbauer/in	–	–	2,2
Industriekaufmann/frau	–	X	2,1
Jungen in diesen Berufen in % der männlichen Auszubildenden			34,6

Quellen: Zusammengestellt aus www.destatis.de/cgi-bin.html (10.6.2004) und der CD-ROM von „Mach's Richtig" (1997/98).

Übersicht 17:
Berufe mit dem Arbeitsgegenstand oder Arbeitsmittel „Menschen", die nicht die Merkmale „kaufen/verkaufen/bedienen/beraten", „behandeln/pflegen/erziehen/unterrichten" oder „beim Kunden" aufweisen.

- Dolmetscher/in
- Fachkraft für Brief- und Frachtverkehr
- Fremdsprachenkorrespondent/in
- Fremdsprachensekretär/in
- Hauswirtschafter/in
- Hauswirtschaftliche Betriebsleiter/in
- Kaufmann/frau für Bürokommunikation
- Mediengestalter/in Bild und Ton
- Medizinisch-technische Radiologieassistent/in
- Notarfachangestellte/e
- Patentanwaltsfachangestellte/r
- Pharmazeutisch-technische Assistent/in
- Rechsanwalts- und Notarfachangestellte/r
- Rechtsanwaltsfachangestellte/r
- Schwimmmeistergehilfe/in
- Verwaltungsfachangestellte/r
- Wirtschafter/in
- Wirtschaftler/in in der ländlichen Hauswirtschaft
- Wirtschafter/in in der städtischen Hauswirtschaft
- und 10 unterschiedliche Beamtenberufe in der Bundes-, Länder- und Kommunal-, der Bundeswehr-, Justiz-, Steuer- und Zollverwaltung sowie bei der Polizei

Quelle: CD-ROM Macht's Richtig 1997/98.

Übersicht 18:
Berufe, in denen die Arbeitsgegenstände oder Arbeitsmittel Menschen sind und denen weitere diesbezügliche Merkmale zugeordnet wurden

Berufe mit dem Merkmal „Menschen"	Zusätzliche Merkmale		
	„kaufen, verkaufen, bedienen, beraten"	„behandeln, pflegen, erziehen, unterrichten"	„beim Kunden"
Friseur/in	X	X	
Herrenschneider/in	X		
Kosmetiker/in	X	X	
Kaufmann/frau in der Grundstücks- und Wohnungswirtschaft	X		X
Verlagskaufmann/frau	X		X
Assistent/in an Bibliotheken	X		
Augenoptiker/in	X		
Bankkaufmann/frau	X		
Beamter/in bei der Sozialversicherung (mittl. Dienst)	X		
Bibliotheksassistent/in an wiss. Bibliotheken/öff. Büchereien (mittl. Dienst)	X		
Buchhändler/in	X		
Damenschneider/in	X		
Diätassistent/in	X		
Drogist/in	X		
Eisenbahner/in im Betriebsdienst	X		
Fachangestellte/r für Arbeitsförderung	X		
Fachgehilfe/in im Gastgewerbe*	X		
Fachverkäufer/in im Nahrungsmittelhandwerk	X		
Florist/in	X		
Fotograf/in	X		
Hörgeräteakustiker/in	X		
Hotelfachmann/frau*	X		
Informatikkaufmann/frau	X		
IT-System-Kaufmann/frau	X		
Kaufmann/-frau im Einzelhandel	X		
Kaufmann/frau im Eisenbahn- und Straßenverkehr	X		
Kaufmann/frau im Groß- und Außenhandel	X		
Kaufmännische/r Assistent/in	X		
Kaufmannsgehilfe/in im Hotel- und Gaststättengewerbe	X		
Musikalienhändler/in	X		
Orthopädiemechaniker/in und Bandagist/in	X		
Orthopädieschuhmacher/in	X		
Pharmazeutisch-kaufmännische/r Angestellte/r	X		
Postverkehrskaufmann/frau	X		
Reiseverkehrskaufmann/frau	X		
Restaurantfachmann/frau*	X		

Noch: Übersicht 18:

Berufe mit dem Merkmal „Menschen"	Zusätzliche Merkmale		
	„kaufen, verkaufen, bedienen, beraten"	„behandeln, pflegen, erziehen, unterrichten"	„beim Kunden"
Schifffahrtskaufmann/frau	X		
Sozialversicherungsfachangestellte/r	X		
Speditionskaufmann/frau	X		
Steuerfachangestellte/r	X		
Tankwart/in	X		
Verkäufer/in	X		
Versicherungskaufmann/frau	X		
Werbekaufmann/frau	X		
Haus- und Familienpfleger/in		X	X
Altenpflegehelfer/in		X	
Altenpfleger/in		X	
Arzthelfer/in		X	
Atem-, Sprech- und Stimmlehrer/in		X	
Beschäftigungs- und Arbeitstherapeut/in		X	
Entbindungspfleger/Hebamme		X	
Erzieher/in		X	
Gymnastiklehrer/in		X	
Heilerziehungspfleger/in		X	
Kinderkrankenpfleger/Kinderkrankenschwester		X	
Kinderpfleger/in		X	
Krankenpflegehelfer/in		X	
Krankenpfleger/Krankenschwester		X	
Logopäde/in		X	
Masseur/in und medizin. Bademeister/in		X	
Medizinisch-techn. Assistent/in f. Funktionsdignostik		X	
Orthopist/in		X	
Physiotherapeut/in		X	
Rettungsassistent/in (staatl. geprüft)		X	
Sportlehrer/in im freien Beruf		X	
Tierarzthelfer/in		X	
Unteroffizier bei der Bundeswehr		X	
Zahnarzthelfer/in		X	
Radio- und Fernsehtechniker/in			X
In der Liste angeführte Berufe mit den jeweiligen Merkmalen	44	26	4
Auf der CD-ROM angeführte Berufe mit diesen Merkmalen insgesamt	50	27	36

In dieser Übersicht sind 69 der 98 Berufe aufgeführt, die auf der CD-ROM mit dem Merkmal Menschen versehen sind. Die drei mit einem * versehene Berufe haben zusätzlich das Merkmal „Hotel/Gaststätte".
Quelle: CD-ROM der Materialienkombination der Bundesanstalt „Mach's Richtig" (Ausgabe 1997/98); eigene Zusammenstellung.

In etlichen Berufen, beispielsweise Erzieher/in und Krankenschwester/-pfleger, sind unzweifelhaft Menschen die Arbeitsgegenstände und in anderen Berufen sind sie Arbeitsmittel, beispielsweise in Verkaufsberufen, wo Menschen dazu angehalten werden, sich für die Produkte zu erwärmen. In der Liste befindet sich aber auch eine Reihe von Berufen des Öffentlichen Dienstes. Selbst wenn politische Institutionen „das Volk erziehen" (Göhler), heißt das noch nicht, dass alle Mitarbeiter/innen unmittelbar auf „das Volk" einwirken. (Abgesehen davon, dass nicht alle öffentlichen Verwaltungen Erziehungsfunktionen haben.) Gerade im einfachen und mittleren Dienst, in dem die aufgeführten Berufe angesiedelt sind, gibt es vielerlei Zuarbeitstätigkeiten für die Kollegen/innen des gehobenen und höheren Dienstes, oder die Berufsinhaber/innen verwalten in den Zentralabteilungen die „erziehenden" Kollegen/innen. Bei manchen Berufen bleibt offen, was die Berufsinhaber/innen mit dem Arbeitsmittel bzw. -gegenstand „Menschen" denn nun tun. Die Berufsinhaber/innen kaufen/verkaufen/bedienen/beraten nicht, auch behandeln/pflegen/erziehen/unterrichten sie nicht und sie arbeiten auch nicht „beim Kunden". Doch in der Liste finden sich noch mehr Ungereimtheiten.

Seltsamerweise beraten weder Altenpfleger/innen noch Entbindungshelfer/Hebammen oder Logopäden/innen. Tätigkeiten im Bereich „behandeln, pflegen, erziehen, unterrichten" üben nur 26 der 98 aus, deren Arbeitsgegenstände oder -mittel Menschen sind; zwei davon (Friseur/in und Kosmetiker/in) beraten/bedienen/kaufen/verkaufen auch, die anderen nicht. In der Kategorie sind vornehmlich die pflegerischen und die Erziehungsberufe zu finden. Bei vier Berufen ist noch „beim Kunden" als Arbeitsort angegeben, in Kombination mit „kaufen ..." oder mit „behandeln, pflegen, erziehen, unterrichten". Bei dem/der Radio- und Fernsehtechniker/in schließlich fehlt jeglicher Hinweis, was diese denn mit dem Arbeitsgegenstand bzw. -mittel „Menschen" „beim Kunden" tun. Letztlich bleiben sogar 29 Berufe übrig, die nicht „beim Kunden" ausgeübt werden und deren Inhaber/innen mit ihren Arbeitsgegenständen oder Arbeitsmitteln „Menschen" anscheinend *gar nichts* tun. Ironischerweise zählen dazu vor allem die im Öffentlichen Dienst Tätigen, selbst die Polizeibeamten/innen. Es mag politisch korrekt sein, „überwachen von Menschen" Jugendlichen nicht als Berufsoption anzudienen, doch bei den Dolmetscher/innen, Fremdsprachensekretären/innen, Fachkaufleuten für Bürokommunikation, Hauswirtschaftler/innen, Rechtsanwalts- und Notarfachangestellte/innen und Schwimmmeistergehilfen/innen sind Menschen Arbeitsmittel bzw. -gegenstände, ohne dass deutlich wird, was die Berufsinhaber/innen denn mit ihnen anstellen. Seltsam allein steht *Radio- und Fernsehtechniker/in* unter den Berufen, bei denen Menschen Arbeitsgegenstände oder -mittel sind. Möglicherweise werden sich in Zukunft mehr Mädchen für diesen Beruf interessieren. Er ist der einzige gewerblich-technische mit dem Merkmal „Menschen".

Die Berufe, denen die Bundesagentur das Merkmal „Menschen" zuordnet, sind von wenigen Ausnahmen abgesehen zuarbeitende und kontrollierende Berufe. Zum Beispiel sind in den näheren Berufserläuterungen der CD-ROM zum Beruf *Verwaltungsfachangestellte* neben vielen anderen möglichen Tätigkeiten die *Entgegennahme* von Sozialhilfeanträgen in den Sozialämtern angeführt. Die eigentliche Beratung der Bedürftigen und die Entscheidung aber sind Beschäftigten mit anderen, und zwar höheren Berufsabschlüssen, den Sozialarbeiter/innen und -pädagogen/innen, vorbehalten. Ähnliches findet sich bei den Rechtsanwalts- und Notarfachangestellten: Sie „nehmen von den Mandanten Aufträge entgegen. ... Sie notieren Vorinformationen und unterrichten die Mandanten z.B. über die Unterlagen, die beim Termin benötigt werden." Unterricht und „Beratung" findet also allenfalls marginal statt. (Rechtsberatung ist gesetzlich Rechtsanwälten/innen vorbehalten.) Was also tun diese Berufsinhaber/innen mit ihrem Arbeitsmittel bzw. Arbeitsgegenstand „Menschen"? Das Schlüsselwort ist hier „adjunct control": Indem die Verwaltungsfachangestellte im Sozialamt oder die Rechtsanwaltsfachangestellte dafür sorgt, dass die Klienten/innen ihre Unterlagen pünktlich und geordnet einreichen, entlasten sie die Sozialarbeiter/innen und Rechtsanwälte/innen. Sie arbeiten ihnen zu, indem sie die Klienten/innen kontrollieren und sozialisieren. Viele der in der Liste aufgeführten Berufe führten bis vor wenigen Jahren noch die Bezeichnungen *Gehilfin* oder *Helferin* im Namen, die die Tätigkeit trefflich beschreiben. Mit der heutigen Bezeichnung „Fachangestellte" wird zwar sprachlich die Arbeit von Frauen in Apotheken, Büros, Rechtsanwalts-, Notariats- oder Steuerberatungspraxen und neuerdings auch in den Zahnarztpraxen aufgewertet – an der Arbeit selbst hat sich aber nichts verändert: Die Aufgabe ist die einer „zugefügten Kontrolle", wie Peta Tancred-Sheriff so beeindruckend herausgearbeitet hat (vgl. Abschnitt 3.6).

Männerberufe werden dagegen häufig „beim Kunden" ausgeübt und zwar ohne dass die Berufsinhaber in irgendeiner Form mit den Kunden (oder Kundinnen!) umgehen. Die Bundesagentur ordnete 36 Berufen den Arbeitsort „beim Kunden" zu. Unter anderen sind dies: Büroinformationselektroniker/in, Elektroinstallateur/in, Fenmeldeanlagenelektroniker/in, Gas- und Wasserinstallateur/in, Klempner/in, Paketleger/in, Tischler/in und Zentralheizungs- und Lüftungsbauer/in. Lediglich vier der 36 Berufe erhielten gleichzeitig das Merkmal „Menschen" (vgl. Übersicht 18). Die Bundesagentur meint, dass die Berufsinhaber/innen nicht beraten und nicht unterrichten. Der Heizungsbauer, der nicht über die Funktionsweise eines Heizkessels unterrichtet und der nicht berät, welcher Kessel der günstigste ist, wird sicherlich nicht nur mich als Kundin verlieren. Zumindest bei den Elektroinstallateuren/innen ist Kundenberatung sogar explizit Bestandteil der Ausbildung.

Das Merkmal „Menschen" sollte die Bundesagentur dringend modifizieren. „Menschen" als Arbeitsgegenstand und Arbeitsmittel ist bereits in den

Merkmalen „kaufen, verkaufen, bedienen, beraten" und „behandeln, pflegen, erziehen, unterrichten" und auch im Merkmal „beim Kunden" enthalten; wobei die ersten beiden differenziert werden müssten: Verkaufen geht nicht unbedingt einher mit beraten – und Beratung schon gar nicht mit Verkauf. Z.B berät eine Hebamme Schwangere durchaus, aber sie verkauft nichts. Auch unterrichten hat nicht unbedingt sehr viel gemein mit pflegen. Eine Erzieherin muss sicherlich häufig Schürfwunden versorgen; wenn aber die Kinder ernsthaft erkranken, wird nicht sie die Kinder pflegen. Außerdem ist das Merkmal „beim Kunden" einfach unmöglich. Hier ist die Bundesagentur an ihren eigenen Anspruch sprachlicher Neutralität zu erinnern: Arbeit „beim Kunden" ist immer mit dem Risiko sexueller Übergriffe verbunden. Tischlerinnen, Gas- und Wasserinstallateurinnen oder Zentralheizungs- und Lüftungsbauerinnen werden in Privathaushalten tagsüber aber eher auf eine Kundin als auf einen Kunden treffen und auf größeren Baustellen können sie im Zweifel auf die Unterstützung der eigenen Kollegen zählen. Die Bundesanstalt aber signalisiert, dass Mädchen von solchen Berufen wegen der Gefahr sexueller Belästigung abzuraten ist.

Es kommt offensichtlich nicht nur auf das „-in" und die Zahl der Mädchen in den Bildern an. Die Einschreibungen in die Arbeitsmittel der Bundesagentur sind mindestens ebenso bedeutsam wenn nicht gar folgenreicher. Es macht wenig Sinn, wenn die Berufsberatung gesonderte Aktivitäten zur Motivierung von Mädchen für Jungenberufe durchführt, gleichzeitig aber in ihren Informationsmaterialien vermittelt, dass der Wunsch, mit anderen Menschen zusammenzuarbeiten, nur in Mädchenberufen realisiert werden kann.

Um Berufe zu beschreiben und letztlich in den Computerprogrammen mit spezifischen Merkmalen zu versehen, stehen der Bundesagentur verschiedene Quellen zur Verfügung. Sie kann die Ausbildungsordnungen und die parallel dazu entwickelten Rahmenlehrpläne der KMK heranziehen. Darüber hinaus kann sie auf – allerdings seltene – Einzelstudien zu Berufen zurückgreifen. Daneben aber steht ihr eine dritte Quelle zur Verfügung. Und zwar gibt es regelmäßige, gemeinsam vom IAB und dem BIBB durchgeführte repräsentative Erhebungen, aus denen u.a. hervorgeht, welche Tätigkeiten die Berufsinhaber/innen ausüben. Doch: Schon in die Art dieser Erhebung ist die Vergeschlechtlichung eingeschrieben.

Die Wurzeln vergeschlechtlichter Tätigkeitsmerkmale

Berufliche Ausbildungen, deren Zahl durch bundesweit verbindliche Ausbildungsordnungen bzw. durch entsprechende Landesregelungen begrenzt ist, münden in eine Vielzahl unterschiedlicher Tätigkeiten. Erst auf der Basis einer Analyse, welche Tätigkeiten die Berufsinhaber/innen jeweils ausüben und welche dabei besonders häufig vorkommen und einer Einschätzung, wie sich die Tätigkeitsinhalte in Zukunft entwickeln werden, kann die Berufsberatung den Ausbildungsberufen bestimmte Merkmale zuordnen. Eine Basis, um zumindest den Ist-Zustand zu erfassen, bilden die regelmäßig wiederholten, repräsentativen Erhebungen des BIBB und des IAB. In der letzten, in den Jahren 1998/99 durchgeführten Befragung wurde nicht auf Tätigkeiten, sondern lediglich auf die benutzten Arbeitsmittel abgestellt. Die Berufsberatung musste sich also auf die Ergebnisse der Erhebung von 1991/92 stützen. Diese Ergebnisse sind möglicherweise nicht nur schon wieder veraltet, zumal die seitherige Verbreitung von Computer-Netzwerken etliche Tätigkeiten verändert haben dürfte, sondern die Berufsberatung hat die Befragungsergebnisse auch erst mit 10-jähriger Verspätung z.B. in „Beruf Aktuell" berücksichtigt.

Aber die 1991/92 durchgeführten Befragungen waren für die Zwecke der Berufsberatung auch nicht hinreichend, weil zwischen den Tätigkeiten zu wenig unterschieden wurde. Den Befragten standen 27 Zuordnungsmöglichkeiten offen, die jeweils mehrere Tätigkeiten – und zwar sehr unterschiedliche – umfassten. (Der Fragebogen ist abgedruckt in: Jansen/Stooß Hg. 1993: 171ff.) Darüber hinaus wurde auch in diesem Fragebogen bei den vornehmlich von Männern ausgeübten Tätigkeiten stärker differenziert als bei den üblicherweise von Frauen verrichteten. Frauen, die in frauentypischen Berufen arbeiteten, konnten sich im Gegensatz zu Männern in männertypischen Berufen kaum eindeutig einer Merkmalskategorie zuordnen. Zwar waren anscheinend Mehrfachantworten möglich, aber in den vorgegebenen Items waren jeweils höchst unterschiedliche Tätigkeiten zusammengefasst:
- „Beratend helfen" mit „erziehen, lehren, ausbilden",
- „frisieren" mit „pflegen, versorgen, medizinisch/kosmetisch behandeln",
- „organisieren" mit „entscheiden, koordinieren und disponieren",
- „Mitarbeiter anleiten, kontrollieren" und „beurteilen" mit „Personal einstellen".
- „Schreibarbeiten, Schriftverkehr, Formulararbeiten" ist hingegen ein gesondertes Item.

Die Arbeit einer klassischen Sekretärin beispielsweise passt allenfalls in „Schreibarbeiten, Schriftverkehr, Formulararbeiten", sonst aber in keines der Merkmale. Aber: Sie hilft ihrem/r Chef/in und anderen Mitarbeiter/innen „beratend", ohne unbedingt zu „erziehen", zu „lehren" und „auszubilden". Sie „versorgt" im Zweifel auch, ohne jedoch „medizinisch/kosmetisch zu behandeln" geschweige denn zu „frisieren", sie kontrolliert Mitarbeiter/innen, ohne aber „Personal einzustellen". „Koordinieren" und „organisieren" gehören zu ihren wesentlichen Aufgaben, die „Entscheidung" aber trifft nicht sie, sondern der/die Chef/in. Wahrscheinlich werden sich Sekretärinnen daher vornehmlich der Tätigkeitsgruppe „Schreibarbeiten, Schriftverkehr, Formulararbeiten" zugeordnet haben.

Die unpräzise Beschreibung vieler Frauenberufe ist somit nicht allein der Berufsberatung anzulasten, sondern bereits die empirischen Erhebungen, auf deren Resultate die Berufsberatung angewiesen ist, sind unzulänglich. Hinzu kommt das Problem der Selbstwahrnehmung von Befragten, und zwar wird es besonders virulent, wenn in einer solchen Erhebung Tätigkeiten schon in der Befragung zu Kategorien zusammengefasst wurden. Gleich dem „Erwartungseffekt" (Jochmann-Döll 1990: 65ff.) als mögliche Fehlerquelle in den Verfahren der Arbeitsbewertung werden gesellschaftliche Wertungen antizipiert. Die Annahme, dass Frauenarbeit weniger qualifizierte Arbeit ist als die von Männern, findet sich als „objektiver Befund" in den Untersuchungsergebnissen wieder.

Verwendet die Berufsberatung die Kategorisierungen bei ihren Berufsbeschreibungen (wobei ihr kaum etwas anderes übrig bleibt), schließt sich der Kreis: Die befragten, erwerbstätigen Frauen haben ihre Tätigkeiten mangels differenzierter Vorgaben bestimmten Merkmalskombinationen zugeordnet, beispielsweise angegeben, dass sie „beratend helfen" und nicht, dass sie „Mitarbeiter anleiten", weil sie nicht gleichzeitig auch „Personal einstellen". Als Ergebnis solcher Befragungen finden sich dann Mädchen, die sich vielleicht „Mitarbeiter anleiten" als eine für sich in Frage kommende berufliche Tätigkeit vorstellen können, nicht in organisierenden Büroberufen, sondern in Erziehungsberufen wieder.

Die neuen elektronischen Medien sind wegen ihrer Scheinobjektivität besonders gefährlich: Es ist „der Computer", der bestimmte Berufe empfiehlt und von anderen abrät und nicht mehr der Berufsberater oder die Berufsberaterin, der oder die wie alle Menschen Schwächen aufweist, auf die das berufswählende Mädchen mit Ablehnung reagieren kann. Letztlich machen Computerprogramme das Berufswahlverhalten eindimensionaler: Die Ratschläge *vieler* Beratungsfachkräfte mit den darin jeweils eingehenden persönlichen Haltungen und Meinungen werden tendenziell von *einem* Programm abgelöst. Gleichwohl geben Computerprogramme die Möglichkeit, dass mehr Kriterien berücksichtigt werden können, als es einer Beratungsfachkraft in der für jede/n Jugendlichen nur begrenzt zur Verfügung stehenden Zeit möglich ist. Die Entwicklung vom BIZ-Computer zur CD-ROM und letztlich hin zum Internet hat auch mit den technischen Möglichkeiten zu tun, die in den Schulen und den Elternhäusern vorhanden sind. Bisher gaben die Rechenkapazitäten des BIZ-Computers und der Platz auf der CD-ROM das Maximum vor. Doch die CD-ROM ins Internet einzustellen, und dort – weil mehr Kapazitäten vorhanden sind – eine größere Anzahl an Berufsbeschreibungen aufzunehmen, löst das Mädchenproblem nicht.[47] Entscheidend ist, wie die Berufe beschrieben werden, welche Merkmale ihnen zugewiesen, beson-

---

47 Die Internet-Präsentation ist im Übrigen nur unter bestimmten Voraussetzungen nutzbar. Nötig ist ein großer Bildschirm, da das Programm eine hohe Auflösung erfordert. Zudem ist es nicht für Mozilla optimiert (Stand: Juni 2004). Manche Jugendlichen werden vom häuslichen Computer aus erfolglos versuchen, sich Informationen von Mach's Richtig zu beschaffen.

ders betont oder weggelassen werden. CD-ROM und Internet sind relativ neu; diese Medien können sich erst in jüngster Zeit in den Mädchenzahlen niedergeschlagen haben. Doch auch „Beruf Aktuell" und insbesondere der BIZ-Computer dürften in der Vergangenheit eine geschlechtstypische Berufswahl verstärkt haben. Nicht nur werden Mädchen mit dem Item „Menschen" in die Irre geleitet, beim BIZ-Computer werden sie sogar besonders benachteiligt. Den Jungen stehen viel mehr an Differenzierungsmöglichkeiten offen, und viele Merkmale, die in traditionell stark mit Mädchen bzw. Frauen besetzten Berufen vorkommen, fehlen in den Auswahlmöglichkeiten des BIZ-Computers. Vor diesem Hintergrund erscheint es geradezu verwunderlich, dass einige Mädchen dennoch eine gewerblich-technische Berufsausbildung aufnehmen.

4.6 Zusammenfassung

Die Berufsberatung ist wenig erfolgreich bei der Gewinnung von Mädchen für gewerblich-technische Berufe und sie bemüht sich auch nicht sonderlich darum. Im Verhältnis zu den Bewerberinnen insgesamt sind bei ihr im Verlauf der 1990er Jahre immer weniger Mädchen für die Vermittlung in eine solche Ausbildung vermerkt. Nennenswerte Zahlen finden sich allein bei den Handwerksberufen Tischlerin (vor allem im Westen) und Malerin und Lackiererin (vor allem im Osten) sowie in beiden Landesteilen bei den Kfz-Mechanikerinnen. Die Betriebe stellen aber in den metall- und elektrotechnischen, vor allem in den industriellen Berufen, anteilig viel mehr Mädchen ein als die Berufsberatung vorsieht. Die Berufsberatung dagegen versucht, immer mehr Mädchen in Mädchenberufen unterzubringen, nicht nur zu Lasten des Mädchenanteils in den Jungenberufen, sondern auch des Anteils von Mädchen in mit beiden Geschlechtern besetzten Berufen wie Bankkaufmann/frau, Versicherungskaufmann/frau oder Industriekaufmann/frau. Die Chancen von Mädchen, nach der Ausbildung eine Erwerbsarbeit zu finden, in der sie genug zum eigenständigen Leben verdienen, in der ihnen vielleicht sogar Aufstiegsmöglichkeiten eröffnet werden, sind seitens der Berufsberatung in den 1990er Jahren eher verschlechtert als verbessert worden. Allerdings ist die Berufsberatung nicht die einzige Instanz, die auf die Berufsentscheidungen von Jugendlichen einwirkt und vor allem ist die Eintragung in die Vermittlungskartei nur ein punktuelles Ereignis, dem vielfältige Einflüsse auf die Berufsentscheidung vorausgegangen sind.

Die Aufgabe der Berufsberatung ist die Berufsorientierung der Jugendlichen unter Beachtung der Entwicklung der Berufe. In ihrem Selbstverständnis begleitet sie den Prozess der Berufswahl durch Information, um die Jugendlichen zu befähigen, ihre Neigungen und Eignungen selbst zu entdecken und mit den Anforderungen der Berufe abzugleichen. Auf den ersten Blick scheint die Arbeit der Berufsberatung also nicht mehr aber auch nicht weniger als eine wertfreie Hilfestellung zu sein. Aber nicht nur die oben zitierten Zahlen, sondern schon allein die frappierende Tatsache, dass die Berufsberatung Jugendliche in denselben Zahlenrelationen für unterschiedliche Berufe vorsieht, zu denen auch Ausbildungsplätze besetzt werden (vgl. Schober 1996), macht stutzig. Als Medium der Steuerung benutzt die Berufsberatung vor allem die Unterrichtungsmaterialien. Sie lädt sie geschlechtsspezifisch auf und knüpft damit an die Verunsicherung von Mädchen in der Phase der Adoleszenz an, an dem Bemühen, dem Wunschbild ihres sozialen Umfeldes zu entsprechen. Diese Phase ist gleichzeitig diejenige, in der ein Beruf gefunden werden muss.

Im BIZ-Computer werden mehrere jungentypische Tätigkeiten zur Auswahl gestellt, an mädchentypischen bleibt im Wesentlichen nur „anderen helfen". Auf der CD-ROM schließlich, die identisch mit dem Internet-Programm ist, wird unter der Überschrift „Womit?" ein Button mit der Bezeichnung „Menschen" angeboten. Da Mädchen „nette Kollegen/innen" im Beruf besonders wichtig (und wichtiger als den Jungen) sind, werden sie darauf hereinfallen: Drücken sie den Button „Menschen", werden ihnen ausschließlich zuarbeitende Berufe offeriert, Berufe beispielsweise, die vor der Neubenennung noch den Begriff „Helferin" oder „Gehilfin" im Namen hatten (Rechtsanwaltsgehilfin, Apothekenhelferin) oder heute noch haben (Arzthelferin) und Berufe, in denen es um die Sozialisation von Menschen geht (von Erzieherin bis Verkäuferin). Hier wird das Bedürfnis nette Kollegen/innen vorzufinden umdefiniert zu: „Menschen als Arbeitsmittel benutzten", (bspw. zum Kauf von Gütern anzuregen) oder den Arbeitsgegenstand „Mensch" zu erziehen und zu behandeln. Der „juristisch-administrativ-therapeutische" Staatsapparat ersetzt hier (wie in der amerikanischen Frauenhausbewegung) Bedürfnisse durch „monologische, administrative Prozesse der Bedürfnisdefinition" (Fraser 1994: 240). Selbst in den individuellen Beratungsgesprächen werden die Kriterien, die Mädchen neben den „netten Kollegen/innen" ebenfalls wichtig sind, wie Wiedereinstiegsmöglichkeiten, sichere Beschäftigungschancen und Aufstiegsmöglichkeiten nicht angesprochen![48] Die Berufsberatung hält hierzu auch keine Materialien bereit. Die Berufsberatung trifft Vorentscheidungen darüber, was Verhandlungsgegenstand ist, und sie setzt hierdurch sowie durch die geschlechtliche Aufladung ihrer Unterrichtsmedien Normen. Entziehen können sich Mädchen wie Jungen der Berufsberatung kaum, nicht nur weil sie als Schüler/innen an deren Veranstaltungen teilnehmen müssen, sondern weil es anderweitig nur wenig Angebote an Informati-

---

48 Die Ausnahme ist Vereinbarkeit von Beruf und Familie in gerade mal 4% der Gespräche; zu vermuten ist, dass dies Gespräche mit älteren Ratsuchenden sind.

onsmaterial gibt. (Die Materialien Dritter greifen häufig auf die der Berufsberatung zurück.[49])

Schon bei Befragungen, sei es nach den ausgeübten Berufstätigkeiten (BIBB/IAB) oder nach den Berufswünschen (Step Plus), ist den Instrumentarien die Vorstellung immanent, dass Frauen bzw. Mädchen anderes tun und für sich wünschen als Männer und Jungen. Die so erhobenen Befunde finden sich dann in den Materialien wieder, die den Mädchen und Jungen bei der Berufswahl helfen sollen. Die vordergründigen Symbole gehören der Vergangenheit an. Es kommt zwar durchaus noch vor, dass bestimmte Berufe nur in männlicher und andere nur in weiblicher Form auftauchen, aber es ist nicht mehr Nürnberger Geschäftspolitik und schon gar nicht werden Berufe – wie in der DDR – mit rosa oder hellblauen Punkten markiert. Auch die abgedruckten Bilder lassen keine Geschlechterzuordnung mehr erkennen. Die Frauenpolitik und nicht zuletzt die Beauftragten für Frauenbelange haben in den letzten Jahren anscheinend viel bewirkt. Die versteckteren Symbole, die Einschreibungen der Verschiedenheit der Geschlechter in den Texten und Auswahlmöglichkeiten, die die elektronischen Medien vorgeben, sind demgegenüber nicht nur wesentlich schwerer aufzuspüren, sondern sie bleiben den Beteiligten auch verborgen, solange diese von der Annahme einer essentiellen Geschlechterdifferenz ausgehen. Solange selbst das Büro der Beauftragten für Frauenbelange der Hauptstelle eine Differenzpolitik (in der Variante des Dreiphasenmodells) verfolgt und seine Aufgaben nahezu ausschließlich in der Ermöglichung einer Wiedereingliederung von Frauen nach der Familienphase sieht, werden die Einschreibungen der Geschlechterdifferenz in berufsorientierende Materialien und in die Verfahrensweisen der Berufsberatung und damit die dadurch erfolgte Lenkung von Mädchen und Jungen in unterschiedliche Berufe keine Aufmerksamkeit gewinnen.

Dass auch Symbole steuern, wird am Button „Menschen" geradezu bildhaft deutlich. Symbole haben Interpretationsbedarf, schreibt Gerhard Göhler (1996: 31). Das Heimtückische dabei ist, dass das Symbol nicht dafür steht, dass (nette) Kollegen/innen da sein werden. Vielmehr werden etliche der mit diesem Symbol versehenen Berufe sogar in Kleinstbetrieben ausgeübt, wo es manchmal gar keine Kollegen/innen gibt. Das Symbol steht für etwas anderes, als Mädchen hineininterpretieren werden. Gerhard Göhler schreibt gleichzeitig, dass Symbole eines Resonanzbodens bedürften (1997b: 31). Wie könnten Mädchen erwünschte Weiblichkeit besser präsentieren als durch Empathie (Kundenberatung), durch Sinn für Ästhetik (schneidern und verkaufen modischer Kleidung) und generell durch Hilfsbereitschaft? Der Resonanzboden für derartige Berufszuschreibungen ist das Bemühen adoleszenter

---

49 Z.B. greift das Programm „Joblab" des Bildungswerks der Hessischen Wirtschaft, in der die Vereinbarkeit von Familie und Beruf ein wichtiges Thema ist, auf die Berufsbeschreibungen der Berufsberatung zurück.

Mädchen, ihrem sozialen Umfeld zu gefallen, der „Verlust des Selbst" (Hagemann-White 1992: 71).

Ein weiteres Steuerungsmittel ist die Auswahl und Qualifizierung des Personals. Die Regionaldirektionen beeinflussen die Politik der Berufsberatungen, indem sie die Kandidaten/innen auswählen und das „passende" Personal schicken. Darüber hinaus werden alle Berufsberater/innen der Bundesrepublik an demselben Fachbereich einer Fachhochschule ausgebildet. Diese Angleichung des Wissens der Beratungsfachkräfte findet seine Fortsetzung in der Monopolisierung der Fachlektüre durch die Hauptverwaltung. Hierauf komme ich im nächsten Kapitel noch zurück. In diesem Kapitel aber wurde bereits deutlich, dass nicht nur in den Unterrichtungsmedien, sondern auch in der Fachlektüre das Leitbild einer essentiellen Geschlechterdifferenz, demnach Frauen Pflichten in der Familie haben und Männer nicht, verbreitet wird. Verbreitet wird vor allem auch – entgegen allen Erkenntnissen – dass die Berufe mit den höchsten Mädchenzahlen auch die Lieblingsberufe von Mädchen seien und dass Mädchen bzw. Frauen in gewerblich-technischen Berufen „besondere Schwierigkeiten" hätten.

Bemerkenswert ist die geradezu antizyklische Mädchen- und Frauenpolitik der Bundesagentur gegenüber der Politik der Bundesregierung. Als der Bund Anfang der 1980er Jahre Modellversuche zur Erschließung gewerblich-technischer Berufe für Mädchen förderte, beteiligte sich die Bundesagentur so gut wie nicht an derlei Maßnahmen, sondern sortierte in gewohnter Weise die Ausbildungsstellenangebote nach solchen für Jungen und solchen für Mädchen. Als die konservativ-liberale Bundesregierung später eine Politik der Aufwertung von Haus- und Familienarbeit betrieb, setzte die Bundesagentur in den Berufsberatungen gesonderte Beauftragte ein, die sich um die Verbreiterung des Berufswahlspektrums für Mädchen kümmern sollten. Diese Positionen wurden Anfang 1998 wieder abgeschafft und durch Beauftragte ersetzt, deren Aufgabe fast ausschließlich die Eingliederung von erwachsenen Frauen in den Arbeitsmarkt ist. Seit dem Herbst 1998, dem Regierungswechsel zu rot-grün, gab es zwar Turbulenzen um gefälschte Statistiken in der Abteilung Arbeitsvermittlung und die Beschlüsse der Hartz-Kommission sorgten später dort für Aufregung; in der Abteilung Berufsberatung blieb es jedoch bemerkenswert ruhig: Veränderungen der Mädchenpolitik blieben auch nach mehr als einer Legislaturperiode rot-grün in der Berufsberatung auf symbolische Politik beschränkt.

Die Berufsberatung ist hochgradig von der Zusammenarbeit mit Schulen und Betrieben abhängig und dennoch ist sie ein „actor in her own right". Eine demokratische Kontrolle, ob die Berufsberatung in ihrem Aufgabenfeld den Willen der Bürger ausführt, fehlt weitgehend. Das fängt damit an, dass es kaum Evaluationsstudien gibt, anhand derer das zuständige Bundesministerium sich ein Bild machen könnte. Das nahezu einzige Evaluationsinstrument ist die Zahl der gemeldeten Ausbildungsplätze (in Relation zu den tatsächlichen) und die Zahl der Kunden/innen. Diese Statistiken aber erstellt die Berufsberatung selbst. Der Verwaltungsrat, der bisher eigentlich keine Kontrollbefugnisse hatte, sich aber dennoch regelmäßig berichten ließ und so eine gewisse Kontrolle ausüben konnte und neuerdings sogar explizit den Auftrag der Überwachung und Beratung hat, ist für eine Beurteilung der Arbeit der Berufsberatung falsch zusammengesetzt: Es fehlen die Betroffenen, die Ausbildungsleitungen der Betriebe (die nicht immer identisch mit den Personalleitungen sind), die schulischen Lehrkräfte und die Jugendlichen.

Die Berufsberatung ist ein „actor in her own right" obwohl sie hochgradig von der Zusammenarbeit mit Schulen und Betrieben abhängig ist. Erfolgreiche Beratungsarbeit kann nur stattfinden, wenn die Schulen die Aktivitäten der Berufsberatung in ihre Curricula einarbeiten und wenn die Betriebe bereit sind, nicht nur die freien Plätze zu melden, sondern auch Jugendliche einzustellen, die von der Berufsberatung geschickt werden. Gerade dadurch aber ist der Output der Beratungsarbeit wenig kontrollierbar. Erfolge und Missfolge können nicht ausschließlich der Berufsberatung zugeschrieben werden: Ihr Handeln bleibt im Dunkeln.

Aber nicht „die Berufsberatung" handelt, sondern letztlich sind es die Akteure/innen: die dortigen Mitarbeiterinnen. Diese sind geprägt durch ihre Organisation, bspw. durch die einheitliche Fachhochschulausbildung, aber auch durch Privates, ihr Leben „vor" der Berufsberatungsarbeit als Jugendliche, Auszubildende und schließlich als Erwerbstätige außerhalb der Bundesagentur, durch ihr privates Umfeld und auch durch die Erfahrungen, die sie jeweils individuell mit den Betrieben und Jugendlichen sowie deren Eltern machen. Hier wirken Eindrücke auf sie ein, die vielleicht den von der Hauptstelle verkündeten Leitlinien widersprechen. Auch wird hier virulent, welches Geschlechterleitbild in der jeweiligen Region vorherrscht. Ebenso kann der Einfluss der Berufsberatung relativiert werden, wenn es vor Ort Aktivitäten gibt, bspw. von Arbeitskreisen „Schule-Wirtschaft" oder von regionalen Frauenbeauftragten, die mit dem Ziel, das Berufswahlspektrum von Mädchen zu verbreitern, Schulen und Betriebe zusammenführen. Im Folgenden gehe ich auf die Unterschiede zwischen den einzelnen Berufsberatungen ein und stelle dabei die Frage in den Mittelpunkt, woran es liegt, dass die Agenturen in einem unterschiedlichen Ausmaß Mädchen für eine Vermittlung in einen Jungenberuf vorsehen.

5 Ursachen unterschiedlichen Handelns der Ämter

Die einzelnen Berufsberatungen vermitteln in unterschiedlichem Ausmaß Mädchen in gewerblich-technische Berufe. Bemerkenswert ist dabei die Beständigkeit der Unterschiede. Die Erfahrungen der Transferprojekte der 1980er Jahre (vgl. Abschnitt 3.2), dass Arbeitsagenturen trotz einheitlicher Vorgaben der Nürnberger Hauptstelle die Aufgabe der Erweiterung des Berufsspektrums von Mädchen nicht gleichermaßen wahrnehmen, werden durch die Vermittlungsstatistik bestätigt. Ich habe zwölf Amtsbezirke untersucht. In einer „meiner" Agenturen sind unter den Bewerber/innen für eine metalltechnische Ausbildung 0,3% Mädchen, in einer anderen sind es aber 4,8%. Bei den Elektroberufen reicht die Spannweite der Mädchenquote von 0,0% bis 3,8%.

In der Übersicht 19 sind die jeweiligen Mädchenanteile an den zur Vermittlung Vorgesehenen in den einzelnen Agenturen im Jahr 1997 aufgeführt. In den vorangegangenen Jahren waren die Anteile nur unwesentlich anders: Agenturen, die 1997 hohe Mädchenanteile aufweisen, hatten auch davor hohe Anteile – und umgekehrt.[1] Von den West-Agenturen liegen drei unterhalb des westdeutschen Durchschnitts, eine leicht und zwei deutlich darüber. Von den Ost-Agenturen wird der Durchschnitt der neuen Länder leicht übertroffen. (Zwei Ost-Agenturen haben allerdings in den Elektroberufen gar keine Mädchen vorzuweisen.) Die beiden Berliner Agenturen haben – gemessen an den neuen Ländern – überdurchschnittliche Mädchenanteile an den Bewerbungen um gewerblich-technische Berufe; gemessen an den alten Ländern liegt die eine im Durchschnitt und die andere darüber.

Das Ziel dieses Kapitels ist, die Ursachen dieser Unterschiede darzulegen. Im Folgenden stelle ich zunächst das methodische Vorgehen bei der Befragung der Mitarbeiter/innen von zwölf verschiedenen Arbeitsagenturen vor sowie die Methoden der Auswertung der Erhebungen. Daran anschließend veranschauliche ich, inwieweit die Agenturen gesonderte Aktionen zur Verbreiterung der Berufsoptionen von Mädchen durchführen (Abschnitt 5.2). Bei der weiteren Untersuchung der Ursachen für die unterschiedlichen Vermittlungsquoten trenne ich (analog zum akteurzentrierten Institutionalismus) analytisch zwischen Akteuren/innen und Organisation: Im Abschnitt 5.3 stelle ich die regional spezifischen Interaktionskonstellation vor. Im Abschnitt 5.4 geht es um organisationale Unterschiede und im Abschnitt 5.5 um die

---

[1] Ausgewertet wurden die Jahre 1995-1997. Die Daten zu den einzelnen Amtsbezirken erhielt ich von der Bundesagentur für Arbeit.

Übersicht 19:

Mädchenanteile an den Bewerbungen 1997

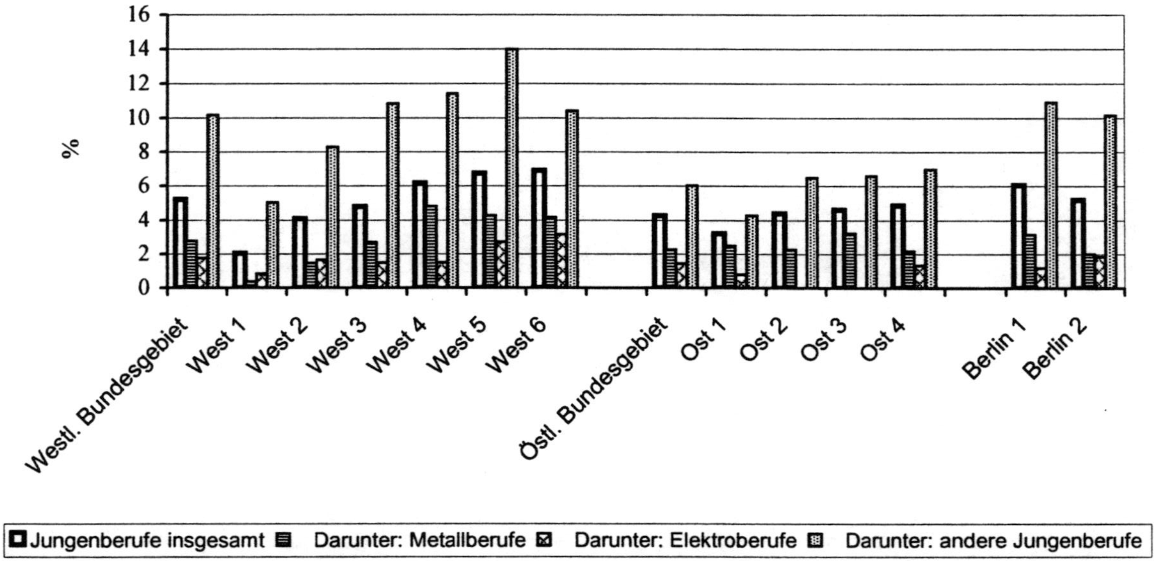

%
16
14
12
10
8
6
4
2
0
Westl. Bundesgebiet
West 1
West 2
West 3
West 4
West 5
West 6
Östl. Bundesgebiet
Ost 1
Ost 2
Ost 3
Ost 4
Berlin 1
Berlin 2
Jungenberufe insgesamt
Darunter: Metallberufe
Darunter: Elektroberufe
Darunter: andere Jungenberufe

Haltungen und Meinungen des Beratungspersonals. Als besonders relevant erwies sich der Faktor „Organisation": Die soziale Institution der beruflichen Geschlechtertrennung prägt nicht nur – mehr oder weniger – die Haltungen und Meinungen des Beratungspersonals und die des Umfeldes der Berufsbe-ratungen, sondern ist vor allem auch – und zwar in einem unterschiedlichen Ausmaß – in das Organisationale eingelassen, das so „angereichert" die Gewinnung von Mädchen für geschlechtsuntypische Berufe ermöglicht oder behindert. Im Abschnitt 5.6 diskutiere ich den Einfluss der einzelnen Faktoren in der Zusammenschau.

5.1 Methodisches Vorgehen

Policy-Analytiker/innen sind darauf verwiesen, sich Methoden und Ergebnisse anderer Fachdisziplinen anzueignen (Schmid 1985: 187), womit sich „in voller Schärfe das Kompetenzproblem der Politologen" stellt (Scharpf 1985: 167). Mehr noch, „different types of policies require different methodological approaches" (Schmid u.a. 1996: 14). „Die Wahl eines spezifischen methodischen Verfahrens ... gründet sich eher auf dem konkreten Zuschnitt von Fragestellung und Untersuchungsgegenstand sowie der Zuordnung zu einer politikwissenschaftlichen Teildisziplin" (Behning/Lepperhoff 1997: 56). Günther Schmid (1996) schlägt eine „bottom-up" Perspektive vor.

Am Wissenschaftszentrum Berlin wurde als methodische Quintessenz aus einer Reihe von Evaluationen zur Arbeitsmarktpolitik der Ansatz einer „target-oriented policy-evaluation" entwickelt (Schmid u.a. 1996). Auch mir geht es nicht um den von Schmid u.a. verworfenen „top-down-single-program-approach", etwa um die Überprüfung, ob die Bundesagentur oder einzelne Arbeitsagenturen die Vorgaben des Hauptausschusses des BIBB zur Motivierung von Mädchen und Betrieben (Bundesinstitut 1986) oder die vom Abteilungsleiter der Berufsberatung bei der Nürnberger Hauptstelle (Leve 1992) erstellte Liste von Aktivitäten tatsächlich abgearbeitet haben. Ein solcher Ansatz würde allenfalls Erkenntnisse über den Grad der Befolgung erbringen. Doch wenn die Implementation von den Vorgaben abweicht, kann dies durchaus kein Defizit, sondern ein Gewinn sein (Schmid 1996: 214), weil „vor Ort" das Ziel mit anderem Vorgehen besser erreicht wird. Sinnvoller ist daher die „bottom-up-Perspektive", die ich insoweit anwende, als ich erfolgreiche Arbeitsagenturen mit weniger erfolgreichen vergleiche. Hierzu habe ich im Sommer 1998 in zwölf Amtsbezirken leitfadengestützte Interviews mit den jeweiligen Abteilungsleitungen der Berufsberatungen und den Beauftragten für Frauenbelange durchgeführt sowie die dortigen Berufsberater/innen gebeten, einen Fragebogen auszufüllen.

Die zwölf Amtsbezirke habe ich aus 17 ausgewählt, die mir von der Bundesagentur vorgeschlagen wurden. Das vorrangige Kriterium dabei war, dass ich in meinem Sample einerseits Agenturen brauchte, die überdurchschnittlich viele Mädchen in Jungenberufe vermitteln, und andererseits solche, wo das Gegenteil der Fall ist. (Der sprachlichen Einfachheit halber benutze ich meist die Wörter „Amt" und „Ämter" bzw. Agentur oder Agenturen. Die Berufsberatung hat in den einzelnen Amtsbezirken häufig mehrere Dienststellen, die einer gemeinsamen Leitung unterliegen.) Dem vorausgegangen war eine Befragung der Beauftragten für Frauenbelange bei den Landesarbeitsämtern, welche Amtsbezirke aus ihrem Bereich in Betracht kommen, wobei sie ausdrücklich darum gebeten wurden, besonders engagierte *und* eher zurückhaltende Agenturen zu benennen. Die damit verbundene Gefahr, nur „Vorzeigeagenturen" im Sample zu haben, erschien mir relativ vernachlässigbar: Wenn ich ohne Unterstützung der Hauptstelle vorstellig geworden wäre, hätten sich besonders „konservative" Agenturen und solche mit offensichtlichen, innerorganisatorischen Problemen sicherlich verweigert. Die Agenturen hätten, zumal sie seit der Aufhebung des Beratungs- und der Einschränkung des Vermittlungsmonopols Anfang 1998 unter verstärktem Konkurrenzdruck stehen, möglicherweise argwöhnen können, dass „schlechte" Ergebnisse den befürchteten Trend zur Privatisierung verstärken könnten. Ein weiteres Kriterium war, dass in allen Agenturen eine hinreichende Zahl an Ausbildungsplatzangeboten in gewerblich-technischen Berufen vorhanden sein musste. Alle zwölf ausgewählten Agenturen waren bereit, sich an meiner Untersuchung zu beteiligen.

Die Agenturen sind quer durch die Republik verteilt: vier liegen in den neuen Bundesländern (Sachsen und Thüringen), sechs in den alten (Baden-Württemberg, Nordrhein-Westfalen und Niedersachsen) und zwei in Berlin. Die Berliner Agenturen lassen sich nicht eindeutig zu West oder Ost zuordnen; ihre regionale Zuständigkeit umfasst beide Stadtregionen und das Personal ist ebenfalls gemischt.[2] Wegen Erkrankung bzw. Vakanz der Stelle vertraten in drei Agenturen Abschnittsleitungen die Abteilungsleitungen. (Aus Gründen des Datenschutzes benutze ich die unpersönlichen Begriffe „Abteilungsleitung" und „Abschnittsleitung". Drei der zwölf Befragten waren Frauen.) In einigen Agenturen erwies es sich als ungeahnt schwierig, für die Mädchen-Politik und die organisationsinterne Frauen-Politik fachkundige Personen zu finden. Ursprünglich wollte ich die Beauftragten für Frauenbelange der Berufsberatungs-Abteilung interviewen. Diese Funktion existiert seit Anfang 1998 mit dem Inkrafttreten des SGB III aber nicht mehr. Zwar gibt es

---

2 Während des Auswahlverfahrens wurden sie mir als eindeutig dem Osten bzw. dem Westen zuzuordnen benannt. Erst später stellte sich heraus, dass beide Agenturen sowohl östliche als auch westliche Stadtbezirke betreuen. Wenn es um die Zuordnung von Agenturen zu Ost oder West geht, können die Antworten daher nicht in die Analyse einbezogen werden, wohl aber in alle anderen Auswertungen.

die Person in der Regel noch, einige der Beauftragten hatten dieses Nebenamt jedoch als Last empfunden; und in manchen Agenturen war die Position gar nur pro forma besetzt gewesen. Die Beauftragten für Frauenbelange, die nunmehr die Aufgaben übernehmen sollen, hatten diese Funktion meist erst vor wenigen Monaten übernommen und arbeiteten sich gerade erst ein. Zudem kamen die meisten aus der Arbeitsvermittlung oder -beratung und kannten die Berufsberatung höchstens aus kurzzeitigen Praktika. Von den zwölf geplanten Interviews mit den Beauftragten für Frauenbelange ist eins wegen kurzfristiger Erkrankung ausgefallen. In dieser Agentur war jedoch die ehemalige Abteilungs-Beauftragte bei dem Gespräch mit der Abteilungsleitung dabei. In zwei anderen Agenturen vertrat gleichfalls die frühere Abteilungs-Beauftragte die neue Beauftragte für Frauenbelange.[3] Die Antworten meiner Gesprächspartner/innen habe ich mitgeschrieben, hinterher in Protokollen festgehalten und für die Auswertung anschließend die entsprechenden Passagen zu den einzelnen Themen zusammengestellt.[4]

Von den Beratungsfachkräften wurden ausschließlich diejenigen der *allgemeinen Berufsberatung* befragt. Da bei den Berater/innen für Abiturienten/innen und Hochschüler/innen (AH) andere Berufe und bei den Behindertenberater/innen (REHA) die individuellen Behinderungen der Jugendlichen und dazu jeweils passende Ausbildungen im Vordergrund stehen, erschien es mir ratsam, die Untersuchung auf die allgemeine Berufsberatung einzugrenzen. Im Fragebogen[5], der an die Beratungskräfte gerichtet war, ging es vornehmlich um deren Haltungen und Meinungen und um Organisationsfragen. Um die Akzeptanz zu erhöhen, ließ ich ihn über die Abteilungsleitungen verteilen, wobei ich aus Gründen des Datenschutzes einen frankierten, an mich adressierten Rückumschlag beigefügt hatte. Meist waren die Antwortmöglichkeiten vorgegeben. Wegen der insgesamt dürftigen Literatur zu diesem Forschungsfeld war es jedoch nötig, viele Fragen offen zu stellen, oder eine zusätzliche, offene Antwortmöglichkeit einzuräumen. Die Berufsberater/innen wurden in einem beigefügten Anschreiben zudem aufgefordert, sofern sie es wünschten, Randbemerkungen zu machen. Von der Möglichkeit, andere oder zusätzliche Antworten zu geben, haben die Befragten eifrig Gebrach gemacht. Diese wurden kategorisiert und gingen mit in die EDV ein. Damit

---

3   In einer der Agenturen war die Beauftragte für Frauenbelange nicht erreichbar, weil sie, eine Verwaltungsinspektorin, sich in einer Umschulung zur Berufsberaterin befand. In der anderen Agentur hatte die Beauftragte die Position zum Interviewzeitpunkt noch gar nicht angetreten. Da sie zudem bislang nicht mit Fragen der Berufsberatung befasst war, entschied ich mich, das Gesprächsangebot der bisherigen Beauftragten der Abteilung Berufsberatung anzunehmen.
4   Zur Methode vgl. Meuser/Nagel 1991.
5   Der Fragebogen wurde vorab in einem (anderen) Berliner Arbeitsamt von einigen Berufsberaterinnen getestet. Zudem erhielt ich wertvolle Hinweise von einem Abschnittsleiter aus diesem Amt, aus der Hauptstelle der Bundesagentur und von einem Referenten des Landesarbeitsamts Berlin-Brandenburg.

Vergleiche, beispielsweise der Meinungen der Berufsberater/innen über die Mädchen mit den Einstellungen von Mädchen möglich sind, habe ich, soweit es realisierbar war, Fragen aus anderen Studien übernommen. Von den 176 verteilten Bögen erhielt ich 97 zurück (55%), wovon sieben jedoch nicht einbezogen werden konnten, weil sie aus der AH- bzw. der REHA-Beratung kamen. Ich hätte mir zwar eine höheren Rücklauf erhofft, halte ihn aber für befriedigend, zumal er bei anderen Befragungen in Berufsberatungen nicht größer war.[6]

In der Auswertung war das erste Kriterium, ob und inwiefern sich die Ergebnisse zwischen den Agenturen unterscheiden. Auf die einzelnen Agenturen entfallen allerdings nur sehr wenige Fragebögen und zudem noch unterschiedlich viele. Die Zahl der Berater/innen beträgt in den Agenturen zwischen neun und 23, der Rücklauf aus den Agenturen zwischen 29 und 71%. In einigen Agenturen können somit einzelne Antworten das Gesamtbild prägen. In der Darstellung wird analog zum Untersuchungsziel zwischen Agenturen mit hoher und niedriger *Mädchenquote* unterschieden, d.h., zwischen Agenturen mit hohem und mit niedrigem Anteil an Bewerberinnen für Jungenberufe. Diese jeweils drei West-Agenturen und zwei Ost-Agenturen werden zu Gruppen zusammengefasst; dort, wo sich bei den beiden Berliner Agenturen Besonderheiten zeigen, werden diese erwähnt. Um zu vermeiden, dass Agenturen, aus denen viele Antworten vorliegen, das Bild bestimmen, bin ich bei der Auswertung wie folgt vorgegangen:

- Ist der Trend in allen Agenturen der Gruppe gleich?
- Sind die Gegensätze zwischen den Gruppen eindeutig? In der Regel wurden 5-Felder-Skalen benutzt. Wenn die Mehrheit der einen Gruppe sich einem Extrem, die der zweiten Gruppe sich aber vornehmlich der Mitte zugeordnet hat, kann wegen der geringen Besatzzahlen nicht von einem Unterschied gesprochen werden.
- Ist der Trend in den Ost- und den West-Agenturen gleich?

Weitere Untersuchungsmerkmale waren der Einfluss des Geschlechts der Antwortenden und die Herkunft aus der DDR oder der BRD. Letztere ist

---

6 Auf eine Befragung, in der es um die Nutzung und Akzeptanz neuer DV-Medien durch Berufsberater/innen ging, erhielt die Hauptstelle der Bundesagentur nur 46% der verteilten Bögen zurück (Kleffner 1996). Angesichts dessen, dass in meinem Fragebogen persönliche Einstellungen im Vordergrund standen (und nicht nur Meinungen zu neuen Arbeitsmitteln), und zudem die Ämter nicht anonym blieben, ist der Rücklauf sogar recht hoch. Helmut Schröder (1989) erntete bei seiner Erhebung einen Rücklauf von 71,2%. Er hatte seinen Fragebogen über Mitglieder des „Deutschen Verbandes für Berufsberatung" verteilen lassen. Aus den West-Agenturen habe ich eine Rücklaufquote von 67%, aus den östlichen aber nur von 37%. Offenbar gibt es, wie mir von Kollegen/innen berichtet wurde, in den neuen Bundesländern generelle Barrieren, Fragebögen auszufüllen. Niedrig ist gleichfalls der Rücklauf aus einer der drei West-Agenturen, die überdurchschnittlich viele Mädchen in Jungenberufe vermitteln. Eine Erklärung habe ich hierfür nicht.

identisch mit dem Beschäftigungsort: Kein/e Berater/in eines West-Agentur kommt aus dem Osten, und kein/e Berater/in einer Ost-Agentur aus dem Westen. In die Auswertung nach der Herkunft können die Antworten der Berliner Berufsberater/innen somit einbezogen werden.

19 der 90 auswertbaren Fragebögen kamen aus den neuen Bundesländern, 57 aus den alten und 13 aus Berlin.[7] 38% der Antwortenden waren Männer und 60% Frauen, zwei Berater/innen gaben ihr Geschlecht nicht an. Ebenso verweigerten zwei die Antwort auf die Frage nach ihrer Herkunft aus dem Osten oder dem Westen; 72% hatten im Sommer 1989 in Westdeutschland und 26% in Ostdeutschland gewohnt.[8] 78% der Fragebögen aus den Ost-Agenturen sind von Frauen; aus den West-Agenturen sind es 68%. Nach Auskunft der Abteilungsleitungen beträgt der Frauenanteil unter den Beratungsfachkräften im Osten 65% und im Westen 52%. Frauen haben den Fragebogen somit etwas häufiger ausgefüllt als Männer.

Wie sich in den oben genannten Zahlen zu den Mädchenquoten der einzelnen Agenturen schon andeutet, bemühen sich die Agenturen in unterschiedlichem Ausmaß um die Erschließung gewerblich-technischer Berufe für Mädchen. Im Folgenden gebe ich einen Überblick über die Aktivitäten der untersuchten Agenturen.

5.2 Mädchenpolitische Aktivitäten der Ämter

Den Äußerungen des Abteilungsleiters der Nürnberger Hauptstelle zufolge, führen die Arbeitsagenturen mittlerweile eine ganze Reihe von Maßnahmen durch, um Mädchen für eine geschlechtsuntypische Ausbildung zu motivieren (vgl. Abschnitt 4.1). Werden sie tatsächlich durchgeführt und sind sie wirksam? Ich fragte die Abteilungsleitungen und die Beauftragten für Frauenbelange „meiner" zwölf Agenturen nach solcherlei Maßnahmen und fragte

---

7   Ein Berufsberater lässt sich keinem Amt zuordnen; er schnitt den Code aus dem Fragebogen. Leider war auch der Poststempel nur unvollständig lesbar. Bei den ämterbezogenen Auswertungen kann dessen Antwort daher nicht berücksichtigt werden.
8   Meine Frage lautete: „Wo wohnten Sie im Sommer 1989?" Damit ist zwar nicht ausgeschlossen, dass sich unter den Westdeutschen jemand befindet, der/die als Kind oder vielleicht sogar noch später aus Ostdeutschland übersiedelte. Ich entschied mich für diesen Kompromiss, der die Gegensätze einer Ost- oder Westsozialisation sicherlich unzureichend abbildet, um die Frage nicht ausufern zu lassen, und weil selbst späte Übersiedler/innen, die 1989 in der Bundesrepublik wohnten, sich, sofern sie mittlerweile nicht hin und her gependelt sind, immerhin seit mindestens neun Jahren dort aufhalten. Wichtig war mir diese Frage vor allem im Hinblick auf die Prägung des organisationalen Klimas. Hierfür dürften die letzten neun Jahre entscheidender als eine vormalige DDR-Sozialisation sein. Wenn überhaupt, gibt es in meinem West-Sample allenfalls einzelne Personen, die vor 1989 aus der DDR ausgereist sind.

zudem die Berufsberater/innen, ob und wie häufig sie an solchen Aktivitäten beteiligt sind. Mein Ergebnis dazu ist differenziert. Gesonderte Aktionen, beispielsweise Seminare oder Werbemaßnahmen sind selten. In einigen Agenturen aber ist die Mädchenarbeit mittlerweile in die Routinearbeit integriert und dies führt im Hinblick auf die Motivierung von Mädchen zu Erfolgen.

In den meisten Agenturen wurden mir einige, wenngleich recht wenige gesonderte, an Mädchen gerichtete Aktivitäten aufgezählt. In einer Agentur aber hieß es: „Warum sollten wir das machen? ... Warum sollten Mädchen das unbedingt werden? ... Als die Position einer Beauftragten für Frauenbelange in der Abteilung eingerichtet wurde, haben wir überlegt, was wir spezifisch für Mädchen tun können. Uns ist nichts eingefallen." Das hierin zum Ausdruck kommende Fehlen jeglichen frauenpolitischen Bewusstseins ist mir nur in diesem einen Gespräch begegnet.

In den anderen Agenturen waren sich sowohl die Beauftragten für Frauenbelange als auch die Abteilungsleitungen der Probleme des engen Ausbildungsspektrums der Mädchen und der begrenzten beruflichen Chancen, die in vielen Mädchenberufen bestehen, sehr wohl bewusst. Unterschiede zwischen Männern und Frauen oder Ost und West gab es dabei nicht. An besonderen Aktivitäten angeführt wurden Informationsveranstaltungen im BIZ, bei Betrieben oder in außerbetrieblichen Werkstätten, ausschließlich an Mädchen gerichtete Bewerberinnenseminare, gesonderte Veranstaltungen auf Berufsbildungsmessen und Schnupperkurse für Mädchen. Häufiger jedoch wurde auf Aktivitäten Dritter verwiesen, an denen sich die Berufsberatungen beteiligten, beispielsweise auf Mädchenwochen, die von kommunalen Gleichstellungsbeauftragten durchgeführt wurden, auf Aktionstage von Großbetrieben, oder auf die Unterstützung eines Berufsorientierungsprojekts des DGB nicht nur mit Rat und Tat, sondern auch durch Mittel der Arbeitsförderung zur Finanzierung der Mitarbeiterinnenstellen. In Niedersachsen spielte die Beteiligung an einer vom dortigen Frauenministerium finanzierten Ausstellung eine wichtige Rolle.[9] Amtsinterne Fortbildungen zum Mädchen-Thema wurden nie genannt, und auch unter den Fortbildungsangeboten der Landesarbeitsämtern scheinen solche Themen selten zu sein.

Aus einer Agentur, die im Übrigen einen hohen Anteil an Mädchen unter den Bewerber/innen in Jungenberufen aufweist, wurde mir von einer ganzen Reihe solcher Bemühungen in den letzten 20 (!) Jahren berichtet. Mittlerweile sei es selbstverständlich geworden, dass Mädchen solche Berufe lernen. Dennoch sei die Berufsberatung jetzt zurückhaltender geworden. Unter den

---

9   Das Frauenministerium hatte diese Ausstellung von vornherein mit der Absicht entwickelt, diese an die kommunalen Frauenbeauftragten im Land auszuleihen. Letztere wiederum waren gehalten, für den Ausstellungszeitraum ein auf die Region abgestimmtes Rahmenprogramm zu entwickeln. Vgl. Niedersächsisches Frauenministerium 1992.

Malerinnen und Lackiererinnen und den Tischlerinnen habe es mehrere Rehabilitationsfälle gegeben. Der medizinische Dienst des Amtes spreche sich vehement gegen die Vermittlung von Mädchen in Jungenberufe aus. Dieses Beispiel zeigt, wie labil einmal erreichte Erfolge sind. Einige Rehabilitationsfälle in bestimmten Berufen dienen als Argument, nicht nur diese Berufe, sondern *alle* Jungenberufe als für Mädchen unzweckmäßig zu erklären. Nach dieser Logik dürften Mädchen erst recht nicht in manche Mädchenberufe vermittelt werden; beispielsweise treten bei Friseurinnen recht häufig Allergien auf.

Tabelle 19:
Gesonderte Aktivitäten der Berater/innen ost- und westdeutscher Agenturen zur Motivierung von Mädchen für gewerblich-technische Berufe

	Antworten	"sehr häufig" oder "häufig"				"selten" oder "nie"			
		Ost		West		Ost		West	
		Abs.	%	Abs.	%	Abs.	%	Abs.	%
Organisation von Gruppenberatungen	88	1	5,3	6	10,6	13	68,5	45	58,9
Durchführung des Seminars „Mädchen stellen Weichen für die Zukunft"	87	5	55,6	2	10,0	3	30,0	8	21,6
Erarbeitung von Broschüren	87	0	0,0	4	7,0	18	100	51	89,5
Erarbeitung von Ausstellungen	88	0	0,0	5	8,8	16	84,2	47	82,4
Beteiligung an Lehrer/innenfortbildungen	87	0	0,0	4	7,0	15	83,3	47	82,4
Beteiligung an anderen Aktivitäten	58	2	20,0	4	10,0	4	40,0	28	70,0

Die Angaben „manchmal" ergeben sich aus der Quersumme der Prozentsätze. Differenzen der Prozentangaben bei gleicher absoluter Zahl resultieren aus unterschiedlichen Antworthäufigkeiten.

Ein Zusammenhang zwischen der Zahl der Mädchenaktionen und der Mädchenquote lässt sich nicht feststellen. Die östlichen Agenturen scheinen im Hinblick auf eigens für Mädchen gedachte Maßnahmen zudem zögerlich zu sein. Nur eine der vier Agenturen nannte überhaupt Aktivitäten. Bei den West-Agenturen war es umgekehrt, nur eine berichtete von keinerlei Maßnahmen. Diese West-Agentur hat in meinem Sample allerdings auch die niedrigste Mädchenquote. In einigen Agenturen findet Mädchenförderung auch nicht bei allen Berufsberatern und -beraterinnen ungeteilten Beifall. In manchen Agenturen ist es ausschließlich die (bisherige) Beauftragte für Frauenbelange, die sich engagiert. In einer Agentur – so berichtete die Abteilungsleitung – unterstützen die Berufsberater/innen die Erschließung von Jungenberufen für Mädchen; er/sie aber sei dagegen: „Das ist lustig." Die jeweilige Mädchenquote eines Amtes kann durch die Zahl der Sonderveranstaltungen somit nicht erklärt werden; allerdings werfen die Haltungen dazu ein Licht auf das Klima innerhalb des jeweiligen Amtes.

Die drei West-Agenturen mit den höchsten Mädchenanteilen führen zwar kaum mehr Aktivitäten als die übrigen an, sie unterscheiden sich von den anderen Agenturen jedoch durch eine lange Tradition der Durchführung solcherlei Maßnahmen. Nicht die Zahl spezifischer Maßnahmen ist bedeutsam, sondern die Verstetigung des Ziels der Verbreiterung des Berufswahlspektrums von Mädchen in der Berufsberatung selbst und in der Region. In einer Ost-Agentur mit höherer Mädchenquote wurde beispielsweise keine einzige Maßnahme benannt; jedoch sei bei den wöchentlichen Teamgruppengesprächen mehrfach über die Probleme von Mädchen diskutiert worden. Aus einer der West-Agenturen mit höherer Quote wird darauf verwiesen, dass sich inzwischen Mädchen melden, weil *jetzt*, zwei Jahrzehnte nachdem sie die ersten Aktionen gestartet hätten, die Schulen aktiv würden. Anscheinend ist die Einschätzung der Verwendungsforschung richtig, dass die Latenzzeit für die Verallgemeinerung sozialwissenschaftlicher Erkenntnisse 20 bis 30 Jahre beträgt.

Tabelle 20:
Gesonderte Aktivitäten der Berater/innen zur Motivierung von Mädchen für gewerblich-technische Berufe nach Ämtergruppen

		„sehr häufig" oder „häufig" werden folgende Aktivitäten durchgeführt						
	Antworten	in Agenturen mit höherer Mädchenquote				in Agenturen mit niedriger Mädchenquote		
		Ost		West		Ost		West	
		Abs.	%	Abs.	%	Abs.	%	Abs.	%
Organisation von Gruppenberatungen	88	0	0	2	10,0	1	10,0	4	10,8
Durchführung des Seminars „Mädchen stellen Weichen für die Zukunft"	87	0	0,0	0	0,0	0	0.0	2	5,4
Erarbeitung von Broschüren	87	0	0,0	1	5.0	0	0,0	3	10,5
Erarbeitung von Ausstellungen	88	0	0,0	2	20.0	0	20,0	3	7,8
Beteiligung an Lehrer/innenfortbildungen	87	0	0,0	1	25,0	0	0,0	3	8,1
Beteiligung an anderen Aktivitäten	58	1	25,0	2	12,5	1	16,7	2	8,3

Differenzen der Prozentangaben bei gleicher absoluter Zahl ergeben sich aus unterschiedlichen Antworthäufigkeiten.

Die Zurückhaltung der Agenturen gegenüber spezifischen Aktionen für Mädchen wie die Durchführung des eigens von der Bundesagentur entwickelten Seminars „Mädchen stellen Weichen für die Zukunft", von Ausstellungen, Gruppenberatungen oder Vortragsveranstaltungen ist auch darin begründet, dass solche Angebote meist auf wenig Nachfrage stoßen. Ich kann im Rahmen dieser Arbeit nicht überprüfen, ob die geringe Resonanz an einer unzureichenden Vorbereitung lag. Ich vermute aber, dass die Ursache eher darin zu suchen ist, dass Mädchen solche Angebote nicht aufgreifen, weil sie in dieser Lebensphase ihre Weiblichkeit ganz besonders betonen wollen, und sich deshalb gegen Motivierungsmaßnahmen für männlich konnotierte Berufe sperren (vgl. Abschnitt 3.7). Aus einer Berufsberatung wurde mir berichtet, dass die Mitarbeiter/innen mittlerweile solche Sonderaktionen nicht mehr durchführen. Wohl aber würden sie speziell für Mädchen Bewerbungstraining anbieten und im Rahmen dessen auf die Möglichkeiten einer Ausbildung in einem Jungenberuf eingehen. Das Bewerbungstraining sei gut besucht, und in dessen Rahmen gelänge es durchaus, Mädchen für Jungenberufe zu interessieren.

In der Fragebogenerhebung fragte ich ergänzend die Berater/innen, ob sie persönlich in den letzten drei Jahren „besondere Anstrengungen" unternommen hätten, um Mädchen für die Aufnahme einer geschlechtsuntypischen Ausbildung zu gewinnen. Nun könnte es sein, dass gerade die Fachkraft, die sich auf derlei Maßnahmen spezialisiert hat, meinen Fragebogen nicht beantwortete. Die Zahlen sagen also nichts über die Aktivitäten der Agenturen aus, bestätigen aber das in den Interviews gewonnene Bild: Gesonderte Aktivitäten für Mädchen sind selten und im Osten gibt es sie kaum. „Besondere Anstrengungen" – hiernach war gefragt – aber entfalten einige Berater/innen zur Gewinnung von Mädchen für gewerblich-technische Ausbildungen in der Routinearbeit, den Einzelberatungen, den Schulbesprechungen, den Kontakten mit Betrieben und in der Elternarbeit. Hierauf werde ich unter dem Aspekt „Organisation" eingehen. Zunächst werde ich die Kontextbedingungen des Handelns der einzelnen Berufsberatungen vorstellen.

5.3 Einflussfaktor regionales Umfeld: Nebenan ist alles anders

Als Informationsquellen zum regionalen Umfeld dienten mir zum einen Statistiken zur Ausbildungsplatzsituation, zur Ausbildungsplatzstruktur und zur Erwerbstätigkeit von Frauen. Aus einigen Regionen lagen zudem Broschüren örtlicher Faueninitiativen vor, oder die Suche nach einer Internet-Seite der örtlichen kommunalen Frauenbeauftragten erwies sich als lohnend. In erster Linie aber musste ich mich auf die Informationen meiner Gesprächspartner-

/innen verlassen. Die Analysen von Sackmann und Häussermann (1994) sowie Bender und Hirschenauer (1993) zeigen erhebliche Unterschiede zwischen den Regionen Westdeutschlands im Hinblick auf die Erwerbsbeteiligung von Frauen (vgl. Abschnitt 3.4). Anscheinend geht es um Geschlechter-Kulturen, wobei die Norm, dass ein Mädchen einen Beruf erlernt, durchaus mit der Norm, dass eine verheiratete Frau nicht erwerbstätig ist, vereinbar zu sein scheint.

Ich hatte die Interviewpartner/innen vorab über die Fragenkomplexe informiert, und konnte so hoffen, dass sie sich vor dem Gespräch dazu Gedanken gemacht hatten. Zudem waren sie insoweit Experten/innen, als sie nicht nur aufgrund ihrer Funktion als Abteilungsleiter/in der Berufsberatung oder als Beauftragte für Frauenbelange fachkundig waren, sondern auch vor Ort lebten, im Privaten Verhältnisse und Entwicklungen wahrnahmen. Neben dem örtlichen frauenpolitischen Klima interessierte, wie die Befragten die Ausbildungsstellensituation für Mädchen einschätzen, das Engagement der Schulen für die Verbreiterung des Berufswahlspektrums von Mädchen, die Relevanz örtlicher Berufsbildungsnetzwerke und die Einbindung der Berufsberatung und der Beauftragten für Frauenbelange in diese Netzwerke. Insgesamt zeigen sich wenige Hindernisse für eine aktivere Politik der Berufsberatung. Als förderlich erweisen sich in den jeweiligen Regionen unterschiedliche Faktoren und insgesamt ist die Politik örtlicher Berufsberatungen keine abhänge Variable der Umfeldfaktoren, sondern die Berufsberatungen sind hochgradig „aktors in their own right". Gleichwohl spielte das Umfeld eine Rolle. Dies werde ich im Folgenden ausführen.

Frauenpolitisches Klima

Ein Indikator für die regionale Geschlechter-Kultur ist zweifelsohne die Frauenerwerbsquote. Sie gibt einen Hinweis darauf, ob die Erwerbstätigkeit von Frauen in einer Region selbstverständlich ist oder ob eher das Muster eines Zwei- oder Dreiphasenmodells vorherrscht. Damit ist gleichzeitig angezeigt, ob es üblich ist, dass Frauen von ihren Ehemännern abhängig sind oder nicht. Die Frauenerwerbsquote ist in den von mir untersuchten Regionen höchst unterschiedlich. Zu vermuten wäre, dass in Regionen mit höherer Frauenerwerbsquote sowohl die Eltern als auch die Mädchen besonders großen Wert auf eine Ausbildung in einem Beruf legen, der eine Zukunft als Erwerbstätige mit sicherem Arbeitsplatz und guter Entlohnung verspricht. Ein solcher Zusammenhang existiert indes nicht. Ich fragte die Abteilungsleitungen und die Beauftragten für Frauenbelange darüber hinaus, welches Muster der Rollenaufteilung zwischen den Geschlechtern in ihrer Region dominiert. Hierbei kam auch der jeweilige Entwicklungspfad der Erwerbsbeteiligung von Frauen zur Sprache, wobei ich auch nach der jeweils vorherrschenden

Religion fragte: Trägt Manfred G. Schmidts (1993a u. b) aus dem Nationenvergleich gewonnene These, dass die Frauenerwerbstätigkeit in protestantischen Regionen höher ist als in katholischen? Als weiterer Indikator für das frauenpolitische Klima und für die Möglichkeiten, die sich der Berufsberatung für eine Zusammenarbeit bieten, diente die Frage nach dem Vorhandensein von Mädchen- und Frauenprojekten.

Der Anteil der Frauen an den sozialversicherungspflichtig Beschäftigten beträgt in den untersuchten Amtsbezirken der neuen Länder zwischen 46,2% und 47,8%.[10] Erwerbstätigkeit von Frauen ist in den neuen Ländern, wie sowohl der Mikrozensus als auch verschiedene qualitative Studien zeigen, nach wie vor selbstverständlich. In den untersuchten westlichen Amtsbezirken ist der Anteil der Frauen an den sozialversicherungspflichtig Beschäftigten zumeist nicht nur – wie zu erwarten war – niedriger als im Osten, sondern variiert auch stark. In zwei Amtsbezirken liegt er knapp über 40%, in einem anderen Amtsbezirk bei 46%, mithin auf Ost-Niveau, und in den anderen drei Agenturen beträgt er zwischen 42% und 43%. Nun spiegelt sich in diesen Zahlen nur ein Teil der Frauenerwerbstätigkeit wider. Nicht enthalten sind die geringfügig Beschäftigen, die Beamtinnen und die Selbstständigen. Für die Annahme, dass in einigen der Amtsbezirke Frauen überdurchschnittlich häufig (oder besonders selten) in diesen Beschäftigungsformen zu finden sind, gibt es keine Hinweise. Auch die Arbeitslosenstatistik bestätigt im Westen die Relation, die die Statistik der sozialversicherungspflichtig Beschäftigten liefert. Frauen stellen dort hohe Anteile an den Arbeitslosen, wo sie auch vermehrt sozialversicherungspflichtig beschäftigt sind (und umgekehrt).[11] Im Osten aber beträgt der Anteil der Frauen an den Arbeitslosen weit über 50%; d.h., ihre „Erwerbsquote" ist sogar noch höher, als in der Statistik der sozialversicherungspflichtig Beschäftigten ausgewiesen wird.

Von den beiden Westbezirken mit den höchsten Raten an Vermittlungen von Mädchen in gewerblich-technische Berufe hat der eine die höchste „Frauenerwerbsquote" vorzuweisen und der andere die niedrigste. Von den Agenturen mit den geringsten Mädchenquoten hat der eine eine relativ hohe „Frauenerwerbsquote" und der andere eine relativ niedrige. D.h.: Es besteht kein direkter Zusammenhang zwischen der Erwerbsbeteiligung von Frauen in der jeweiligen Region und der Rate der Vermittlungen von Mädchen in Jungenberufe.

In den Westbezirken mit unterdurchschnittlichem Anteil von Frauen an den sozialversicherungspflichtig Erwerbstätigen dominiert traditionell die Metall- oder die Metall- und die Elektroindustrie. Die meisten qualifizierten

---

10 Die Daten erhielt ich von der Bundesagentur für Arbeit.
11 In den Amtsbezirken mit niedrigem Frauenanteil an den sozialversicherungspflichtig Beschäftigten ist ihr Anteil an den arbeitslos Gemeldeten sogar noch geringer. In den anderen West-Agenturen sind die Quoten meist gleich hoch.

Arbeitsplätze finden sich somit in Männerberufen. In einer dieser Agenturen meinte die Beauftragte für Frauenbelange: „Die großen Dienstleister fangen erst in der Stadt X an". Die Entfernung zwischen dem Amtsbezirk und dieser Stadt beträgt 130 Kilometer. In der Region haben Schiffahrt und Werftindustrie eine lange Tradition und seit einiger Zeit spielt die Automobilindustrie eine große Rolle, allesamt Branchen, in denen es traditionell nie Frauenarbeitsplätze in nennenswerter Anzahl gab. Üblich ist zudem, dass Männer auspendeln und nur am Wochenende zu Hause sind. In dem anderen Amtsbezirk hat zwar auch die Elektroindustrie Tradition, eine Branche, in der in den 1960er Jahren viele Frauen auf Anlernplätzen Erwerbsarbeit fanden. Doch in dieser Region sind die Männerlöhne überdurchschnittlich hoch und es herrsche die Auffassung vor: „Meine Frau hat es nicht nötig, arbeiten zu gehen".

Im West-Bezirk mit dem höchsten Anteil Frauen an den sozialversicherungspflichtig Beschäftigten spielt dagegen nicht nur die Metallindustrie eine Rolle, sondern neben Handel und Dienstleistungen gehören auch namhafte Lebensmittel- und Textilbetriebe, die traditionell viele Frauen auch als gelernte Kräfte beschäftigen, zur Geschichte der Region. Meine Untersuchung bestätigt somit die These der Relevanz von Entwicklungspfaden (Pfau-Effinger 1993; Sackmann/Häussermann 1994). Dabei erklärt die Rate der Erwerbsbeteiligung aber *nicht*, warum in einigen Amtsbezirken mehr und in anderen weniger Mädchen in gewerblich-technische Berufe vermittelt werden. Das Argument, Mädchen müssten, weil sie später erwerbstätig sein werden, eine tragfähige Ausbildung erhalten, spielt keine entscheidende Rolle. Vielmehr „darf" es in Regionen, in denen Frauen vorrangig das Zweiphasenmodell leben, als Moratorium bis zur Mutterschaft anscheinend auch eine gewerblichtechnische Berufsausbildung sein.

Auch die Dominanz einer der beiden Kirchen spielt keine Rolle. Von den beiden Agenturen mit den höchsten Mädchenanteilen liegt eins in einer nahezu rein evangelischen und das andere in einer fast ausschließlich katholischen Region. Gleichzeitig unterscheiden sich diese beiden Amtsbezirke in der „Frauenerwerbsquote". Die höchste Quote unter den westlichen Amtsbezirken hat der „katholische" und die niedrigste der „evangelische". „Wir sind keine konservative Gegend; wir sind für die Gleichberechtigung der Frauen", hieß es im „katholischen" Amt. In der evangelischen Region dagegen wurde berichtet, dass früh geheiratet werde, die Familien häufig überdurchschnittlich viele Kinder hätten und – entgegen Manfred G. Schmidts These – die Frauen meist mit der Geburt des ersten Kindes die Erwerbstätigkeit aufgeben. Häufig hätten schon die Großeltern für die Heirat vorgesorgt und einen Bausparvertrag abgeschlossen, auf den dann (immerhin mindestens 18 Jahre) das Kindergeld eingezahlt worden sei.[12] In dieser Region mit niedriger Erwerbs-

---

12 Da die Arbeitsagenturen die Kindergeldkassen führen, haben sie unmittelbaren Einblick, auf welche Konten das Geld fließt.

quote und hoher Mädchenquote liegt der Amtsbezirk, in dem ein Großbetrieb die Übernahme nach der Ausbildung gewährleistet: Lernen die Mädchen in diesem Betrieb einen Jungenberuf, können sie bis zum ersten Kind ein gutes Einkommen erzielen; lernen sie einen traditionellen Mädchenberuf, droht ihnen ein geringeres Einkommen, wenn nicht gar Arbeitslosigkeit.

In den östlichen Amtsbezirken hat keine der Kirchen eine besondere Bedeutung. Der Frauenanteil an den sozialversicherungspflichtig Beschäftigten unterscheidet sich zwischen den einzelnen Amtsbezirken nur wenig. Eine Erklärung für die im Osten niedrigere Mädchenquote scheinen – hierauf wies mich eine Abteilungsleitung besonders hin – die Erfahrungen der Eltern zu sein, die häufig Metall- und Elektroberufe ausgeübt hätten, und die nach dem Zusammenbruch der Ökonomie der DDR häufiger als diejenigen mit kaufmännischen Berufen arbeitslos wurden. Mehrheitlich betonten meine östlichen Gesprächspartnern/innen, sie rechneten nicht damit, dass der Wunsch nach Erwerbsarbeit bei den Frauen stark zurückgehen werde. Allein ökonomische Zwänge, beispielsweise die hohe Zahl der alleinerziehenden Frauen, machten eine Erwerbsarbeit nötig.[13] Darüber hinaus wurde auf die Probleme der räumlichen Mobilität hingewiesen. Häufig arbeiten die Männer auswärts, und die Frauen haben während der Woche kein Auto zur Verfügung. In Sachsen kommt hinzu, dass die dortige Frauenpolitik das Ziel der Differenz verfolgt. Gleichwohl liegen die Mädchenquoten in den sächsischen Amtsbezirke meines Samples – wenn auch nur leicht – über dem ostdeutschen Durchschnitt. Meines Erachtens ist die Entscheidung durchaus noch offen, wer siegen wird: die sächsische Landespolitik eines Verweises von Frauen „ins Haus" und in die unbezahlte „Bürgerarbeit" oder die sächsischen Frauen.

Eine weitere Frage zum regionalen Klima war die nach Mädchen- und Frauenprojekten. „Ich weiß gar nicht, wo ich anfangen soll", hieß es in einer Agentur. Anderswo wurden nur wenige angegeben. Ob meine Gesprächspartner/innen lediglich keine Kenntnis von bestehenden Projekten hatten, oder ob es tatsächlich kaum welche gibt, spielt an dieser Stelle keine Rolle: Selbst wenn es viele Projekte und Initiativen geben sollte, haben sie für die Arbeit der Berufsberatungen offensichtlich keine Bedeutung. Von den aufgezählten Projekten beschäftigen sich nur ganz wenige mit der Berufsorientierung von Mädchen. Zudem geht es dabei meist nur um einzelne Veranstaltungen, die allenfalls jährlich wiederholt werden. Im Katalog der genannten Maßnahmen spiegelt sich die Frauenpolitik der 1990er Jahre: Vorrangig zielen die Initiativen auf erwachsene Frauen. Selbst die regionalen Gleichstellungsbeauftragten kümmern sich nur in Einzelfällen um die Berufswahl von Mädchen. Wenn es um Mädchen geht, dann oftmals ausschließlich um sozial

---

13 Der Anteil der Alleinerziehenden mit minderjährigen Kindern lag 1995 in den neuen Bundesländern bei 25,8% aller Familien mit Kindern, in den alten Bundesländern aber nur bei 15,7% (vgl. BMFSFJ 1998: 104).

benachteiligte, für die wiederum gesonderte Förderprogramme zur Verfügung stehen. Für Mädchen mit stabilem sozialen Hintergrund und guten Schulabschlüssen dagegen – diejenigen, die die Voraussetzungen für einen Ausbildungsplatz in gewerblich-technischen Berufen mitbringen – sehen die öffentlichen Haushalte keine Förderprogramme vor.

Von berufsorientierenden Maßnahmen Dritter berichteten sowohl Agenturen mit hoher als auch Agenturen mit niedriger Mädchenquote. Die Existenz solcher Aktivitäten oder deren Abwesenheit hat somit keine Auswirkungen auf die Anzahl der Mädchen, die bei der Berufsberatung um eine entsprechende Vermittlung nachsuchen. Nun kann an dieser Stelle nicht die Wirksamkeit der jeweiligen Maßnahmen, die Art der Durchführung und die von vielen Faktoren abhängige Resonanz überprüft werden. Auch ist es denkbar, dass Mädchen, die an solchen Maßnahmen teilnehmen, sich direkt ohne Einschaltung der Ausbildungsstellenvermittlung bei den Betrieben bewerben.[14] Mir scheint es aber kein Zufall zu sein, dass mir bei meinen Besuchen in zwei der drei West-Agenturen mit höherer Mädchenquote aktuelle Zeitungsausschnitte überreicht wurden, in denen über Aktionen zur Verbreiterung des Berufswahlspektrums von Mädchen berichtet wird. Bemerkenswert ist hieran, dass sich die Regionalpresse überhaupt des Themas annimmt: Die Berufswahl von Mädchen interessiert in diesen Regionen anscheinend die Öffentlichkeit.

Das örtliche Klima spielt augenfällig eine große Rolle, wobei sich sowohl das Modell der Erwerbstätigkeit beider Ehepartner als auch das Modell der Hausfrauenehe durchaus mit einer gewerblich-technischen Berufsausbildung vertragen. Die jeweilige Landespolitik kann etwas bewirken – oder ins Leere laufen. In den niedersächsischen Arbeitsagenturen wurde die Ausstellung des Frauenministeriums erwähnt und als erfolgreich eingeschätzt, insbesondere weil sie weitere Aktivitäten angestoßen habe. In Sachsen hat die dortige Mädchen- und Frauenpolitik bisher anscheinend wenig Einfluss: Die Arbeitsagenturen fahren ihre eigene, gegenläufige Politik und forderten beispielsweise sogar das Landesarbeitsamt auf, die außerbetriebliche Ausbildung zum Beruf der Hauswirtschafterin einzuschränken, weil in diesem Beruf kein Arbeitskräftebedarf bestehe. (In die Konzeption der Landespolitik passt dieses Berufsbild dagegen hervorragend.) Anscheinend sind es an jedem Ort andere Faktoren und andere Kombinationen von Faktoren, die das mädchenpolitische Klima prägen: In der einen Region ist es die lange Tradition der Erwerbsarbeit von Frauen, die eine gewerblich-technische Ausbildung von Mädchen als sinnvoll und als selbstverständlich erscheinen lässt; in

---

14 Wenn die Berufsberatung ein solches Projekt durch Materialien und/oder beispielsweise durch die Beteiligung eines/r Berufsberaters/in unterstützt, hat die Berufsberatung möglicherweise zum Erfolg beigetragen, ohne dass sich dieser in ihren Vermittlungszahlen niederschlägt.

der zweiten Region ist es ein Betrieb, der um Mädchen wirbt, wobei in der Region die Erwartung vorherrscht, dass Frauen mit dem ersten Kind sowieso die Erwerbstätigkeit aufgeben. In einer weiteren Region ist es ebendieselbe Erwartung, verbunden mit dem vielfach auch von örtlichen Politikern/innen propagierten Ziel, die Region zu einem Dienstleistungszentrum entwickeln zu wollen, ein Ziel, das vermeintlich[15] gegen eine Ausbildung von Mädchen in gewerblich-technischen Berufen spricht. (Die Dominanz des Dienstleistungssektors ist in diesem Amtsbezirk entgegen den Aussagen der Abteilungsleitung ein Wunsch, in Wirklichkeit ist diese Region nach wie vor industriell geprägt.) Im Folgenden gehe ich auf die Bedeutung des regionalen Ausbildungsplatzangebots ein.

Ausbildungsplatzangebot

In meine Untersuchung habe ich Amtsbezirke einbezogen, in denen eine ausreichende Zahl an Ausbildungsplätzen im gewerblich-technischen Bereich vorhanden ist, so dass eine Motivierung von Mädchen für diese Berufe Sinn macht. Dennoch könnte möglicherweise die Struktur der Angebote Einfluss darauf haben, in welche Segmente Mädchen vorrangig vermittelt werden. Auch lässt sich verschiedentlich beobachten, dass in einer Region ein einzelner Betrieb eine Marktführerschaft hat. Vor dem Hintergrund des Rückstands des Handwerks bei der Ausbildung von Mädchen in gewerblich-technischen Berufen blieb zu fragen, ob dieses für alle Regionen gleichermaßen gilt.[16]

Ende der 1990er Jahre war bundesweit ein Nachfrageüberhang auf dem Ausbildungsstellenmarkt zu verzeichnen. Erstmals in der Geschichte der Bundesrepublik wurde einer demographisch bedingten, erhöhten Zahl von Schulabgänger/innen *nicht* durch ein vermehrtes Stellenangebot begegnet. Dieses spürten selbst die Agenturen in meinem Sample, die in den vorausgegangenen Jahren deutlich mehr Stellen als Nachfrage verzeichneten. In den ostdeutschen Amtsbezirken und gleichermaßen in Berlin war der Mangel an Ausbildungsplätzen nachgerade dramatisch. Nur für 40-60% der registrierten Bewerber/innen gab es Angebote.[17]

---

15 Häufig wird „Dienstleistung" gleichgesetzt mit Büroberufen sowie mit pflegerischen und erzieherischen Berufen. An dieser Stelle sei daran erinnert, dass Dienstleistungstätigkeiten häufig im produzierenden Gewerbe und manche Metall- und Elektroberufe im Dienstleistungssektor ausgeübt werden (vgl. Abschnitt 3.5).
16 Lokale Statistiken, die Auskunft geben könnten, stehen nicht zur Verfügung: Die kleinste Einheit ist die Kammerstatistik. Die Kammern aber umfassen in der Regel mehrere Arbeitsamtsbezirke und zudem überschneiden sich die Abgrenzungen von Arbeitsamts- und Kammerbezirken.
17 Zur Berechnung des Verhältnisses von Ausbildungsplatzangebot und Nachfrage gibt es kein eindeutiges Verfahren, was regelmäßig zu unterschiedlichen Interpretationen von Gewerkschafts- und Arbeitgeberseite führt. Die alljährlich in den Berufsbildungsberichten der

Tabelle 21:
Ausbildungsplatzstruktur, Nachfragesituation und Vermittlung von Mädchen in Jungenberufe 1997

Mädchenquote		Jungenberufe in % aller gemeldeten Ausbildungsplätze*	Bei den Arbeitsagenturen gemeldete Plätze in % der Nachfrage	Mädchen in % der Bewerber/innen für Jungenberufe
hoch	West	31,9	83,3	6,2
		23,3	80,9	6,7
		28,0	80,4	6,9
	Ost	32,0	65,5	4,6
		29,5	56,7	4,9
niedrig	West	28,2	97,7	2,0
		17,8	92,0	4,1
		21,2	110,5	4,8
	Ost	31,0	60,3	3,2
		36,7	43,6	4,4
	Berlin	35,6	37,5	6,1
		26,9	57,8	5,2

* Berechnet wurde der Anteil der Ausbildungsplätze in den Berufen, die in der Statistik der Bundesagentur angeführt werden, an allen dort verzeichneten Ausbildungsplätzen. Zu ca. 15% der Ausbildungsplätze sind die Berufe nicht aufgeführt. Die Liste der Bundesagentur umfasst aber fast alle stärker besetzten Berufe, so dass die ausgewiesene Prozentzahl der tatsächlichen sehr nahe kommen dürfte.

Vielfach wird vermutet, und zwar auch von meinen Gesprächspartner/innen, dass Mädchen sich dann für Jungenberufe interessieren, wenn die Ausbildungsmöglichkeiten in geschlechtstypischen Berufen rar sind. Wenn Mädchen (oder Berufsberater/innen) sich in Knappheitssituationen häufiger als sonst für Jungenberufe entscheiden, müssten in Bezirken mit besonders virulenten Problemen am Ausbildungsstellenmarkt ausnehmend viele Mädchen für eine solche Ausbildung vorgesehen sein. Ein solcher Zusammenhang existiert indes nicht. Das Verhältnis der bei den Arbeitsagenturen gemeldeten Stellen zur dortigen Nachfrage gibt keine Erklärung dafür, dass in einer

---

Bundesregierung veröffentlichte „Gesamtangebots-Nachfrage-Relation" umfasst die Zahl der neu abgeschlossenen Ausbildungsverträge (die *realisierte* Nachfrage) plus im Zähler die Ende September bei den Arbeitsagenturen gemeldeten offenen Plätze und im Nenner die bei den Arbeitsagenturen als noch ausbildungssuchend gemeldeten Bewerber/innen. Ende September hat jedoch das Ausbildungsjahr (und auch das Schuljahr) längst begonnen. Nicht erfasst wird somit die *latente* Nachfrage, beispielsweise derjenigen, die sich mangels Alternativen in einer Warteschleife in der Berufsfachschule, in anderen Maßnahmen oder in Arbeit befinden. Die „Gesamtangebots-Nachfrage-Relation" ist tautologisch definiert, weil die Nachfrage zum größten Teil durch das Angebot bestimmt wird (vgl. Behringer/Ulrich 1997).

Agentur mehr Mädchen in Jungenberufe vermittelt werden als in anderen. Zwar ist bei den westlichen Agenturen bei spitzfindiger Betrachtung ein Zusammenhang erkennbar, für eine Bewerberin ist es aber kaum „erfahrbar", dass in ihrer Region nur acht anstelle von neun Ausbildungsplätzen für zehn Bewerber/innen zur Verfügung stehen. So geringe Differenzen dürften somit keine Bedeutung haben. Zu „spüren" bekommen es diejenigen mit schlechten Schulabschlüssen, aber die haben mindestens in den Metall- und Elektroberufen selbst bei einem Überhang an Ausbildungsplätzen keine Chancen. Bei den Ost-Agenturen zeigt sich eindeutig, dass keinerlei Zusammenhang zwischen der Versorgung mit Ausbildungsplätzen und der Nachfrage von Mädchen nach gewerblich-technischen Berufen besteht. Im Übrigen spricht auch die im Abschnitt 3.7 vorgestellte These, dass Mädchen Mädchenberufe wählen, weil diese Weiblichkeit signalisieren, gegen ein Ausweichen in Jungenberufe.

Auch die Struktur der Ausbildungsstellenangebote bietet keine Erklärung für die unterschiedlichen Mädchenanteile. Durchschnittlich wurden 1997 in den neuen Ländern 31% und in den alten Ländern 27% der Ausbildungsplätze in Jungenberufen angeboten. Sowohl der West-Bezirk mit dem niedrigsten als auch der mit dem höchsten Mädchenanteil liegen genau in diesem Durchschnitt. Demgegenüber gibt es sowohl im Bezirk mit dem zweitniedrigsten Mädchenanteil als auch in dem mit dem zweithöchsten in diesen Berufen besonders wenige Ausbildungsplätze. Bei den Ost-Agenturen besteht ebenfalls kein Zusammenhang. Allerdings ist die Nachfrage von Mädchen nach gewerblich-technischen Berufen im Verhältnis zur Höhe des Angebots sowieso so gering, dass ein Zusammenhang eher verwunderlich gewesen wäre.

In allen Amtsbezirken – mit einer Ausnahme – gibt es Großbetriebe, die dafür bekannt sind, dass Mädchen bei ihnen gute Chancen haben. Dazu gehören beispielsweise die großen Automobilhersteller. In einem der Bezirke dominiert ein solcher Betrieb sowohl hinsichtlich der Ausbildungsstellen als auch der regionalen Ausbildungspolitik. Dieser Betrieb bemüht sich im gewerblich-technischen Bereich 20% Mädchen einzustellen, und garantiert diesen Mädchen eine spätere Übernahme als Facharbeiterin. Die dort in Büroberufen ausgebildeten jungen Frauen erhalten im Gegensatz dazu nur ein Angebot als ungelernte Arbeiterin in der Produktion anzufangen. Die Politik dieses Betriebes wirkt auf andere Ausbildungsstätten in der Region aus: Selbst kleinere Betriebe nehmen nach Auskunft der Berufsberatung weibliche Lehrlinge. Diese Agentur gehört zu denen mit den höchsten Mädchenanteilen. Von den anderen West-Agenturen mit hohen Mädchenquoten wird ebenfalls berichtet, bei den Betrieben bestünden so gut wie keine Vorbehalte: „Ich kenne keinen Ausbildungsleiter, der Mädchen ablehnt", sagte eine der Abteilungsleitungen.

Mir scheint, dass die unterschiedlichen Mädchenquoten der West-Agenturen nicht mit einer hohen oder niedrigen Ausbildungsbereitschaft der Betriebe erklärt werden können, sondern dass viel bedeutsamer ist, ob diese Ausbildungsbereitschaft von den Berufsberatungen zur Kenntnis genommen wird. Entscheidender als die objektive Situation ist die soziale Strukturierung des Denkens und Wissens des Beratungspersonals. In Agenturen mit niedrigen Mädchenanteilen wurde zwar konzidiert, die Ausbildung von Mädchen gehöre in den großen Betrieben „dazu". Im gleichen Atemzug aber verweisen sie – und zwar im Gegensatz zu denen mit hohen Mädchenquoten – auf Einschränkungen: Letztlich würden die Betriebe doch Jungen bevorzugen, sie würden Personal abbauen und die ausgebildeten Frauen nicht weiterbeschäftigen. „Kein Betrieb tut sich hervor", hieß es. Der Wahrheitsgehalt lässt sich schwer nachprüfen. Mindestens für einen dieser Amtsbezirke bin ich mir aufgrund früherer Forschungsarbeiten und aktueller Einblicke dennoch sehr sicher, dass die vorgebrachten Argumente unzutreffend sind: Gleich mehrere der dortigen Betriebe haben sich nachweislich um die Gewinnung von Mädchen bemüht, und sie beschäftigen in metall- und elektrotechnischen Berufen ausgebildete Frauen als Facharbeiterinnen. Ein in diesem Bezirk beheimateter Automobilhersteller ist sogar bekannt dafür, dass er sich an jedweder öffentlichen Initiative zur Gewinnung von Mädchen für eine gewerblich-technische Ausbildung beteiligt und darüber hinaus auch mit Zeitungsanzeigen und Rundfunkstatements eigenständig initiativ wurde. Die Abteilungsleitung, auf diesen Betrieb angesprochen, meinte aber, der Betrieb würde die Ausbildung von Mädchen ablehnen und auch keine Facharbeiterinnen beschäftigen.[18] Offensichtlich wählen (auch) die Mitarbeiterinnen der Berufsberatung aus dem Wissensmarkt, der ihnen zur Verfügung steht, das aus, was in ihre „Denkwelt" (Douglas 1991) passt.

In den Arbeitsagenturen der neuen Länder stellt sich die Situation gänzlich anders dar: Im Amtsbezirk mit der niedrigsten Mädchenquote gibt es keinen einzigen Großbetrieb. In den anderen Bezirken existieren zwar größere Betriebe, die – nach den Aussagen der Arbeitsagenturen – prinzipiell bereit sind, Mädchen auszubilden; diese Betriebe bemühen sich aber nicht explizit um Mädchen, weil sie ohnehin von Bewerbungen überlaufen sind.

Zur Ausbildungsbereitschaft von kleineren Betrieben erhielt ich unterschiedliche Auskünfte: In den westlichen Amtsbezirken mit hohem Mädchenanteil scheinen selbst kleinere Betriebe (allmählich) gegenüber einer Ausbildung von Mädchen in untypischen Berufen offener zu werden. In der – allerdings gesamtdeutschen – Statistik schlägt sich dies jedoch noch nicht nieder (vgl. Übersicht 6). In den Amtsbezirken mit geringem Mädchenanteil und in den neuen Ländern wurde mir dagegen berichtet, Kleinbetriebe seien

---

18 Bevor falsche Verdächtigungen aufkommen: In meinem Sample waren mehrere Arbeitsamtsbezirke mit großen Automobilherstellern.

den Mädchen nach wie vor weitgehend verschlossen. Welche Bedeutung den öffentlich finanzierten außerbetrieblichen (beispielsweise bei gemeinnützigen Trägern durchgeführten) Ausbildungen zukommt, lässt sich nicht klären. (Sie werden in den Kammerstatistiken nicht gesondert ausgewiesen). In einigen westlichen Amtsbezirken gab es solche Maßnahmen im fraglichen Zeitraum nicht oder sie spielten kaum eine Rolle. Doch dort, wo sie von Bedeutung waren, wie in den östlichen Amtsbezirken, bilden diese Ausbildungsstellen nach Einschätzung der Arbeitsagenturen nur wenige Mädchen in untypischen Berufen aus. Zahlen lagen den Arbeitsagenturen dazu nicht vor.[19]

Die Ausbildungsstellensituation und die Struktur der Ausbildungsplatzangebote bieten somit keine Erklärung dafür, warum die Arbeitsagenturen in unterschiedlichem Ausmaß Mädchen in gewerblich-technische Berufe vermitteln. Aber es macht einen Unterschied, ob die Bereitschaft von Betrieben Mädchen auszubilden von den Berufsberatungen wahrgenommen oder ignoriert wird! Welche Rolle spielt in diesem Zusammenhang der Berufswahlunterricht an den allgemein bildenden Schulen? Im Verhältnis zur Beratungsarbeit der Berufsberater/innen hat der Berufswahlunterricht quantitativ die größere Bedeutung. Die Politik der örtlichen Schulen wird damit zu einem gleichfalls entscheidenden Faktor. Von der Bereitschaft der Schulen zur Zusammenarbeit hängen letztlich sogar die Möglichkeiten jedes/r einzelnen Berufsberaters/in ab.

Engagement der Schulen

„Dass die Schulen initiativ sind, sich besonders einsetzten – das kann ich nicht beobachten", meinte eine Abteilungsleitung. Eine der Beauftragten für Frauenbelange berichtete sogar, sie wisse von einer Schule in der Mädchen „genötigt" würden den Hauswirtschaftskurs anstelle des Technikkurses zu belegen. Beide Agenturen haben eine niedrige Mädchenquote. Ein hohes Problembewusstsein für die Berufsausbildung von Mädchen wird den Schulen des jeweiligen Amtsbezirks nur von einer einzigen (westlichen) Abteilungsleitung bescheinigt. Zwei andere, ebenfalls westliche Abteilungsleitungen berichten von einer „Mitarbeit" der Schulen. Diese drei Amtsbezirke weisen eine hohe Mädchenquote auf.

In den Ergebnissen meiner Befragung der Berufsberater/innen zeigen sich (zumindest im Westen) deutliche Zusammenhänge zwischen den Aktivitäten der Schulen und der Quote, zu der die jeweilige Berufsberatung Mädchen für eine gewerblich-technische Ausbildung vorsieht. Ich fragte die Be-

---

19 Zu den außerbetrieblichen Ausbildungsverhältnissen gibt es keine nach Berufen und Geschlechtern auswertbaren Statistiken. Allenfalls könnten die Zahlen bei den Geldgebern/innen erfragt werden, sofern diese überhaupt über Informationen zu den einzelnen Berufen und der Besetzung mit Mädchen und Jungen verfügen.

rater/innen, wie sie den Berufswahlunterricht an den allgemein bildenden Schulen bewerten. Knapp die Hälfte beurteilte ihn mindestens mit „gut", 28% meinen „geht so" und mehr als jede/r Fünfte gab gerade mal ein „ausreichend" oder sogar ein „ungenügend", wobei der Unterricht in den Amtsbezirken mit höherer Mädchenquote eine bessere Note erhielt als in denen mit niedriger. Auffällig ist aber auch, dass die zehn Berater/innen, die angaben: „Weiß nicht, ich habe wenig Einblick in den Unterricht", fast ausnahmslos in Agenturen mit niedriger Quote zu finden sind. Da niemand angab, er/sie habe keine Kontakte zu Schulen, bedeutet dies, dass diese Berater/innen sich nicht um den Einblick bemühen, dass sie ihre Veranstaltungen nicht mit dem schulischen Unterricht verzahnen.

Tabelle 22:
Beurteilung des berufsorientierenden Unterrichts der Schulen

Mädchenquote		Antworten	hervorragend	gut	geht so	ausreichend	ungenügend	wenig Einblick in den Unterricht
Hoch	West	20	15,0	40,0	35,0	5,0	0,0	0
	Ost	9	33,3	55,6	0	0	0	11,1
Niedrig	West	34	0	29,4	38,2	14,7	2,9	14,7
	Ost	9	0	55,5	0	11,1	11,1	22,2

Die östlichen Beratungsfachkräfte bewerten den Berufswahlunterricht sogar besser als ihre westlichen Kollegen/innen. Nahezu drei Viertel beurteilen ihn mindestens mit „gut". (Im Westen sind es nur 38,7%). Allerdings meint im Osten ein Drittel (gegenüber lediglich 17% im Westen), dass bei den Lehrkräften kein oder kaum Engagement für die Verbreitung des Berufswahlspektrums von Mädchen vorhanden ist. Die östlichen Abteilungsleitungen sehen die Situation demgegenüber wesentlich kritischer. Nicht nur beklagen sie allesamt ein fehlendes Engagement der Schulen, sondern sie meinen auch, dass bei vielen Lehrkräften die Qualifikation mangelhaft sei, wobei von den Berufsberatungen eigens angebotenen Lehrer/innenfortbildungen nur geringes Interesse entgegengebracht werde. Ob Berater/innen und ihre Abteilungsleitungen unterschiedliche Maßstäbe ansetzen, oder ob die Abteilungsleitungen für eine Beurteilung zu wenig Einblicke in die Praxis haben, muss dahingestellt bleiben. Vermutlich messen die Berater/innen die Qualität an der „Einführung in die sozialistische Produktionsweise" der DDR-Oberschule, wo Jugendliche häufig als billige Arbeitskräfte missbraucht wurden, und sehen die Verbesserungen, während die Abteilungsleitungen das Ideal der Berufswahlkompetenz Jugendlicher vor Augen haben, und eher die Mängel ansprechen.

Wenn Mädchen für die Wahl eines gewerblich-technischen Berufs gewonnen werden sollten, müsse sich in der Schule „noch viel ändern" meinte die große Mehrheit aller Berater/innen (79%).[20] Auch hier sahen die Mitarbeiter/innen der östlichen Agenturen wieder weniger Veränderungsbedarf als der westlichen. Für beide Landesteile gilt jedoch auch hier wieder: Die Mitarbeiter/innen von Agenturen mit hoher Mädchenquote sehen bei den Schulen weniger Korrekturnotwendigkeiten als diejenigen in den anderen Agenturen. Die Qualität berufsberaterischer Interventionen in den Schulen steigt – oder fällt – mit der Vor- und Nachbereitung durch die schulischen Lehrkräfte. Der Zusammenhang von Mädchenquote der Berufsberatungen und Beurteilung des schulischen Unterrichts offenbart, dass es eine ganz wichtige Rolle spielt, wie engagiert die Lehrkräfte an den Schulen sind.

Das Beratungsmonopol der Bundesagentur war zum Zeitpunkt meiner Befragung im Sommer 1998 erst seit einem halben Jahr aufgehoben. Dennoch zeigten sich bereits Auswirkungen, die der Beratungsqualität nicht unbedingt dienlich sind. Und zwar berichteten mir die Abteilungsleitungen von zwei Agenturen, dass einige Schulen neuerdings der Berufsberatung den Zugang verweigern. Der Berufswahlunterricht werde dort von Krankenkassen übernommen. In einem Bezirk honorierten die Krankenkassen das Entgegenkommen der Schulen mit Geschenken, beispielsweise mit Computern; im anderen Bezirk rechtfertigten sie das Vorpreschen mit ihrer originären Aufgabe der Gesundheitsprävention. Berufswahl sei Stress und somit tendenziell gesundheitsgefährdend. In einem anderen Bezirk forderte die örtliche Sparkasse von der Berufsberatung eine Liste der freien Ausbildungsplätze, die sie den Kontoauszügen beilegen wollte. Diesen Organisationen geht es darum, die angehenden Auszubildenden als zahlende Kunden/innen zu gewinnen, nicht um deren Wohl. Bislang sind berufliche Beratungen durch Krankenkassen und Sparkassen anscheinend Einzelfälle. Doch wenn die Berufsberatungen ihre Dienste nicht mehr in den Schulen anbieten können, droht Berufsinformation zu einem Vehikel der Kundenwerbung Dritter zu verkommen.

Berufsberater/innen zur Qualität schulischen Unterrichts zu befragen, mag ein reichlich verkürztes Verfahren sein, hier wäre eine „ordentliche" Mehrebenenanalyse sicherlich angebracht gewesen, die die jeweiligen beson-

---

20 Bei den Antworten zu dieser Frage zeigt sich das altbekannte Bild: Die Ursache für die mehrheitlich geschlechtstypische Berufswahl wird überall vermutet, nur nicht im eigenen Handlungsfeld. Den anderen Institutionen – Kindergarten, Elternhaus, Schule und Ausbildungsbetrieben – wurden hohe Defizite zugesprochen, nicht aber der Berufsberatung. Zu den Kindergärten meinten mehr als die Hälfte und zu den anderen Institutionen sogar 80 und mehr Prozent der Berater/innen, dort müsse „sich noch viel ändern", wenn mehr Mädchen für die Wahl eines bislang männlich dominierten Berufs gewonnen werden sollten, im Hinblick auf die Berufsberatung waren jedoch nur 27,6% dieser Meinung.

deren Probleme oder relativen Vorteile der Schulen berücksichtigt hätte. Eine solche Analyse war aber in diesem Projekt nicht zu leisten. Umso bemerkenswerter ist das Ergebnis: Die Berufsberater/innen sprechen sich den Erfolg, dass ihre Agentur relativ viele Mädchen für eine Vermittlung in gewerblich-technische Berufe vorsieht, nicht etwa ausschließlich selbst zu, sondern es besteht ein deutlicher Zusammenhang zwischen der Note, die sie den Schulen erteilen, und der Mädchenquote der Agentur.

Sowohl die Schulen als auch die Berufsberatungen sind in ihre jeweilige Region und deren Policy-Netzwerke eingebunden. Wie Wolfgang Streeck u.a. (1987: 96f.) zu Recht betonen, besteht „gerade auf dem Feld der Berufsbildungspolitik" eine „policy-community", wobei aber, wie ich im Abschnitt 4.4 herausgearbeitet habe, die Berufsberatung in den entsprechenden Gremien nur Gast oder allenfalls beratendes Mitglied ist. Wie sieht es damit vor Ort aus? Ist die Berufsberatung in diesbezügliche Gremien eingebunden und welche Bedeutung hat dies für die Berufsausbildung von Mädchen in der jeweiligen Region?

Netzwerke der Politiksteuerung

Die Berufsberatungen sind hochgradig von der Zusammenarbeit mit den allgemein bildenden Schulen und den Ausbildungsbetrieben abhängig. Gleichzeitig sind sie wiederum die Quelle für eine Beurteilung aktueller Trends auf dem regionalen Lehrstellenmarkt. Etliche Betriebe verlassen sich zudem auf die Vermittlung von Ausbildungsplatzbewerber/innen, die von der Berufsberatung vorausgewählt wurden, und der schulische Berufswahlunterricht würde sicherlich viel an Qualität einbüßen, wenn er nicht auf die Beteiligung und vor allem auf Informationen der örtlichen Berufsberatung zurückgreifen könnte. Im Folgenden geht es darum, wie die Berufsberatungen sowie die Beauftragten für Frauenbelange in diese Netzwerke eingebunden sind. Trotz der Tradition tripartistischer Politiksteuerung in diesem Feld und der Vielzahl an Gremien haben die lokalen Netzwerke der Politiksteuerung kaum einen direkten Einfluss auf die Arbeit der Berufsberatung, indirekt aber können sie von Bedeutung sein.

Einbindungen der Berufsberatungen

Die Vernetzungen sind Orte, wo Informationen über Betriebe, die Mädchen ausbilden, weitergegeben und wo Aktivitäten vereinbart werden können, selbst wenn Berufsorientierung nicht zum Aufgabenfeld des jeweiligen Gremiums gehört. Zudem bieten die Zusammenkünfte Gelegenheiten zur Bildung von Advocacy-Koalitionen, den um gemeinsame Kernüberzeugungen gruppierten „policy-communities". Initiativen zugunsten von Mädchen habe ich jedoch kaum vorgefunden, weder innerhalb der Berufsberatungen noch organisationsübergreifende. Auch hat das Mädchenthema in den Gruppen, in denen die Berufsberatung mitarbeitet, nur wenig Bedeutung. Dennoch aber „befördert" die Mitarbeit von Berufsberatungen in außerhäuslichen Gremien, und zwar vor allem der Berufsberater/innen und nicht nur die ihrer Vorgesetzten, die Mädchenquote.

Auf meine an die Abteilungsleitungen gerichtete Frage nach der Mitarbeit in berufsbildungspolitischen Netzwerken wurde mir meist eine große Anzahl genannt: diverse Ausschüsse bei Kammern, Kommunen, Landkreisen und bei zahlreichen Verbänden.[21] Die Intensität und die Ausprägung der Kooperation sind in den einzelnen Bezirken unterschiedlich; eine große Rolle spielen aber grundsätzlich die Kontakte zu den Kammern und Innungen.[22] Welche Gremien es darüber hinaus vor Ort gibt, ist sehr verschieden und hängt letztlich von den jeweiligen örtlichen Problemen und vor allem von der Initiative Dritter ab. Einige Berufsberatungen nehmen beispielsweise auch an Arbeitskreisen zu den Problemen von Aussiedlern/innen, Straffälligen und gefährdeten Jugendlichen teil. Recht häufig kommen Ausbilderarbeitskreise und Arbeitskreise Schule-Wirtschaft[23] vor. Besonders Letztere werden von der Berufsberatung meist als „sehr wichtig" eingeschätzt, wenngleich es an einzelnen Orten „im Moment recht ruhig ist", oder zeitweilig in diesem Arbeitskreis nicht die Berufsausbildung, sondern lediglich die Gestaltung schulischer Betriebspraktika erörtert wird. Insgesamt bietet sich den Berufsberatungen eine vielfältige Landschaft von Gremien, die sie nutzen können um

---

21 Wenige Verbindungen zu Netzen der Politiksteuerung hatten zum Befragungszeitpunkt drei Berufsberatungen, wo die (damaligen) Landesarbeitsämter diese Aufgabe verstärkt übernahmen. Vor allem in Berlin gab es kaum Kontakte der einzelnen Ämter zu Kammern und Verbänden.
22 Bis einschließlich 1997 musste die Berufsberatung noch die Eignung der Betriebe prüfen, die Ausbildungsplätze anboten. Sie holte dazu die Stellungnahme der Kammer ein. Diese Bestimmung ist im SGB III nicht mehr enthalten. Die zuständige Kammer kann nach dem Berufsbildungsgesetz einen Ausbildungsvertrag aber nur dann akzeptieren, wenn im Betrieb für die Ausbildung „persönlich und fachlich" geeignetes Personal vorhanden ist, und darüber hinaus ein Ausbildungsplan erstellt wurde, der das Einhalten der Ausbildungsordnung gewährleistet. – Theoretisch ist es nunmehr denkbar, dass Berufsberatungen in Betriebe vermitteln, wo diese Bedingungen nicht gegeben sind, und die daher keine Jugendlichen unter 18 Jahren ausbilden dürfen. Will die Berufsberatung solche (unverantwortlichen) Pannen vermeiden, ist sie weiterhin auf einen ständigen Informationsaustausch mit den Kammern angewiesen.
23 Bundesweit gibt es 450 solcher Arbeitskreise, die in einer Bundesarbeitsgemeinschaft zusammengeschlossen sind. Ihr Ziel ist der Erfahrungsaustausch von Lehrer/innen, Schüler/innen, Eltern und Wirtschaftsvertretern: Pädagogen/innen sollen den betrieblichen Alltag kennenlernen, Wirtschaftsvertreter unterstützen praxisbezogene Lehrer/innenfortbildung und Schüler/innen ein Bild von der Arbeitswelt erhalten und bei der Berufsfindung unterstützt werden. Vgl. Bundesarbeitsgemeinschaft o.D.

Informationen zu erhalten, Kontakte zu knüpfen und um ihre Anliegen vorzubringen.

Berufsorientierung, Berufsberatung und Ausbildungsstellenvermittlung spielen in all diesen Gremien eine Rolle, sie sind dort aber nicht unbedingt die Hauptthemen, und zudem sind immer nur einzelne Bezugsgruppen der Berufsberatung in den Zusammenkünften präsent. Ein Netzwerk zur Politiksteuerung, das speziell auf die Aufgabenfelder der Berufsberatung zugeschnitten ist, fehlt bislang. 1996 regte die Hauptstelle der Bundesagentur die Einrichtung „runder Tische" an, durch die vorrangig die verschiedenen Förderwege für benachteiligte Jugendliche koordiniert werden sollen, in denen aber auch allgemeine Fragen diskutiert werden. In vier der zwölf untersuchten Agenturen gibt es solche Einrichtungen; wobei die Agenturen nicht unbedingt selbst die Träger sind. In diesen neuen Gremien sind neben der Berufsberatung die allgemein bildenden und die berufsbildenden Schulen, die Kommunen, die Kammern, der DGB, einige Arbeitgeberverbände und die Agenturen für Wirtschaftsförderung vertreten. Die Mitgliedschaft variiert entsprechend den örtlichen Verhältnissen.[24] Bemerkenswert an diesen „runden Tischen" ist die Verbindlichkeit ihrer Beschlüsse: „Das was dort als Meinungsbildung geschieht, da halten sich alle dran"; es würden „Hausaufgaben verteilt". Auffällig ist zudem, dass unter diesen vier Agenturen mit „runden Tischen" sich die drei West-Agenturen mit den höchsten Mädchenquoten befinden. (Das vierte ist ein Berliner Amt.) Zwar wurde von keiner Abteilungsleitung erwähnt, dass die Verbreiterung der Berufswahl von Mädchen dort thematisiert worden sei; mir scheint allein die Existenz der „runden Tische" in diesen Amtsbezirken darauf hinzudeuten, dass qualitative Fragen der Berufswahl und -beratung in diesen Regionen eine größere Rolle spielen als anderswo.[25]

In den östlichen Agenturen, wo die Ausbildungsplatzprobleme wesentlich größer sind, zentrieren sich die Arbeitskreise, die von den Berufsbera-

---

24 Bei diesen Gremien, die alle Mitwirkenden um einen „runden Tisch" bringen wollen, wird das Problem der Arbeitsunfähigkeit wegen einer zu großen Zahl an Mitgliedern virulent. Es lässt sich leicht ausmalen, dass mindestens 100 Personen zusammenkämen, würden alle eingeladen. In einem der Agenturen mit runden Tischen wird z.B. der Einzelhandelsverband und (neben der HWK) die Kreishandwerkerschaft erwähnt, in einem anderen die Rechtsanwaltskammer. Alle drei sind für die Zahl der Ausbildungsplätze bedeutsam. Nicht erwähnt – vielleicht nur zu erwähnen vergessen – wurde die Friseurinnung, die Bäcker- und die Fleischerinnung und die beiden Ärztekammern. Werden allein diese um die jeweiligen Arbeitgeberverbände, Gewerkschaften und vielleicht noch um weitere berufsständische Organisationen ergänzt (bspw. die Verbände der Arzt- und der Zahnarzthelferinnen), ist kein Gremium mehr arbeitsfähig. – Allerdings sind die jeweiligen Organisationen nicht überall politisch aktiv oder überhaupt vorhanden.
25 Zusätzlich gibt es in einem dieser Amtsbezirke bei der kommunalen Gleichstellungsbeauftragten einen „Ausschuß zur Berufsförderung junger Frauen", in dem Betriebe, Schulen und die Berufsberatung zusammenkommen.

tungen neben denen der Kammern besonders hervorgehoben wurden, vornehmlich auf den Bereich der Jugendhilfe und auf andere Benachteiligtenprogramme. Das übergroße Ausbildungsplatzproblem führt in den östlichen Agenturen zur Konzentration der Arbeit auf die Jugendlichen, die es am schwersten haben.

Die Berufsberatung wird in diesen Gremien in aller Regel durch die Abteilungsleitung vertreten. Lediglich in einigen wenigen Agenturen haben Abschnittsleiter/innen die Aufgabe, an bestimmten, als weniger wichtig erachteten Ausschüssen teilzunehmen. Die Berater/innen können von den Informationen aus diesen Gremien somit nur dann profitieren, wenn sie von den Vorgesetzten weitergegeben werden. Dieses scheint aber nicht immer der Fall zu sein. Nahezu zwei Drittel der befragten Berater/innen wissen beispielsweise nicht, welche Probleme ihr Vorgesetzter als die wichtigsten ansieht (vgl. Abschnitt 5.4).

Von den Beratungsfachkräften gaben nur wenige (18) an, dass sie außerhalb der Arbeitsverwaltung in Arbeitskreise oder -gruppen eingebunden sind. Dabei zeigt sich ein deutlicher Zusammenhang mit der Mädchenquote der jeweiligen Agentur: Die Beraterinnen, die an externen Arbeitskreisen teilnehmen, arbeiten häufiger in Agenturen, von denen überdurchschnittlich viele Mädchen in gewerblich-technische Berufe vermittelt werden. Verstärkte Kontakte zu Fachleuten aus anderen Organisationen fördern offensichtlich die Häufigkeit der Vermittlung von Mädchen in nichttraditionelle Berufe. Gefragt nach den thematischen Schwerpunkten dieser Arbeitskreise, vermerkte nur eine Beraterin „Mädchen" und eine andere „Frauen". Vorrangig beschäftigen sich auch diese externen Arbeitsgruppen mit benachteiligten Jugendlichen. Als Träger fungieren vornehmlich kommunale Jugendämter und daneben kirchliche und gewerkschaftliche Organisationen. Zu den Mitgliedern gehören mithin Gruppen, die in Benachteiligtenprogrammen involviert sind: die Mitarbeiter/innen der Jugendämter, die zumeist außerbetrieblichen Träger von Ausbildungsmaßnahmen und die berufsbildenden Schulen. Die Konzentration auf markt- und bildungsbenachteiligte Jugendliche bedeutet, dass zumeist Vertreter/innen der betrieblichen Hälfte des dualen Systems in diesen Arbeitsgruppen fehlen. Nur vier der 18 Berater/innen sind in Arbeitsgruppen, an denen auch Betriebe oder zumindest Kammern teilnehmen. Die Ferne des Beratungspersonals zu den Netzwerken der Regelausbildung gilt somit selbst für die Gruppe derjenigen, die außerhalb des Hauses nach Kontakten suchen.

Wenn überhaupt von Advocacy-Koalitionen gesprochen werden kann, dann von einer Dominanz des Benachteiligten-Themas. Diejenigen, die hierzu in externen Gruppen arbeiten, wissen sich einer breiten Unterstützung ihrer Kollegen/innen sicher. Ich fragte die Berater/innen: „Gibt es eine spezielle Gruppe von Jugendlichen, die ihnen besonders am Herzen liegt, über deren Bedingungen Sie sich besonders informieren, um die Sie sich besonders kümmern?" 56 der 90 Berater/innen bejahten diese Frage. Vorrangig wurden benachteiligte Jugendlichen genannt: Benachteiligte allgemein 37-mal, Jugendliche ohne Schulabschluss 28-mal und Jugendliche nicht-deutscher Muttersprache 22-mal.[26] Nur zehn der Berater/innen kreuzten „Mädchen" an. Diese vier männlichen und sechs weiblichen Beratungsfachkräfte arbeiten in acht verschiedenen Agenturen; das Mädchenthema hat in den einzelnen Agenturen ganz offensichtlich keine sonderliche Bedeutung. Die Dominanz der Beschäftigung mit Benachteiligtengruppen ist so stark, dass Beratern/innen sich kaum werden durchsetzen können, denen Mädchen „am Herzen liegen", die nicht zu den im Regelwerk der Bundesagentur definierten Benachteiligten zählen, bspw. weil sie einen Realschulabschluss mitbringen: Für „Advocacy-Koalitionen" fehlt den einzelnen Berater/innen die Rückendeckung innerhalb ihres Hauses. Zudem finden diese zehn Berater/innen vor Ort kaum Kooperationspartner/innen; schließlich gibt es nur selten Initiativen, die sich speziell um Mädchen und deren Berufswahl kümmern.

Blockieren „Männerbünde" das Mädchenthema? Meine Daten geben hierfür keinen Beleg. Berufsberater*innen* wenden sich nicht häufiger dem Mädchen-Thema zu als ihre männlichen Kollegen, und von den 18, die in Arbeitsgruppen außerhalb ihrer Agentur mitarbeiten, sind nur fünf männlichen Geschlechts. Auch unter dem Relevanzanspekt gibt es keine geschlechtsspezifschen Zuordnungen: Von den vier Berater/innen, die in Netzwerken mitarbeiten, in denen auch Betriebe oder Kammern vertreten sind, sind drei Frauen. Festhalten lässt sich, dass Berufsberater/innen kaum in Politikfeld-übergreifenden Netzwerken präsent sind, und wenn, dann sind es durchaus auch Frauen. Doch das Mädchen-Thema spielt in diesen Netzwerken kaum eine Rolle. Die beiden Beraterinnen, die in Netzwerken zum Thema „Mädchen" bzw. „Frauen" mitarbeiten, kommen aus West-Agenturen mit niedriger Mädchenquote, was wiederum die These unterstützt, dass vereinzelte, aktive Beraterinnen angesichts der Dominanz der Aufmerksamkeit für Benachteiligte sich in ihren Agenturen mit dem Mädchen-Thema kaum durchsetzen können. Gibt es eine Chance, dass die nunmehr hauptamtlichen, wenige Monate vor meinen Befragungen neu berufenen Beauftragten für Frauenbelange hieran etwas ändern?

Netzwerkferne der Beauftragten für Frauenbelange

Im Aufgabenkatalog der Beauftragten für Frauenbelange hat die Berufsorientierung von Mädchen nur einen marginalen Stellenwert (vgl. Abschnitt 4.3). Doch der Aufgabenkatalog wurde von der Hauptstelle explizit als „Hand-

---

[26] Auch unter den 13 „sonstigen" Angaben finden sich wiederum einige, die spezielle Benachteiligtengruppen benennen: minderjährige Mütter, Kriegsflüchtlinge, und Allergiker/innen.

lungsrahmen" gekennzeichnet, „der entsprechend der regionalen Erfordernisse Schwerpunktbildungen ermöglicht" (RdErl. 44/97). Die Beauftragten können sich somit durchaus verstärkt der Berufsorientierung von Mädchen widmen. Inwieweit können sie dazu die lokalen Politiknetzwerke, die traditionellen der Berufsbildung und die häufig autonomen der Frauenbewegung, nutzen? Meine Befragungsergebnisse stimmen eher skeptisch.

Im Gegensatz zu den Abteilungsleitungen, die meist in einer Vielzahl von Netzen der lokalen Politiksteuerung mitwirken, und selbst im Gegensatz zu den Berufsberatern/innen, von denen zwar nur aber immerhin noch jede/r Fünfte irgendwo teilnimmt, sind die Beauftragten für Frauenbelange auffällig selten in solche Gremien eingebunden. Und zwar arbeiten die meisten Beauftragten weder in Gremien mit, die sich mit Fragen der Berufsberatung oder des Arbeitsmarktes beschäftigen, noch in Fraueninitiativen. Eine einzige Beauftragte ist neuerdings Mitglied in einem Arbeitskreis Schule-Wirtschaft, und einige wenige, die vorher Beauftragte in der Arbeitsvermittlung waren, sind in Beiräten von Frauen-Arbeitsmarktprojekten. Viele der Beauftragten haben keinen frauenpolitischen Hintergrund und erkundeten zum Erhebungszeitpunkt gerade, welche Initiativen es vor Ort gibt. Da die Amtsbezirke häufig mehrere Kommunen umfassen, werden die Beauftragten es kaum schaffen, sich in alle Gruppen und in alle Aktivitäten beispielsweise der lokalen Gleichstellungsstellen einzubringen. Eine übergreifende Vernetzung von Frauenprojekten und -initiativen existiert nur in zwei der zwölf Regionen.

In Anlehnung an Franz Urban Pappis (1987) Methode der Netzwerkanalyse fragte ich die Beauftragten a) mit wem sie beruflich wichtige Dinge diskutieren, b) in welche Organisationen diese Personen eingebunden sind und c) welcher Art ihre Beziehung zu diesen Personen ist. Beruflich wichtige Fragen besprechen die Beauftragten vorrangig mit Verwandten, Freunden und Arbeitskollegen, wobei sie bei Letzteren nicht ihre jetzigen Kollegen/innen, die Abteilungsleitungen, meinen, sondern diejenigen in den Abteilungen, in denen sie vorher tätig waren. Insgesamt gaben die elf Befragten 41 Personen an, wovon 28 in beruflich relevanten Organisationen arbeiten, in der Arbeitsagentur (15) und in Betrieben, Gewerkschaften, Schulen und Kommunalverwaltungen (zusammen 13). Häufig bestanden zu diesen Personen Gefühlsbeziehungen. Die Beziehung gründete auf familiäre Bindungen, auf private Kontakte oder in der Arbeitsagentur überschnitten sich die Aufgaben. Autoritäts- oder Machtbeziehungen wurden nicht benannt: Die Beauftragten für Frauenbelange besprechen beruflich relevante Fragen eher selten mit ihrem/r Vorgesetzten, der Amtsleitung. Diskussionspartner/innen außerhalb der Arbeitsagentur hat nur gut die Hälfte, wovon nur in zwei Fällen diese Personen in Netze der Politiksteuerung eingebunden sind: Die „Pfaddistanzen" (Pappi 1987 u. 1993) der meisten Beauftragten zu den relevanten Netzwerken der Politikgestaltung sind beträchtlich.

Inwieweit es den Beauftragten gelingen wird, sich in wichtige Gremien einzubringen, bleibt abzuwarten. Ich bin eher skeptisch. Wenngleich sie unmittelbar dem Direktor/der Direktorin der Arbeitsagentur unterstehen, und somit auf gleicher Ebene mit den Abteilungsleitungen angesiedelt sind, wird ihre Reputation doch ungleich geringer sein: Sie verfügen weder über eigene Haushaltsmittel noch über einen Mitarbeiter/innenstab. Dabei sind sie für alle Bereiche der Arbeitsverwaltung zuständig. Im Hinblick auf die Verbreiterung des Berufswahlspektrums von Mädchen scheint es mir besonders nachteilig, dass viele der Beauftragten wenig über Berufswahl und Berufsberatung wissen und zudem keine frauenpolitischen Erfahrungen mitbringen. Bislang lassen sich keinerlei Zusammenhänge zwischen den Unterschieden in den Arbeitsprogrammen etc. der Beauftragten und den jeweiligen „Mädchenquoten" ihrer Agenturen ausmachen. Vielfach hatten sie ihren Arbeitsschwerpunkt analog zum Aufgabenkatalog des Runderlasses auf Berufsrückkehrerinnen gelegt; in den östlichen Agenturen waren oftmals langzeitarbeitslose Frauen die Zielgruppe. Aber die Beauftragten hatten zum Befragungszeitpunkt nicht nur wenige Kontakte zu lokalen Politiknetzwerken, sondern auch zum Verwaltungsausschuss ihrer Agentur und seinen Mitgliedern bestand eine erhebliche Distanz.

Die Rolle der Verwaltungsausschüsse

Die Verwaltungsausschüsse der untersuchten Agenturen bestehen nach wie vor mehrheitlich aus Männern. Die Neuberufung im Frühjahr 1998, bei denen das erste Mal das Bundesgremienbesetzungsgesetz angewendet werden musste, hat, ebenso wie bei der Neubesetzung des Nürnberger Vorstandes und Verwaltungsrates, keine Änderung bewirkt. Der Ausschuss sei eine „Elefantenrunde", es seien „honorige Leute" drin, hieß es. Anscheinend sind die Treffen den Mitgliedern so wichtig, dass sie nicht zugunsten einer Frau auf die erneute Nominierung verzichten wollten. Mit dem Inkrafttreten des SGB III Anfang 1998 gewannen die Verwaltungsausschüsse an Macht hinzu, indem sie nunmehr für die Aufteilung der Ermessensleistungen und insbesondere für die Mittel der „freien Förderung" zuständig sind. Die Ausschüsse der Agenturen meines Samples gehen unterschiedlich damit um. Manche sehen in ihrem Recht, über die Mittel zu entscheiden, eine Formalie („segnet nur ab"), andere dagegen spielen ihre Macht aus („hemmt und bremst, wo es nur geht"). Für die Belange von Jugendlichen und von Frauen interessieren sich die Verwaltungsausschüsse meist nur wenig. Dieses Desinteresse aber kann in Blockade umschlagen, wenn für die Finanzierung von Maßnahmen zugunsten dieser Gruppen Mittel der „freien Förderung" notwendig werden.

An den (nicht öffentlichen) Sitzungen nimmt das Führungspersonal der befragten Agenturen regelmäßig teil. Meist steht die Ausbildungsstellensituation auf der Tagesordnung, wenn die Berufsberatung ihre turnusmäßige

Halbjahresbilanz vorlegt. Qualitative Fragen von Berufsberatung und -orientierung spielen aber nur selten eine Rolle. Die Abteilungsleitungen schätzen die Verwaltungsausschüsse überwiegend als „nicht wichtig" ein. Umgekehrt scheint mancher Verwaltungsausschuss die Berufsberatung genauso wenig ernst zu nehmen, jedenfalls kommt es vor, dass die Mitglieder Akten studieren, während die Berufsberatung referiert. Als nützlich schätzen die Abteilungsleitungen immerhin die Kontakte zu den einzelnen Ausschussmitgliedern ein. Sie erleichterten ihnen manchmal die Arbeit bei pragmatischen Dingen, beispielsweise wenn sie einen Raum für Veranstaltungen benötigen und der Bürgermeister ihnen einen der Stadt gehörenden, besonders attraktiven Raum überlässt. Darüber hinaus seien die Kontakte hilfreich, wenn es darum ginge, die Anliegen der Berufsberatung zu verbreiten. Über ein besonderes Engagement des Verwaltungsausschusses wird lediglich von zwei Ost-Agenturen berichtet: Der Ausschuss wolle helfen, aber er wisse nicht wie. Das Konsensprinzip und die Machtlosigkeit der Gewerkschaften und selbst der Arbeitgebervertreter/innen gegenüber der Ausbildungspolitik der Betriebe haben zur Folge, dass Verhandlungsergebnisse wirkungslos bleiben.

Frauen- und Jugendverbände sind als Teilnehmende nicht vorgesehen. Angesichts dessen ist es kaum verwunderlich, dass die Ausschüsse sich weder mit qualitativen Fragen der Berufsberatung noch mit Geschlechterfragen befassen. Die Beauftragten für Frauenbelange, soweit sie in ihrer bisher kurzen Amtszeit oder aus vorhergehenden Tätigkeiten Einblick in die Ausschussarbeit hatten, betonten ausnahmslos, dass die Ausschüsse sich nicht für Geschlechterfragen interessieren. Diese kämen höchstens vor, wenn sie dort referierten. Im Aufgabenkatalog der Beauftragten für Frauenbelange ist die Berichterstattung vor den Verwaltungsausschüssen vorgesehen, doch die Beauftragten können die Ausschüsse nicht zwingen, sie anzuhören. Eine berichtete, sie habe mehrfach auf eine Einladung gedrängt, doch: „Man will mich da nicht sehen". Den Nutzen der Verwaltungsausschüsse schätzen die meisten Beauftragten für Frauenbelange ähnlich pragmatisch ein wie die Abteilungsleitungen: Sie wollen die Mitglieder für die spezifischen Probleme von Mädchen und Frauen sensibilisieren und als Multiplikatoren nutzen, wobei allerdings fraglich ist, ob es ihnen bei dieser Konstellation gelingen kann. Dennoch sind die Beauftragten für Frauenbelange ungleich stärker als die Berufsberatungen auf das Wohlwollen der Verwaltungsausschüsse angewiesen. Da sie über keine eigenen Haushaltmittel verfügen, bleiben ihnen für die Finanzierung von Mädchen- und Frauenprojekten nur die Mittel der „aktiven Arbeitsförderung" und insbesondere die der „freien Förderung", über die die Verwaltungsausschüsse verfügen.

Die Chancen, solche Mittel zu erhalten, dürften begrenzt sein: Für eine partizipatorische Definition der Bedürfnisse von Mädchen und Frauen sind die Gremien falsch zusammengesetzt. Zu erwarten sind vielmehr Vorgänge, die Nancy Fraser (1994: 240) als „monologische, administrative Prozesse der

Bedürfnisdefinition" bezeichnet, und die zu einer patriarchalen Herrschaft über Frauen führen. Wenn ein Verwaltungsausschuss zudem nicht nur über eine Wahlperiode von immerhin sechs Jahren, sondern sogar noch über mehrere Wahlperioden aus denselben Personen zusammengesetzt ist, was üblich ist, begünstigt dies – wie in anderen korporativen Gremien auch – „die Herausbildung gemeinsamer Orientierungen, Sichtweisen, Verhandlungsstile oder auch Vorurteile" (Messner 1994: 573). Die „freie Förderung" ist aber gerade für unkonventionelle Lösungen gedacht!

Auf der Tagesordnung standen Fragen der Geschlechtersegmentation bei einer Ost-Agentur, die bezeichnenderweise zu denen mit höherer Mädchenquote gehört, und bei einer Berliner Agentur, in deren Zuständigkeit östliche und westliche Stadtbezirke fallen. Offenbar sind die Verwaltungsausschüsse von Agenturen, die (zumindest teilweise) im Beitrittsgebiet liegen, noch nicht so eingefahren, als dass sie sich gegenüber der Frauenbewegung abschotteten.[27]

Fazit: Mädchenpolitische Relevanz des regionalen Umfeldes

Als günstig für eine hohe Mädchenquote schälen sich in meiner Untersuchung heraus:

- die Dominanz eines explizit um Mädchen werbenden Betriebes in der örtlichen Ausbildungspolitik,
- regionale Gleichstellungsstellen, die sich für die Verbreiterung der Berufswahl von Mädchen einsetzen,
- Politiknetzwerke, die sich speziell mit Berufsorientierung befassen,
- Schulen, an denen (nach Auffassung der Berufsberatung) ein „guter" Berufswahlunterricht stattfindet,
- Lehrkräfte, die im Unterricht versuchen, Mädchen für eine gewerblich-technische Berufsausbildung zu interessieren, und
- eine Regionalpresse, die sich des Themas annimmt.

Die alleinige Bereitschaft der Betriebe Mädchen auszubilden reicht nicht aus: Sie muss von den Berufsberatungen erstens erkannt und zweitens genutzt werden. Die in der jeweiligen Berufsberatung vorherrschende Denkwelt ist wiederum zugleich vom kulturellen Klima der Region geprägt – von den Aktivitäten kommunaler Gleichstellungsbeauftragter, von der Regionalpresse etc.

---

27 Dirk Messner zufolge entstehen in korporatistischen Gremien „ingroup-outgroup-boundaries": Vertrauen innerhalb der Gruppe könne durch Misstrauen gegenüber der Umwelt entstehen. Daraus könnten wiederum „Segmentierungstendenzen zwischen sich voneinander abschottenden, nicht kommunizierenden Subsystemen" entstehen (1994: 575).

Die Analyse der Umfeldbedingungen, in denen die Berufsberatung handelt, gab insgesamt wenig Hinweise auf Faktoren, die für eine aktivere Politik zur Verbreiterung der Berufswahl von Mädchen hinderlich wären: Weder die Ausbildungsstellensituation, noch die Struktur der vorhandenen Ausbildungsangebote erklären, warum Mädchen in einigen Agenturen häufiger in Jungenberufe vermittelt werden als in anderen. In den jeweiligen Regionen ist die Verbreiterung des Berufswahlspektrums für Mädchen dennoch selten ein explizites Ziel. Die traditionellen Netzwerke der Politiksteuerung, die diversen Ausschüsse bei Kammern, Kommunen, Landkreisen und Verbänden, beschäftigen sich kaum damit, und nur an wenigen Orten gibt es entsprechende (Frauen)-Initiativen; wobei letztere wiederum als Teil des „Klimas" in der Region betrachtet werden müssen.[28] „Kulturelles Klima" ist jedoch ein schwammiger Begriff; es fließen nicht nur eine Vielzahl von Faktoren ein, vielmehr sind es in jeder Region wiederum andere und mit jeweils unterschiedlichen Auswirkungen. Die Dominanz der katholischen Kirche bspw. erklärte in den Amtsbezirken meiner Untersuchung weder die Rate der Frauenerwerbstätigkeit noch die Quote der Mädchen in Jungenberufen. Damit ist die These von Manfred G. Schmidt aber keineswegs falsifiziert. Nur muss die Kirche als ein das kulturelle Klima beeinflussender Faktor unter vielen betrachtet werden.

Die in Ostdeutschland generell niedrigere Mädchenquote lässt sich zumindest zum Teil mit der Zurückhaltung der Betriebe begründen: Weil die Betriebe sowieso überlaufen sind, sind sie nicht sonderlich an zusätzlicher Nachfrage von Mädchen interessiert. Im Westen dagegen scheint es gerade bei der Automobilindustrie beträchtliche Spill-over-Effekte gegeben zu haben. Während am Bundes-Modellversuchsprogramm Anfang der 1980er Jahre nur zwei Automobilhersteller beteiligt waren, trafen die Transferprojekte Ende der 1980er Jahre bereits an anderen Orten auf „offene" Betriebe eines der Konzerne.[29] In den jetzigen Erhebungen wiederum wurde mir vom Interesse ortsansässiger Automobilbetriebe eines anderen Konzerns berichtet. Die Ausbildungsbereitschaft der Betriebe ist aber – wie gesagt – für sich allein nicht hinreichend, sie muss den Berufsberatungen und jedem/jeder einzelnen Berufsberater/in zur Kenntnis gelangen und von ihnen genutzt werden. D.h.,

---

28 Bei der Finanzierung von (Frauen-)Projekten ist häufig eine Mitbeteiligung der Kommune oder des Landes gefordert. Zudem wird nur finanziert, wofür Programme vorhanden sind, und diese wiederum folgen der frauenpolitischen Linie des/der Geldgebers/in. In den 1990er Jahren gab es vom Bund keine Mittel für Projekte zur Verbreiterung des Berufswahlverhaltens von Mädchen in nennenswerter Größenordnung. D.h. über die Nicht-Bereitstellung von Förderprogrammen setzte die Bundesregierung ihre Geschlechterleitlinie durch (vgl. dazu Abschnitt 3.2).

29 Am Bundes-Modellversuchsprogramm waren das Audi-Werk in Ingolstadt und das Bremer Mercedes-Werk beteiligt (vgl. BIBB 1985: 77ff.). Für das Kasseler und für das Berliner Transferprojekt erwiesen sich wiederum die ortsansässigen Mercedes-Werke als zuverlässige Kooperationspartner (vgl. Heine/Scherbaum 1991; Hübner/Ostendorf/Rudolph 1992).

es muss in die Denkwelt des Beratungspersonals passen, dass auch Mädchen einen chancenreichen Beruf erlernen wollen und möglichst auch sollten. Daneben müssen die Strukturen der Organisation Berufsberatung es zulassen, dass eine entsprechende Motivierung von Mädchen für solche Berufe möglich ist. Im bisher Dargestellten zeigte sich folgender Zusammenhang: Je stärker das Beratungspersonal in Gremien eingebunden ist, in denen auch Ausbildungsbetriebe vertreten sind, oder in denen, wie beispielsweise in Kammerversammlungen, zumindest die Möglichkeit besteht, Informationen über Betriebe zu erhalten, desto häufiger werden in den Agenturen Mädchen in gewerblich-technische Berufe vermittelt. Dabei kommt es nicht darauf an, dass in diesen Gremien über Berufsberatung und -orientierung diskutiert wird (was eher selten geschieht). Auch dürften an diesen Gremien vornehmlich Männer beteiligt sein. Es geht somit nicht um die Themenstellung und auch nicht um die Geschlechterzusammensetzung, sondern schlicht um Gelegenheiten, Informationen zu erlangen und weiterzugeben.

Die Verwaltungsausschüsse der Arbeitsagenturen aber sind anscheinend, zumindest gemessen an ihren Verhandlungsgegenständen genuine „Männerbünde": Mädcheninteressen sind dort nicht repräsentiert und sie werden dort auch nicht verhandelt. Doch die Verwaltungsausschüsse erfüllen ihren Auftrag der Unterstützung der Arbeitsagenturen im Hinblick auf die Aufgaben der Berufsberatung durchweg nur unzulänglich. Notwendig scheint mir – der Befund zu den „runden Tischen" stützt diese Einschätzung –, dass Gremien geschaffen werden müssen, in denen alle Beteiligten speziell zum Thema „Berufsorientierung und -beratung von Mädchen" zusammenkommen. In einem der von mir untersuchten Amtsbezirke gab es ein solches, bei der kommunalen Frauenbeauftragten angesiedeltes Gremium. Dieser Bezirk gehört zu denen mit einer hohen Mädchenquote.

Das regionale Umfeld spielt zweifelsohne eine Rolle, indem es Handlungschancen eröffnet oder sie begrenzt. Deutlich wurde im bisher Vorgestellten aber, dass in den Interaktionen des Umfeldes mit der Berufsberatung auch die Berufsberatungen als Organisationen ein gewichtiges Wort mitzureden haben. Im Folgenden steht die organisationale Verfasstheit der untersuchten Berufsberatungen im Mittelpunkt.

5.4 Einflussfaktor Organisation: Segregierendes Vorgehen und warum Gleichstellung doch möglich ist

Die einzelnen Berufsberatungen, die ich untersucht habe, unterscheiden sich trotz einheitlicher Vorgaben der Nürnberger Hauptstelle erheblich. Ihre Organisationsstrukturen und Verfahrensweisen sind durch „hausgemachte" Eigenheiten gekennzeichnet, wobei diesen eine große Bedeutung für die Mädchenquote zukommt. Ich habe diesen Abschnitt in einen zur internen Struktur und einen zur Organisation der Beratung gegliedert.

Meine Erhebungsmethoden waren – wie oben vorgestellt – eine schriftliche Befragung von Berufsberater/innen und leitfadengestützte Interviews mit den Abteilungsleitungen und den Beauftragten für Frauenbelange. Insoweit bin ich „klassisch" vorgegangen. Daneben fiel mir bei meinen Reisen durch die bundesdeutsche Berufsberatungs-Landschaft einiges auf, dass lohnend gewesen wäre, mit anderen, dafür geeigneteren Methoden systematischer erkundet zu werden. Diese Eindrücke möchte ich den Lesern/innen gleichwohl nicht vorenthalten und beginne daher mit einem Exkurs.

Exkurs: Organisationaler Symbolismus

Manchmal denke ich, ich hätte statt viele Fragen zur Organisation zu stellen, nur fotografieren müssen, so unterschiedlich präsentieren sich die einzelnen Berufsberatungen. Es wäre sicherlich ertragreich gewesen, den Forschungsansatz des organisationalen Symbolismus (u.a. Jones 1996) zu benutzen.

Der organisationale Symbolismus untersucht Organisationen anhand ihrer Symbole. Er rückt neben den Aktivitäten der jeweiligen Organisation die verbalen Ausdrucksformen und u.a. auch fotografierbare Gegenstände wie Gebäude, Zustand und Art der Farbgebung, der Dekoration, der Möblierung, der Hinweisschilder und der ausgehängten Informationen in den Mittelpunkt. Bei meinen Besuchen fiel mir auf, dass allein schon die Gebäude unterschiedliche Philosophien verkünden. Einige vermitteln den Eindruck, dass dort Arbeitslose vorwiegend verwaltet werden und Beratung, sei es zu einem Erstberuf oder zum beruflichen Fortkommen, dort eigentlich gar nicht eingeplant ist. Andere Gebäude laden nachgerade dazu ein, das Haus zu betreten, in bereitliegenden Broschüren zu stöbern und die Mitarbeiter/innen anzusprechen. Seit einiger Zeit hat die Hauptstelle Kundenfreundlichkeit zum obersten Ziel berufs- und arbeitsberaterischen Handelns erhoben. Die damit verbundene Organisationsphilosophie liegt auch der Architektur mancher Neubauten zugrunde: Große Glastüren, ein mit Grünpflanzen dekoriertes Foyer und unmittelbare Zugangsmöglichkeiten zu den meist sogar von außen einsehbaren Mediotheken des Berufsinformationszentrums (BIZ) und des sowohl über freie Arbeitsplätze als auch über Weiterbildungsmöglichkeiten informierenden Stelleninformationssystems (SIS) animieren zur Nutzung.

Die älteren Gebäude präsentieren sich sehr unterschiedlich. In einigen Agenturen wird sichtlich viel dafür getan, dass Besucher/innen sich dort wohl fühlen. Den Mitarbeitern/innen einer östlichen Agentur beispielsweise war es selbst in einem Plattenbau mit DDR-Mobiliar gelungen, ein, von mir jedenfalls so empfundenes, angenehmes Ambiente zu schaffen. In zwei anderen – westlichen – Agenturen aber werden Ratsuchende vom Hausmeister oder von Angestellten des Informationsschalters nachgerade abgewehrt.[30] In einer Agentur musste nicht nur der Hausmeister erst überredet werden mich – um 14 Uhr! – einzulassen, sondern um die Berufsberatung zu erreichen, war ein überfüllter Warteraum der Arbeitsvermittlung zu durchqueren. Diese Umgebung dürfte wohl kaum dazu geeignet sein, Jugendliche dazu zu animieren, bei den Berufswahlüberlegungen ihren Wünschen und Neigungen freien Lauf zu lassen.

In einer Untersuchung der Stiftung Warentest (1998) wurden die Besucher/innen verschiedener Arbeitsämter (wahrscheinlich zumeist Arbeitslose) nach ihrer Zufriedenheit befragt. In einer dort dargestellten Synopse lässt sich unschwer erkennen, dass die Zufriedenheit mit den abgefragten Beratungsdimensionen von der Akzeptanz der Räumlichkeiten abhängt. Meine Interpretation dazu ist, dass die Räumlichkeiten Ausdruck der Qualität des Führungspersonals sind; dass das Führungspersonal entweder sowohl fähig ist, die Mitarbeiter/innen zu einer kundenfreundlichen Beratung zu veranlassen, als auch notwendige Renovierungen oder sogar Neubauten durchzusetzen – oder aber an beiden Aufgaben scheitert.[31]

Auffällig ist – und zwar auch in einigen Häusern mit angenehmem Ambiente –, dass die Berufsberatungen und manchmal sogar das Berufsinformationszentrum schwer zu finden sind. Sofern die Berufsberatung mit der Arbeitsvermittlung/-beratung das Gebäude teilt, gibt es das Problem unterschiedlicher Öffnungszeiten. Die Arbeitsvermittlung und -beratung ist nachmittags meist geschlossen, während die Berufsberatung ihre Klientel häufig gerade zu dieser Zeit empfängt. Die Berufsberatungen sind daher in der Regel zusätzlich durch einen Nebeneingang zu erreichen. Doch dieser liegt oft-

---

30 Als ich in einer Agentur an der Information um die Zimmernummer der Abteilungsleitung bat, wurde ich unwirsch gefragt, was ich denn von dem wolle. Dass die schließlich erhaltene Zimmernummer nicht stimmte, die Berufsberatung und mit ihr die Abteilungsleitung in ein entfernt liegendes Gebäude umgezogen war, hat mich dann nicht mehr verwundert. D.h., Jugendliche, die nach der Berufsberatung suchen, werden sie in dieser Agentur nie finden! Während diese Mitarbeiterin durch eine Trennscheibe vor dem Publikum „geschützt" wurde, vermittelten die Informationsschalter anderer Ämter (vor allem diejenigen in Neubauten) eher den Eindruck, es handele sich um die Rezeption eines gut geführten Mittelklassehotels. Wahrscheinlich hat dieser Eindruck mich dazu verleitet, an einer solchen „Rezeption" um die Aufbewahrung meines Koffers zu bitten – was für die dortigen Mitarbeiterinnen selbstverständlich war.

31 Meiner Interpretation der Analyse von Stiftung Warentest steht der dortige Befund zu einer Agentur scheinbar entgegen. In dieser Agentur waren die Besucher/innen zwar mit der Beratungsqualität, nicht aber mit den Räumlichkeiten zufrieden. Doch diese Agentur hat zwischenzeitlich einen Neubau bezogen. Offenbar hatten es die dortigen Führungskräfte trotz der räumlichen Unzulänglichkeiten geschafft, dass ihre Mitarbeiter/innen sich kundenfreundlich verhielten. Und bezeichnenderweise haben sie eben auch erreicht, dass die Agentur ein neues Gebäude bekam.

mals versteckt und manchmal fehlen entsprechende Hinweisschilder gänzlich oder sie sind reichlich unscheinbar geraten. Auch innerhalb des Hauses muss die Berufsberatung häufig erst gesucht werden. In der Regel hat sie eine der oberen Etagen und mancherorts müssen die Besucher/innen sich erst in verwinkelten Gängen zurechtfinden.

Nun suchen jugendliche Schulabgänger/innen das Gebäude meist erst auf, nachdem ein/e Berufsberater/in in ihrer Schulklasse war und beschrieben hat, wo er/sie zu finden ist. Dennoch scheint mir der Dienstleistungsgedanke noch nicht überall „Einzug" gehalten zu haben. Die versteckte Ansiedelung der Berufsberatung symbolisiert mancherorts den nachrangigen Stellenwert gegenüber den anderen Abteilungen des Amtes. Viele der Abteilungsleitungen und der Beauftragten für Frauenbelange berichteten, dass die Arbeit der Berufsberatung nicht von allen Mitarbeitern und Mitarbeiterinnen der anderen Abteilungen anerkannt werde. „Spielwiese" ist eine häufig vorkommende Verballhornung; auch „Teppichabteilung", „Berufe-Rater" und „Wolkenkuckucksheim" sind in manchen Agenturen übliche Bezeichnungen. Während aber die meisten Klienten/innen der Arbeitsvermittlung das Gebäude aufsuchen müssen, kommen die Besucher/innen der Berufsberatung freiwillig. Ein Winkel in einem Bürogebäude ist zweifelsohne der falsche Ort für ein Dienstleistungszentrum, das sich Kundenfreundlichkeit auf die Fahnen geschrieben hat.

Wie fühlen sich Jugendliche in den Räumen der Berufsberatung? Vielleicht sind meine Assoziationen andere als die jüngerer Menschen. Meine Empfindungen jedenfalls waren höchst unterschiedlich. Es gab Räumlichkeiten, die Wärme ausstrahlten, es gab welche, die ich als steril empfand und angesichts der vielen Arbeitslosen, deren Warteraum Jugendliche beim Zugang zur Berufsberatung in einem Amt durchqueren müssen, lief es mir kalt den Rücken hinunter. Zweifelsohne wäre es lohnend gewesen, die Berufsberatungen mit den Methoden des organisationalen Symbolismus zu untersuchen, was ich hiermit nachfolgenden Forschungsprojekten ans Herz legen möchte. Im Folgenden werde ich vorstellen, was meine andersgearteten, traditionelleren Untersuchungsmethoden erbracht haben.

Verwaltungsstruktur

Analog zu den Signalen, die die Gebäude aussenden, unterscheiden sich die Ämter auch hinsichtlich ihrer „Interna" erheblich. Es gibt diktatorisch regierende Abteilungsleitungen, und neben denen, die mit fachlicher und sozialer Kompetenz steuernd eingreifen, solche, die alles geschehen lassen. Im Folgenden geht es um die Personalausstattung der jeweiligen Ämter, um die Rolle der Abteilungsleitungen und um die Möglichkeiten der Beauftragten für Frauenbelange auf die Berufsberatung einzuwirken.

Zusammensetzung des Personals, die Qualifikationen und Wissensressourcen

Erklärt ein höherer Frauenanteil unter den Beratungsfachkräften die höhere Mädchenquote einer Agentur? Neben dem Geschlecht werden im Folgenden die Qualifikationsunterschiede eine Rolle spielen und es geht darum, aus welchen Quellen die Beratungsfachkräfte ihr Wissen auffrischen. Im Vordergrund steht dabei die Frage, inwieweit die Bundesagentur das Handeln ihrer Mitarbeiter/innen steuert.

Voraussetzung für eine Tätigkeit als Berufsberater/in ist heute in aller Regel ein einschlägiger Fachhochschulabschluss. 38,6% meines Samples haben ein solches Diplom, 23,3% eine für Mitarbeiter/innen in den neuen Bundesländern gesondert eingerichtete Nachqualifizierung, 17,0% noch die „alte" (westdeutsche) Qualifikation einer Fachanwärterausbildung und 5,6% sind Quereinsteiger/innen (zumeist Pädagogen/innen). Immerhin 14,4% haben nur eine halbjährige Schulung. Sie wurden nach einer Ausbildung zur Verwaltungsinspektor/in zur Beratungsfachkraft umgeschult.

Auffällig ist die hohe Vorbildung der Berater/innen in den neuen Ländern: Nahezu zwei Drittel verfügen über einen Universitätsabschluss,[32] im Westen sind es gut 10%.[33] Das Ausbildungsniveau der östlichen Berufsberater/innen ist – zumindest in meinem Sample – somit höher als das der westlichen. Zusätzlich verfügen die Ostdeutschen ebenso wie die Westdeutschen über eine berufliche Erstausbildung, zumeist über eine duale. Die Ausbildungsberufe sind sehr vielfältig, es zeigen sich keine Schwerpunkte.

In den westdeutschen Agenturen, die ich in meine Untersuchung einbezogen habe, sind nach Auskunft der Abteilungsleitungen unter den Beratungsfachkräften 52,3% weiblich, in den ostdeutschen 64,6% und in den beiden Berliner Agenturen 68,2%. Bei den Führungskräften (Abteilungs- und Abschnittsleitungen) gibt es zwischen „meinen" West- und Ost-Agenturen noch deutlichere Unterschiede. Während in den östlichen Agenturen 27% der

---

32 Häufig hatten die Beratungsfachkräfte in den neuen Ländern vor dem Eintritt in die Berufsberatung ein Pädagogikstudium (Lehramt, Diplom-Pädagoge/in) absolviert. Es finden sich aber auch Abschlüsse zum/zur Diplom-Ökonom/in und Diplom-Mediziner/in. Von den anderen haben wiederum viele einen Ausbildungsabschluss, der einem Fachhochschulabschluss weitgehend gleichzusetzen ist, beispielsweise sind die angegebenen Berufe „Ingenieurpädagoge/in" oder „Ökonompädagoge/in" vergleichbar mit „Ausbilder/in" bzw. „Lehrmeister/in" und partiell auch mit „Fachlehrer/in an berufsbildenden Schulen" (vgl. BA 1991a).

33 Es ist weitgehend ausgeschlossen, dass diese Beratern/innen für Abiturienten/innen und Hochschüler/innen zuständig sind (wofür ein Universitätsabschluss Voraussetzung ist): Ich hatte im Anschreiben, das dem Fragebogen beigelegt war, und auch die Abteilungsleitungen explizit darauf hingewiesen, dass sich der Fragebogen nur an die Fachkräfte der allgemeinen Berufsberatung richtet. Zudem habe ich die Fragebögen, aus denen ersichtlich ist, dass sie trotz dieser Hinweise von anderen Berater/innengruppen ausgefüllt wurden, nicht in die Auswertung einbezogen.

Führungskräfte Frauen sind, sind es in den westlichen nur 12%. Der Fachtechnische Dienst ist, wie in der Sachbearbeitung und bei Zuarbeiten üblich, mehrheitlich mit Frauen besetzt. Auch in den Berufsberatungen, insbesondere in den westlichen, zeigt sich die Hierarchie der Geschlechtertrennung: Der einfache und mittlere Dienst gehört den Frauen, vom gehobenen gerade mal die Hälfte, und die Positionen im höheren Dienst werden mehrheitlich von Männern eingenommen.

Weder die Personalzusammensetzung noch die Qualifikationen erklären, warum einige Agenturen mehr Mädchen in Jungenberufe vermitteln als andere. Die Agentur mit dem niedrigsten Frauenanteil (32%) hat unter den westlichen Agenturen die dritthöchste Mädchenquote; die Agentur mit nahezu zwei Drittel Frauen liegt dagegen an vorletzter Stelle, wobei es insgesamt keinen durchgängigen Zusammenhang zwischen Frauenanteil und Mädchenquote gibt. Auch das Geschlecht der Führungskräfte hat keinen Einfluss: Die beiden West-Agenturen mit den höchsten *und* die beiden mit den niedrigsten Mädchenquoten haben jeweils ausschließlich männliche Führungskräfte. Bei den Ost-Agenturen gibt es zwischen der jeweiligen Mädchenquote und dem Geschlecht der Berater/innen oder der Führungskräfte ebenfalls keinen Zusammenhang.

Neben dem Studium bilden sicherlich auch die vielfältigen beruflichen Erfahrungen und die unterschiedlichen Erstausbildungen eine gute Basis, um Entwicklungen in den Berufen und in der Arbeitslandschaft beurteilen zu können. Hinzu kommt, dass seit einigen Jahren alle Berufsberater/innen regelmäßig Betriebe aufsuchen, und somit die Möglichkeit haben, sich „vor Ort" ein Bild zu machen. Ich fragte die Berater/innen: „Woher beziehen Sie die wichtigsten Sachinformationen für Ihre Arbeit?" Zwischen 82 und 86 Berater/innen beantworteten die einzelnen Fragen. An erster Stelle stehen *Kontakte* zu den Betrieben, Schulen, Kammern usw. An zweiter Stelle nannten sie die *ibv*, eine von der Bundesagentur herausgegebene Zeitschrift, die sich speziell an Beratungs- und Vermittlungskräfte der Arbeitsämter richtet. Zum einen werden dort Aufsätze zu Entwicklungen auf dem Arbeitsmarkt und in der Berufsbildung veröffentlicht, zum anderen finden sich immer wieder Artikel zu aktuellen Neuordnungen von Berufen sowie schulischer und universitärer Ausbildungsgänge. Die Berichterstattung über solche, für die Beratungsfachkräfte bedeutsamen Neuerungen scheint ein Grundsatz der Redaktion zu sein. In einer Beilage (ibv-Doku) sind zudem relevante Gesetze und Verordnungen abgedruckt. *Tagespresse/Magazine/ Bekanntenkreis* und *Co-Ber*, ein auf den Dienstcomputern verfügbares Nachschlagewerk zu Berufen, stehen an dritter und vierter Stelle. Für mehr als die Hälfte der Berater/innen sind Dienstbesprechungen und Erlasse ebenfalls wichtige Informationsquellen (vgl. Übersicht 20 und Tabelle 23).

Auffällig ist die geringe Bedeutung wissenschaftlicher Informationsquellen gegenüber den Praxiskontakten und der Tagespresse etc. Wissenschaftliche Informationen aus Büchern und Fachzeitschriften – abgesehen von der ibv – werden nur wenig genutzt. Selbst die Materialien aus der Arbeitsmarkt- und Berufsforschung (MatAB), mit denen das hauseigene Forschungsinstitut, das IAB, versucht, „wissenschaftliche Grundlagen für die Arbeit der Fachkräfte in den Arbeitsagenturen zu vermitteln" (BA 1997: 2304), sind nur für ein gutes Drittel wichtige Fundorte, für jede/n Vierte/n aber nur „selten" oder „nie". Andere Fachzeitschriften und Bücher werden noch weniger verwendet, vor allem dann nicht, wenn sie außerhalb der Bundesagentur erschienen sind.

Der Wissensmarkt, der den Beratungsfachkräften neben den Praxiskontakten und der Tagespresse und Ähnlichem als Ressource dient, wird ganz eindeutig von Publikationen dominiert, die von der Bundesagentur herausgegeben werden, entweder von der Hauptstelle oder vom IAB. Nun ist das IAB, zweifelsohne eine wichtige Adresse, wenn es um Fragen der Arbeitsmarkt- und Berufsentwicklung geht – das Institut ist aber wahrlich nicht die einzige. Dass sie „nie" wichtige Sachinformationen aus dem hauseigenen Wissensmarkt entnehmen, geben nur ganz wenige an; bei den extern erscheinenden Fachzeitschriften und -büchern sind es aber mehr als 10%. Hinzu kommen rund 40%, denen letztere „selten" als Informationsquellen dienen.

In der Berufsberatung dominieren zwei Wissensarten (vgl. Übersicht 20): Zum einen schöpfen die Berater/innen aus den alltagspraktischen Deutungen Anderer, und zwar von Mitarbeitern und Mitarbeiterinnen von Ausbildungsbetrieben, Schulen, Kammern usw. (den „Praxiskontakten"), des Bekanntenkreises sowie aus der Tagespresse, Magazinen etc. Zum anderen entnehmen sie ihre Informationen aus hausinternen Hilfsmitteln. Dabei sind die Praxiskontakte und die Informationen aus der Presse und dem Bekanntenkreis aber nicht nur ein aktualisierendes Korrektiv zu wissenschaftlich fundierten Erkenntnissen, sondern das Erfahrungswissen steht für sich. Zum einen sind die Berufsberater/innen auf solcherlei Informationen angewiesen, weil sich die Publikationen der Bundesagentur nur selten mit Fragen zur Berufsberatung beschäftigen, zum anderen sind diese Quellen einfach zu erreichen und vor allem sind sie ein Gegenpol zur Marktmacht der Arbeitgeberin.

Frank Nullmeier (1993) zufolge steigt der Handlungsspielraum des Staates mit der Kapazität zur Steuerung des Wissensangebots (vgl. Abschnitt 2.3). Die Steuerungskapazität der Bundesagentur ist immens. Sie wählt ihre Mitarbeiterinnen schon vor der Zulassung zur Ausbildung aus, schult sie drei Jahre mit eigenem Personal nach eigenen Lehrplänen und sie *monopolisiert* auch nach der Ausbildung die Informationsmöglichkeiten. Die Bundesagentur ist in dieser Hinsicht eine *verselbstständigte* politische Institution, eine demokratische Kontrolle ihres Tuns findet nicht statt. Gegen die Monopolisierung ihrer Denkwelt können die Mitarbeiter/innen sich nur wehren, indem sie andere wissenschaftliche Quellen zu Rate ziehen, was, wie dargestellt, nur sehr wenige tun und wozu, wie noch auszuführen sein wird, vielen die Zeit fehlt.

Übersicht 20:
Die wichtigsten Informationsquellen der Berufsberater/innen

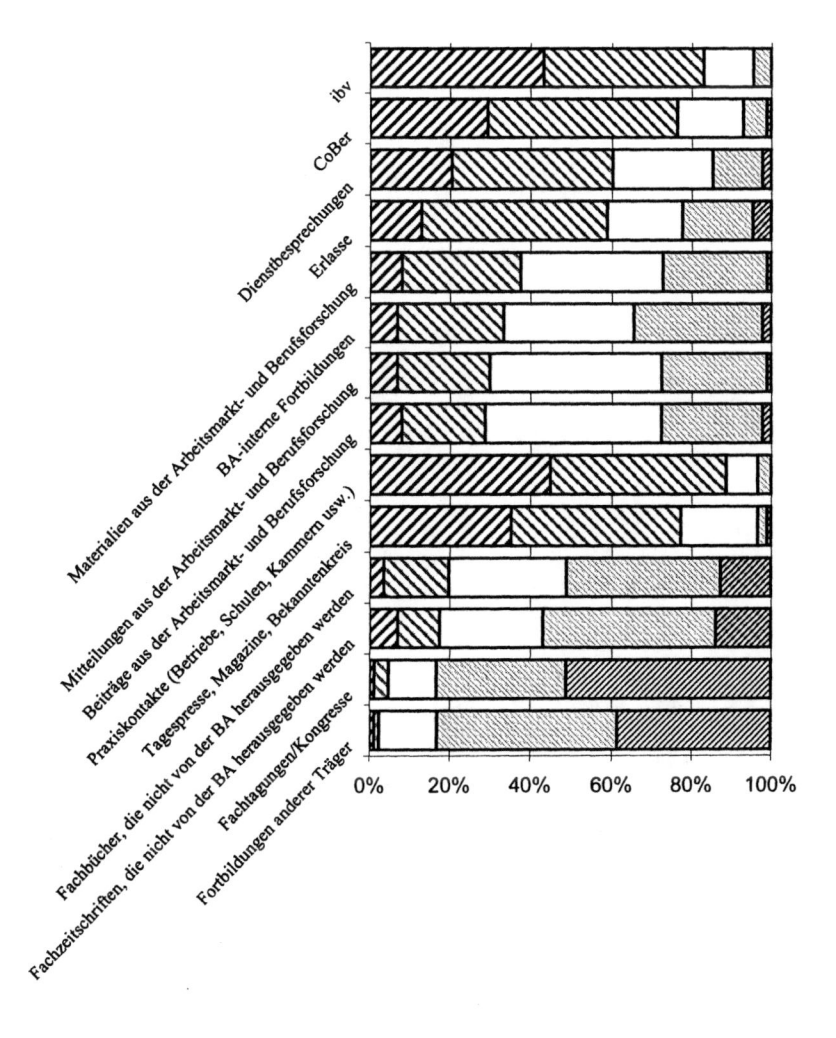

- ibv
- CoBer
- Dienstbesprechungen
- Erlasse
- Materialien aus der Arbeitsmarkt- und Berufsforschung
- Mitteilungen aus der Arbeitsmarkt- und Berufsforschung
- BA-interne Fortbildungen
- Beiträge aus der Arbeitsmarkt- und Berufsforschung
- Praxiskontakte (Betriebe, Schulen, Kammern usw.)
- Tagespresse, Magazine, Bekanntenkreis
- Fachbücher, die nicht von der BA herausgegeben werden
- Fachzeitschriften, die nicht von der BA herausgegeben werden
- Fachtagungen/Kongresse
- Fortbildungen anderer Träger

sehr häufig · öfters · manchmal · selten · nie

Tabelle 23:
Nutzung von Wissensressourcen nach Ämtergruppen

	Nennungen	Hohe Mädchenquote		Niedrige Mädchenquote	
		„sehr häufig" oder „öfters" in % *)	„selten" oder „nie" in % *)	„sehr häufig" oder „öfters" in % *)	„selten" oder „nie" in % *)
Praxiskontakte, West	54	94,7	0,0	94,3	0,0
Ost	19	88,9	1,1	80,0	0,0
Ibv, West	55	90,0	10,0	88,6	0,0
Ost	19	77,7	0,0	60,0	10,0
Presse, Bekanntenkreis, West	55	85,0	0,0	85,7	2,9
Ost	19	66,7	11,1	60,0	0,0
CoBer, West	54	**80,0**	5,0	76,4	5,9
Ost	17	**75,0**	12,5	66,6	22,2
Dienstbesprechungen, West	55	**65,5**	10,0	60,0	17,1
Ost	19	**77,8**	11,1	50,0	20,0
Erlasse, West	53	**63,2**	15,8	55,9	35,2
Ost	18	55,5	11,1	**70,0**	0
MatAB, West	55	35,0	20,0	**42,8**	31,4
Ost	19	11,1	22,2	**40,0**	40,0
BA-interne Fortbildungen, West	55	30	35,0	**34,3**	40,0
Ost	18	33,3	11,1	**55,6**	11,1
MittAB, West	54	21,0	21,0	**42,8**	34,2
Ost	19	0	11,1	**30,0**	30,0
BeitrAB, West	54	30,0	25,0	**44,1**	29,4
Ost	19	0,0	22,2	**20,0**	40,0
Fachbücher anderer, West	54	42,0	36,8	14,2	48,5
Ost	19	33,3	44,4	10,0	60,0
Fachzeitschriften anderer, West	53	26,3	36,8	20,6	55,9
Ost	19	0,0	66,7	10,0	60,0
Fachtagungen/Kongresse, West	56	10	73,6	0,0	72,9
Ost	18	0,0	87,5	0,0	90,0
Fortbildungen anderer, West	53	0,0	84,2	5,9	82,3
Ost	18	0,0	87,5	0,0	100,0

*) Die Prozentangaben beziehen sich auf die Zahl der Mitarbeiter/innen in den jeweiligen Agenturen. Die Differenz zu 100% ergibt sich durch diejenigen, die „manchmal" angekreuzt haben.
Hervorgehoben wurden nur die Werte, bei denen der Trend in allen Ämtern der Gruppe gleich ist.

Eine weitere Möglichkeit ist, dem eigenen Erfahrungswissen mehr Relevanz beizumessen als den Informationen, die die Arbeitgeberin zur Verfügung stellt. In Ost wie West unterscheiden sich die Ämter dadurch, dass in denjenigen, die häufiger Mädchen in gewerblich-technische Berufe vermitteln, unmittelbar verfügbare Informationsquellen wie CoBer (und im Westen auch die Erlasse) vermehrt zu Rate gezogen werden. Auch bewerten die dortigen Berater/innen die Dienstbesprechungen als nützlicher als in Ämtern mit niedrigerer Quote. (In der Tabelle 23 wurden die Faktoren durch Hervorhebung kenntlich gemacht, die zu einer höheren oder niedrigeren Mädchenquote beitragen.)

Hausinterne Fortbildungen sowie die wissenschaftlichen Veröffentlichungen des IAB (die Buchreihe BeitrAB und die Zeitschriften MittAB und MatAB) sind dagegen dem Erreichen einer höheren Mädchenquote *abträglich*! Jedenfalls geben die Mitarbeiter/innen der Ämter mit niedriger Mädchenquote vermehrt an, sie würden ihnen „sehr häufig" oder „öfter" wichtige Sachinformationen entnehmen. Fachbücher zu ignorieren, die außerhalb der Bundesagentur publiziert wurden, schadet dagegen der Höhe der Mädchenquote nicht, sie zu lesen aber befördert die Quote.

Zusätzlich fragte ich die Berater/innen, welche Informationsquellen zum Thema „Erschließung gewerblich-technischer Berufe für Mädchen" ihnen in den letzten Jahren wichtig gewesen seien. Nur 46 der 90 gaben hierzu überhaupt eine Antwort, wovon 18 „nichts" schrieben oder die vorgesehenen Zeilen durchstrichen. Dies waren ausschließlich Berater*innen*. Unter den anderen 28 Antwortenden waren die Männer entsprechend ihrem Anteil am Sample vertreten. Von diesen 28 nannten zehn Medien zur Berufswahl, die sich an Jugendliche richten, neun die ibv und jeweils acht Praxiskontakte und Veröffentlichungen des IAB. Sechs Nennungen entfielen auf fachliche Arbeitshilfen, beispielsweise auf die Unterlagen zum Seminar „Mädchen stellen Weichen für ihre Zukunft". Externe Literatur, d.h., Bücher oder Zeitschriften, die nicht von der Bundesagentur herausgegeben wurden, haben nur zwei der Befragten angeführt. Fortbildungsveranstaltungen, Tagungen oder Ähnliches wurden nicht genannt. „Da lässt man uns ja nicht hin", schrieb jemand. Die Berufswahlmedien werden besonders häufig von den Mitarbeiter/innen der östlichen Arbeitsämter benannt, ibv und Veröffentlichungen des IAB ausschließlich von Mitarbeiter/innen westlicher Ämter. In den Veröffentlichungsreihen des IAB und in der ibv sind Aufbereitungen zu „Mädchen in gewerblich-technischen Berufen" aber höchst selten. Den Berufsberatern/innen fehlt es erkennbar an fundiertem Wissen zu diesem Thema.

Von den betrachteten Faktoren Qualifikation, Geschlecht und Wissensressourcen haben lediglich letztere eine Bedeutung für die Mädchenquote: Die Mitarbeiter/innen der Agenturen mit höherer Mädchenquote nutzen einige unmittelbar zugängliche Informationsmöglichkeiten häufiger als ihre Kollegen/innen aus den anderen Agenturen. Die Erklärung dafür scheint mir aber eher darin zu liegen, dass diese Berater/innen arbeitsmotivierter sind als die anderen, zumal CoBer und den Erlassen keine konkreten Hilfestellungen speziell für die Beratung von Mädchen zu entnehmen sind, und in den Dienstbesprechungen wird das Mädchenthema nur behandelt, wenn es jemand auf die Agenda setzt. (Auf die Arbeitsmotivation komme ich im Abschnitt 5.5 zurück.) Während die Nutzung wissenschaftlicher Publikationen des IAB und die Teilnahme an Fortbildungen, die von der Bundesagentur angeboten werden, sich negativ auf die Mädchenquote auswirken, erweist es sich als förderlich, wenn die Berater/innen Sachinformationen verstärkt aus den Praxiskontakten schöpfen. Vermutlich führen diese Informationen aus den Praxiskontakten auch dazu, dass sich viele Männer für die Verbreiterung des Berufswahlspektrums für Mädchen einsetzen: Sie entnehmen sogar häufiger als ihre Kolleginnen Informationen, die sie als wichtig ansehen, aus diesen Kontakten. Eine der Ursachen dafür, dass Berufsberater/innen wenig lesen und sich so gut wie gar nicht anhand von Publikationen Dritter über die Chancen von Mädchen in gewerblich-technischen Berufen informieren, ist zweifelsohne nicht (nur) Desinteresse, sondern die Arbeitsbelastung.

Arbeitsbelastung, Arbeitszufriedenheit und interne Koordination

Die Arbeitsbelastung ist in allen Berufsberatungen hoch und begrenzt daher die Möglichkeiten zu gesonderten Aktivitäten für einzelne Personengruppen. Neben der Arbeitsbelastung interessierte mich im Hinblick auf die Mädchenquote der Ämter die Verwaltungskultur. Die Vermutung, dass in Agenturen mit (über-)großer Arbeitsbelastung weniger Mädchen in gewerblich-technische Berufe vermittelt werden als in anderen, bestätigte sich. Dagegen ist der Führungsstil der Vorgesetzten weitgehend bedeutungslos und vor allem konnte ich für die Existenz von Männerbünden in meinem Sample so gut wie keinen Beleg finden. Nicht eine in die Verwaltungskultur eingeschriebene oder „eingeschworene" Mädchen- und Frauenfeindlichkeit ist die Ursache einer geringen Mädchenquote, sondern als entscheidender Faktor erwies sich die Intensität des Erfahrungsaustausches zwischen den Beratungsfachkräften.

Mit dem Arbeitsklima in ihrer Agentur sind 48,9% „zufrieden" und zusätzliche 15,9% sogar „sehr zufrieden". Aber es gibt auch 17 Berater/innen (15,9%), die „eher unzufrieden" und drei Beraterinnen die „sehr unzufrieden" (3,4%) sind. Bei näherem Hinsehen lassen sich bestimmte Arbeitsämter ausmachen, in denen relativ viele Mitarbeiter und Mitarbeiterinnen sich über das Arbeitsklima beklagen. In einer westdeutschen Agentur bekundeten alle vier Berater/innen ihren Unmut, in zwei ostdeutschen Agenturen waren es jeweils 30% und auch in den zwei Berliner Agenturen ist die Unzufriedenheit groß.

Zusätzlich zur Frage nach der allgemeinen Zufriedenheit habe ich die Berater/innen gefragt, was ihnen an der Arbeit besonders missfalle, was ihnen immer wieder Freude bereite, und was ihrer Meinung nach verbessert werden sollte. Missfallen äußerten die Berater/innen vor allem im Hinblick auf den Zeitdruck und den Personalmangel (19 Angaben), bezüglich der Reglementierungen und der Vorgesetzten (17) sowie der Verwaltungsarbeit, die ihrer Meinung nach ausufere. Zwölf Befragte gaben an, dass ihnen nichts missfalle. Freude an der Arbeit bereitet den Beratungsfachkräften zum einen, wenn sie Erfolge sehen, beispielsweise gelungene Vermittlungen in Ausbildungsstellen oder wenn ihre Beratung sichtlich fruchtete (57 Angaben). Weitere 25 Berater/innen hoben den Umgang mit jungen Menschen, den Abwechslungsreichtum oder die Eigenverantwortung als positive Momente ihrer Tätigkeit hervor. Die Vorschläge zu organisatorischen Reformen beziehen sich daher vornehmlich auf Ideen zum Abbau des Personal- und Zeitmangels, beispielsweise durch eine Entlastung von Verwaltungsarbeiten und Verbesserung des fachtechnischen Dienstes, u.a. durch deren stärkere Einschaltung in die Vermittlungsarbeit. Daneben werden wiederum weniger Reglementierungen („weniger Schauveranstaltungen") und Verbesserungen der amtsinternen Zusammenarbeit sowohl zwischen den Vorgesetzten als auch zwischen Vorgesetzten und Beratungsfachkräften gefordert. Ein Zusammenhang zwischen der Zufriedenheit mit dem Arbeitsklima und der Zahl der Vermittlungen von Mädchen in gewerblich-technische Berufe besteht nicht.

Auch ist aus der Unzufriedenheit nahezu jeder fünften Beraterin nicht zu schließen, dass Männerbünde es den Frauen schwer machten. Eva Kreiskys These, dass Männerbünde ein Charakteristikum des Staates sind, lässt sich in meinem Sample nicht verifizieren. Ich fragte die Berater/innen nach

- der Kontrolle durch Vorgesetzte und Kollegen/innen,
- dem Führungsstil des/r Vorgesetzten,
- der Einbeziehung in Teamarbeit und in Arbeitsgruppen,
- und danach, welches Problem der/die Vorgesetzte für das wichtigste im Amtsbezirk hält.

Die Antworten auf die drei ersten Fragenkomplexe ergeben, dass die Frauen, die sich gegängelt fühlen, in Agenturen arbeiten, wo auch Männer gleichlautende Antworten gegeben haben. Die Ursache beispielsweise für eine starke Kontrolle durch Vorgesetzte ist also nicht das Frau-Sein, sondern generell der Führungsstil des/r jeweiligen Vorgesetzten. Einzig der Befund zum vierten Fragenkomplex gibt einen Anhaltspunkt für Männerbünde in drei der zwölf Agenturen. Dort wissen Frauen seltener als Männer darüber Bescheid, was ihr/e Vorgesetzte/r für das wichtigste zu lösende Problem im jeweiligen Amtsbezirk hält. 57,5% der Fragebögen aus diesen drei Agenturen kommen von Frauen, aber 90,5% der „Nichtwissenden" und nur 30% der „Wissenden" sind Frauen. In diesen Agenturen informieren die dortigen männlichen Vorgesetzten ihre Mitarbeiter anscheinend besser als ihre Mitarbeiterinnen.

In neun von zwölf Agenturen hat sich die These, dass Männerbünde im Staatsapparat zu einer frauenfeindlichen Politik führen, eindeutig nicht bestätigt. Im Hinblick auf die Bewertung der Befunde zu den drei anderen Agenturen ist Vorsicht geboten: Ich stütze mich auf nur 31 Antworten. Zudem sind Männer, wie ich noch aufzeigen werde, nicht unbedingt zurückhaltender, wenn es um die Vermittlung von Mädchen in gewerblich-technische Berufe geht, und vor allem geben die Befunde zu den anderen Fragenkomplexen keinen Beleg für die Existenz von Männerbünden in diesen Agenturen. Auf die Frage, ob sie alleine arbeiteten, im Team oder jemandem zuarbeiteten gab übrigens niemand – auch keine Frau – an, sie leiste Zuarbeit.

Männerbünde sind also nicht die Ursache für eine geringe Vermittlungsquote von Mädchen in gewerblich-technische Berufe. Eine weitere Ursache könnte die Arbeitsbelastung des Beratungspersonals sein. Allein schon die veröffentlichten Statistiken zur Anzahl von Ratsuchenden, Beratungsgesprächen, Unterricht in den Schulen etc. künden von einem immensen Aufwand pro Berater/in. Auch in den von mir befragten Berufsberatungen ist die Arbeitsbelastung hoch, wenngleich große Unterschiede zwischen den Agenturen auszumachen sind. Die Mehrheit der Berufsberater/innen (84%) gab an, unbezahlte Überstunden zu leisten. Im Mittel (Median) beträgt die wöchentliche Mehrarbeit gut zwei Stunden. 14 Berater/innen bezifferten sie mit mehr als vier und bis zu sechs Stunden und weitere vier sogar mit mehr als sechs Stunden. 14 aber (nahezu ausschließlich Westdeutsche) machen keine Überstunden, wobei gleich viele Männer und Frauen Wert auf einen rechtzeitigen Feierabend legen. Insgesamt machen die Ostdeutschen weniger Überstunden als die Westdeutschen und Männer weniger als Frauen: Unter Berücksichtigung der um eineinhalb Stunden höheren Sollarbeitszeit in den neuen Bundesländern arbeiten Ost- und Westdeutsche nahezu gleich viel.

Im Hinblick auf die Mädchenquote der Ämter zeigt sich ein widersprüchliches Bild. In den West-Agenturen mit höherer Quote werden durchschnittlich weniger Überstunden geleistet als in denen mit niedrigerer. Die Hypothese, dass die Mitarbeiter/innen der Ämter mit höherer Zahl an Vermittlungen von Mädchen in gewerblich-technische Berufe besonders fleißig seien, trägt also nicht. In den neuen Bundesländern dagegen wird in Agenturen mit höherer Mädchenquote mehr gearbeitet als in denen mit niedrigerer. Die Mädchenquote ist somit nicht unbedingt davon abhängig, wieviel Mehrarbeit die Berater/innen ausführen. Ein Zusammenhang besteht aber zwischen der Arbeitsbelastung, der Relation von Beratungsfachkraft zu den von ihr zu betreuenden Jugendlichen, und der Mädchenquote.
In den von mir untersuchten Agenturen ist die Zahl der Ratsuchenden pro Beratungsfachkraft höchst unterschiedlich und liegt in den West-Agenturen zwischen 550 und 740, in den östlichen zwischen 620 und 1.000 und in Berlin um 650. Nun könnte vermutet werden, dass Amtsbezirke ein besonders gutes Betreuungsverhältnis aufweisen, in denen der Ausbildungsstellenmarkt

besonders problematisch ist, die Berater/innen intensiv um zusätzliche Ausbildungsplätze werben müssen und wo die Ratsuchenden – mangels Erfolg – eher häufiger als anderswo vorsprechen. Dem ist aber keineswegs so, sondern die Zahl der Ratsuchenden pro Berater/in scheint willkürlich festgelegt zu sein. Eingerechnet werden die Zahl der durchgeführten Aktivitäten und die Wohnbevölkerung. Die Details des Berechnungsschlüssels aber sind den Agenturen nicht bekannt. In den Ost-Agenturen mit großen Versorgungsproblemen müssen die Berater/innen überdurchschnittlich viele Klienten/innen betreuen und auch in den West-Agenturen mit größeren Problemen gibt es keine verbesserte Personalrelation.

Tabelle 24:
Einfluss der Arbeitsbelastung

Mädchenquote		Antworten	Bis zwei Überstunden wöchentlich in % der Angaben	Relation Bewerber/in zu Beratungsfachkraft, absolut[1]	Bei den Arbeitsagenturen gemeldete Plätze in % der Nachfrage	Anteil der Mädchen an den für eine Vermittlung in Jungenberufen Registrierten 1997 in %
Hoch	West	6	50,0	586	80,4	6,9
		3	33,3	650	80,9	6,7
		10	60,0	600	83,3	6,2
	Ost	4	50,0	700 - 900	56,7	4,9
		4	75,0	618	65,5	4,6
Niedrig	West	18	66,6	knapp 700	110,5	4,8
		11	27,3	738	92,0	4,1
		6	0,0	500 - 600	97,7	2,0
	Ost	5	40,0	1.000	43,6	4,4
		9	11,1	719	60,3	3,2
	Berlin 1	5	60,0	600 - 700	37,5	6,1
	Berlin 2	7	57,1	630	57,8	5,2

1) Die Zahlen zu den Ratsuchenden beruhen auf den Angaben meiner Gesprächspartner/innen.

Zudem beklagen einige (Ost- und West-)Ämter eine jahrelange Nichtbesetzung von Planstellen bzw. die Nichtgewährung von Vertretungen bei längeren Erkrankungen oder der Inanspruchnahme des Erziehungsurlaubs. Bei 1.000 Ratsuchenden pro Berater/in und einer mehrmaligen Beratung von insgesamt zwei Stunden, was in Problemregionen keine Ausnahme sein dürfte, müssten die Berater/innen aber rein rechnerisch mehr als acht Stunden täglich ausschließlich Beratungen durchführen. Selbst für die anderen Regelmaßnahmen, beispielsweise für den schulischen Unterricht, bliebe keine Zeit, geschweige denn für gesonderte Aktivitäten zugunsten von Mädchen. In den Agenturen mit einer hohen Zahl von Nachfragenden wird den Mitarbeitern/innen nichts anderes übrig bleiben, als die Beratungszeiten drastisch zu verkürzen. Darunter dürften das Aufzeigen beruflicher Alternativen und somit auch die Motivierung von Mädchen für geschlechtsuntypische Berufe leiden. Die Tabelle 24 macht deutlich, dass ein solcher Zusammenhang zwischen der Mädchenquote und der Arbeitsbelastung – als Summe der jeweils zu betreuenden Nachfragen und dem regionalen Grad an Versorgung mit Ausbildungsplätzen – besteht. Die Ausnahmen (ein West- und ein Ost-Amt) zeigen aber, dass die Arbeitsbelastung nicht das einzige Erklärungsmoment für die unterschiedliche Mädchenquote der Ämter ist.

Soll sich eine Berufsberatung verstärkt um die Verbreiterung des Berufswahlspektrums von Mädchen bemühen, bedarf es neuer Wege: Ein „Reformklima" ist gefragt, das ein „entscheidendes Element institutioneller Dynamik" ist, und das im Zweifel strukturelle Vorgaben „als überwindbar" erscheinen lässt (Hesse/Benz 1988: 74f., vgl. Abschnitt 2.4). Gleichzeitig geht es um die Koordination von Aufgabenschwerpunkten und Interessen (Mayntz 1993, Scharpf 1993). Nutzen die Vorgesetzten die unterschiedlichen Interessen der Mitarbeiter/innen „positiv", indem sie für alle Schwerpunkte möglichst optimale Bedingungen schaffen? Oder koordinieren sie eher „negativ", so dass Mädchen-Initiativen (oder andere Schwerpunktsetzungen) nicht zum Zuge kommen können? Berufsberaterische Arbeit ist zumeist Einzelarbeit. Es gibt angesichts der vielen in Schulen und Betrieben wahrzunehmenden Außentermine und der großen Zahl an Einzelberatungen kaum informelle Gelegenheiten, sich mit Kollegen/innen auszutauschen. Oben wurde bereits mehrfach darauf hingewiesen, dass gerade in Bezug auf die Ausbildungschancen von Mädchen der Informationsaustausch besonders wichtig ist: Die Berater/innen müssen sich gegenseitig darüber informieren, welche Betriebe bereit sind, Mädchen auszubilden. Ohne Austausch können sich zudem keine hausinternen Advocacy-Koalitionen bilden. Und Koalitionen mit anderen Organisationen sind wenig effizient, wenn nicht „das Haus" dahintersteht. Wie lösen die Berufsberatungen das Problem der eingeschränkten Kommunikationsmöglichkeiten und der Koordination zwischen den Beratungsfachkräften? Welchen Einfluss haben die Lösungen auf die Mädchenquote? In diesen Zusammenhängen stellte ich Fragen zu den Gelegenheiten zum Erfahrungsaustausch, zum Grad der Kontrolle der Arbeit, zum Umgang von Vorgesetzten mit unterschiedlichen, normativen Prioritäten der Mitarbeiter/innen und letztlich fragte ich, ob innerhalb der Ämter Advocacy-Koalitionen existieren.

In allen Berufsberatungen gibt es neben den regelmäßigen Dienstbesprechungen, an denen alle Mitarbeiter/innen der Abteilung teilnehmen, spezielle

Austauschtermine für die Beratungsfachkräfte. In einigen Agenturen ist jede Woche ein Treffen vorgesehen, in anderen eines im Monat, wobei in diesen Agenturen die Beratungsfachkräfte aber wiederum häufiger zu Dienstbesprechungen zusammenkommen. Auch treffen sich etliche Berufsberater/innen häufig zu privaten Festen oder Stammtischen. Ein Zusammenhang zwischen derartigen Zusammenkünften und der Höhe der Mädchenquote des Amtes besteht nicht, wohl aber führt die Existenz von Arbeitsgruppen zu einer höheren Mädchenquote.

Arbeitsgruppen bestehen in zehn der zwölf Ämter.[34] Dabei wurde mir eine Fülle von Themen benannt, mit denen sich diese Gruppen in den letzten Jahren beschäftigt hatten oder die aktuell bearbeitet wurden. Methodische bzw. organisatorische Aspekte der Beratung und inhaltliche Themenstellungen halten sich die Waage. In den allermeisten Agenturen scheint es Tradition zu sein, dass sich die Mitarbeiter/innen gezielt zur Entwicklung von Lösungsmöglichkeiten für bestimmte Probleme zusammenzusetzen. Das Thema „Mädchen" aber wurde nur von einer (westlichen) Abteilungsleitung erwähnt und aus der Befragung der Berufsberater/innen kommt lediglich eine weitere West-Agentur hinzu. Die offizielle Arbeitsgruppe hatte aber seit mehr als einem Jahr nicht mehr getagt. In der anderen Agentur hat die Arbeitsgruppe nicht die Unterstützung der Abteilungsleitung und trifft sich informell. Beide Agenturen gehören zu denen mit niedriger Mädchenquote.

Die Arbeitsgruppen finden vornehmlich amtsintern statt. Nur wenige Berater/innen nahmen oder nehmen an Ämter übergreifenden Arbeitsgruppen teil. 22 Berater/innen jedoch gaben an, dass sie noch *nie* Mitglied einer Arbeitsgruppe gewesen seien. Teils wurden sie „nicht gefragt", teils – in Agenturen mit autoritärer Führung – „nicht berufen". Der vorrangige Grund war ihren Angaben zufolge aber, dass sie sich *beruflich* zu stark belastet fühlten, als dass sie sich in Arbeitskreisen hätten engagieren können. Allerdings verteilen sich diese zehn Nennungen auf sieben unterschiedliche Ämter, darunter auch auf solche mit unterdurchschnittlichen Arbeitsbelastungen. Bezüglich der Arbeitsgruppen ist das Ergebnis: In Agenturen, in denen die Mitarbeiter/innen zahlreicher in Arbeitsgruppen eingebunden sind als in anderen und somit mehr miteinander kommunizieren, ist auch die Vermittlung von Mädchen in atypische Berufe höher (vgl. Tabelle 25).

Dasselbe Bild zeigt sich bei der Frage nach der Verantwortung für die Arbeit (vgl. Tabelle 26). 72% der Berater/innen arbeiten ihren eigenen Angaben zufolge eigenverantwortlich. 6,9% meinten, die Verantwortung liege bei ihrem Team und bei jedem/r fünften wechselt die Verantwortung: „Teilweise arbeite ich eigenverantwortlich, teilweise in einem Team und manchmal ar-

---

34 Zwei Ost-Ämter bilden die Ausnahme: In dem einen Amt gab es bisher keine Arbeitsgruppen, zum Interviewzeitpunkt war eine zu „Arbeitsamt 2000" in Planung und in dem zweiten Amt meinte die Abteilungsleitung, Arbeitsgruppen seien nicht nötig, weil das Amt nur wenige Mitarbeiter/innen habe.

beite ich auch anderen zu". Teamarbeit erfordert Kommunikation. Und so erstaunt es nicht, dass in Ämtern mit höherer Mädchenquote vermehrt im Team gearbeitet wird.

Tabelle 25:
Mitarbeit in Arbeitsgruppen der Arbeitsverwaltung

Mädchenquote		Antworten	Mitarbeit in %	Keine Mitarbeit in %
Hoch	West	20	85,0	15,0
	Ost	6	50,0	50,0
Niedrig	West	34	64,7	35,3
	Ost	7	28,6	71,4
	Berlin	11	81,8	18,2
insgesamt		78	67,9	32,1

Tabelle 26:
Verantwortung für die Arbeit

Mädchenquote		Antworten	Liegt zumindest gelegentlich beim Team %	Liegt bei der jeweiligen Beratungsfachkraft %
Hoch	West	19	47,4	52,6
	Ost	8	50,0	50,0
Niedrig	West	37	24,3	75,7
	Ost	9	0,0	100,0
	Berlin	13	15,4	84,6
insgesamt		86	27,9	72,1

Trotz der vielfältigen Zusammenarbeit in Gruppen konnten keine „Advocacy-Koalitionen" innerhalb der Ämter ausgemacht werden. Ich fragte die Abteilungsleitungen und die Beauftragten für Frauenbelange, ob es unter den Berater/innen Fraktionen gebe, die sich unterschiedlichen Gruppen von Jugendlichen besonders verpflichtet fühlten. Beide verneinten diese Frage. Von den Abteilungsleitungen war nur bedingt zu erwarten, dass Sie sich zu Koalitionen äußern. Differenzen unter Berater/innengruppen hätten sie vermutlich verschwiegen. Hätten aber einzelne oder mehrere Koalitionen herausragende Leistungen vorzuweisen gehabt, hätten die Vorgesetzten dies sicherlich für sich verbucht. Doch auch die anonyme, schriftliche Befragung der Berufsberater/innen gab keine Indizien: Zum Mädchenthema existieren kaum Arbeitsgruppen, weder offizielle noch informelle. Zehn Berater/innen aus acht verschiedenen Agenturen kreuzten bei der Frage nach einer speziellen Gruppe von Jugendlichen, die ihnen „besonders am Herzen liegt", „Mädchen" an. Diese zehn Berater/innen können in ihren jeweiligen Agenturen aber kaum Advocacy-Koalitionen initiieren, weil sie sich einer Übermacht von Kollegen/innen gegenübersehen, die die zeitlichen und finanziellen Ressourcen für „ihren" Schwerpunkt einfordern, vornehmlich für die Jugendlichen, die wegen mangelhafter Schulabschlüsse und/oder zu geringer Kenntnisse der deutschen Sprache benachteiligt sind.

Festzuhalten bleibt, dass das Mädchen-Thema innerhalb der Ämter kein sonderliches Gewicht hat. Dabei aber zeigt sich ein deutlicher Zusammenhang in der Hinsicht, dass in den Agenturen, wo es mehr Gelegenheiten zur Kommunikation unter den Beratungsfachkräften gibt, mehr Mädchen in gewerblich-technische Berufe vermittelt werden! Die Einrichtung spezifischer Arbeitsgruppen zum Mädchen-Thema könnte der Erhöhung der Mädchenquote sicherlich dienlich sein, aber anscheinend helfen schon allgemeine Möglichkeiten, sich mit Kollegen/innen auszutauschen. Behindern Vorgesetzte ein stärkeres mädchenpolitisches Engagement? Anders gefragt: Herrscht in den Agenturen mit höherer Mädchenquote ein Reformklima, dass eine Änderung des Frauenleitbildes in Richtung auf eine berufliche Gleichstellung der Geschlechter befördert?

Von ihren Vorgesetzten kontrolliert fühlen sich nur wenige Beratungsfachkräfte. Nur eine Beraterin berichtete von „sehr starker" Kontrolle und weitere sieben Frauen und drei Männer von einer „starken".[35] Von ihren Kollegen und Kolleginnen fühlen sich fast 70% „kaum" oder „gar nicht" kontrolliert, 28% „mittelmäßig" und nur jeweils eine Berater/in gab „stark" und „sehr stark" an. Die Nutzung unterschiedlicher Ressourcen und Interessen der Berater/innen findet in den Agenturen dennoch erstaunlich wenig statt. Ihr/e Vorgesetzter koordiniere „positiv", „indem er/sie zwar deutlich macht, welche Probleme aktuell am dringlichsten sind", dabei aber die „Interessen von Kollegen/innen, die sich mehr in anderen Problembereichen engagieren" nicht zu kurz kommen ließe, versicherten nur knapp 40% der Berater/innen und 16% gaben an, die Entscheidungen würden gemeinsam getroffen. 14% sagten ihren Vorgesetzten autoritäres Verhalten nach und 30% erklärten, eine Koordination finde in ihrem Amt im Grunde nicht statt, jede/r arbeite „nach ihrer bzw. seiner Facon". Nahezu ebenso häufig wie „positiv" koordiniert wird, müssen die Berater/innen sich unterordnen (entweder den Vorgesetzten oder der Gruppe), oder das Gegenteil ist der Fall, und sie können tun und las-

---

35 14,9% der Frauen und 8,8% der Männer fühlen sich „sehr stark" oder „stark" kontrolliert, 24,1% der Frauen und 55,9% der Männer „mittelmäßig" und 61,1% der Frauen und 35,5% der Männer „kaum" oder „gar nicht". Frauen fühlen sich somit eher weniger kontrolliert als ihre männlichen Kollegen. Im Osten ist die Kontrolle durch Vorgesetzte generell höher als im Westen.

sen was sie wollen. Tabelle 27 zeigt den Zusammenhang zwischen der Kontrolle und der Koordination durch die Vorgesetzten: Wo Vorgesetzte die Entscheidungen allein treffen, kontrollieren sie ihre Mitarbeiter/innen auch vergleichsweise stark.

Tabelle 27:
Führungsstil

Koordination	Kontrolle durch Vorgesetzte					
	Angaben	Sehr stark in %	Stark in %	Mittelmäßig in %	Kaum in %	Gar nicht in %
Positiv	35	0	0	42,9	54,3	2,9
Gemeinsame Entscheidungen	13	0	0	46,2	53,8	0
Keine Koordinierung	27	0	14,8	25,9	40,7	18,5
Entscheidung durch Vorgesetzte/n	12	8,3	50,0	33,3	8,3	0
insgesamt	*87*	*1*	*10*	*32*	*38*	*6*

Als Indikator für ein Reformklima kann neben der „positiven" Koordination auch die *gemeinsame* Entscheidung von Mitarbeiter/innen und Vorgesetzten gelten. Daran gemessen herrscht ein solches Klima in sechs der zwölf Agenturen. Dort berichteten mehr als 60% der Berater/innen von einer „positiven" Koordinierung oder gemeinsam getroffene Entscheidungen. In den anderen sechs Agenturen war die Zustimmung mit 29% bis 43% deutlich niedriger. Ein Zusammenhang mit der Mädchenquote der Ämter lässt sich aber nicht ausmachen, vorhandenes Reformklima wird nicht zugunsten einer Verbesserung der Berufseinmündungen genutzt. Aber auch das Gegenteil, ein autoritärer Führungsstil hat – wie bereits angemerkt – keine Auswirkungen.

Im Hinblick auf die interne Situation in den Agenturen und deren Verwaltungskultur sind zwei Faktoren für die Zahl der in atypische Berufe vermittelten Mädchen einflussreich: die Intensität des Austausches der Berater/innen untereinander und mit ihren Vorgesetzten und die Arbeitsbelastung. Dabei dürften sich beide wieder gegenseitig bedingen: Wo Ratsuchende Schlange stehen, bleibt weder Zeit für einen Plausch unter Kollegen/innen noch für die gemeinsame Aufbereitung spezifischer Themen. Können die nunmehr hauptamtlichen Beauftragten für Frauenbelange etwas bewirken?

Möglichkeiten der Beauftragten für Frauenbelange

Wenngleich der Aufgabenkatalog der Beauftragten für Frauenbelange primär auf wiedereinzugliedernde, erwachsene Frauen abstellt, bleibt grundsätzlich die Möglichkeit, dass die Beauftragten ihren Schwerpunkt auf die Verbreiterung des Berufswahlspektrums von Mädchen legen. Zum Erhebungszeitpunkt im Sommer 1998 waren die Beauftragten erst wenige Monate im Amt. Abgeschlossene eigene Aktionen konnte zum Befragungszeitpunkt daher noch keine vorweisen. Meines Erachtens werden die seit Anfang 1998 hauptamtlich tätigen Kräfte kaum dazu beitragen, dass der beruflichen Erstausbildung von Mädchen mehr Aufmerksamkeit gewidmet wird als durch die bislang nebenamtlich Arbeitenden. Nicht nur könnte die Berufsberatungs-Abteilung möglicherweise widerspenstig auf Eingriffe von außen reagieren, sondern auch von den Beauftragten selbst, zumindest von den von mir befragten, ist wenig zu erwarten, weil sie die Verbreiterung des Berufswahlspektrums von Mädchen eher selten als ihre Aufgabe begreifen.

Von den Abteilungsleitungen der Berufsberatungen wird die Effektivität der neu geschaffenen Funktion zumeist skeptisch beurteilt. Zwar habe die jeweilige Stelleninhaberin – im Gegensatz zur bisherigen Abteilungsbeauftragten – Zeit, sich den Frauenfragen zu widmen, ihr fehle aber das nötige berufsberaterische Wissen. Die Beratungsfachkräfte äußerten sich ähnlich zurückhaltend. Nur 41% waren zuversichtlich, dass mit der Neuregelung „der Berufswahl von Mädchen mehr Aufmerksamkeit" zukommen wird; 23% kreuzten an: „Ich halte nichts davon. Andere Gruppen haben größere Probleme als Mädchen", und ein gutes Drittel fand es zwar grundsätzlich richtig, dass Mädchen mehr Aufmerksamkeit zukommen müsse, von der jetzt getroffenen Institutionalisierung sei „aber wenig zu erwarten". 27 Berater/innen begründeten ihre ambivalente Haltung. Vielfach verwiesen sie auf den gesellschaftlichen Gegenwind (10 Nennungen) und nahezu gleich viele (8) verwiesen auf fehlende Sachkenntnisse der Beauftragten:

- „Wenig Außenwirkung, speziell Betriebskontakte."
- „Die Facharbeit in den Abteilungen ist zu unterschiedlich."

Die Kritik betraf nahezu ausschließlich die begrenzten Handlungsmöglichkeiten und die fehlenden Kenntnisse in berufsberaterischen Dingen. An der Person der jeweiligen Beauftragten hatten nur zwei Berater/innen etwas auszusetzen.

Sonderlich wichtig scheint den Arbeitsagenturen die Berufung der Beauftragten für Frauenbelange nicht gewesen zu sein, jedenfalls haben sie sich damit nicht besonders beeilt. Der Runderlass datiert vom 9. September 1997, es waren somit fast vier Monate Zeit, die Stellen termingerecht zum 1. Januar zu besetzen. Von den zwölf Beauftragten meines Samples ist keine fristgerecht eingestellt worden, zwei Agenturen ließen die Stelle sogar ein halbes

Jahr unbesetzt und in einer weiteren Agentur war die Stelle wegen der halbjährigen Umschulung der Inhaberin zur Berufsberaterin faktisch vakant. Auch sind Zweifel anzumelden, ob überall die Kompetenz den Ausschlag gab. Die Hälfte der Stelleninhaberinnen hat keine frauenpolitischen Erfahrungen und die anderen haben ihr Wissen meist als Beauftragte für Frauenbelange in der Arbeitsberatung/-vermittlung gesammelt, verfügen aber dennoch über wenig Kenntnisse frauen- und mädchenpolitischer Maßnahmen und Positionen. Nur drei waren bzw. sind außerhalb ihrer Agentur frauenpolitisch aktiv. Besonders problematisch scheint mir, dass fast alle keine Kenntnisse über Berufsberatung haben. Wegen der Trennung der Abteilungen Arbeitsvermittlung/-beratung und Berufsberatung, die in einigen Agenturen sogar mit gegenseitigen Animositäten verbunden ist, wird die Beauftragte es in der jeweils anderen Abteilung nicht unbedingt einfach haben. Zum Befragungszeitpunkt war es noch nicht einmal in allen Agenturen selbstverständlich, dass die Beauftragte überhaupt zu Dienstbesprechungen der Abteilungen eingeladen wird.

Die Ferne der Beauftragten für Frauenbelange zur Berufsberatung hat insoweit Folgen, als nur wenige die Berufsorientierung von Mädchen als eine ihrer Hauptaufgaben betrachten. Lediglich vier der neun Beauftragen, mit denen ich sprach,[36] hielten solcherlei Aktivitäten überhaupt für sinnvoll. Bedenken hatten (mit einer Ausnahme) die Beauftragten in den neuen Bundesländern und in Berlin: Bevor Mädchen motiviert würden, müssten erst einmal die Betriebe gewonnen werden, hieß es. Betriebe für die Ausbildung von Mädchen zu erschließen, stand aber bei keiner auf dem Arbeitsprogramm. Auffällig ist, dass alle drei Beauftragten für Frauenbelange, die frauenpolitische Erfahrungen außerhalb der Arbeitsagentur gesammelt haben, zu denen gehören, die eine Verbreiterung des Berufswahlspektrums für Mädchen als sinnvoll erachten. Außerhäusliche Kontakte führen offensichtlich dazu, dass der beruflichen Erstausbildung von Mädchen ein höheres Gewicht beigemessen wird.

Mehrheitlich bleiben die neuen Beauftragten bei dem, was sie „gelernt" haben, bei der Arbeitsvermittlung und -beratung erwachsener Frauen und der Einrichtung von Umschulungsmaßnahmen für diese Frauen. Damit verstärken auch sie die Norm eines Dreiphasenmodells anstatt ihm entgegenzuwirken: Eine der Beauftragten brachte diese absurde Politik auf den Punkt: Sie unterstützte eine Umschulungsmaßnahme für erwachsene Frauen mit dem Abschlussziel in einem Männerberuf, sprach sich aber gleichzeitig explizit dagegen aus, dass Mädchen für eine Ausbildung in derartigen Berufen gewonnen werden sollten. Frauen müssen selbst nach Ansicht mancher Beauf-

---

36 In drei Agenturen konnte ich die Beauftragte für Frauenbelange nicht erreichen: Eine hatte das Amt zum Befragungszeitpunkt Mittel Juli noch nicht angetreten, eine war kurzfristig erkrankt und die dritte war wegen ihrer Umschulung zur Berufsberaterin nicht erreichbar.

tragten für Frauenbelange eben erst dann einen „richtigen" Beruf lernen, wenn die Kinder aus dem Haus sind.

Bislang kam die Mädchenpolitik in vielen Berufsberatungen zu kurz, weil die Abteilungs-Beauftragte als Nebenamtliche kaum Zeit hatte sich darum zu kümmern. Für die Verbreiterung des Berufswahlspektrums von Mädchen ist die Neuregelung aber von zweifelhaftem Nutzen. Den nunmehr hauptamtlichen fehlt u.U. die Fachkompetenz und außerdem scheint mir fraglich, ob mit der Neuregelung wesentlich an Arbeitskapazität hinzugewonnen wurde. Nicht nur ersetzt eine Hauptamtliche nunmehr drei Nebenamtliche,[37] sondern ihr können sogar „soweit die Aufgabenerledigung dies zuläßt" (RdErl. 44/97) weitere Aufgaben übertragen werden. Immerhin fünf meiner neun Gesprächspartnerinnen hatten, obwohl sie sich mehrheitlich noch in der Einarbeitung befanden, bereits andere, zusätzliche Aufgaben, beispielsweise in der Benachteiligtenförderung, als Frauenbeauftragte (deren Aufgabe die Gleichstellung der weiblichen Beschäftigten des Amtes ist) oder als Mitarbeiterin des BIZ, die dort für die Arbeitsberatung[38] zuständig ist. Eine dieser Gesprächspartnerinnen hatte darauf gedrungen, weiterhin als Arbeitsberaterin tätig zu sein. Ihr Argument war, dass sie dadurch über Haushaltsmittel verfügen könne. Die Abwesenheit eigener Haushaltsmittel macht die Beauftragten für Frauenbelange in der Tat extrem vom Wohlwollen der Fachabteilungen abhängig.

Die frauenpolitischen und berufsberaterischen Qualifikationsdefizite der Beauftragten ließen sich möglicherweise durch Fortbildungen beheben. Wichtig werden hier die Aktivitäten zentraler Dienststellen. Bisher oblag es den Referaten für Frauenbelange der Landesarbeitsämter, die Aufgabenwahrnehmung der Beauftragten der einzelnen Ämter zu koordinieren und bei der Planung und Durchführung von Fortbildungsmaßnahmen mitzuwirken. Die meisten meiner Gesprächspartnerinnen hatten in ihrer kurzen Amtszeit bereits an gesondert für sie eingerichteten Schulungen der Landesarbeitsämter teilgenommen. Dabei bewerteten sie es als besonders hilfreich, dass sie dort die Kolleginnen aus den Nachbaragenturen kennengelernt und somit Ansprechpartnerinnen für ihre Probleme gewonnen hätten. Wichtig scheint mir, dass bei solchen Fortbildungen nicht nur Frauenpolitisches behandelt wird, sondern auch den jeweiligen Defiziten in berufsberaterischen oder alternativ arbeitsberaterischen und leistungsrechtlichen Fragen begegnet wird.

Als besonders bemerkens- und bedenkenswertes Resultat meiner Untersuchungen zum Einfluss der Organisationsstruktur und der -kultur der Berufsberatungen lässt sich festhalten, dass dem Wissen und den Wissensquellen der Beratungsfachkräfte eine große Bedeutung zukommt. Die Wissensressourcen „Kontakte zu Betrieben, Kammern etc." führen zu einer vermehr-

---

37 Arbeitsvermittlung/-beratung; Berufsberatung und Leistungsabteilung.
38 Für den Fall, dass jemand alternativ zu einem Ausbildungsplatz einen Arbeitsplatz sucht, ist im BIZ ein/e Arbeitsberater/in anwesend.

ten Vermittlung von Mädchen in gewerblich-technische Berufe. Vor diesem Hintergrund ist es besonders relevant, in welchem Ausmaß es innerhalb der jeweiligen Ämter Gelegenheiten zum Austausch von Informationen und individuellen Einschätzungen gibt: Dort wo mehr untereinander kommuniziert wird, werden mehr Mädchen für eine Vermittlung in einen gewerblich-technischen Beruf vorgesehen als anderswo. Doch nicht nur die allgemeine Verwaltungsstruktur erwies sich als wichtig für die Mädchenquote, sondern auch die Organisation von Beratung und Vermittlung war in den einzelnen Agenturen unterschiedlich und wirkte sich auf die Mädchenpolitik aus. Hierauf gehe ich im Folgenden ein.

Organisation von Beratung und Vermittlung

Im vierten Kapitel wurde aufgezeigt, dass den vorgegebenen Strukturen, nach denen Beratung und Vermittlung üblicherweise erfolgt, einer Verbreiterung des Berufswahlspektrums von Mädchen entgegenstehende Elemente inhärent sind: In die Materialien zur Berufsorientierung ist vielfach eine Vergeschlechtlichung eingeschrieben, für eine persönliche Beratung ist nur wenig Zeit vorgesehen und in der Anleitung zur Gestaltung der Beratungsgespräche kommt die Abklärung der Chancen, die die einzelnen Berufe bieten, zu kurz. Vor allem bleibt zwischen dem Termin, zu dem meist die ausführliche Einzelberatung stattfindet und dem Bewerbungsschluss zu wenig Zeit für eine individuelle berufliche Neuorientierung. Einige Ämter haben Verfahrensweisen gefunden, die trotz dieser Widernisse zur Gewinnung von Mädchen für eine gewerblich-technische Ausbildung führen.

Dieser Abschnitt ist analog zum Ablauf berufsberaterischer Interventionen gegliedert. Die Schulbesuche der Berater/innen bilden den Einstieg, es folgen die selbständigen Erkundungen in den Berufsinformationszentren, die (idealtypisch) in eine Einzelberatung einmünden, die zur Entscheidung für einen bestimmten Beruf führt. Im letzten Abschnitt wird auf die Beratung der Betriebe eingegangen. Diese liegt zwar quer zu den anderen Gliederungspunkten, ist aber gleichwohl bedeutsam für die Beratung der Jugendlichen und – da die Beratungsfachkräfte wichtige Informationen aus diesen Gesprächen schöpfen – ganz besonders wichtig für die Beratung von Mädchen.

Schulbesprechungen

In den von mir untersuchten Agenturen sind zwei Besprechungen pro Schulklasse die Regel. Zumeist finden die erste Unterrichtseinheit in der Vorabgangsklasse und die zweite in der Abgangsklasse statt. In einigen Agenturen besucht die Berufsberater/in die jeweilige Klasse dreimal. Manchmal ist diese dritte Schulveranstaltung als Gruppenberatung zu spezifischen Themen geplant. (Mehrere Berater/innen gehen zum gleichen Zeitpunkt in eine Schule und alle Schüler/innen der Abgangsklassen ordnen sich einer der angeboten Gruppen zu.) In manchen Agenturen wird die dritte Schulbesprechung im BIZ abgehalten, d.h., die für die Klasse zuständige Beratungsfachkraft führt vor Ort in die Informationsmöglichkeiten ein. Die Übergänge zwischen den verschiedenen Organisationsformen sind fließend und hängen nicht zuletzt von den organisatorischen Möglichkeiten ab, beispielsweise ob zur jeweiligen Zeit Kapazitäten im BIZ vorhanden sind.

Oben (im Abschnitt 5.3) wurde bereits darauf hingewiesen, dass das Engagement der jeweiligen Schulen für die Entscheidung zugunsten eines geschlechtsuntypischen Berufs große Bedeutung hat. In Amtsbezirken mit höherer Mädchenquote beurteilten die von mir befragten Berufsberater/innen den Berufswahlunterricht allgemein besser als in denen mit niedriger Mädchenquote, und mehr Beratungskräfte hatten den Eindruck, dass bei den meisten Lehrkräften zumindest ein „mittelmäßiges" Engagement für eine Verbreiterung des Berufswahlspektrums für Mädchen vorhanden ist. Die Beratungsfachkräfte haben (ihren eigenen Angaben zufolge) in der Regel einen intensiven Kontakt zu den Lehrkräften.

Zumeist wird zu Beginn des Schuljahres die Einbindung der Berufsberatung in den schulischen Unterricht in der jeweiligen Fachkonferenz besprochen; häufig haben die Schulen Koordinatoren/innen für die Zusammenarbeit mit der Berufsberatung benannt. Doch die Berufsberater/innen halten in der Regel auch Kontakt zu den Lehrkräften der jeweiligen Klassen: Nahezu zwei Drittel trifft sich mit der jeweiligen Lehrkraft zumindest dann, wenn Schulbesuche anstehen oder es existiert sowieso ein „ständiger" Kontakt. Ein weiteres Drittel berichtet, mit den meisten Lehrkräften sei die Zusammenarbeit gut, einige seien aber desinteressiert. „Desinteressierte" Lehrkräfte scheint es dabei im Westen sehr viel häufiger als im Osten zu geben (44% gegenüber 16% der Angaben). Dabei zeigt sich das zu erwartende Bild: Dort, wo eine besonders gute Zusammenarbeit überwiegt, ist die Mädchenquote am höchsten. Hierfür scheint vor allem das Verhalten der Schulen bzw. der Lehrkräfte ausschlaggebend zu sein, denn von den Berufsberater/innen hält fast niemand eine Zusammenarbeit für überflüssig (nur zwei von 88), und keine der Berater/innen gab an, es fehle die Zeit dazu. Eine gemeinsame Vorbereitung der Schulbesprechungen findet allerdings eher selten statt. Ein gutes Drittel der Beratungsfachkräfte beantwortete die entsprechende Frage mit „nein" und 56% antworteten, sie würden die Schulbesprechungen mit einigen Lehrkräften gemeinsam vorbereiten, mit anderen aber nicht. In den westlichen Agenturen gibt es hier wieder den bekannten Zusammenhang: In den Agenturen mit höherer Mädchenquote wird der Unterricht häufiger gemeinsam von Lehrer/in und Berufsberater/in vorbereitet als in denen mit niedriger Mädchenquote. In den östlichen Agenturen dagegen ist der Zusammenhang eher umgekehrt. Dieser Widerspruch kann hier nicht gänzlich geklärt werden. Möglicherweise ist die Ursache darin zu suchen, dass in den Ost-Agenturen generell größere Probleme bestehen, Mädchen in geschlechtsuntypische Berufe zu vermitteln. Zudem sind die östlichen Berufsberater/innen hinsichtlich der Eignung gewerblich-technischer Berufe für Mädchen zurückhaltender (vgl. Abschnitt 5.5).

Anscheinend aber ist der schulische Berufswahlunterricht nicht immer hinreichend. Wie einige Berater/innen vermeldeten, ist es auch heute noch nicht überall selbstverständlich, dass die schulischen Lehrkräfte in den Stunden der Berufsberatung zumindest anwesend sind. Dabei dürfte die Zeitdimension von maximal zwei oder drei von der Berufsberatung übernommener Doppelstunden kaum ausreichen um Informationsdefiziten von Schüler/innen entgegenzuwirken. In der ersten Schulbesprechung wollen die von mir befragten Berater/innen vor allem erreichen, dass die Schüler/innen

- die Angebote der Berufsberatung kennen,
- den Prozesscharakter der Berufswahl erfassen und dass ihnen die Termine, bis wann welche Schritte unternommen werden müssen, bekannt sind, und dass sie
- persönliches Vertrauen zum/zur Berater/in gewinnen.

Im Gegensatz zu den Ergebnissen einer in den 1970er Jahren durchgeführten Erhebung (Lange/Becher 1981) werden in der ersten Schulbesprechung heute nur selten Kenntnisse unterschiedlicher Ausbildungsmöglichkeiten vermittelt. Im Vordergrund steht vielmehr das Aufzeigen von Wegen, wie, wo und bei wem Informationen eingeholt werden können. Die beiden ersten Lernziele (Kennen der Berufsberatung und deren Angebote; Prozesscharakter der Berufswahl) könnten aber ebensogut Gegenstand des von den schulischen Lehrkräften durchgeführten Unterrichts sein, zumal die Berufsberatung gerade hierzu eine ganze Reihe von Materialien zur Verfügung stellt. Die erste Schulbesprechung ließe sich – bei entsprechender Vorbereitung durch die Schule – für andere, weiterführende Dinge nutzen.

Knapp die Hälfte der Berufsberater/innen gibt an, sie gingen in den Schulbesprechungen in der Regel auf die Möglichkeit einer gewerblich-technischen Berufswahl von Mädchen ein; zwei Drittel „manchmal" und jeweils rund 10% „selten" oder „nie", wobei wiederum ein deutlicher Zusammenhang zwischen der Höhe der Mädchenquote und der Häufigkeit der Thematisierung besteht. Um mehr als ein beiläufiges Streifen kann es sich dabei aber kaum handeln, denn Gruppenberatungen sind nicht nur generell selten[39], sondern speziell zu diesem Thema wurden sie nur von ganz wenigen Berufsberater/innen überhaupt jemals durchgeführt (vgl. Tabelle 19).

---

39 Nur von einem Drittel der Berater/innen werden Gruppenmaßnahmen „sehr häufig" oder „häufig" angeboten, von 25% „selten" oder „nie".

Tabelle 28:
Einfluss der Thematisierung geschlechtsatypischer Berufswahl in den Schulbesprechungen

Mädchenquote		Nen-nungen	Thematisierung durch die Beratungsfachkräfte in %		
			„sehr häufig" oder „häufig"	manchmal	„selten" oder „nie"
Hoch	West	20	60,0	30,0	10,0
	Ost	9	55,6	44,4	0
Niedrig	West	37	51,3	24,3	24,3
	Ost	10	40,0	20,0	40,0
	Berlin	13	23,0	69,2	7,7
Insgesamt		89	47,2	69,2	19,1

Hinsichtlich des Handelns der Berufsberatung bleibt die Quintessenz: Mädchen in den Schulveranstaltungen anzusprechen lohnt! Offen bleiben muss an dieser Stelle, ob die Motivierung von Mädchen für eine atypische Ausbildung innerhalb von Schulbesprechungen zur Politik des Hauses gehört oder ob sich in den jeweiligen Agenturen zufällig Mitarbeiter/innen zusammengefunden haben, die davon überzeugt sind, dass Mädchen ein Platz in gut bezahlten, chancenreichen Berufen gebührt. Darauf wird im Abschnitt 5.5 vertiefender einzugehen sein. Unter dem Aspekt von *Organisation* bleibt festzuhalten, dass in den Schulbesprechungen wenig Raum für solche Initiativen besteht, aber es offensichtlich dennoch Auswirkungen hat, wenn die Berater/innen in den Schulbesprechungen auf Ausbildungsmöglichkeiten für Mädchen in gewerblich-technischen Berufen eingehen. Einen Zusammenhang der Mädchenquote mit den Organisationsformen der Schulbesprechungen konnte ich nicht ausmachen. Es scheint unerheblich, ob es zwei oder drei Besprechungen gibt und in welcher Form und wann der BIZ-Besuch stattfindet.

Berufsinformationszentren

Die im BIZ vorhandenen Medien werden von den Berufsberater/innen meiner Befragung, wie auch von den Jugendlichen (vgl. Kretschmer/Perrey: 1998), überwiegend positiv beurteilt. Von den Berater/innen erhielt der BIZ-Computer von nahezu jeder/m vierten die Note „sehr gut"; 67% beurteilen ihn (auf einer 5er Skala) mindestens mit „gut". Auch den Info-Mappen und den Filmen geben ca. 60% mindestens ein „gut". Lediglich zwischen sieben und 14% beurteilen diese Medien mit „ausreichend" oder „ungenügend". Kritisiert wurde meist, dass sie veraltet seien, insbesondere die Filme. Die Unzulänglichkeit des BIZ-Computers, dass dort beispielsweise die Büroberufe unzureichend aufbereitet sind, scheint von der Mehrheit der Berater/innen nicht bemerkt worden zu sein. Thematisiert hat diesen Mißstand niemand.

In manchen Berufsinformationszentren findet sich neben den angestammten, von der Nürnberger Hauptstelle verteilten Medien eine Flut von Informations- und Werbebroschüren sowohl von Landes- und Bundesministerien als auch von privaten Arbeitgebern/innen und deren Organisationen, – allerdings meist wenig und häufig gar nichts, was sich speziell an Mädchen richtet. Nur in einer Agentur fand ich ein wohlsortiertes „Mädchen-/Frauenregal" vor. Die dort vorhandenen Bücher und Broschüren waren aber meist schon etliche Jahre alt – ein Ausfluss dessen, dass die Politik nicht mehr auf die Öffnung von Jungenberufen für Mädchen setzte. In einem anderen Berufsinformationszentrum wurde auf großformatigen Plakaten für neu eingerichtete Frauenstudiengänge an den Fachhochschulen in Wilhelmshaven und Bielefeld geworben: Hier hatte die Beauftragte für Frauenbelange für die Aushängung am richtigen, von Mädchen stark frequentierten Ort gesorgt.

Unter dem Aspekt des Organisationalen gibt es keine Zusammenhänge zwischen den Besonderheiten des jeweiligen BIZ und der Mädchenquote der Agentur. Die Aktivitäten der erwähnten Beauftragten konnten sich zum Befragungszeitpunkt noch nicht in der Vermittlungsstatistik niedergeschlagen haben und veraltete Broschüren werden die Mädchen kaum angeregt haben. Auch unterscheiden sich die Zentren nur wenig: Das Gros der Materialien und selbst die Möblierung ist von der Nürnberger Hauptstelle vorgegeben; gesondert an Mädchen gerichtete Materialien haben die Ämter selten hinzugefügt.

Einzelberatungen

Anders verhält es sich mit den Einzelberatungen. In der Öffentlichkeit ist vielfach die Beschwerde zu hören, Jugendliche würden in diesen Beratungen in bestimmte Berufe gedrängt. Eine Befragung der Jugendlichen unmittelbar nach der Beratung (Kleffner/Schober 1998b) kündet vom Gegenteil: Zumeist wird den Jugendlichen zugeraten, sich in den Berufen zu bewerben, die sie vorher schon ins Auge gefasst hatten. Meines Erachtens ist Letzteres mindestens ebenso kritisch zu sehen wie eine Lenkung in bestimmte Berufe. Die von mir befragten Berufsberater/innen meinten zu 78%, in den von ihnen durchgeführten Beratungsgesprächen stünden die Wünsche und Äußerungen der Jugendlichen im Vordergrund. 72% attestierten ein solches Vorgehen auch ihren Kollegen und Kolleginnen. Eine Berater/innen-zentrierte Gesprächsführung sprach nur ein Berufsberater sich selbst und jeweils ein Berater und eine Beraterin ihren Kollegen/innen zu. Die Anderen, immerhin ein Fünftel, kreuzten „teils/teils" an. Dabei gibt es kaum Unterschiede zwischen den in ost- und westdeutschen Agenturen Beschäftigten und auch nicht zwischen Männern und Frauen. Unterschiede gibt es allerdings zwischen den

Agenturen mit höherer und mit niedrigerer Mädchenquote: In den Agenturen, in denen die (in der Fachlichen Arbeitshilfe der Hauptstelle verankerte) Norm des Anknüpfens an die Einstellungen und Interessen der Jugendlichen eher *weniger* beachtet wird, ist die Quote der Vermittlung von Mädchen in atypische Berufe höher als in den anderen! Ein *Mehr an Redebeiträgen*[40] seitens der Beratungsfachkräfte begünstigt die Entscheidung der Mädchen *für* eine gewerblich-technische Berufsausbildung. Dieser Befund gilt sowohl für die West- als auch für die Ost-Ämter.

Tabelle 29:
Einfluss der Thematisierung geschlechtsatypischer Berufswahl in den Einzelberatungen

Mädchenquote		Antworten	Thematisierung durch die Beratungsfachkräfte in %		
			„sehr häufig" oder „häufig" in %	manchmal in %	„selten" oder „nie" in %
Hoch	West	20	65,5	30,0	5,0
	Ost	9	55,6	44,4	0
Niedrig	West	37	46,9	48,6	5,4
	Ost	10	40,0	50,0	10,0
	Berlin	13	38,5	53,8	7,7
insgesamt		89	49,4	44,9	5,6

Insgesamt gibt die Hälfte der Beratungsfachkräfte an, dass sie in den Einzelberatungen „sehr häufig" oder „häufig besondere Anstrengungen" unternehmen, Mädchen für die Aufnahme einer gewerblich-technischen Berufsausbildung zu interessieren. 5,5% tun dies „selten" oder „nie", die anderen „manchmal". Dabei zeigen sich bei den West-Agenturen deutliche Unterschiede zwischen denen mit hoher und mit niedriger Mädchenquote: Berater/innen in den Agenturen mit höherer Mädchenquote geben zu 65% an, sie würden „sehr häufig" oder „häufig" versuchen, Mädchen für eine gewerblich-technische Ausbildung zu interessieren, in den anderen Agenturen sind es nur 47%. Auch bei den Ost-Agenturen besteht ein entsprechender, wenngleich nicht so ausgeprägter Unterschied. Es schlägt es sich in Zahlen nieder, wenn sich die Beratungsfachkräfte etwas weniger an den Vorgaben der Jugendlichen orientieren und selbst mehr Fachwissen in die Gespräche einbringen. Berufskundliches Fachwissen aber zur Frage der Eignung von Mädchen

---

40 Die Frage lautete: „In einer Studie aus den 70er Jahren wird kritisiert, die Einzelberatungen seien Berater/innen-zentriert: die Jugendlichen würden kaum zu Wort kommen. Wie schätzen Sie die Situation heute ein?"

für gewerblich-technische Berufe und zur Eignung dieser Berufe für Mädchen erhalten die Berater/innen nur höchst selten aus der von ihnen rezipierten Fachliteratur. Hier spielen die Informationen aus den Betrieben die entscheidende Rolle.

Kontakte zu Betrieben

In zwei westlichen Amtsbezirken, und zwar in denen mit den niedrigsten Mädchenquoten, wird ein beachtlicher Teil der Ausbildungsplätze geschlechtsspezifisch erfasst, wobei die meisten Betriebe Jungen bevorzugen. Eine der Abteilungsleitungen betonte in diesem Zusammenhang, Mädchen, die einen Jungenberuf erlernen wollten, „kommen auch unter". Die Agentur habe „keine politische Linie", es gebe hierzu keine Politik der Abteilung „und auch nicht des Hauses".

Das rechtswidrige Verhalten dieser Ämter mag empören. Mit einer Ablehnung von Stellenausschreibungen, in denen ausschließlich um Jungen geworben wird, oder der Ausschreibung dieser Stellen entgegen der Option der Betriebe auch für Mädchen wäre aber niemandem geholfen: Den Berufsberatungen nicht, weil sie Betriebe verprellten, auf deren Angebote sie dringend angewiesen sind, und den Mädchen nicht, weil deren Bewerbungen in diesen Betrieben ins Leere laufen. Bislang interessieren sich nur wenige Mädchen für einen gewerblich-technischen Beruf. Es dürfte daher hinreichend sein, wenn die Berufsberater/innen die Betriebe aufspüren, in denen Mädchen gute Bewerbungschancen haben.

Einblicke in die betriebliche Ausbildungsrealität erweitern den Erfahrungshorizont der Berater/innen. Doch Anstöße können auch in umgekehrter Richtung erfolgen: Mehr als die Hälfte der Berater/innen gab an, „sehr häufig" oder „häufig" in Gesprächen mit Ausbildern über die Möglichkeiten einer gewerblich-technischen Ausbildung von Mädchen zu reden, nur 9% tun dies „selten" oder „nie". Gut 20% organisieren mindestens „häufig" individuelle Betriebskontakte für Mädchen im gewerblich-technischen Bereich, und mehr als jede dritte Fachkraft bemüht sich öfter „besonders", für Mädchen einen Platz in einer solchen Ausbildung zu finden.

Ein Problem stellt die hohe Anzahl der Betriebe dar, für die eine Beratungsfachkraft jeweils zuständig ist. In meiner Untersuchung beträgt die Zahl zwischen 150 und 400, so dass jeder Betrieb nur alle paar Jahre einmal aufgesucht werden kann. Mit einer Ausnahme sind alle Abteilungsleitungen der Meinung, die Berater/innen seien „nicht genug" in den Betrieben. Hinzu kommt, dass Betriebe angesichts sich verknappender Ausbildungsstellenangebote und der drohenden Konkurrenz privater Vermittlungsagenturen mehr und mehr als zu pflegende „Kunden" angesehen werden. Von Sonderaktionen zur Gewinnung zusätzlicher Ausbildungsplätze wie der „Maikäferaktion"

oder dem „Tag des Ausbildungsplatzes"[41] halten die Abteilungsleiter/innen – wie bereits erwähnt – nur wenig: „Ich kann Aktionen aus Bonn und Nürnberg nicht mehr ertragen", kommentierte die Abteilungsleitung eines Amtes.
Als Sollzahl persönlicher Betriebsbesuche wurden 45-50 pro Berater/in und Jahr genannt. In meinem Sample übertrifft nahezu die Hälfte der Vollzeitkräfte diese Norm; fast ein Viertel gab sogar mehr als 100 Betriebsbesuche pro Jahr an, und auch die Teilzeitkräfte besuchen mehr Betriebe als vorgegeben. 13 (vollzeitig arbeitende) Berater/innen gaben sogar an, dass sie bei 200 bis 500 Betrieben pro Jahr vorsprechen. Diese Zahlen scheinen mir zwar unglaubwürdig, zumindest aber gehören Betriebsbesuche heute zum Standard. Darüber hinaus telefonieren die Beratungsfachkräfte ihren Angaben zufolge „häufig" (57%) oder zumindest „öfters" (33%) mit den Betrieben.[42]

Die Tabellen 30 bis 34 zeigen die Antworten auf die Fragen zu den Betriebskontakten der Berater/innen, zur Organisation individueller Betriebskontakte für Mädchen und zu den „besonderen Bemühungen". Zwar sind die Unterschiede zwischen den Agenturen mit höherer und niedrigerer Mädchenquote im Westen ausgeprägter als im Osten, insgesamt aber zeigt sich ein Zusammenhang zwischen dem Grad der Aktivitäten der Ämter und den Mädchenquoten. Dies gilt vor allem für persönliche Gespräche mit Ausbildern/innen, in den West-Agenturen auch für die Häufigkeit von Telefonaten, für die Organisation individueller Betriebspraktika für Mädchen sowie für die Bemühungen für Mädchen einen Ausbildungsplatz in gewerblich-technischen Berufen zu finden. Letzteres ist aber auch von der Situation am Ausbildungsstellenmarkt und von der Offenheit oder Verschlossenheit der örtlichen Betriebe gegenüber Mädchen abhängig. Es verwundert daher nicht, dass die Mitarbeiter/innen ostdeutscher Berufsberatungen sich öfter „besonders" um einen entsprechenden Ausbildungsplatz für Mädchen kümmern (müssen). Auch scheint es in den West-Agenturen weniger nötig zu sein, sich mindestens „häufig" um einen Ausbildungsplatz in einem gewerblich-technischen Beruf „besonders" zu bemühen, die Unterschiede zwischen den Agenturen mit höherer und niedrigerer Mädchenquote innerhalb der Gruppierungen Ost

---

41 Der Zweck beider Aktionen ist, zusätzliche Ausbildungsplätze zu gewinnen. Beim „Tag des Ausbildungsplatzes" werden sogar die Kollegen/innen aus der Arbeitsvermittlung/-beratung mit hinzugezogen. In einer Agentur haben die konzentrierten Bemühungen aller Mitarbeiter/innen 18 Ausbildungplätze erbracht, in einer anderen 31, wobei betont wurde, dies sei mehr als erwartet. Insgesamt sind bei diesen beiden Agenturen jährlich zwischen zwei- und dreitausend freie Plätze gemeldet. Die Zahl der den Ämtern bekannten Plätze wurde durch diese Aktionen um ein bis zwei Prozentpunkte erhöht. Möglicherweise aber wären diese Plätze sonst ohne Einschaltung der Berufsberatung besetzt worden. Gemessen am Arbeitsaufwand ist der gesellschaftliche Ertrag also äußerst mager.
42 Darüber hinaus wird von den Agenturen (mit einer Ausnahme) regelmäßig telefonisch bei den Betrieben nachgefragt, ob die angebotenen Ausbildungsplätze mittlerweile besetzt seien, oder ob weiterhin Bewerber/innen geschickt werden sollen. In der Regel werden diese Telefonate aber von den Berater/innenbüros und nicht von den Beratungsfachkräften selbst durchgeführt.

und West sprechen aber eine deutliche Sprache: Gesonderte Bemühungen sind lohnend!

Tabelle 30:
Einfluss der Betriebsbesuche

Mädchenquote		Antworten	Betriebsbesuche der Berater/innen in % der Angaben*		
			mehr als 100	51 - 100	bis 50
Hoch	West	20	20,0	20,0	60,0
	Ost	8	100	0	0
Niedrig	West	37	5,4	24,3	70,3
	Ost	10	70,0	10,0	20,0
	Berlin	13	0	46,2	53,8
insgesamt		88	23,9	22,7	53,4

* Bei Teilzeitkräften wurde die Zahl auf eine Vollzeittätigkeit hochgerechnet.

Tabelle 31:
Einfluss von Gesprächen mit Ausbildern und Ausbilderinnen

Mädchenquote		Antworten	Thematisierung durch die Beratungsfachkräfte in % der Angaben		
			„sehr häufig" oder „häufig"	manchmal	„selten" oder „nie"
Hoch	West	20	70,0	25,0	5,0
	Ost	9	50,0	50,0	0
Niedrig	West	36	50,0	44,5	5,5
	Ost	10	40,0	50,0	10,0
	Berlin	11	18,2	45,5	18,2
insgesamt		86	52,3	38,4	9,3

Tabelle 32:
Einfluss telefonischer Kontakte mit Ausbildungsbetrieben

Mädchenquote		Antworten	Aktivitäten der Beratungsfachkräfte in %			
			„sehr häufig"	„häufig"	manchmal	„selten"
Hoch	West	20	65,5	30,0	5,0	0
	Ost	9	77,8	22,2	0	0
Niedrig	West	37	48,6	43,2	8,1	0
	Ost	10	70,0	30,0	0	0
	Berlin	13	38,5	23,1	30,8	7,7
insgesamt		89	56,2	33,7	9,0	1,1

Tabelle 33:
Einfluss der Organisation individueller Betriebspraktika für Mädchen

Mädchenquote		Antworten	Aktivitäten der Beratungsfachkräfte in %		
			„sehr häufig" oder „häufig"	manchmal	„selten" oder „nie"
Hoch	West	20	10,0	65,0	25,0
	Ost	9	55,6	44,4	0
Niedrig	West	37	21,6	37,8	40,5
	Ost	10	30,0	20,0	20,0
	Berlin	13	7,7	15,4	76,9
insgesamt		89	21,4	39,3	39,3

Tabelle 34:
Einfluss „besonderer" Bemühungen für Mädchen einen Ausbildungsplatz in einem gewerblich-technischen Beruf zu finden

Mädchenquote		Antworten	Aktivitäten der Beratungsfachkräfte in %		
			„sehr häufig" oder „häufig"	manchmal	„selten" oder „nie"
Hoch	West	20	35,0	35,0	30,0
	Ost	9	77,8	22,2	0
Niedrig	West	37	27,0	59,5	13,5
	Ost	10	60,0	30,0	10,0
	Berlin	11	9,1	63,6	27,3
insgesamt		87	35,6	47,1	17,2

Die beiden Berliner Ämter fallen in mancherlei Hinsicht aus dem Rahmen: Die dortigen Mitarbeiter/innen reden wenig mit Ausbildern/innen über die Ausbildungsmöglichkeiten für Mädchen in gewerblich-technischen Berufen und sie bemühen sie sich auffällig wenig „besonders" um individuelle Betriebskontakte und um Ausbildungsplätze für Mädchen in gewerblich-technischen Berufen. Möglicherweise wirkt hier noch die Westberliner Tradition nach, dass Außenkontakte primär vom Landesarbeitsamt übernommen werden. Die Organisationsreform von 1992, wonach die Betreuung der Betriebe Aufgabe der Beratungsfachkräfte ist, machte in Berlin nicht nur neue Kompetenzabgrenzungen zwischen Ausbildungsstellenvermittler/innen und Berufsberater/innen nötig, sondern auch zwischen den Ämtern und dem Landesarbeitsamt. Die Zurückhaltung der Berliner Ämter hinsichtlich „besonderer" Bemühungen, für Mädchen Praktikums- oder Ausbildungsplätze im gewerblich-technischen Bereich zu finden, lässt sich nicht mit der Herkunft der

Berufsberater/innen erklären: Sieben der 13 kommen aus der DDR, wobei Ost-Berater/innen sich im allgemeinen stärker um Plätze für Mädchen bemühen. Eine andere, zweifellos gewagte, Erklärung ist, dass die Mitarbeiter/innen der Berliner Ämter wissen, wo sie die Mädchen unterbringen können. Ende der 1980er Jahre hatte das Projekt „Frauen und Technik" eine entsprechende Liste mit den Adressen von 32 größeren West-Berliner Betrieben erstellt, die bereit waren, Mädchen auszubilden. Meist sind die Adressen auch heute noch gültig, und das Beratungspersonal müsste sich also nicht „besonders" viel Arbeit machen.

Jenseits der Besonderheiten Berlins bleibt festzuhalten, dass die Beratungsfachkräfte im Gegensatz zur Zeit vor der Organisationsreform von 1992 vielfältige Kontakte zu Betrieben und damit Einblicke in die Ausbildungs- und in die Arbeitsrealität haben. Dieser Kontakt zu Betrieben ist ein entscheidender Faktor für die Höhe der Mädchenquote: In Agenturen mit höherer Mädchenquote ist der Kontakt zu Betrieben intensiver ist und die Berater/innen sprechen öfter mit den Betrieben über die Möglichkeiten einer gewerblich-technischen Berufsausbildung von Mädchen. Da Mädchen und Frauen in untypischen Berufen aber nur selten vorkommen und die einzelnen Berater/innen nur Kontakte zu bestimmten Betrieben haben, bleiben Einblicke in die berufliche Bewährung von Mädchen und von ausgelernten Frauen zufällig. Eine Verallgemeinerung können die individuellen Eindrücke nur erfahren, wenn der Informationsaustausch unter den Beratungsfachkräften gewährleistet ist. Doch auch unter Kollegen/innen diskutierte Eindrücke ersetzen kein fundiertes Wissen. Zumal viele Beratungsfachkräfte wiederholt mit den Betrieben über Ausbildungs- und Arbeitsmöglichkeiten für Mädchen bzw. Frauen in gewerblich-technischen Berufen sprechen, scheint es mir hilfreich, wenn nicht gar dringend nötig, dass die Beratungsfachkräfte mehr an *wissenschaftlich fundierten* Informationen erhalten. Notwendig wäre, entweder den Wissensmarkt der Berufsberatung über die hausinternen Schriften hinaus auszuweiten, oder aber die hausinternen Schriften zu nutzten, und beispielsweise in der ibv entsprechende Forschungsergebnisse vorzustellen.

Im Folgenden fasse ich die Ergebnisse zur Relevanz organisationaler Faktoren zusammen.

Fazit: Mädchenpolitische Relevanz des Organisationalen

Berufsberatungen, die überdurchschnittlich viele Mädchen in Jungenberufe vermitteln, weisen im Vergleich mit denjenigen mit niedriger Mädchenquote, folgende organisationalen Merkmale auf:

- Es sind weniger Ratsuchende zu betreuen als in anderen Agenturen, wenngleich auch dort die Arbeitsbelastung hoch ist.

- Der Informationsaustausch ist in diesen Agenturen intensiver. Zudem werden die Informationsmöglichkeiten, die den Berater/innen unmittelbar zur Verfügung stehen, häufiger genutzt.
- Die Berater/innen haben mehr Kontakte zu Ausbildungsbetrieben und mit den Betrieben wird öfter über eine gewerblich-technische Ausbildung von Mädchen gesprochen.
- Die Zusammenarbeit mit den allgemein bildenden Schulen ist intensiver, wobei die Berufsberater/innen dieser Ämter den schulischen Berufswahlunterricht insgesamt positiver beurteilen als die Beratungsfachkräfte in Amtsbezirken mit niedriger Mädchenquote.
- Die Beratungsfachkräfte bringen ihr berufskundliches Wissen stärker in die Beratungsgespräche ein. Ihr Verhalten ist stärker berater/innen-zentriert und sie versuchen in diesen Beratungen oftmals, Mädchen für eine untypische Berufsausbildung zu interessieren.
- In diesen Agenturen wurde mir nicht berichtet, dass dort Ausbildungsangebote als „nur für Jungen" gekennzeichnet werden, wohl aber in Agenturen mit niedriger Mädchenquote.

Dass die Situation sich verbessern werde, weil nunmehr eine hauptamtliche Beauftragte für Frauenbelange zur Verfügung steht, wird in den westlichen Agenturen mit höherer Mädchenquote nicht erwartet. In den Ost-Agenturen mit höherer Mädchenquote sowie in den West-Agenturen mit niedriger wird dagegen verstärkt darauf gesetzt, dass die Beauftragte für Frauenbelange etwas bewirken wird. Einen Zusammenhang zwischen den organisationalen Bedingungen, unter denen die Beauftragten für Frauenbelange arbeiten und der Mädchenpolitik der Agentur konnte ich nicht feststellen. Bisher konnten die Beauftragten für Frauenbelange der Berufsberatungs-Abteilung wenig erreichen, weil ihnen neben der üblichen Arbeit kaum Zeit für spezifische Aktivitäten blieb. Doch von den nunmehr hauptamtlichen Beauftragten sollte gleichfalls nicht allzuviel erwartet werden, müssen sie doch drei bisher nebenamtlich Tätige ersetzen. Überdies bringen die Stelleninhaberinnen meist keine berufsberaterischen Kenntnisse mit. Erschwerend kommt in manchen Agenturen hinzu, dass die Beauftragten vorher in der Abteilung Arbeitsvermittlung und -beratung gearbeitet haben, und zwischen dieser Abteilung und der Berufsberatung Animositäten bestehen.

Ohne Belang ist das Geschlecht der Führungskräfte. Weibliche Mehrheiten unter den Abteilungs- und Abschnittsleitungen sind nicht gleichbedeutend mit einer hohen Mädchenquote und männliche Mehrheiten nicht mit einer niedrigen. Auch der Führungsstil der Vorgesetzten, ob sie „positiv" oder „negativ" koordinieren, ob sie die Mitarbeiter/innen stark kontrollieren oder wenig, hat keine Auswirkungen. Die Ausgestaltung der Berufsinformationszentren hat ebenfalls keine Bedeutung. Der Grund ist hier aber, dass die Berufsinformationszentren sich wegen der zentralen Vorgaben wenig unterscheiden.

Kritisch anzumerken ist, dass die Wissensquellen, die von der Bundesagentur bereitgestellt und von der Mehrheit der Beratungsfachkräfte (im Gegensatz zu „externen" Quellen) stark genutzt werden, nur selten die Berufswahlsituation von Mädchen thematisieren. Was besonders fehlt, ist eine Messlatte zur „Eignung" der Berufe für Frauen und von Frauen für die einzelnen Berufe. Zu diesen – zentralen – Kriterien der Eignungsfeststellung fehlen den Beratungsfachkräften Informationen oder sie sitzen der mittlerweile veralteten und unseriösen Analyse des IAB aus den 1980er Jahren auf. Die Beratungsfachkräfte müssen sich dazu auf „Praxisinformationen" verlassen, die bestenfalls aus den Ausbildungsbetrieben kommen und schlechtestenfalls aus dem Bekanntenkreis, aus der Tagespresse oder aus Magazinen.

Als problematisch erweist sich auch die hohe Arbeitsbelastung: In Agenturen, die eine vergleichsweise geringe Zahl an Ratsuchenden zu betreuen haben, werden mehr Mädchen in Jungenberufe vermittelt als in den anderen. Den Beratungsfachkräften bleibt in manchen Agenturen kaum die Zeit, Mädchen anzuregen, über eine atypische Berufsausbildung nachzudenken. Der Terminkalender zwingt dazu, Mehrfachberatungen zu vermeiden. Darüber hinaus erfolgen die Einzelberatungen zumeist im ersten Drittel des letzten Schuljahres. Dann ist es aber zu spät, um Mädchen mit der Aufgabe zu entlassen, sich über die Möglichkeiten einer gewerblich-technischen Berufsausbildung zu informieren und darüber nachzudenken, ob so etwas vielleicht in Frage käme. Diese Mädchen würden bei vielen größeren Betrieben den Bewerbungstermin verpassen. Als für eine höhere Mädchenquote entscheidend hat sich vor allem die informelle Organisation der Agenturen herauskristallisiert: Dort wo die Berater/innen häufiger Kontakte zu Betrieben haben *und* ihre Erfahrungen mit den Kollegen/innen austauschen, ist die Mädchenquote höher als anderswo.

Im Folgenden geht es um den dritten möglichen Einflussfaktor, um die Haltungen und Meinungen der Beratungsfachkräfte.

5.5 Einflussfaktor Individuum: Überzeugung und Handeln sind zweierlei

Aus dem Bisherigen schälen sich vor allem die spezifischen organisationalen Bedingungen als für die jeweilige Mädchenquote bedeutsam heraus. Im Folgenden soll herausgearbeitet werden, inwieweit die jeweilige Zusammensetzung des Personals, deren Geschlechterleitbilder und Haltungen und Meinungen zu einer Ausbildung von Mädchen in gewerblich-technischen Berufen die Mädchenquote beeinflussen. Ein Teil des Beratungsfachpersonals hat, wie sich zeigen wird, erhebliche Vorbehalte, Mädchen in gewerblich-technische Berufe zu vermitteln. Dies trifft besonders auf die Mitarbeiter/innen ostdeutscher Agenturen zu, aber auch die westdeutschen Beraterinnen sind nicht einer Meinung. Bedeutsam ist in diesem Zusammenhang die „eigene Empirie": die soziale Herkunft, das Geschlecht, das Lebensalter und die Einstellung zum eigenen Beruf. Hypothesen dazu liegen auf der Hand, bspw. dass Jüngere aufgeschlossener sind als Ältere und Frauen mehr als Männer. Meine Ergebnisse aber künden in vielen Dimensionen vom Gegenteil. Zudem handeln Berater/innen manchmal entgegen ihrer Überzeugung: Individuelle Haltungen und Meinungen sind eben nur ein Faktor, der neben dem Umfeld und den organisationalen Gegebenheiten in die Handlungswahl eingeht. Im Folgenden werden die Haltungen und Meinungen zum Platz von Frauen in der Gesellschaft, zu dem was Mädchen wichtig ist und für welche Berufe sich Mädchen eignen sowie ausgewählte Persönlichkeitsmerkmale des Beratungspersonals dahingehend analysiert, inwieweit sie sich im Hinblick auf die Vermittlung von Mädchen in Jungenberufen als förderlich oder als hemmend erweisen. Schließlich werden die Erkenntnisse zur Relevanz individueller Axiome zusammengefasst. Im letzten Abschnitt dieses Kapitels (5.6) wird das Zusammenwirken von Individuum, Organisation und regionalem Umfeld erläutert.

Die Bedeutung von Geschlechterleitbildern

Das Geschlechterleitbild hat Konsequenzen für die berufliche Beratung. Wird davon ausgegangen, dass Frauen und Männer unterschiedliche Aufgaben haben und die Familienarbeit in erster Linie den Frauen zukommt, ist die Berufsentscheidung eines Mädchens wenig wichtig: Es wird den Beruf bald aufgeben und müsste allenfalls viele Jahre später auf einen erneuten Einstieg in die Erwerbstätigkeit vorbereitet werden. Wird aber vom Leitbild der gleichen Teilhabe der Geschlechter an Erwerbsarbeit – und damit an Einkommensressourcen – ausgegangen, ist dafür zu sorgen, dass Mädchen solche Berufe erlernen, mit denen sie ihren Lebensunterhalt sichern können.

Im Kapitel zu den Rahmenbedingungen berufsberaterischen Handelns wurde darauf hingewiesen, dass sowohl in Ost- als auch in Westdeutschland die Norm vorherrscht, dass in erster Linie die Frauen für den Haushalt und für die Erziehung der Kinder zuständig sind. In der DDR wurde dieses Leitbild mit der gleichzeitigen Erwerbstätigkeit von Frauen verknüpft, in der BRD seit Mitte der 1980er Jahre mit dem Dreiphasenmodell von Erwerbstätigkeit, Familienarbeit und erneuter Erwerbstätigkeit. Hingewiesen wurde auch darauf, dass dieses Leitbild in den verschiedenen Regionen Deutschlands unterschiedlich aufgenommen wird: In den neuen Bundesländern unterbrechen Mütter ihre Erwerbstätigkeit meist nur sehr kurz und nehmen häufig den Elternurlaub sogar nur teilweise in Anspruch. Im Westen Deutschlands dagegen differieren die Lebensmuster vom endgültigen Ausstieg aus der Erwerbsarbeit (Zweiphasenmodell) bis hin zu einer nahezu ununterbrochenen Erwerbsarbeit. Meine Hypothese war, dass das individuelle Leitbild der Beratungsfachkräfte für ihre Einschätzungen, welche Berufe sie für Mädchen für angemessen halten, von Bedeutung ist. Ich fragte die Beratungsfachkräfte, welches Modell des Zusammenlebens der Geschlechter sie präferieren. Zudem bat ich um eine Stellungnahme zur These: „Mädchen haben ein spezifisch weibliches Arbeitsvermögen". (Wie erläutert, wären Mädchen damit für bestimmte Berufe geeigneter als Jungen – und umgekehrt.) Und letztlich fragte ich mit Hilfe ausgewählter Statements nach den Einstellungen zu Mädchen in Jungenberufen.

Übersicht 21:

Geschlechterleitbilder

Dazu, wie das Zusammenleben von Frauen und Männern in der Gesellschaft geregelt sein sollte, gibt es höchst unterschiedliche Vorstellungen. Idealtypisch lassen sich drei Muster unterscheiden. Bitte lesen Sie sich die folgenden Beschreibungen aufmerksam durch und urteilen Sie, welches Modell Ihnen am sympathischten ist.

☐ *Das Modell der „Gleichheit"*
Zwischen Frauen und Männern wird prinzipiell keinerlei Unterschied gemacht. Allenfalls kann auf die Unterschiede der körperlichen Konstitution Rücksicht genommen werden, beispielsweise indem ein Mutterschutzurlaub gewährt wird.

☐ *Das Modell der „Differenz"*
Die vorrangige Aufgabe der Frauen ist die Familienarbeit: Sie erziehen die Kinder, pflegen die Alten und halten ihren Männern den Rücken frei, damit diese sich voll und ganz ihrer Aufgabe widmen können, der Familie ein möglichst hohes Einkommen zu sichern. Ehefrauen sind nur dann erwerbstätig, wenn entweder das Einkommen des Mannes nicht reicht und/oder neben der Familienarbeit Zeit übrig bleibt.

☐ *Das Modell „Gleichheit bei Anerkennung der Differenz"*
Frauen und Männer stehen prinzipiell die gleichen Möglichkeiten offen. Es wird aber davon ausgegangen, dass Frauen eine besondere Verpflichtung für die Familie zukommt. Diese wird durch Wiedereingliederungshilfen nach einer Familienphase und durch finanzielle Unterstützung für Kindererziehungs- und Pflegezeiten anerkannt.

Zur Frage nach dem anzustrebenden Modell des Zusammenlebens der Geschlechter sind die Meinungen der Berufsberater/innen gespalten. Ich legte ihnen drei Statements vor (vgl. Übersicht 21) und bat sie zusätzlich um ihre Meinung zur Ehegattenbesteuerung. Für das Modell der Geschlechterdifferenz (die Einverdiener-Hausfrauen-Ehe) votierte niemand. Etwas mehr als die Hälfte der Berater/innen präferiert das Modell der Gleichheit, die anderen das Modell prinzipiell gleicher Chancen für Frauen bei gleichzeitiger besonderer Verpflichtung für die Bedürfnisse der Familie. Interessanterweise fand das Modell der Gleichheit in Westdeutschland mehr Zustimmung als in Ostdeutschland (60% zu 48%). Nicht überraschend ist dagegen, dass mehr Frauen als Männer dafür votierten, zumal alle Befragten erwerbstätig sind. Die ostdeutschen Frauen stimmten diesem Modell mit 57% aber deutlich weniger zu als die westdeutschen (67%). Die westdeutschen Männer präferieren es mit 52% zwar seltener als die Frauen beider Landesteile, aber immerhin ist jeder Zweite dafür. (Von den ostdeutschen Männern votierte nur einer von fünf für Gleichheit.) Von noch mehr Berater/innen wird das Splitting-Verfahren der Einkommensteuer, das seit den 1950er Jahren besteht und zwar viel diskutiert wird, aber letztlich unangefochten zu sein scheint, abgelehnt. 78% sind dagegen; die Meinung von Männern und Frauen, Ostdeutschen und Westdeutschen unterscheidet sich nicht.[43] Zusammenfassend ist bemerkenswert, dass mehr als jede/r zweite Berufsberater/in dem von der Bundesagentur verbreiteten und ihren Berufswahlmedien immanenten Geschlechterleitbild widersprach.

Zu vermuten wäre, dass die Mitarbeiter/innen in den Agenturen mit niedriger Mädchenquote wenn schon nicht für das antiquierte Modell der „Differenz" so doch für deren modernere Variante der Anerkennung bei prinzipieller Gleichheit votieren. Doch entgegen den Erwartungen bevorzugen gerade Berater/innen in Agenturen mit niedriger Mädchenquote das Gleichheitsmodell. Lediglich in einer der Agenturen mit höherer Mädchenquote plädierten die Berater/innen ebenfalls für „Gleichheit", und zwar ausgerechnet in einer Region, wo das Differenzmodell eine erhebliche Rolle spielt. Das Votum für eins der Modelle ist offensichtlich nicht davon abhängig, welches davon in der jeweiligen Region vorherrscht und von den Müttern der Berufswählerinnen gelebt wird. Auch geht das Votum für „Gleichheit" nicht mit besonderen Bemühungen einher, den Mädchen Jungenberufe zu erschließen.

Auch die Meinung zur These eines *weiblichen Arbeitsvermögens* (vgl. Tab. 35) hat für die Vermittlung von Mädchen in bestimmte Berufe wenig Relevanz. Jede/r dritte westdeutscher Berater/in und jede/r vierte ostdeutsche Berater/in stimmte der Aussage: „Mädchen haben ein spezifisch weibliches Arbeitsvermögen", zu. Mittlerweile ist dieser Begriff also auch im Osten „angekommen". Knapp die Hälfte sowohl der Westdeutschen als auch der Ostdeutschen aber lehnt eine solche Zuschreibung ab. Die Anderen waren unentschieden. Männer und Frauen bejahten das Statement etwa gleich häufig; die Frauen waren gegenüber den Männern lediglich etwas weniger ablehnend und eher unentschieden. Zwar ist im Durchschnitt der West- und der Ost-Agenturen mit höherer Mädchenquote die Annahme eines weiblichen

---

43 Die Frage lautete: „Sollen Ehemänner (-frauen) steuerliche Vorteile haben, wenn ihre Frau (ihr Mann) nicht erwerbstätig ist, und zwar auch dann, wenn zum Haushalt keine betreuungsbedürftigen Kinder oder Pflegebedürftige gehören?"

Tabelle 35:
Einstellungen der Beratungsfachkräfte zu Mädchen in Jungenberufen*

	Antworten absolut	Stimme voll und ganz zu %	Stimme zu %	Bin unentschieden %	Lehne eher ab %	Lehne ganz ab %
Mädchen, die einen Männerberuf wählen, sollten wirklich sehr gute Leistungen in Mathematik und Naturwissenschaften vorzuweisen haben	87	5,8	34,9	11,6	34,9	12,8
Mädchen sollten häufiger Männerberufe wählen, weil die gut bezahlt werden	87	5,7	27,6	21,8	25,3	19,5
Mädchen sollten häufiger Männerberufe wählen, weil die Aufstiegschancen bieten	86	10,5	39,5	25,6	16,3	8,1
Mädchen in Männerberufen riskieren, ihre Attraktivität einzubüßen	87	0	3,4	4,6	27,6	64,4
In Männerberufen werden Mädchen mehr sexuell belästigt als in Frauenberufen	86	7,0	15,1	25,6	38,4	14,0
Männerberufe haben, was Lärm und Schmutz betrifft, meist schlechte Arbeitsbedingungen, warum sollte ein Mädchen sich das antun?	84	0	3,6	19,0	39,3	38,1
Mädchen sollten sich besser nicht für Männerberufe entscheiden – hinterher stellt sie ja doch keiner ein	85	2,4	15,3	16,5	37,6	28,2
Ein Mädchen, das einen Männerberuf wählt, muß sich auf einiges gefaßt machen	85	1,2	42,4	16,5	23,5	16,5
Mädchen, die einen Männerberuf wählen, sind etwas Besonderes	85	2,4	35,3	18,8	28,2	15,3
Wenn ein Mädchen einen Männerberuf erlernt, wird sich ihre Persönlichkeit positiv entwickeln	84	3,6	26,2	39,3	19,0	11,9
Mädchen in Männerberufe – je mehr desto besser! Die technische Entwicklung für die Zukunft sollte schließlich nicht allein den Männern überlassen werden	85	38,8	45,9	8,2	5,9	1,2

* Die meisten Statements wurden aus Hoose/Vorholt (1996: 159) entnommen. Der dort verwendete Begriff „Männerberuf" wurde beibehalten, um die Vergleichbarkeit der Ergebnisse zu gewährleisten. Hoose und Vorholt benutzen eine 3er Skala, während mir die Möglichkeit zu einer stärkeren Differenzierung wichtig war. Die Statements „Mädchen in Männerberufen sind etwas Besonderes" habe ich hinzugefügt, die Statements zur Bezahlung und zu den Aufstiegschancen sind bei Hoose/Vorholt zusammengefasst.

Arbeitsvermögens weniger verbreitetet als in den anderen Agenturen, die Angaben differieren zwischen den einzelnen Agenturen aber so stark, dass das Axiom offenbar ebenfalls keinerlei Einfluss auf die Vermittlungshäufigkeit von Mädchen in Jungenberufe hat.

Vermutlich ist die Konfusion darin begründet, dass jede/r sich etwas anderes unter „weiblichem Arbeitsvermögen" vorstellt. Z.B. knüpft auch die Initiative „Frauen geben Technik neue Impulse", an der die Bundesagentur beteiligt ist, am weiblichen Arbeitsvermögen an und behauptet beispielsweise, Frauen seien u.a. wegen ihrer Fähigkeit zu ganzheitlichem Denken für technische Berufe besonders prädestiniert. Der Glaube an ein weibliches Arbeitsvermögen kann also die Konsequenz haben, dass Mädchen bzw. Frauen sowohl für technische Berufe für besonders geeignet angesehen werden, als auch für traditionelle Frauenberufe, in denen Menschen die Arbeitsmittel und -gegenstände bilden. Ähnlich vage sind die Einstellungen der Beratungsfachkräfte zur Erschließung von Jungenberufen für Mädchen.

Für eine Vermittlung von Mädchen in Jungenberufe spricht aus der Sicht der Berufsberater/innen (vgl. Tab. 35):

- dass die technische Entwicklung nicht allein den Männern überlassen bleiben sollte. 85% stimmten dem zu.
- 66% sehen in den Jungenberufen gute Arbeitsmarktchancen, jedenfalls lehnen sie das Argument, „hinterher stellt sie ja doch keiner ein", ab.
- 50% sprechen sich wegen der Aufstiegschancen für eine Vermittlung in diese Berufe aus und
- 33% sehen in der guten Bezahlung ein dafür sprechendes Argument, wobei aber mehr als jede/r Zweite meint, die Bezahlung sei kein Grund.

Gegen die Vermittlung von Mädchen in Jungenberufen spricht aus der Sicht der Berater/innen vor allem, dass sich Mädchen dort „auf einiges gefasst" machen müssten (58%).

Anderen Argumenten, sowohl den befürwortenden als auch den ablehnenden, stimmten die Berufsberater/innen weit weniger zu. Auffällig ist, dass einige der – zumindest noch in den 1980er Jahren – und in politischen Diskussionen teils heute noch zu hörenden Meinungen von den Berufsberater/innen wenig geteilt werden: Nur drei Berater/innen sind der Ansicht, in diesen Berufen gäbe es häufiger Lärm und Schmutz und Mädchen sollten sich dieses nicht antun. Ebenso wenige kreuzten an, Mädchen würden an Attraktivität einbüßen. Allerdings sieht jede/r Vierte ein besonderes Arbeitsmarktrisiko oder schätzt die Gefahr sexueller Belästigungen höher als in Frauenberufen ein. Nahezu jede/r Fünfte verneinte zudem, dass Frauen in Männerberufen Aufstiegschancen hätten. Die in der Hauptstelle weit verbreitete Meinung, Mädchen hätten in gewerblich-technischen Berufen „besondere" Schwierigkeiten und ein erhöhtes Arbeitsmarktrisiko (vgl. Abschnitt 3.5 u. 4.3), wird von nahezu einem Viertel der Beratungsfachkräfte geteilt. Angesichts des Wissensmonopols von Hauptstelle und IAB sind dies erstaunlich wenige!

Bei der Frage nach den Einstellungen zu Frauen in Männerberufen habe ich auf die Untersuchung von Daniela Hoose und Dagmar Vorholt (1996) zurückgegriffen. Sie haben ihre Statements 439 Hamburger Schülerinnen der Klassenstufen acht bis zehn sowie deren Eltern (n = 165) vorgelegt. Die dort verzeichneten Angaben können somit mit denen „meiner" Berufsberater/innen verglichen werden.

Die Eltern antworteten in der *Tendenz* ähnlich wie die Berufsberater/innen, kreuzten aber häufiger, wie auch die Mädchen, „bin unentschieden" an. Dennoch gibt es einige bemerkenswerte Differenzen zwischen den Einstellungen von Eltern, Mädchen und Berufsberater/innen.

- Das *Lärm- und Schmutzargument* wird von den Eltern seltener abgelehnt als von den Berufsberater/innen (50,3% zu 77,4%), Mädchen stimmten im Vergleich zu den Berufsberatern/innen geringfügig stärker zu und lehnten etwas weniger ab.
- Weniger Eltern als Berufsberater/innen sehen in der *Bezahlung* und in den *Aufstiegschancen* wichtige Pro-Argumente (23% zu 35,5% bzw. 50%). Von den Mädchen stimmte jedes dritte diesem Statement zu.
- Das Argument, die *technische Entwicklung dürfe nicht allein den Männern überlassen bleiben*, findet bei den Eltern weniger Zustimmung (52,2% zu 84,4%).
- Weniger Eltern als Berufsberater/innen halten Mädchen in Jungenberufen für „*etwas Besonderes*" (3,7% zu 37,7%); von den Mädchen sind es 20,9%.
- Nur 15,8% der Eltern gegenüber 43,6% der Berufsberater/innen meinen, Mädchen müssten sich in Jungenberufen „*auf etwas gefasst machen*". Auch von den Mädchen stimmten diesem Statement nur 27,8% zu.
- Die *Gefahr sexueller Belästigung* befürchten 22,1% der Berater/innen, 22,4% der Mädchen aber nur 7,0% der Eltern. Allerdings lehnen nur 30,6% der Mädchen gegenüber 52,4% der Berater/innen und 42,0% der Eltern dieses Statement ab, so dass fast die Hälfte der Berufsberater/innen, mehr als die Hälfte der Eltern und gut 2/3 der Mädchen sexuelle Belästigung für nicht ausgeschlossen halten.

Das vorrangige Argument der Beratungsfachkräfte für eine Ausbildung von Mädchen in gewerblich-technischen Berufen, wonach die technische Entwicklung nicht allein den Männern überlassen werden dürfe, kommt bei den Eltern nicht an. (Mädchen wurden hierzu nicht befragt.) Auch die Einschätzung, dass Mädchen in gewerblich-technischen Berufen etwas Besonderes sind, wird von den Eltern nicht und von nur wenigen Mädchen geteilt. Wollen Berufsberater/innen Mädchen für eine gewerblich-technische Ausbildung gewinnen, müssten sie die Eltern mithilfe der Töchter davon überzeugen, dass nicht in allen gewerblich-technischen Berufen unzumutbarer Lärm und

Schmutz vorherrscht und dass die Verdienstmöglichkeiten wichtig sind. Mit Unterstützung der Eltern wiederum müssten sie den Mädchen die Angst vor sexuellen Übergriffen nehmen.

Viele der Pro- und der Contra-Argumente der Berufsberater/innen werden bei den Eltern keine Unterstützung finden. Dennoch bleibt die Frage, wessen Einschätzungen *richtig* sind. Zum einen dürften die Berufsberater/innen bessere Einblicke haben, z.B. weil sie bei den Betriebsbesuchen einen Eindruck hinsichtlich des Schmutzes und des Lärms gewinnen, während Eltern entsprechende Werkstätten nicht unbedingt kennen. Auch hinsichtlich der Aufstiegschancen in den jeweiligen Berufen werden die Berufsberater/innen über mehr Kenntnisse verfügen. Zum anderen aber geht es um die Einschätzung, wie durchsetzungsfähig Mädchen bspw. gegenüber sexueller Anmache sind. Hier dürften die Eltern bessere Informationen haben. Möglicherweise hätten Eltern in anderen Regionen Deutschlands anders geantwortet. Zumindest aber müssen die Beratungsfachkräfte sich darauf einstellen, dass ihre Einschätzungen von den Eltern und von den Mädchen nicht immer geteilt werden. Die Meinungen der Berufsberater/innen sind aber durchaus nicht einheitlich. Die drei Statements „wirklich sehr gute Noten", „auf einiges gefasst machen" und „etwas Besonderes" werden von fast ebenso vielen Berater/innen abgelehnt wie ihnen zustimmen.

Aus der Sicht der Berufsberater/innen spricht insgesamt wenig *für* eine Vermittlung von Mädchen in Jungenberufe. Das am häufigsten genannte Argument, „die technische Entwicklung ... sollte nicht allein den Männern überlassen werden", scheint mir wenig tragfähig: 17-jährigen Mädchen wird die Aufgabe zugewiesen, die technische Entwicklung zu feminisieren, was darunter auch immer zu verstehen sein mag. Selbst wenn aus Mädchen Facharbeiterinnen oder Gesellinnen und aus der einen oder anderen eine Meisterin wird, haben allenfalls einige wenige Einfluss auf das Geschehen in den Entwicklungsabteilungen." Für viele Berufsberater/innen kommen zudem nur „besondere" Mädchen für eine Vermittlung in Jungenberufe in Frage. In der Regel sind bei Bewerbungen um einen Ausbildungsplatz in einem gewerblich-technischen Beruf in der Tat gute Noten in Mathematik und den naturwissenschaftlichen Fächern gefragt. In den Antworten der Berufsberater/in-

---

44 Die These, dass Frauen Technik anders gestalten würden, fußt wiederum auf der Annahme eines „weiblichen Arbeitsvermögens". In Teilen der westdeutschen Frauenbewegung, die in den späten 1980er Jahren eng mit der Friedens- und der Umweltbewegung verwoben war, wurde davon ausgegangen, dass die Menschen- und Umweltverachtung, die in der Technologie („star wars"!) zum Ausdruck kommt, dem Umstand geschuldet sei, dass Frauen keinen Einfluss auf die Entwicklung neuer Technologien haben, weil sie in den entsprechenden Berufen nicht vorkommen. – Ein zweites, wenngleich weit weniger bedeutsames Argument war und ist immer noch, dass Techniken häufig keine Rücksicht auf die Lebenswelt und die Ergonomie vieler Frauen nehmen; bspw. entspricht die Anordnung der Räume im sozialen Wohnungsbau häufig nicht den Bedürfnissen von Müttern, während der Hausarbeit den Spielplatz im Auge zu haben.

nen kommt aber zum Ausdruck, dass viele ein Mädchen nur dann in einen gewerblich-technischen Beruf vermitteln werden, wenn dieses Mädchen besonders gute Schulnoten in den einschlägigen Fächern vorweisen kann und wenn es eine starke Persönlichkeit mitbringt, die sich in einer Männergesellschaft wird behaupten können. Die Grundannahme vieler Berater/innen ist die einer unterschiedlichen Eignung der Geschlechter, wonach, wenn überhaupt, nur „besondere" Mädchen für gewerblich-technische Ausbildungen in Frage kommen. Allerdings gibt es bei den Haltungen des Beratungspersonals erhebliche Unterschiede.

Zur Eignung der Berufe und zu den Präferenzen von Mädchen

Unterschiedliche Einschätzungen, welche Berufe sich für Mädchen eignen und was für Mädchen wichtige Berufswahlkriterien sind, gibt es vor allem zwischen ost- und westdeutschen Berater/innen. Während ein erheblicher Teil der westdeutschen Berater/innen zu vielen Berufen meint, hierfür seien Mädchen und Jungen gleichermaßen geeignet, segregieren die meisten ostdeutschen deutlich zwischen Mädchen- und Jungenbereichen. Zu den Kriterien, was den Mädchen wichtig ist, haben die ostdeutschen Berater/innen in manchen Dimensionen dagegen ein realistischeres Bild.[45] Zunächst werde ich die Gesamtergebnisse vorstellen, anschließend auf die Ost-West-Differenzen eingehen und zuletzt die Auswirken auf die Vermittlungstätigkeit der Agenturen aufzeigen.

Den Berufsberatern/innen wurde eine Liste von Berufen vorgelegt und sie wurden gefragt, für welchen dieser Berufe sie eher Mädchen und für welche sie eher Jungen für geeignet halten. In die Liste wurden Berufe aufgenommen, die (a) nahezu ausschließlich von Mädchen bzw. von Jungen erlernt werden, (b) Berufe aus dem gewerblich-technischen Bereich, die tendenziell zuviel Körperkraft erfordern, als dass Mädchen sie erlernen sollten und (c) Jungenberufe, in denen die Berufsberatung vergleichsweise viele oder wenige Mädchen für eine Vermittlung vorsieht. Zudem wurden neu geschaffene, informationstechnische Berufe hineingenommen, in denen ein Rückstand der Mädchen zu verzeichnen ist.

In der Regel kreuzten die meisten Befragten bei allen Berufen „gleich geeignet" an. Doch für einige Berufe werden von einer relevanten Gruppe entweder die Mädchen oder die Jungen als befähigter angesehen. Vor allem

---

45 Hoose und Vorholt befragten Hamburger, d.h. westdeutsche Mädchen. Gegenüber den westdeutschen Mädchen spielen – der 13. Shell-Jugendstudie zufolge – bei ostdeutschen Mädchen materielle Motive wie „hohe Erfolgsaussichten", „geringes Risiko" und „hohes Einkommen" eine größere Rolle. Dabei gibt es im Osten keine Unterschiede zwischen Mädchen und Jungen, wohl aber im Westen, wo die Mädchen häufiger immaterielle Motive wie: „die Arbeit selbst bestimmen können", „die Arbeitszeit selbst bestimmen können" und „keinen Vorgesetzten haben", nannten (Fischer 2000: 295).

Tabelle 36:
Eignung von Mädchen und Jungen für bestimmte Berufe aus der Sicht von Berufsberater/innen

	Antworten absolut	Mädchen eignen sich besonders %	Mädchen geeigneter %	Beide gleich %	Jungen geeigneter %	Jungen eignen sich besonders %
Tischler/in	89	0	1,1	73,0	25,8	0
Radio- und Fernsehmechaniker/in	89	0	0	74,2	23,6	2,2
Elektroinstallateur/in	88	0	1,1	51,1	45,5	2,3
Kommunikationselektroniker/in – Telekommunikation	89	0	3,4	85,4	11,2	0
Industrieelektroniker/in – Produktionstechnik	89	0	2,2	80,9	15,7	1,1
Zerspanungsmechaniker/in – Drehtechnik	89	0	0	77,5	19,1	3,4
Gas- und Wasserinstallateur/in	89	0	0	32,6	60,7	6,7
Industriemechaniker/in – Betriebstechnik	89	0	0	71,9	25,8	2,2
Industriemechaniker/in – Geräte- und Feinwerktechnik	89	2,2	6,7	82,0	7,9	1,1
Werkzeugmechaniker/in – Stanz- u. Umformtechnik	88	0	1,1	72,7	23,9	2,3
Kfz-Mechaniker/in	89	0	1,1	76,4	20,2	2,2
Malerin u. Lackiererin	89	3,4	7,9	70,8	18	0
Kaufmann/-frau für Bürokommunikation	89	11,2	23,6	65,2	0	0
Friseur/in	89	4,5	22,5	73,0	0	0
Fachverkäufer/in im Nahrungsmittelhandwerk	89	6,7	15,7	77,5	0	0
Steuerfachangestellte/r	89	0	6,7	92,1	1,1	0
Informatikkaufmann/-frau	89	0	0	98,9	1,1	0
Fachinformatiker/in – Anwendungsentwicklung	88	0	0	95,5	4,5	0
Fachinformatiker/in – Systemintegration	87	0	0	95,4	4,6	0
Reiseverkehrskaufmann/-frau	89	2,2	7,9	89,9	0	0
Werbekaufmann/-frau	89	1,1	2,2	96,6	0	0

Berufe, in denen viele Mädchen ausgebildet werden und/oder deren Bezeichnungen Tätigkeiten vermuten lassen, die im Allgemeinen Frauen zugesprochene Fähigkeiten erfordern, werden per se als für Mädchen geeignet angesehen. Mädchen scheinen vielen Beratungsfachkräften besonders geschaffen für die Berufe *Kauffrau für Bürokommunikation, Friseurin* und *Fachkauffrau im Lebensmittelhandwerk*, Berufe, die nicht gerade zu den chancenreichen zählen. Jungen dagegen werden besondere Fähigkeiten für die meisten gewerblich-technischen Berufe zugesprochen. Für die Berufe *Gas- und Wasserinstallateur/in* sowie *Elektroinstallateur/in* halten nur wenige Berater/innen Mädchen für geeignet. Doch auch für die meisten anderen gewerblich- technischen Berufe wähnt jede/r vierte oder fünfte Berufsberater/in Jungen gegenüber Mädchen im Vorteil. Die Antworten der Beratungskräfte folgen dem Muster, dass Berufe mit hohem Mädchenanteil unter den Auszubildendem primär für Mädchen geeignet sind und umgekehrt. Bei den Mädchenberufen schert lediglich die Steuerfachangestellte aus. Nur 6,7% der Berater/innen erachten Mädchen hierfür als passender. Der Beruf ist aber zu drei Vierteln mit Mädchen besetzt. Dieses Muster der Zuordnung gemäß dem Anteil der Geschlechter an den Auszubildenden zeigt sich sogar innerhalb des gewerblich-technischen Bereichs. In industriellen gewerblich-technischen Berufen befinden sich vergleichsweise viele Mädchen in den Berufen Kommunikationselektroniker/in – Telekommunikation (4,1% Mädchenanteil 1998) und Industriemechaniker/in – Geräte- und Feinwerktechnik (6,0% Mädchenanteil). Für diese beiden Berufe halten neun von zehn Berater/innen Mädchen für geeignet.

Zum Teil mögen die Berufsberater/innen bei diesen Zuordnungen antizipiert haben, dass für Mädchen in vielen kleineren gewerblich-technischen Betrieben und damit vor allem in den Berufen des Handwerks kaum Bewerbungschancen bestehen, und somit eigentlich nicht die Mädchen, sondern die Betriebe ungeeignet sind. Dennoch irritiert, dass *Industriemechaniker/in – Betriebstechnik* als für Mädchen passender erachtet wird als *Gas- und Wasserinstallateur/in* und dass einige andere Metallberufe ebenfalls negative Bewertungen erhielten. Gemeinsam ist den beiden Berufen, dass besonders hohe körperliche Belastungen nicht auszuschließen sind, weil vielfach im Vorhinein unklar ist, ob beispielsweise Hebezeug nötig ist, es gegebenenfalls zur Verfügung steht und in den jeweiligen Räumlichkeiten benutzt werden kann. Gotthard Graß (1985) urteilte in seiner arbeitswissenschaftlichen Untersuchung[46], dass der Beruf Betriebsschlosser/in (heutige Bezeichnung: *Industriemechaniker/in – Betriebstechnik*) für Mädchen bzw. Frauen nicht unbe-

---

46 Gotthard Graß untersuchte Anfang der 1980er Jahre 538 Facharbeiter/innentätigkeiten mithilfe des „Erhebungsverfahrens zur Tätigkeitsanalyse (AET)", das von Rohmert und Landau entwickelt worden ist. Die Beschreibungsebenen sind die Arbeitsobjekte, die Betriebsmittel, die Arbeitsumgebung, die Aufgaben und die Anforderungen. Die Gesamtheit der Ergebnisse diente als Vergleichsgröße für die einzelnen Berufe.

dingt ratsam ist. Die Tätigkeiten umfassen hohe Anteile an statischer Haltearbeit (Werkzeuge) und schwerer dynamischer Arbeit durch den Transport von Bauteilen und Werkzeugen als relativ bedeutsame Nebenaufgabe. „Will man den Einsatz von Betriebsschlosserinnen nicht auf den Werkstattbereich begrenzen, so müssen technische Hilfsmittel auch vor Ort zur Verfügung stehen" (Graß 1985: 44). Mindestens müsse gesichert sein, dass männliche Kollegen für die besonders schweren Arbeiten spontan zur Verfügung stünden. Bei den Zerspanungsberufen dagegen seien extreme körperliche Belastungen selten, und sie ließen sich zudem einzelnen Arbeitsplätzen bzw. Maschinen exakt zuordnen. Beim Einsatz von Frauen seien deshalb keine Schwierigkeiten zu erwarten (ebd.: 48). Knapp 23% der Beratungsfachkräfte aber halten Mädchen für den Dreherinnen-Beruf für nicht geeignet. Zum Beruf Industriemechaniker/in mit der Fachrichtung *Geräte- und Feinwerktechnik* meint immerhin noch jede/r zehnte Berater/in die Jungen seien tauglicher, wobei aber ebenso viele die Mädchen als besser erachten. Graß ermittelte in seiner Analyse für diesen Beruf „keine Anforderungen ..., die einen Einsatz von entsprechend ausgebildeten Frauen ... im Wege stehen" (ebd.: 52).

Irritierend ist weiterhin, dass die Berufsberater/innen Kommunikationselektroniker/in – Telekommunikationstechnik als geeigneter ansehen als Radio- und Fernsehtechniker/in. Bei den Elektroberufen sieht Graß im Hinblick auf die Einsetzbarkeit von Frauen kaum Einschränkungen. In seine Untersuchung hat er zwar ausschließlich industrielle Berufe aufgenommen, doch selbst zum/r *Elektroanlageninstallateur/in bzw. Energieanlagenelektroniker/in* – dem industriellen Parallelberuf zum Handwerksberufe *Elektroinstallateur/in* – führt er aus, dass keine grundsätzlichen Hemmnisse bestehen. Vereinzelt auftretende hohe Belastungen könnten durch den Einsatz von Hebewerkzeugen oder der Hilfe von Kollegen/innen umgangen werden, und die „insbesondere bei Neuinstallationen auftretenden Stemmarbeiten sind weniger belastend, als häufig angenommen wird" (ebd.: 64). Bei *Fernmeldeinstallateuren/innen* bzw. *Fernmeldeelektronikern/innen* zeigten sich vergleichsweise große Zeitanteile statischer und einseitig dynamischer Muskelarbeit, wobei die jeweiligen Werkzeuge, Bauteile und Kabel meist aber nur 1 kg oder weniger wiegen. „Dementsprechend ist die Belastungshöhe in der Regel sehr gering oder gering" (ebd.: 71). Nach Ansicht jeder zweiten Beratungsfachkraft aber scheiden Mädchen bei Elektroinstallationen als Kandidatinnen aus, und beim Einsatz in der Produktionstechnik (u.a.: Vorbereitung und Kontrolle automatischer Maschinen des Fertigungsprozesses) meint immer noch jede/r sechste Berufsberater/in, Mädchen seien dafür nicht geeignet. Bezüglich der Telekommunikation ist es immerhin auch noch mehr als jede/r zehnte.

Das Kriterium vieler Berufsberater/innen dafür, ob Mädchen bzw. Frauen in bestimmten Berufen einsetzbar sind, sind nicht die objektiven Arbeitsanforderungen. Berufsberater/innen raten nicht zu Jungenberufen, weil bisher nur wenige Mädchen diese Berufe lernen. Es lernen aber nur wenige Mädchen diese Berufe, weil sich wenige bewerben (und von den Berufsberatungen dorthin geschickt werden). Konzidiert werden muss, dass zum zentralen Eignungskriterium der Bundesagentur, „die Erwartung ..., dass die Person A eines Tages im Beruf X erfolgreich und zufrieden sein wird" (Hilke/Hustedt 1992: 109) im Hinblick auf Frauen in gewerblich-technischen Berufen nur wenige Informationen vorliegen. Arbeitswissenschaftliche Untersuchungen sind rar und die bisherigen Studien zum Berufsverlauf von Frauen fassten die Probandinnen notgedrungen in Berufsgruppen und allenfalls Berufsordnungen zusammen, weil die Datenbasis für eine Analyse nach Einzelberufen in aller Regel zu schmal war. Doch zu den Mädchenberufen liegen meines Wissens gar keine arbeitswissenschaftlichen Untersuchungen vor und zu den typischen Berufsverläufen der Ausbildungsabsolventen/innen existieren lediglich rudimentäre Hinweise: Auch zu diesen Berufen ist keineswegs gesagt, dass sich dafür Mädchen eher eignen als Jungen. Zu einigen Berufen kann sogar die These vertreten werden, dass Unzufriedenheit und Erfolglosigkeit vorprogrammiert sind.

Mit den beruflichen Einsatzmöglichkeiten und den Berufsverläufen ausgelernter Frauen haben viele Berufsberater/innen sich bislang anscheinend kaum beschäftigt. Berufe, die hinsichtlich der körperlichen Belastung viele Frauen tendenziell überfordern, werden mehrheitlich als für Mädchen und für Jungen *gleichermaßen* geeignet angesehen. Berufe dagegen, in denen es keinerlei Einsatzbeschränkungen für ausgelernte Frauen gibt, schätzt ein Teil der Berater/innen als für Jungen passender ein. Im Mittelpunkt der Überlegungen vieler Berufsberater/innen stehen erkennbar weniger die Möglichkeiten, die die Berufe den Mädchen eröffnen, als vielmehr die soziale Situation am Arbeitsplatz. Mädchen in Jungenberufen „müssen sich auf einiges gefasst machen", und Jungenberufe sind daher nur etwas für „besondere Mädchen". Allerdings zeigen gerade die letzten Dimensionen, wie auch die Einschätzungen hinsichtlich der Pro-Argumente Bezahlung, Aufstiegs- und Arbeitsmarktchancen, dass die Berufsberater/innen durchaus nicht einer Meinung sind. In etlichen Dimensionen wird deutlich, dass es zwei unterschiedliche Positionen unter den Beratern/innen gibt. Dies gilt auch für ihre Einschätzung dazu, welche Tätigkeitsinhalte eher zu Jungen oder Mädchen passen.

Bei den Mädchenberufen und den mit beiden Geschlechtern besetzten Berufen zeigt sich in den Antworten der Beratungsfachkräfte das bedenkliche Muster: „Um so schlechter die beruflichen Chancen, je eher sind Mädchen besonders passend". Mir scheint, dass dieser Aspekt den Beratungsfachkräften kaum bewusst ist; schließlich plädieren sie in erheblicher Anzahl für eine Gleichstellung von Frauen und Männern. Aus dem Rahmen fällt lediglich die Steuerfachangestellte. Mir drängt sich der Verdacht auf, dass die Begrifflichkeit die Wahrnehmung prägt. Mit der Neuordnung 1996 wurde auch die Berufsbezeichnung geändert; die im alten Namen „Fach*gehilfin* in steuer- und wirtschaftsberatenden Berufen" enthaltene Zuarbeitsfunktion geriet aus dem Blick. Noch in „Beruf Aktuell 2001/02" las sich die Berufsbeschreibung, als sei nur die Beratung das Terrain der Steuerberater/innen, die eigentlichen Fachtätigkeiten aber würden von den Fachangestellten bzw. Gehilfinnen weitgehend selbstständig ausgeführt.[47] Mädchen scheinen für den Beruf, obwohl es ein Mädchenberuf ist, nicht prädestiniert zu sein, weil „Steuern" als Arbeitsgegenstände rationale, d.h. Männern und nicht Frauen zugeschriebene Fähigkeiten erfordern, und nichts mit Menschen zu tun haben. Eine irrige Annahme, weil ein wesentlicher Tätigkeitsinhalt der Steuerfachangestellten „adjunct control" ist, nämlich dafür zu sorgen dass die Kunden/innen Termine einhalten und Unterlagen rechtzeitig beibringen (vgl. Abschnitt 3.6), während die primäre Aufgabe der (vorgesetzten) Steuerberater/innen gerade der fachliche, und im Zweifel vor dem Finanzgericht zu behauptende Umgang mit der Sache, dem Steuerbescheid, ist.

Ähnliche Analogien scheinen mir der Bewertung mancher gewerblich-technischer Berufe unterlegt zu sein. Die wenigen gewerblich-technischen Berufe, für die überhaupt eine nennenswerte Anzahl von Berufsberater/innen eine besondere Befähigung von Mädchen annimmt, sind diejenigen, deren Namen entweder auf Feinarbeiten hindeuten („Geräte- und Feinwerktechnik") oder wo gestalterisches Arbeiten vermutet wird (Maler/in und Lackierer/in). Malergesellinnen haben allerdings höchstens bei Privataufträgen und somit eher selten Einfluss auf die Gestaltung. In der Elektronik ist Feinarbeit dagegen die Regel, wird aber offenbar nicht unbedingt damit in Verbindung gebracht. Nur wenige Berufsberater/innen halten Mädchen für elektrotechnische Berufe besonders geeignet, und im Zweifel gilt der Metallberuf „Industriemechaniker/in – Geräte- und Feinwerktechnik" als passender als ein elektronischer Beruf. Ich vermute, dass auch die Mädchen sich an den Berufsbezeichnungen orientieren. Ihr Bemühen, während der Adoleszenz, die ja für viele mit der Phase der Berufsentscheidung zusammenfällt, Weiblichkeit zu demonstrieren, macht Berufe, deren Bezeichnungen Feminines assoziieren möglicherweise besonders attraktiv. „Geräte- und Feinwerktechnik" ist unter dieser Perspektive allemal attraktiver als „Werkzeugmechaniker/in". Bedauerlicherweise fehlt in meiner Liste der Beruf „Mikrotechnologe/in". Ich hätte allzu gern die Einschätzungen der Berufsberater/innen dazu erfahren, aber der Beruf wurde erst nach meiner Befragung neu entwickelt. Und zwar löst er

---

47 „Steuerfachangestellte bearbeiten Steuererklärungen und prüfen eingegangene Steuerbescheide auf eventuelle Unstimmigkeiten, um gegebenenfalls innerhalb der zulässigen Fristen Einspruch zu erheben. Sie erledigen ... oftmals die gesamte Buchführung für die betreuten Unternehmen bis zur Vorbereitung des Jahresabschlusses" (Beruf Aktuell, Ausgabe 2001/02: 259). Angesichts dieser Beschreibung fragt sich, warum Steuerberater/innen und Wirtschaftsprüfer/innen in der Regel einen betriebswirtschaftlichen Universitätsabschluss und ein zusätzliches, mehrjähriges Praktikum in einem einschlägigen Büro benötigen, bevor sie überhaupt die Chance haben, die für die Niederlassung und für die Zulassung bei Finanzgerichten erforderliche Kammerprüfung zu bestehen.

den Beruf „Industrieelektroniker/in – Produktionstechnik" ab. Letzterer hatte in den letzten Jahren (immerhin!) einen Mädchenanteil um 7%, „Mikrotechnologe/in" aber startete 1999 gleich mit einem Mädchenanteil von 20,5%.

Darauf, inwieweit diese Haltungen und Meinungen für die jeweilige Vermittlungshäufigkeit von Mädchen in gewerblich-technische Berufe bedeutsam sind, werde ich zum Ende dieses Abschnitts eingehen. Die Einschätzungen der Berufsberater/innen sind vor allem auch davon abhängig, was ihrer Meinung nach die Mädchen *wollen*.

Präferenzen der Mädchen aus der Sicht des Beratungspersonals

Mädchen wollen „mit Menschen zu tun haben", dabei aber nicht unbedingt „anderen helfen". Jedenfalls tun sie letzteres nicht lieber als „im Büro arbeiten". Wichtig sind ihnen „nette Kollegen/innen", sichere Beschäftigungschancen, finanzielle Unabhängigkeit und Möglichkeiten zum Wiedereinstieg (vgl. Abschnitt 3.7). Was meinen Berufsberater/innen, was Mädchen als wichtig erachten? Ich habe die Items, mit denen Mädchen in Step-Plus sowie in der Hamburger Untersuchung von Daniela Hoose und Dagmar Vorholt (1996) befragt wurden, den Berufsberater/innen vorgelegt. Während sich zu den in Step-Plus aufgeführten Tätigkeitsinhalten und Arbeitsumgebungen die Antworten der Mädchen und die der Berufsberater/innen weitgehend gleichen, zeigen sich bei anderen Merkmalen erhebliche Unterschiede: Berufsberater/innen unterstellen den Mädchen vorrangig Interesse an bestimmten Arbeitsinhalten, während den Mädchen berufliche Karrierechancen mindestens ebenso wichtig sind.

Außer beim Item „mit Baumaterialien umgehen" entschieden sich die Berufsberater/innen mehrheitlich dafür, dass Berufe, für die die genannten Merkmale typisch sind, sich sowohl für Jungen als auch für Mädchen eignen. „Mit Baumaterialien umgehen" können nach Meinung der meisten Berufsberater/innen Jungen besser als Mädchen. Bis 1994 waren die Bauhauptberufe für Mädchen und Frauen in der westlichen Bundesrepublik verboten. (Im östlichen Bundesgebiet galten diese Regelung nicht.) Doch auch in den Baunebenberufen wie beispielsweise Fliesenleger/in, Elektroinstallateur/in oder Gas- und Wasserinstallateur/in, für die das Beschäftigungsverbot Anfang der 1980er Jahre aufgehoben wurde, blieb die Zahl der Mädchen gering. Eine Erklärung ist, dass diese Ausbildungen häufig in kleinen Betrieben angeboten werden und diese sich wiederum Mädchen gegenüber verschlossen zeigen. Doch eine vielleicht ebenso gewichtige Ursache könnte die Haltung der Berufsberater/innen sein: Immerhin nahezu drei Viertel der Berater/innen sprechen *ausschließlich* Jungen die Fähigkeit zu, mit Baumaterialien umzugehen! Das andere Viertel sieht nicht etwa die Mädchen im Vorteil, sondern meint, dass beide Geschlechter gleich geeignet sind. Selbst für „Maschinen zusammenbauen/reparieren" halten 39% zumindest „eher" die Jungen für geeignet. Mädchen, die gerne einen Bauberuf oder einen schlosserischen Beruf erlernen möchten, werden somit bei einer erheblichen Anzahl der Berufsberater/innen auf Reserviertheit stoßen.

Tabelle 37:
Eignung der Geschlechter für berufliche Tätigkeiten aus der Sicht der Berufsberater/innen

	Antworten absolut	Besonders für Mädchen %	Eher für Mädchen %	Für beide %	Eher für Jungen %	Besonders für Jungen %
Mit Menschen zu tun haben	88	3,4	11,4	85,2	0	0
Auf technischem Gebiet arbeiten	88	0	0	86,4	12,5	1,1
Saubere Arbeit	88	0	18,2	81,8	0	0
Handwerklich arbeiten	88	0	0	80,7	19,3	0
Anderen helfen	88	3,4	31,8	64,8	0	0
Mit Baumaterialien umgehen	88	0	0	26,1	61,4	12,5
Im Büro arbeiten	88	6,8	10,2	83,0	0	0
Mit Elektrizität/Elektronik zu tun haben	87	0	0	79,3	18,4	2,3
Produktionsanlagen überwachen	88	0	1,1	75,0	21,6	2,3
Gestalterisch arbeiten	88	1,1	21,6	77,3	0	0
Mit Pflanzen oder Tieren arbeiten	88	1,1	8,0	89,8	1,1	0
Maschinen zusammenbauen/reparieren	87	0	0	60,9	36,8	2,3
Im Labor arbeiten	88	0	13,6	86,4	0	0

* Die Frage lautete: „Berufe weisen unterschiedliche Merkmale auf. Welche Berufe eignen sich *Ihrer* Meinung nach tendenziell eher für Mädchen und welche eher für Jungen? (Gefragt ist nach *Ihrer* Meinung, nicht nach den Wünschen der Jugendlichen!)"

Zwar hält die Mehrheit der Berater/innen bei vielen der aufgeführten Merkmale beide Geschlechter für gleich geeignet, auffällig ist aber, dass bei *allen* Kennzeichen eine relevante Gruppe *entweder* Mädchen *oder* Jungen im Vorteil sieht. Dass einige Berater/innen für Mädchen und andere für Jungen votieren, kommt nicht vor! Besser geeignet sind nach Ansicht der Berater/innen Mädchen für Tätigkeiten, die folgende Merkmale aufweisen: „anderen helfen" (35%), „gestalterisch arbeiten" (23%), „saubere Arbeit" (18%), „im Büro arbeiten" (17%), „mit Menschen zu tun haben" (15%) und „im Labor arbeiten" (14%). In der Reihenfolge der Nennungen decken sich die Angaben der Berufsberater/innen ziemlich genau mit den Angaben von Mädchen, die 1989/90 den Step-Plus-Fragebogen der Bundesagentur beantworteten (Klevenow 1996, vgl. Abschnitt 3.7). „Mit Menschen zu tun haben" setzten die Mädchen allerdings auf den ersten Platz, die Berufsberater/innen aber erst auf den fünften, und in der Liste der Berufsberater/innen taucht auf Platz sechs „im Labor arbeiten" auf, eine Arbeitsumgebung, die von den Mädchen eher abgelehnt wird. Auch halten einige Berufsberater/innen Mädchen für besonders fähig, „mit Pflanzen oder Tieren" umzugehen, etwas, was Mädchen (und Jungen) nicht sonderlich gerne tun.

Die Differenzen zwischen den Angaben der Mädchen und denen der Berufsberater/innen können zum Teil dem Zeitabstand von nahezu neun Jahren geschuldet sein, der zwischen der Step-Plus-Erhebung und meiner Befragung liegt. Vor allem aber habe ich die Berufsberater/innen nicht (analog zu Step-Plus) gefragt, was *Mädchen sehr gern bzw. nicht mögen*, sondern ich fragte nach der *Eignung der Geschlechter*. Mädchen, die angeben, dass sie bestimmte Tätigkeiten „sehr gern mögen", müssen nicht unbedingt dafür auch geeignet sein. Dennoch ist die Übereinstimmung zwischen den Antworten der Mädchen und der Berufsberater/innen bemerkenswert. Die Präsentation von Weiblichkeit seitens der Mädchen, die von den Berufsberater/innen täglich erlebt wird, schlägt anscheinend in geschlechtsspezifische Zuweisungen um.

Eine andere, im Abschnitt 3.7 bereits erwähnte, Mitte der 1990er Jahre durchgeführte Befragung beschäftigte sich ebenfalls mit den Kriterien, anhand derer Mädchen Berufe auswählen (Hoose/Vorholt 1996). Ich habe einige Items dieser Befragung den Berufsberater/innen vorgelegt und zum Komplex „Menschen als Arbeitsmittel und Arbeitsgegenstände" sowie zu den Machtbestrebungen von Mädchen jeweils ein Item hinzugefügt. Ersteres ist in den interaktiven Berufswahlprogrammen der Berufsberatung zentral, und Letzteres basiert auf der These von Carol Hagemann-White (1992), wonach Mädchen Berufe wählen, in denen sie Macht ausüben können. Meine Frage lautete: „Welche beruflichen Bedingungen sind nach Ihrer Erfahrung den meisten Mädchen wichtig?" Wegen der Vergleichbarkeit wurde die 3er Skala (sehr wichtig/wichtig/nicht so wichtig) von Hoose und Vorholt beibehalten. Insgesamt haben die Berufsberater/innen weniger als die Mädchen die Extreme angekreuzt. Dennoch zeigen sich markante Unterschiede zwischen den Antworten der Mädchen und den Einschätzungen der Berufsberater/innen (vgl. Tab. 38).

Das Allerwichtigste sind den Mädchen „nette Kollegen/innen". Auch die Beratungsfachkräfte meinen, dass „nette Kollegen/innen" für die Entscheidungen der Mädchen besonders bedeutsam sind. Sie setzten dieses Item mit nahezu gleich großer Zustimmung an die erste Stelle. Das Item „viel Kontakt mit Menschen" erhielt von den Berufsberater/innen mit 66% einen gleich hohen Rang. Keine/r meinte, der Kontakt mit Menschen sei den Mädchen

Tabelle 38:
Den Mädchen wichtige berufliche Bedingungen und die Meinung von Berufsberater/innen dazu

	Antworten absolut	Sehr wichtig		Nicht so wichtig	
		Mädchen %	Berufsberater/innen %	Mädchen %	Berufsberater/innen %
Nette Kollegen/innen	88	70,7	65,9	2,1	4,5
Möglichkeit zum Wiedereinstieg	87	70,5	10,3	6,7	37,9
Sichere Beschäftigungschancen	90	56,6	47,8	4,2	4,4
Aufstiegschancen	88	55,0	8,0	6,2	31,8
Finanzielle Unabhängigkeit	89	54,2	18,0	6,5	16,9
Viel Kontakt mit Menschen	88	52,2	65,9	11,6	0
Saubere Arbeit	89	43,9	22,5	14,3	14,6
Abwechslungsreiche Arbeit	88	41,9	50,0	15,5	3,4
Hohes Einkommen	86	36,3	1,2	5,8	51,2
Möglichkeit zur Teilzeitarbeit	87	35,4	8,0	18,3	62,1
Regelmäßige Arbeitszeiten	89	34,3	16,9	18,6	19,1
Verantwortungsvolle Aufgabe	87	29,6	9,2	16,2	32,2
Körperlich leichte Arbeit	88	20,4	13,6	35,6	40,9
Ansehen bei anderen	88	16,9	13,6	32,2	18,9
Eltern müssen einverstanden sein	89	16,7	12,4	61,2	44,9
Etwas für Menschen tun	87		41,4		5,7
Macht über Menschen	85		1,2		94,1

Die Statements und die Angaben der Mädchen wurden aus Hoose/Vorholt (1996: 177) übernommen.

„nicht so wichtig". Die Mädchen aber platzierten dieses Kriterium erst an die sechste Stelle und jedem zehnten Mädchen war der Kontakt unwichtig. Nach den „netten Kollegen/innen" folgen bei den Mädchen „Möglichkeiten zum Wiedereinstieg", „sichere Beschäftigungschancen", „Aufstiegschancen" und „finanzielle Unabhängigkeit", somit Merkmale, die darauf hindeuten, dass Mädchen der späteren Berufstätigkeit und Eigenständigkeit einen hohen Stellenwert beimessen. Von diesen Items erhielt lediglich „sichere Beschäftigungschancen" von den Berufsberater/innen ebenfalls eine hohe Zustimmung, und zwar vor allem von den ostdeutschen. „Aufstiegschancen" und „Möglichkeiten zum Wiedereinstieg" hält ein Drittel der Berufsberaterinnen – im Gegensatz zu den Mädchen – für „nicht so wichtig". Auch zur finanziellen Unabhängigkeit meinen nur 18% der Berater/innen, sie spiele bei der Berufsentscheidung von Mädchen eine Rolle, wobei nahezu gleich viele der gegenteiligen Auffassung sind. Dieses Kriterium aber war jedem zweiten Mädchen „sehr wichtig". Die Hypothese, dass sich in der Berufsentscheidung von Mädchen das Streben nach Macht über Menschen niederschlägt, wird von fast allen Berufsberater/innen abgelehnt.[48] „Etwas für Menschen tun wollen" dagegen unterstellt fast die Hälfte der Berufsberater/innen ihren Kundinnen.

Im Konzept der Bundesagentur, das eine lenkende Beratung strikt ablehnt, stehen die Eigenschaften und Neigungen der Mädchen im Vordergrund. Über die Neigungen aber sind viele Berufsberater/innen unzulänglich informiert. Während den Mädchen die Merkmale eines Berufs wichtig sind, die einen erfolgreichen Berufsverlauf absichern, meinen die Berufsberater/innen, bei den Mädchen spielten vorrangig die Arbeitsumgebung und die Arbeitsinhalte die entscheidende Rolle. Eine beachtliche Zahl der Berufsberater/innen spricht Mädchen und Jungen unterschiedliche Fähigkeiten und Vorlieben zu. Gleichzeitig verbinden sie Berufe mit bestimmten Merkmalen. Aus diesem spezifischen Matching von beruflichen Merkmalen und angenommenen Fähigkeiten und Vorlieben der Geschlechter resultiert, dass nach Meinung vieler Berufsberater/innen bestimmte Berufe eher zu Mädchen und andere eher zu Jungen passen. Mit der Realität, mit den Wünschen von Mädchen und mit den Bedingungen der Berufe, haben die Einschätzungen nicht immer allzu viel gemein. Zwar gibt es bei vielen Dimensionen eine relevante Zahl von Berater/innen, die gegenteiliger oder zumindest „neutraler" Meinung sind, aber erklären die unterschiedlichen Einschätzungen die Unterschiede der Anzahl der Vermittlung von Mädchen in gewerblich-technische Berufe? Entgegen den Erwartungen erwiesen sich die Haltungen und Meinungen des Beratungspersonals als wenig bedeutsam für die Häufigkeit, mit der Mädchen in den jeweiligen Agenturen für die Vermittlung in einen gewerblich-technischen Beruf vorgesehen sind. Bevor ich darauf eingehe, möchte ich aber zunächst die gravierenden Unterschiede in den Einstellungen und Meinungen zwischen den ost- und dem westdeutschen Beratungspersonal aufzeigen.

Ost- und Westdeutsche

Ob jemand aus Ost- oder aus Westdeutschland ist, hat entscheidenden Einfluss auf die jeweilige Haltung zur Ausbildung von Mädchen in gewerblich-technischen Berufen. In der Übersicht 22 ist dargestellt, inwieweit ostdeut-

---

48 Bei denjenigen, die Mädchen Machtstreben zusprechen, handelt es sich ausschließlich um männliche Berater. Ob Carol Hagemann-Whites aus der Theorie abgeleitete These falsch ist oder ob die Berufsberater/innen sich irren, muss an dieser Stelle offen bleiben. Es liegen keine Vergleichszahlen aus Mädchenbefragungen vor.

sche Berater/innen im Vergleich zu den westdeutschen Mädchen für Jungenberufe als geeignet ansehen. Es zeigt sich bei *allen* Jungenberufen, dass die ostdeutschen Berater/innen Mädchen dazu für noch weniger befähigt halten als die westdeutschen. Selbst bei den Berufen, die auch von den westdeutschen Berater/innen wenig akzeptiert werden, ist der Unterschied zwischen Ost und West immens. Von den westdeutschen Berater/innen meinen immerhin noch 41%, dass der Beruf *Gas- und Wasserinstallateur/in* und 60%, dass *Elektroinstallateur/in* auch für Mädchen geeignete Berufe sind. Von den Ostdeutschen meinen dies aber nur 9% bzw. 30%. Auch *Werkzeugmechaniker/in* findet bei den Ostdeutschen wenig Akzeptanz (40% gegenüber 80% der Westdeutschen). Die gleiche Trennung besteht bei den Mädchenberufen. Hierfür halten die Ostdeutschen Mädchen für noch prädestinierter als die Westdeutschen.

Auch in den Antworten zu den Fragen, welche beruflichen Bedingungen den Mädchen wichtig seien und welche beruflichen Tätigkeiten sich eher für Mädchen oder für Jungen eignen, zeigt sich, dass die ostdeutschen Berufsberater/innen stärker zwischen Mädchen und Jungen segregieren als die westdeutschen. Der Unterschied zwischen den Antworten der ost- und westdeutschen Berater/innen beträgt in nahezu allen Dimensionen 20 und mehr Prozentpunkte. Zwar sind 20% von 23 Berater/innen auch nur ein Unterschied von weniger als fünf Antworten; doch auch hier ist wieder bemerkenswert, dass die Ostdeutschen *durchgängig* geschlechtsspezifisch zuordnen. Lediglich mit „Pflanzen oder Tieren arbeiten" können Mädchen ihrer Meinung nach genauso gut wie nach der Meinung der Westdeutschen, und im Hinblick auf „gestalterisch arbeiten" und „im Labor arbeiten" halten nur ca. 16% die Mädchen für passender. Im Hinblick auf „Maschinen zusammenbauen/reparieren" und „mit Elektrizität/Elektronik zu tun haben" sind die Differenzen aber um so erheblicher. Für „Maschinen zusammenbauen/reparieren" erachten 83% der Ostdeutschen *ausschließlich* die Jungen für befähigt, und nur vier der 23 ostdeutschen Berater/innen antworteten, neben den Jungen seien auch Mädchen verwendbar. Bei den Westdeutschen ist das Verhältnis umgekehrt: 77% meinen, „Maschinen zusammenbauen/reparieren" eigne sich für Jungen *und* für Mädchen gleichermaßen. Für Berufe, in denen Elektrizität und/oder Elektronik vorkommen, sind nach der Ansicht fast aller West-Berater/innen (90%) Mädchen einsetzbar; von den Ost-Berater/innen teilt dagegen nur jede/r zweite diese Meinung. Metall- und Elektroberufe, die einen hohen Anteil an den Ausbildungsplätzen ausmachen, kommen für viele ostdeutsche Berufsberater für Mädchen generell nicht in Frage.

Für eine Erschließung von Jungenberufen für Mädchen spricht aus der Sicht der ostdeutschen Berater/innen kaum etwas. Lediglich das Statement: „Mädchen riskieren, ihre Attraktivität einzubüßen", wird von ihnen gleichermaßen abgelehnt, und dem Argument: „Die technische Entwicklung sollte nicht allein den Männern überlassen bleiben", stimmen sie gleich häufig zu

Übersicht 22:
Eignung von Mädchen und Jungen für verschiedene Berufe

424

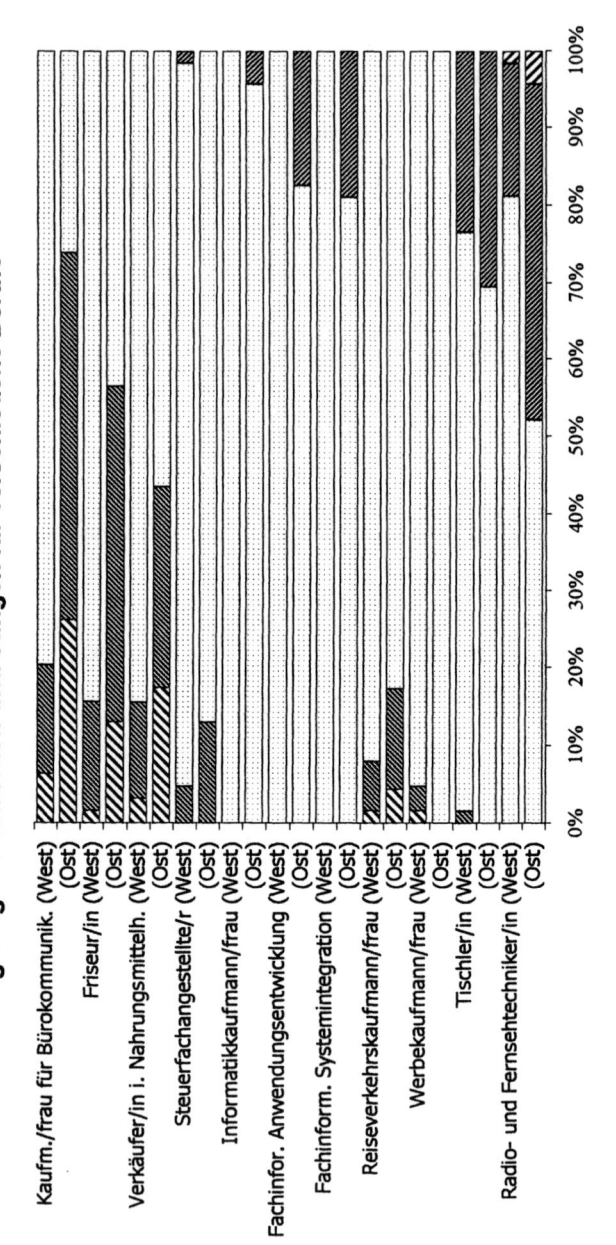

Elektroinstallateur/in (West)	
(Ost)	
Kommunikationselektroniker/in (West)	
(Ost)	
Industrieelektroniker/in (West)	
(Ost)	
Zerspanungsmechaniker/in (West)	
(Ost)	
Gas- u. Wasserinstallateur/in (West)	
(Ost)	
Industriemech. - Betriebstechnik (West)	
(Ost)	
Werkzeugmechaniker/in (West)	
(Ost)	
Kfz-Mechaniker/in (West)	
(Ost)	
Maler/in und Lackierer/in (West)	
(Ost)	

▨ Mädchen eignen sich besonders ▨ Mädchen geeigneter ☐ beide gleich ▨ Jungen geeigneter ▨ Jungen eignen sich besonders wie die Westdeutschen. Doch sie befürchten weit stärker als die Westdeutschen, dass ausgelernte Frauen keinen Arbeitsplatz finden. Bezüglich der „schlechten Arbeitsbedingungen" sind sie häufiger unentschieden. (Von den Westdeutschen lehnen 84% dieses Statement ab, von den Ostdeutschen 57%.). Im Hinblick auf Beschäftigungs- und Wiedereinstiegschancen sind die Meinungen der ostdeutschen Berater/innen aber realistischer. Zu den für Mädchen wichtigen Auswahlkriterien zählen sie gegenüber den Westdeutschen vermehrt „sichere Beschäftigungschancen" und „Möglichkeiten zum Wiedereinstieg", aber auch „etwas für Menschen tun", was den Mädchen nicht so wichtig ist. Seltsamerweise aber werden die Kriterien „Aufstiegschancen" und „finanzielle Unabhängigkeit", die den Mädchen ebenfalls wichtig sind, von den Westdeutschen für relevanter gehalten. Angesichts dessen, dass die Zahl der alleinerziehenden Mütter in Ostdeutschland höher ist als im Westen, wäre ein umgekehrtes Antwortverhalten zu vermuten gewesen. Zudem ergibt sich aus der Shell-Jugendstudie, dass gerade diese beiden Dimensionen den Ost-Mädchen noch wichtiger als den West-Mädchen sind (Fischer 2000: 295).

Umgekehrt zeichnen die ostdeutschen Berater/innen ein recht seltsames Bild der Jungen: Etliche meinen, Jungen seien unfähig „anderen zu helfen" (65%), sie seien nicht für „saubere Arbeit" geeignet (35%), sie könnten nicht „im Büro arbeiten" (30%) und generell sollten sie nicht „mit Menschen zu tun haben" (27%). – Es fragt sich, wer denn Meisterfunktionen beispielsweise in der Elektronik ausüben soll; ein Bereich, in dem häufig sogar extreme Sauberkeit gefordert ist und wo Mitarbeiter/innenführung, eben auch Hilfestellung, und darüber hinaus Büroarbeit wesentliche Bestandteile sind.

Die obigen Ergebnisse lassen kaum vermuten, dass das Beratungspersonal in Ostdeutschland von sich heraus Mädchen animiert, einen Metall- oder Elektroberuf zu ergreifen. Im Folgenden werde ich vorstellen, inwieweit sich die Haltungen und Meinungen des Personals in der Vermittlungstätigkeit niederschlagen.

Unterschiede zwischen den Agenturen

Im Hinblick auf die *Eignung bestimmter Berufe* für Mädchen sind die Berater/innen in den West-Agenturen, die besonders viele Mädchen in eine gewerblich-technische Ausbildung vermitteln, kaum aufgeschlossener als ihre Kollegen/innen in West-Agenturen mit niedrigerer Mädchenquote. Lediglich zu den Berufen *Gas-/Wasserinstallateurin* und *Kfz-Mechaniker/in* vertreten sie etwas häufiger die Meinung, diese Berufe seien (auch) für Mädchen geeignet. Gas-/Wasserinstallateurin kommt für Mädchen aber auch in diesen Agenturen nur für knapp jede zweite Beratungsfachkraft in Betracht. Im Hinblick auf die industriellen Berufe *Werkzeugmechanikerin – Stanz- und Umformtechnik, Industriemechaniker/in – Produktionstechnik* und *Zerspanungs-*

mechaniker/in – Drehtechnik sind es sogar vermehrt Berater/innen in den Agenturen mit niedriger Vermittlungsquote, die Mädchen hierfür als tauglich ansehen. Im Osten zeigt sich ein ähnliches Bild. In den Agenturen mit *höherer* Quote sehen nahezu alle Berater/innen die *kommunikationselektronischen Berufe* als zu Mädchen passend an, bei vielen anderen Berufen zeigen sich jedoch eher die Mitarbeiter/innen der Agenturen mit niedriger Quote aufgeschlossener. Wegen des geringen Fragebogenrücklaufs aus den östlichen Agenturen (23 meiner Befragten sind Ostdeutsche) sollten die dortigen Unterschiede zwischen den beiden Ämtergruppen aber nicht überbewertet werden. Festhalten lässt sich jedoch für beide Landesteile, dass die Meinung, Mädchen seien auch für Jungenberufe geeignet, nicht unbedingt zu einer vermehrten Vermittlung von Mädchen in diese Berufe führt.

Bei den Statements *für bzw. gegen eine Ausbildung von Mädchen* in Jungenberufen zeigt sich eine – allerdings nur sehr leichte – Tendenz, dass die Mitarbeiter/innen der Agenturen mit höherer Mädchenquote einer Ausbildung von Mädchen in diesen Berufen etwas offener gegenüberstehen. Aus ihrer Sicht sprechen die Arbeitsmarkt- und Aufstiegschancen vermehrt dafür, sie meinen seltener „Mädchen müssten sich auf etwas gefasst machen" und Mädchen, die einen solchen Beruf erlernen, seien „etwas Besonderes". Dennoch meinen sie sogar vermehrt, Mädchen, die diese Berufe lernen wollen, müssten „wirklich sehr gute Noten in Mathematik und Naturwissenschaften haben". Einen großen Unterschied zwischen den Mitarbeiter/innen der Agenturen mit hoher und niedriger Quote gibt es hinsichtlich der Entwicklung der Persönlichkeit eines Mädchens. 42% der Berater/innen aus den West-Agenturen mit höherer Quote meinen, die Persönlichkeit werde sich in einem Jungenberuf positiv entwickeln; nur 5% widersprechen dieser Auffassung. In den Agenturen mit niedriger Quote dagegen stimmten nur 14% diesem Statement zu und 28% lehnten es ab. Bei den Ost-Agenturen mit höherer Mädchenquote ist der Zusammenhang zwischen den Antworten zu den Statements und der Zahl der Vermittlung von Mädchen in untypische Berufe sogar noch etwas deutlicher ausgeprägt als bei den West-Agenturen.

Bezüglich der *Arbeitstätigkeiten*, die vor allem in gewerblich-technischen Berufen vorkommen, geben die Berater/innen aus den östlichen Agenturen häufiger als diejenigen aus den westlichen an, hierfür seien eher oder „besonders" Jungen geeignet. Einen Zusammenhang zwischen der Mädchenquote der Agenturen und der Eignung von Mädchen gibt es lediglich im Hinblick auf „Maschinen zusammenbauen/reparieren": Im Westen und im Osten halten Berater/innen in Agenturen mit höherer Mädchenquote hierfür auch Mädchen imstande. Bei den anderen Items aber (mit Baumaterialien umgehen, mit Elektrizität/Elektronik zu tun haben, Produktionsanlagen überwachen) sind es im Westen vornehmlich die Mitarbeiter/innen von Agenturen mit niedrigem Mädchenanteil, die auch Mädchen für geeignet halten. Im Osten liegt die Zustimmung bei diesen Items in den Agenturen mit höherer Mädchenquote nur unwesentlich über der mit niedrigerer. Eine Erklärung für die Ost-West-Differenzen ist, dass die Mitarbeiter/innen westlicher Agenturen über vertieftere berufsfachliche Kenntnisse verfügen, weil sie mehr lesen und mehr mit den Betrieben diskutieren (und mehr Zeit dazu haben) (vgl. Abschnitt 5.4).[49]

Aber auch in den West-Agenturen mit hoher Mädchenquote werden längst nicht alle Tätigkeiten als gleichermaßen zu Mädchen und Jungen passend angesehen. „Anderen helfen" wird in diesen Agenturen sogar besonders häufig den Mädchen zugeordnet. Allerdings wird eher als in den Agenturen mit niedriger Quote angenommen, Mädchen seien Kriterien wie Beschäftigungssicherheit, Aufstieg, finanzielle Unabhängigkeit und Wiedereinstiegsmöglichkeiten bei der Berufswahl bedeutsam. „Saubere Arbeit" und „körperlich leichte Arbeit" hingegen ist in ihren Augen den Mädchen weniger wichtig. Bei den Ost-Agenturen sind die Ergebnisse ähnlich. Auch dort nehmen die Mitarbeiter/innen in Agenturen mit höherer Mädchenquote an, dass „anderen helfen" Mädchen besonders wichtig ist, und bis auf die Items zur finanziellen Unabhängigkeit und zum Wiedereinstieg zeigen sich dieselben Unterschiede. (Bei den letzten beiden Items antworteten die Berater/innen beider Ämtergruppen, anders als im Westen, gleich.). Die Mitarbeiter/innen der Agenturen mit höherer Mädchenquote haben – gemessen an Mädchenbefragungen – ein realistischeres Bild von den Bedürfnissen von Mädchen.

Die Haltung „pro Ausbildung von Mädchen in gewerblich-technischen Berufen" allein reicht nicht, damit mehr Mädchen in diese Berufe vermittelt werden. Hinzu kommen müssen vertiefte Kenntnisse dazu, welche einzelnen Berufe sich für Mädchen eignen, ein realistisches Bild vom Wunsch der Mädchen nach Beschäftigungs-, Aufstiegs- und Einkommenschancen sowie ein Einblick in die Ausbildungsrealität, die eben nicht, wie manche anzunehmen scheinen, vorrangig von sexueller Belästigung und Deformierung der Persönlichkeit geprägt wird. Anzuerkennen ist auch, dass Mädchen, die diese Berufe erlernen wollen, nicht „besondere Mädchen" sein müssen. In der Summe der Antworten schält sich heraus, dass die Berater/innen auch in Agenturen mit niedriger Mädchenquote verbal einer Ausbildung von Mädchen in gewerblich-technischen Berufen zustimmen, sich aber wenig mit diesem Thema beschäftigt haben, hin und wieder auch ein „besonderes Mädchen" dorthin vermitteln, im Grunde ihres Herzens aber befürchten, sie schadeten Mädchen damit. Grundlegende Werthaltungen haben häufig mit der

---

49 In Metall- und Elektroberufen bestehen in etlichen Betrieben mittlerweile positive Erfahrungen mit Mädchen und ausgebildeten Frauen. „Produktionsanlagen überwachen" aber ist häufig mit Vorgesetztenfunktionen verbunden, zumindest erfordert diese Tätigkeit Durchsetzungsvermögen gegenüber den in der Regel männlichen Kollegen. In manchen Bauberufen wiederum, so beklagte nicht zuletzt der Verein „Baufachfrau" verschiedentlich, sind die Gebinde häufig nach männlichen Körperkräften bemessen, wobei auch viele Männer überfordert sind, und die hohe Rate männlicher Berufsunfähigkeit und Frühverrentungen auf die (nach Ansicht von „Baufachfrau") unsinnigen Gebindegrößen zurückgeführt werden kann.

„eigenen Empirie" zu tun: der Sozialisation im Elternhaus und in der Ausbildung, dem Freundeskreis und mit der Lebenserfahrung allgemein, wozu auch die politische Sozialisation zählt. Hierauf werde ich im Folgenden eingehen.

Die „eigene Empirie": Geschlecht, Lebensalter, soziale Herkunft und Gründe für die Berufsentscheidung

Zu erwarten wäre, dass Frauen sich besonders um Mädchen kümmern, dass Berufsberater*innen* sie vorzugsweise in chancenreiche Berufe somit auch in gewerblich-technische vermitteln. Schließlich plädieren die Berufsberaterinnen mehrheitlich für das Modell der Gleichheit im Zusammenleben der Geschlechter. Meine Befunde zeigen aber, dass in den West-Agenturen mit höherer Mädchenquote besonders viele Männer arbeiten. Gilt die Annahme „Frauen fördern Frauen" also gar nicht, sondern fördern eher Männer die Mädchen? Im Hinblick auf die Altersgruppierungen sind die Zusammenhänge noch komplexer. Jüngere Berater/innen, d.h. unter 40-Jährige, sind häufig in den West-Agenturen mit niedriger Mädchenquote zu finden, die älteren, die über 50-Jährigen, dagegen in den Ost-Agenturen mit hoher Mädchenquote (und in den beiden Berliner Ämtern). Zwischen dem Alter des Personals und der Mädchenquote besteht also kein linearer Zusammenhang. Bedeutsam sind demgegenüber die soziale Schicht, aus der die Berater/innen stammen, ob sie in den neuen oder in den alten Bundesländern leben und die Gründe, die zur Aufnahme des Berufs „Berufsberater/in" führten. Im Folgenden werde ich die Ergebnisse zu den einzelnen Merkmalen vorstellen.

Geschlecht

In der Einschätzung, welche Berufe eher für Mädchen und welche eher für Jungen geeignet sind, unterscheiden sich die Beraterinnen mehrheitlich nicht von ihren männlichen Kollegen. Etwas häufiger als die Männer meinen sie, *Tischler/in und Elektroinstallateur/in* sei ein zu Mädchen passender Beruf, während die Männer eher für *Kommunikationselektroniker/in – Telekommunikation* und *Kfz-Mechaniker/in* plädieren. Unterschiede gibt es aber im Hinblick auf die Argumentation und unter den Berater*innen* gibt es häufiger unterschiedliche Ansichten als unter ihren männlichen Kollegen. *Für eine Erschließung von Jungenberufen für Mädchen spricht aus der Sicht der Beraterinnen noch weniger als aus der Sicht der Berater*. Mädchen halten sie für ganz besonders tauglich für den Beruf *Kauffrau für Bürokommunikation*,[50] und noch mehr Beraterinnen als Berater meinen, Mädchen könnten im Ver-

---

50 Die Berater plädieren demgegenüber verstärkt für „mit Pflanzen oder Tieren umgehen" und für „im Labor arbeiten".

gleich zu Jungen besser mit Menschen umgehen. Fähigkeiten, die mit männlich konnotierten Tätigkeiten verbunden werden, vermuten mehr Beraterinnen als Berater vornehmlich bei den Jungen: Tätigkeiten, in denen „handwerklich" gearbeitet wird, die mit „Elektrizität/Elektronik zu tun haben" oder wo „Maschinen einrichten bzw. warten" gefordert ist, passen nach Ansicht besonders vieler Berater*innen* wenig zu Mädchen.

Dem Statement „Mädchen haben ein spezifisch weibliches Arbeitsvermögen" stimmten die Beraterinnen mit 33% dennoch kaum häufiger zu als ihre männlichen Kollegen, von denen 29% dieser Meinung sind. Im Vergleich zu den Männern fallen ihre Antworten aber polarisierender aus. 50% der Frauen gegenüber 41% der Männer lehnen dieses Statement ab. Gegenteilig sind auch die Meinungen zum Statement: „Mädchen sollten häufiger Männerberufe lernen, weil die gut bezahlt werden". Während von den Männern jeweils ein Viertel zustimmt oder unentschieden ist, und die Hälfte diese Auffassung ablehnt, stimmen von den Frauen 40% zu und gleichzeitig lehnen 42% ab. Dabei befürchten Beraterinnen im Vergleich zu ihren männlichen Kollegen vermehrt, Mädchen fänden nach der Ausbildung keinen Arbeitsplatz, mehr Frauen als Männer meinen, Mädchen, die einen Jungenberuf erlernen wollen, müssten „wirklich sehr gute Leistungen in Mathematik und Naturwissenschaften" vorzuweisen haben. Dass die Persönlichkeit eines Mädchens sich in einem Jungenberuf positiv entwickeln werde, halten die Beraterinnen sogar noch etwas weniger für wahrscheinlich als ihre Kollegen. Auch das Statement, Mädchen würden in Jungenberufen ihre Attraktivität einbüßen, wird von ihnen weniger abgelehnt als von den männlichen Kollegen (82% zu 91%), wobei ihre Antworten rigider ausfallen als die der Männer (75% gegenüber 50% kreuzten auf einer 5-stufigen Skala „lehne ganz ab" an). Die Frauen sind auch vermehrt der Meinung, Mädchen müssten sich „auf etwas gefasst machen" und mehr noch als die männlichen Kollegen befürchten sie, dass Mädchen in Jungenberufen stärker als in Mädchenberufen sexuellen Belästigungen ausgesetzt sind (25% zu 18% der Männer). Weniger Beraterinnen als Berater meinen, Mädchen, die einen Jungenberuf erlernen, seien etwas Besonderes.

Die Hypothese, Berater*innen* seien für eine Erschließung der Jungenberufe für Mädchen und Berater eher dagegen, stimmt offensichtlich nicht. Vielmehr zeichnet sich ein Bild ab, dass die Berater*innen* häufig der Meinung sind, bestimmte Tätigkeiten passten besser zu Mädchen bzw. Frauen und dass Mädchen, wenn sie ihr Terrain verlassen, besonderen Anforderungen und vor allem Gefahren ausgesetzt sind. Dabei sind aber gerade die Berater*innen* unterschiedlicher Auffassung. Insgesamt lassen sich die Differenzen zwischen den Agenturen nicht mit dem Geschlecht des Personals erklären.

Alter

Berufsberater/innen sind vergleichsweise alt. Wegen des langen Ausbildungsweges können sie den Dienst erst mit ca. 28 Jahren aufnehmen. Durchschnittlich (Median) sind „meine" Berufsberater/innen 42 Jahre alt, die Spannweite reicht von 28 bis 60 Jahren.[51] Wie zu vermuten war, präferieren die Älteren vermehrt das Modell der „Gleichheit bei Anerkennung der Differenz". Durchschnittlich sprachen sich 44% meines Samples hierfür und 56% für „Gleichheit" aus. Von den über 50-Jährigen aber plädierten 61% für „Gleichheit bei Anerkennung der Differenz". Ein spezifisch weibliches Arbeitsvermögen aber unterstellen sie deshalb den Mädchen nicht häufiger als andere. Hier sind es eher die Jüngeren, die von dessen Existenz ausgehen (41% der unter 40-Jährigen gegenüber 21% der 40 bis 49-Jährigen und 33% der Älteren). Die über 50-Jährigen sind in dieser Frage zumeist unentschieden (44%).

In aller Regel passen nach Ansicht der *Älteren* Jungen zu Jungenberufen und Mädchen zu Mädchenberufen. Bei den meisten Berufen zeigt sich das Muster: Je älter die Berater/innen, desto häufiger sortieren sie die Geschlechter den ihnen angestammten Berufen zu.[52] Entsprechend sind auch die Meinungen der Älteren, welche beruflichen Merkmale eher zu Mädchen und zu Jungen passen. Auch hier ist durchgängig, dass alle Merkmale, die auf gewerblich-technische Berufe hindeuten, eher für Jungen in Frage kommen, und alles, was auf Mädchenberufe hinweist, eher für Mädchen. Auch die höhere Bezahlung ist für sie kein Argument, dass Mädchen Jungenberufe lernen sollten. Ebenso geben sie vermehrt an, Mädchen müssten sich auf „einiges gefasst machen" und sie sehen darüber hinaus eher als die jüngeren Altersgruppen die Gefahr sexueller Belästigung. Die Haltungen der Älteren sind von einer konservativen Grundeinstellung geprägt.

Andere Antworten wiederum deuten auf den Einfluss sowohl längerer Berufserfahrung als auch – generationstypischer – privater Lebenserfahrung hin: Dass ein Mädchen, das einen Jungenberuf lernt, „etwas Besonderes" sei wird von den Älteren mehrheitlich abgelehnt, hinsichtlich „schlechterer" Arbeitsbedingungen sind sie unentschieden; in den Aufstiegschancen sehen sie dagegen ein Argument für eine Vermittlung von Mädchen in gewerblich-technische Berufe. Gleichzeitig aber meinen sie, dass die Aufstiegsmöglich-

---

51 Unter denen, die in Westdeutschland aufgewachsen sind, befinden sich überdurchschnittlich viele Jüngere (41% unter 40-Jährige), unter den Ostdeutschen dagegen viele über 50-Jährige (39%).
52 Eine Ausnahme bildet Industriemechaniker/in – Geräte und Feinwerktechnik. Hierzu meinen 89% der über 50-Jährigen, Mädchen und Jungen seien gleichermaßen für diesen Beruf geeignet. Diejenigen, die Jungen hierfür als fähiger ansehen, sind zumeist unter 40 Jahre alt. Kfz-Mechaniker/in wird von den Jungen und den Alten für Mädchen als weniger geeignet angesehen.

keiten den Mädchen in der Berufswahl relativ unwichtig seien. Bei den Items zur finanziellen Unabhängigkeit, zu sicheren Beschäftigungschancen, zu den Möglichkeiten zum Wiedereinstieg und zur Teilzeitarbeit sind ihre Meinungen dazu, was die Mädchen darüber denken, jedoch realistischer als die der anderen Altersgruppen. Gleichzeitig aber kommt auch hier wieder ein antiquiertes Frauenbild durch: Sie unterstellen den Mädchen noch stärker als andere Berater/innen den Wunsch nach „sauberer Arbeit", nach „regelmäßigen Arbeitszeiten" und dass Mädchen etwas „für Menschen tun" wollen und „mit Menschen" arbeiten wollen, – berufliche Dimensionen, die den Mädchen wenig wichtig sind.

Die *mittlere Altersgruppe*, die 40- bis unter 50-Jährigen, antworteten im Hinblick auf die Eignung der Geschlechter für Berufe und Tätigkeiten bei vielen Merkmalen weniger segregierend als die Älteren, aber segregierender als die Jüngeren. Auch sie unterstellen den Mädchen einen starken Wunsch nach sauberer Arbeit und nach regelmäßigen Arbeitszeiten. Ihr Mädchenbild unterscheidet sich aber insoweit von den Älteren, als sie annehmen, dass bei Mädchen das Einkommen wichtig sei, und sie lehnen die Statements, Mädchen würden in Jungenberufen an Attraktivität verlieren und sexuell belästigt werden, häufiger ab. Insgesamt ist die mittlere Altersgruppe aufgeschlossener für eine Gewinnung von Mädchen für gewerblich-technische Berufe als die ältere. Auch sind sie mit 65% die Gruppe, die am stärksten für das Modell der Gleichheit zwischen den Geschlechtern votiert.

Die *Jüngeren* (unter 40-Jährigen) schließlich antworten bei den beruflichen Merkmalen und Tätigkeiten zwar weniger zuweisend als die anderen Altersgruppen, und sie präferieren mehrheitlich das Modell der Gleichheit (58%). Dennoch aber meinen sie häufig, Mädchen hätten ein spezifisch weibliches Arbeitsvermögen und wollten „mit Menschen" zu tun haben. Mädchen, die einen gewerblich-technischen Beruf ergreifen, seien „etwas Besonderes", die entsprechend „wirklich sehr gute Leistungen in Mathematik und Naturwissenschaften" haben und sich „auf einiges gefasst machen" müssten.[53] Das Einkommen ist ihrer Meinung nach den Mädchen relativ unwichtig. Bei der Frage, ob Mädchen Jungenberufe wählen sollten, weil diese Aufstiegschancen bieten, sind sie unentschieden. Die „schlechten Arbeitsbedingungen" sind für diese Gruppe allerdings mehrheitlich kein Argument, Mädchen von einer solchen Berufswahl abzuraten.

Die eigenen Lebenserfahrungen und die Lebensmuster beeinflussen die Einstellungen zur Berufstätigkeit von Frauen und damit zur beruflichen Beratung von Mädchen. Die Unterschiede zwischen den Altersgruppen lassen sich durch die jeweilige frauenpolitische Sozialisation erklären: Gedanken, welchen beruflichen Werdegang sie einschlagen sollten, hat sich die mittlere

---

53 Wie die über 50-Jährigen halten auch sie für die Berufe Industriemechaniker/in – Geräte- und Feinwerktechnik sowie Kfz-Mechaniker/in die Jungen für geeigneter.

Altersgruppe der zwischen 1949 und 1958 Geborenen vornehmlich in den 1970er Jahren machen müssen; eine Zeit, in der das Geschlechterleitbild auf Gleichberechtigung gerichtet war. Bei den zehn Jahre jüngeren Westdeutschen dagegen spielten die 1980er Jahre mit dem grün-konservativem Leitbild der Geschlechterdifferenz eine erhebliche Rolle, und bei der Altersgruppe der der über 50-Jährigen die ebenfalls von Geschlechterdifferenz geprägten 1950er und 1960er Jahre.

Auch in der DDR war Frauenerwerbstätigkeit in den 1950er Jahren keineswegs selbstverständlich. 1955 betrug die dortige Frauenerwerbsquote 52,5% und 1970 war sie erst bei 66,1% angelangt (Nickel 1993: 237). Im Westen wurde erst Mitte der 1960er Jahre, somit zu einer Zeit, als die (späteren) Berater/innen schon bis zu 25 Jahre alt waren, Teilzeit-Erwerbstätigkeit von verheirateten Frauen üblicher. Allerdings arbeiteten diese Frauen häufig als angelernte Industriearbeiterinnen, und gehörten somit eher unteren sozialen Schichten an, während die Eltern der Beratungsfachkräfte eher der unteren Mittelschicht zuzurechnen sind. Die soziale Herkunft ist in der Tat bedeutsam für die Haltungen und Meinungen zur Erschließung von Jungenberufen für Mädchen.

Soziale Herkunft

Mehr als die Hälfte der westdeutschen Berufsberater/innen kommt aus Arbeiter/innen- und Angestelltenhaushalten, wobei die Mütter – wie erwartet – häufig Hausfrauen waren. Der Status „Beamte/in" wurde den Berufsberater/innen deutlich seltener von ihren Eltern „vererbt" als allgemein üblich. Die Ausnahme bilden die zu Berufsberater/innen umgeschulten Verwaltungswirte und -wirtinnen. Diese aus elf Frauen und zwei Männern bestehende Gruppe stellt 14% meines Samples, aber ihr sind 25% der verbeamteten Väter (n = 16) und zwei der drei verbeamteten Mütter zuzuordnen. Die ostdeutschen Berater/innen kommen ausschließlich aus Arbeiter- und Angestelltenhaushalten; Beamte/innen gab es in der DDR bekanntlich nicht und Selbstständige so gut wie nicht. Die Angabe „Angestellte/r" irritiert, auch diese gab es in der DDR nicht. Ich vermute, dass die Befragten sich an den ausgeübten Tätigkeiten orientiert und sie ins Westdeutsche übersetzt haben. Wie ebenfalls erwartet, waren die Mütter nur selten nicht-erwerbstätig.[54] Doch das Statusgefälle zwischen Männern und Frauen ist auch im Osten deutlich: Die Väter waren Angestellte und die Mütter Arbeiterinnen.

Die Unterteilung in Arbeiter/innen, Angestellte usw. ist in den Sozialwissenschaften zwar üblich, sie sagt aber dennoch nichts über die soziale Schicht aus. Facharbeiter/innen in der Industrie verdienen mehr als manche/r Beam-

---

54 „Hausfrau" haben nur drei ostdeutsche Beraterinnen angegeben. Ihre Angaben beziehen sich auf die 1960er Jahre, als Frauenarbeit in der DDR noch nicht selbstverständlich war.

te/innen und Angestellte; Postboten/innen sind Beamte/innen, Manager/innen von Großbetrieben dagegen „nur" Angestellte. Nach dem Einkommen zu fragen, war in meiner Untersuchung wenig sinnvoll, weil sich die Antworten (so die Befragten sie überhaupt hätten geben können) auf einen breiten Zeitraum bezogen hätten.[55] Ich habe deshalb zusätzlich nach dem Berufsabschluss der Eltern gefragt. Die Bildungsabschlüsse der Mütter und Väter ost- und westdeutscher Berater/innen unterscheiden sich nur wenig. Im Westen haben einige Väter keinen beruflichen Abschluss, im Osten wurden dagegen häufiger die Fachhochschule und die Universität angekreuzt. Dabei ist fraglich, ob der elterliche Berufsabschluss „Fachhochschule" immer richtig angegeben ist. Diesen Bildungsabschluss gab es in der DDR nicht; einige DDR-Fachschulabschlüsse sind einem westdeutschen Fachhochschulabschluss gleichwertig, andere aber nicht.

Zusammengenommen ist bemerkenswert, dass „meine" Berufsberater/innen häufiger als bei Beamten/innen des gehobenen Dienstes üblich aus Arbeiter/innen- und Angestelltenhaushalten kommen. Die Väter der Westdeutschen sind gelernte Arbeiter bzw. Kaufmannsgehilfen und etliche von ihnen haben es zum Meister oder zu einer vergleichbaren kaufmännischen Qualifikation gebracht. Die Mütter der Westdeutschen sind zwar häufig Hausfrauen, sie haben jedoch mehrheitlich ebenfalls einen beruflichen Abschluss vorzuweisen, was für die Mütter der Ostdeutschen gleichermaßen gilt. „Verpasst" haben die Mütter der ost- und der westdeutschen Berater/innen – und wie so viele Frauen nicht nur dieser Generation – den beruflichen Aufstieg.

Die soziale Herkunft hat Auswirkungen auf die Beratungstätigkeit. In den West-Agenturen mit höherer Mädchenquote gibt es häufiger Berater/innen aus Arbeiter/innen- und Angestelltenhaushalten, und die Väter haben entsprechend zahlreicher eine Qualifikation als Facharbeiter, Geselle oder Kaufmannsgehilfe. In den West-Agenturen mit niedrigerer Mädchenquote sind die Väter demgegenüber häufiger Beamte oder selbstständig, und sie haben in der Regel höhere Bildungsabschlüsse. Für die West-Agenturen stimmt also die Hypothese, dass Berufsberater/innen aus Schichten, die eher auf ein zusätzliches Fraueneinkommen angewiesen sind, Mädchen verstärkt in Berufe mit guten Verdienstmöglichkeiten vermitteln. In den Ost-Agenturen aber ist der Zusammenhang umgekehrt, wobei zu dieser Frage allerdings aus den Agenturen mit höherer Mädchenquote nur sieben Antworten vorliegen.

---

55 Zum einen hätten die Berater/innen wahrscheinlich nicht angeben können, wieviel Bruttoeinkommen ihre Eltern hatten, als sie selbst – wie erfragt – „20 Jahre alt waren". Zu zweiten wären weitere Ungenauigkeiten vorprogrammiert gewesen, weil ich die Angaben auf ein Basisjahr hätte umrechnen müssen. Weiterhin wäre es notwendig gewesen, die DDR-Löhne auf BRD-Löhne umzurechnen (oder umgekehrt), was kaum möglich ist. Zudem hätten die geringen Lohnabstände in der DDR die auch dort vorhandene soziale Differenzierung kaum widergespiegelt.

Im Vergleich zu ihren Eltern sind viele der befragten Berufsberater/innen um ein oder zwei Stufen aufgestiegen. Möglicherweise hat die Bildungsexpansion der 1960er und 1970er Jahre zumindest bei den westdeutschen Berater/innen das Ihre dazu getan. In diesem Zusammenhang könnte die Finanzierung der Ausbildung von Belang sein. Die Fachhochschulausbildung bei der Bundesagentur hat im Vergleich zu anderen „zweiten" Bildungswegen den Vorteil, dass schon während des Studiums ein Gehalt gezahlt wird. Angesichts dessen, dass Zweitausbildungen häufig schwer zu finanzieren sind, vermutete ich, dass die Bezahlung während der Ausbildung ein wesentlicher Grund für die Berufswahl war. Meine hypothetische Frage war: Warum wird jemand Berufsberater/in und nicht Sozialarbeiter/in? Dabei zeigte sich, dass Berater/innen, die diesen Beruf eher aus instrumentalistischen Motiven wie der Bezahlung des Studiums ergriffen, vor allem in Agenturen zu finden sind, in denen vergleichsweise wenige Mädchen in gewerblich-technische Berufe vermittelt werden.

Berufswahlmotivation

Bei der Frage danach, was zum Entschluss führte Berufsberater/in zu werden, hatte ich explizit Mehrfachantworten zugelassen und freie Zeilen für „andere Motive" eingefügt. Am häufigsten wurde mit 73 Nennungen angegeben: „Ich wollte mit Jugendlichen zu tun haben", und mit nur einer Nennung weniger: „Eine beraterische Arbeit erschien als etwas, das zu mir passte". Ein gutes Drittel gab an: „Die Themen ‚Beruf' und ‚Ausbildung' interessierten mich", und unter den 34 mit „anderen Motiven" sind weitere zwölf, die inhaltliche Interessen nannten, beispielsweise ein besonderes Interesse für Psychologie und Pädagogik. Die Bezahlung während der Ausbildung war nur für elf der Befragten „ein wesentlicher Grund". Auch das Statement: „Die Sicherheit des Öffentlichen Dienstes war mir wichtig", kreuzten nur zehn an. Bei vieren war die Arbeitsmarktsituation mitentscheidend, beispielsweise sattelten einige „gelernte" Lehrer/innen zur Berufsberaterin um, acht nannten ihnen angenehme Arbeitsbedingungen wie den Abwechslungsreichtum der Arbeit, und bei zehn weiteren spielten unterschiedliche Motive eine Rolle: Das Anknüpfen an vorherige Kenntnisse, der Abbruch eines Studiums aus Geldmangel bis hin zu:„Gute Erfahrung mit dem ‚eigenen' Berufsberater". Die Sicherheit des Öffentlichen Dienstes war nur zehn Berater/innen wichtig und Möglichkeiten zur Teilzeitarbeit waren nur für fünf Beraterinnen mitentscheidend.

Meine Hypothese, dass die Bezahlung während der Ausbildung ein wichtiger Grund für die Berufswahl sei, trifft bei 16% der Westdeutschen zu. (Bei den Ostdeutschen konnte die Bezahlung keine Rolle spielen, weil, abgesehen von einer Ausnahme, niemand das Mannheimer Studium durchlaufen hat.) Vor allem Männer gaben dieses Motiv an (22%). Den Männern war auch die Sicherheit des Öffentlichen Dienstes und „mit Jugendlichen zu tun haben" etwas wichtiger als den Frauen. Letztere hatten demgegenüber ein größeres Interesse an den Themen Ausbildung und Beruf. Dieses Interesse wurde auch von den Westdeutschen im Vergleich zu den Ostdeutschen etwas häufiger genannt, ebenso wie: „Eine beraterische Arbeit erschien als etwas, das zu mir passte".

Dennoch gibt es folgenreiche Unterschiede: In den West-Agenturen mit vergleichsweise niedriger Mädchenquote arbeiten relativ viele Berufsberater/innen, die ihren Beruf aus instrumentalistischen Motiven gewählt haben. Für sie war nicht nur die Bezahlung während der Ausbildung entscheidender als der Mehrzahl der Berater/innen in den Agenturen mit höherer Quote, sondern auch diejenigen, die keine Chancen auf einen anderen Arbeitsplatz sahen, arbeiten mehrheitlich in West-Agenturen mit niedriger Quote. In diesen Agenturen finden sich auch diejenigen, denen eine geregelte Arbeitszeit, eine bessere Bezahlung oder die Vielseitigkeit der Arbeit wichtige Gründe für ihre Berufsentscheidung waren.

„Ich wollte mit Jugendlichen zu tun haben", oder: „Eine beraterische Arbeit erschien als etwas, das zu mir passte", ist aber nicht gleichzusetzen mit einer intrinsischen Berufswahlmotivation. Auf die Bedeutung aktueller beruflicher Orientierungen des Beratungspersonals gehe ich im nächsten Abschnitt ein. Zunächst aber sollen die Ergebnisse dieses Abschnitts zusammengefasst werden.

Zwischenzusammenfassung

Mädchenförderung findet bei der Berufsberatung eher durch Berater als durch Beraterinnen statt, zumindest sind die Beraterinnen im Hinblick auf die Eignung von gewerblich-technischen Berufen für Mädchen zurückhaltender als ihre männlichen Kollegen. Die Unterschiede zwischen den Agenturen lassen sich aber nicht mit der jeweiligen Geschlechterzusammensetzung erklären. Bedeutsamer ist die „eigene Empirie" des jeweiligen Beratungspersonals: Im Westen kommen diejenigen, die sich für eine gewerblich-technische Berufsausbildung von Mädchen aussprechen, häufig aus Arbeiter- und Angestelltenhaushalten. Aufgeschlossener als andere sind auch die Berater/innen der mittleren Generation, der 40- bis unter 50-Jährigen. Die Älteren präferieren deutlich öfter ein Partnerschaftsmodell von „Gleichheit bei Anerkennung der Differenz", sie sortieren Mädchen und Jungen geschlechtstypischen Berufen zu, und vermitteln aber dennoch mehr Mädchen in gewerblich-technische Berufe als andere.[56] Wenngleich die unter 40-Jährigen das Modell

---

56 18 gaben an, 50 Jahre und älter zu sein, darunter sind acht männlich (fünf Westdeutsche und drei Ostdeutsche). Die Zahlen sind somit zu klein, um Aussagen über das tatsächlich gelebte Geschlechtermodell zu machen. Dennoch scheint mir das Bild typisch: Alle sind verheiratet. Von den Ehefrauen der Westdeutschen sind zwei nicht erwerbstätig, zwei arbeiten Teilzeit und eine Vollzeit. (Diese Frau hat drei Kinder, wovon mindestens zwei in

der „Gleichheit bei Anerkennung der Differenz" stärker ablehnen als die über 49-Jährigen, ist dies nicht gleichbedeutend mit einer größeren Aufgeschlossenheit gegenüber einer geschlechtsuntypischen Berufseinmündung von Mädchen: Augenscheinlich prägt die Zeit, in der die Berufsberater/innen aufwuchsen und insbesondere der Zeitraum, in dem sie für sich selbst berufliche Entscheidungen zu treffen hatten, ihre Haltungen zur Berufstätigkeit von Frauen. Das Geschlechterleitbild, war in der Bundesrepublik – abgesehen von einer kurzen Phase in den 1970er Jahren – von „Differenz" geprägt, Frauen hatten sich in erster Linie um Haushalt und Kinder zu kümmern, die Erwerbstätigkeit war nachrangig. (In der DDR herrschte ebenfalls dieses Leitbild, wenngleich kombiniert mit der Norm der Erwerbstätigkeit von Frauen, vgl. Abschnitt 3.3.) Am aufgeschlossensten gegenüber einer gewerblich-technischen Berufsausbildung von Mädchen sind daher die 40- bis 50-Jährigen. Auffällig ist darüber hinaus, dass in Agenturen mit niedriger Mädchenquote viele Berater/innen arbeiten, die im Hinblick auf ihre eigene Berufsentscheidung instrumentalistische Motive angaben. Berufliche Motivationen können sich aber verändern, die Lust am Beruf kann auch im Nachhinein entstehen – oder verloren gehen. Eine instrumentalistische Berufsauffassung muss nicht unbedingt mit wenig Engagement in der Vermittlung von Mädchen in gewerblich-technische Berufe einhergehen.

Einstellungen zum eigenen Beruf

In der Untersuchung von Helmut Schröder (1989, vgl. Abschnitt 4.4) hatten die Berufsberater/innen mehrheitlich eine intrinsische Berufsmotivation. Eine instrumentalistische Einstellung wiesen sie meist von sich und auch eine bürokratische Orientierung war nur bei Wenigen auszumachen.

Ich habe die Items aus der Untersuchung von Helmut Schröder übernommen, die sich dort als besonders aussagekräftig erwiesen haben (vgl. Tabelle 39). Bei Schröder stehen die ersten beiden Statements für eine instrumentalistische Orientierung, die Statements drei und vier für eine professionelle und die letzten beiden für eine bürokratische.

Zur instrumentalistischen Orientierung sind meine Ergebnisse denen von Helmut Schröder sehr ähnlich: Die Haltung, der Beruf sei lediglich ein Mittel zum Lebensunterhalt, wird ganz überwiegend abgelehnt und 79% würden ihren Beruf auch dann nicht wechseln, wenn sie anderswo mehr verdienen

---

einem Alter sind, wo sie möglicherweise studieren, die Eltern also vergleichsweise viel Geld brauchen.) Zwei der Ehefrauen der drei Ostdeutschen sind Vollzeit erwerbstätig, eine ist zu Hause. (Diese Frau könnte möglicherweise Rentnerin sein.) – Bei den Jüngeren dagegen sind die Ehefrauen zumeist dann nicht erwerbstätig, wenn kleine Kinder zu versorgen sind. In meinem Sample finden sich auch zwei Hausmänner, die sich anscheinend im Erziehungsurlaub befinden.

könnten. Auch sind die Berater/innen – wie in Schröders Sample – vorwiegend der Meinung, dass sie eine wichtige Aufgabe in der Gesellschaft erfüllen. Im Vergleich zu den von Helmut Schröder Befragten tritt die bürokratische Orientierung in meiner Gruppe aber sehr viel häufiger auf. Bei Schröder (ebd.: 180) meinten nur 23%: „Vorschriften und Erlasse stellen einen reibungslosen Arbeitsablauf sicher", und nur 33%: „Kollegen, die sich nicht an Verfahrensvorschriften halten, stören den Betriebsablauf". In meinem Sample aber teilt jede/r Zweite diese Auffassungen. Auch beim Statement: „Zur effektiven Aufgabendurchführung muß man sich auch schon mal über Vorschriften hinwegsetzen", gibt es erhebliche Differenzen. In Schröders Untersuchung stimmten 97% dieser Aussage zu, in meiner aber nur 57%. Helmut Schröder interpretiert sein Ergebnis als „Ablehnung rigider Regeln" und als professionelle Berufsorientierung. Nun sind die Vorschriften und Erlasse der Bundesagentur in den zwölf Jahren zwischen Schröders und meiner Untersuchung weniger rigide geworden, eine Umgehung wäre für eine effektive Aufgabenerledigung somit seltener nötig. Doch mir scheint auch bei den Antworten zu diesem Statement wiederum die bürokratische Berufsauffassung durchzuschimmern. Zusammengenommen zeigen die Antworten zur ersten Vorgabe und zu den letzten drei, dass bei gut der Hälfte der von mir befragten Berater/innen eine professionelle Aufgabenerledigung im Vordergrund steht, bei der anderen Hälfte aber eher der reibungslose Geschäftsgang und/oder eine instrumentalistische Berufsauffassung das Übergewicht haben.

Frauen und Männer unterscheiden sich in ihren Orientierungen nur wenig. Die Frauen würden jedoch auch beim Vorliegen lukrativerer Angebote seltener als Männer den Beruf wechseln (15% gegenüber 30% der Männer). Bei den jüngeren Altersgruppen ist die professionelle Berufsauffassung etwas ausgeprägter als bei den älteren, während die bürokratische Orientierung mit zunehmendem Alter größer wird. Beispielsweise bejahten 71% der 50- bis 60-Jährigen aber nur 33% der unter 40-Jährigen, dass eine Nichtbeachtung von Verfahrensvorschriften zu einer Störung des Betriebsablaufs führe. Im Hinblick auf die bürokratische Orientierung gibt es vor allem Unterschiede zwischen den Ost- und Westdeutschen. Mit einem Abstand von jeweils rd. 20 Prozentpunkten geben die ostdeutschen Berater/innen vermehrt an, dass die Nichtbeachtung von Verfahrensvorschriften den Betriebsablauf störe (65% Zustimmung), dass Vorschriften und Erlasse einen reibungslosen Arbeitsablauf sicherstellten (68%), und nur 47% lehnen das Statement ab, man müsse sich für eine effektive Aufgabendurchführung schon mal über Vorschriften hinwegsetzen. Diese starke bürokratische Orientierung ist meines Erachtens kein Spezifikum von Berufsberater/innen, sondern eher ein generelles ostdeutsches Phänomen.[57]

---

57 Beispielsweise haben Bürger/innen der neuen Länder vermehrt autoritäre Grundeinstellungen (Fuchs u.a. 1994: 41). Zudem unterscheidet sich der west- und ostdeutsche Autoritarismus: Wilhelm P. Bürklin (1995: 27) spricht in Bezug auf den Osten von einer „instru-

Tabelle 39:
Berufsauffassungen der Berater/innen

	Antworten absolut	Stimme sehr zu %	Stimme zu %	Lehne ab %	Lehne stark ab %
1. Ich würde meinen Beruf auch dann nicht wechseln, wenn ich anderswo besser bezahlt würde	85	22,4	56,5	18,8	2,4
2. Der Beruf ist letztlich doch nicht mehr als ein Mittel, um den Lebensunterhalt zu verdienen	85	1,2	8,2	54,1	36,5
3. Als Berufsberater/in habe ich eine wichtige Aufgabe in der Gesellschaft	86	14,0	76,7	9,3	0
4. Zur effektiven Aufgabendurchführung muß man sich schon einmal über Vorschriften hinwegsetzen	85	9,4	57,6	31,8	1,2
5. Vorschriften und Erlasse stellen einen reibungslosen Arbeitsablauf sicher	85	0	54,1	40,0	5,9
6. Kollegen, die sich nicht an Verfahrensvorschriften halten, stören den Betriebsablauf	85	2,4	48,2	41,2	8,2

Bei den Ost-Agenturen sind zwischen den Gruppen mit höherer und niedriger Mädchenquote nur wenige Unterschiede festzustellen. Bei den West-Agenturen aber zeigt sich das Paradox, dass die Berater/innen in den Agenturen mit höherer Quote instrumentalistischer eingestellt sind als diejenigen in Agenturen mit niedriger Quote: Sie würden ihren Beruf eher wechseln (37% zu 15%), und 15% gegenüber 0% geben an, dass der Beruf für sie nur ein Mittel zum Lebensunterhalt ist. Eine Nichtbeachtung von Verfahrensvorschriften dagegen empfinden sie weniger als Störung als die Mitarbeiter/innen der Agenturen mit niedriger Quote. Vielleicht ist der Grund hierfür aber schlicht darin zu sehen, dass in diesen Agenturen mehr untereinander kommuniziert wird, Regelverstöße vielfach abgesprochen sein dürften und somit keine unvorhergesehene Beeinträchtigung der eigenen Arbeitsmöglichkeiten sind.

Mangelndes Engagement kann auch dadurch entstehen, dass zu viele negative Faktoren wie beispielsweise eine übergroße Arbeitsbelastung und Unzufriedenheit mit der Organisation, mit Vorgesetzten oder Kollegen/innen

---

mentellen Hörigkeit" und von „berechnende(m) Gehorsam". Im Unterschied zu „Autorität-West" einer gleiche(n) Unterworfenheit für alle, hänge „Autorität-Ost" von Leistung ab, sie werde „im Austausch gegen empfangene Wohltaten akzeptiert".

zusammenkommen, während Erfolge die Arbeitsmotivation steigern können. Auf die offen gestellten Fragen, ob ihnen etwas an der Arbeit in der Berufsberatung besonders missfalle und ob es etwas gebe, was immer wieder Freude bereite, machten 79% der Befragten Angaben zu Ärgerlichem und noch mehr (93%) zu Erfreulichem. Missfallen äußerten die Berater/innen vornehmlich hinsichtlich des Personalmangels (21 Angaben), der Reglementierungen (17) und der Verwaltungsarbeit (11). Rundum zufrieden mit der Arbeit sind zwölf Berater/innen, jedenfalls schrieben sie in die entsprechenden Zeilen „nichts" oder strichen sie durch. Die Frage: „Gibt es etwas, was Ihnen an Ihrer Arbeit immer wieder Freude bereitet?", wurde von 83 der 90 Berater/innen beantwortet, sechs machten keine Angaben und ein Berater strich die Zeilen durch. In der Summe wurde mehr Erfreuliches als Störendes berichtet. Die folgenden Gegebenheiten wurden so oder ähnlich des Öfteren genannt:

- „Rückmeldungen von erfolgreich vermittelten Bewerber/innen". „Kreatives Beraten – gute Ideen für den einzelnen Jugendlichen." „Dankschreiben".
- „Kontakt mit immer unterschiedlichen Menschen." „Umgang mit jungen Menschen."
- „Abwechslung bezüglich der Personen und Arbeitsorte." „Vielseitigkeit der Aufgaben." „Viele abwechslungsreiche Kontakte zu Ratsuchenden, Betrieben und Schule."

48-mal werden Beratungs- und Vermittlungserfolge angeführt, 37-mal der Umgang mit (jungen) Menschen, 16-mal wird der Abwechslungsreichtum der Arbeit betont, neunmal die Eigenverantwortlichkeit der Arbeit hervorgehoben, neun Angaben beziehen sich auf einzelne Tätigkeitselemente und die anderen zwölf thematisierten Unterschiedliches.

Nun ist es für das Arbeitsklima und damit indirekt auch für die Qualität der Arbeit sicherlich förderlich, wenn die Berater/innen gerne mit Jugendlichen arbeiten und den Abwechslungsreichtum sowie die Eigenverantwortlichkeit der Arbeit schätzen. Mit dem Organisationsziel der Beratung und Vermittlung haben diese Aspekte aber nichts zu tun. Werden die Angaben analog zu den oben genannten Berufsorientierungen analysiert, fällt auf, dass 42% der Berater/innen *ausschließlich* Instrumentalistisches angaben; das heißt, ihre Arbeitszufriedenheit erwächst nur aus Dingen, die dem Ziel ihrer Arbeit zwar nicht abträglich sind, die den Arbeitserfolg aber auch nicht unbedingt förderlich sind. Nur 35% gaben ausnahmslos Professionelles an und 21% benannten beides.[58] Wie bei den direkten Fragen zu den Orientierungen bestätigt sich auch hier, dass etwa die Hälfte der Berater/innen eine instru-

---

58 Zwei Antworten ließen sich diesem Auswertungsschema nicht zuordnen.

mentalistische und die andere Hälfte eine professionelle Berufsauffassung hat.

Zwischen Männern und Frauen gibt es wiederum keine Unterschiede. Die Frauen geben lediglich häufiger sowohl Instrumentalistisches als auch Professionelles an. Auch unterscheiden sich die Ostdeutschen nicht von den Westdeutschen. Hier zeigt sich wieder dasselbe Bild wie bei den beruflichen Orientierungen: Zwischen den Ost-Agenturen mit hoher und niedriger Quote gibt es nur wenige Unterschiede, wohl aber haben die Mitarbeiter/innen westdeutscher Agenturen mit höherer Mädchenquote seltener eine professionelle und häufiger eine instrumentalistische Berufsorientierung als die mit niedriger Mädchenquote. Allerdings differieren die Angaben zwischen den einzelnen Agenturen erheblich. Zusammenfassend kann festgestellt werden, dass die Hypothese, dass in Agenturen mit höherer Mädchenquote professioneller gearbeitet wird als in anderen, sich als unrichtig erweist.

Fazit: Mädchenpolitische Relevanz individueller Axiome

Die individuellen Axiome der Beratungsfachkräfte unterscheiden sich deutlich zwischen Ost- und Westdeutschland. Zwischen Agenturen mit hoher und Agenturen mit niedriger Mädchenquote sind sie demgegenüber gering, und meist können sie die Unterschiede der Vermittlungshäufigkeit nicht erklären. Zwischen den West-Agenturen zeigt sich ein – wenngleich nur leichter – Unterschied. Berater/innen in Ämtern mit höherer Mädchenquote lassen sich durch Folgendes kennzeichnen:

- Viele sind der Meinung, dass sich die Persönlichkeit eines Mädchens, das einen Jungenberuf erlernt, positiv entwickeln werde.
- Sie haben mehr Einblick in die Berufswahlkriterien von Mädchen und sind häufiger der Ansicht, dass Beschäftigungssicherheit, Aufstieg, finanzielle Unabhängigkeit und Wiedereingliederungsmöglichkeiten Kriterien sind, die den Mädchen wichtig sind.
- Sie stammen häufig aus Elternhäusern, wo zumindest die Väter Arbeiter oder Angestellte und nicht Beamte oder Selbstständige sind bzw. waren.

Gleichzeitig aber halten die Mitarbeiter/innen der Agenturen mit höherer Quote Mädchen für ganz besonders für mädchentypische Tätigkeiten geeignet. Zudem haben die Berater/innen dieser Agenturen eine distanziertere Haltung zu ihrer Arbeit. Für sie stehen die Lohnarbeitsaspekte mehr und die arbeitsinhaltlichen Gesichtspunkte weniger im Vordergrund als bei den Mitarbeitern/innen anderer Agenturen.

Der Widerspruch, dass sie einerseits vermehrt meinen, Mädchen seien besonders für mädchentypische Tätigkeiten geeignet, *und* dass sie andererseits der Ansicht sind, die Persönlichkeit eines Mädchens entwickle sich in einem Jungenberuf besonders positiv, deutet meines Erachtens darauf hin, dass in diesen Agenturen generell ein für Mädchenfragen offeneres und letztlich mädchenfreundlicheres Klima herrscht. Auch die in diesen Agenturen realistischeren Annahmen über Auswahlkriterien, die den Mädchen wichtig sind, stützen diese Vermutung. Sichtlich hat die längere Tradition der Aktivitäten zur Öffnung gewerblich-technischer Ausbildungsberufe für Mädchen in diesen Agenturen und ihren Regionen (vgl. Abschnitt 5.1) dazu geführt, dass Mädchen generell mehr Aufmerksamkeit geschenkt wird und die Meinungen darüber, „wie Mädchen sind" grundsätzlich positiver ausfallen – egal ob nach allgemein als mädchentypisch angesehenen Eigenschaften oder nach dem Zurechtkommen von Mädchen in Jungenberufen gefragt wird. Eine solche Haltung ist wiederum durchaus mit einer instrumentalistischen Berufsauffassung vereinbar. Sie erfordert weder für den Beruf an sich noch für die Öffnung von Jungenberufen für Mädchen ein besonders intrinsisches Engagement. Die höhere Quote in diesen Agenturen erklärt sich somit aus der Kombination einer grundsätzlichen Offenheit des Personals gegenüber der Ausbildung von Mädchen in gewerblich-technischen Berufen und einer langen Tradition an Aktivitäten in der jeweiligen Region.

In vielen Dimensionen individueller Axiome besteht keinerlei Zusammenhang zwischen den Haltungen der Mehrheit des Personals in den Agenturen und der jeweiligen Mädchenquote.

- Ob die Berater/innen in einem höheren oder niedrigeren Ausmaß Mädchen für Jungenberufe als geeignet ansehen, hat keinen Einfluss auf die Vermittlungsquote.
- Das Votum für das Modell prinzipieller Gleichheit im Zusammenleben der Geschlechter geht nicht einher mit besonderen Bemühungen, Mädchen in gewerblich-technische Jungenberufe zu vermitteln.
- Auch der Glaube an ein spezifisches weibliches Arbeitsvermögen wirkt sich nicht auf die Mädchenquote des jeweiligen Amtes aus.
- Gleichfalls ohne Bedeutung ist die Geschlechter- und die Alterszusammensetzung des Personals in den jeweiligen Agenturen, obwohl ältere Berufsberater/innen eher als jüngere geschlechtsspezifisch segregieren. Berater*innen* stehen der Motivierung von Mädchen für Jungenberufe nicht offener gegenüber als ihre männlichen Kollegen.

Zwischen den ost- und den westdeutschen Berufsberater/innen jedoch gibt es deutliche Unterschiede:

- Ostdeutsche Berufsberater/innen segregieren stärker zwischen den Geschlechtern. Insbesondere kommen für die Mehrheit der Ostdeutschen Tätigkeiten wie „Maschinen zusammenbauen/reparieren" für Mädchen nicht in Betracht und nur für jede/n zweite/n „mit Elektrizität/Elektronik zu tun haben".
- Dabei haben die ostdeutschen Berater/innen aber ein realistischeres Bild von den Kriterien, die den Mädchen bei der Berufswahl wichtig sind als

viele westdeutsche. Zumindest „sichere Beschäftigungschancen" und „Möglichkeiten zum Wiedereinstieg" haben für sie mehr Relevanz.
- Dennoch spricht aus der Sicht der meisten ostdeutschen Berater/innen eigentlich nichts für eine Vermittlung von Mädchen in gewerblich-technische Berufe. Insgesamt scheinen sie in dieser Frage unsicher zu sein. Sie befürchten, dass in diesen Berufen ausgebildete Frauen keinen Arbeitsplatz finden werden und sie tun sich schwer mit der Entscheidung, ob in diesen Berufen „schlechte" Arbeitsbedingungen vorherrschen oder nicht.

Zu Beginn der 1990er Jahre lehnten viele Ostdeutsche eine Ausbildung in einem Metall- oder Elektroberuf sowohl für Jungen als auch und besonders für Mädchen ab, weil die Arbeitsbedingungen in den entsprechenden Betrieben in der DDR häufig unzumutbar waren (Wald u.a. 1991). Diese Einschätzung scheint bei den ostdeutschen Berater/innen noch nachzuwirken. Vermutlich kommt ihre „Unentschiedenheit" dadurch zustande, dass in neu gebauten Werkstätten gute Arbeitsbedingungen vorherrschen, in den alten aber vieles noch im Argen liegt.

Entgegen der weit verbreiteten Meinung gab es Ende der 1980er Jahre in der DDR kaum mehr weibliche Auszubildende in den Metall- und Elektroberufen als in der BRD und anderen westlichen Ländern. Hinzu kommt, dass bei den Betrieben und Kombinaten in der DDR massive Vorbehalte gegen eine Ausbildung von Mädchen in gewerblich-technischen Berufen bestanden (Zentralinstitut 1989). Derartige Vorurteile sind anscheinend noch in den Köpfen vieler Ost-Berater/innen verankert, und sie lehnen es ab, dass Mädchen in Metall- und Elektroberufen ausgebildet werden.

Der im Osten insgesamt niedrigere Anteil an Vermittlungen von Mädchen in Jungenberufe scheint zumindest teilweise auf die Haltungen und Meinungen der Berater/innen zurückzuführen zu sein. Während die West-Berater/innen mittlerweile 20 Jahre Kenntnisse und Erfahrungen zu den Ausbildungsmöglichkeiten für Mädchen in gewerblich-technischen Berufen sammeln konnten, mussten sich die Ost-Berater/innen in den acht Jahren zwischen dem Beitritt der DDR zur BRD und meinen Erhebungen vorrangig nicht nur die Regeln der Bundesagentur für Arbeit aneignen, sondern sie hatten – und haben nach wie vor – täglich mit einer immensen Übernachfrage nach Ausbildungsplätzen zu kämpfen. Es wäre nötig, dass die Bundesagentur ihnen Raum zum Lernen lässt, ihnen mehr Zeit zum Selbststudium einräumt und spezielle Fortbildungen zur Berufswahl von Mädchen anbietet. Auch scheint es mir nötig, der mehrheitlich bürokratischen Berufsorientierung der ostdeutschen Berater/innen entgegenzuwirken, wenngleich auch viele West-Beraterinnen kein professionelles Verhältnis zu ihrem Beruf haben, sondern den persönlichen Nutzen in extrinsischen Gratifikationen sehen. Mehrheitlich instrumentalistische Berufsauffassungen stehen einer hohen Mädchenquote nicht entgegen. Dennoch wäre es meines Erachtens den Versuch wert, durch mehr Professionalisierung das Engagement der Beratungsfachkräfte zu erhöhen.

Bislang wurden die Einflussfaktoren „regionales Umfeld", „Organisation" und „Individuum" getrennt analysiert. Gelegentlich ließ es sich nicht vermeiden, auf gegenseitige Bezüge zu verweisen, zumal alle drei Faktoren jeweils aufeinander einwirken. Die Berufsberater/innen *leben* in dem jeweiligen regionalen Umfeld, sie sind abhängig und beeinflusst von der „Organisation Berufsberatung" und gestalten die Organisation ihrer Agentur gleichzeitig mit. Zugleich ist das regionale Umfeld auf die „Organisation Berufsberatung" angewiesen. Im Grunde handelt es sich um die Eckpunkte eines Dreiecks, wobei die Höhe der Mädchenquote davon abhängt, wie stark die jeweiligen Kräfte, wie durchsetzungsfähig und wie offen oder widerständig sie gegenüber den Einflüssen der anderen sind.

5.6 Das Zusammenwirken von Umfeld, Organisation und Individuum

Das regionale Umfeld, die Organisation und deren Personal beeinflussen sich wechselseitig. Selbst wenn die Mitarbeiter/innen nicht allzu viel davon halten, dass Mädchen gewerblich-technische Berufe lernen, vermitteln sie sie dorthin. Und wenn sie meinen, dass mehr Mädchen solche Berufe erlernen sollten, werden ihre Bemühungen mancherorts durch binnenorganisatorische Faktoren oder durch die Bedingungen des jeweiligen Umfeldes erschwert. Idealtypisch lassen sich zwei Muster konstruieren. In der Agentur mit hoher Mädchenquote zeigt sich folgendes Bild:

- Das regionale Umfeld teilt das Ziel der Verbreiterung des Berufswahlspektrums: Einige renommierte Großbetriebe werben explizit um Mädchen für ihre metall- und elektrotechnischen Ausbildungsplätze. Ihr Vorbild strahlt auf andere Betriebe aus, selbst kleinere Betriebe sind mittlerweile bereit, Mädchen auszubilden. An den allgemein bildenden Schulen findet ein qualitativ hochwertiger Berufswahlunterricht statt, und die Lehrkräfte bemühen sich besonders darum, den Mädchen die Perspektive einer gewerblich-technischen Ausbildung zu eröffnen. Kommunale Gleichstellungsstellen sowie die Arbeitgeber- und Arbeitnehmerorganisationen unterstützen dieses Vorhaben aktiv, sie diskutieren in ihren Sitzungen des öfteren, was zu tun ist, und engagieren sich wo immer möglich. Die jeweiligen Ideen und Erfahrungen werden in ein gemeinsames Gremium eingebracht, das sich speziell mit Berufsorientierung befasst, und in dem das Thema „Mädchen" häufig zur Sprache kommt.

- Die Berufsberater/innen haben sich ausführlich damit beschäftigt, was den Mädchen bei der Auswahl eines Berufes wichtig ist. In den Beratungsgesprächen lenken sie die Diskussion auf diese Themen und informieren die Mädchen ganz besonders über die Bedingungen der Berufe, beispielsweise über die Beschäftigungssicherheit, die Verdienst- und Aufstiegsmöglichkeiten und auch über Möglichkeiten eines Wiedereinstiegs nach einer Familienphase. Über die Anforderungen der einzelnen Berufe sind sie gut informiert; sie empfehlen Mädchen, die körperlich nicht besonders kräftig sind, solche gewerblich-technischen Berufe, in denen wenig Beanspruchungs- und Belastungsspitzen auftreten. Sie gehen davon aus, dass es einem Mädchen nicht schaden wird, einen Jungenberuf zu erlernen, sondern dass sich – im Gegenteil – die Persönlichkeit positiv entwickeln wird und dass Mädchen nicht verletzender Anmache oder gar sexuellen Belästigungen ausgesetzt sein werden, zumindest nicht öfter als in Mädchenberufen.
- Bei den Besuchen in den Betrieben sprechen die Berater/innen das Thema „Ausbildung von Mädchen in gewerblich-technischen Berufen" häufig an. Sie versuchen die Ausbilder/innen zu überzeugen und gleichzeitig lernen sie von ihnen. Der Kontakt zu den Betrieben ist ihnen wichtig, sie suchen sie so oft wie möglich auf. Sie versuchen sich breit zu informieren, ziehen des öfteren Literatur zu Rate und setzen sich häufig mit den Kollegen/innen zusammen, um die gewonnenen Informationen auszutauschen. In den Beratungsgesprächen mit Mädchen versuchen sie immer wieder, diese für eine gewerblich-technische Berufsausbildung zu interessieren. Mit den allgemein bildenden Schulen arbeiten sie eng zusammen. Die Lehrkraft, die für den Berufswahlunterricht zuständig ist, ist für sie eine wichtige Person, und sie versuchen einen ständigen Kontakt aufrechtzuerhalten, zumindest aber, sich mit der Lehrkraft abzusprechen, wenn ihre Unterrichtssequenz auf der Stundentafel steht. Dass Ausbildungsplätze als „nur für Jungen" gekennzeichnet sind, ist in ihren Agenturen nicht denkbar.

Das gegenteilige Muster, ein Amt mit niedriger Mädchenquote, soll hier nicht beschrieben werden. Im Prinzip müssten gegenüber dem obigen Modell nur die Vorzeichen umgekehrt werden: Ein solches, letztlich Mädchen-diskriminierendes Amt habe ich genauso wenig vorgefunden wie den obigen Idealtypus eines Mädchen-freundlichen Amtes, wenngleich einige Agenturen dem positiven Typ ziemlich nahe kommen. Insgesamt aber sieht die Wirklichkeit weitaus „unordentlicher" aus. Da gibt es Amtsbezirke, wo die Mehrheit der Bevölkerung der Meinung ist, dass eine Mutter nicht erwerbstätig sein sollte, die Berater/innen aber gegenteiliger Ansicht sind und wo zumindest ein größerer Ausbildungsbetrieb explizit um Mädchen wirbt. In einem anderen Amtsbezirk ist die Frauenerwerbsquote hoch, und gibt es gleich mehrere renommierte Großbetriebe, die Mädchen in gewerblich-technischen Berufen ausbilden. Dort aber ist die Meinung der Beratungsfachkräfte gespalten, und die autoritär regierende Abteilungsleitung hält nichts von der Erschließung gewerblich-technischer Berufe für Mädchen.

Für mich überraschend war, wie wenig Bedeutung den individuellen Axiomen des Beratungspersonals zukommt. Ältere Männer, die im Grunde ihres Herzens meinen, Frauen gehörten ins Haus, vermitteln Mädchen in gewerblich-technische Ausbildungsberufe! Das regionale Umfeld spielt zwar eine Rolle, es kann sogar ganz wichtige Anstöße geben, bspw. wenn ein einflussreicher Betrieb eine Mädchenquote von 20% an den Bewerber/innen um eine gewerblich-technische Berufsausbildung von der Berufsberatung einfordert, oder wenn eine kommunale Gleichstellungsbeauftragte eine Experten/innenrunde unter Einbeziehung von Betrieben, allgemein bildenden Schulen und Berufsberatung ins Leben gerufen hat. Entscheidender aber ist, ob dieses Umfeld und insbesondere die Ausbildungsbereitschaft der Betriebe von den Berufsberater/innen auch *zur Kenntnis genommen* wird. Hier kommen organisationale Momente ins Spiel: Neben den Kontakten mit den Betrieben ist vor allem der Austausch unter den Beratungsfachkräften von großer Bedeutung. Da immer nur eine bestimmte Beratungsfachkraft für die Betriebe einer Region zuständig ist, und an den Sitzungen örtlicher Berufsbildungsnetzwerke zumeist nur die Abteilungs- oder Abschnittsleitung teilnimmt, kann die Nachricht, dass ein Betrieb Mädchen einstellt, die (anderen) Berater/innen nur erreichen, wenn sie weitergegeben wird. Bedingung ist wiederum, dass diese Nachricht überhaupt interessiert: In den Agenturen mit höherer Mädchenquote tauschen die Berater/innen ihre Informationen häufiger aus, *und* es herrscht dort generell ein mädchenfreundlicheres Klima. Es geht sowohl um die Aufnahmebereitschaft als auch um Gelegenheiten, von der Bereitschaft von Betrieben Mädchen auszubilden zu erfahren und um Organisationsformen, die sicherstellen, dass solcherart Informationen die Kollegen/innen erreichen.

„Mädchenfreundlichkeit" geht aber nicht unbedingt einher mit der Überzeugung, dass Mädchen für chancenreiche gewerblich-technische Berufe gewonnen und dass ihnen von den meisten Mädchenberufen abzuraten ist. Die in Mädchenberufen erworbenen Qualifikationen lassen sich bekanntlich am Arbeitsmarkt oft kaum verwerten, der Verdienst ist in diesen Berufen unverhältnismäßig niedrig und die Weiterbildungsmöglichkeiten sind oft mangelhaft oder vom Berufssystem her erst gar nicht vorgesehen. In Amtsbezirken mit einem mädchenfreundlicherem Klima vermitteln die Berater/innen zwar mehr Mädchen in gewerblich-technische Berufe als anderswo; gleichzeitig aber sind sie vermehrt der Meinung, Mädchen seien ganz besonders für mädchentypische Berufe geeignet. Die Regionaldirektionen (die früheren Landesarbeitsämter) und vor allem die Hauptstelle könnten diese Agenturen unterstützen, indem sie ihnen mehr Informationen über das, was Mädchen wollen und über die Berufsverläufe von Frauen, die einen Männerberuf erlernt haben, zur Verfügung stellen.

Not tut vor allem, dass die Hauptstelle ihre zentralen Informationsmaterialien nach dem darin eingeschriebenen Geschlechterleitbild durchforstet: Die Kriterien, die den Mädchen an einem Beruf wichtig sind, ernst nehmen heisst für die Beratungsfachkräfte, dass sie vielfach den Informationen der Hauptstelle entgegenwirken müssen, dass sie beispielsweise vermitteln müssen, dass es auch in gewerblich-technischen Berufen „nette Kollegen/innen" gibt und nicht nur in Berufen, die Mädchen üblicherweise lernen. Darüber hinaus ist frappierend, wie wenig die Berufsberater/innen über die Anforderungen von Berufen und damit über die Eignung von Mädchen für einzelne Berufe wissen. Warum Industrieelektroniker/in – Produktionstechnik tendenziell eher für Jungen und Fachkauffrau/mann für Bürokommunikation eher für Mädchen geeignet sein soll, müsste mir erst mal jemand erklären: Gemeinsam haben beide Berufe, dass die Arbeitsplätze sauber sind und beide Berufe werden meist im Sitzen ausgeübt. Problematisch wird es, wenn einem Mädchen zum Beruf Industriemechaniker/in – Betriebstechnik zugeraten wird. 71,9% der Beratungsfachkräfte meinen, dass Mädchen dafür prinzipiell geeignet seien. Die Wahrscheinlichkeit, dass Frauen in diesem Beruf körperlich überfordert werden, ist sehr hoch.

Als Ergebnis dieses Kapitels bleibt festzuhalten, dass alle drei Faktoren, das regionale Umfeld, die einzelne Berufsberatung als Organisation und die Beratungsfachkräfte mit ihren jeweils individuellen Haltungen und Meinungen sich gegenseitig verstärken oder behindern. Dies heißt aber nicht, dass die Berufsberatung als Organisation den beiden anderen Einflussfaktoren ohnmächtig ausgeliefert wäre. Bspw. könnte sie ihr Personal schulen. Zwar lassen sich durch Fortbildungen grundlegende Werthaltungen kaum verändern, aber die allermeisten Berater/innen sind ja prinzipiell offen für eine Ausbildung von Mädchen in gewerblich-technischen Berufen: Was ihnen fehlt sind die Argumente, warum sie sich dafür engagieren sollten. Im Hinblick auf das Umfeld könnte auch die Berufsberatung zum Knotenpunkt eines regionalen Netzwerkes werden oder zumindest ein solches ins Leben rufen. Es gibt keinen Grund dafür, auf die Initiativen von kommunalen Gleichstellungsbeauftragten zu warten.

Zu den allgemein bildenden Schulen ist mein Befund, dass in Amtsbezirken mit höherer Mädchenquote – nach Einschätzung der Berufsberater/innen – ein vergleichsweise besserer Berufswahlunterricht stattfindet als in den anderen Amtsbezirken. Die Gründe dafür können vielfältig sein. Möglicherweise liegt es aber daran, dass in diesen Bezirken die Beratungsfachkräfte intensiver mit den Schulen und Lehrkräften zusammenarbeiten: Vielleicht haben sie durch ihre häufigen Kontakte dafür gesorgt, dass der Berufswahlunterricht besser als anderswo ist.

Ein weiterer Befund meiner Untersuchung ist, dass es eine größere Anzahl von Betrieben gibt, die Mädchen ausbilden würden, wenn sich denn eins interessierte (vgl. Abschnitt 3.7). Darüber hinaus habe ich festgestellt, dass es in allen untersuchten Amtsbezirken eine große Anzahl von Ausbildungsplätzen in gewerblich-technischen Berufen gibt. Vielleicht aber bringen die Agenturen mit höherer Mädchenquote mehr Mädchen in gewerblich-technischen Berufen unter, nicht weil in ihren Bezirken einige Betriebe sich der Mädchenförderung verschrieben haben oder per se aufgeschlossener sind als anderswo, sondern weil die Berufsberater/innen die Betriebe häufiger aufsuchen als ihre Kollegen/innen in anderen Amtsbezirken, und dabei auch über die Möglichkeiten der Ausbildung von Mädchen in geschlechtsuntypischen Berufen reden. Vielleicht waren sie es, die dafür gesorgt haben, dass in den Betrieben in ihrem Amtsbezirk Mädchen willkommen sind. Jens Joachim Hesse und Arthur Benz (1988: 71) schreiben, dass evolutionäre Anpassungs- und Entwicklungsprozesse das Ergebnis wechselseitiger Strukturbeeinflussung sind. Diese Erkenntnis gilt es zu nutzen!

Im Folgenden wird das Fazit aus dieser Forschungsarbeit im Hinblick auf die politikwissenschaftliche Geschlechterforschung und auf m.E. notwendige Reformen der Berufsberatung gezogen.

6 Fazit

Die Berufsberatung versucht die Jugendlichen dahin zu führen, wozu sie innerlich berufen sind, eine Aufgabe, die Georg Kerschensteiner in einem Aufsatz von 1926 als zentral für die berufliche Bildung formulierte, weil Allgemeinbildung ohne Berufsbildung nicht denkbar sei. In diesem Gedankengebäude kommt der Berufsbildung eine „teleologische Funktion" zu..., „indem sie dem einzelnen zu seiner Berufenheit verhilft" (Gonon 1997: 10). Plastisch sichtbar wird dieser Ansatz u.a. im interaktiven Computerprogramm „Mach's Richtig": Die Jugendlichen werden gefragt, welche Tätigkeiten und Arbeitsorte sie bevorzugen und mit welchen Arbeitsmitteln und -gegenständen sie arbeiten möchten. Das Programm vergleicht die Angaben dann mit den (von der Berufsberatung vorher definieren!) Eigenschaften der Berufe und so trifft im Idealfall „Berufung" mit „Beruf" zusammen. Die Berufssoziologie betont demgegenüber schon seit langem, dass Berufe mit Statuszuweisungen verknüpft sind:

„Mit seiner Berufsbezeichnung teilt man nicht nur mit, was man ungefähr arbeitet, sondern man gibt auch Auskunft über sein soziales Ich, über die ungefähre Höhe des Einkommens, die Berufsentwicklung, die soziale Anerkennung der Arbeit, den Handlungsspielraum in der Arbeit, die Arbeitsplatzsicherheit und die Arbeitsbelastung. Aber nicht nur über die Umstände der eigenen Arbeit gibt die Berufsbezeichnung Auskunft, sondern auch wie die Freizeit verbracht wird, welche Schule die Kinder besuchen, wo man wohnt und mit wem man verkehrt" (Crusius/Wilke 1979: 48).

Mädchen stolpern häufig in Berufe, die besonders geringe Chancen bieten, weil sie hierüber nicht aufgeklärt werden. Lebten wir in den 1950er Jahren des letzten Jahrhunderts entspräche eine solche Beratungspolitik jedenfalls den Vorgaben der Bundesregierung. Zu Beginn des dritten Jahrtausends aber wird hierzulande jede dritte Ehe geschieden, ein Drittel der Frauen bleibt kinderlos und viele Ehefrauen und Mütter müssen – ob sie wollen oder nicht – erwerbstätig sein, bspw. weil ihre Männer allein die Familie nicht ernähren können. Aber der wichtigste Kritikpunkt an der Berufsberatung ist, dass sie die Wünsche der Mädchen nach einem sicheren Arbeitsplatz, nach eigenständigem Einkommen, nach Aufstiegs-, Karriere- und Wiedereinstiegsmöglichkeiten zu wenig beachtet. Dies hat individuelle und gesellschaftliche Konsequenzen: Individuelle, weil viele Mädchen (häufiger noch als Jungen) in ihrem Ausbildungsberuf unzufrieden sind und weil sie, sofern ihre Ehe scheitert und sie Kinder haben, mit einem Einkommen unterhalb der Armutsgrenze auskommen müssen. Zudem bringt die Überausbildung in vielen Berufen mit sich, dass es nicht genug Arbeitsplätze gibt, in denen die Frauen das Gelernte verwerten könnten. Die gesellschaftliche Konsequenz ist, dass die tradierte Aufgabenverteilung, nach der der Mann vorrangig für das Einkommen der Familie zu sorgen hat, aufrechterhalten wird.

Die Berufsberatung knüpft bei den Mädchen an die alterstypische, durch die Adoleszenz verursachte Verunsicherung an und „befriedigt" das damit verbundene Bedürfnis nach Präsentation von Weiblichkeit, indem sie die Beschreibungen bestimmter Berufe mit weiblichen Attributen auflädt. Im Ergebnis entscheiden sich Mädchen dann für diese Berufe und nicht für besser bezahlte und chancenreichere: Da wird einem Beruf schon mal eine Tätigkeit hinzugefügt, da werden im BIZ-Computer besser bezahlte, von Frauen und Männern besetzte Tätigkeitsbereiche vergessen, da wird das Bedürfnis insbesondere von Mädchen nach netten Kollegen/innen und „mit Menschen zu tun haben wollen" im interaktiven Computerprogramm „Mach's Richtig" als Wunsch interpretiert, Menschen zu erziehen, sie zu sozialisieren oder ihnen z.B. in einem Pflegeberuf zu helfen. In der Konsequenz werden Mädchen vornehmlich die Berufe mit den schlechteren Erwerbs- und Einkommenschancen vorgeschlagen. Die Wahrscheinlichkeit, auf nette Kollegen/innen zu treffen, ist rein statistisch in einem Großbetrieb des produzierenden Gewerbes aber größer als in Arztpraxen oder Rechtsanwaltsbüros. Auch Berufe, die bei Kunden und Kundinnen ausgeübt werden, haben „mit Menschen zu tun". Diese werden Mädchen, die aller Wahrscheinlichkeit nach häufiger als Jungen den Button „Menschen" drücken, aber nicht angeboten. Und letztlich: Menschen helfen kann Frau auch als Computerexpertin oder Feuerwehrfrau, dazu müsste sie aber einen gewerblich-technischen Beruf erlernt haben.

Die Arbeit der Bundesagentur folgt in vielen Bereichen der Leitidee der Geschlechterdifferenz. Indem sie Ausbildungsberufe, die in Tätigkeiten mit Zuarbeitsfunktionen oder assistierender Kontrolle münden, mit weiblichen Attributen versieht, lenkt sie Mädchen in Berufe, in denen der Lern- und Handlungsspielraum begrenzt ist: Arzthelferinnen sollen nicht heilen, sondern zur Hand gehen; Fachkauffrauen für Bürokommunikation keine Verträge formulieren, sie sollen sie lediglich tippen. Berufe können „als Entwicklungs- und Äußerungsschablonen subjektiver Fähigkeiten, Orientierungen und Interessen" gesehen werden (Beck/Brater/Daheim 1980/1997: 26). Sie konstituieren Persönlichkeiten, denn in einem Beruf wird nicht nur festgelegt, „was einer in diesem Beruf können muß, sondern bei genauerem Hinsehen auch das, was einer nicht lernen soll, welche Fähigkeiten er nicht zu entwickeln braucht" (ebd.: 27). Die Argumentation der Bundesagentur bewegt sich in einer Denkwelt der Geschlechterdifferenz, nach der Mädchen anders „sind" als Jungen und Frauen anders als Männer und Mädchen deshalb andere Berufe als Jungen präferieren und auch lernen sollten.

Die Berufsberatung ist eine verselbstständigte Organisation. Sie ist in der Vergangenheit dem Auftrag, entsprechend der beschäftigungspolitischen Zielsetzung der Bundesregierung zu handeln, nicht gefolgt:

- Ende der 1970er Jahre, als die sozial-liberale Bundespolitik die Gleichstellung der Geschlechter zum Ziel hatte, segregierte die Berufsberatung

zwischen den Geschlechtern und sortierte die Ausbildungsstellenangebote von vornherein.
- In den 1980er Jahren, in der Ära Norbert Blüms, der für eine Nichterwerbstätigkeit zumindest von Müttern votierte und die Parole ausgab, die Hausfrauen müssten den erwerbstätigen Frauen gleichgestellt werden (und nicht die Frauen den Männern), setzte die Bundesagentur Beauftragte ein, die sich um die Erschließung von Ausbildungsmöglichkeiten für Mädchen auch in gewerblich-technischen Berufen kümmern sollten. Die Beratungsfachkräfte wurden per Dienstanweisung aufgefordert, Mädchen anzuregen, ihr berufliches Spektrum zu erweitern, um so den geschlechtsspezifischen Ausbildungs- und Arbeitsmarkt zu überwinden.
- Mit dem Regierungswechsel 1998, als die rot-grüne Bundesregierung in den Koalitionsvereinbarungen festschrieb, die Gleichstellung von Frauen mit Männern solle wieder zu einem wichtigen Thema werden, schwenkte die Bundesagentur auf eine Politik der Geschlechterdifferenz um.
- Nach der Änderung des SGB III Anfang 2002, wonach „die Gleichstellung von Frauen und Männern als durchgängiges Prinzip zu verfolgen" (§ 1,1) ist, spricht sich die Bundesagentur wieder für eine „stärkere Gewinnung von Schulabgängerinnen auch im gewerblich-technischen Bereich" aus (BA, Referat Berufsbildungspolitik 2002: 1181). Die Begründung ist aber *nicht*, dass die beruflichen Chancen von Mädchen und Frauen verbessert werden sollten. Die Argumentation ist vielmehr, dass angesichts demographischer Veränderungen ein Fachkräftemangel drohe und „junge Frauen in Deutschland ... hier eine erhebliche Ressource" bildeten (ebd.: 1180).

Die geschlechterpolitischen Konzeptionen der Bundesagentur wechselten zumeist entgegengesetzt zu denen der jeweiligen Bundesregierung. Bei genauerer Betrachtung aber hat die Bundesagentur über die letzten Jahrzehnte durchgängig eine Politik der Geschlechterdifferenz gefahren: Die eingesetzten Beauftragten waren, wie die Bundesagentur selbst schreibt, mit der nebenamtlich zu leistenden Gleichstellungsarbeit überfordert. Auch wurden die Beratungsfachkräfte zwar angewiesen, Mädchen für die Verbreiterung ihres Berufsspektrums zu gewinnen, gleichzeitig aber wurde ihnen unterbreitet, dass Mädchen in gewerblich-technischen Berufen besondere Schwierigkeiten und schlechte Arbeitsmarktchancen hätten. Und vor allem blieb in den Vorgehensweisen und Unterrichtsmaterialien die Geschlechtersegregierung eingeschrieben.

Wie konnte das passieren? Zum einen wurde die Berufsberatung (abgesehen von einigen wenigen Dissertationen zu Teilaspekten) in den letzten drei Jahrzehnten nicht extern evaluiert. Die Setzung der gesellschaftlichen Norm, dass Frauen – wenn überhaupt – nur marginal erwerbstätig sein sollen, geschah im Verborgenen. Zum anderen funktionieren die Steuerungsgremien nicht. Die Kontrolle der Arbeitsagenturen liegt bei den Selbstverwaltungsorganen. Ein Sinnbild für deren Versagen ist die Einschätzung der von mir befragten Abteilungsleitungen und Beauftragten für Frauenbelange, dass die Verwaltungsräte ihrer jeweiligen Ämter „nicht wichtig" sind: Die Verwaltungsräte interessieren sich für die Verteilung der Eingliederungsmittel, ihnen geht es um die Finanzierung der regionalen Arbeitsmarktpolitik (vgl. Trampusch 2002), nicht aber um die Qualität beruflicher Beratung. Die Ziele der Bundesregierung gehen im Mehrebenensystem von Verwaltungsausschuss (auf der Bundesebene) und Verwaltungsräten (bei den regionalen Agenturen) unter. Der prinzipielle Vorteil, den der Staat hat, wenn er Arbeitgeberverbände, Gewerkschaften und öffentliche Körperschaften in die Entscheidungsfindung und in die Verantwortung einbezieht, nämlich dass er an Sachkompetenz hinzugewinnt (Lehmbruch 1989: 233), trifft für die berufliche Beratung nicht zu. Gewerkschaften und Arbeitgeberverbände sind in Fragen der Berufsberatung nicht unbedingt kompetent und Bürgermeister/innen, Wirtschaftsminister/innen und -gemeinderäte auch eher selten.

Die in der Einleitung formulierte erste Frage meiner Arbeit, ob und inwieweit die Berufsberatung der Geschlechtersegmentation in der beruflichen Bildung entgegenwirkt, lässt sich eindeutig dahingehend beantworten, dass sie dieser Segmentation gar nicht entgegenwirkt, sondern dass sie die Segmentierung mitverursacht. Warum aber vermitteln Berufsberatungen dennoch Mädchen in gewerblich-technische Berufe und vor allem, warum vermitteln einige mehr Mädchen dorthin als andere? Als ertragreich hat sich hier die These von Frank Nullmeier erwiesen, dass das Wissen politisch gesteuert werden kann. Die Hauptstelle der Bundesagentur steuert das Wissen ihrer Beratungskräfte, indem sie deren Arbeitsmittel (die Unterrichtungsmaterialien) zentral vorgibt, indem sie die Aus- und Fortbildung ihrer Mitarbeiter/innen monopolisiert und indem sie die Fachliteratur, die von den Beratungsfachkräften gelesen wird, in Eigenregie erstellt. (Anderweitig publizierte Fachliteratur wird von den Beratungsfachkräften höchst selten rezipiert!)

Dieses von der Nürnberger Hauptstelle monopolisierte Wissensangebot wird allerdings durch das eigenproduzierte Erfahrungswissen der Beratungsfachkräfte in Frage gestellt. Deren relevantes Erfahrungswissen stammt vornehmlich aus Kontakten mit Betrieben, schulischen Lehrkräften und Ratsuchenden. Wenn bspw. die Nürnberger Hauptstelle erklärt, Mädchen bevorzugten Berufe, von denen sie glaubten, dort später Teilzeit arbeiten zu können, wird diese Botschaft für Beratungsfachkräfte nicht handlungsleitend, weil ihre Erfahrung eine andere ist. (Wobei Teilzeitarbeit von Frauen mit Männerberufen durchaus nicht unüblich ist!) Dass einige Agenturen im Vergleich zu anderen mehr Mädchen in gewerblich-technische Berufe vermitteln, erklärt sich aus zwei miteinander verschränkten Faktoren: der Häufigkeit der Betriebskontakte der Beratungsfachkräfte und dem Muster der internen Koordination.

Die Beratungsfachkräfte der Agenturen mit höherer Mädchenquote haben mehr Kontakte zu Betrieben. Sie machen die Erfahrung, dass „ihre" Betriebe Mädchen ausbilden, dass die „besonderen Schwierigkeiten" von Mädchen in solchen Ausbildungen, von denen in den Veröffentlichungen der Bundesagentur immer wieder zu lesen ist, in „ihren" Betrieben nicht existieren oder zumindest für die dorthin vermittelten Mädchen überwindbar sind. Und nicht zuletzt wissen sie, dass Mädchen von diesen Ausbildungsbetrieben in ein Arbeitsverhältnis übernommen werden, anderweitig eine der Qualifikation entsprechende Arbeit finden oder in eine weiterführende Ausbildung einmünden. Dieses Erfahrungswissen ist für ihr individuelles Handeln wichtiger als die Einschätzung der Nürnberger Hauptstelle. Soweit erklärt sich, dass einzelne Beratungsfachkräfte, zu deren Zuständigkeitsbereich diese (meist größeren) Betriebe zufälligerweise gehören, Mädchen dorthin vermitteln.

Andere Beratungsfachkräfte aber haben möglicherweise keinerlei Kontakte zu Betrieben, die Ausbildungsplätze im gewerblich-technischen Spektrum anbieten. Auf die Vermittlungstätigkeit dieser Berater/innen kann das Erfahrungswissen der Kollegen/innen nur ausstrahlen, wenn sie davon Kenntnis erlangen. Hier kommt dann der zweite Faktor ins Spiel, die interne Koordination. Dort, wo die Beratungsfachkräfte sich häufiger als anderswo zusammensetzen, werden mehr Mädchen in gewerblich-technische Berufe vermittelt als in den Agenturen, wo derartige Austauschmöglichkeiten seltener sind. Daneben kann das Umfeld der jeweiligen Berufsberatung eine wichtige Rolle spielen, bspw. wenn am Ort ansässige Betriebe um Mädchen werben und/oder die kommunale Frauenbeauftragte die Berufsausbildung von Mädchen zu ihrem Arbeitsthema gemacht hat. Diese Aktivitäten aber müssen von der zuständigen Berufsberatung auch bemerkt werden!

Individuelle Axiome der Beratungsfachkräfte haben demgegenüber erstaunlicherweise kaum Auswirkungen auf die Mädchenquote der jeweiligen Agentur. Dies erklärt sich m.E. daraus, dass selbst wenn eine Beratungsfachkraft der Meinung ist, die Aufgabe von Frauen sei die Haus- und Familienarbeit und nicht die gleichberechtigte Teilhabe an Erwerbsarbeit und -einkünften, eine gewerblich-technische Berufsausbildung in Frage kommt. Gerade wenn – wie das IAB in den 1980er Jahren meinte und wie noch in den 1990er Jahren verbreitet wurde – Mädchen in diesen Berufen Arbeitsmarktschwierigkeiten haben, passt eins zum anderen: Eine derartige Ausbildung wäre für Jungen ein Einstieg in eine Erwerbskarriere und für Mädchen eben nur ein Moratorium. Hervorzuheben ist an dieser Stelle zweierlei: erstens die Kenntnisse der Kriterien, die den Mädchen an einem Beruf wichtig sind, und zweitens die politische Sozialisation der Beratungsfachkräfte. In den Agenturen mit höherer Mädchenquote wissen die Berater/innen von den Kriterien, die den Mädchen wichtig sind, und sie gehören einer bestimmten Altersgruppe an. Am aufgeschlossensten ist die Gruppe der zum Befragungszeitpunkt

40-50-Jährigen, d.h. derjenigen, die ihr privates Arrangement von Familie und Beruf zu finden hatten, als die Bundespolitik in den 1970er Jahren auf Gleichstellung der Geschlechter gerichtet war. Hinzu kommt die soziale Herkunft: Berater/innen, die in Arbeiter- und Angestelltenhaushalten aufgewachsen sind, stehen einer Vermittlung von Mädchen in – chancenreichere – Jungenberufe offener gegenüber als Berater/innen, denen der Beamtenstatus „vererbt" wurde. Aber warum vermitteln auch aufgeschlossene Berater/innen letztlich so wenige Mädchen? Meine These dazu ist, dass die Leitidee der Organisation sich durchsetzt, selbst wenn sie von den Handelnden nicht internalisiert wird, weil sie in die Arbeitsmaterialien und Verfahren eingeschrieben ist.

Für die politikwissenschaftliche Theoriebildung lässt sich an dieser Stelle zusammenfassen, dass die Thesen von Frank Nullmeier zur Bedeutsamkeit von Wissensmärkten und auch die Thesen von Fritz W. Scharpf zur Relevanz der Muster der internen Koordinierung verifiziert wurden. Zurückgewiesen werden müssen dagegen die These von Eva Kreisky, wonach Männerbünde den Staat regieren, sowie die These von Paul A. Sabatier, wonach sich Advocacy-Koalitionen bilden. Männerbünde habe ich in meinem Sample nicht vorgefunden. Nicht nur vermitteln Männer eher häufiger als Frauen Mädchen in zukunftsträchtige gewerblich-technische Berufe, sondern auch an den Politik gestaltenden Gremien der Berufsberatung sind Frauen durchaus beteiligt. Advocacy-Koalitionen – weder für noch gegen eine effektivere Mädchenpolitik – habe ich ebenfalls nicht angetroffen. Mädchenpolitik war im Untersuchungszeitraum vom Benachteiligten-Thema verdrängt: Es ging um Jugendliche ohne Schulabschluss und/oder ohne Deutschkenntnisse und/oder aus sozialen Problemfamilien. Der eigentliche Grund für die Nichtexistenz von Advocacy-Koalitionen zum Mädchen-Thema scheint mir aber weniger die Verdrängung durch eine neue Themenkonjunktur zu sein. Vielmehr setzt die Herausbildung von Advocacy-Koalitionen voraus, wie Frank Nullmeier bereits 1993 anmerkte, dass die Bindungen der Beteiligten an ihre jeweilige Organisation nur schwach sind. Die Berufsberatung aber hat ihre Mitarbeiter/innen ziemlich fest im Griff.

Ohne Zweifel ist die Berufsberatung der Bundesagentur für Arbeit ein „actor in her own right". Die Kritik von Renate Mayntz und Fritz W. Scharpf an James G. March und Johan P. Olsen, dass nicht die politischen Institutionen, sondern deren Akteure/innen handeln, unterbewertet die Steuerungsmacht der Institution (als Organisation) gegenüber ihren Mitgliedern. Wenn das Wissensangebot, auf das die Akteure/innen vorrangig zurückgreifen (müssen), von der Institution monopolisiert wird, sind die Akteure/innen trotz hoher formaler Qualifikation und trotz vorgängiger Erwerbs- und damit Lebenserfahrung nur noch ausführende Marionetten. Dass sie es nicht sind, zeigen die Befunde zum „widerständigen" Handeln auf der Basis individuellen Erfahrungswissens.

Gerhard Göhler verdanke ich den wichtigen Hinweis, dass Leitideen die Fundamente politischer Institutionen ausmachen. In der Tat, die Leitidee der Geschlechterdifferenz gibt den Mitarbeiter/innen der Berufsberatung die Richtung vor und sie ist die Grundlage formalisierter Verfahrensweisen. Auch seine Unterscheidung zwischen den traditionellen Steuerungsarten und der Rolle von Symbolen erwies sich als hilfreich. Symbole können nicht per se steuern, sie bieten lediglich einen Interpretationsrahmen und sie bedürfen eines Resonanzbodens. Gerhard Göhler unterschätzt aber m. E. den Einfluss der politischen Steuerung des Wissensangebots: Was nicht in Erfahrung gebracht wird, kann auch nicht interpretiert werden. Darüber hinaus ist vor allem zu bedenken, dass in jedem Individuum mehrere Resonanzböden stecken: Berufsbeschreibungen informieren nicht nur, sondern sie haben einen „Überschussgehalt". Die Berufsberatung bedient den altersspezifisch besonders ausgeprägten Resonanzboden des Wunsches nach Präsentation von Weiblichkeit. Mögliche andere Resonanzböden, bspw. der Wunsch nach einem sicheren Arbeitsplatz, werden außen vor gelassen.

Kein Zweifel, politische Institutionen spielen eine wichtige Rolle bei der Herstellung und Aufrechterhaltung der Geschlechterordnung! Sie filtern die Vorgaben der Politik, formen sie um und lassen nur durch, was zu ihrer Leitidee passt. Sie sind Orte, wo Bedürfnisse nicht nur interpretiert werden, sondern wo Bedürfnisse definiert werden. Die neuere feministische Soziologie verdeutlicht eindrucksvoll, wie die Makroebene ökonomischer und sozialstruktureller Zusammenhänge in die Mikroebene der zwischenmenschlichen Interaktionen hineinwirkt. Sie lässt aber die Frage unbeantwortet, wie denn die Makroebene absichtsvoll verändert werden kann. In meiner Arbeit habe ich aufgezeigt, wie patriarchale Strukturen in die „machinery of government" (Connell) eingelassen sind. Rechtsänderungen, wie bspw. die Eherechtsreform von 1977, die die Pflicht von Frauen zur Hausarbeit und die Begrenzung des Rechts auf Erwerbsarbeit aufhob, oder die Änderung des Grundgesetzes, wonach der Staat die tatsächliche Durchsetzung der Gleichberechtigung fördert und auf die Beseitigung bestehender Nachteile hinwirkt, gehen an politischen Institutionen wie der Berufsberatung „glatt vorbei". Sie nehmen derartige Reformen nicht wahr, weil sie nicht in ihre Denkwelt passen. Der Staat, resp. die Berufsberatung der Bundesagentur für Arbeit ist aber nicht dem Wesen nach patriarchal, sondern „Maskulinität oder Patriarchalität ist das Ergebnis konkreter sozialer Praktiken" (Sauer 2001a: 159), das Ergebnis des Gewordenseins der Berufsberatung in nahezu 100 Jahren. Das entscheidende Merkmal der Berufsberatung ist, dass sie eine verselbstständigte Organisation ist, die niemand kontrolliert. Damit komme ich zu meinen Veränderungsvorschlägen.

Beraten statt verwalten!
– *Organisatorische Trennung von der Arbeitsverwaltung*

Die Einbindung der Berufsberatung in die Arbeitsverwaltung hat historische Gründe, die noch aus der Zeit vor der Gründung der Reichsanstalt für Arbeitsvermittlung und Arbeitslosenversicherung im Jahr 1927 abzuleiten sind. Die Zuordnung lässt sich heute nur damit rechtfertigen, dass die Berufsberatung die Entwicklung der Berufe und des Arbeitsmarktes im Blick haben muss. Dies könnte sie aber auch tun, indem sie die Informationsquellen Arbeitsverwaltung und IAB (neben anderen) zu Rate zieht, ohne Teil der Arbeitsverwaltung zu sein. Ich plädiere nachdrücklich für eine organisatorische Trennung von Arbeitsverwaltung und Berufsberatung und für eine Überführung der Berufsberatung in eine dem Bund unmittelbar unterstellte Organisation (ohne Einbindung von Gewerkschaften und Arbeitgeberverbänden in die Trägerschaft). Meine Begründungen sind:

- Eine Behörde ist nicht unbedingt die optimale Organisationsform für eine Beratungsinstitution, die auf wechselnde Einzelfälle jeweils adäquate Antworten finden muss. Die Beschwerden der von mir befragten Beratungsfachkräfte über ausufernde Verwaltungsarbeit sollten ernst genommen werden.
- Zudem zeigt meine Untersuchung, dass die Berufsberatung in der Vergangenheit dem Auftrag, entsprechend der beschäftigungspolitischen Zielsetzung der Bundesregierung zu handeln, nicht gefolgt ist.

In den europäischen Nachbarstaaten ist die Ansiedlung der Berufsberatung äußerst vielgestaltig. Z.T. ist die berufliche Beratung schwerpunktmäßig in den Schulen, z.T. in der Arbeitsverwaltung verankert und einige Länder unterhalten parallele Systeme (Watts 1992: 8). Im libertären System der USA schließlich ist berufliche Beratung den verschiedenen Bildungsträgern überlassen (Sampson 1998).[1]

Auf den ersten Blick scheint das dänische System interessant zu sein. Allein in den Schulen, die zu einem der Sekundarstufe I vergleichbaren Abschluss führen (Folkeskole), sind 1.526 speziell ausgebildete Lehrkräfte tätig, die ihre Kollegen/innen unterstützen, Praktika organisieren und Einzelberatungen durchführen. Hinzu kommen 200 Beratungsfachkräfte bei den Arbeitsämtern, und die 275 Gemeinden sind verpflichtet alle Jugendlichen, die nicht durch die schulische Beratung erfasst werden, bis zum 20sten Lebensjahr zweimal jährlich zu einer Beratung einzuladen. Auch die Arbeitslosenversicherung versucht verstärkt ihrer Klientel berufliche Beratung anzubieten (Plant 1992: 14 ff.). Sympathisch an dieser Idee ist nicht nur, dass Jugendli-

---

1 Zu den unterschiedlichen Systemen in verschiedenen Ländern vgl. auch OECD 2004, Watts/Sultana 2003, Sultana 2004.

che, die durchs Raster gefallen sind, systematisch einbezogen werden, sondern auch, dass es im Vergleich zum deutschen System eine intensivere Zusammenarbeit zwischen den Beratungs- und den übrigen Lehrkräften an den Schulen gibt. Hinzu kommt, dass die Versorgung mit Beratungsfachkräften in Dänemark erheblich besser ist als in Deutschland, wo knapp doppelt so viele Beratungsfachkräfte mehr als 10mal so viele Jugendliche versorgen müssen.

Auf den zweiten Blick aber fehlt dem dänischen System ein Faktor, der sich in meiner Arbeit als sehr wesentlich für die optimale Beratung von Mädchen erwies, nämlich der Austausch unter den Beratungsfachkräften über die Angebote der Betriebe. (In Dänemark beginnen die meisten Jugendlichen ihre Berufsausbildung in Berufsfachschulen und nur wenige in einem dualen System von Berufsschule und Betrieb.) Zudem hieße die Übernahme des dänischen Systems unter den Bedingungen des bundesdeutschen Föderalismus, die Verantwortung für berufliche Beratung und damit ein wesentliches Element der Wirtschaftspolitik an die Bundesländer zu übertragen. M.E. sollte daher die Verantwortung beim Bund verbleiben. Anstelle des bisherigen, in Fragen der beruflichen Beratung meist wenig kompetenten und häufig desinteressierten Verwaltungsrates könnte der Bund sich wirkliche Sachkompetenz einkaufen, indem er den örtlichen Berufsberatungen jeweils ein *beratendes* Gremium zuordnet. Die Mitglieder könnten aus dem örtlichen Arbeitskreis Schule-Wirtschaft gewonnen werden und auch die kommunale Frauenbeauftragte sollte dort nicht fehlen. Darüber hinaus könnten Jugendverbände sowie örtliche Elternvereinigungen und Schüler/innenvertretungen eingeladen werden. Wegen der Verantwortung für die Gestaltung des Arbeitsmarktes und wegen der gebotenen Neutralität gegenüber den Klienten/innen sollte die Verantwortung für die Arbeit aber nicht bei diesem Gremium, sondern beim Bund liegen. „Nebenbei" wäre dann auch naheliegend, die Berufsberatung aus Steuermitteln zu finanzieren und nicht aus den Mitteln der Arbeitslosenversicherung. Berufsberatung ist eine öffentliche Aufgabe und nicht die einer Versichertengemeinschaft!

Nicht zuletzt ergebe sich für manche Berufsberatung durch die Loslösung von der Arbeitsverwaltung die Chance, sich vom „Muff" obrigkeitsstaatlichen Verwaltens zu befreien, und manche könnten endlich den ihr bislang zugewiesenen Hinterhof des Arbeitsamtsgebäudes verlassen. Es würde überhaupt nichts schaden, wenn die Berufsberatungen Jugendcafes unterhielten, in ihren Räumen am Wochenende eine Disco einzöge oder Popkonzerte stattfänden!

Aufgabenrevision - Rückbesinnung auf den Kern

Toni Watts (1992: 27) macht in seinem Synthesebericht zu den Berufsprofilen der Beratungsfachkräfte in der EU vier Aufgabenbereiche aus:

- „Education and training opportunities (A): this includes information on courses available, their entry requirements, and their vocational implications.
- Careers and occupations (B): this includes information on the range of occupations and career paths, the demands they make, and the satisfactions they offer.
- The labour market (C): this covers general information on the demand/supply situation locally and/or nationally, as well as information on specific openings.
- Support services (D): this includes information on services to which individuals might wish to look for financial an other support ...; it can also include information on other guidance agencies."

Gegenwärtig versucht die bundesdeutsche Berufsberatung alle vier Aufgaben zu bewältigen und konkurriert dabei mit einer Vielzahl anderer Beratungsinstitutionen: mit den schulischen Arbeitslehre-Lehrkräften, den Beratungslehrer/innen, den Schulpsychologen/innen, universitären Studienberatern/innen und den Beratungskräften in den Jugend- und Sozialämtern. M.E. sollte sich die Berufsberatung auf ihr spezifisches Profil rückbesinnen und die Aufklärung über die Berufe und deren Perspektiven in den Mittelpunkt stellen. Jugendliche kommen – wie sollte es auch anders sein – zumeist in die Berufsberatung, weil sie Probleme bei der Ausbildungssuche haben. Berufsberater/innen aber meinen, der größte Beratungsbedarf bestehe im Hinblick auf Schulschwierigkeiten, auf finanzielle und persönliche Probleme und erst danach kämen Schwierigkeiten bei der Ausbildungssuche (Kleffner/Schober 1998b: 10). Gleichzeitig äußern sehr viele Beratungsfachkräfte Kompetenzdefizite nicht nur im Hinblick auf die Beratung zu persönlichen Problemen, sondern ausgerechnet auch bezüglich der Zukunftsaussichten von Berufen und der Laufbahn- und Karriereberatung (Kleffner/Schober 1998a: 3437). Auch meine Untersuchung offenbart erhebliche berufskundliche Kenntnisdefizite: Berufe wurden entweder entlang der bisherigen Geschlechterzusammensetzung als für Mädchen oder für Jungen geeignet sortiert, oder sie wurden als für beide Geschlechter gleichermaßen geeignet eingestuft – ungeachtet dessen, dass einige Berufe wegen der körperlichen Schwere der Arbeit für die meisten Mädchen weniger in Frage kommen. Bei Problemen im persönlichen, finanziellen oder schulischen Bereich gibt es andere Beratungsstellen mit dafür speziell ausgebildetem Personal. Aber wer soll die Jugendlichen über die Eignung von Berufen, deren Zukunftsaussichten, über berufliche Laufbahnen und Karrieren beraten, wenn es die Berufsberatung nicht tut?

Anhebung und Anreicherung der Qualifikationen

Die Qualifikation der Beratungsfachkräfte differiert innerhalb Europas erheblich, wobei deren wissenschaftliche Qualifikation in Deutschland mit einem dreijährigen Fachhochschulstudium, wovon die Hälfte noch Praktikumszeiten sind, unter dem Durchschnitt liegt. (Die Ausnahmen sind die Beratungsfachkräfte für Abiturienten/innen und Hochschüler/innen und diejenigen, die ihre Ausbildung in der DDR erhielten.) In Frankreich ist ein Universitätsabschluss in Psychologie oder Pädagogik Voraussetzung, in Dänemark ein Lehramtsstudium und in beiden Ländern ein anschließendes, spezielles postgraduiertes Studium, in Griechenland ein sozialwissenschaftliches Studium mit anschließenden Zusatzkursen und in den Niederlanden lediglich ein 4-jähriger Vollzeitkurs (Watts 1992).[2]

M.E. würde es der Berufsberatung gut tun, den fachlichen Hintergrund der Beratungsfachkräfte anzuheben und zudem zu diversifizieren: Diversifizierung des Wissens anstelle der bisherigen Monopolisierung könnte neue Ideen hervorbringen und Synergieeffekte erzeugen. Anhebung der Qualifikation hieße – in Anlehnung an andere europäische Länder – (mindestens) einen Fachhochschulabschluss vorauszusetzen und darauf aufbauend die spezifischen Qualifikationen in gesonderten Kursen zu vermitteln.[3] Denkbar wäre, an einigen Fachhochschulen in den sozialpädagogischen, sozialarbeiterischen und wirtschaftswissenschaftlichen Fachbereichen Schwerpunkte „berufliche Beratung" einzurichten. Diese Absolventen/innen wären dann sehr gut für eine Tätigkeit als Berufsberater/in vorqualifiziert, könnten aber ebenso in andere Bereiche wie bspw. in die außerbetriebliche Ausbildung oder in die Berufsvorbereitung einmünden. Jedenfalls gibt es kein inhaltlich tragfähiges Argument dafür, dass alle Berufsberater/innen an einem Fachbereich ein und derselben Fachhochschule ausgebildet sein müssen.

---

2   Die Angaben differieren je nach der Quelle. Ertelt (2000: 53) schreibt, dass in den Niederlanden ein Bachelor-Studium Voraussetzung sei und in Frankreich eine Schwerpunktbildung innerhalb eines Universitätsstudiums. Die OECD (2004: 98 u. 165) wiederum berichtet für die Niederlande von 2-jähriger Teilzeitausbildung sowie davon, dass manche Beratungskräfte dort keinerlei spezifische Qualifikation aufweisen.
3   Hierdurch würde auch erreicht, dass der Einstieg in die Berufsberatung früher erfolgen könnte. Bislang beträgt die Zeit zwischen dem Fachabitur und dem Berufseinstieg acht bis neun Jahre, wobei das Studium nur drei Jahre einnimmt. Erfahrung mit Erwerbsarbeit könnte trotzdem vorausgesetzt werden, weil Studierende heute mehrheitlich nebenher erwerbstätig sind.

Kurzfristige Veränderungsnotwendigkeiten

Einstweilen bleiben folgende Handlungsempfehlungen an die Berufsberatung:

1. Die erste Empfehlung ist schlicht und einfach, dass die Berufsberatung die Wünsche, die Jugendliche an einen Beruf äußern, beachten sollte! Jungen und Mädchen wollen Informationen über die Berufe. Über ihre persönlichen, schulischen oder finanziellen Probleme reden können sie auch anderswo. Eine auf die Berufswahl zentrierte Beratung wäre gleichzeitig ein Beitrag zum Abbau von Fehlallokationen am Arbeitsmarkt. Es würden sich sicherlich mehr Mädchen für einen gewerblich-technischen Beruf entscheiden, wenn ihnen jemand vorrechnete, wie die Einkommens- und Arbeitsmarktchancen in den einzelnen Berufen aussehen. In die Flure der Berufsberatung gehören anstelle nackter Wände oder trötiger Plakate und auch anstelle von liebevoll dekorierten Landschaftsfotografien Tabellen zum durchschnittlichen Einkommen in den einzelnen Berufen, Informationen über den zu erwartenden Fachkräftebedarf und Veranschaulichungen möglicher Karrierewege.
2. Alle Unterrichtungsmaterialien der Bundesagentur sind dringend auf die darin enthaltenen Geschlechterleitbilder zu überprüfen. Auch wenn die Berufsberatung schwerlich vorhersagen kann, dass die Kollegen/innen in dem einen Beruf nett und in dem anderen garstig sein werden: Den Wunsch nach „netten Kolleg/innen" umzuinterpretieren in den Wunsch nach einem zuarbeitenden Helferinnenberuf ist inakzeptabel. Gleichzeitig sollten die Berufsbeschreibungen auf ihre Richtigkeit hin überprüft werden.
3. Da sich kaum Möglichkeiten finden lassen, die Betriebe zu verpflichten ihre Auswahlverfahren um etliche Monate nach hinten zu verschieben (ein entsprechendes Gesetz würde mit Sicherheit unterlaufen werden), muss die Berufsberatung dringend dafür sorgen, dass die Entscheidungsberatungen nicht erst in den Monaten September bis November des letzten Schuljahres stattfinden, sondern schon vor den Sommerferien. Dann wäre nämlich noch genügend Zeit, Mädchen, denen angesichts geringer Verdienst-, Arbeitsmarkt- und Aufstiegschancen Zweifel an ihrer Präferenz für einen Mädchenberuf aufkommen, Chancen zur Umorientierung zu geben, ihnen Zeit zum Studium berufsorientierender Materialien einzuräumen und um sie in ein berufsorientierendes Praktikum in bislang für Mädchen untypischen Berufen zu vermitteln, ohne dass sie den Bewerbungsschluss verpassen.

An das BIBB und das IAB ist die Forderung zu stellen, dass sie in ihren Erwerbstätigenbefragungen die Tätigkeitsprofile differenzierter erfassen, bspw. zwischen „organisieren" und „Personal einstellen" unterscheiden. Von der Arbeitsverwaltung und dem IAB ist eine Differenzierung der Arbeitsmarktstatistik einzufordern. Wenn Krämer/innen und Geschäftsführer/innen von Kaufhäusern oder Lehrer/innen und Kinderpflegerinnen in einen Topf geworfen werden, lassen sich aus derartigen Tabellen wegen der höchst unterschiedlichen Arbeitsbedingungen, Qualifikationsniveaus und Arbeitsmarktchancen keinerlei Schlüsse ziehen. Überhaupt ist ein eklatanter Mangel an Berufsforschung festzustellen. Zu den allermeisten Berufen wissen wir schlichtweg nichts darüber, wie der Berufsverlauf der Berufsinhaber/innen typischerweise verläuft. Und schließlich ist von der Bundespolitik zu fordern, dass sie den Stellenwert der Berufsberatung wahrnimmt, einerseits die Effektivität und Qualität kontrolliert und andererseits den Einsatz der Fachkräfte vor Ort anerkennt. Ohne Zweifel, viele Beratungsfachkräfte bemühen sich trotz widriger Umstände um eine gute Beratungsarbeit! Anerkennung könnte die Arbeit der Berufsberater/innen vor allem dadurch erfahren, dass ihre Arbeitsbelastung gesenkt wird, ihnen mehr Zeit für die Betreuung der einzelnen Ratsuchenden eingeräumt wird.

Und dann ist da noch zu fordern, dass bei der Neuordnung von Ausbildungsberufen eine Berufsbezeichnung gefunden wird, die nicht nahelegt, der Beruf sei nur etwas für Mädchen oder für Jungen. Unter den Auszubildenden zur „Industrieelektroniker/in – Produktionstechnik" hat sich der Mädchenanteil nach der Umbenennung spontan von 7 auf 20 % nahezu verdreifacht. Der neue Name ist „Mikrotechnologe/in".

„Die Ideologie der Berufswahl propagiert eine wunsch- und fähigkeitsbezogene Berufsentscheidung, wodurch der Zusammenhang von Selektion und Sozialisation im Dunkeln bleibt: individuelle Berufsentscheidungen sind durch Ausbildungs- und Beschäftigungsoptionen gesteuert; sie stellen Kompromisse zwischen individuellen Präferenzen und realisierbaren Tätigkeiten dar" (Heinz 1998: 407).

Welche Tätigkeiten aber als realisierbar erscheinen und welche individuellen Präferenzen in welchem Beruf möglicherweise befriedigt werden können – da selektiert und definiert die Berufsberatung der Bundesagentur für Arbeit kräftig mit! Die gesellschaftlich legitime politische Steuerung der Berufswelt aber sollte nicht zur Benachteiligung von Mädchen und Frauen missbraucht werden. Ich hoffe, dass ich mit diesem Buch Möglichkeiten zu einer gerechteren Berufsberatung aufgezeigt habe.

Literaturverzeichnis

Acker, Joan (1990): Hierarchies, Jobs, Bodies: A Theory of Gendered Organizations. In: Gender & Society 2, S. 139-158.

Allen, Judith (1990): Does Feminism Need a Theory of "The State"? In: Watson, Sophie (Hg.): Playing the State. Australian Feminist Interventions, London, New York: 21-38.

Alt, Christel; Ostendorf, Helga; Schmidt-von Bardeleben, Richard (1981): Die Modellversuche zur Erschließung gewerblich/technischer Ausbildungsberufe für Mädchen im Lichte praktischer Erfahrungen von Ausbildern. In: BWP 1, S. S. 16.

Alt, Christel (1985): Maßnahmen zur Motivierung junger Frauen für einen gewerblich-technischen Ausbildungsberuf bei der Deutschen Bundespost – Ergebnisse einer Wirkungsanalyse. In: Alt, Christel, Ostendorf, Helga, Wolf, Brigitte und Mitglieder der wissenschaftlichen Begleitung (Hg.): Hilfen zur Berufsfindung und Ausweitung des Berufswahlspektrums für Mädchen – Ausgangslage, Maßnahmen und Erprobungsergebnisse. Berlin: 34-44.

Alt, Christel (1989): Die Sicht der Betriebe In: Der Bundesminister für Bildung und Wissenschaft (Hg.): Frauen in technischen Berufen. Dokumentation einer Fachtagung, Bad Honnef, S. 66-74.

Alt, Christel; Wolf, Brigitte (1990): Hat Frau im gewerblich-technischen Bereich eine Zukunft? In: Vogelheim, Elisabeth (Hg.): Grenzen der Gleichheit. Frauenarbeit zwischen Tradition und Aufbruch. Marburg, S. 28-71.

Althoff, Heinrich (1992): Frauen in Männer-, Männer in Frauenberufen – Weibliche und männliche Jugendliche als Minderheiten in Ausbildungsberufen. In: BWP 4: 23-31.

Andruschow, Katrin; Mersmann, Rita (1994): „Ick globe, die wollten lieber einen Mann ...". Berufsorientierung und Ausbildungssituation der Mädchen und Jungen im Land Brandenburg. Potsdam (MASGF).

Arbeitsgruppe Rechtssprache (1991): Maskuline und feminine Personenbezeichnungen in der Rechtssprache. BTDruckS 12/1041.

Arbeitskreis der Berufsberatung „Ausbildung und Arbeit für Frauen", Landesarbeitsamt NW (1988): Erweiterung der beruflichen Perspektiven für Mädchen und Frauen. Eine fachliche Arbeitshilfe. O.O. (2. Auflage).

Backes, Gertrud; Lucke, Doris (1987): Alternative „Männerberuf"? Beschäftigungschancen und Rückkehrperspektiven für Frauen. Eine empirische Untersuchung in den Modellversuchsstandorten Rheine und Düsseldorf und in ausgewählten Arbeitsamtsbezirken Nordrhein-Westfalens. Stuttgart u.a.

Baethge, Martin (1999): Warum tun sich die Deutschen mit der Dienstleistung so schwer? Über die Hartnäckigkeit des industriellen Denkens und die Konturen einer anderen Arbeitsgesellschaft im 21. Jahrhundert. In: Frankfurter Rundschau 1.7.1999, S. 8.

Bahrenberg, Rainer (1997): Berufseignung: Das Trait-and-Factor-Modell. In: Bundesanstalt für Arbeit, Ref. IIa2: Fachliche Arbeitshilfe der Berufsberatung. Praxis der beruflichen Beratung. Anhang zu Anlage 4.

Bardeleben, Richard v., Beicht, Ursula; Fehér, Kálmán (1994): Kosten und Nutzen der betrieblichen Berufsausbildung. In: BWP 3, S. 3-11.

Baron, James N. ; Bielby, William T. (1984): The organization of work in a segmented economy. In: American sociological review 4, S. 454-473.

Beck, Ulrich; Brater, Michael unter Mitarbeit von K. M. Bolte, 1977: Berufliche Arbeitsteilung und soziale Ungleichheit – Konzeption einer subjektbezogenen Theorie der

Berufe. In: Beck, Ulrich; Brater, Michael (Hg.): Die soziale Konstitution der Berufe. Materialien zu einer subjektbezogenen Theorie der Berufe (Band 2). Frankfurt a.M.

Beck, Ulrich; Brater, Michael; Daheim, Hans-Jürgen (1980/1997): Subjektorientierte Berufstheorie. Beruf und Persönlichkeit. Die Bedeutung des Berufs für Entwicklung und Lebenslauf des einzelnen in unserer Gesellschaft. In: Arnold, Rolf (Hg.): Ausgewählte Theorien zur beruflichen Bildung. Hehegehren, S. 25-44. (Nachdruck aus: Beck, Ulrich; Brater, Michael; Daheim, Hans-Jürgen (1980): Beruf und Persönlichkeit. Hamburg).

Becker, Gary S. (1985): Human Capial, Effort, and the Sexual Division of Labor. In: Journal of Labor Economics 1: S33-S58.

Becker-Schmidt, Regina (1987): Die doppelte Vergesellschaftung - die doppelte Unterdrückung. Besonderheiten der Frauenforschung in den sozialwissenschaften. In: Unterkirchner, Lilo; Wagner. Ina (Hg.): Die andere Hälfte der Gesellschaft. Wien, S. 10-25.

Becker-Schmidt, Regina (1993): Geschlechterdifferenz – Geschlechterverhältnis: soziale Dimensionen des Begriffs „Geschlecht". In: Zeitschrift für Frauenforschung 1-2, S. 37-46.

Beck-Gernsheim, Elisabeth (1976): Der geschlechtsspezifische Arbeitsmarkt. Zur Ideologie und Realität von Frauenberufen, Frankfurt a.M.

Beck-Gernsheim, Elisabeth (1984): Frauen zurück in die Familie? – Eine Diskussion der Leitlinien aktueller Frauenpolitik in der Bundesrepublik Deutschland. In: WSI Mitteilungen 1, S. 23-31.

Beck-Gernsheim, Elisabeth; Ostner, Ilona (1978): Frauen verändern – Berufe nicht? Ein theoretischer Ansatz zur Problematik von „Frau und Beruf". In: Soziale Welt 29, S. 257-287.

Bednarz-Braun, Iris (1983): Arbeiterinnen in der Elektroindustrie. Zu den Bedingungen von Anlernung und Arbeit an gewerblich-technischen Arbeitsplätzen für Frauen. München.

Behning, Ute (1996): Zum Wandel des Bildes „der Familie" und der enthaltenen Konstruktion von „Geschlecht" in den Familienberichten 1968-1993. In: Zeitschrift für Frauenforschung 3, S. 146-156.

Behning, Ute (1999): Zum Wandel der Geschlechterrepräsentation in der Sozialpolitik. Ein policy-analytischer Vergleich der Politikprozesse zum österreichischen Bundespflegegeldgesetz und zum bundesdeutschen Pflege-Versicherungsgesetz. Opladen.

Behning, Ute; Lepperhof, Julia (1997): Policy-Forschung revisted. Zum theoretischen, methodischen und methodologischen Gehalt von Policy-Analyse. In: Femina politica 1, S. 52-60.

Behringer, Friederike, Gaulke, Klaus-Peter (1986): Berufsstart in Berlin. Mobilitätsverhalten von Absolventen der betrieblichen Berufsausbildung in Berlin (West). Teil II: Erfahrungen und Erwartungen von Prüfungsteilnehmern 1984/85. Berlin.

Behringer, Friederike; Ulrich, Joachim Gerd (1997): Attraktivitätsverlust der dualen Ausbildung: Tatsache oder Fehldeutung der Statistik? In: BWP 4, S. 3-8.

Beinke, Lothar (1994): Mädchen in gewerblich-technischen und auch in naturwissenschaftlich-technischen Berufen. In: ibv 52, S. 4027-4032.

Beinke, Lothar (1999): Berufswahl. Der Weg zur Berufstätigkeit. Bad Honnef.

Bender, Stefan; Hirschenauer, Franziska (1993): Regionale Unterschiede in der Frauenerwerbstätigkeit – Eine Typisierung westdeutscher Arbeitsmarktregionen. In: MittAB 3, S. 294-312.

Benhabib, Seyla (1998): Von der Politik der Identität zum sozialen Feminismus. Ein Plädoyer für die neunziger Jahre. In: PVS SH 28, S. 51-65.

Benner, Hermann (1995): Ordnung der staatlich anerkannten Ausbildungsberufe. Bielefeld.

Benz, Arthur (1992): Mehrebenen-Verpflechtung: Verhandlungsprozesse in verbundenen Entscheidungsarenen. In: Benz, Arthur; Scharpf, Fritz W.; Zintl, Reinhard (Hg.): Horizontale Politikverpflechtung. Zur Theorie von Verhandlungssystemen. Frankfurt a.M./New York, S. 145-205.

Benz, Arthur (1997a): Von der Konfrontation zur Differenzierung und Integration - Zur neueren Theorieentwicklung in der Politikwissenschaft. In: Benz, Arthur; Seibel, Wolfgang: Theorieentwicklung in der Politikwissenschaft - eine Zwischenbilanz. Baden-Baden, S. 9-29.

Benz, Arthur (1997b): Policies als erklärende Variable in der politischen Theorie. In: Benz, Arthur; Seibel, Wolfgang: Theorieentwicklung in der Politikwissenschaft – eine Zwischenbilanz. Baden-Baden, S. 303-322.

Berbig, Helga (2002): Die Berufsberatung in der Bundesanstalt für Arbeit mit Schwerpunkt auf die Beratung von Abiturienten und Hochschülern. Würzburg (Julius-Maximilians-Universität, Dissertation).

Berghahn, Sabine (1996): Juristen denken allmählich um – Bundesverfassungsgericht ändert seine Meinung zu Artikel 3 Grundgesetz. In: Ministeriumn für Arbeit, Soziales, Gesundheit und Frauen (Hg.): Mit Recht und Courage. Praxisnahes Rechtswissen für die Gleichstellungsarbeit. Potsdam, S. 28-37.

Berghahn, Sabine (1999a): 50 Jahre Gleichberechtigungsgebot. Erfolge und Enttäuschungen bei der Gleichstellung der Geschlechter. In: Kaase, Max; Schmid, Günther (Hg.): Eine lernende Demokratie. 50 Jahre Bundesrepublik Deutschland. Berlin, S. 315-355.

Berghahn, Sabine (1999b): 50 Jahre Gleichberechtigungsgebot: Rechtliche Fortschritte und Enttäuschungen. In: femina politica 1, S. 11-23.

Berghahn, Sabine; Fritzsche, Andrea (1991): Frauenrecht in Ost und Westdeutschland. Bilanz. Ausblick. Berlin.

Bertelsmann, Klaus (1994): Ein Weg zur Verwirklichung? – Der Europäische Gerichtshof und die Entgeltgleichheit. In: Winter, Regine (Hg.): Frauen verdienen mehr. Zur Neubewertung von Frauenarbeit im Tarifsystem. Berlin, S. 163-184.

Berthoin Antal, Ariane (1998): Die Dynamik der Theoriebildungsprozesse zum Organisationslernen. In: Dierkes, Meinolf; Albach, Horst; Bethoin Antal, Ariane; Vailland, Kristina (Hg.): Organisationslernen – institutionelle und kulturelle Dimensionen. WZB-Jahrbuch 1998. Berlin, S. 31-52.

Bertram, Hans; Henning, Marina (1996): Das katholische Arbeitermädchen vom Lande: Millieus und Lebensführung in regionaler Perspektive. In: Bolder, Axel u.a. (Hg.): Jahrbuch Arbeit und Bildung '96. Die Wiederentdeckung der Ungleichheit. Opladen, S. 229-251.

Beyer, Lothar; Grimmer, Klaus; Kneissler, Thomas; Urlen, Marc (1994): Verwaltungsorganisation und Institution. In: Göhler, Gerhard (Hg.): Die Eigenart der Institutionen: zum Profil politischer Institutionentheorie, Opladen, S. 245-271.

Beyersdorf, Martin; Schäffner, Lothar (1983): Berufswahl – Theorieaspekte und ein pädagogisches Modell. Hannover.

Beyme, Klaus von (1985): Policy Analysis und traditionelle Politikwissenschaft. In: Hartwich, Hans-Hermann (Hg.): Policy-Forschung in der Bundesrepublik Deutschland. Ihr Selbstverständnis und ihr Verhältnis zu den Grundfragen der Politikwissenschaft. Opladen 1985, S. 7-29.

Beyme, Klaus von (1987): Institutionentheorie in der neueren Politikwissenschaft. In: Göhler, Gerhard (Hg.): Grundfragen der Theorie politischer Institutionen. Forschungsstand – Probleme – Perspektiven. Opladen, S. 48-60.

Beyme, Klaus von (1992): Die politischen Theorien der Gegenwart. Eine Einführung. Opladen (7. neubearbeitete Auflage).

Blaschke, Dieter (1987): Erfolgswege zum neuen Arbeitsplatz. Wie Beschäftigte, die den Arbeitgeber wechselten, ihre neue Stelle fanden. In: MittAB 2, S. 164-180.

Bonnemann-Böhner, Adelheid; Welpe, Ingeborg; Freimuth, Angelika; Thege, Britta (1992): „Wo gehobelt wird, fallen Späne" – Zur Ausbildung junger Frauen in gewerblich-technischen Berufen. Kiel (Fachhochschule).

Borchorst, Anette (1999): Feminist Thinking about the Welfare State. In: Ferree, Myra Marx; Lorber, Judith; Hess, Beth B. (Hg.): Revisioning Gender. Thousand Oaks, London, New Dehlhi, S. 99-127.

Borchorst, Anette; Siim, Birte (1987): Women and the advanced welfare state – a new kind of patriarchal power? In: Sassoon, Anne Shostack (Hg.): Women and the state: the shifting boundaries of public and private. London u.a., S. 128-157.

Born, Claudia (2000): Erstausbildung und weiblicher Lebenslauf. Was (nicht nur) junge Frauen bezüglich der Berufswahl wissen sollten. In: Heinz, Walter R. (Hg.): Übergänge. Individualisierung, Flexibilisierung und Institutionalisierung des Lebensverlaufs. Zeitschrift für Soziologie der Erziehung und Sozialisation, 3. Beiheft, S. 50-65.

Born, Claudia; Erzberger, Christian (1999): Räumliche Mobilität und Regionalstichprobe. Zum Zusammenhang von Regionalität und Repräsentativität in der Lebenslaufforschung. Bremen (Sfb 186 Arbeitspapier Nr. 58).

Born, Claudia; Krüger, Helga; Lorenz-Meyer, Dagmar (1996): Der unentdeckte Wandel. Annäherung an das Verhältnis von Struktur und Norm im weiblichen Lebenslauf. Berlin.

Bosetzky, Horst; Heinrich, Peter (1994): Mensch und Organisation. Aspekte bürokratischer Sozialisation. Eine praxisorientierte Einführung in die Soziologie und die Sozialpsychologie der Verwaltung. Köln (5. Auflage).

Braszeit, Anne; Müller, Ursula; Richter-Witzgall, Gudrun; Stackebeck, Martina (1989): Einstellungsverhalten von Arbeitgebern und Beschäftigungschancen von Frauen. Bonn.

Brown, Wendy (1992): Finding the Man in the State. In: Feminist Studies 1, S. 7-34.

Brüssow, Gaby (1996): Frauenpolitik. Zum Verhältnis von Frauen und Politik von Frauenorganisationen der Parteien SPD und DIE GRÜNEN. Münster u.a.

Bundesanstalt für Arbeit (1975): Vorläufiger Lernzielkatalog der Berufsberatung für die Berufswahlvorbereitung. In: ANBA 9, S. 776-782.

Bundesanstalt für Arbeit (1991a): Berufe der ehemaligen DDR. Heft 308. Nürnberg.

Bundesanstalt für Arbeit (1991b): Berufsberatung in der Bundesrepublik Deutschland. Nürnberg.

Bundesanstalt für Arbeit (1992): Fachliche Arbeitshilfe der Berufsberatung. Praxis der beruflichen Beratung. Nürnberg. (Mit Ergänzungen bis 1997).

Bundesanstalt für Arbeit (1995): Arbeitsmarktreport für Frauen – Berufliche Bildung und Beschäftigung von Frauen –. Teil II: Handlungsfelder der Bundesanstalt für Arbeit (BA) auf der Grundlage der rechtlichen und gesellschaftlichen Rahmenbedingungen. In: ibv 17.

Bundesanstalt für Arbeit (1996): Die Bundesanstalt für Arbeit (BA) stellt sich vor. Nürnberg.

Bundesanstalt für Arbeit (1996/97): Beruf Aktuell. Ausgabe 1996/1997. Nürnberg.

Bundesanstalt für Arbeit (1997): Berufskundliche Schriften und Arbeitsmittel/Berufswahlvorbereitende Schriften. Gesamtübersicht – Stand 30. Juni 1997. In: ibv 30, S. 2293-2315.

Bundesanstalt für Arbeit (1997a): Frauen geben Technik neue Impulse. Faltblatt der Initiative des Bundesministeriums für Bildung, Wissenschaft, Forschung und Technologie, der Bundesanstalt für Arbeit und der Deutschen Telekom AG. Stand: Mai 1997. Nürnberg.

Bundesanstalt für Arbeit (1997b): Interaktive Programme im BIZ-Computer. In: ibv 37, S. 2678-2686.

Bundesanstalt für Arbeit (1997/98): Mach's Richtig. Medienkombination zur Berufswahlvorbereitung. Handreichungen für den Unterricht. Nürnberg.

Bundesanstalt für Arbeit (2001/2002): Beruf Aktuell. Ausgabe 2001/2002. Nürnberg.

Bundesanstalt für Arbeit (Hg. 1992a): Handbuch zur Berufswahlvorbereitung. Nürnberg.

Bundesanstalt für Arbeit, HSt Ia4 (1996): Die Bekämpfung von Jugendarbeitslosigkeit beim Übergang vom Bildungs- in das Beschäftigungssystem. Grundsätzliche Überlegungen. In: ibv 38, S. 2339-2351.

Bundesanstalt für Arbeit, RFB (1998): Frauenförderung durch die Bundesanstalt für Arbeit. Handlungsfelder der Bundesanstalt für Arbeit vor dem Hintergrund aktueller Entwicklungen und Tendenzen der Erwerbsbeteiligung von Frauen sowie des neuen Rahmens für die aktive Arbeitsförderung von Frauen durch das SGB III. In: ibv 42, S. 3753-3785.

Bundesanstalt für Arbeit. Ref. Berufsbildungspolitik (2002): Jungen Frauen auf dem Arbeitsmarkt. Situation – Maßnahmen – Forderungen. In: ibv 13, S. 1177-1182.

Bundesanstalt für Arbeit (Hg. 2002a): Richtig beraten. Anregungen. Techniken. Grundwerk individueller Beratung. Bd. 2. Nürnberg.

Bundesanstalt für Arbeit: Amtliche Nachrichten (ANBA). Nürnberg, fortlaufende Nummern.

Bundesanstalt für Arbeit: Berufsberatung. Aktivitäten, Ausbildungsstellenmarkt, Statistik. Beilage zu den Amtlichen Nachrichten der Bundesanstalt für Arbeit (ANBA). Nürnberg, fortlaufende Nummern.

Bundesanstalt für Arbeit: Berufsberatung. Aktivitäten, Ausbildungsstellenmarkt, Statistik. Beilage zu den Amtlichen Nachrichten der Bundesanstalt für Arbeit (ANBA). Nürnberg, fortlaufende Nummern.

Bundesanstalt für Arbeit: Dienstblatt. Nürnberg, fortlaufende Nummern.

Bundesarbeitsgemeinschaft Schule Wirtschaft (o.D.): Wirtschaft verstehen. Zukunft Gestalten. Köln.

Bundesinstitut für Berufsbildung (1985): Modellversuche in der außerschulischen Berufsbildung. Inhaltliche Förderbereiche und regionale Verteilung. Berlin.

Bundesinstitut für Berufsbildung (1986): Vorlage zur Beschlußfassung zur Sitzung 4/86 des Hauptausschusses am 23./24. September 1986 in München. Berlin (unveröffentlicht).

Bundesminister für Bildung und Wissenschaft (1978): Modellversuche zur Erschließung gewerblich-technischer Ausbildungsberufe für Mädchen. In: Alt, Christel, Arndt, Herbert, Ostendorf, Helga, Schmidt-von Bardeleben, Richard (Hg. 1980): Erschließung gewerblich/technischer Ausbildungsberufe für Mädchen. Bericht über Zielsetzung und Stand der Modellversuche. Berlin, S. 100-106.

Bundesminister für Bildung und Wissenschaft (Hg. 1989): Frauen in technischen Berufen. Dokumentation einer Fachtagung. Bad Honnef.

Bundesministerium für Bildung und Forschung: Berufsbildungsbericht. Bonn (fortlaufende Nummern).

Bundesministerium für Bildung, Wissenschaft, Forschung und Technologie: Berufsbildungsbericht. Bonn (fortlaufende Nummern).

Bundesministerium für Familie, Senioren, Frauen und Jugend (Hg. 1996): Gleichberechtigung von Frauen und Männern: Wirklichkeit und Einstellung in der Bevölkerung 1995. Stuttgart.
Bundesministerium für Familie, Senioren, Frauen und Jugend (1998): Frauen in der Bundesrepublik Deutschland. Bonn.
Bundesministerium für Familie, Senioren, Frauen und Jugend (Hg. 1999): Programm Frau und Beruf. Berlin.
Bundesregierung (1999): Bündnis für Arbeit, Ausbildung und Wettbewerbsfähigkeit. Ergebnisse der Arbeitsgruppe „Aus- und Weiterbildung". Berlin.
Bundesvorstand der CDU (1985): Für eine neue Partnerschaft zwischen Mann und Frau. In: Frankfurter Rundschau 26.2.1985, S. 10 u. 27.2.1985, S. 10.
Bund-Länder-Kommission für Bildungsplanung und Forschungsförderung (2000): Verbesserung der Chancen von Frauen in Ausbildung und Beruf. Ausbildungs- und Studienwahlverhalten von Frauen. Materialien zur Bildungsplanung und zur Forschungsförderung. Heft 80. Bonn.
Bürklin, Wilhelm (1995): Die politische Kultur in Ost- und Westdeutschland: Eine Zwischenbilanz. In: Lehmbruch, Gerhard (Hg.): Einigung und Zerfall: Deutschland und Europa nach dem Ende des Ost-West-Konflikts. 19. Wissenschaftlicher Kongreß der Deutschen Vereinigung für Politische Wissenschaft. Opladen, S. 11-30.
Butler, Judith (1991): Das Unbehagen der Geschlechter. Frankfurt a.M.
Butler, Judith (1993): Kontingente Grundlagen: Der Feminismus und die Frage der 'Postmoderne'. In: Benhabib, Seyla; Butler, Judith; Cornell, Drucilla; Fraser, Nancy (Hg.): Der Streit um Differenz. Feminismus und Postmoderne in der Gegenwart. Frankfurt a.M., S. 31-58.
Christlich-demokratische Arbeitnehmerschaft (CDA) (1981): Leitsätze: Die sanfte Gewalt der Familie. In: Frankfurter Rundschau 4.8.1981, S. 8.
Chaberny, Annelore (1996): Frauenförderung in der Bundesanstalt für Arbeit. In: Arbeit und Beruf 11, S. 322-327.
Chaberny, Annelore; Schade, Hans-Joachim (1993): Frauen dringen nur langsam in die Berufswelt der Männer vor. In den alten Bundesländern hat der Trend weiblicher Auszubildender in männerdominierte Berufe an Dynamik verloren. IAB Kurzbericht 4.
Clauss, Thomas; Jansen, Rolf (1984): Betriebliche Berufsausbildung und beruflicher Erfolg. Die Bewertung von Ausbildungsberufen mit Hilfe von empirisch gewonnenen Indikatoren. Berlin.
Cockburn, Cynthia (1988): Die Herrschaftsmaschine. Geschlechterverhältnisse und technisches Know-how, Berlin/Hamburg.
Cohen, Michael D.; March, James G.; Olsen, Johan, P. (1990): Ein Papierkorb-Modell für organisatorisches Wahlverhalten. In: March, James G. (Hg.): Entscheidung und Organisation. Wiesbaden, S. 329-372.
Coleman, James S. (1992): Grundlagen der Sozialtheorie. 3 Bänder. München.
Collinson, David/Knights, David (1986): ‚Men Only': Theories and Practices of Job Segregation in Insurance. In: Knights, David; Willmott, Hugh (Hg.): Gender and the Labour Process. Aldershot, S. 140-178.
Connell, R(obert) W. (1990): The state, gender, and sexual politics. Theory and appraisal. In: Theory and Society 19, S. 507-544.
Connell, R(obert) W. (1999): Making Gendered People: Bodies, Identities, Sexualities. In: Ferre, Myra Marx; Lorber, Judith; Hess; Beth B. (Hg.): Revisioning Gender. Thousand Oaks, London, New Delhi, S. 449-471.

Cremer, Christa (1984): Schönheit wird zur Pflicht. Friseurin – Beruflichkeit auf Zeit. In: Mayer, Christine; Krüger, Helga; Rabe-Kleberg, Ursula; Schütte, Ilse (Hg.): Mädchen und Frauen. Beruf und Biographie. München, S. 85-98.

Crusius, Reinhard; Wilke, Manfred (1977): Plädoyer für den Beruf. In: Aus Politik und Zeitgeschichte. Beiläge zur Wochenzeitung Das Parlament. B 48, S. 3-13.

Cyba, Eva (1998): Geschlechtsspezifische Arbeitsmarktsegregation: Von den Theorien des Arbeitsmarktes zur Analyse sozialer Ungleichheiten am Arbeitsmarkt. In: Geissler, Birgit; Maier, Friederike; Pfau-Effinger, Birgit (Hg.): FrauenArbeitsMarkt. Der Beitrag der Frauenforschung zur sozio-ökonomischen Theorieentwicklung. Berlin, S. 37-62.

Dackweiler, Regina-Maria (2003): Wohlfahrtsstaatliche Geschlechterpolitik am Beispiel Österreichs. Arena eines widersprüchlich modernisierten Geschlechter-Diskurses. Opladen.

Dahlerup, Drude (1987): Confusing concepts – confusing reality: a theoretical discussion of the patriarchal state. In: Sassoon, Anne Shostack: Women and the state: the shifting boundaries of public and private. London u.a. 1987, S. 93-127.

Damm-Rüger, Sigrid (1991): Gleich gebildet – und auch gleichgestellt? Ein empirischer Vergleich der Berufssituation und des Berufserfolgs jüngerer Frauen und Männer in qualifizierten Angestelltenberufen des kaufmännisch-verwaltenden Bereichs. In: BWP 1, S. 11-20.

Debener, Sabine; Grimmer, Barbara; Sahr, Karin (1989): Wo sind sie geblieben? Lebenswege von Frauen in technischen Berufen. Bildungswerk der Hessischen Wirtschaft. Frankfurt a.M.

Deichsel, Stephan (1992): Berufsbratung. In: Bundesanstalt für Arbeit (Hg.): Handbuch zur Berufswahlvorbereitung. Nürnberg.

Deutsche Forschungsgemeinschaft. Senatskommission für Berufsbildungsforschung (1990): Berufsbildungsforschung an den Hochschulen der Bundesrepublik Deutschland. Situation – Hauptaufgaben –Förderungsbedarf. Weinheim.

Deutsche Shell (Hg. 2000): Jugend 2000. Opladen.

Deutscher Bundestag (1990): Schlußbericht der Enquete-Kommission „Zukünftige Bildungspolitik – Bildung 2000". Drucksache 11/7820.

Deutsches Institut für Wirtschaftsforschung (1992): Unterbrochene Erwerbsverläufe von Frauen mit Kindem. Traditionelles familienpolitisches Leitbild fragwürdig. In: Wochenbericht 19, S. 249-257

Deutsches Institut für Wirtschaftsforschung (1997a): Hohe Fluktuation in der Stillen Reserve. Wochenbericht 47, S. 921-928.

Deutsches Institut für Wirtschaftsforschung (1997b): Rückstand beim Anteil der Dienstleistungen aufgeholt. Ein deutsch-amerikanischer Vergleich anhand von Haushaltsbefragungen. In: Wochenbericht 34, S. 613-617.

Deutsches PISA-Konsortium (Hg. 2001): PISA 2000. Basiskompetenzen von Schülerinnen und Schülern im internationalen Vergleich. Opladen.

Dibbern, Harald (1983): Berufsorientierung im Unterricht. Verbund von Schule und Berufsberatung in der vorberuflichen Bildung. In: MittAB 4, S. 437-449.

Dierkes, Meinolf; Albach, Horst (1998): Lernen über Organisationen. Einführung, Überblick und Resümee. In: Dierkes, Meinolf; Albach, Horst; Bethoin Antal, Ariane; Vailland, Kristina (Hg.): Organisationslernen – institutionelle und kulturelle Dimensionen. WZB-Jahrbuch 1998. Berlin, S. 15-30.

Douglas, Mary (1991): Wie Institutionen denken. Frankfurt a.M.

Duncan, Simon (1998): Theorising Gender Systems in Europe. In: Geissler, Birgit; Maier, Friederike; Pfau-Effinger, Birgit (Hg.): FrauenArbeitsMarkt. Der Beitrag der Frauenforschung zur sozio-ökonomischen Theorieentwicklung. Berlin, S. 195-227.

Ebeling, Helga (1996). Frauen geben Technik neue Impulse – Entwicklungsperspektiven in der Bundesrepublik Deutschland. In: ibv 44, S. 2719-2724.

Ehrhardt, Gisela; Weichert, Brigitte (1988): Einige soziologische und sozialpolitische Aspekte zur Entwicklung dr Frau im gesellschaftlichen Arbeitsprozeß. In: Jahrbuch für Soziologie und Sozialpolitik 1988. Theoretische Grundprobleme der Erforschung der Lebensweise im Sozialismus. Berlin, S. 525-533.

Eichhorst, Werner; Thode, Eric (2002): Vereinbarkeit von Familie und Beruf. Benchmarking Deutschland Aktuell. Gütersloh.

Eichner, Harald; Wagner, Udo (1976): Berufsberatung und Berufslenkung.Vergleich der Systeme der Berufsberatung und Berufslenkung in Schweden, DDR, USA, Schweiz und Bundesrepublik Deutschland im Hinblick auf die weitere Entwicklung der Berufsberatung. In: Eichner, Harald; Hartmann, Jürgen, Lohmann, Ulrich; Wagner Udo (Hg.): Berufsberatung und Berufslenkung. Kommission für wirtschaftlichen und sozialen Wandel. Göttingen, S.1-139.

Eisenstein, Hester (1990): Femocrats, Official Feminism and the Uses of Power. In: Watson, Sophie (Hg.): Playing the State. Australian Feminist Interventions. London, New York, S. 87-103.

Engelbrech, Gerhard (1991): Berufsausbildung, Berufseinstieg und Berufsverlauf von Frauen. Empirische Befunde zur Erklärung beruflicher Segregation. In: MittAB 3: 531-558.

Engelbrech, Gerhard (1996): Die Beharrlichkeit geschlechtsspezifischer beruflicher Segregation: Betriebliche Berufsausbildung und geschlechtsspezifische Einkommensentwicklung beim Berufseinstieg in den 80er Jahren. In: Liesering, Sabine; Rauch, Angela (Hg.): Hürden im Erwerbsleben. Aspekte beruflicher Segregation nach Geschlecht. Nürnberg, S. 65-103.

Engelbrech, Gerhard; Jungkunst, Maria (1998): Erwerbsbeteiligung von Frauen und Kinderbetreuung in ost- und westdeutschen Familien. IAB-Werkstattbericht 2.

Engelbrech, Gerhard; Jungkunst, Maria (1999): Die Zukunft der Frauenbeschäftigung. Veränderung der Arbeitslandschaft nach Tätigkeiten und Qualifikationsebenen zwischen 1995 und 2010. IAB Werkstattbericht 20.

Engelbrech, Gerhard; Jungkunst, Maria (2001): Erwerbsbeteiligung von Frauen. Wie bringt man Beruf und Kind unter einen Hut? IAB-Kurzbericht 7.

Engelbrech, Gerhard; Kraft, Hermine (1992a): Frauenbeschäftigung und betriebliche Personalpolitik. IAB Werkstattbericht 5.

Engelbrech, Gerhard; Kraft, Hermine (1992b): Gegenwärtige Hemmnisse und berufliche Möglichkeiten von Frauen – Ergebnisse einer Betriebsbefragung. In: MittAB 1, S. 13-26.

Engelbrech, Gerhard; Nagel, Elisabeth (2002): Einkommen von Männern und Frauen beim Berufseintritt. Betriebliche Ausbildung und geschlechtsspezifische berufliche Segregation in den 90er Jahren. Nürnberg: IAB-Werkstattbericht 17.

Erler, Gisela Anna (1985): Frauenzimmer. Für eine Politik des Unterschieds. Berlin.

Ertelt, Bernd-Joachim (1992): Tätigkeitsprofile beruflicher Berater in der Bundesrepublik Deutschland. Berlin (CEDEFOP).

Ertelt, Bernd-Joachim (2000): Europäische Standards in der Qualifizierung von BerufsberaterInnen. In: Schober, Karen (Hg.): Beratung im Umfeld beruflicher Bildung. Bielefeld, S. 47-57.

Ertelt, Bernd-Joachim; Möller, Ulrich; Schade, Hans-Joachim; Seidel, Gerhard (1997): Ausbildungs- und Arbeitsmarktdaten im Beratungsgespräch. Ergebnisse einer Evaluationsstudie der MatAB-Sonderserie „Ausbildungsberufe im Urteil der Betriebe". IAB Werkstattbericht 10.

Esping-Andersen, Goesta (1990): Three Worlds of Welfare Capialism. Cambridge u.a.

Esping-Andersen, Goesta (1999): Social Foundations of Postinudstrial Economies. Oxford.

Falter, Jürgen; Klingemann, Hans-Dieter (1998): Die deutsche Politikwissenschaft im Urteil der Fachvertreter. In: Greven, Michael (Hg.): Demokratie – eine Kultur des Westens? 20. Wissenschaftlicher Kongreß der Deutschen Vereinigung für Politische Wissenschaft. Opladen, S. 305-341.

Faulstich-Wieland, Hannelore (1985): „Die nehmen einem alle Illusionen". Zum Verhältnis von Jugendlichen und Beratungsinstitutionen. In: MittAB 2, S. 225-232.

Faulstich-Wieland, Hannelore (1999): Soziale Konstruktion von Geschlecht in schulischen Interaktionen in der Sekundarstufe I. In: Ginsheim, Gabriele v.; Meyer, Dorit (Hg.): Geschlechtersequenzen. Dokumentation des Diskussionsforums zur geschlechtsspezifischen Jugendforschung. Berlin, S. 97-109.

FDP 1994: Wahlprogramm der FDP für die Bundestagswahlen 1994.

Feenberg, Daniel R.; Rosen, Harway S. (1994): Recent Developments in the Marriage Tax. Working Paper Series. National Bureau of Economic Research. Cambridge/Mass.

Feller, Gisela (1996): Berufswahl: Berufswunsch oder Wunschberuf? – Retrospektive Betrachtungen von Auszubildenden und Vergleiche an der ersten und zweiten Schwelle. In: Schober, Karen; Gaworek, Maria (Hg.): Berufswahl: Sozialisations- und Selektionsprozesse an der zweiten Schwelle. Nürnberg, S. 173-186.

Feller, Gisela (2000): Berufsfachschulen – Joker auf dem Weg zum Beruf? In: BWP 2, S. 17-23.

Ferguson, Kathy E. (1985): Bürokratie und öffentliches Leben: die Feminisierung des Gemeinwesens. In: Leviathan SH 6, S. 54-75.

Ferree, Myra Marx (1996): Was heißt Feminismus? Frauenfrage, Frauenbewegung und feministische Identität von Frauen in den neuen Bundesländern. In: Lemke, Christiane; Penrose, Virginia; Ruppert, Uta (Hg.): Frauenbewegung und Frauenpolitik in Osteuropa. Frankfurt a.M./New York, S. 107-125.

Fischer, Arthur (2000): Jugendliche im Osten – Jugendliche im Westen. In: Deutsche Shell (Hg.): Jugend 2000. Bd. 1. Opladen, S. 283-303.

Fobe, Karin; Minx, Bärbel (1996): Berufswahlprozesse im persönlichen Lebenszusammenhang. Jugendliche in Ost und West an der Schwelle von der schulischen in die berufliche Ausbildung. Nürnberg (BeitrAB 196).

Fraser, Nancy (1994): Widerspenstige Praktiken. Macht, Diskurs, Geschlecht, Frankfurt a.M.

Fritzsche, Yvonne (2000): Moderne Orientierungsmuster: Inflation am „Wertehimmel". In: Deutsche Shell (Hg.): Jugend 2000. Bd. 1. Opladen, S. 93-156.

Fuchs, Dieter; Klingemann, Hans-Dieter; Schöbel, Carolin (1994): Perspektiven der politischen Kultur im vereinigten Deutschland. Eine empirische Studie. In: Aus Politik und Zeitgeschichte. B 32, S. 35-46.

Fuchsschwanz, Roswitha; Rehm, Susanne (1987): Kontaktstelle Frau & Technik zur Motivierung und Förderung von Frauen und Mädchen in gewerblich-technische Berufe. Friedrichshafen (Arbeitsgemeinschaft Zweiter Bildungsweg e.V.).

Garbe, Detlef; Hoffmann, Michael; Fey-Hoffmann, Simone; Mooeg, Beate; Wyborski, Bernd (1989): „Mädchen planen ihre berufliche Zukunft". Konzept und Ergebnisse eines Berufswahlprogramms. Wuppertal, Leverkusen (Bergische Universität GH

Wuppertal/Institut für gesellschaftliche Entwicklungsforschung, Bürgerbeteiligung und Politikberatung, IGEBP, Leverkusen).

Garfinkel, Harold (1967): Studies in Ethnomethodology. Engelwood Cliff, NJ.

Geißler, Rainer (1992): Die Sozialstruktur Deutschlands. Ein Studienbuch zur sozialstrukturellen Entwicklung im geteilten und vereinten Deutschland. Opladen.

Gerhard, Ute (1994): Frauenforschung und Frauenbewegung - Skizze ihrer theoretischen Diskurse. In: Deutsche Forschungsgemeinschaft, Senatskommission für Frauenforschung (Hg.): Sozialwissenschaftliche Frauenforschung in der Bundesrepublik Deutschland. Bestandsaufnahme und forschungspolitische Konsequenzen, Berlin, S. 12-28.

Gewande, Wolf-Dieter unter Mitarbeit von Ulrich Gololla (1990): Anerkennung von Übersiedlerzeugnissen. Beschreibung von DDR-Facharbeiterberufen – Empfehlungen für die Gleichstellung mit Ausbildungsberufen. Berlin 1990.

Gildemeister, Regine (1988): Geschlechtsspezifische Sozialisation. Neuere Beiträge und Perspektiven zur Entstehen des "weiblichen Sozialcharakters". In: Soziale Welt 4, S. 486-503.

Gildemeister, Regine (1992): Die soziale Konstruktion von Geschlechtlichkeit. In: Ostner, Ilona; Lichtblau, Klaus (Hg.): Feministische Vernunftkritik: Ansätze und Traditionen, Frankfurt a.M./New York, S. 220-146.

Gildemeister, Regine; Wetterer, Angelika (1992): Wie Geschlechter gemacht werden. Die soziale Konstruktion der Zweigeschlechtlichkeit und ihre Reifizierung in der Frauenforschung. In: Knapp, Gudrun-Axeli; Wetterer, Angelika (Hg.): Traditionen Brüche. Entwicklungen feministischer Theorie. Freiburg, S. 201-254.

Gilligan, Carol (1984): Die andere Stimme. Lebenskonflikte und Moral der Frau. München /Zürich.

Glöss, Petra (1984): Sexismus am Arbeitsplatz – Ein Bestandteil beruflicher Erfahrungen von Frauen. In: Sektion Frauenforschung in den Sozialwissenschaften in der DGS (Hg.): Frauenforschung. Beiträge zum 22. Deutschen Soziologentag. Dortmund 1984. Frankfurt a.M./New York, S. 177-186.

Göhler, Gerhard (1987a): Einleitung. In: Göhler, Gerhard (Hg.): Grundfragen der Theorie politischer Institutionen. Forschungsstand - Probleme - Perspektiven. Opladen, S. 7-14.

Göhler, Gerhard (1987b, Hg.): Grundfragen der Theorie politischer Institutionen: Forschungsstand - Probleme – Perspektiven. Opladen.

Göhler, Gerhard (1987c): Institutionenlehre und Institutionentheorie in der deutschen Politikwissenschaft. In: Göhler, Gerhard (Hg.): Grundfragen der Theorie politischer Institutionen. Forschungsstand - Probleme - Perspektiven. Opladen, S. 15-47.

Göhler, Gerhard (Hg. 1990): Politische Institutionen im gesellschaftlichen Umbruch: Ideengeschichtliche Beiträge zur Theorie politischer Institutionen. Opladen.

Göhler, Gerhard (1994): Politische Institutionen und ihr Kontext. Begriffliche und konzeptionelle Überlegungen zur Theorie politischer Institutionen. In: Göhler, Gerhard (Hg.): Die Eigenart der Institutionen: Zum Profil politischer Institutionentheorie. Baden-Baden, S. 19-46.

Göhler, Gerhard (1996): Wie verändern sich Institutionen? Revolutionärer und schleichender Institutionenwandel. In: Leviathan SH 16, S. 21-56.

Göhler, Gerhard (1997a): Zusammenfassung und Folgerungen: Die institutionelle Konfiguration. In: Göhler, Gerhard u.a. (Hg.): Institution – Macht – Repräsentation. Baden-Baden, S. 579-599

Göhler, Gerhard (1997b): Der Zusammenhang von Institution, Macht und Repräsentation. In: Göhler, Gerhard u.a. (Hg.): Institution – Macht – Repräsentation. Baden-Baden, S. 11-62.

Göhler, Gerhard; Lenk, Kurt Schmalz-Bruns, Rainer (Hg. 1990): Die Rationalität politischer Institutionen: Interdisziplinäre Perspektiven. Baden-Baden.

Göhler, Gerhard; Lenk, Kurt; Münkler, Herfried; Walther, Manfred (Hg. 1990): Politische Institutionen im gesellschaftlichen Umbruch. Ideengeschichtliche Beiträge zur Theorie politischer Institutionen. Opladen.

Göhler, Gerhard; Schmalz-Bruns, Rainer (1988): Perspektiven der Theorie politischer Institutionen. PVS 4, S. 309-349.

Gonon, Philipp (1997): Kohlberg statt Kerschensteiner, Schumann und Kern statt Spranger, Habermas, Heydorn und Luhmann statt Fischer: Zum prekären Status der berufspädagogischen ‚Klassik'. In: Arnold, Rolf (Hg.): Ausgewählte Theorien zur beruflichen Bildung. Hohengehren, S. 3-24.

Göpfert-Divivier, Werner; Keßler, Hildegard (1990): Social-Marketing zur Unterstützung der Erschließung gewerblich-technischer Ausbildungsberufe für Mädchen und junge Frauen. Endbericht. Saarbrücken (ISO-Institut für Sozialforschung).

Görlitz, Axel; Burth, Hans-Peter (1998): Politische Steuerung. Ein Studienbuch. Opladen 2. Auflage).

Gottschall, Karin (1995): Geschlechterverhältnis und Arbeitsmarktsegregation. In: Becker-Schmidt, Regina; Knapp, Gudrun-Axeli: Das Geschlechterverhältnis als Gegenstand der Sozialwissenschaften. Frankfurt a.M./New York, S. 125-162.

Gottschall, Karin (1998): Doing Gender While Doing Work? Erkenntnispotentiale konstruktivistischer Perspektiven für eine Analyse des Zusammenhangs von Arbeitsmarkt, Beruf und Geschlecht. In: Geissler, Birgit; Maier, Friederike; Pfau-Effinger, Birgit: FrauenArbeitsMarkt. Der Beitrag der Frauenforschung zur sozioökonomischen Theorieentwicklung. Berlin, S. 63-92.

Grant, Judith; Tancred, Peta (1992): A Feminist Perspektive on State Bureaucracy. In: Mills, Albert J.; Tancred, Peta (Hg.): Gendering Organizational Analysis. London/Newbury Park/New Delhi, S. 112-128.

Graß, Gotthard (1985): Einsatzmöglichkeiten weiblicher Facharbeiter in unterschiedlichen Berufen und Branchen. In: Bundesinstitut für Berufsbildung; Bildungswerk der Hessischen Wirtschaft e. V. (Hg.): Einsatzmöglichkeiten für Facharbeiterinnen. Ergebnisse der arbeitswissenschaftlichen Begleitforschung im Modellversuchsprogramm „Erschließung von gewerblich-technischen Ausbildungsberufen für Mädchen". Berlin/Frankfurt a.M., S. 39-76.

Grüning, Marlies (1995): Akzeptanz von Technikfrauen in Betrieben. Eine empirische Untersuchung von 16 Betrieben und ihren gewerblich-technischen Facharbeiterinnen (Manuskript).

Hagemann-White, Carol (1984): Sozialisation: Weiblich – männlich? Opladen.

Hagemann-White, Carol (1992): Berufsfindung und Lebensperspektive in der weiblichen Adoleszenz. In: Flaake, Karin; King, Vera (Hg.): Weibliche Adoleszenz. Zur Sozialisation junger Frauen, Frankfurt a.M./New York, S. 64-83.

Hagemann-White, Carol (1993): Die Konstrukteure des Geschlechts auf frischer Tat ertappen? Methodische Konsequenzen einer theoretischen Einsicht. In: Feministische Studien 2, S. 68-78.

Hagemann-White, Carol (1998): Identität – Beruf – Geschlecht. In: Oechsle, Mechthild; Geissler, Birgit (Hg.): Die ungleiche Gleichheit. Junge Frauen und der Wandel im Geschlechterverhältnis. Opladen, S. 27-41.

Hahn, Angela (1997): Vollzeitschulen und duales System – Alte Konkurrenzdebatte oder gemeinsame Antworten auf drängende Fragen? In: Euler, Dieter; Sloane Peter F. E. (Hg.): Duales System im Umbruch. Eine Bestandsaufnahme der Modernisierungsdebatte. Pfaffenweiler, S. 27-51.

Harding, Sandra (1993): Rethinking Standpoint Epistomology: What Is „Strong Objectivity". In: Alcoff, Linda; Potter, Elizabeth (Hg.): Feminist Epistemologies. New York/ London, S. 49-82.

Hauptausschuß des Bundesinstituts für Berufsbildung (1987): Empfehlungen des Hauptausschusses des Bundesinstituts für Berufsbildung zur Ausweitung des Berufsspektrums für Frauen im gewerblich-technischen Berufsbereich. In: BWP 1, S. 37-40.

Hausen, Karin; Krell, Gertraude (1993): Perspektiven einer Politik der Gleichstellung von Frauen und Männern. In: Hausen, Karin; Krell, Gertraude (Hg.): Frauenerwerbsarbeit: Forschungen zur Geschichte und Gegenwart. München, S. 9-24.

Heine, Angelika; Scherbaum, Claudia (1991): Praxisforschungsprojekt „Frauenoffensive – Junge Frauen in gewerblich-technische Berufe". Kassel (Magistrat der Stadt).

Heinz, Walter R. (1998): Berufliche und betriebliche Sozialisation. In: Hurrelmann, Klaus; Ulich, Dieter (Hg.): Handbuch der Sozialisationsforschung. Weinheim und Basel (5. Auflage), S. 397-415.

Heinz, Walter R.; Krüger, Helga; Rettke, Ursula; Wachtveitl, Erich; Witzel, Andreas (1987): „Hauptsache eine Lehrstelle". Jugendliche vor den Hürden des Arbeitsmarktes. Weinheim (2. Auflage).

Heitkötter, Anna-Theresia; Schmickler-Herriger, Marita (1992): Formen der Zusammenarbeit zwischen Schule und Berufsberatung. In: Bundesanstalt für Arbeit (Hg.): Handbuch zur Berufswahlvorbereitung. Nürnberg, S. 50-57.

Hellmann, Ulrike; Schiersmann, Christiane (1990): Der Prozeß des Berufsübergangs und berufliche Perspektiven technisch ausgebildeter Frauen. In: Frauenforschung 1-2, S. 49-67.

Hellmann, Ulrike; Schiersmann, Christiane (1990): Die „Kontaktstelle zur Förderung von Frauen in gewerblich-technischen Berufen" – Evaluation eines Modellprojekts. In: Frauenforschung 1-2, S. 68-86.

Hellmann, Ulrike; Schiersmann, Christiane (1991): Berufsübergang und berufliche Situation gewerblich-technisch ausgebildeter Frauen. In: Der Bundesminister für Bildung und Wissenschaft (Hg.): Gewerblich-technisch ausgebildete Frauen. Zwei Untersuchungen zu Berufsübergang und Berufsverläufen. Bad Honnef, S. 1-220.

Henninger, Annette (1997): Frauenförderung per Arbeitsmarkprogramm in Berlin: Umsetzungsbarrieren und Schlußfolgerungen für die Politikberatung. In: Femina politica 2, S. 66-75.

Henninger, Annette (2000): Frauenförderung in der Arbeitsmarktpolitik. Feministische Rückzugsgefechte oder Zukunftskonzept? Opladen.

Henninger, Annette; Ostendorf, Helga (Hg. 2004): Die politische Steuerung des Geschlechterregimes. Beiträge zur Theorie politischer Institutionen. Wiesbaden.

Herget, Hermann, Schöngen, Klaus, Westhoff, Gisela unter Mitarbeit von A. Menk, M. Schiemann, B. Spang, U. Walz (1987): Berufsausbildung abgeschlossen – was dann? Ergebnisse einer Längsschnittuntersuchung zum Übergang der Jugendlichen nach Abschluss einer betrieblichen Berufsausbildung in das Beschäftigungssystem, Berlin/Bonn 1987.

Héritier, Adrienne (1993): Einleitung. Policy-Analyse, Elemente der Kritik und Perspektiven der Neuorientierung. In: Héritier, Adrienne (Hg.): Policy-Analyse. Kritik und Neuorientierung, PVS SH 24, S. 9-36.

Héritier, Adrienne (Hg. 1993): Policy-Analyse. Kritik und Neuorientierung. Opladen.

Hernes, Helga Maria (1986): Die zweigeteilte Sozialpolitik: Eine Polemik. In: Hausen, Karin; Nowotny, Helga (Hg.): Wie männlich ist die Wissenschaft? Frankfurt a. M., S. 163-176.

Hernes, Helga Maria (1987): Women and the welfare state: the transition from private to public dependence. In: Sassoon, Anne Shostack (Hg.): Women and the state: the shifting boundaries of public and private. London u.a., S. 72-92.

Herrmann, Emilie (1927): Berufsberatung für Frauen und Mädchen. Berlin. (Die Praxis der Berufsberatung 3.)

Hesse, Joachim Jens; Benz, Arthur (1988): Staatliche Institutionspolitik im internationalen Vergleich. In: Jahrbuch zur Staats- und Verwaltungswissenschaft. Bd. 2. Baden-Baden, S. 69-111.

Hilbert, Josef; Südmersen, Helmi; Weber, Hajo (1990): Berufsbildungspolitik. Geschichte – Organisation – Neuordnung. Opladen.

Hild, Paul; Fröhlich, Peter (1983): Die Wirksamkeit der „Mädchenprogramme" - am Beispiel Nordrhein-Westfalen. In: BWP 6, S. 195-199.

Hilke, Reinhard; Hustedt, Henning (1992): Eignung für Ausbildung und Beruf. In: Bundesanstalt für Arbeit (Hg.): Handbuch zur Berufswahlvorbereitung. Nürnberg, S. 106-127.

Hille, Barbara (1993): Geschlechtstypische Präferenzen und Benachteiligungen – Weibliche Jugendliche in Bildung, Ausbildung und Studium. In: Zwischen Arbeitsmarkt und Familie – Frauenarbeit in den alten Bundesländern. In: Helwig, Gisela; Nickel, Hildegard Maria (Hg.): Frauen in Deutschland 1945 - 1992. Bonn, S. 215-231.

Hoecker, Beate (1998): Abschied vom Feminismus? Die Frauenpolitik von Bündnis 90/Die Grünen. In: Femina Politika 1, S. 72-76.

Hoffmann, Lore; Lehrke, Manfred (1986): Eine Untersuchung über Schülerinteressen an Physik und Technik. In: Zeitschrift für Pädagogik 2, S. 189–204.

Holland-Cunz, Barbara (1996a): Komplexe Netze, konfliktreiche Prozesse. Gleichstellungspolitik aus policy-analytischer Sicht. In: Kulawik, Theresa; Sauer, Birgit (Hg.): Der halbierte Staat. Grundlagen feministischer Politikwissenschaft, Frankfurt a.M./ New York, S. 158-174.

Holland-Cunz, Barbara (1996b): Vorwort. In: Seemann, Birgit: Feministische Staatstheorie. Der Staat in der deutschen Frauen- und Patriarchatsforschung. Opladen 1996, S. 9-10.

Holland-Cunz, Barbara (1999): Naturverhältnisse in der Diskussion. Die Kontroverse um „sex and gender" in der feministischen Theorie. In: Bauhardt, Christine; von Wahl, Angelika (Hg.): Gender and Politics. „Geschlecht" in der feministischen Politikwissenschaft. Opladen, S. 15-28.

Holzbecher, Monika; Braszeit, Anne; Müller, Ursula; Plogstedt, Sybille (1990): Sexuelle Belästigung am Arbeitsplatz. Stuttgart, Berlin, Köln.

Hoose, Daniela; Vorholt, Dagmar (1996): Sicher sind wir wichtig – irgendwie!? Der Einfluß von Eltern auf das Berufswahlverhalten von Mädchen. Hamburg (Senatsamt für die Gleichstellung).

Hörner, Wolfgang (1990): Bildung und Wissenschaft in der DDR. Ausgangslage und Reform bis Mitte 1990. Bonn (BMBW).

Hübner, Sabine; Ostendorf, Helga; Rudolph, Hedwig unter Mitarbeit von Jeanette Kindle (1991): Stolpersteine, Sprungbretter, Höhenflüge – Facetten von Berufsverläufen gewerblich-technisch qualifizierter Frauen in Berlin. In: Bundesminister für Bildung und Wissenschaft (Hg.): Gewerblich-technisch ausgebildete Frauen. Zwei Untersuchungen zu Berufsübergang und Berufsverläufen. Bad Honnef, S. 222-245.

Hübner, Sabine; Ostendorf, Helga; Rudolph, Hedwig (1992): Rückenwind für Technikfrauen. Erfahrungen einer Servicestelle mit Vernetzung und institutioneller Kooperation in Berlin. Pfaffenweiler.

Humphries, Jane; Rubery, Jill (1994): Zur Angebotsseite des Arbeitsmarktes. Die relative Autonomie der sozialen Reproduktion. In: Regenhard, Ulla; Maier, Friederike; Carl, Andrea-Hilla (Hg.): Ökonomische Theorien und Geschlechterverhältnis. Der männliche Blick der Wirtschaftswissenschaft. Berlin, S. 67-92.

Initiative „Frauen geben Technik neue Impulse" (2000): www.komopetenz.de/inhalt/iverein.

Initiative „Frauen geben Technik neue Impulse" (2002): Girls Day. Ergebnisse einer Befragung 2001. Zusammenfassung. Bielefeld.

Jansen, Mechthild (1984): Frauenbewegung nach der Wende. In: Blätter für deutsche und internationale Politik 7, S. 821-839.

Jansen, Mechthild (1986): „Konservativer Feminismus" mit Rita Süßmuth. In Blätter für deutsche und internationale Politik 2, S. 184-201.

Jansen, Rolf; Stooß, Friedemann (1993): Einleitung: Die Konzeption der BIBB/IAB-Erhebungen. In: Jansen, Rolf; Stooß, Friedemann (Hg.): Qualifikation und Erwerbssituation im geeinten Deutschland. Ein Überblick über die Ergebnisse der BIBB/IAB-Erhebung 1991/92. Berlin (2. überarbeitete Auflage).

Jansen, Rolf; Stooß, Friedemann (Hg. 1993): Qualifikation und Erwerbssituation im geeinten Deutschland. Ein Überblick über die Ergebnisse der BIBB/IAB-Erhebung 1991/92. Berlin (2. überarbeitete Auflage), S. 165-195.

Jessop, Bob (1998): Nationalstaat, Globalisierung, Gender. In: Kreisky, Eva; Sauer, Birgit: Geschlechterverhältnisse im Kontext politischer Transformation. PVS SH 28. Opladen, S. 262-292.

Jochmann-Döll, Andrea (1990): Gleicher Lohn für gleichwertige Arbeit. Ausländische und deutsche Konzepte und Erfahrungen. München u.a.

Jones, Michael Owen (1996): Studying Organizational Symbolism: What, How, Why? Thousand Oaks/London/New Delhi.

Kanter, Rosabeth Moss (1993): Men and Women of the Corporation. New York (2. Auflage).

Karwatzki, Irmgard (1989): Modellversuche und ihr Beitrag zur Qualitätsverbesserung der Berufsbildung. In: Bundesminister für Bildung und Wissenschaft (Hg.): Neue Informationstechniken in kaufmännischen Modellversuchen. Ergebnisse schulischer Modellversuche und Möglichkeiten ihrer Umsetzung in der kaufmännischen Ausbildung. Bad Honnef, S. 13-19.

Keding, Angelika (1992): Erfahrungsbericht der Kontakt- und Informationsstelle MUT (Mädchen und Technik). Hamburg (Stiftung Berufliche Bildung).

Kerchner, Brigitte (1999): Körperdiskurse und Moralpolitik. Die Konstruktion sexueller Devianz um die Jahrhundertwende. In: Bauhardt, Christine; Wahl, Angelika von (Hg.): Gender and Politics. „Geschlecht" in der feministischen Politikwissenschaft. Opladen, S. 121-147.

Kerchner, Brigitte (1997): Rückzug als Verweigerung – Historische Perspektiven auf Sexualität und Staat. In: Kerchner, Brigitte; Wilde, Gabriele (Hg.): Staat und Privatheit. Aktuelle Studien zu einem schwierigen Verhältnis. Opladen, S. 157-188.

Kiresuk, Thoma J.; Larsen, Nnacy E.; Lund, Sander H. (1984): Wissenstransfer als Strategie in Programm-Management und Evaluierung. In: Hellstern, Gerd-Michael; Wollmann, Hellmut (Hg.): Handbuch zur Evaluierungsforschung, Bd. 1., Opladen, S. 199-218.

Kirner, Ellen; Schulz, Erika (1992): Unterbrochene Erwerbsverläufe von Frauen mit Kindern. Traditionelles familienpolitisches Leitbild fragwürdig. In: DIW-Wochenbericht 19, S. 249-257.

Kleffner, Annette (1996): CoBer. Ergebnis einer Fragebogenaktion zur Pilotierung der Bausteine „Berufe", „Meldungen" und „Medien/Doku". In: ibv 46, S. 2887-2893.

Kleffner, Annette; Lappe, Lothar; Raab, Erich; Schober, Karen (1996): Fit für den Berufsstart? Berufswahl und Berufsberatung aus Schülersicht. MatAB 3.

Kleffner, Annette; Schober, Karen (1998a): Berufliche Beratung aus Beratersicht. Eine empirische Untersuchung zum beruflichen Selbstverständnis von Berufsberaterinnen und Berufsberatern. In: ibv 37, S. 3433-3455.

Kleffner, Annette; Schober, Karen (1998b): Wie war's bei der Berufsberatung? Berufliche Beratung im Urteil der Kunden. MatAB 2.

Kleinau, Elke; Opitz Claudia (1996): Geschichte der Mädchen- und Frauenbildung. (2 Bände). Frankfurt a.M./New York.

Klevenow, Gerd-Holger (1996): Die Entwicklung von Berufswahlorientierungen und Lebenskonzepten bei Mädchen und jungen Frauen. Offene Fragen der Berufsbildungsforschung. In: Schober, Karen; Gaworek, Maria (Hg.): Berufswahl: Sozialisations- und Selektionsprozesse an der ersten Schwelle. Nürnberg (BeitrAB 202), S. 97-112.

Klevenow, Gert-Holger (2000): Klassifikation von Ausbildungsberufen als Basis für Berufsorientierung. Nürnberg.

Knapp, Gudrun-Axeli (1988): Das Konzept „weibliches" Arbeitsvermögen – theoriegeleitete Zugänge, Irrwege, Perspektiven. In: Frauenforschung 4, S. 8-19.

Knapp, Gudrun-Axeli (1989): Männliche Technik - weibliche Frau? Zur Analyse einer problematischen Beziehung. In: Becker, Dietmar et al.: Zeitbilder der Technik. Bonn, S. 193-253.

Knapp, Gudrun-Axeli (1992): Neuere Entwicklungen in der feministischen Machtdiskussion. In: Biester, Elke; Geißel, Brigitte; Lang, Sabine; Schäfter; Petra; Young, Brigitte (Hg.): Staat aus feministischer Sicht, Berlin (Freie Universität, Otto-Suhr-Institut), S. 19-36.

Knapp, Gudrun-Axeli; Wetterer Angelika (2001): Einleitung. In: Knapp, Gudrun-Axeli; Wetterer Angelika (Hg.): Soziale Verortung der Geschlechter. Gesellschaftstheorie und feministische Kritik. Münster, S. 7-14.

Koalitionsvereinbarung zwischen der Sozialdemokratischen Partei Deutschlands und Bündnis 90/Die Grünen. In: Frankfurter Rundschau 22.10.1998, S. 21-26.

Koch-Baumgarten, Sigrid (1997): „Die selbstverständliche Dominanz der Männer" in der (Gewerkschafts-)Öffentlichkeit. Überlegungen zur geschlechtsspezifischen Selektion von Interessen im Politischen System. In: Kerchner, Brigitte; Wilde, Gabriele (Hg.): Staat und Privatheit. Aktuelle Studien zu einem schwierigen Verhältnis. Opladen, S. 259-283.

Kommission „Moderne Dienstleistungen am Arbeitsmarkt" (2002). Vorschläge der Kommission zum Abbau der Arbeitslosigkeit und zur Umstrukturierung der Bundesanstalt für Arbeit. Berlin (BMA).

Kommission für Zukunftsfragen der Freistaaten Bayern und Sachsen (1997): Erwerbstätigkeit und Arbeitslosigkeit in Deutschland. Entwicklung, Ursachen und Maßnahmen. Teil III: Maßnahmen zur Verbesserung der Beschäftigungslage. Bonn.

Köpl, Regina (1997): Tabuisiertes Subjekt. Strategien einer konzeptionellen Auflösung. In: Kreisky, Eva; Sauer, Birgit (Hg.): Das geheime Glossar der Politikwissenschaft. Geschlechtskritische Inspektion der Kategorien einer Disziplin. Frankfurt a.M./New York, S. 70-96.

Kraft, Hermine (1985): Mädchen in Männerberufen. MatAB 3.

Kreisky, Eva (1990): Bürokratisierung der Frauen - Feminisierung der Bürokratie. In: Schaeffer-Hegel, Barbara; Kopp-Degethoff, Heidi (Hg.): Vater Staat und seine Frauen. Zweiter Band. Studien zur politischen Kultur. Pfaffenweiler, S. 193-207.

Kreisky, Eva (1992): Der Staat als „Männerbund". Der Versuch einer feministischen Staatssicht. In: Biester, Elke; Geißel, Brigitte; Lang, Sabine; Schäfter; Petra; Young, Brigitte (Hg.): Staat aus feministischer Sicht, Berlin (Freie Universität, Otto-Suhr-Institut), S. 53-62.

Kreisky, Eva (1995a): Der Staat ohne Geschlecht. In: Kreisky, Eva; Sauer, Birgit (Hg): Feministische Standpunkte in der Politikwissenschaft. Eine Einführung, Frankfurt a.M./New York, S. 203-222.

Kreisky, Eva (1995b): Der Stoff, aus dem die Staaten sind. Zur männerbündischen Fundierung politischer Ordnung. In: Becker-Schmidt, Regina; Knapp, Gudrun-Axeli (Hg.): Das Geschlechterverhältnis als Gegenstand der Sozialwissenschaften. Frankfurt a.M./New York, S. 85-124.

Kreisky, Eva (1997): Diskreter Maskulinismus. Über geschlechtsneutralen Schein politischer Idole, politischer Ideale und politischer Institutionen. In: Kreisky, Eva; Sauer, Birgit (Hg.): Das geheime Glossar der Politikwissenschaft. Geschlechtskritische Inspektion der Kategorien der Disziplin, Frankfurt a.M./New York, S. 161-213.

Kreisky, Eva; Sauer, Birgit (1997): Heimlichkeit und Kanonisierung. Einführende Bemerkungen zur Begriffsbildung in der Politikwissenschaft. In: Kreisky, Eva; Sauer, Birgit (Hg.): Das geheime Glossar der Politikwissenschaft. Geschlechtskritische Inspektion der Kategorien einer Disziplin, Frankfurt a.M./New York, S. 7-45.

Kretschmer, Gerhard; Perrey, Detlef (1998): BIZ '97. Ergebnisse der repräsentativen Befragung 1997 von Nutzern der Berufsinformationszentren (BIZ). In: ibv 9, S. 727-736.

Krewerth, Andreas; Leppelmeier, Ingrid; Ulrich, Joachim Gerd (2004): Der Einfluss von Berufsbezeichnungen auf die Berufswahl von Jugendlichen. In: BWP 1, S. 43-47.

Krombolz, Heinz (1991): Arbeit und Familie: Geschlechtsspezifische Unterschiede in der Erwerbsbeteiligung und die Aufteilung der Erwerbstätigkeit in der Parnerschaft. In: Bertram, Hans (Hg.): Die Familie in Westdeutschland. Stabilität und Wandel familiärer Lebensformen. Opladen.

Krüger, Helga (1985): Die Segmentierung des Berufsbildungssystems – Eine bildungspolitische Barriere für Marktpositionen weiblicher Arbeitskräfte. In: Rudolph, Hedwig; Mayer, Christine; Ostendorf, Helga; Rabe-Kleberg, Ursula (Hg.): Berufsverläufe von Frauen. Lebensentwürfe im Umbruch. München, S. 33-52.

Krüger, Helga (1986): Berufliche Motivation von Mädchen. In: Wannseeheim für Jugendarbeit (Hg.): Weiblichkeit als Chance. Berufliche Qualifikation von Mädchen. Berlin, S. 11-38.

Krüger, Helga (1988): Zum Verhältnis von Allgemeinbildung und beruflichen Fähigkeiten von Frauen. In: Frauenforschung 4, S. 20-27.

Krüger, Helga (1990): Gehören technische Fähigkeiten vielleicht auch zum „weiblichen Arbeitsvermögen"? In: Rabe-Kleberg, Ursula (Hg.): Besser gebildet und doch nicht gleich! Frauen und Bildung in der Arbeitsgesellschaft. Bielefeld, S. 141-159.

Krüger, Helga (1992a): Bildungspolitik als Geschlechterpolitik. Wohin geht der Zug? In: Krüger, Helga (Hg.): Frauen und Bildung. Wege der Aneignung und Verwertung von Qualifikationen in weiblichen Erwerbsbiographien. Bielefeld, S. 273-282.

Krüger, Helga (1992b): Frauen und Bildung. Wege der Aneignung und Verwertung von Qualifikationen in weiblichen Erwerbsbiographien. In: Krüger, Helga (Hg.): Frauen und Bildung. Wege der Aneignung und Verwertung von Qualifikationen in weiblichen Erwerbsbiographien. Bielefeld, S. 11-33.

Krüger, Helga (1993a): Die Gleichzeitigkeit von Traditionalität und Modernisierung - Weibliche Lebensführung zwischen Familien- und Berufsarbeit: Die Verschränkung zweier Lebensführungen in einer Person. In: Krüger, Marlies (Hg.): Was heißt hier eigentlich feministisch? Zur theoretischen Diskussion in den Geistes- und Sozialwissenschaften. Bremen, S. 64-78.

Krüger, Helga (1993b): Vorberufliche Sozialisation. In: Krell, Gertraude; Osterloh, Margit (Hg.): Personalpolitik aus der Sicht von Frauen – Frauen aus der Sicht der Personalpolitik. Was kann die Personalforschung von der Frauenforschung lernen? München und Mering (2. verbesserte. Auflage), S. 318-341.

Krüger, Helga (1995): Dominanzen im Geschlechterverhältnis: Zur Institutionalisierung von Lebensläufen. In: Becker-Schmidt, Regina; Knapp, Gudrun-Axeli (Hg.): Das Geschlechterverhältnis als Gegenstand der Sozialwissenschaften. Frankfurt a.M./New York, S. 195-219.

Krüger, Helga (1996): Die andere Bildungssegmentation. Berufssysteme und soziale Ungleichheit zwischen den Geschlechtern am Beispiel der Umstrukturierung in Pflegeberufen. In: Bolder, Axel u.a. (Hg.): Jahrbuch '96 Bildung und Arbeit. Die Wiederentdeckung der Ungleichheit. Aktuelle Tendenzen in Bildung für Arbeit. Opladen, S. 252-274.

Krüger, Helga (1998): Geschlechtersensible Chancenforschung. In: WSI Mitteilungen 2, S. 143-152.

Krüger, Helga (2001a): Geschlecht, Territorien, Institutionen. Beitrag zu einer Soziologie der Lebenslauf-Relationalität. In: Born, Claudia; Krüger, Helga (Hg.): Individualisierung und Verpflechtung. Geschlecht und Generation im deutschen Lebenslaufregime. München, S. 357-299.

Krüger, Helga (2001b): Gesellschaftsanalyse: der Institutionenansatz in der Geschlechterforschung. In: Knapp, Gudrun-Axeli; Wetterer, Angelika (Hg.): Soziale Verortung der Geschlechter. Gesellschaftstheorie und feministische Kritik. Münster, S. 63-90.

Krüger, Helga (2001c): Ungleichheit und Lebenslauf. Wege aus den Sackgassen empirischer Traditionen. In: Heintz, Bettina (Hg.): Geschlechtersoziologie. Kölner Zeitschrift für Soziologie und Sozialpsychologie. SH 41, S. 512-531.

Kulawik, Teresa (1998): Jenseits des – androzentristischen – Wohlfahrtsstaates? Theorien und Entwicklungen im internationalen Vergleich. In: PVS SH 28, S. 293-310.

Kulawik, Teresa (1999): Wohlfahrtsstaat und Mutterschaft. Schweden und Deutschland 1870 - 1912. Frankfurt a.M./New York.

Kulawik, Teresa; Sauer, Birgit (1996): Staatstätigkeit und Geschlechterverhältnisse. Eine Einführung. In: Kulawik, Teresa; Sauer Birgit (Hg.): Der halbierte Staat. Grundlagen feministischer Politikwissenschaft, Frankfurt a.M./New York, S. 9-46.

Kurz-Scherf, Ingrid (1986): Von der Emanzipation des Brunnenmädchens in den Heilbädern – Frauendiskriminierung, Frauenförderung durch Tarifvertrag und Tarifpolitik. In: WSI Mitteilungen 8, S. 537-549.

Landesarbeitsamt Berlin-Brandenburg (1996): Didaktische Handreichung für den BIZ-Besuch. Berlin.

Langan, Mary; Ostner, Ilona (1994): Geschlechterpolitik im Wohlfahrtsstaat: Aspekte im internationalen Vergleich. In: Kritische Justiz 3, S. 302-317.

Lange, Elmar (1979): Zur Wirksamkeit der Berufsberatung. Ein Überblick über den Stand der empirischen Evaluierungsforschung zur Berufsberatung. In: MittAB 4, S. 594-606.

Lange, Elmar (1981): Evaluierung der Berufsberatung der Bundesanstalt für Arbeit. Theoretischer und methodischer Ansatz. In: MittAB 3, S. 289-300.

Lange, Elmar; Becher, Ursula (1981): Evaluierung der 1. Schulbesprechung der Berufsberatung der Bundesanstalt für Arbeit. In: MittAB 4, S. 350-361.

Lange, Elmar; Neuser, Heinz (1985): Die Berufswahlvorbereitung durch Berufsberatung und Schule: Bestandsaufnahme und Ansätze zur Weiterentwicklung. Teil I. In: MittAB 2: 233-246. Teil II in: MittAB 3, S. 369-389.

Lehmbruch, Gerhard (1989): Wirtschaftspolitischer Strategiewechsel und die institutionelle Verknüpfung von Staat und Gesellschaft. In: Hartwich, Hans-Hermann (Hg.): Macht und Ohnmacht politischer Institutionen. 17. Wissenschaftlicher Kongreß der DVPW, Opladen, S. 222-235.

Lessenich, Stephan; Ostner, Ilona (1996): Die institutionelle Dynamik ‚dritter Wege' – Zur Entwicklung der Familienpolitik in ‚katholischen' Wohlfahrtsstaaten am Beispiel Deutschlands und Frankreichs. In: Zeitschrift für Sozialreform 11-12, S. 780-803.

Leve, Manfred (1992): Mädchen in gewerblich-technischen Berufen – auch eine Aufgabe der Berufsberatung? In: ibv 51, S. 3091-3093.

Liesering, Sabine (1996): Ausbildungsstellenmarkt für junge Frauen und Männer faktisch immer noch gespalten. IAB Kurzbericht 11.

Life o.D.: Interventions. Gender Equality in Career Choice. Chancengleichheit in der Berufswahl. Broschüre. Berlin.

Liff, Sonja (1986): Technical Change and Occupational Sex-typing. In: Knights, David; Willmott, Hugh (Hg.): Gender and the Labour Process. Aldershot, S. 74-93.

Litschel, Erwin (1988): Die Berufsberatung durch die Bundesanstalt für Arbeit. Regensburg.

Lorber, Judith (1991): Dismantling Noach's Ark. In: Lorber, Judith; Farrell, Susan A. (Hg.): The Social Construction of Gender. Newbury Park, London, New Delhi, S. 355-369.

Lorber, Judith (1994): Paradoxes of Gender. New Haven/London. (Dt.: Gender-Paradoxien. Opladen 1999.)

Lorber, Judith; Farrell, Susan A. (Hg. 1991): The Social Construction of Gender. Newbury Park/London/New Delhi.

Lorber, Judith; Farrell, Susan A. (1991): Principles of Gender Construction. In: Lorber, Judith; Farrell, Susan A. (Hg.): The Social Construction of Gender. Newbury Park/London/New Delhi, S. 7-11.

Luers, Rudolf (1990) Das System der Berufsberatung in der DDR. Verständigungsprobleme um den Begriff Berufsberatung im grenzüberscheitenden Informationsaustausch Bundesrepublik – DDR. In: ibv 11, S. 483-485.

Lunneborg, Patricia W. (1994): Frauen arbeiten anders. Frankfurt a.M./New York.

Maccoby, Eleanor E.; Jacklin, Carol N. (1974): The Psychology of Sex Differences. Standford.

MacKinnon, Catherine A. (1989). Towards a Feminist Theory of the State. Cambridge.

Maier, Friederike (1993a): Zwischen Arbeitsmarkt und Familie – Frauenarbeit in den alten Bundesländern. In: Helwig, Gisela; Nickel, Hildegard Maria (Hg.): Frauen in Deutschland 1945 – 1992. Bonn, S. 257-279.

Maier, Friederike (1993b): Homo Oeconomicus. Zur geschlechtsspezifischen Konstruktion der Wirtschaftswissenschaften. In: ProKla 93, S. 551-571.

Maier-Kraemer, Ursula (1992): Wissenschaftliche Bewertung des Modellprojekts Kontaktstelle Frau & Beruf zur Motivierung und Förderung von Frauen und Mädchen in gewerblich-technischen Berufen in Friedrichshafen. Stuttgart (Ministerium für Familie, Frauen, Weiterbildung und Kunst).

Maluschke, Günther (1989): Machttheorien. In: Nohlen, Dieter; Schultze, Rainer-Olaf (Hg.): Pipers Wörterbuch zur Politikwissenschaft. Bd. 1. München, Zürich, S. 521-525.

Manstetten, Rudolf (1975): Das Berufsberatungsgespräch. Eine empirische Analyse der beruflichen Einzelberatung in der Berufswahl- und Berufsberatungssituation Jugendlicher. Trier.

March, James G.; Olsen, Johan P. (1984): The New Institutionalism: Organizational Factors in Political Life. In: The American Political Science Review 3, S. 734-749.

Mayer, Christine (1992): „... und daß die staatsbürgerliche Erziehung des Mädchens mit der Erziehung zum Weibe zusammenfällt". In: Zeitschrift für Pädagogik 5. 771-791.

Mayntz, Renate (1983): Zur Einleitung: Probleme der Theoriebildung in der Implementationsforschung. In: Mayntz, Renate (Hg.): Implementation politischer Programme II. Ansätze zur Theoriebildung. Opladen, S. 7-24.

Mayntz, Renate (1993). Policy-Netzwerke und die Logik von Verhandlungssystemen. In: Héritier, Adrienne (Hg.): Policy-Analyse. Kritik und Neuorientierung. PVS SH 24, S. 39-56.

Mayntz, Renate (1995): Politische Steuerung: Aufstieg, Niedergang und Transformation einer Theorie. In: PVS SH 26, S. 148-168.

Mayntz, Renate; Scharpf, Fritz W. (1995a) Der Ansatz des akteurzentrierten Institutionalismus. In: Mayntz, Renate (Hg.): Gesellschaftliche Selbstregelung und politische Steuerung. Frankfurt a.M./New York, S. 39-72.

Mayntz, Renate; Scharpf, Fritz W. (1995b): Steuerung und Selbstorganisation in staatsnahen Sektoren. In: Mayntz, Renate; Scharpf, Fritz W.: Gesellschaftliche Selbstregelung und politische Steuerung. Frankfurt a.M./New York, S. 9-38.

Messner, Dirk (1994): Fallstricke und Grenzen der Netzwerksteuerung in: ProKla 4, S. 563-596.

Metz-Göckel, Sigrid (1993): „Permanenter Vorgriff auf die Gleichheit" - Frauenforschung in Westdeutschland. In: Helwig, Gisela; Nickel, Hildegard Maria (Hg.): Frauen in Deutschland 1945 - 1992, Bonn, S. 408-426.

Meuser, Michael; Nagel, Ulrike (1991): Experteninterviews – vielfach erprobt, wenig bedacht. Ein Beitrag zur qualitativen Methodendiskussion. In: Garz, Detlef; Kraimer, Klaus (Hg.): Qualitativ-empirische Sozialforschung. Opladen, S. 441-471.

Meyer, Birgit (1990): Frauenpolitiken und Frauenleitbilder der Parteien in der Bundesrepublik. In: Aus Politik und Zeitgeschichte B34-35, S. 16-28.

Meyer, Birgit (1998): Viel Lärm um nichts? Die Frauenpolitik von SPD und FDP im vergangenen Jahrzehnt. In: Femina politica 1, S.85-88.

Meyer-Haupt, Klaus (1995): Berufsberatung. Stuttgart/Berlin/Köln (2. Auflage).

Meyer-Ullrich, Gabriele (1986): Überblick über wirtschaftliche und politische Bedingungen der Frauengleichstellung in der BRD seit 1945. In: Haibach, Marita: Immekötter, Mechthild; Rühmkorf, Eva u.a. (Hg.): Frauen sind nicht zweite Klasse. Frauenpolitik für Gleichstellung. Hamburg, S. 115-138.

Mohoric, Andrea; Höke, Christiane (1997): Berufs- und Lebensplanung an brandenburgischen Schulen. Lese- und Arbeitsbuch zur arbeitsorientierten und geschlechterbewußten Bildung. Teil I: Arbeit und Berufsausbildung im Wandel. Berlin.

Morschhäuser, Martina (1993): Frauen in Männerdomänen. Wege zur Integration von Facharbeiterinnen im Betrieb. Köln.

Mosley, Hugh; Speckesser, Stefan (1997): Market Share and Market Segment of Public Employment Services. Disussion Paper FS I 97-208. Wissenschaftszentrum Berlin für Sozialforschung. Berlin.

Müller, Ursula (1995): Frauen und Führung. Fakten, Fabeln und Stereotypisierungen in der Frauenforschung. In: Wetterer, Angelika (Hg.): Die soziale Konstruktion von Geschlecht in Professionalisierungsprozessen, Frankfurt a.M./New York, S. 101-117.

Müttermanifest (1987): „Wir brauchen keine Übermänner im politischen Dauereinsatz". Ein Müttermanifest der Grünen formuliert zum ersten Mal gegensätzliche Positionen innerhalb der Frauenbewegung. In: Frankfurter Rundschau 27.3.1987, S. 14.

Neyer, Gerda (1996): Korporatismus und Verbände. Garanten für die Stabilität eines sexistischen Systems?. In: Kulawik, Teresa; Sauer Birgit (Hg.): Der halbierte Staat. Grundlagen feministischer Politikwissenschaft, Frankfurt a.M./New York, S. 82-104.

Nickel, Hildegard Maria (1993): „Mitgestalterinnen des Sozialismus" – Frauenarbeit in der DDR. In: Helwig, Gisela; Nickel, Hildegard Maria (Hg.): Frauen in Deutschland 1945 – 1992. Bonn, S. 233-256.

Niedersächsisches Frauenministerium (1992): Handreichungen zur Ausstellung „Mädchen können alles, wenn MAN(N) sie nur läßt. Hannover.

Norden, Helmuth van (1997): Berufsberatung und Informationstechnik. In: ibv 23, S. 1761-2291.

North, Douglas C. (1992a): Institutionen, institutioneller Wandel und Wirtschaftsleistung. Tübingen.

North, Douglas C. (1992b): Institutions, Ideology, and Economic Performance. In: Cato Journal 3, S. 477-488.

Nullmeier, Frank (1993): Wissen und Policy-Foschung. Wissenspolitologie und rhetorisch-dialektisches Handlungsmodell. In: Héritier, Adrienne (Hg.): Policy-Analyse. Kritik und Neuorientierung, PVS SH 24, S. 175-196.

OECD (1994): Women and Structural Chance. New Perspektives. Paris.

OECD (2004): Career Guidance and Public Policy. Bridging the Gap.

Olsen, Johan P. (1991): Political Science and Organization Theory. Prarallel Agendas but Mutual Disregard. In: Czada, Roland M.; Windhoff-Héritier, Adrienne (Hg.): Political Choice: Institutions, Rules an the Limits of Rationality. Boulder, S. 87-119.

Ostendorf, Helga (1983): Erschließung gewerblich/technischer Ausbildungsberufe für Mädchen: Welche Bedeutung hat die subjektive Situation der weiblichen Auszubildenden für das Modellversuchsprogramm? In: BWP 3, S. 91-93.

Ostendorf, Helga (1985): Berufsübergang und berufliche Bewährung gewerblich-technisch ausgebildeter Frauen. Hannover (Institut Frau und Gesellschaft).

Ostendorf, Helga (1986): Mädchen am Start: Gute Kondition aber schlechte Wegstrecke. In: Rudolph, Hedwig; Mayer, Christine; Ostendorf, Helga; Rabe-Kleberg, Ursula (Hg.): Berufsverläufe von Frauen. Lebensentwürfe im Umbruch. München.

Ostendorf, Helga (1992): Facharbeiterinnen und Gesellinnen in Berlin (West) - Empirische Ergebnisse zum Berufsverlauf gewerblich-technisch ausgebildeter Frauen. In: Damm-Rüger, Sigrid (Hg.): Frauen – Ausbildung – Beruf. Realität und Perspektiven der Berufsausbildung von Frauen. Berlin, S. 131-152.

Ostendorf, Helga (1994): Öffnung von Männerberufen für Frauen - Erfolgreiche oder symbolische Politik? In: WSI Mitteilungen, 12, S. 752-762.

Ostendorf, Helga (1996a): Überlegungen zur Geschlechterpolitik staatlicher Institutionen - Die Chancen der Implementation frauenfördernder Bildungsprogramme. In: Zeitschrift für Frauenforschung 3, S. 23-38.

Ostendorf, Helga (1996b): Wandel der Tätigkeitsstruktur und der Arbeitsorganisation. Chancen und Risiken für Frauen in Männerberufen. In: WSI Mitteilungen 1, S. 44-55.

Ostendorf, Helga (1997): „Liberalisierung" der sozialen Sicherung und steuerliche „Edukation" der Ehefrau – Wie zusammenpaßt, was nicht zusammengehört. In: Zeitschrift für Sozialreform 5, S. 365-396.

Ostendorf, Helga (1999): Die Konstruktion des Weiblichen durch politisch-administrative Institutionen. In: Bauhardt, Christine; von Wahl, Angelika (Hg.): Gender and Politics. „Geschlecht" in der feministischen Politikwissenschaft. Opladen, S. 149-170.

Ostendorf, Helga (2001): Die Struktur des Berufsbildungssystems und die Ausbildung von Mädchen. In: Geißel, Brigitte; Seemann, Birgit (Hg.): Umstrukturierung in der Bildung. „Neue Bildungspolitik" zwischen Risiko und Chance für Frauen. Opladen, S. 67-100.

Ostner, Ilona (1991): „Weibliches Arbeitsvermögen" und soziale Differenzierung. In: Leviathan 2, S. 192-207.

Ostner, Ilona (1993): Zum letzten Male: Anmerkungen zum „weiblichen Arbeitsvermögen". In: Krell, Gertraude; Osterloh, Margit (Hg.): Personalpolitik aus der Sicht von Frauen - Frauen aus der Sicht der Personalpolitik. Was kann die Personalforschung von der Frauenforschung lernen? München und Mering (2. verbesserte Auflage), S. 107-121.

Ostner, Ilona (1995a): Arm ohne Ehemann? Sozialpolitische Regulierung von Lebenschancen für Frauen im internationalen Vergleich. In: Aus Politik und Zeitgeschichte B 36-37, S. 3-12.

Ostner, Ilona (1995b): Sozialstaatsmodelle und die Situation der Frauen. In: Fricke, Werner (Hg.): Jahrbuch Arbeit und Technik 1995. Bonn, S. 57-67.

Pappi, Franz Urban (1987): Die Netzwerkanalyse als soziologische Perspektive. In: Pappi, Franz Urban (Hg.): Methoden der Netzwerkanalyse. München, S. 11-37.

Pappi, Franz Urban (1993): Policy-Netze: Erscheinungsformen moderner Politiksteuerung oder methodischer Ansatz? In: Héritier, Adrienne (Hg.): Policy-Analyse. Kritik und Neuorientierung. PVS SH 24, S. 84-94.

Pappi, Franz Urban; Ostner, Ilona (1994): Policy-Forschung zur Frauen- und Geschlechterpolitik. In: Deutsche Forschungsgemeinschaft, Senatskommission für Frauenforschung (Hg.): Sozialwissenschaftliche Frauenforschung in der Bundesrepublik Deutschland. Bestandsaufnahme und forschungspolitische Konsequenzen, Berlin, S. 136-144.

Parmentier, Klaus; Schade, Hans-Joachim; Schreyer, Franziska (1994): Expertenbefragung. MatAB 2.

Pateman, Carol (1988): The Sexual Contract. Cambridge.

Penrose, Virginia (1990): Vierzig Jahre SED-Frauenpolitik: Ziele, Strategien und Ergebnisse. In: Zeitschrift für Frauenforschung 4, S. 60-77.

Pfau-Effinger, Birgit (1993): Macht des Patriarchats oder Geschlechterkontrakt? Arbeitsmarktintegration von Frauen im internationalen Vergleich. In: ProKla 93, S. 633-663.

Pinl, Claudia (1987): Schöne Grüße von Norbert Blüm. In: Die Grünen im Bundestag. AK-Frauenpolitik. Köln, S. 113-118.

Pinl, Claudia (1993). Vom kleinen zum großen Unterschied. „Geschlechterdifferenz" und konservative Wende im Feminismus. Hamburg.

Plant, Peter (1992): Occupational profiles of vocational counsellors in Denmark. Berlin 1992.

Plicht, Hannelore (1993): Tätigkeitsstrukturen. In: Jansen, Rolf; Stoß, Friedemann (Hg.): Qualifikation und Erwerbssituation im geeinten Deutschland. Ein Überblick über die Ergebnisse der BIBB/IAB-Erhebung 1991/92. Berlin.

Pringle, Rosemary (1989): Bureaucracy, Rationality and Sexuality: The Case of Secretaries. In: Hearn, Jeff; Sheppard, Deborah L; Tancred-Sherifff, Peta; Burrell, Gibson (Hg.): The Sexuality of Organizations. London/Newbury Park/New Delhi, S. 158-179.

Pringle, Rosemary; Watson, Sophie (1992): 'Women's Interest's' and the Post-Structuralist State. In: Barrett, Michèle; Philipps, Anne (Hg.): Destabilizing Theory. Contemporary Feminist Debates. Stanford, S. 53-73.

Rabe-Kleberg, Ursula (1987): Frauenberufe – Zur Segmentierung der Berufswelt. Bielefeld.

Rabe-Kleberg, Ursula (1993): Verantwortlichkeit und Macht. Ein Beitrag zum Verhältnis von Geschlecht und Beruf angesichts der Krise traditioneller Frauenberufe. Bielefeld.

Rahmenvereinbarung über die Zusammenarbeit von Schule und Berufsberatung (1971). In: ANBA 3, S. 132-133.

Rahmenvereinbarung über die Zusammenarbeit von Schule und Berufsberatung zwischen der Kultusministerkonferenz und der Bundesagentur für Arbeit (2004). http://www.kmk.org/aktuell/RV_Schule_Berufsberatung.pdf (29.4.2005).

Rahmenvereinbarung zwischen der Bundesanstalt für Arbeit und dem Deutschen Industrie- und Handelstag sowie dem Deutschen Handwerkskammertag (1973). In: ANBA 12, S. 906-909.

Rastetter, Daniela (1994): Sexualität und Herrschaft in Organisationen. Eine geschlechtervergleichende Analyse, Opladen.

Reetz, Lothar (1989): Zum Konzept der Schlüsselqualifikationen in der Berufsbildung. In: BWP 5, S. 3-10 (1. Teil), und 6, S. 24-30 (2. Teil).

Rehberg, Karl-Siegbert (1994): Institutionen als symbolische Ordnungen. Leitfragen und Grundkategorien zur Theorie und Analyse institutioneller Mechanismen. In Göhler, Gerhard (Hg.): Die Eigenart der Institutionen: Zum Profil politischer Institutionentheorie. Baden-Baden, S. 47-84.

Rehberg, Karl-Siegbert (1996): Institutionenwandel und die Funktionsveränderung des Symbolischen. In: Leviathan SH 16, S. 93-118.

Reiter, Birgit-Michel (1998): Menschen denken polar, die Natur ist es nicht. Zur Komplexität der Geschlechter. In: Broschüre „Hermaphroditen im 20. Jahrhundert – zwischen Elimination und Widerstand" (2. Auflage). www.aggpg/de.

Riedmüller, Barbara (2000): Frauen- und familienpolitische Leitbilder im deutschen Alterssicherungssystem. In: Schmähl, Winfried; Michaelis, Klaus (Hg.): Alterssicherung von Frauen - Leitbilder, gesellschaftlicher Wandel und Reformen. Wiesbaden.

Roitsch, Jutta (1999): Mit dreizehn ist schon alles klar. Das Modell der sächsischen Mittelschule und die mißratenen Profile. Eine Zwischenbilanz. In: Frankfurter Rundschau. 28.1.1999.

Rose, Richard (1997): How Great is the Gender Overhang in the Labour Force? Konferenzpapier: European Centre for Social Welfare Policy and Research. Vienna.

Rosenberger, Sieglinde (1997): Die Eine / die Andere. Zur Kritik einer modernen Setzung. In: Kreisky, Eva; Sauer, Birgit (Hg.): Das geheime Glossar der Politikwissenschaft. Geschlechtskritische Inspektion der Kategorien einer Disziplin. Frankfurt a.M./New York, S. 97-113.

Rosenberger, Sieglinde Katharina (1998): Privatheit und Politik. In: Kreisky, Eva; Sauer, Birgit (Hg.): Geschlechterverhältnisse im Kontext politischer Transformation. PVS SH 28. Opladen, S. 120-136.

Rubery, Jill; Humphries, Jane (1994): Zur Angebotsseite des Arbeitsmarktes. Die relative Autonomie der sozialen Reproduktion. In: Regenhard, Ulla; Maier, Friederike; Carl, Andrea-Hilla (Hg.) Ökonomische Theorien und Geschlechterverhältnis. Der männliche Blick der Wirtschaftswissenschaft. Berlin, S. 67-92.

Rudolph, Clarissa (1994): Die Institutionalisierung von Frauenpolitik im Parteienstaat. In: Biester, Elker; Holland-Cunz, Barbara; Maleck-Lewy, Eva; Ruf, Anja; Sauer, Birgit

(Hg.): Gleichstellungspolitik – Totem und Tabus. Eine feministische Revision. Frankfurt a.M./New York, S. 175-187.

Rudolph, Hedwig; Grüning, Marlies; Ostendorf, Helga (1992): Jenseits von Modellversuchen. Gewerblich-technische Facharbeiterinnen im Betrieb. Berlin (Technische Universität).

Rudolph, Wolfgang (1990): Die Berufsbildung in der Deutschen Demokratischen Republik. (Eine Systemdarstellung). Berlin (Cedefop).

Ruß-Mohl, Stephan (1993): Konjunkturen und Zyklizität in der Politik: Themenkarrieren, Medienaufmerksamkeits-Zyklen und „lange Wellen". In: Héritier, Adrienne (Hg.): Policy-Analyse. Kritik und Neuorientierung. Opladen, S. 356-368.

Sabatier, Paul A. (1993): Advocacy-Koalitionen, Policy-Wandel und Policy-Lernen: Eine Alternative zur Phasenheuristik. In: Héritier, Adrienne (Hg.): Policy-Analyse. Kritik und Neuorientierung. PVS SH 24, S. 116-148.

Sackmann, R(osemarie); Häussermann, H(artmut) (1994): Do regions matter? Regional differences in female labour market participation in Germany. In: Duncan, Simon (Hg.): Spatial Divisions of Patriarchy in Western Europe. Special Issue of Environment and Planing A26, S. 1377-1396.

Sampson, James P. (1998): Integration der Fernberatung auf Basis des Internet in das Leistungsangebot der Berufsberatungszentren in Amerika. In: ibv 30, S. 3005-3016.

Sarges, Werner; Birkhan, Georg; Klevenow Gerd-Holger (1989): Analyse der beruflichen Einzelberatung. Bedarf, Vermittlung und Funktion von Informationen. Nürnberg 1989.

Sauer, Birgit (2001a): Die Asche des Souveräns. Staat und Demokratie in der Geschlechterdebatte. Frankfurt a.M./New York.

Sauer, Birgit (2001b): Das „bewundernswert Männliche" des Staates. Überlegungen zum Geschlechterverhältnis in der Politik. In: femina politica 2, S. 50-61.

Schaefer, Joachim (1971): Wem dient die Berufsberatung? In: Arbeit, Beruf und Arbeitslosenhilfe 6, S. 182-184.

Scharpf, Fritz W. (1977): Does Organization Matter? Task Structure and Interaction in the Ministrial Bureaucracy. In: Burack, Elmer H.; Neghandi, Anand R. (Hg.): Organization Design. Theoretical Perspectives and Empirical Findings. Ohio, Kent, S. 149-167.

Scharpf, Fritz W. (1982): Der Erklärungswert „binnenstruktureller" Faktoren in der Politik- und Verwaltungsforschung. In: PVS SH 23, S. 90-104.

Scharpf, Fritz W. (1985): Plädoyer für einen aufgeklärten Institutionalismus. In: Hartwich, Hans-Hermann (Hg.): Policy-Forschung in der Bundesrepublik Deutschland. Ihr Selbstverständnis und ihr Verhältnis zu den Grundfragen der Politikwissenschaft, Opladen, S. 164-70.

Scharpf, Fritz W. (1987): Grenzen der institutionellen Reform. In: Ellwein, Thomas; Hesse, Joachim Jens; Mayntz, Renate; Scharpf Fritz W. (Hg.): Jahrbuch zur Staats- und Verwaltungswissenschaft. Baden-Baden, S. 111-151.

Scharpf, Fritz W. (1993): Positive und negative Koalition in Verhandlungssystemen. In: Héritier, Adrienne (Hg.): Policy-Analyse. Kritik und Neuorientierung. In: PVS SH 24, Opladen, S. 57-83.

Scheer, Monika (o.J.): Gleichberechtigung von Mädchen und Jungen, Frauen und Männern in Schulbüchern des Landes Sachsen-Anhalt. Magdeburg (Kultusministerium).

Schiersmann, Christine (1987): Computerkultur und weiblicher Lebenszusammenhang. Zugangsweisen von Frauen und Mädchen zu neuen Technologien. Bad Honnef.

Schlüter, Anne (1990): Die ersten Versuche in Deutschland, gewerbliche Ausbildungsberufe für Frauen zu erschließen. In: Happ, Doris; Wiegand, Ulrich (Hg.): Frauen im Trend. Beruf – Bildung – Bewußtsein. München.

Schmid, Günther (1985): Möglichkeiten und Grenzen einer „Verklammerung" von Policy-, Politics- und Polity-Orientierungen in Forschung und Lehre? In: Hartwich, Hans-Hermann (Hg.): Policy-Foschung in der Bundesrepublik Deutschland. Ihr Selbstverständnis und ihr Verhältnis zu den Grundfragen der Politikwissenschaft. Opladen, S. 181-191.

Schmid, Günther (1989): Die neue institutionelle Ökonomie: Königsweg oder Holzweg zu einer Institutionentheorie des Arbeitsmarktes. In: Leviathan 3, S. 386-408.

Schmid, Günther (1994): Wettbewerb und Kooperation zwischen den Geschlechtern: Institutionelle Alternativen einer gerechten und effizienten Arbeitsmarktorganisation. In: Zapf, Wolfgang; Dierkes, Meinolf (Hg.): Institutionenvergleich und Institutionendynamik. Berlin, S. 215-237.

Schmid, Günther (1996): Process Evaluation: Policy Formation and Implementation. In: Schmid, Günther; O'Reilly, Jacqueline; Schömann, Klaus (Hg.): International Handbook of Labour Market Policy Evaluation. Cheltenham/Brookfield, S. 198-231.

Schmid, Günther (2003): Innovative Ansätze auf dem Arbeitsmarkt: Anmerkungen zur beschäftigungspolitischen Debatte. Zeitschrift für Staats- und Europawissenschaften, 1 (1).

Schmid, Günther; O'Reilly, Jacqueline; Schömann, Klaus (1996): Theory and Methology of Labour Market Policy and Evaluation: An Introduction. In: Schmid, Günther; O'Reilly, Jacqueline; Schömann, Klaus (Hg.): International Handbook of Labour Market Policy Evaluation. Cheltenham/Brookfield, S. 1-33.

Schmid, Günter; Ziegler, Christine (1993): Die Frauen und der Staat – Beschäftigungspolitische Gleichstellung im internationalen Vergleich. In: Zeitschrift für Sozialhilfe und Sozialgesetzbuch ZfSH/SGB 3, S. 126-139 und 4, S. 169-185.

Schmidt, Dorothea (1993): Die „Herren der Technik" und die „feine Hand" der Arbeiterinnen. Mechanisierung und Geschlechterverhältnis. In: ProKla 4, S. 585-611.

Schmidt, Manfred G. (1993a): Erwerbsbeteiligung von Frauen und Männern im Industrieländervergleich. Opladen.

Schmidt, Manfred G. (1993b): Erwerbsbeteiligung und Politik. Ein internationaler Vergleich der Frauen- und Männererwerbsquoten. In: Czada, Roland; Schmidt, Manfred G. (Hg.): Verhandlungsdemokratie, Interessenvermittlung, Regierbarkeit. Festschrift für Gerhard Lehmbruch. Opladen, S. 275-288.

Schober, Karen (1996): Zur Flexibilität von Jugendlichen bei der Berufswahl: Von frühen Berufswünschen bis zum Ausbildungsbeginn. In: ibv 46, S. 2875-2885.

Scholz, Rainer (2001): Ein schillerndes Gewerbe. In: Merian Thailand, S. 82-85.

Schröder, Helmut (1989): Die Funktion und Rolle des Berufsberaters. Eine Mehrebenenanalyse bei der Berufsallokation. Nürnberg (BeitrAB 132).

Schumann, Michael; Baethge-Kinsky, Volker; Kuhlmann, Martin; Kurz, Constanze; Neumann, Uwe: (1994): Trendreport Rationalisierung. Automobilindustrie. Werkzeugmaschinenbau. Chemische Industrie. Berlin.

Schwarzkopf, Jutta (1993): Die soziale Konstruktion von Qualifikation. Eine historische Untersuchung der Weberei von Lancashire zwischen 1885 und dem Ersten Weltkrieg. In: ProKla 4, S. 612-632.

Schweitzer, Cordula; Wolfinger, Claudia (1994): Bestimmung des Beratungsbedarfs für die verschiedenen Zielgruppen unter den Jugendlichen bis zu 28 Jahren in der Bundesrepublik Deutschland. Zielgruppe: junge Frauen und Mädchen. Berlin (Cedefop).

Scopol, Theda (1985): Bringing the State Back In: Strategies of Analysis in Current Research. In: Evans, Peter B.; Rueschemeyer, Dietrich; Skopol, Theda (Hg.): Bringing the State Back In. Cambridge, S. 3-43.

Scopol, Theda (1993): Soldiers, Workers, an Mothers: Gendered Identities in Early U.S. Social Policy. In: Contention 3, S. 157-183.
Scott, Joan W. (1986): Gender: A Useful Category of Historical Analysis. In: The American Historical Review 5, S. 1053-1075.
Scott, W. Richard (1995): Institutions and Organizations. Thousand Oaks u.a.
Seemann, Birgit (1996): Feministische Staatstheorie. Der Staat in der deutschen Frauen- und Patriarchatsforschung. Opladen.
Seidenspinner, Gerlinde; Burger, Angelika (1982): Mädchen '82. Eine repräsentative Untersuchung über die Lebenssituation und das Lebensglück 15 – 19jähriger Mädchen in der Bundesrepublik. Hamburg.
Selk, Michael (1984): Geschlecht und Berufswahl: Ein Beitrag zur Theoriebildung und empirischen Erfassung geschlechtsspezifischen Berufswahlverhaltens. Frankfurt a.M.
Semlinger, Klaus (1988): Staatliche Intervention durch Dienstleistungen. Funktionsweise und Steuerungspotential – untersucht am Beispiel der technischen Beratung zur Förderung der betrieblichen Integration Behinderter, Berlin.
Sengenberger, Werner (1987): Struktur und Funktionsweise von Arbeitsmärkten der Bundesrepublik Deutschland im internationalen Vergleich. Frankfurt.
Staatliche Zentralverwaltung für Statistik (1989): Aufnahme von Schulabgängern in die Berufsausbildung. Manuskript. Berlin.
Statistisches Bundesamt (Hg. 1997): Datenreport 1997. Zahlen und Fakten über die Bundesrepublik Deutschland. Bonn.
Statistisches Bundesamt: Fachserie 11. Bildung und Kultur. Reihe 2. Berufliche Schulen. Stuttgart, fortlaufende Nummern.
Statistisches Bundesamt: Fachserie 11. Bildung und Kultur. Reihe 3. Berufliche Bildung. Stuttgart, fortlaufende Nummern.
Stegmann, Heinz; Kraft, Hermine (1986): Chancen und Risiken von Mädchen mit einer betrieblichen Berufsausbildung für einen „Männerberuf". In: MittAB 3, S. 439-456.
Stegmann, Heinz; Kraft, Hermine (1987): Ausbildungs- und Berufswege von 23-24jährigen. Methode und ausgewählte Ergebnisse der Wiederholungsbefragung Ende 1985. In: MittAB 2, S. 142-163.
Stiftung Warentest (1998): Arbeitsämter. Guter Rat ist selten. In: Test 8. Berlin, S. 80-83.
Stooß, Friedemann (1997): Reformbedarf in der beruflichen Bildung. Gutachten im Auftrag des Landes Nordrhein-Westfalen. In: Ministerium für Wirtschaft, Mittelstand, Technologie und Verkehr des Landes Nordrhein-Westfalen (Hg.): Reformbedarf in der beruflichen Bildung. Düsseldorf, S. 47-111.
Stooß, Friedemann; Weiding, Inge (1990): Der Wandel der Tätigkeitsfelder und Profile bis zum Jahr 2010. In: MittAB 1, S. 34-51.
Strauß, Jürgen (1986): Junge Frauen in gewerblich-technischen Berufen. Berufswege nach der Ausbildung. Frankfurt a.M./New York 1986.
Streeck, Wolfgang (1994): Einleitung des Herausgebers. Staat und Verbände: Neue Fragen. Neue Antworten?. In: Streeck, Wolfgang (Hg.): Staat und Verbände, PVS SH 25, S. 7-34.
Streeck, Wolfgang; Heinze, Rolf (1999): An Arbeit fehlt es nicht. In: Der Spiegel 19, S. 38-45.
Streeck, Wolfgang; Hilbert, Josef; Kevelaer, Karl-Heinz von; Maier, Friederike; Weber, Hajo (1987): Steuerung und Regulierung der beruflichen Bildung. Die Rolle der Sozialpartner in der Ausbildung und beruflichen Weiterbildung in der Bundesrepublik Deutschland. Berlin.
Süßmuth, Rita (1983a): Neue Probleme – alte Konzepte. Thesen zur Neuorientierung der Familienpolitik. In: Frauenforschung 2, S. 81-95.

Süßmuth, Rita (1983b): Geben wir der Resignation keine Chance – Zur notwendigen Kontinuität in der Frauenpolitik. In: Frauenforschung 1, S. 42-49.

Sultana, Ronald G. (20049. Strategien zur Bildungs- und Berufsberatung. Trends, Herausforderungen und Herangehensweisen in Europa. Ein Synthsebericht des Cedefop. Luxemburg.

Tancred-Sheriff, Peta (1989): Gender, Sexuality and the Labor Process. In: Hearn, Jeff; Sheppard, Deborah L; Tancred-Sheriffff, Peta; Burrell, Gibson (Hg.) The Sexuality of Organisations. London/Newbury Park/New Delhi, S. 45-55.

Teubner, Ulrike (1989): Neue Berufe für Frauen. Modelle zur Überwindung der Geschlechterhierarchie im Erwerbsbereich. Frankfurt a.M./New York.

Teubner, Ulrike (1993): Geschlecht und Wissenschaft. Geschlechterhierarchie und/oder Geschlechterdifferenz. In: Informatik und Gesellschaft 3, S. 19-22.

Teubner, Ulrike; Wetterer, Angelika (1999): Gender-Paradoxien: Soziale Konstruktion transparent gemacht. Eine Einleitung. In: Lorber, Judith: Gender-Paradoxien. Opladen, S. 9-29.

Tischer, Ute (2001): Frauenförderung und Gender Mainstreaming. Das Strategiebündel für mehr Chancengleichheit in der Beschäftigungspolitik. In: ibv 20, S. 1241-1246.

Tolmein, Oliver (1999): Menschenrechte und Geschlechtszuweisung – Intersexualität und medizinische Interventionen in der BRD. Ein Beitrag fürs Jahrbuch des Komitees für Grundrechte und Demokratie 1999. http://www.tolmein.de.

Trampusch, Christine (2002): Die Bundesanstalt für Arbeit und das Zusammenwirken von Staat und Verbänden in der Arbeitsmarktpolitik. Köln (MPIfG Working Paper 02/5).

Voigt, Erwin (1984/85): Unbemerkte Ungleichheit. Die Darstellung von Mädchen und Frauen in 55 für die Berliner Grundschule zugelassenen Schulbüchern. Berlin (Pädagogisches Zentrum).

Vornmoor, Astrid (2003): Genderkonstruktionen in Leitbildern (west-)deutscher Familienpolitik von der Nachkriegszeit bis in die Gegenwart. In: femina politica 1, S. 17-36.

Wahl, Angelika von (1995): Geschlecht und Arbeitsmarkt. Gleichstellungspolitik in den USA und der Bundesrepublik. In: ProKla 99, S. 221-233.

Wahl, Angelika von (1999): Gleichstellungsregime. Berufliche Gleichstellung von Frauen in den USA und in der Bundesrepublik Deutschland. Opladen.

Wajeman, Judy (1994): Technik und Geschlecht. Die feministische Technikdebatte. Frankfurt a.M./New York.

Wald, Renate und Projektgruppe „Meinungsforschung" (1991): Ausbildungssuche 1991. Interessen und Bemühungen von Mädchen in den neuen Bundesländern. – Beispiel Magdeburg –. Magdeburg (Konferenzpapier).

Walgenbach, Peter (1995): Institutionalistische Ansätze in der Organisationstheorie. In: Kieser, Alfred (Hg.): Organisationstheorien. Stuttgart u.a. (2. überarbeitete Auflage), S. 269-301.

Watts, A.G. (1992): Occupational profiles of vocational counsellors in the European Community. Berlin 1992.

Watt, A.G.; Sultana Ronald G. (2003): Laufbahnberatung in 37 Ländern: Unterschiede und Gemeinsamkeiten. http://www.laufbahnberatung.de/pdf/ Watts_Sultana_Laufbahnberatung.pdf.

Weidig, Inge; Hofer, Peter; Wolff, Heimfrid (1999): Arbeitslandschaft 2010 nach Tätigkeiten und Tätigkeitsniveau. BeitrAB 227. Nürnberg.

Weidig, Inge; Hofer, Peter; Wolff, Heimfried (1998): Arbeitslandschaft der Zukunft. Quantitative Projektion der Tätigkeiten. Nürnberg.

Weiss, Carol H.: Introduction. In: Weiss, Carol H. (Hg. 1977), Using Social Research in Public Policy Making, Lexington/Toronto.

Wenner, Ulrike (2002): Frauenförderung in den Wechseljahren – vom kreativen Lippenbekenntnis zum klaren Leistungsnachweis im Sinne des Gender Mainstreaming. In: ibv 13, S. 1125-1131.
West, Candace; Zimmerman, Don H. (1991): Doing Gender. In: Lorber, Judith; Farrell, Susan A. (Hg.): The Social Construction of Gender, Newbury Park/London/New Delhi, S. 13-37.
Wetterer, Angelika (1995): Dekonstruktion und Alltagshandeln. Die (unmöglichen) Grenzen der Vergeschlechtlichung von Berufsarbeit. In: Wetterer, Angelika (Hg.): Die soziale Konstruktion von Geschlecht in Professionalisierungsprozessen, Frankfurt a.M./New York, S. 223-246.
Weyrather, Irmgard (1990): „Erfreuliche Bilder deutschen Neuaufbaus" – Frauenarbeit in „Männerberufen" nach 1945. In: Leviathan SH 11, S. 133-148.
Windhoff-Héritier, Adrienne (1991): Institutions, Interests and Political Choice. In: Czada, Roland; Windhoff-Héritier, Adrienne (1991): Political Choice: Institutions, Rules and the Limits of Rationality. Frankfurt a.M./Boulder, S. 27-52.
Windhoff-Héritier, Adrienne (1994): Die Veränderung von Staatsaufgaben aus politikwissenschaftlich-institutionalistischer Sicht. In: Grimm, Dieter unter Mitarbeit von Evelyn Hagenah (Hg.): Staatsaufgaben. Baden-Baden, S. 75-95.
Winkler, Gunnar (1990): Frauenreport '90. Berlin.
Witz, Anne; Savage, Mike (1992): The gender of organizations. In: Witz, Anne; Savage, Mike (Hg.): Gender and Bureaucracy. Oxford, S. 3-62.
Wolf, Brigitte (1989): Nutzen einer gewerblich-technischen Berufsausbildung für Frauen – Hält der Berufsalltag, was die Ausbildung versprochen hat? Die Sicht der Teilnehmerinnen. In: Der Bundesminister für Bildung und Wissenschaft (Hg.): Frauen in technischen Berufen. Dokumentation einer Fachtagung, Bad Honnef, S. 55-65.
Wolff, Monika (1988): Kontaktstelle zur Förderung von Frauen in gewerblich-technischen Berufen. Abschlußbericht der dreijährigen Modellphase. Göttingen (Schulverwaltungsamt).
Zentralinstitut für Berufsbildung der DDR. Stellvertreterbereich B. WB Berufsberatung (1989): Zur beruflichen Orientierung der Mädchen und Frauen unter den Bedingungen der umfassenden Intensivierung unter besonderer Berücksichtigung der Facharbeiterberufe. Berlin.

Anhang

Verzeichnis der Übersichten und Tabellen 492

Abkürzungen und Erläuterungen berufsbildungspolitischer Begriffe 495

Tabelle A1: Vermittlungschancen der Mädchen 498

Tabelle A2: Mädchen in ausgewählten Berufen – Neue Ausbildungsverträge im Jahr 2002 501

Verzeichnis der Übersichten und Tabellen

Übersichten

1	Verbindungslinien der theoretischen Zugänge	23
2	Erkenntnisdimensionen der theoretischen Erörterungen	24
3	Institution – Macht – Repräsentation, Willens- und Symbolbeziehung	63
4	Institutionelle Säulen	73
5	Untersuchungsdimensionen	90
6	Anteil der Mädchen an den metall- und elektrotechnischen Ausbildungsverhältnissen	131
7	Auf 100 erwerbstätige Männer kommen im Jahr 2001 ... erwerbstätige Frauen	160
8	Berufliche Präferenzen und Abneigungen 1989/90 befragter Mädchen	216
9	Angebote und Registrierungen 2000	246
10	Vermittlungschancen in Gesamtdeutschland	256
11	Das Ziel der Differenz – oder: „Sprache ist das Spiegelbild des Denkens"	264
12	Personale Interventionen der Berufsberatung	287
13	Berufsorientierende Medien, deren Zielgruppen und Inhalte	311
14	BIZ-Computer	318
15	Berufsmerkmale auf der CD-ROM	321
16	Die zehn am häufigsten mit Mädchen und Jungen besetzten Berufe 2002 und die Merkmale „Menschen" und „beim Kunden".	323
17	Berufe mit dem Arbeitsgegenstand oder Arbeitsmittel „Menschen", die nicht die Merkmale „kaufen/verkaufen/ bedienen/beraten", „behandeln/pflegen/erziehen/unterrichten" oder „beim Kunden" aufweisen.	324
18	Berufe, in denen die Arbeitsgegenstände oder Arbeitsmittel Menschen sind und denen weitere diesbezügliche Merkmale zugeordnet wurden	325
19	Mädchenanteile an den Bewerbungen 1997	338
20	Die wichtigsten Informationsquellen der Berufsberater/innen	377
21	Geschlechterleitbilder	406
22	Eignung von Mädchen und Jungen für verschiedene Berufe	424

Tabellen

1	Die zehn am häufigsten mit Mädchen besetzten Berufe 2002	99
2	Die zehn am häufigsten mit Jungen besetzten Berufe 2002	99
3	Die zehn am häufigsten mit Mädchen besetzten Berufe in der DDR 1989	100
4	Die zehn am häufigsten mit Jungen besetzten Berufe in der DDR 1989	100
5	Berufsfachschüler/innen im Schuljahr 2002/03	103
6	Berufsfachschüler/innen in stark besetzten Ausbildungsgängen mit Abschlussmöglichkeiten nach dem BBiG oder der HWO im Schuljahr 2002/03	107
7	Berufsfachschulische und fachschulische Erstausbildungen 2002/03	108
8	Ausbildungsdauer berufsfachschulischer und dualer Ausbildungen	109
9	Bruttomonatsverdienste 1997 vollzeitbeschäftigter westdeutscher Männer und Frauen mit Abschluss einer betrieblichen Berufsausbildung im Jahr 1996 und Verbleib in einem Ausbildungsberuf	193
10	Von Mädchen und Jungen geäußerte Berufswünsche	208
11	Den Mädchen wichtige Bedingungen	217
12	Verteilung der Bewerberinnen auf die Berufsgruppen – Westdeutschland	249
13	Verteilung der Bewerberinnen auf die Berufsgruppen – Ostdeutschland	250
14	Vermittlungschancen in Westdeutschland	253
15	Berufe mit über- und mit unterdurchschnittlichen Vermittlungschancen für Mädchen in Westdeutschland	253
16	Vermittlungschancen in Ostdeutschland	254
17	Berufe mit über- und mit unterdurchschnittlichen Vermittlungschancen für Mädchen in Ostdeutschland	254
18	Segregationsindex	260
19	Gesonderte Aktivitäten der Berater/innen ost- und westdeutscher Agenturen zur Motivierung von Mädchen für gewerblich-technische Berufe	345
20	Gesonderte Aktivitäten der Berater/innen zur Motivierung von Mädchen für gewerblich-technische Berufe nach Ämtergruppen	346
21	Ausbildungsplatzstruktur, Nachfragesituation und Vermittlung von Mädchen in Jungenberufe 1997	354
22	Beurteilung des berufsorientierenden Unterrichts der Schulen	358
23	Nutzung von Wissensressourcen nach Ämtergruppen	378

24	Einfluss der Arbeitsbelastung	383
25	Mitarbeit in Arbeitsgruppen der Arbeitsverwaltung	386
26	Verantwortung für die Arbeit	386
27	Führungsstil	388
28	Einfluss der Thematisierung geschlechtsatypischer Berufswahl in den Schulbesprechungen	395
29	Einfluss der Thematisierung geschlechtsatypischer Berufswahl in den Einzelberatungen	397
30	Einfluss der Betriebsbesuche	400
31	Einfluss von Gesprächen mit Ausbildern und Ausbilderinnen	400
32	Einfluss telefonischer Kontakte mit Ausbildungsbetrieben	400
33	Einfluss der Organisation individueller Betriebspraktika für Mädchen	401
34	Einfluss „besonderer" Bemühungen für Mädchen einen Ausbildungsplatz in einem gewerblich-technischen Beruf zu finden	401
35	Einstellungen der Beratungsfachkräfte zu Mädchen in Jungenberufen	408
36	Eignung von Mädchen und Jungen für bestimmte Berufe aus der Sicht der Berufsberater/innen	413
37	Eignung der Geschlechter für berufliche Tätigkeiten aus der Sicht der Berufsberater/innen	419
38	Den Mädchen wichtige berufliche Bedingungen und die Meinung der Berufsberater/innen dazu	421
39	Berufsauffassungen der Berater/innen	439

Abkürzungen und Erläuterungen berufsbildungspolitischer Begriffe

BA	Bundesanstalt bzw. (seit dem 1.1.2004) Bundesagentur für Arbeit
Beratungsjahr	Die Statistiken der Bundesagentur werden nach Beratungsjahren geführt, die jeweils am 1. Oktober beginnen und am 31. September enden. Bei den Betrieben ist das reguläre Einstellungsdatum zumeist der 1. September, manchmal – je nach Schuljahresbeginn – auch schon etwas früher. Zum 31. September erfasst die Berufsberatung somit auch eventuelle Nachrücker/innen. Ein Beispiel: Im Beratungsjahr 1996/97 sind die Jugendlichen bei der Berufsberatung als Bewerber/innen gemeldet, die im Spätsommer 1997 ihre Ausbildung aufnehmen.
BerBiFG	Berufsbildungsförderungsgesetz
Berufsbereich, Berufsgruppe	Die Begriffe werden von mir zumeist umgangssprachlich benutzt, nicht in der festgelegten Definition der Berufsbildungs- und Arbeitsmarktstatistik. – In der Statistik bildet „Berufsbereich" den Oberbegriff. Es folgen – von oben nach unten aufgezählt – Berufsabschnitte, -gruppen. -ordnungen, und -klassen. Auf der letztgenannten Ebene (mit vierstelliger Kennziffer) sind die einzelnen Ausbildungsberufe zu identifizieren.
BIBB	Bundesinstitut für Berufsbildung
BBiG	Berufsbildungsgesetz
CEDEFOP	Europäisches Zentrum für die Förderung der Berufsbildung, Thessaloniki/Griechenland
Cober	Interne Datenbank der Bundesagentur mit Informationen zu einzelnen Berufen

Doppelbezeichnungen mit Schrägstrichen	Abgesehen davon, dass ich bei den Berufsbezeichnungen zumeist das Auslassungszeichen weglasse – ich möchte die Mädchen nicht zu Schrägstrichplus Bindestrichmädchen machen, eins reicht nun wirklich –: In den Statistiken der Bundesanstalt werden häufig die industriellen und die handwerklichen Berufe zusammengefasst, beispielsweise zu Tischler/in/Holzmechaniker/in: Tischler/innen erhalten ihre Ausbildung im Handwerk, Holzmechaniker/innen in der Industrie. Entsprechende Kombinationen gibt es z.b. bei Kfz-Mechaniker/in /Automobilmechaniker/in sowie Maler/in und Lackierer/in und Lackierer/in Holz und Metall. Inhaltlich unterscheiden sich die jeweiligen Berufe kaum.
Elektroberufe	Alle elektrotechnischen und elektronischen Berufe. Ob ein Beruf zu den Elektroberufen zählt, ist in der Ausbildungsordnung festgelegt.
Mit beiden Geschlechtern besetzter Beruf	Berufe, in denen 1991 mehr als 40 % und höchstens 60 % der Auszubildenden männlich oder weiblich waren.
Gewerblich-technischer Beruf	Dieser Begriff wird synonym für „Jungenberuf" verwendet. Der Begriff wurde Ende der 1970er Jahre von den Initiatoren/innen des Bundes-Modellversuchsprogramms kreiert. Damit sollte sprachlich die Zuordnung der Berufe zum männlichen Geschlecht vermieden werden.
IAB	Institut für Arbeitsmarkt- und Berufsforschung
ibv	Informationen für die Beratungs- und Vermittlungskräfte der Bundesagentur für Arbeit. Diese Zeitschrift wird von der Bundesagentur herausgegeben, erscheint wöchentlich und geht allen Beratungs- und Vermittlungskräften zu.
Jungenberuf	Ausbildungsberuf, in dem 1991 in Westdeutschland höchstens 20 % der Auszubildenden weiblich waren.

KMK	Kultusministerkonferenz. Die Kultusminister/innen der Länder beschließen u.a. die Rahmenlehrpläne für den Berufsschulunterricht. Sie hat insoweit Einfluss auf die Gestaltung von Ausbildungsordnungen.
Mädchenberuf	Ausbildungsberuf, in dem 1991 in Westdeutschland mehr als 80% der Auszubildenden weiblich waren.
Mädchenquote	Zumeist ist dies ein Kürzel für den Anteil, zu dem die Ämter Mädchen für eine Vermittlung in Jungenberufe in ihrer Kartei vermerkt haben gemessen an der Gesamtzahl der Mädchen.
Männlich dominierter Beruf	Berufe mit mehr als 60 % aber höchstens 80 % Jungenanteil.
Metallberufe	Alle metalltechnischen Berufe. Ob ein Beruf zu den Metallberufen zählt, ist in der Ausbildungsordnung festgelegt. Wenn ich diesen Begriff benutze, meine ich damit in der Regel nicht die traditionell stark mit Mädchen besetzen Berufe dieses Berufsabschnitts Goldschmiedin, Silberschmiedin und Teilezurichterin.
RdErl.	Runderlass der Bundesagentur für Arbeit. Die Runderlasse werden im „Dienstblatt" der Bundesagentur amtsintern veröffentlicht.
Sonstige Jungenberufe	Alle Jungenberufe, die nicht zu den Metall- und Elektroberufen gehören. Hierzu zählen: Mauer/in, Hochbaufacharbeiter/in, Zimmer/in, Ausbaufacharbeiter/in, Fleischer/in, Landwirt/in, Malerin und Lackiererin, Tischlerin sowie Holzmechanikerin.
Weiblich dominierter Beruf	Berufe mit mehr als 60 % aber höchstens 80 % Mädchenanteil.

Tab A1: Vermittlungschancen der Mädchen

Berufe	Zahl der Bewerberinnen		Vermittlungschancen im Vergleich zum Durchschnitt aller Bewerberinnen in Prozentpunkten	
	Ostdeutschland 1997-2000	Westdeutschland 1993-2000	Ostdeutschland	Westdeutschland
Jungenberufe insgesamt	**10025**	**49689**	**-1,90**	**-0,17**
Metallberufe	**1813**	**11793**	**-1,56**	**0,30**
Dreherin	10	63	-4,66	2,62
Zerspanungsmechanikerin	54	558	-0,22	1,52
Konstruktionsmechanikerin	17	144	5,34	0,74
Gas- u. Wasserinstallateuerin	63	394	-4,18	0,15
Zentralheizungs- u. Lüftungsbauerin	27	140	-2,07	1,35
Schlosser/in, Metallbauerin	84	789	-4,18	0,03
Maschinenbaumechanierin	8	141	5,34	2,08
Industriemechanikerin	182	2684	1,49	1,64
Kraftfahrzeugmechanikerin	1281	5899	-2,23	-0,59
Automobilmechanikerin	24	119	5,34	0,85
Landmaschinenmechanikerin	9	57	5,34	-1,05
Werkzeugmechanikerin	23	459	5,34	2,03
Feinmechanikerin	22	246	0,79	-0,26
Werkzeugmacherin	9	100	5,34	0,21
Elekroberufe	**384**	**3758**	**1,69**	**2,00**
Elektroinstallateurin	162	909	1,64	1,35
Energieelektronikerin	66	950	0,79	2,95
Kommunikationselektronikerin	123	1207	2,90	2,72
Radio- und Fernsehtechnikerin	33	692	-0,72	0,31

Noch: Tabelle A1

Berufe	Zahl der Bewerberinnen		Vermittlungschancen im Vergleich zum Durchschnitt aller Bewerberinnen in Prozentpunkten	
	Ostdeutschland 1997-2000	Westdeutschland 1993-2000	Ostdeutschland	Westdeutschland
Andere Jungenberufe	**7828**	**34075**	**-2,16**	**-0,57**
Landwirtin	594	877	-2,91	0,10
Fleischerin	200	318	-3,66	-3,02
Maurerin, Hochbaufacharbeiterin	132	223	-1,48	0,62
Zimmerin, Ausbaufacharbeiterin	106	270	0,62	1,25
Tischlerin, Holzmechanikerin	2246	19035	-0,80	-0,08
Malerin u. Lackiererin	4550	13352	-2,75	-1,33
Männlich dominierte Berufe	**26702**	**55811**	**-1,54**	**-0,43**
Gärtnerin	4577	15575	-0,56	-0,69
Bäckerin, Konditorin	5511	19166	-0,83	-0,31
Köchin	15242	15840	-2,38	-0,80
Informatikkauffrau	1372	5230	1,62	1,00
Von beiden Geschlechtern besetzte Berufe	**48369**	**346502**	**2,54**	**1,89**
Zahntechnikerin	4919	21847	2,39	0,63
Raumausstatterin	2666	12954	0,01	-0,07
Chemielaborantin	2162	13698	3,54	2,54
Technischer Zeichnerin	1445	13621	1,74	1,37
Bauzeichnerin	5184	34180	1,52	0,94
Kauffrau im Groß- u. Außenhandel	4845	37316	0,63	0,65
Bankkauffrau	16254	72348	4,21	3,39
Versicherungskauffrau	1728	13942	2,10	2,08
Speditionskauffrau	1447	9816	1,68	0,86
Industriekauffrau	7719	116780	1,97	2,14
Bürokauffrau, Kauffrau für Bürokommunikation	57117	248144	-0,41	-0,34
Verwaltungsfachangestellte	13799	53127	3,17	2,78
Übrige Hotel- u. Gaststättenberufe	22872	22170	-1,38	-0,70

Noch: Tabelle A1

Berufe	Zahl der Bewerberinnen		Vermittlungschancen im Vergleich zum Durchschnitt aller Bewerberinnen in Prozentpunkten	
	Ostdeutschland 1997-2000	Westdeutschland 1993-2000	Ostdeutschland	Westdeutschland
Mädchenberufe	**239294**	**700204**	**0,12**	**-0,88**
Floristin	13904	36013	-1,44	0,19
Bekleidungsschneiderin, -fertigerin	1666	11936	-0,78	0,31
Herren-, Damenschneiderin	1094	15590	0,40	0,12
Verkäuferin	26432	67853	-3,00	-3,82
Fachverkäuferin im Nahrungsmittelhandwerk	5186	41055	-3,49	-3,15
Pharmazeutisch-kaufmännische Angestellte	2965	24532	2,20	0,28
Rechtsanwaltsfachangestellte u. zugehörige Berufe	11674	45260	1,80	-0,11
Arzthelferin	26213	208619	0,61	-0,75
Zahnarzthelferin	8378	50131	1,05	-0,54
Friseurin	22273	100764	-1,80	-1,27
Hotelfachfrau	29538	66877	0,22	0,71
Hauswirtschafterin	6271	31574	2,04	0,78
Übrige Berufe	**83700**	**341437**	**1,38**	**0,38**
Insgesamt	**459082**	**2011131**	**0**	**0**
Nachrichtlich: durchschnittliche Vermittlungsquote in %	94,66	95,79		

Quelle: Eigene Berechnungen nach: BA, Berufsberatung, fortlaufende Nummern.

Tab. A2:
Mädchen in ausgewählten Berufen – Neue Ausbildungsverträge im Jahr 2002

BKZ	Beruf	Kammer	Auszubildende insgesamt	weiblich	w in %
	Metallberufe		78878	1492	1,9
	Industrielle Metallberufe		30939	891	2,9
	Handwerkliche Metallberufe		47939	601	1,3
2010	Gießereimechaniker/in	HW	1	0	0,0
2016	Metall- und Glockengießer/in	HW	14	2	14,3
2210	Dreher/in	HW	101	2	2,0
2211	Zerspanungsmechaniker/in – Drehtechnik	HW	165	2	1,2
2520	Behälter- u. Apparatebauer/in	HW	66	0	0,0
2540	Metallbauer/in	HW	8684	74	0,9
2591	Rolladen- und Jalousiebauer/in	HW	137	2	1,5
2610	Klempner/in	HW	491	7	1,4
2640	Anlagemechaniker/in – Versorgungstechnik	HW	37	1	2,7
2650	Konstruktionsmechaniker/in – Feinblechbautechnik	HW	40	0	0,0
2661	Kälteanlagenbauer/in	HW	705	5	0,7
2671	Gas- u. Wasserinstallateuer/in	HW	6715	54	0,8
2680	Zentralheizungs- u. Lüftungsbauer/in	HW	4444	21	0,5
2730	Maschinenbaumechaniker/in	HW	507	9	1,8
2740	Industriemechaniker/in – Betriebstechnik	HW	15	0	0,0
2810	Kraftfahrzeugmechaniker/in	HW	21042	355	1,7
2813	Zweiradmechaniker/in	HW	661	23	3,5
2821	Landmaschinenmechaniker/in	HW	1836	11	0,6
2870	Karosserie- und Fahrzeugbauer/in	HW	1900	18	0,9
2900	Werkzeugmacher/in	HW	208	4	1,9
2931	Werkzeugmechaniker/in – Formentechnik	HW	7	0	0,0
2951	Chirurgiemechaniker/in	HW	59	7	11,9
2952	Schneidwerkzeugmechaniker/in	HW	31	1	3,2
3000	Feinmechaniker/in	HW	35	1	2,9
3000	Metallbildner/in	HW	20	2	10,0
3003	Büchsenmacher/in	HW	18	0	0,0
2640	Anlagemechaniker/in – Versorgungstechnik	IH	899	7	0,8
2010	Gießereimechaniker/in	IH	463	1	0,2

Noch Tabelle A2

BKZ	Beruf	Kammer	Auszubildende insgesamt	weiblich	w in %
2211	Zerspanungsmechaniker/in – Drehtechnik	IH	2484	56	2,3
2212	Zerspanungsmechaniker/in – Automatendrehtechnik	IH	375	12	3,2
2212	Revolverdreher/in	IH	2	0	0,0
2221	Zerspanungsmechniker/in – Frästechnik	IH	1594	31	1,9
2221	Zerspanungsmechniker/in – Frästechnik	HW	2	0	0,0
2250	Metallschleifer/in	IH	13	0	0,0
2251	Zerspanungsmechaniker/in – Schleiftechnik	IH	147	5	3,4
2412	Anlagenmechaniker/in –Schweißtechnik	IH	208	0	0,0
2412	Konstruktionsmechaniker/in – Schweißtechnik	IH	432	3	0,7
2520	Anlagemechaniker/in - Appratetechnik	IH	250	1	0,4
2541	Konstruktionsmechaniker/in – Ausrüstungstechnik	IH	673	6	0,9
2550	Konstruktionsmechaniker/in – Metall- u. Schiffbautechnik	IH	1113	1	0,1
2550	Konstruktionsmechaniker/in – Metall- u. Schiffbautechnik	HW	8	0	0,0
2650	Konstruktionsmechaniker/in – Feinblechbautechnik	IH	916	29	3,2
2730	Industriemechaniker/in – Maschinen- u. Systemtechnik	IH	5315	113	2,1
2740	Industriemechaniker/in – Betriebstechnik	IH	4817	88	1,8
2760	Industriemechaniker/in –Produktionstechnik	IH	1852	121	6,5
2782	Fertigungsmechaniker/in	IH	1177	70	5,9
2810	Automobilmechaniker/in	IH	917	64	7,0
2830	Fluggerätemechaniker/in	IH	804	51	6,3
2921	Werkzeugmechaniker/in – Stanz- und Umformtechnik	IH	2566	93	3,6
2931	Werkzeugmechaniker/in – Formentechnik	IH	1495	26	1,7
2951	Werkzeugmechaniker – Ininstrumententechnik	IH	34	1	2,9
3000	Feinwerkmechaniker/in	HW	3018	66	2,2
3000	Industriemechaniker/in – Geräte- u. Feinwerktechnik	IH	2393	112	4,7
	Elektroberufe		**35492**	**944**	**2,7**
	Industrielle Elektroberufe		**19843**	**742**	**3,7**
	Handwerkliche Elektroberufe		**15649**	**202**	**1,3**
3100	Elektroinstallateur/in	HW	11898	124	1,0
3111	Energieelektroniker/in – Anlagentechnik	HW	39	0	0,0

Noch Tabelle A2

BKZ	Beruf	Kammer	Auszubildende insgesamt	weiblich	w in %
3111	Elektroanlagenmonteur/in	HW	4	0	0,0
3111	Energieelektroniker/in – Anlagentechnik	IH	2642	52	2,0
3111	Elektroanlagenmonteur/in	IH	269	6	2,2
3112	Energieelektroniker/in – Betriebstechnik	IH	3551	96	2,7
3121	Kommunikationselektroniker/in – Telekommunikationstechnik	IH	44	4	9,1
3125	Fernmeldeanlagenelektroniker/in	HW	282	7	2,5
3130	Elektromaschinenbauer/in	HW	329	4	1,2
3131	Elektromaschinenmonteur/in	IH	93	1	1,1
3151	Radio- und Fernsehtechniker/in	HW	1	0	0,0
3161	Elektromechaniker/in	HW	252	8	3,2
3161	Mechatroniker/in	HW	196	5	2,6
3161	Mechatroniker/in	IH	5376	172	3,2
3162	Industrieelektroniker/in – Produktionstechnik	IH	966	64	6,6
3162	Mikrotechnologe/in	IH	219	45	20,5
3163	Industrieelektroniker/in – Gerätetechnik	HW	3	0	0,0
3163	Industrieelektroniker/in – Gerätetechnik	IH	1242	61	4,9
3163	Fluggeräteelektroniker/in	IH	145	2	1,4
3165	Prozessleitelektroniker/in	IH	468	13	2,8
3171	Kommunikationselektroniker/in – Informationstechnik	HW	3	0	0,0
3171	Informationselektronier/in	HW	1493	30	2,0
3171	Informations- u. Telekommunikationssystem – Elektroniker/in	HW	60	5	8,3
3171	Kommunikationselektroniker/in – Informationstechnik	IH	839	42	5,0
3171	Informations- u. Telekommunikationssystem-Elektroniker/in	IH	3126	142	4,5
3172	Kommunikationselektroniker/in – Funktechnik	IH	472	24	5,1
3181	Kraftfahrzeugelektriker/in	HW	1089	19	1,7
3181	Kraftfahrzeugelektriker/in	IH	391	18	4,6
	Andere Jungenberufe		**46596**	**2749**	**5,9**
110	Landwirt/in	LW	3376	300	8,9
4010	Fleischer/in	HW	3033	107	3,5
4010	Fleischer/in	IH	263	40	15,2
4401	Hochbaufacharbeiter/in	HW	547	1	0,2
4401	Hochbaufacharbeiter/in	IH	789	2	0,3

Noch Tabelle A2

BKZ	Beruf	Kammer	Auszubildende insgesamt	weiblich	w in %
4410	Maurer/in	HW	4754	16	0,3
4410	Maurer/in	IH	549	1	0,2
4801	Ausbaufacharbeiter/in	HW	352	7	2,0
4801	Ausbaufacharbeiter/in	IH	926	5	0,5
4822	Isolierfacharbeiter/in	HW	2	0	0,0
4822	Industrie-Isolierer/in	HW	5	0	0,0
4822	Isolierfacharbeiter/in	IH	52	0	0,0
4822	Industrie-Isolierer/in	IH	95	0	0,0
4870	Zimmer/in	HW	3449	35	1,0
4870	Zimmer/in	IH	238	3	1,3
5010	Tischler/in	HW	11754	873	7,4
5050	Holzmechaniker/in	HW	3	0	0,0
5050	Holzmechaniker/in	IH	1261	75	5,9
5101	Maler/in u. Lackierer/in	HW	14833	1239	8,4
5120	Lackierer/in Holz u. Metall	IH	1	0	0,0
5120	Verfahrensmechaniker/in für Beschichtungstechnik	HW	3	0	0,0
5120	Verfahrensmechaniker/in für Beschichtungstechnik	IH	311	45	14,5
	Männlich dominierte Berufe		**34650**	**9313**	**26,9**
510	Gärtner/in	LW	6041	1537	25,4
3153	Hörgeräteakustiker/in	HW	543	350	64,5
3910	Bäcker/in	HW	5995	1159	19,3
3910	Bäcker/in	IH	32	8	25,0
3920	Konditor/in	HW	1798	1134	63,1
4110	Koch/Köchin	HW	3	2	66,7
4110	Koch/Köchin	IH	15390	3849	25,0
7791	Informatikkaufmann/frau	HW	6	2	33,3
7791	Informations- und Telekommunikations-Systemkaufmann/frau	HW	4	0	0,0
7791	Informatikkaufmann/frau	IH	2298	560	24,4
7791	Informations- und Telekommunikations-Systemkaufmann/frau	IH	2540	712	28,0
	Von beiden Geschlechtern besetzte Berufe		**69367**	**37604**	**54,2**
3031	Zahntechniker/in	HW	2839	1658	58,4

Noch Tabelle A2

BKZ	Beruf	Kammer	Auszubildende insgesamt	weiblich	w in %
3930	Fachkraft für Süßwarentechnik	IH	79	25	31,6
4910	Raumausstatter/in	HW	1237	578	46,7
6330	Chemielaborant/in	IH	1745	1049	60,1
6410	Technische/r Zeichner/in	HW	256	71	27,7
6410	Technische/r Zeichner/in	IH	2496	987	39,5
6420	Bauzeichner/in	HW	41	22	53,7
6420	Bauzeichner/in	IH	2348	1344	57,2
6711	Kaufmann/frau im Groß- u. Außenhandel	HW	8	4	50,0
6711	Kaufmann/frau im Groß- u. Außenhandel	IH	14652	6265	42,8
6910	Bankkauffrau/-mann	IH	14812	8910	60,2
6950	Versicherungskaufmann/frau	IH	5519	2927	53,0
7011	Speditionskaufmann/frau	IH	4673	2087	44,7
7851	Industriekaufmann/frau	HW	17	9	52,9
7851	Industriekaufmann/frau	IH	18645	11668	62,6
	Weiblich dominierte Berufe		**93507**	**64007**	**68,5**
6720	Kaufmann/frau im Einzelhandel	HW	124	60	48,4
6720	Kaufmann/frau im Groß- u. Außenhandel	IH	28448	16068	56,5
7541	Steuerfachangestellte/r	FB	8017	6166	76,9
7803	Bürokaufmann/frau	HW	5455	4009	73,5
7803	Bürokaufmann/frau	IH	18516	13635	73,6
7870	Verwaltungsfachangestellte/r	ÖD	5176	3739	72,2
7873	Fachangestellte f. Arbeitsförderung	ÖD	1252	939	75,0
7873	Sozialversicherungsfachangestellte	ÖD	3161	2278	72,1
9141	Hotelfachmann/frau	IH	12131	9255	76,3
	Übrige Hotel- u. Gaststättenberufe		11227	7858	70,0
	Mädchenberufe		**105039**	**95077**	**90,5**
530	Florist/in	IH	2871	2773	96,6
530	Florist/in	HW	1	1	100,0
3511	Modeschneider/in	IH	332	318	95,8
3511	Modeschneider/in	HW	1	1	100,0
3512	Herrenschneider/in	HW	66	53	80,3
3513	Damenschneider/in	HW	570	539	94,6
6600	Verkäufer/in	HW	19	16	84,2

Noch Tabelle A2

BKZ	Beruf	Kammer	Auszubildende insgesamt	weiblich	w in %
6600	Verkäufer/in	IH	14234	9595	67,4
6611	Fachverkäufer/in im Nahrungsmittelhandwerk	HW	11234	10644	94,7
6851	Pharmazeutisch-Kaufmännische/r Angestellte/r	FB	3127	3075	98,3
7803	Kaufmann/frau f. Bürokommunikation	HW	167	131	78,4
7803	Kaufmann/frau f. Bürokommunikation	IH	11700	9538	81,5
7861	Rechtsanwalts- und Notarfachangestellte/r	FB	2984	2885	96,7
7862	Rechtsanwaltsfachangestellte/r	FB	5778	5579	96,6
7863	Notarfachangestellte/r	FB	301	250	83,1
7870	Fachangestellte/r für Bürokommunikation	ÖD	1017	862	84,8
7871	Justizfachangestellte/r	ÖD	840	754	89,8
8561	Arzthelfer/in	FB	16384	16322	99,6
8562	Zahnarzthelfer/in	FB	321	321	100,0
8564	Zahnmedizinische Fachangestellte	FB	13611	13586	99,8
9010	Friseur/in	HW	16869	15450	91,6
9212	Hauswirtschafter/in	HausW	2289	2071	90,5
9212	Hauswirtschafter/in	IH	150	144	96,0
9212	Hauswirtschafter/in	LW	173	169	97,7
	Übrige Berufe		101525	32732	32,2
	Insgesamt		568082	243984	42,9

Quelle: Eigene Berechnungen nach: Statistisches Bundesamt (Hg. 2003): Bildung und Kultur, Fachserie 11, Reihe 3, Berufliche Bildung, Wiesbaden.

Erläuterungen:
- Die Zuordnungen zu den Kategorien Mädchenberufe, Jungenberufe etc. erfolgte auf der Basis der Zahlen in Westdeutschland 1991. Dieses Jahr wurde den Berechnungen im Text zugrunde gelegt und deshalb hier beibehalten. In einzelnen Berufen zeigen sich seither Gewinne und Verluste. Z.B. entwickelten sich die Berufe Hörgeräteakustiker/in und Konditor/in von männlich zu weiblich dominierten; im Einzelhandel (Verkäufer/in, Einzelhandelskaufmann/frau) sind in den letzten Jahren dagegen Jungen stärker vertreten.
- Kammerzugehörigkeiten: IH: Industrie- und Handelskammer, HW: Handwerkskammer, HausW.: Hauswirtschaftskammer, LW: Landwirtschaftskammer, ÖD: Öffentlicher Dienst, FB: Freie Berufe (Rechtsanwalts-, Notar-, Ärzte-, Zahnärztekammer usw.)
- BKZ: Berufskennziffer. Identische oder ähnliche Berufskennziffern lassen auf Gemeinsamkeiten der Berufe schließen.